# 隧道工程机械

主　编　管会生
副主编　黄鸿颖　杨延栋　母国旺

西南交通大学出版社
·成都·

图书在版编目（CIP）数据

隧道工程机械 / 管会生主编. -- 成都：西南交通大学出版社, 2024. 10. -- ISBN 978-7-5774-0031-0

Ⅰ. U4

中国国家版本馆 CIP 数据核字第 2024DD1344 号

Suidao Gongcheng Jixie
**隧道工程机械**

主　编 / 管会生

策划编辑 / 王　旻
责任编辑 / 王　旻
责任校对 / 蔡　蕾
封面设计 / 何东林设计工作室

西南交通大学出版社出版发行
（四川省成都市金牛区二环路北一段 111 号西南交通大学创新大厦 21 楼　610031）
营销部电话：028-87600564　　028-87600533
网址：http://www.xnjdcbs.com
印刷：四川森林印务有限责任公司

成品尺寸　185 mm×260 mm
印张　28.75　　字数　718 千
版次　2024 年 10 月第 1 版　　印次　2024 年 10 月第 1 次

书号　ISBN 978-7-5774-0031-0
定价　98.00 元

课件咨询电话：028-81435775
图书如有印装质量问题　本社负责退换
版权所有　盗版必究　举报电话：028-87600562

# PREFACE 前 言

在人类文明的发展史中,隧道始终扮演着不可或缺的角色。从古代的地下通道到现代的地铁和高铁,隧道不仅是连接两地的纽带,更是人类智慧与工程技术的结晶。随着科技的进步,隧道工程机械作为现代地下工程建设中不可或缺的力量,它的发展也日新月异,不断进步与创新,这对于提高工程质量、缩短建设周期、降低成本以及保障施工安全都具有重要意义。本书共包括3部分内容,旨在全面系统地介绍隧道及工程施工机械的相关应用知识,为工程技术人员、学者和学生提供一个学习和参考的平台。

第1部分:隧道施工概述。该部分详细介绍了隧道施工的各种方法,包括钻爆法、盾构法和TBM法以及其他工法,并对各种施工方法的工作原理、特点、适用条件、施工工艺流程,以及工程应用实例进行了深入的探讨,以便读者能够对工程施工方法、工艺有清楚的了解。

第2部分:钻爆法机械设备。钻爆法施工设备机械化配套是提高施工效率和安全性的关键。该部分对钻爆法的机械化配套进行了详细阐述,包括机械化配套的发展、要点及原则,各作业线的具体配套要求和工效分析,以及具体的机械化配套工程的应用实例。同时,还按作业线分别介绍了各作业线的重点施工设备,针对典型设备介绍其构造原理、规格参数和性能特点;最后介绍了新型隧道施工设备及技术。

第3部分:掘进机法机械设备。掘进机法在隧道施工中的应用越来越广泛,该部分重点介绍了盾构法、TBM法、顶管法和悬臂掘进机法等机械设备的分类、构造原理、参数选择,以及工程应用。通过对各种掘进机法的深入剖析,读者可以更好地理解这些方法的工作原理和适用场景,为实际工程中的设备选择和施工管理提供指导。

本书由西南交通大学管会生教授任主编,黄鸿颖、杨延栋、母国旺任副主编,参加本书编写工作的还有刘泽鑫、韩勇、梁国宝、罗克龙、周尧、何彬、蒋永春、曾文宇、蔡鸿、罗杰、谢跃萱、汪路、李森、江越、李亚辉、谢元、罗毅同学等。本书受西南交通大学研究生教材(专著)经费建设项目专项资助(SWJTU-ZZ2022-012)。感谢铁建重工、蓝海智能等单位为本书提供的资料和素材,感谢西南交大出版社编辑部老师的指导和为本书出版所付出的辛劳。

该书的编写，旨在为隧道工程领域的专业人士提供一个全面、深入和最新的知识资源。为此，本书历经十余年来在技术内容上的不断积累、丰富、完善和精心打造下完成。希望本书能够成为读者在隧道工程领域探索和实践的有力助手。本书理论与工程实践并重，所编写的内容集中反映了作者及其团队长期研究和工程实践的成果，可为隧道工程建设提供参考，也可供相关的工程技术人员和在校学生阅读参考。

尽管我们尽了最大努力，但书中仍难免会有错误和不足之处，恳请读者批评指正。

作　者

2024 年 06 月 18 日　　于成都

# CONTENTS 目 录

## 第1部分 隧道施工法概述

### 第1章 隧道施工方法 ·················································································· 002
- 1.1 钻爆法 ····························································································· 002
- 1.2 掘进机法 ························································································· 060
- 1.3 其他工法 ························································································· 081

## 第2部分 钻爆法机械设备

### 第2章 钻爆法隧道机械化配套 ································································· 084
- 2.1 隧道施工机械化配套概述 ·································································· 084
- 2.2 钻爆法隧道各作业线机械化配套 ······················································· 087
- 2.3 钻爆法隧道各作业线施工工效 ··························································· 103
- 2.4 隧道机械化配套工程实例 ································································· 110

### 第3章 钻爆法隧道施工机械设备 ······························································ 123
- 3.1 超前地质预报及超前预加固作业设备 ················································ 123
- 3.2 开挖作业设备 ·················································································· 134
- 3.3 出渣作业线设备 ·············································································· 178
- 3.4 初支作业设备 ·················································································· 200
- 3.5 仰拱作业设备 ·················································································· 235
- 3.6 防排水作业设备 ·············································································· 242
- 3.7 混凝土衬砌作业设备 ······································································· 250
- 3.8 其他辅助设备 ·················································································· 271
- 3.9 新型隧道施工设备及技术 ································································ 286
- 3.10 隧道电动新能源设备 ····································································· 308

# 第 3 部分　掘进机法机械设备

## 第 4 章　盾构法机械设备 ·················································· 318
### 4.1　盾构机分类 ·························································· 318
### 4.2　土压平衡盾构机设备构造 ············································ 322
### 4.3　泥水平衡盾构机设备构造 ············································ 329
### 4.4　多模式盾构机 ························································ 336
### 4.5　盾构参数及选型 ······················································ 352
### 4.6　工程应用 ···························································· 373

## 第 5 章　TBM 法机械设备 ················································ 380
### 5.1　TBM 分类 ·························································· 380
### 5.2　开敞式 TBM 设备构造 ·············································· 380
### 5.3　护盾式 TBM 设备构造 ·············································· 394
### 5.4　TBM 主要参数计算、设备选型及复杂地质施工技术 ················ 397
### 5.5　竖井掘进机 ·························································· 407
### 5.6　工程应用 ···························································· 414

## 第 6 章　顶管法机械设备 ·················································· 420
### 6.1　顶管掘进机及其分类 ················································ 420
### 6.2　土压平衡式顶管机及配套设备 ······································ 421
### 6.3　顶管掘进机选型 ···················································· 428
### 6.4　工程应用 ···························································· 429

## 第 7 章　悬臂掘进机法机械设备 ·········································· 434
### 7.1　概　述 ······························································ 434
### 7.2　悬臂掘进机设备构造 ················································ 436
### 7.3　工程应用 ···························································· 442

## 参考文献 ·································································· 445

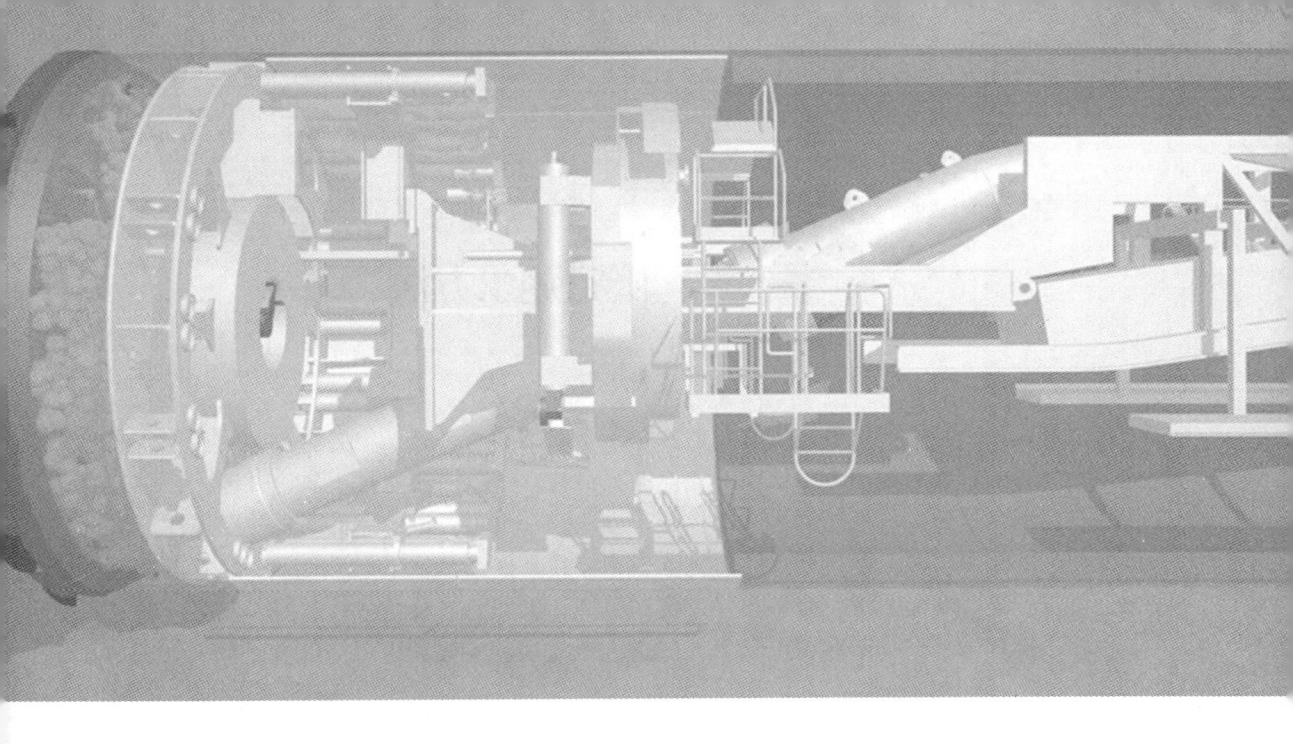

# 第1部分

# 隧道施工法概述

# 第1章　隧道施工方法

隧道是在城市地下或山岭之下修筑的长条形管状结构物，施工中必然会遇到多种多样的地质条件。为此，要求施工方法上应有相应的灵活性，一方面要立足于快速掘进，另一方面要考虑遇到不良地质的应变能力。在选择施工方法时，重点要考虑保持围岩的稳定性，尽量做到既便于控制围岩，又能达到最高的施工效率。在具体选择施工方法时，一般应根据地质条件、隧道长度、断面大小、设备条件、结构类型、工期要求及经济效益等因素综合确定。

根据隧道穿越地层的不同情况和目前隧道施工方法的发展，隧道施工方法分类如图1-1所示。

$$
\text{隧道施工方法}\begin{cases}
\text{山岭隧道施工方法}\begin{cases}\text{矿山法（钻爆法）}\begin{cases}\text{传统矿山法}\\ \text{新奥法}\end{cases}\\ \text{掘进机法}\end{cases}\\
\text{浅埋及软土隧道施工方法}\begin{cases}\text{明挖法}\\ \text{盖挖法}\\ \text{浅埋暗挖法}\\ \text{盾构法}\end{cases}\\
\text{水底隧道施工方法}\begin{cases}\text{沉管法}\\ \text{盾构法}\end{cases}
\end{cases}
$$

图1-1　隧道施工方法分类

矿山法因最早应用于矿石开采而得名，它包括图1-1提到的传统矿山法和新奥法。

掘进机法包括隧道掘进机（Tunnel Boring Machine，TBM）法和盾构掘进机法。前者应用于岩石地层，后者则主要应用于土质围岩，尤其适用于软土、流砂、淤泥等特殊地层。

沉管法常用来修建水底隧道；明挖法、盖挖法和浅埋暗挖法等则常用于地下铁道、城市市政隧道及埋深很浅的山岭隧道修建。

从目前的工程实际出发，在今后很长一段时期内，钻爆法仍然是修建山岭隧道的主流方法，是其他方法不可替代的。因工程条件的不同，隧道施工方法也多种多样，目前经常采用的钻爆法有全断面法、台阶法和分部开挖法三大类。

在隧道施工中最重要的是选择合理的施工方法。选择施工方法时，需考虑的基本因素大体上可归纳为工程重要性、施工条件、机械装备状况、围岩条件、施工动力、原材料供应情况、隧道断面面积、埋深、工期、环境条件等。

## 1.1　钻爆法

通过钻孔、装药、爆破开挖隧道的方法，简称钻爆法。由于钻爆法最早应用于矿石开采，也常称之为矿山法，目前钻爆法按支护原理的不同可分为传统矿山法和新奥法。

## 1.1.1 新奥法

### 1.1.1.1 新奥法概述

1963年，由奥地利学者 L.V. 拉布采维茨教授命名的"新奥地利隧道施工法（New Austria Tunnelling Method，NATM）"简称新奥法，正式出台。它是以控制爆破或机械开挖为主要掘进手段，以锚杆、喷射混凝土为主要，将理论、量测和经验相结合的一种施工方法。归纳起来，隧道新奥法施工必须遵循的基本技术原则如下：

（1）因为围岩是隧道的主要承载单元，所以要在施工中充分保护围岩。

（2）为了充分发挥围岩的结构作用，应容许围岩有可控制的变形；变形的控制主要是通过支护阻力（即各种支护结构）的效应达到的。

（3）在施工中，必须进行实地量测监控，及时提出可靠的、足够数量的量测信息，以指导施工和设计。这一原则是"新奥法"的重要组成部分。

（4）在选择支护手段时，一般应选择能大面积的、牢固的、与围岩紧密接触的、能及时施设的和应变能力强的支护手段。

（5）在任何情况下，使隧道断面能在较短时间内闭合是极为重要的。

（6）在隧道施工过程中，必须建立设计—施工检验—地质预测—量测反馈—修正设计的一体化的施工管理系统，以不断提高和完善隧道施工技术。

上述隧道施工的基本原则可扼要地概括为"少扰动、早喷锚、勤量测、紧封闭"。在实际施工过程中，这些原则也不是一成不变的，应结合实际情况进行完善和提高。如对于高原隧道应根据新奥法原理组织施工，即采用"分部开挖、及时支护、封闭成环、仰拱超前、衬砌跟紧"的总体施工方案，各作业线高度机械化配置设备，并根据不同围岩级别及周边环境选择相应工法，软弱围岩段按照"短开挖、弱爆破、强支护、快封闭、勤量测"的原则进行施工。

新奥法施工，按其开挖断面的大小及位置，基本上又可分为以下几种：

（1）全断面开挖法。

（2）台阶法，主要包括长台阶法、短台阶法、微台阶法。

（3）分部开挖法，主要包括环形开挖预留核心土法、单侧壁导坑法、双侧壁导坑法、中洞法、中隔壁法、交叉中隔壁法。

隧道新奥法施工主要开挖方法见表1-1，不同围岩下的施工方法见表1-2。

表1-1 隧道新奥法施工主要开挖方法

| 名 称 | 横断面示意 | 纵断面示意 |
|---|---|---|
| 全断面开挖法 | | |
| 环形开挖预留核心土法 | | |

续表

| 名 称 | 横断面示意 | 纵断面示意 |
|---|---|---|
| 单侧壁导坑法 | | |
| 双侧壁导坑法 | | |
| 中洞法 | | |
| 中隔壁法（CD） | | |
| 交叉中隔壁法（CRD） | | |

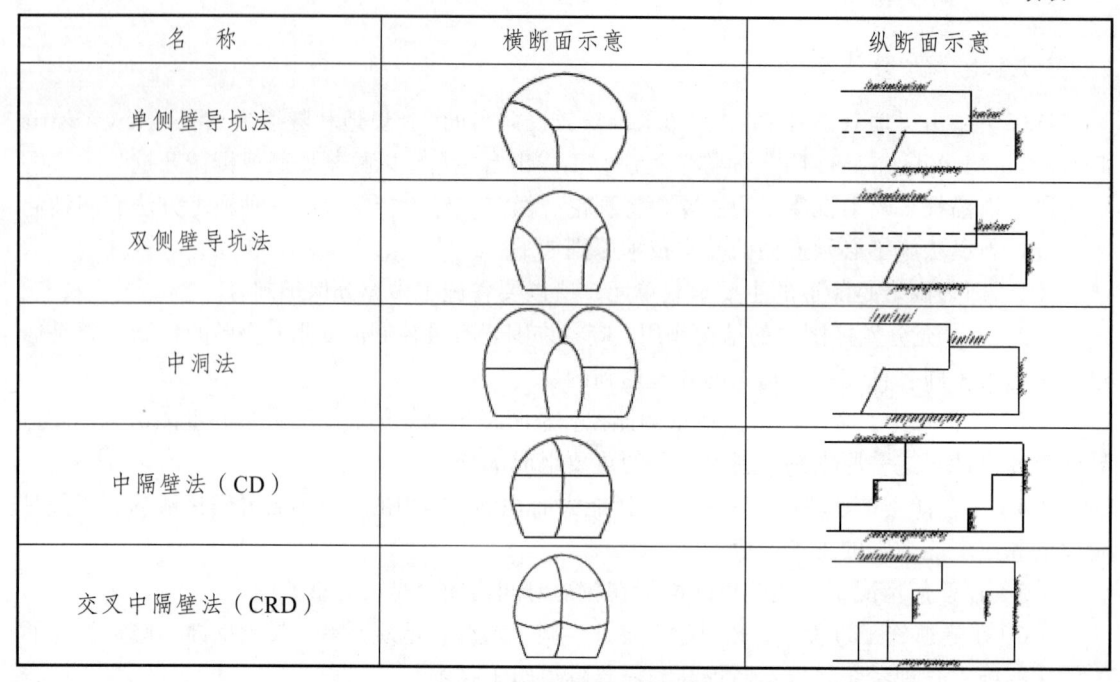

表 1-2  不同围岩下的施工方法

| 开挖方法 | 适用围岩级别及说明 | 备 注 |
|---|---|---|
| 全断面开挖法 | 1. 单线隧道Ⅰ、Ⅱ、Ⅲ级围岩 | 循环进尺宜控制在 3~4 m |
| | 2. 双线隧道Ⅰ、Ⅱ级围岩 | |
| | 3. 地下水状态：干燥或潮湿 | |
| 台阶法 | 1. 单线隧道Ⅲ、Ⅳ级围岩 | 台阶长度应有利于施工操作和机械设备效率发挥，同时应利于支护尽早封闭成环 |
| | 2. 双线隧道Ⅲ级围岩 | |
| | 3. 地下水状态：干燥或潮湿 | |
| 环形开挖预留核心土法 | 1. 单线隧道Ⅳ、Ⅴ、Ⅵ级围岩 | 施工中应尽量减少开挖部分，采用大断面开挖 |
| | 2. 双线隧道Ⅲ、Ⅳ级围岩 | |
| | 3. 地下水状态：有渗水或股水 | |
| 双侧壁导坑法 | 1. 单线隧道Ⅴ、Ⅵ级围岩 | |
| | 2. 双线隧道Ⅳ、Ⅴ级围岩 | |
| | 3. 地下水状态：有渗水或股水 | |
| 中洞法 | 双连拱隧道 | |
| 中隔壁法（CD） | 单、双线隧道Ⅴ级围岩，浅埋隧道 | |
| 交叉中隔壁法（CRD） | 双线、三线隧道Ⅴ、Ⅵ级围岩，浅埋隧道 | |

#### 1.1.1.2　新奥法各施工方法的选用

隧道工程各种施工方法的选用及特点如下：

1. 全断面开挖法

全断面开挖法是按设计断面将整个隧道开挖断面钻孔后一次爆破成型、一次初期支护到位的隧道开挖方法。

（1）全断面开挖法施工工艺流程如图1-2所示。

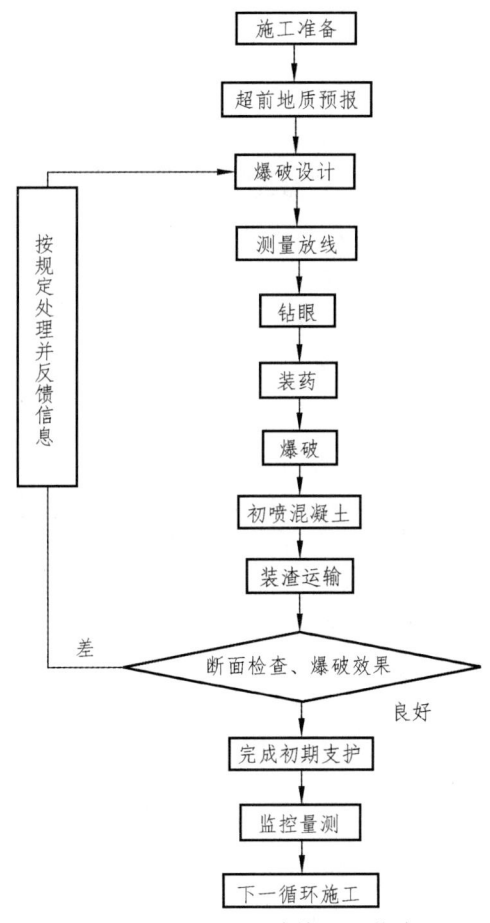

```
        施工准备
           ↓
        超前地质预报
           ↓
    ┌──→ 爆破设计
    │      ↓
  按规   测量放线
  定处      ↓
  理并    钻眼
  反馈     ↓
  信息    装药
    │      ↓
    │    爆破
    │      ↓
    │   初喷混凝土
    │      ↓
    │   装渣运输
    │      ↓
    └── 断面检查、爆破效果
     差        │良好
              ↓
           完成初期支护
              ↓
           监控量测
              ↓
           下一循环施工
```

图1-2　全断面开挖法施工工艺流程

（2）全断面开挖法主要适用于非浅埋Ⅰ～Ⅲ级硬岩地层，浅埋段、偏压段和洞口段不宜采用。

（3）全断面开挖法有较大的作业空间，有利于采用大型配套装备机械化作业，提高施工速度，且工序少，干扰少，便于施工组织和管理。其缺点是由于开挖面面积较大，围岩相对稳定性低，且每循环工作量相对较大，故要求施工单位应具有较强的开挖、出渣与运输及支护能力。

（4）全断面开挖法的主要工序：先使用凿岩台车全断面一次钻孔，并进行装药连线，然后将凿岩台车后退到安全地点，再起爆，使一次爆破成型，出渣后进行锚喷支护，支护完成后凿岩台车再推移至开挖面就位,开始下一个钻爆作业循环。

目前,全断面法是Ⅰ~Ⅲ类围岩的隧道工程施工技术发展的一个方向,但是在采用全断面法开挖时应注意以下事项:

① 加强对开挖面前方工程地质和水文地质的调查,对不良地质情况,要及时预测、预报、分析研究,随时准备好应急措施(包括改变施工方法),以确保施工安全和工程进度。

② 各工序机械设备要配套:如钻眼、装渣、运输、模筑、衬砌支护等主要机械和相应的辅助机具(钻杆、钻头、调气腿、注油器、集尘器等),在尺寸、性能和生产能力上都要相互匹配,不致彼此互受牵制而影响掘进,以充分发挥机械设备的使用效率和各工序之间的协调作用。

③ 加强各种辅助作业和辅助施工方法的设计与施工检查,尤其在软弱破碎围岩中使用全断面法开挖时,应对支护后围岩动态进行量测与监控,对各种辅助作业的三管两线(即高压风管、高压水管、通风管、电线和运输路线)要求保持技术上的良好状态。

④ 重视和加强对施工操作人员的技术培训,使其能熟练掌握各种机械和新技术,不断提高工效,改进施工管理,加快施工速度。

⑤ 全断面法开挖选择支护类型时,应优先考虑打锚杆和喷混凝土、挂网、架钢拱架等支护形式为佳。

2. 台阶法

所谓台阶法,就是为了控制围岩变形而采用的纵向分部开挖法。它将结构断面分成两步或多步开挖,具有上下两个工作面或多个工作面。其优点是灵活多变、适用性强。视围岩条件及机械配套情况派生出的各种台阶法,可根据工程实际、围岩条件及机械条件,选择适合的方式。至于施工中应采用何种台阶法,要根据以下两个条件来决定:①满足初次支护形成闭合断面的时间要求,围岩越差,闭合时间要求越短;②满足上断面施工所用的开挖、支护、出渣等机械设备施工场地大小的要求。

在软弱围岩中应以第一个条件为主,兼顾后者,确保施工安全。在围岩条件较好时,主要考虑如何更好地发挥机械效率,保证施工的经济性,故只考虑第二个条件。台阶法开挖施工流程如图 1-3 所示。

现将各种台阶法叙述如下:

(1)长台阶法:上、下断面相距较远,一般上台阶超前 50 m 以上或大于 5 倍洞跨。

① 长台阶法的作业顺序。上半断面开挖:a.用凿岩台车钻眼、装药爆破,地层较软时也可用挖掘机开挖;b.安设锚杆和钢筋网,必要时架设钢拱架、喷射混凝土;c.用推铲机械将石渣推运到台阶下,再由装载机装入车内运至洞外;d.根据支护结构形成闭合断面的时间要求,必要时在开挖上半断面后,可建造临时底拱,形成上半断面的临时闭合结构,然后在开挖下半断面时再将临时底拱挖掉。

下半断面开挖:a.用凿岩台车钻眼、装药爆破,装渣直接运至洞外;b.安设边墙锚杆(必要时)和喷混凝土;c.用反铲挖掘机开挖水沟,喷底部混凝土。

② 优缺点及适用条件:有足够的工作空间和相当的施工速度,上部开挖支护后,下部作业就较为安全,但上下部作业有一定的干扰。相对于全断面法来说,长台阶法一次开挖的断面和高度都比较小,只需配备中型凿岩台车即可施工,并且对维持开挖面的稳定也十分有利。

所以，它的适用范围较全断面法而言更加广泛，凡是采用全断面法开挖面不能自稳，但围岩坚硬不需要底拱封闭断面的情况，都可采用长台阶法。

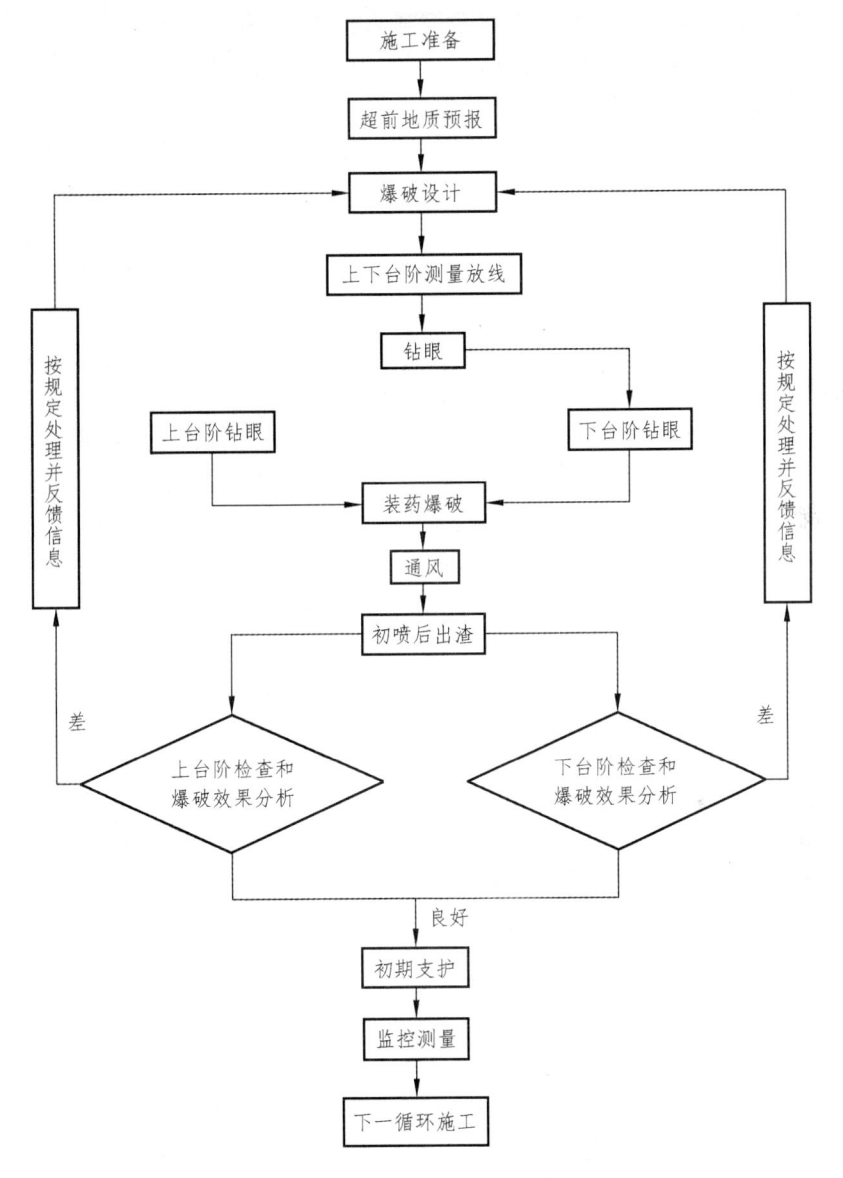

图 1-3　台阶法开挖施工流程

（2）短台阶法：台阶长度小于 5 倍但大于 1~1.5 倍洞跨，上下断面采用平行作业。短台阶法的作业顺序和长台阶法相同。

优缺点及适用条件：由于短台阶法可缩短支护结构闭合的时间，改善初次支护的受力条件，有利于控制隧道收敛速度和量值，所以适用范围很广，Ⅰ~Ⅴ级围岩都能采用，尤其运用于Ⅳ、Ⅴ级围岩，是新奥法施工中经常采用的方法。缺点是上台阶出渣时对下半断面施工的干扰较大，不能全部平行作业。为解决这种干扰，可设置由上半断面过渡到下半断面的坡道，将上台阶的石渣直接装车运出。过渡坡道的位置可设在中间，也可交替设在两侧。

（3）微台阶法：台阶仅超前3~5 m，只能采用交替作业。

优缺点及适用条件：由于微台阶法初次支护较全断面法闭合时间更短，更有利于控制围岩变形。在城市隧道施工中，能更有效地控制地表沉陷。所以，微台阶法适用于膨胀性围岩和土质围岩等要求及早闭合断面的场合，也适用于机械化程度不高的各类围岩地段。缺点是上下断面相距较近，机械设备集中，作业时相互干扰较大，生产效率较低，施工速度较慢。在软弱围岩段施工时，应特别注意开挖工作面的稳定性，必要时可对开挖面进行预加固或预支护。

（4）三台阶法：以分台阶机械开挖为基本模式，分上、中、下3个台阶，各部位的开挖与支护沿隧道纵向错开、平行推进的隧道施工方法。三台阶法施工作业流程如图1-4所示。

优缺点及适用条件：施工空间大，方便机械化施工，可以多作业面平行作业。在地质条件发生变化时，便于灵活、及时地转换施工工序，调整施工方法，顶部围岩自稳条件差时可增加竖向临时支撑，将上台阶分为左右两个洞室开挖，减小上部开挖断面面积，缩短开挖进尺，围岩稳定后可拆除竖向临时支撑，适应不同跨度和多种断面形式，初期支护工序操作便捷。当围岩变形较大或突变时，在保证安全和满足净空要求的前提下，可尽快调整闭合时间，开挖进度快、围岩扰动小、作业人员少、安全性高。三台阶机械开挖法适用于三车道大断面隧道，且围岩具备一定自稳条件的Ⅳ、Ⅴ级围岩地段隧道的施工。

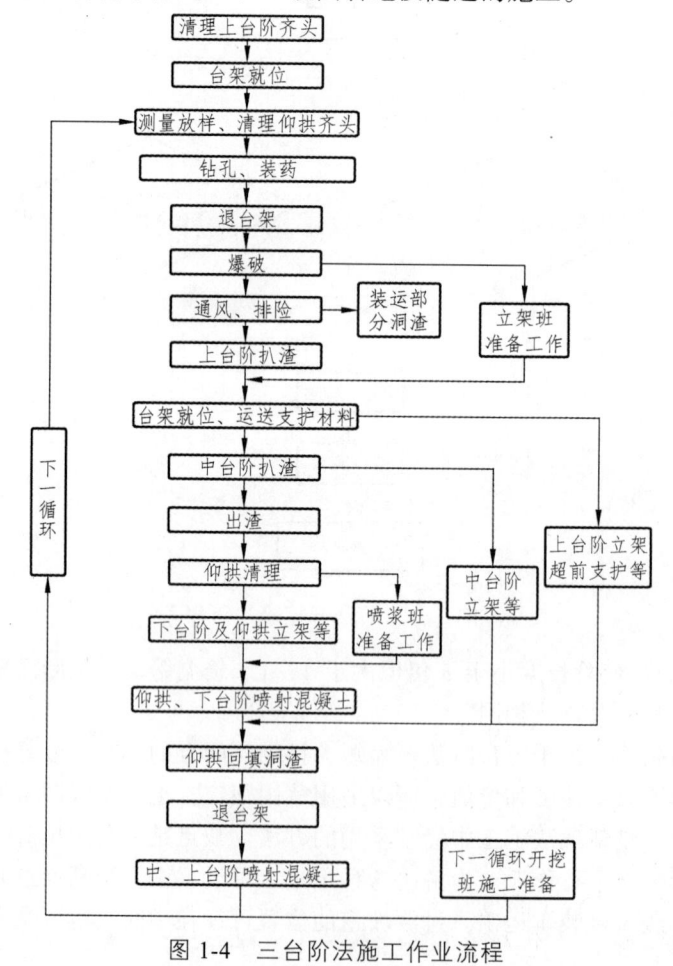

图1-4 三台阶法施工作业流程

台阶法施工如图 1-5 所示，施工现场如图 1-6 所示。

图 1-5　台阶法施工　　　　　　图 1-6　台阶法施工现场

3. 分部开挖法

分部开挖法包括环形开挖预留核心土法、双侧壁导坑法、中洞法、中隔壁法等。该方法是将隧道开挖断面进行分部开挖，逐部成型，故此可称为导坑超前开挖法。

1）环形开挖预留核心土法

（1）开挖面分部形式：一般将断面分成环形拱部、上部核心土、下部台阶 3 部分。

（2）环形开挖预留核心土法施工流程如图 1-7 所示。

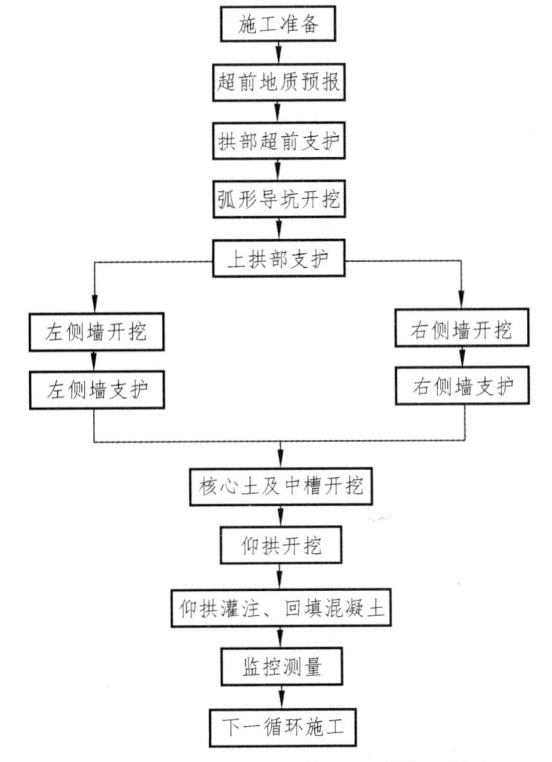

图 1-7　环形开挖预留核心土法施工流程

由于拱形开挖高度较小，施设锚杆不易，所以施工中不设或少设锚杆。环形开挖进尺不宜过长。上部核心土和下台阶的距离，一般双线隧道为 1 倍洞跨，单线隧道为 2 倍洞跨。

（3）优缺点及适用条件：在台阶分部开挖法中，因为上部留有核心土支挡着开挖面，而且能迅速及时地建造拱部初次支护，所以开挖工作面稳定性好。和台阶法一样，核心土和下部台阶开挖都是在拱部初次支护保护下进行的，施工安全性好。这种方法适用于土质一般或易坍塌的软弱围岩段。虽然核心土增强了开挖面的稳定，但开挖过程中围岩要经受多次扰动，而且断面分块多，支护结构形成全断面封闭的时间长，这些都有可能使围岩变形增大。因此，该工法常要结合辅助施工措施对开挖工作面及其前方岩体进行预支护或预加固。

环形开挖预留核心土法施工如图1-8所示，施工现场如图1-9所示。

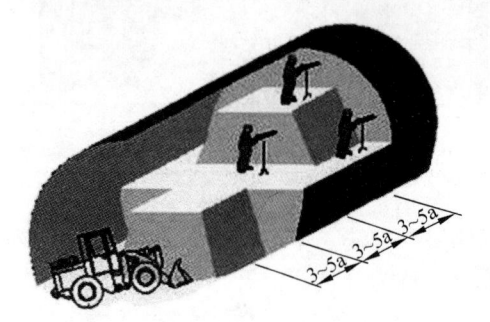

图1-8 环形开挖预留核心土法　　　　图1-9 环形开挖预留核心土法施工现场

2）单侧壁导坑法

（1）开挖面分部形式：一般将断面分成侧壁导坑、上台阶、下台阶3部分。侧壁导坑尺寸应充分利用台阶的支撑作用，并考虑机械设备和施工条件而定。一般侧壁导坑宽度不宜超过0.5倍洞宽，高度以到起拱线为宜，故导坑可一次开挖和支护，不需要架设工作平台，人工架立钢支撑也较方便。导坑与台阶的距离没有硬性规定，上、下台阶的距离则视围岩情况参照短台阶法或超短台阶法拟定。

（2）施工作业顺序。

① 开挖侧壁导坑，并进行初次支护，应尽快使导坑的初次支护闭合。

② 开挖上台阶，进行拱部初次支护，使其一侧支承在导坑的初次支护上，另一侧支撑在下台阶上。

③ 开挖下台阶，进行另一侧边墙的初次支护，并尽快建造底部初次支护，使全断面闭合。

④ 拆除导坑临空部分的初次支护。

⑤ 建造内层衬砌。

（3）优缺点及适用条件：单侧壁导坑法是将断面横向分成3块或4块，每步开挖的宽度较小，且封闭型的导坑初次支护承载能力大，所以，单侧壁导坑法适用于断面跨度大，地表沉陷难以控制的软弱松散围岩段。

3）双侧壁导坑法（眼镜工法）

（1）开挖面分部形式：一般将断面分成左、右侧壁导坑，上部核心土，下台阶4部分。导坑尺寸拟定的原则同前，但宽度不宜超过断面最大跨度的1/3。左、右侧导坑错开的距离，应根据开挖一侧导坑所引起的围岩应力重分布的影响不波及另一侧已成导坑的原则确定。

（2）双侧壁导坑法施工步骤：

左侧导洞超前预支护，全段侧壁墙采用 $\Phi 22$ 锚杆超前预支护。开挖左侧导洞。左侧导洞初期支护，支护紧跟掌子面，主洞洞身及侧壁墙初喷后，主洞洞身支护采用组合式锚杆、钢筋网片、I22b 型工字钢支撑，纵向间距为 50 cm 一榀，复喷混凝土至 30 cm。侧壁墙采用 I18 临时工字钢，其纵向间距与主洞洞身相同，并在拱部及底部相互焊接牢固（上部采用螺栓连接，下部采用焊接），侧壁墙采用湿喷混凝土 20 cm 加强支护，使之形成闭合环。工字钢间采用纵向连接钢筋连接，以加强钢支撑的稳定性；右侧导洞超前预支护，全段侧壁墙采用 $\Phi 22$ 锚杆超前预支护。左侧导洞开挖 3~5 m 后，开挖右侧导洞。右侧导洞初期支护，主洞洞身及侧壁墙支护同左侧导洞。上半断面超前预支护。右侧导洞开挖 3~5 m 后，开挖上半断面。上半断面初期支护，支护同左右侧主洞。开挖下半断面。下半断面初期支护，支护同左右侧主洞。拆除侧隔壁墙，整体灌注仰拱混凝土及填充层。铺设环向盲沟和防水板，整体灌注二衬混凝土。双侧壁导坑法开挖施工步骤如图 1-10 所示。双侧壁导坑法施工工序纵断面俯视图如图 1-11 所示。

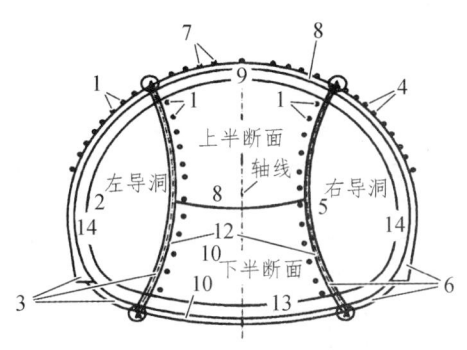

图 1-10 双侧壁导坑法开挖施工步骤

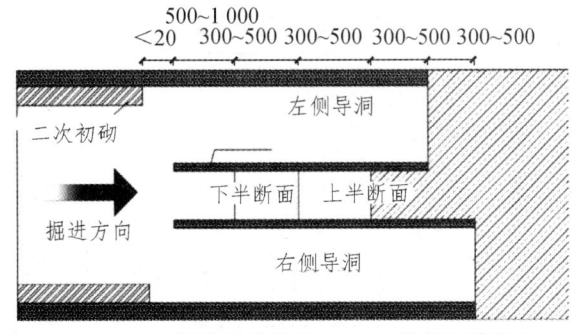

图 1-11 双侧壁导坑法施工工序纵断面俯视图

（3）双侧壁导坑法施工流程如图 1-12 所示。

（4）优缺点及适用条件：当隧道跨度很大，地表沉陷要求严格，围岩条件较差，单侧壁导坑法难以控制围岩变形时，可采用双侧壁导坑法。虽然双侧壁导坑法开挖断面分块多，扰动大，初次支护全断面闭合时间长，但每个分块都是在开挖后立即各自闭合的，所以在施工过程中变形几乎不发展。双侧壁导坑法施工安全，但速度较慢，成本较高。

4）中隔壁法（CD）

通过在国内铁路隧道和城市地下工程中的实践，证明中隔壁法是修建软弱、浅埋、大跨度隧道最有效的施工方法，它适用于Ⅴ～Ⅵ级围岩的浅埋双线隧道施工。中隔壁法开挖时，应沿一侧自上而下分为二或三部进行，每开挖一部均应及时施作锚喷支护、安设钢架、施作中隔壁墙，底部应设临时仰拱，中隔壁墙依次分部联结而成，之后再开挖中隔墙的另一侧，其分部及支护形式与先开挖的一侧相同。

中隔壁法施工要求：各部开挖时，周边轮廓尽量圆顺，减小应力集中；各部的底部高程应与钢架接头处一致；每一部的开挖高度为3.5 m；后一侧开挖应全断面及时封闭；左右两侧纵向间距一般为30～50 m；中隔壁墙设置为弧形或圆弧形。

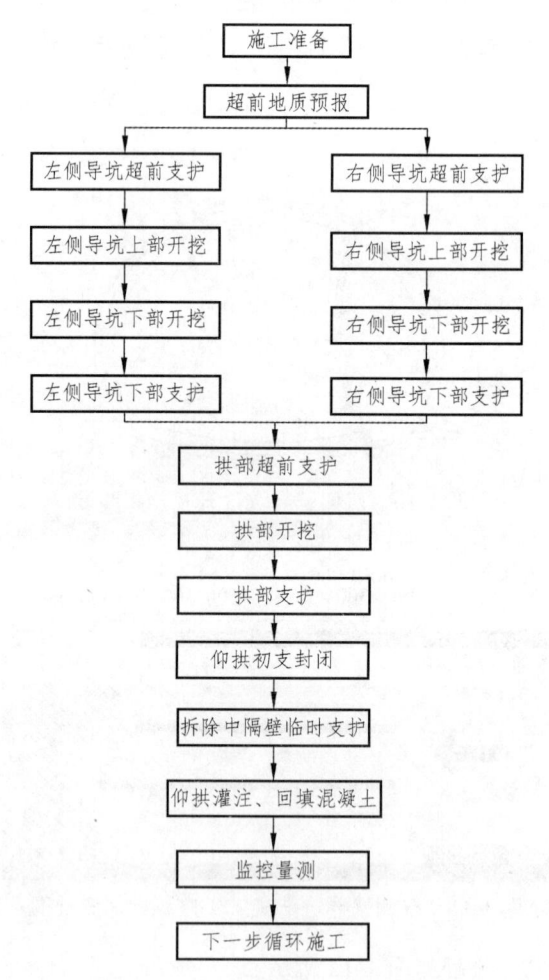

图1-12 双侧壁导坑法施工流程

中隔壁法开挖与支护工序如图1-13所示。中隔壁法施工流程如图1-14所示。

中隔壁法（CD开挖法）

1.先行导坑上部开挖；
(2)先行导坑上部初期支护；
3.先行导坑中部开挖；
(4)先行导坑中部初期支护；
5.先行导坑下部开挖；
(6)先行导坑下部初期支护；
7.后行导坑上部开挖；
(8)后行导坑上部初期支护；
9.后行导坑中部开挖；
(10)后行导坑中部初期支护；
11.后行导坑下部开挖；
(12)后行导坑下部初期支护；
(13)仰拱超前浇筑；
(14)全断面二次衬砌。

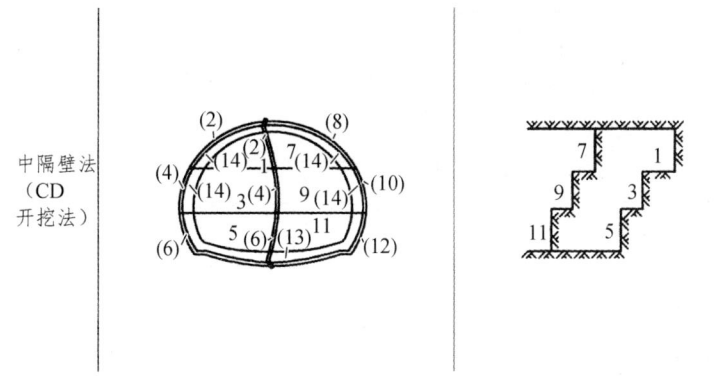

图 1-13  中隔壁法开挖、支护工序

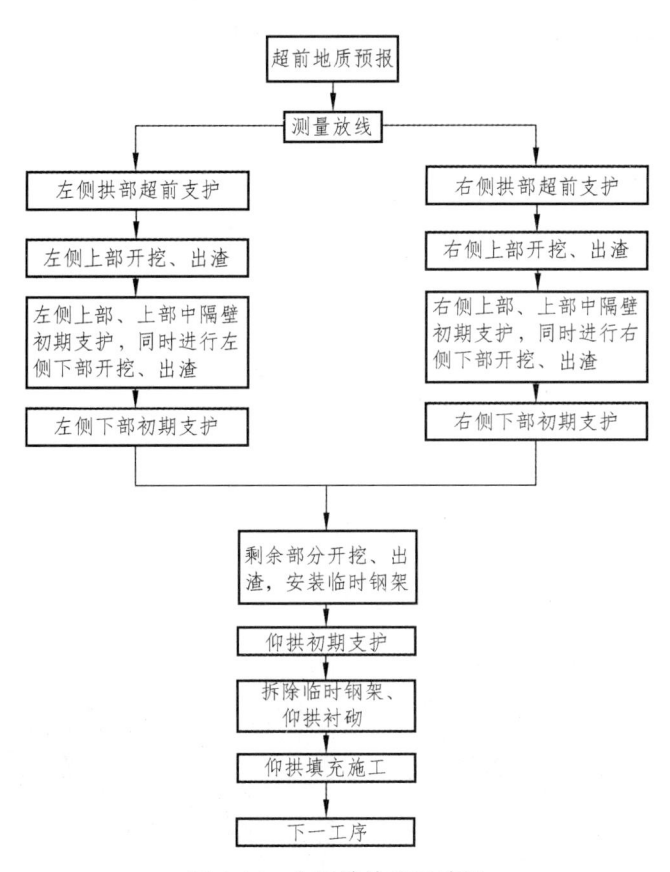

图 1-14  中隔壁法施工流程

5）交叉中隔壁法（CRD）

交叉中隔壁法适用于Ⅴ~Ⅵ级围岩浅埋的双线或多线隧道施工，采用自上而下分2~3部开挖中隔壁墙的一侧，并及时支护，待完成1~2部后，即开始另一侧1~2部开挖及支护，形成左右两侧开挖及支护相互交叉的情形。交叉中隔壁法施工流程如图1-15所示。

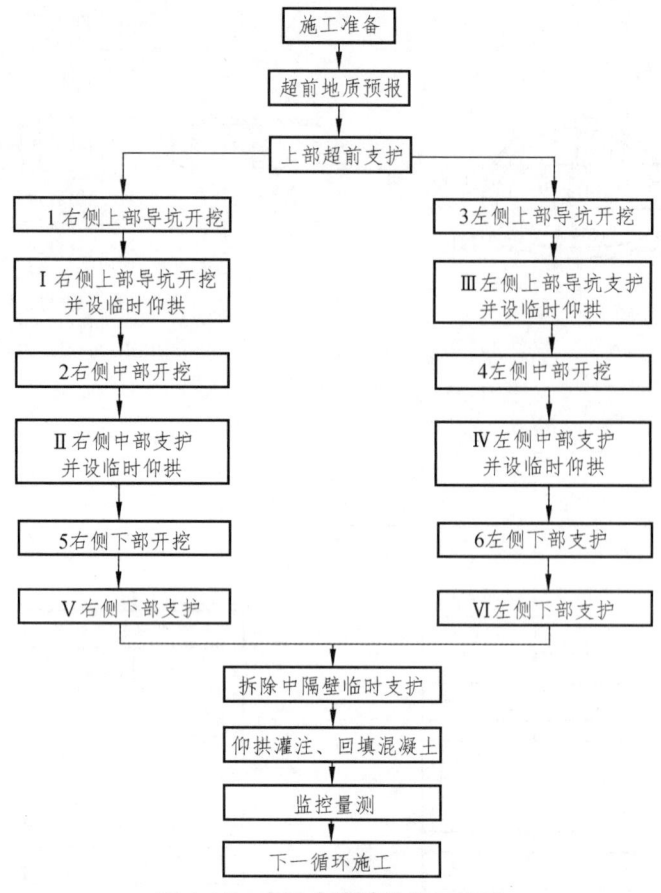

```
                        施工准备
                           │
                      超前地质预报
                           │
                      上部超前支护
                    ┌──────┴──────┐
                    │             │
            1 右侧上部导坑开挖   3 左侧上部导坑开挖
                    │             │
            Ⅰ 右侧上部导坑开挖   Ⅲ 左侧上部导坑支护
              并设临时仰拱       并设临时仰拱
                    │             │
            2 右侧中部开挖     4 左侧中部开挖
                    │             │
            Ⅱ 右侧中部支护     Ⅳ 左侧中部支护
              并设临时仰拱       并设临时仰拱
                    │             │
            5 右侧下部开挖     6 左侧下部支护
                    │             │
            Ⅴ 右侧下部支护     Ⅵ 左侧下部支护
                    └──────┬──────┘
                      拆除中隔壁临时支护
                           │
                    仰拱灌注、回填混凝土
                           │
                        监控量测
                           │
                       下一循环施工
```

图 1-15　交叉中隔壁法施工流程

采用交叉中隔壁法施工，除满足中隔壁法的要求外，还应满足：设置临时仰拱，部部成环；自上而下，交叉进行；中隔壁墙及交叉临时支护，在灌注二次衬砌时，应逐段拆除。交叉中隔壁法施工如图 1-16 所示，施工现场如图 1-17 所示。

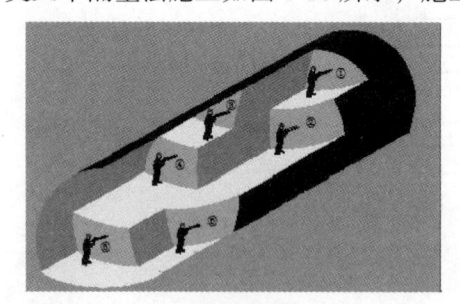

图 1-16　交叉中隔壁法施工　　　图 1-17　交叉中隔壁法（CRD）法施工现场

### 1.1.1.3　辅助工法

在前文介绍隧道开挖方法时，就有一个假定，即开挖面（或称掌子面）均为直立的。但事实上这个假定只能对于稳定性较好的围岩才成立，对于软弱破碎围岩则不然。在这种情形下，即使是采取短进尺开挖，开挖面也会向下坍塌。其结果是造成前方开挖面和支护的更大坍塌，甚至影响后方的支护部分的稳定或导致地表沉陷。当地下水丰富时，这种情况就更为严重。在隧道工程历史中，这样的事例并不鲜见，造成了人、财、物的大量消耗。

随着开挖技术、锚喷支护技术、地层改良技术的研究应用和发展，隧道工作者提出了许多辅助稳定措施，从而使得现代隧道工程施工的开挖和支护变得更简洁、及时、有效、彻底，也更具有可预防性和安全性。

隧道施工中常用的辅助稳定措施如图 1-18 所示。

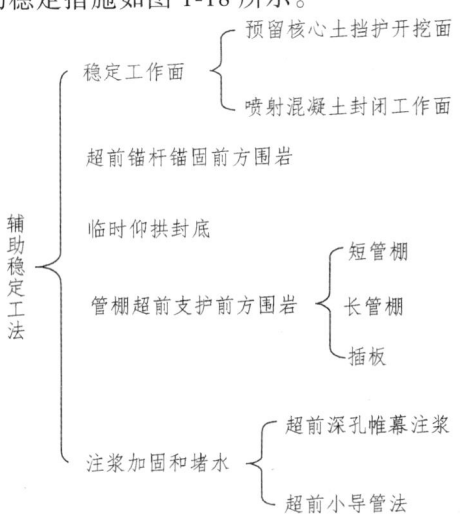

```
                    ┌ 稳定工作面 ┬ 预留核心土挡护开挖面
                    │            └ 喷射混凝土封闭工作面
                    │
                    ├ 超前锚杆锚固前方围岩
辅助稳定工法 ───────┤
                    ├ 临时仰拱封底
                    │                       ┌ 短管棚
                    ├ 管棚超前支护前方围岩 ┼ 长管棚
                    │                       └ 插板
                    │
                    └ 注浆加固和堵水 ┬ 超前深孔帷幕注浆
                                     └ 超前小导管法
```

图 1-18　隧道施工中常用的辅助稳定措施

上述辅助稳定措施的选用应视围岩地质条件、地下水情况、施工方法、环境要求等具体情况而定，并尽量与常规施工方法相结合，进行充分的技术经济比较，选择一种或几种同时使用。铁路隧道常用辅助工法的说明和应用实际如表 1-3 所示。

表 1-3　铁路隧道常用辅助工法的说明和应用实际

| 辅助工法名称 | 工法说明 | 应用实际 |
| --- | --- | --- |
| 管棚工法 | 在隧道开挖前，沿开挖工作面的拱部外打入 $\Phi 70 \sim 180$ mm 的钢管，压注砂浆，开挖时用钢架支护结构支撑这种钢管所进行的支护工作 | 洞口、浅埋段、拱顶地质松软易坍落段，下穿公路等建筑物，防止地表沉降等 |
| 小导管预注浆工法 | 在开挖前，沿开挖面的拱部外周插入钢管，压注浆液，开挖时用钢架支护结构支承钢管所进行的支护工作 | 拱顶薄层松软带，断层破碎带，受地下水影响的地质不稳定、易于坍落掉块的Ⅳ、Ⅴ级围岩隧道段 |
| 帷幕注浆工法 | 在隧道开挖前，为固结围岩、填充空隙或堵水，沿着开挖面及周围进行的注浆 | 极软弱围岩，大富水断层破碎带、地下水发育可能引起大量地下水流失的隧道 |
| 径向局部注浆工法 | 隧道开挖后，沿隧道径向进行的局部钻孔注浆方法 | 为封堵隧道周边局部水流或小面积渗水以及固结局部围岩 |
| 地表旋喷桩加固工法 | 在需要进行加固的土体上方，垂直钻设灌浆孔，高压注入空气、水及水泥浆，撕裂土体扩大灌浆范围，并利用水泥浆固结土体，达到增加土体承载力的目的 | 软岩浅埋隧道，基础支承承载力不足、地下水位较高的明挖法围护机构的防水等 |
| 井点降水工法 | 在开挖隧道的两边钻孔，并安放包裹滤网的透水管，抽水降低地下水位的方法 | 特殊地段降低地下水位，减少含水层流动性 |
| 超前玻璃纤维稳固工作面工法 | 在开挖工作面，超前钻设玻璃纤维锚杆，并进行注浆加固，以达到止水及固结前方围岩的目的 | 开挖面呈流动不稳定时，玻璃纤维锚杆在开挖时易于截断 |

续表

| 辅助工法名称 | 工法说明 | 应用实际 |
| --- | --- | --- |
| 仰拱栈桥施工工法 | 为保持仰拱施工时洞内运输的正常进行，减少仰拱超前衬砌施工的干扰，而在仰拱施工段的上方放置移动栈桥的施工方法 | 长隧道中开挖、锚喷支护衬砌、仰拱施工必须分段一次整体浇筑，不能半幅施工，确保仰拱施工质量 |

### 1.1.2 钻爆法作业线

钻爆法，即是通过钻孔、装药、爆破开挖岩石的方法。隧道工程采用钻爆法施工时，从开挖到最后成洞需要经过一系列的作业工序。根据各工序所负责的工作内容可将整个隧道施工流程分为超前地质预报和超前预加固作业线、开挖作业线、出渣作业线、支护作业线、仰拱作业线、防排水作业线、混凝土衬砌作业线、沟槽作业线等。下面将对各作业线的作业工艺方法进行详细介绍。钻爆法施工流程如图 1-19 所示。

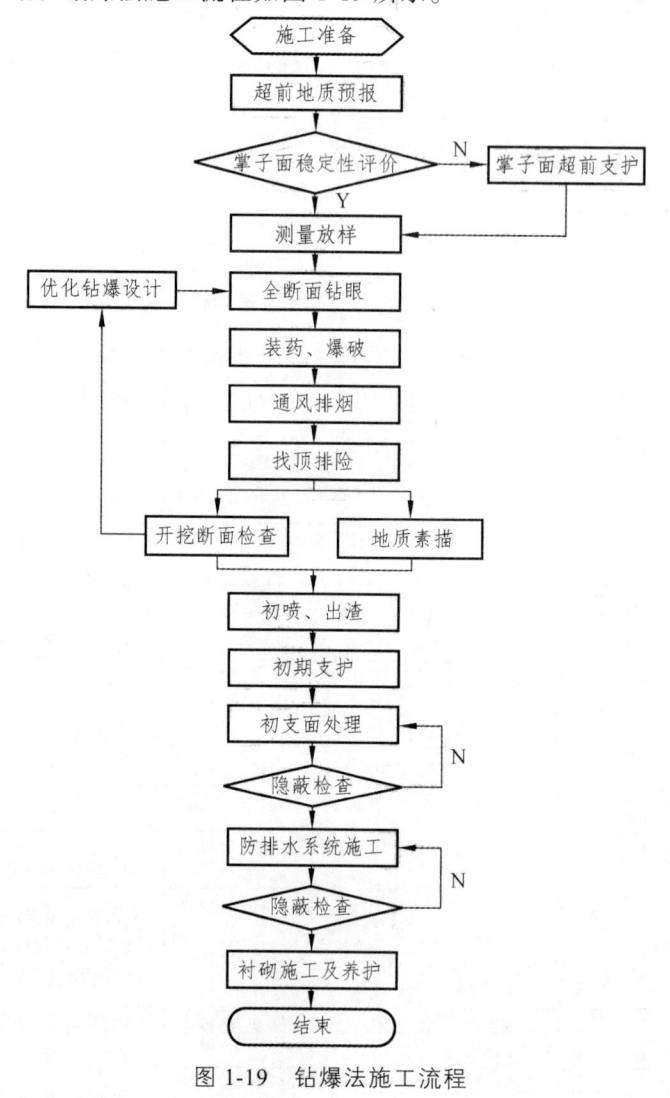

图 1-19 钻爆法施工流程

#### 1.1.2.1 超前地质预报和超前预加固作业线

超前地质预报是分析现有地质勘探资料,并在此基础上,通过各种测量手段和分析方法,对隧道开挖工作面前方的地质情况提前做出预报并提出相应的技术措施建议,如前方的工程地质与水文地质条件以及不良地质体的工程性质、位置、产状、规模等。

钻爆法隧道施工中常用的地质超前预报方法可归纳为两大类:一类属破坏方法,另一类属非破坏方法。破坏方法是指用破坏的方法凿开隧道直接取样,包括工程地质测绘方法、水文地质测试方法、超前洞探法和超前钻孔法;非破坏方法即物理方法,它包括波测法、电法、热红外法等。另外,根据预报的距离地质超前预报方法还可以分为长期超前地质预报和短期超前地质预报。长期超前地质预报一般一次预报 50 m 以上;短期超前地质预报又称跟踪预报,它是在长期超前地质预报的基础上,结合其成果,进行更加准确的预报,是正确指导施工必须采取的工作步骤。除以上地质超前预报方法外,在隧道机械化施工中还可通过全电脑三臂凿岩台车随钻测量(MWD)地质分析软件,对钻孔速度、扭矩、压力等参数进行数据分析,形成地质云图,更加直观地反映掌子面前方围岩的硬度和裂隙发育情况。

超前预加固是对掌子面进行提前预加固处理,保证掌子面开挖后围岩不会发生坍塌,通常只有在围岩条件很差时才会采用。通常有 5 类加固措施:掌子面喷混凝土封闭、玻璃纤维锚杆加固、超前小导管、管棚加固、超前注浆加固。

掌子面喷射混凝土封闭,采用湿喷台车施作;管棚、小导管和掌子面玻璃纤维锚杆的钻孔可采用全电脑三臂凿岩台车或锚杆台车等成孔、装管;注浆可采用注浆一体化平台人工配合施作。有关的作业设备将在第三章中进行详细介绍。

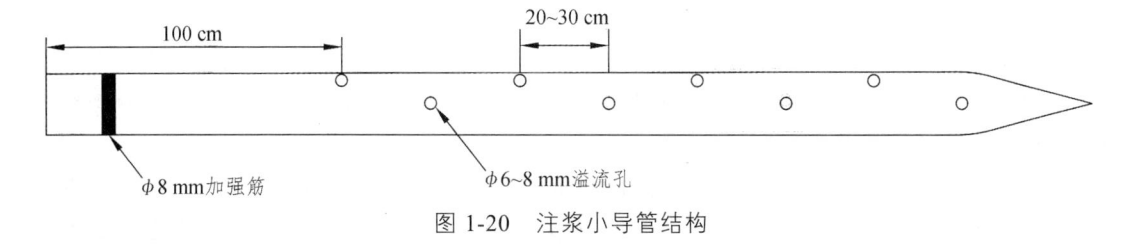

1. 超前小导管法

1)工法概述

超前小导管法是稳定开挖工作面的一种非常有效的辅助施工方法,注浆小导管结构如图 1-20 所示。在软弱及破碎岩层施工中,超前小导管对松散岩层起到加固作用,注浆后增强了松散、软弱围岩的稳定性,有利于隧道开挖后与初期支护完成前这段时间内的围岩稳定,使其不至于围岩失稳、破坏,直至坍塌,主要用于自稳时间短的软弱破碎带、浅埋段、洞口偏压段、砂层段、砂卵石段、断层破碎带等地段的预支护,施工工艺流程如图 1-21 所示。

图 1-20 注浆小导管结构

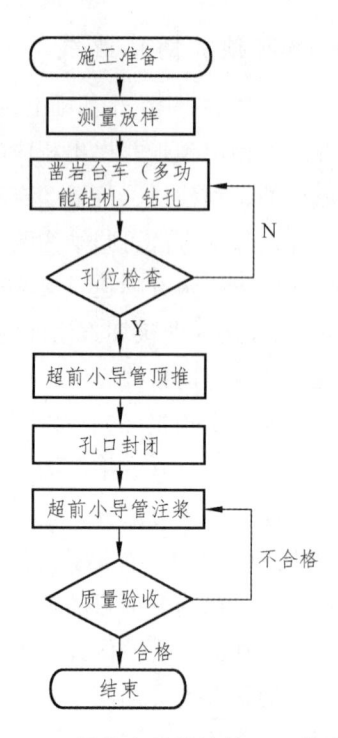

```
         施工准备
            │
         测量放样
            │
      凿岩台车(多功
      能钻机)钻孔 ←──┐
            │        │
         孔位检查 ──N─┘
            │
            Y
            │
      超前小导管顶推
            │
         孔口封闭
            │
      超前小导管注浆 ←──┐
            │          │
         质量验收 ──不合格┘
            │
           合格
            │
           结束
```

图 1-21 超前小导管法施工工艺流程

2）工法原理

在隧道开挖前，将小导管沿开挖轮廓线打入掘进前方稳定的岩层内，末端支承在隧道拱部的钢架上，并对小导管进行注浆，增加小导管的刚度和固结前方松散围岩，使其起到支护掘进进尺范围内拱部上方围岩的作用，有效地约束围岩在（爆破）开挖后的一定时间内不发生松弛坍塌。超前小导管的主要作用如下：

（1）改良工作面前方的围岩结构，在开挖面以外形成厚度为 0.5～1.0 m 的加固圈。

（2）超前小导管与钢架、固结的地层共同作用形成超前支护结构，从而保证开挖工作面的稳定，防止开挖工作面松弛、坍塌。

3）工法特点

（1）超前小导管配合型钢钢架，可应用于隧道Ⅳ、Ⅴ、Ⅵ级围岩拱部超前注浆预支护，小导管长度一般为 3.5～5.0 m，按照隧道的开挖进尺，隧道每个开挖循环施工一次或两个开挖循环施工一次。

（2）超前小导管应沿隧道拱部轮廓线按照设计间距均匀布设，可以有效地改善开挖工作面前方的地质条件和自稳能力，施工机具设备简单，施工操作方便，但其支护的整体稳定性没有管棚支护好。

（3）小导管的外插角根据小导管的长度和钢架的间距调整，定位较准确，一次施工长度短，孔的角度偏差小，孔底外插值小，开挖后小导管结构起棚架作用，下部超挖部分较少，有利于隧道施工。

（4）根据隧道围岩变化情况，不用扩大隧道断面就可随时施工，也可采用人工风动凿岩机施工，不需要专用设备，钻孔和安装施作灵活方便。

4）施工方法

（1）按施工图中小导管布设要求，测量放样小导管布设轮廓线，沿轮廓线在开挖面上准确标记本循环需要布设的小导管孔位。

（2）钻孔：移动多功能作业台架就位，采用气腿式手风钻机进行钻孔，采用人工或钻机将小导管顶入，钢管尾端外露足够长度，超前小导管外插角严格按施工图要求施作，尾部与钢架焊接在一起。超前小导管与线路中线方向大致平行。孔位钻设偏差不超过 5 cm，孔深大于小导管长。

（3）钢管加工及施工：导管的前端加工成圆锥形，并封焊严实，管身设溢浆孔，按梅花形排列，后端 1 m 范围不设溢浆孔，管尾设一加固环。

（4）钢管插入及孔口密封处理：在小导管尾部安装止浆阀。

（5）钢管由专用顶头顶进，顶进钻孔长度<管长的 90%。钢管尾端除焊上挡圈外，再用胶泥麻筋缠箍成楔形，以便钢管顶进孔内后其外壁与岩壁间隙堵塞严密。钢管尾端外露足够长度，并与钢支撑焊接在一起。钢管顶进时，注意保护管口不受损变形，以便与注浆管路连接。注浆前先检查导管孔口是否达到密封标准，以防漏浆。

（6）注浆：采用高压注浆泵注浆，注浆压力为 0.2~0.5 MPa，一般以单管达到施工图标示注浆量作为结束标准。当注浆压力达到终压不少于 20 min，进浆量仍达不到注浆终量时，也可结束注浆。注浆结束后，将管口封堵，以防浆液倒流管外。

2. 超前管棚工法

1）管棚工法概述

管棚工法或称伞拱法，是地下结构工程浅埋暗挖时的超前支护方法。其实质是在拟开挖的地下隧道或结构工程的衬砌拱圈隐埋弧线上，预先钻孔并安设惯性力矩较大的厚壁钢管，起临时超前支护作用，防止土层坍塌和地表下沉，必要时在管内进行置换注浆，将钢管周围的土层和钢管固结成整体，以增强其支撑能力，并起到防水的作用，以保证掘进与后续支护工艺安全运作。在所有的预支护措施中，该措施是支护能力最强大的，但管棚支护的施工技术复杂，精度要求高，造价高，施工速度慢。因此，只有在必需时才采用管棚超前支护。

管棚工法与其他超前预支护工法相比，具有明显的优点，主要表现在以下几方面：

（1）管棚工法所采用的钢管具有较高的刚性强度，而且管径相对较大，能够承载较大上部负荷。

（2）管棚支护需要与型钢拱架配合使用，钢管作为纵向支护，型钢拱架作为横向支护，同时作为管棚末端的支撑。管棚注浆后，其与围岩共同组成刚度和承载力较大的承载拱，随着掘进作业的推进，它将支承岩巷上面的破碎围岩。

（3）对管棚采用充填挤压注浆，稠度较大的浆液通过管壁孔注入周围岩体，对其充填挤压，改善管棚周围附近围岩的整体性，并起阻水帷幕的作用。

（4）管棚工法打设的钢管长度较大。目前，施作的管棚长度可以达到 100 m 以上，这样可以大大减少预支护循环次数，加快施工进度。

（5）管棚工法能够通过专用导向仪精确控制管棚钢管铺设的轨迹线，确保管棚钢管按设计要求铺设，有利于控制隧道施工时的开挖量，减少施工成本。

（6）管棚工法因为采用大功率的水平定向钻机，施工效率比较高，可大幅度减少隧道开挖过程中的辅助时间，提高施工效率。

（7）管棚工法可作为独立的加固围岩方法，用作建造永久支护结构。

2）管棚的分类

（1）按管棚层数分类。

管棚一般有单层和双层两种形式，比较常见的是单层管棚，是指管棚支护体系中只有一层钢管。双层管棚则是指开挖轮廓线外有两层钢管的管棚，主要应用于隧道上部荷载较大或隧道周边近距离存在建筑物时。

①单层管棚：在一般的软弱破碎围岩、塌方、裂隙发育岩体和膨胀性地层等地质地段应用。单层中小管棚的支护能力已经足够对围岩进行支护。特殊时候单层中管棚可以用于洞口浅埋或者偏压地段，作为一种保护进洞施工的预防措施。

②双层管棚：在地下水发育的地段，容易发生隧道大面积渗水。这种情况下不仅要对围岩进行支护，还必须考虑对地下水的封堵。对双层管棚注浆加固围岩，使其形成堵水帷幕，是对这类地段非常好的一种解决办法。在洞口极破碎和对地面沉降控制要求十分严格的地段，双层管棚对地表沉降的控制也十分有效。

（2）按钢管直径分类。

按钢管直径一般可以把管棚分为小管棚、中管棚、大管棚3种，小管棚钢管直径一般不大于129 mm，钢管直径30~60 mm的管棚，又称为小导管；钢管直径129~299 mm的管棚被称为中管棚；钢管直径大于300 mm的管棚被称为大管棚。

3）管棚的布置形式及使用范围

管棚的布置形式及使用范围如表1-4和图1-22所示。

表1-4 管棚布置形式及适用范围

| 布置形式 | 适用范围 |
| --- | --- |
| 扇形 | 适用于隧道断面底层较稳定、拱部不稳定的地质条件 |
| 半圆形 | 适用于隧道下半部地层较稳定、起拱线以上地层不稳定和地表有建筑物的施工场合 |
| 门形 | 隧道基础稳定，断面内及上部地层不稳定的情况 |
| 全周形 | 适用于膨胀性、挤出性围岩等地质条件极差的场合 |
| 上部半侧形 | 隧道一侧有道路或者重要建筑物需要保护和隧道围岩偏压的情况 |
| 一字形 | 在公路、铁路或者结构物下方施工时采用 |
| 上部双层形 | 隧道拱部周边有重要建筑物或重要设施，地表沉降控制严格，或是地层有崩塌性、不稳定性的地质情况，或是河海底施工时采用 |

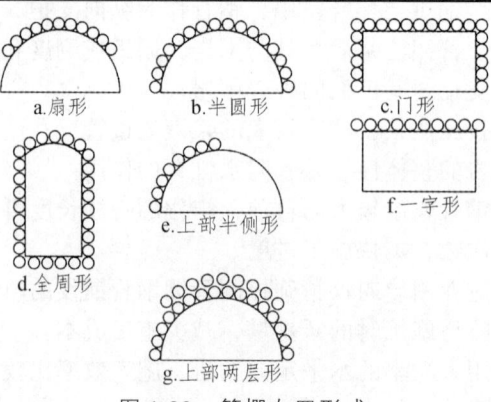

图1-22 管棚布置形式

4）管棚法施工工艺

管棚法施工工艺流程如图 1-23 所示。管棚钻机钻孔、钢管插入钻孔形成管棚及管棚搭接如图 1-24～图 1-26 所示。

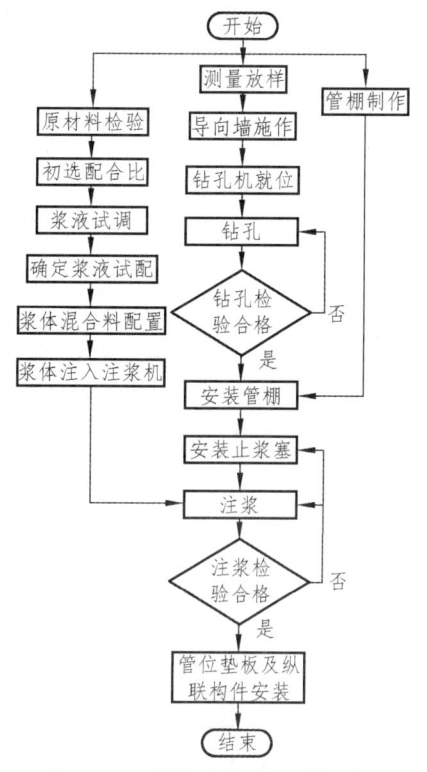

图 1-23 管棚法施工工艺流程

图 1-24 管棚钻机钻孔

图 1-25 把钢管插入钻孔形成管棚

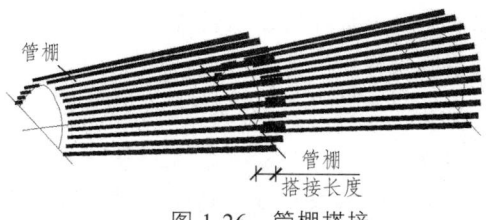

图 1-26 管棚搭接

3. 玻璃纤维锚杆加固法

1）工法概述

玻璃纤维锚杆注浆是对隧道掌子面正前方待挖岩体进行预注浆加固，由于玻璃纤维锚杆注浆是锚注一体工艺，则被加固岩体会因管材的锚固作用与其形成一个整体，对待开挖岩体提供约束反力，抑制其变形，提高了其抗侧压能力；同时改善了围岩的特性，在掘进过程中能及时在开挖轮廓线上方形成自稳拱，压力拱效应能够正常发挥，施工流程如图1-27所示。该工法对于不良地质地段解决掌子面、拱部岩体稳定的问题和隧道进洞控制地表下沉有较明显的效果。玻璃纤维锚杆的主要组成为玻璃纤维增强聚合物，材料的性能取决于纤维和聚合物的类型及横断面形状等，所以玻璃纤维锚杆的性能具有灵活多变的特点，能适应不同工程的特殊要求。

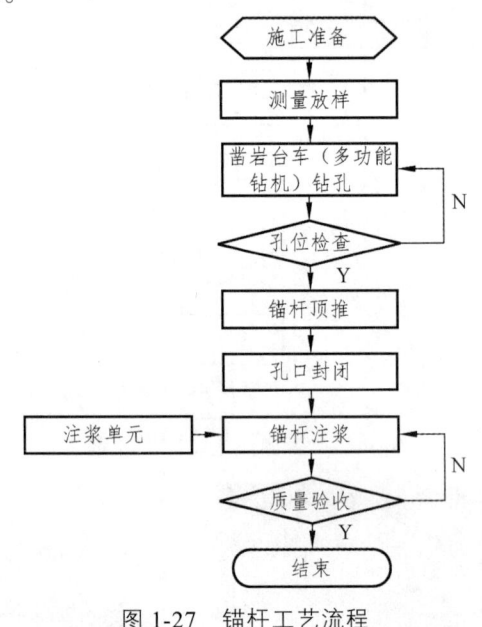

图1-27 锚杆工艺流程

2）工法特点

玻璃纤维锚杆预加固主要利用杆体强度高、易挖除的特点，在隧道通过不良地质地段时，对掌子面岩体进行预加固，可以提高施工安全和施工效率。其特点如下：

（1）可挖除。地下工程中采用玻璃纤维锚杆注浆预加固后的地段，开挖机械（盾构机、单臂掘进机、铣挖机等）可直接挖除通过，为实现隧道工程的机械化高效施工提供了可靠保证。

（2）杆体全段锚固，锚注结合。玻璃纤维锚杆配合分段注浆管注浆，不但为杆体全段提供锚固力，同时加固了杆体周围岩体。

（3）强度高、质量轻。高性能玻璃纤维锚杆的抗拉强度可达到钢质锚杆的1.5倍，质量为同种规格钢质锚杆的1/5～1/4。

（4）安全性好。具有防静电、阻燃、高度抗腐蚀、耐酸碱、耐低温等优点，满足地下工程安全生产的要求。

3）玻璃纤维锚杆的构造

玻璃纤维锚杆主要由两部分组成：第一部分为玻璃纤维属性的加强锚固构件；第二部分为注浆管路部件，注浆管内可套入止浆塞进行定向定域注浆。玻璃纤维锚杆结构如图1-28所示。

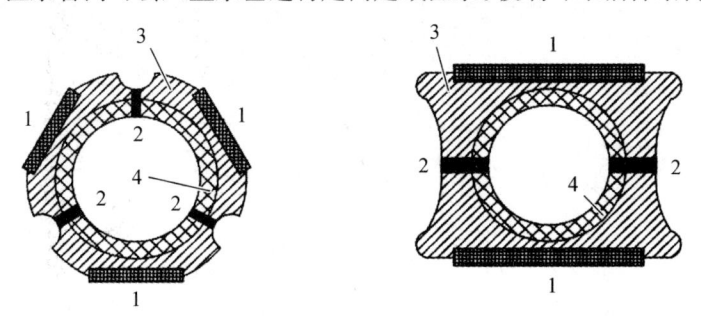

1—玻璃纤维条片；2—溢浆孔；3—固定连接件；4—注浆管。

图1-28　玻璃纤维锚杆结构剖面图

4）施工方法对比

（1）传统施工方法。

当隧道掘进过程中遇到大规模的不良地质段（如浅埋段、断层或软弱地层等）时，传统控制掌子面围岩稳定的做法是通过预留核心土来平衡掌子面土压力；或施作超前支护（超前锚杆、小导管、大管棚）；或采用分部开挖；或将几种方法综合，用以减少和控制掌子面的岩体压力及变形。该施工方法干扰大，施工进度慢，工作效率低，一定程度上影响了隧道工程的机械化施工。隧道施工中传统预注浆加固与开挖施工工艺如图1-29所示。

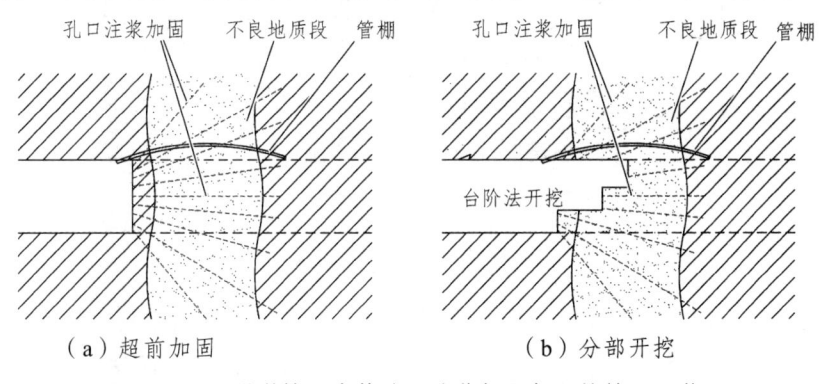

（a）超前加固　　　　　　　　　（b）分部开挖

图1-29　隧道施工中传统预注浆加固与开挖施工工艺

（2）玻璃纤维锚杆施工方法。

在隧道进洞和不良地质段施工时，沿隧道走向施工玻璃纤维锚杆，每两个开挖施工循环施作一次，对掌子面进行预加固。加固后的岩体开挖可采用全断面或二台阶开挖方式，以提高工程进度，降低施工风险。玻璃纤维锚杆注浆加固与开挖施工工艺如图1-30所示。

对于软弱围岩（或土质）地段，可通过小导洞对不良地质段进行径向注浆，使隧道周围围岩状况得到改良，然后再进行断面扩挖作业。玻璃纤维锚杆径向加固施工工法断面如图1-31所示。

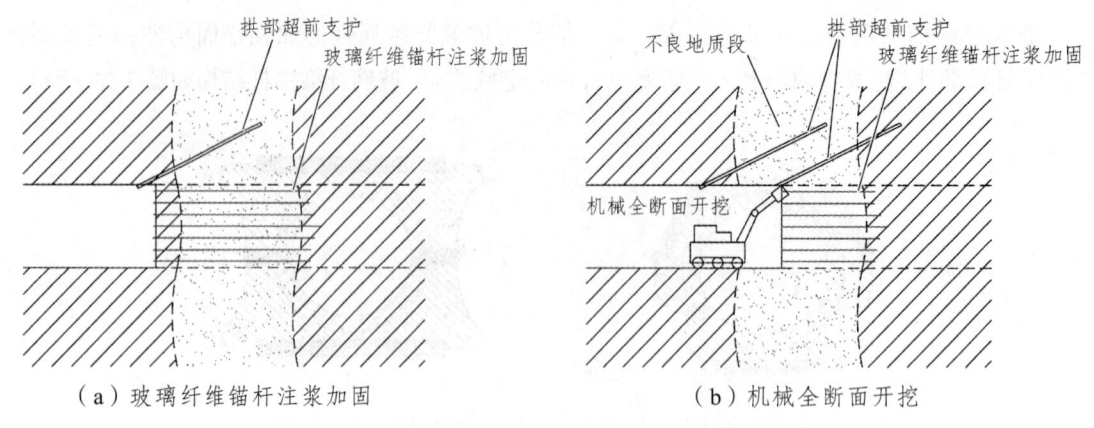

图 1-30　玻璃纤维锚杆注浆加固与开挖施工工艺

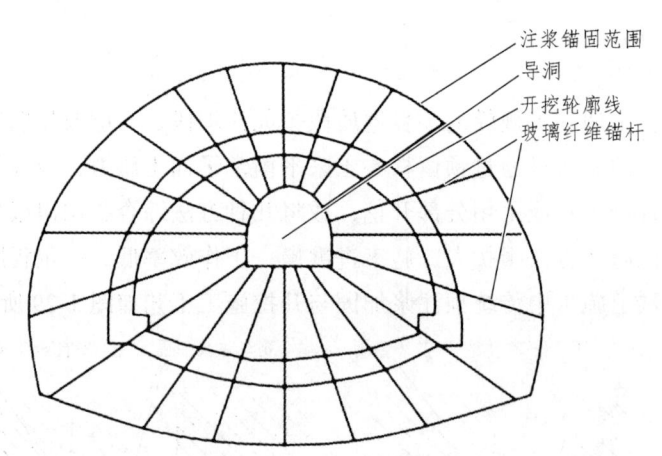

图 1-31　玻璃纤维锚杆径向加固施工工法断面图

### 1.1.2.2　开挖作业线

开挖作业线是整个钻爆法作业过程中极为重要的一环，开挖作业的质量对隧道的成本控制起着至关重要的作用。开挖作业主要是靠设备对开挖面先钻孔后在孔中填装炸药，通过爆破获得所需要的施工空间。开挖作业的开挖工法主要有全断面法、台阶法、预留核心土法等。其整个作业过程为施工准备、测量放样、钻孔及清理、钻孔验收、装药连线、爆破通风、掌子面检查清理等，开挖作业流程如图 1-32 所示。

#### 1. 施工准备

对作业面基底进行整平处理，隧底基面应该密实可靠，满足凿岩台车对基底面的承载力要求，并施作掌子面至仰拱段的临时排水沟；每个循环对台车定位点进行检查，若发生位移、破坏则需要及时更换；根据隧道设计围岩等级状况，提供在不同围岩下的钻爆设计图，并导入台车控制计算机，以供钻孔时随时调用。

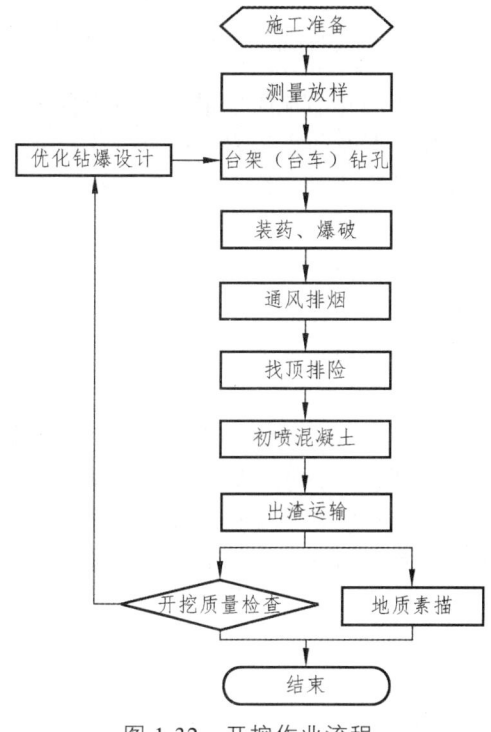

图 1-32　开挖作业流程

## 2. 测量放样

（1）每隔 3~5 个循环，采用全站仪对开挖轮廓线和关键孔位点用红色油漆进行放样（爆破后周边轮廓线控制较好时取最大值，反之则取最小值），用于验证台车自动扫描定位功能的准确性。

（2）开挖轮廓线测量放样时，由测量人员通过凿岩台车的工作吊篮臂，按照钻爆设计、技术交底或图纸要求进行开挖轮廓放样，并标记红色油漆。

## 3. 钻孔及清理

在传统情况下，此步骤采用人工手持风钻完成，需要作业人员按照爆破孔的设计要求，根据有关图纸进行爆破孔的钻孔作业以及清理工作。目前，随着机械化程度的提高，常采用凿岩台车来进行掌子面钻孔工作。关于钻孔作业设备在后面章节中进行详细介绍。

图 1-33　凿岩台车钻炮眼

采用机械化施工主要包括以下几步：

1) 爆破参数调整与导入

（1）爆破参数调整。通过传统的超前地质预报结合凿岩台车 3D 扫描软件及地质分析软件，对上一循环开挖断面超欠挖情况及前方围岩情况进行综合分析，动态调整钻爆参数，减小周边眼间距、减小周边眼及辅助眼药量、缩小开挖轮廓线。

（2）将围岩钻爆设计图导入凿岩台车的车载计算机。

2) 自动找点及钻孔

凿岩台车具有全自动高效智能化钻孔能力，能够按照提前布置好的钻孔参数自动钻孔，自动控制打孔位置、角度、深度等参数。凿岩机能够实现自动防卡钻、防空打。

3) 钻孔进尺

（1）光面爆破控制技术措施：①减小周边眼外插角；②及时优化钻爆设计；③对爆破后实际效果进行分析，确定最优循环进尺；④做好围岩监控量测工作，根据量测数据动态调整预留变形量和开挖轮廓线；⑤适当增加初期支护端头至掌子面的距离，减小钻臂外插角。

（2）钻孔完成后，对掌子面底部的虚渣、积水进行及时清理。

4. 钻孔验收

钻孔验收时，主要查验钻孔的位置、孔深、外插角是否满足钻爆法设计图纸要求，钻孔是否堵塞。对不满足要求的钻孔，应重新钻孔。

5. 装药连线

利用台车挂篮进行人工装药，为提高工效，也可采用多功能台架进行装药，挂篮人工装药如图 1-34 所示。对于掏槽眼、周边眼应采用不同的装药形式。

图 1-34 挂篮人工装药作业

装药及起爆过程：①人员及爆破器材就位；②分发炸药和雷管，作业人员进行装药作业；③连接起爆网络；④工作人员和凿岩设备等退场；⑤技术员、安全员、爆破员检查洞内洞外安全情况；⑥起爆。

6. 爆破通风

爆破后及时采用射流风机进行通风排烟，必要时增加轴流风机辅助。

7. 掌子面检查清理

（1）洞内空气质量改善后，技术员、安全员和爆破人员及时对现场进行检查，排除掌子面可能存在的盲炮及其他安全隐患。

（2）地质人员对掌子面进行地质素描。

（3）待开挖面检查完毕后，采用挖掘机对掌子面和拱圈进行排险作业。通过挖掘机清除掌子面危石控制掌子面坡比，坡比要求小于 1∶0.1。

#### 1.1.2.3 出渣作业线

出渣作业线就是负责隧道开挖作业所产生的岩渣的运输。根据隧道施工的具体情况，隧道施工运输设备配套方式分为有轨运输和无轨运输。有轨运输方式主要应用于单线长隧道断面较小的辅助坑道和坡度较大的斜井，具有占用空间小、环境污染低、操作简单等优点。无轨运输主要应用于双线大断面隧道施工。近年来，无轨运输在特长隧道快速施工中的优势越来越明显，具有施工组织管理方便、灵活性大、无须铺设轨道、无须为蓄电池车充电，并且对洞外上坡、远运弃渣、洞外场地狭窄等困难地形适应性强等优点。隧道施工中的无轨装运设备主要分为装渣设备和运渣设备。对于出渣作业线所用设备在 3.3 节中有详细介绍。

1. 装渣作业

隧道施工中，正洞、导洞及斜井出渣用的装渣机械有：装载机、挖装机、液压挖掘机、立爪式装载机等。

2. 运渣作业

在隧道施工中，常用的无轨运输设备有：通用自卸汽车、隧道用自卸汽车（铰接式自卸汽车）、集装箱式自卸汽车。对于长大隧道，还可采用破碎机 + 皮带机出渣。

有轨运输是通过铺设小型钢轨，用轨道式运输车出渣和进料，一般用机车牵引矿车（梭车或斗车）出渣。牵引机车有：窄轨内燃机车、蓄电池机车（电瓶车）及架线式电力机车等。目前，为了降低隧道内的尾气排放，常用的牵引装备都是蓄电池机车（电瓶车）。各种运渣形式的比较如表 1-5 所示。

表 1-5　各种运渣形式的比较

| 项　目 | 轨道式 | 轮胎式 | 皮带式 |
| --- | --- | --- | --- |
| 隧道内外设备 | 需要一定的设备，如轨道、轨道铺设附件 | 不需要相应的设备 | 不需要特别的设备，但要设置安全防护设施 |
| 路面、路基 | 路基需要一定的处理，路面要平坦 | 需要铺设路面，不适合涌水多、松软路面 | 不要求路基平坦，不需要特别铺设 |
| 陡坡 | 受到一定路面坡度的限制 | 受路面坡度限制较少 | 几乎不受路面坡度的限制 |
| 隧道断面 | 适合小断面 | 小断面不适用 | 小断面、短距离隧道不适 |
| 换气设备 | 需要小型换气设备 | 需要大型换气设备 | 就皮带机自身而言，不需要特别的换气设备 |
| 环境、安全 | 需要加强运行管理、注意安全 | 内燃机排放废气，污染环境，安全性较差 | 无任何污染，安全 |

### 1.1.2.4 初期支护作业线

初期支护作业线负责封闭新开挖围岩,对新开挖的隧道起到初期支撑作用。对于软弱围岩,应尽快闭合,必须在开挖过程中及时支护,根据围岩等级情况主要支护形式有架钢拱架、打锚杆、喷混凝土等,施工流程如图1-35所示。施工中会使用钢拱架安装台车、锚杆台车、混凝土湿喷机械手等装备来提高施工效率,本书在3.4节对有关施工设备进行了详细介绍。

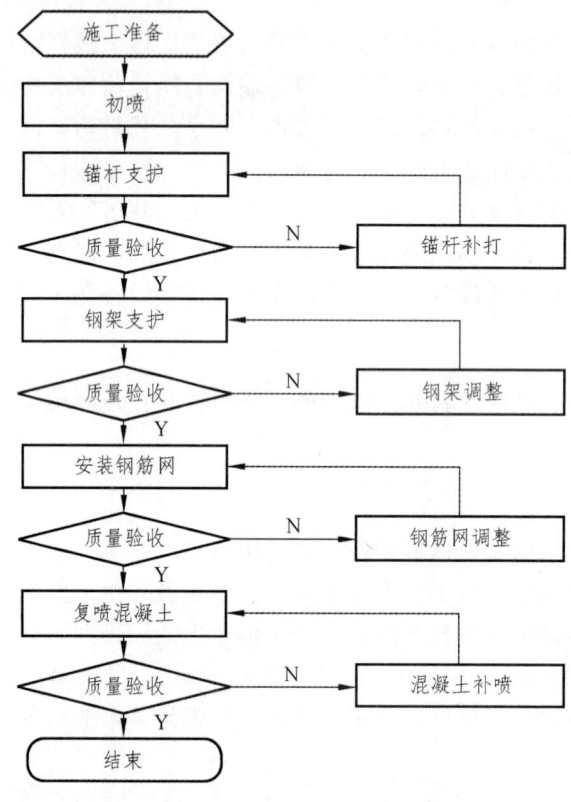

```
施工准备
  ↓
 初喷
  ↓
锚杆支护 ←──┐
  ↓          │
质量验收 ──N→ 锚杆补打
  ↓Y
钢架支护 ←──┐
  ↓          │
质量验收 ──N→ 钢架调整
  ↓Y
安装钢筋网 ←─┐
  ↓          │
质量验收 ──N→ 钢筋网调整
  ↓Y
复喷混凝土 ←─┐
  ↓          │
质量验收 ──N→ 混凝土补喷
  ↓Y
 结束
```

备注:初期支护作业不涉及的工序可直接到下一道工序。

图1-35 初期支护施工工艺流程

#### 1. 钢拱架施工

传统钢拱架安装作业采用人工搬运架设、逐段安装,存在劳动强度大、工效低、风险高等缺点。如今的钢拱架施工常采用多功能作业台车或钢拱架安装台车来进行,可以降低劳动强度,可进行顺序工序同步作业,确保施工安全,提升工程质量。

传统钢拱架施工流程如图1-36所示,机械化钢拱架安装工艺流程如图1-37所示。

质量控制要点:

(1)钢拱架在加工厂加工制作,采用冷弯成型。

(2)根据不同断面需要,精确放样下料,分节焊制而成,栓孔用钻床定位加工,螺栓、螺母采用标准件,焊接及加工误差应符合相关规范。

(3)加工成型后试拼装,拼装合格的钢架进行详细标识,分类堆放,做好防锈蚀工作。

(4)钢架安装应符合相关要求:钢架安装间距允许偏差、钢架横向允许偏差、高程允许偏差、垂直度允许偏差、平面翘曲允许偏差。

（5）钢架出场前进行检验、拼装；钢架应在隧道开挖后或初喷混凝土后及时进行架设。
（6）钢架底脚置于牢固的基础上，垫设钢垫板或用混凝土填充。
（7）钢架与围岩或初喷层间的间隙应采用喷射混凝土喷填密实。
（8）钢筋网搭接长度应为 1~2 个网格，满足允许偏差。

图 1-36　传统钢拱架施工流程

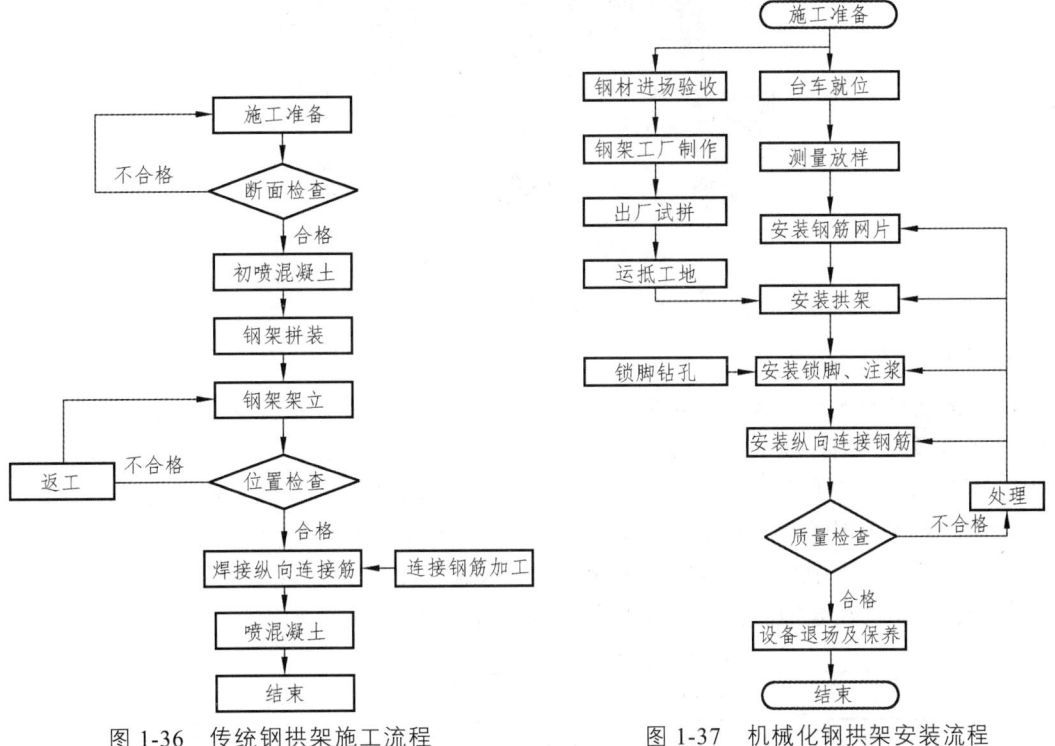

图 1-37　机械化钢拱架安装流程

## 2. 钢筋网布置

在钢拱架安装完毕后，需要在两榀钢拱架之间布置钢筋网，并将钢筋网焊接在钢拱架上。钢筋网主要起防止碎石掉落、便于混凝土附着等作用。传统情况下钢筋网是在洞外预制完成后运到掌子面再进行布置和焊接工作，焊接采用人工进行。而随着高性能拱架安装台车的出现，目前已经可以实现一次安装多榀拱架，此种施工方式是将钢筋网与钢拱架在洞外预制焊接在一起，进洞以后只需要对前后连接部位的钢筋网进行焊接即可。钢筋网、钢筋网布置、多榀钢拱架+钢筋网预制如图 1-38~图 1-40 所示。

图 1-38　钢筋网

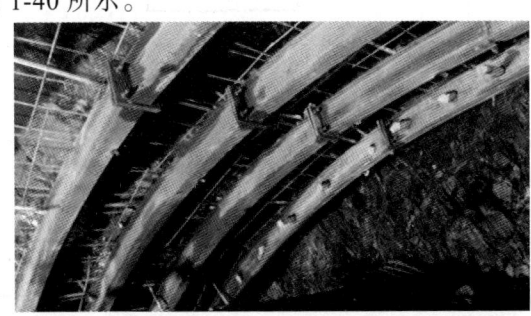

图 1-39　钢筋网布置

图 1-40　多榀钢拱架＋钢筋网预制

### 3. 锚杆施工

由于锚杆种类繁多，这里只介绍我国隧道中普遍使用的砂浆锚杆的施工工艺流程。根据砂浆锚杆的形式，锚杆施工主要有"先注浆后安装锚杆"和"先安装锚杆后注浆"两种工艺流程，分别如图 1-41 和图 1-42 所示。对于普通砂浆锚杆，采用"先注浆后安装锚杆"工艺，施工简便，但人为因素对注浆饱满度影响较大，注浆饱满度难以控制，导致有效锚固长度不满足设计要求。对于中空注浆锚杆，采用"先安装锚杆后注浆"工艺，可阻止浆液外溢，保证杆体与孔壁间的注浆饱满，使锚杆伸入范围内的岩体得到有效加固。

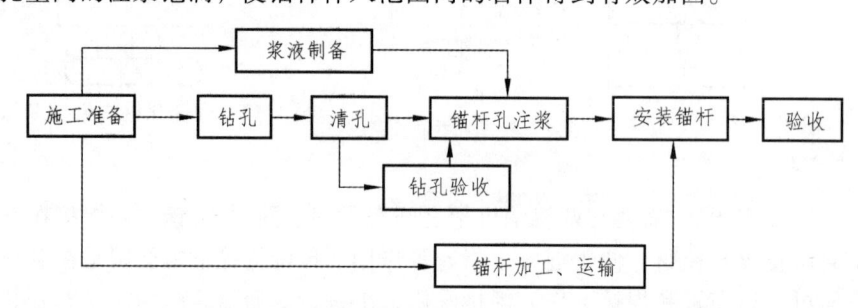

图 1-41　"先注浆后安装锚杆"工艺流程

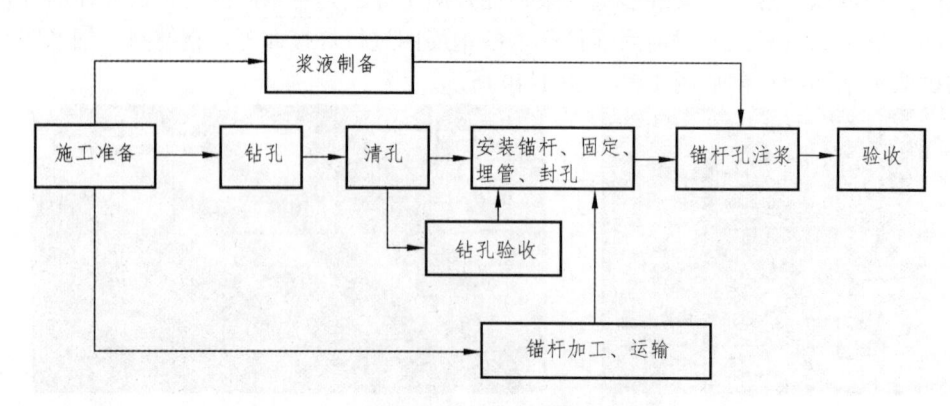

图 1-42　"先安装锚杆后注浆"工艺流程

在软弱破碎、成孔困难的地层中，可将中空杆体作为钻杆，形成自进式中空注浆锚杆，其施工工艺如图1-43所示。自进式中空注浆锚杆集钻进、注浆、锚固功能于一体，确保注浆饱满，充分发挥锚杆的锚固效应，并能提高支护施工速度和工程质量。

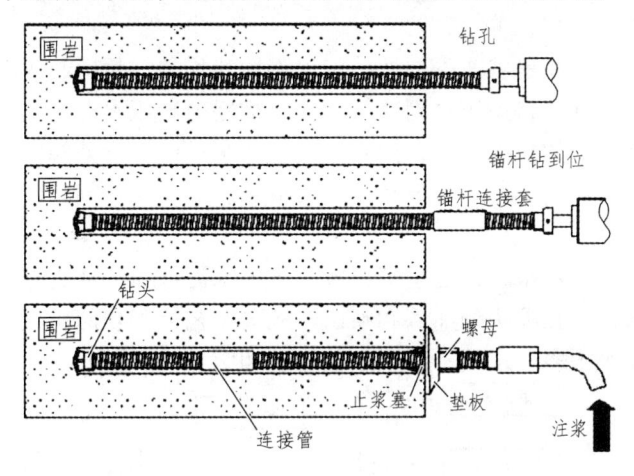

图1-43 自进式中空注浆锚杆施工工艺

### 4. 喷混施工

1）喷射混凝土施工流程

喷射混凝土是利用混凝土喷射机，按一定的混合程序，将掺有速凝剂的混凝土喷射到岩壁表面上，并迅速固结成一层支护结构，从而对围岩起到支护作用。隧道开挖后，及时进行初喷混凝土，厚度不少于4 cm，待钢筋网、钢拱架、锚杆施作完成后再进行复喷混凝土，复喷厚度须达到设计要求，其施工流程如图1-44所示。

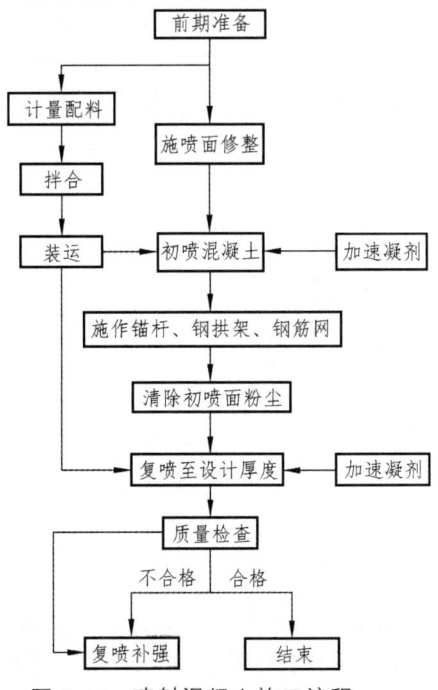

图1-44 喷射混凝土施工流程

2）喷射混凝土工艺种类

喷射混凝土的工艺种类有干喷、潮喷、湿喷和混合喷 4 种。它们之间的主要区别是各工艺流程的投料程序不同，尤其是加水和速凝剂的时机不同。

（1）干喷和潮喷。

干喷是将骨料、水泥和粉状速凝剂按一定比例搅拌均匀，然后装入喷射机，用压缩空气使干混合料在软管内呈悬浮状态压送到喷枪，在喷嘴处与高压水混合，以较高速度喷射到岩面上。干喷的缺点是产生的粉尘量大，回弹量大，加水量由喷嘴处阀门控制，水灰比由喷射手根据经验和肉眼观察来调节，混凝土品质受喷射手影响较大。但其使用的机械较简单，机械清洗和故障处理较容易。

潮喷是将骨料预加少量水，使之呈潮湿状，再加水泥拌和，从而降低上料、拌和和喷射时的粉尘，但大量水仍是在喷头处加入和喷出。潮喷工艺流程和使用机械同干喷一致，但粉尘和回弹率都比干喷小很多。干喷、潮喷工艺流程如图 1-45 所示。

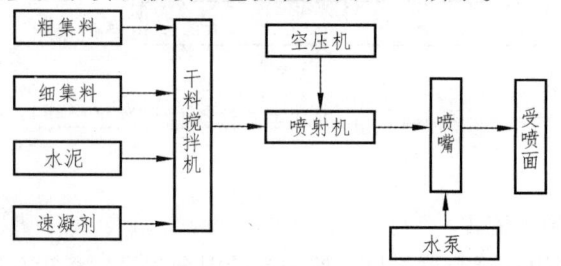

图 1-45　干喷、潮喷工艺流程

（2）湿喷。

湿喷是将骨料、水泥和水按设计比例搅拌成混凝土，用湿喷机将搅拌好的混凝土送至喷头处，再与液体速凝剂混合后喷出，如图 1-46 所示。湿喷粉尘小、回弹率低，并且由于湿喷比干喷具有更高的射流速度，湿喷混凝土更加密实、耐久性能更好。但湿喷对机械设备要求较高，机械清理和故障处理较困难。喷射作业一般优先选用湿喷方式。

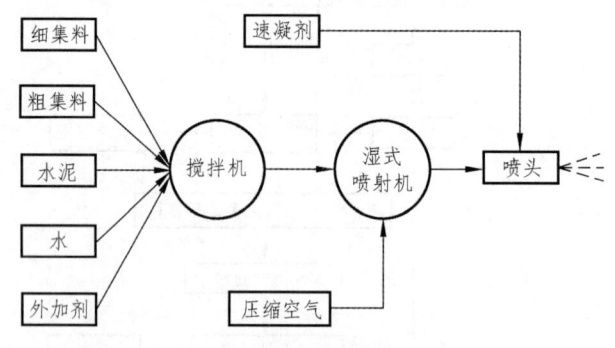

图 1-46　湿喷工艺流程

（3）混合喷射。

混合喷射又称水泥裹砂造壳喷射法（SEC 式喷射法），其实质是用水泥裹住砂料并调制成 SEC 砂浆，泵送并与干喷机输送的干混合料混合，经喷头喷出。其工艺流程如图 1-47 所示。混合喷射工艺较复杂，使用机械设备较多，一般只在喷射混凝土量大和大断面隧道工程中使用。

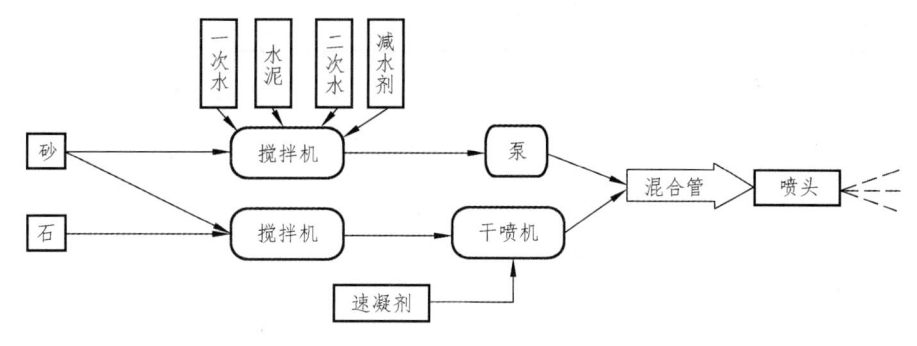

图 1-47 混合喷射工艺流程

3）湿喷混凝土施工工艺要点

湿喷混凝土有利于提高隧道施工环境，质量较容易控制，能够满足高质量、高标准的要求。湿喷混凝土技术在发达国家已得到广泛发展和应用，也是国内大力推广的喷射技术。

（1）喷射角度和距受喷面距离。

喷头应尽量与受喷面保持垂直，由于操作、现场工况等原因不能保持垂直时，可稍微倾斜，但喷射角不宜小于 70°。如果喷头与受喷面的角度太小，会增加回弹量，影响喷射效果。喷嘴和受喷面之间应保持合适的距离，一般控制在 0.8～1.2 m，过大或过小的距离都会增加回弹率。

（2）喷头运动方式。

喷头应做连续不断的圆周运动，一圈压半圈，形成螺旋状运动。喷射应先墙后拱，自下而上，呈"S"形运动。

（3）喷射厚度。

湿喷混凝土的一次喷层厚度根据喷射部位和设计厚度确定，拱部一次喷射混凝土厚度可达到 7 cm 以上，边墙 10 cm 以上。喷层厚度主要受混凝土坍落度、速凝剂作用效果和作业面气温影响。

4）喷射混凝土工艺优缺点及适用范围

喷射混凝土工艺对比见表 1-6。

表 1-6 喷射混凝土工艺对比

| 工艺 | 优　点 | 缺　点 | 适用范围 |
| --- | --- | --- | --- |
| 干喷 | ①干喷机结构较简单，体积小、质量轻，便于移动，适于高边坡及狭窄部位；②机械清洗较容易，出现故障时可快速拆卸处理 | ①喷射过程中产生大量的粉尘；②回弹量大，一般超过15%，且一次性喷射厚度一般小于3 mm；③水灰比不稳定，常出现干斑或流淌现象，混凝土质量难以控制；④干喷机生产能力低，每小时产量 5 m³ 以下 | 只少量适用于对环境保护要求不高的明挖边坡部位，如路基、路堑、大坝边坡；随着设备和工艺的更新，环保要求的提高，正逐步被淘汰 |

续表

| 工艺 | 优点 | 缺点 | 适用范围 |
| --- | --- | --- | --- |
| 湿喷 | ①大大降低了施工区的粉尘浓度，减轻了对工人健康的危害；②湿喷混凝土混合料按水灰比精确控制，速凝剂按比例计量添加，喷射质量较易控制，可提高混凝土的匀质性；③回弹量小，回弹率可降低到10%以下；④喷层厚度有可靠保证，支护质量得以提高 | ①采用液态速凝剂，相对成本较高；②对湿喷机械要求较高，机械清洗较困难，出现故障时难以处理；③设备体积较大，移动相对困难 | 广泛用于公路隧道、矿山巷道掘进、水工地下洞室群 |
| 潮喷 | 使用干喷机械，一方面具有干喷优点，另一方面在混合料拌制过程中预加少量的水，降低上料、拌和和喷射过程中产生的粉尘 | 大量的水仍由阀门控制，水灰比不稳定，混凝土质量难以控制；回弹量仍然较大 | 较为广泛地用于明挖边坡的支护，洞内施工因回弹量大（尤其洞顶）使用较少 |
| 混合喷 | 分次投料搅拌工艺与喷射工艺相结合，喷射混凝土质量好，粉尘少，回弹量小 | 使用机械设备多，工艺复杂，机械清洗较困难，出现故障时难以处理 | 使用机械设备多，工艺复杂，一般只用在喷射混凝土量大、断面较大的地下洞室工程中 |

#### 1.1.2.5 仰拱作业线

仰拱是隧道结构的主要组成部分之一，它是隧道结构的基础。它一方面要将隧道上部的地层压力或路面上的荷载通过隧道边墙结构有效地传递到地下，另一方面还要有效地抵抗隧道下部地层传来的反力。仰拱部分的爆破是采用人工手持风钻进行作业，传统的仰拱施工是采用简易仰拱栈桥，人工进行立模、拆模、钢筋布置等作业。目前，仰拱施工大多采用自行式仰拱栈桥，采用此类型的栈桥免去了人工立模、拆模，栈桥直接集成了该功能。本书在3.5节中对仰拱台车进行了详细介绍。

1. 工法特点

（1）采用把一个仰拱作业面分为两个作业区进行流水作业方式施工，大大缩短了仰拱施工每循环的作业时间。

（2）采用19 m长的双车道分离式简易栈桥，移动方便，保证了仰拱混凝土施工中洞内的交通畅通。

（3）把仰拱模板设计为固定部分和活动部分，利用铰接组合，使仰拱模板安装、拆除能够简单快速地完成。

（4）采用端头梁来固定仰拱模架和中心水沟模架，同时在移动时运载模架系统，使模板系统成为一个整体，定位准确，移动就位快捷。

（5）模板系统可以自行移动。利用栈桥为吊梁，以端头梁为依托，使模板系统在绞车的拉动下整体自行移动到下一工作区。一些快速施工设备如图1-48所示。

2. 适用范围

本工法对单线、双线隧道正线的仰拱施工具有普遍适用性。

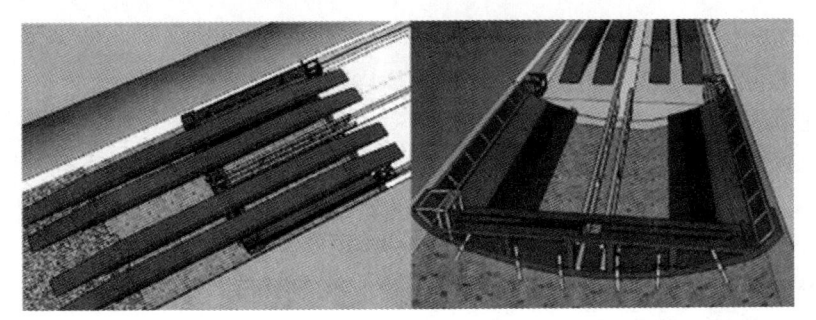

图 1-48  快速施工设备

3. 工艺原理

（1）把两个仰拱作业面利用长栈桥合为一个作业面进行流水作业，减少了仰拱施工段的总长度，有利于安全距离的实现。

（2）把仰拱模板填充混凝土以上的部分设计为固定部分。在填充混凝土施工时，固定部分不拆除，只需转动填充混凝土面以下的仰拱模板就可以浇筑填充。

（3）在端头梁上设置了模板系统定位卡，使模板系统定位准确、快速、便捷。

（4）通过端头梁把模架式系统联系成一体后，利用与栈桥配套的轨道吊车整体移动至下一工作区。

4. 施工工艺流程及操作要点

1）施工工艺流程

施工过程一般包括隧底开挖，出渣，清底（Ⅳ、Ⅴ级围岩等有初期支护和衬砌钢筋），模架系统移动、定位，浇筑仰拱混凝土，拆除仰拱模板的活动部分，浇筑填充混凝土，拆除中心水沟模板和仰拱模板的固定部分等，施工工艺流程如图 1-49 所示。

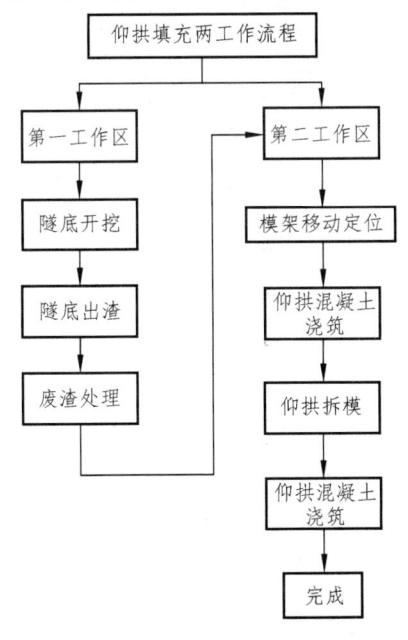

图 1-49  施工工艺流程

2）操作要点

（1）仰拱模架：满足仰拱混凝土一次性整体浇筑完成的要求。

（2）中心沟模架：满足填充施工中预留中心水沟的要求。

（3）端头梁：满足定位并固定仰拱模架、中心沟模架，安设仰拱填充端头模板和中立式止水带的要求。同时，在隧底开挖出渣时，作为栈桥的临时支撑，满足混凝土罐车上栈桥浇筑仰拱混凝土的作业要求，是快速施工设备的核心部分。

（4）栈桥：满足在仰拱填充施工中洞内的交通要求，同时作为仰拱模架、中心沟模架、端头梁整体移动的行走吊梁。

（5）走行设备：自制与栈桥配套的轨道吊车，配备 2 台 8 t 的绞车为动力，以栈桥为吊梁，使模架系统向前移动。

### 1.1.2.6　防排水作业线

防排水作业线负责隧道防水层的施作，防水层包括缓冲层和防水板层。防水板层由防水卷材热合焊接而成，起防水和导水作用。缓冲层将防水板和粗糙的初期喷护壁面分隔开，使得防水板不直接与壁面接触，起保护防水板的作用。防水作业线的作业设备为防水层作业台车，本书在 3.6 节中进行了详细介绍。

防水层铺设包括铺设设备准备、缓冲层铺设、防水板铺设、防水板焊接、质量检验等环节。其施工工艺流程如图 1-50 所示，图 1-51 为防水板铺设作业现场。

1. 防水层的铺设准备工作

妥善地安排准备防水层安装可使得防水层的安装事半功倍，其准备工作主要有下列内容：

（1）洞外检测防水板及缓冲材料质量。

（2）铺设防水层的专用台车就位，缓冲层材料（土工布）和防水板放在台车的卷盘上。

（3）铺设前进行精确放样，进行试铺后确定防水层一环的尺寸，尽量减少接头。

（4）在铺设基面标出拱顶线，画出每一环隧道中线及垂直隧道中线的横断面线。

2. 缓冲层的铺设

为防止喷射混凝土刺破防水板，防水板内侧附有无纺布垫衬作为缓冲层。缓冲层的铺设步骤和要求如下：

（1）铺设缓冲层时先在隧道拱顶部标出纵向中线，并根据基面凹凸情况留足富余量，宜由拱部向两侧墙铺设。

（2）用射钉将热塑性垫圈和缓冲层平顺地固定在基面上，固定点间距拱部宜为 0.5～0.8 m、边墙宜为 0.8～1.0 m、底部宜为 1.0～1.5 m，呈梅花形排列，基面凹凸较大处应增加固定点，使缓冲层与基面密贴。

（3）缓冲层搭接宽度不得小于 5 cm，一般仅设环向接缝，当长度不够时，设轴向接缝，应确保上部与下部缓冲层压紧，并使缓冲层与基面密贴，铺设的缓冲层应平顺，无隆起，无褶皱。防水层施工工艺流程如图 1-52 所示。

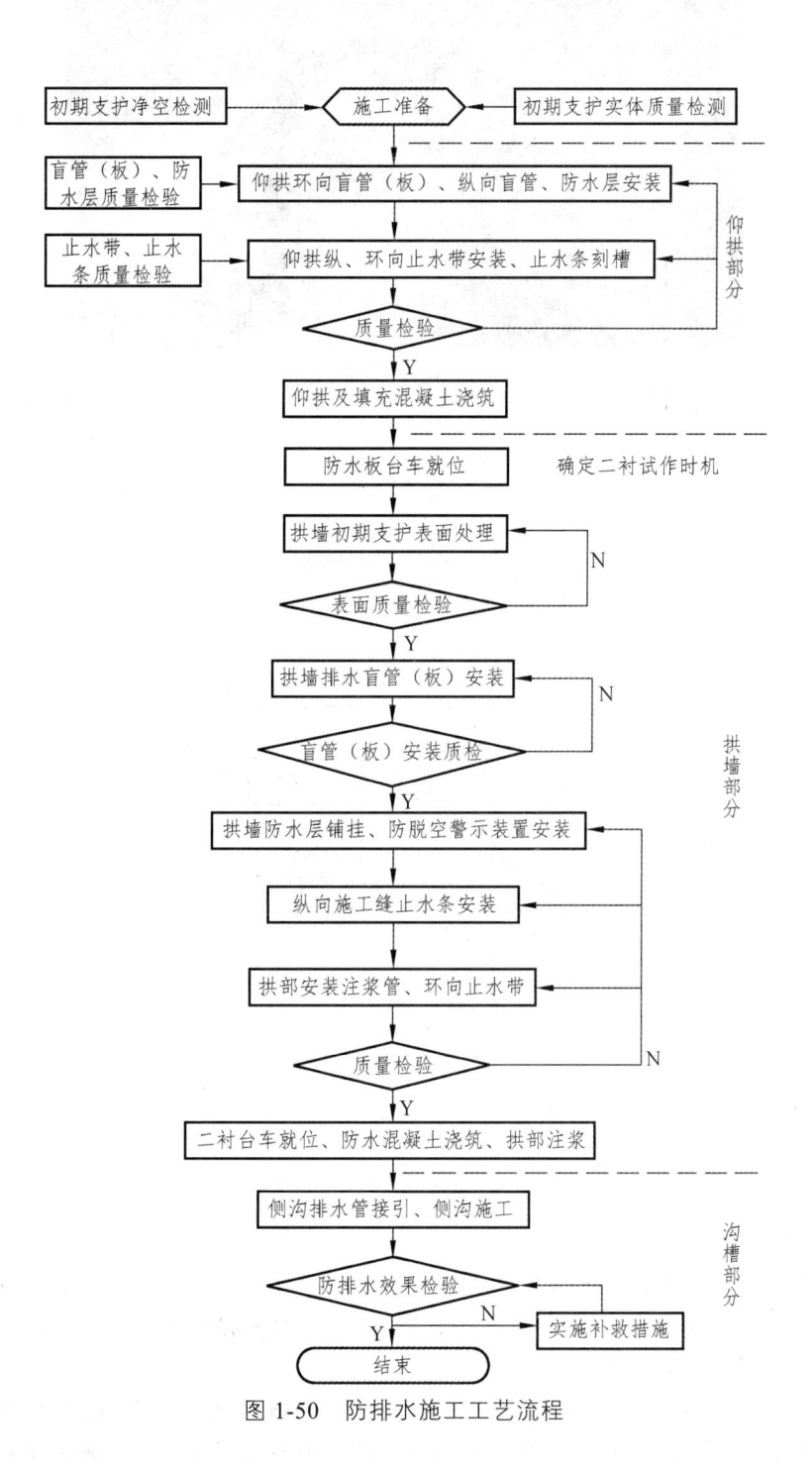

```
┌─────────────────────┐   ┌──────────┐   ┌─────────────────────┐
│   初期支护净空检测    │──▶│ 施工准备 │◀──│  初期支护实体质量检测 │
└─────────────────────┘   └────┬─────┘   └─────────────────────┘
                               │
┌─────────────────┐   ┌────────▼──────────────────────────┐
│ 盲管（板）、防   │──▶│ 仰拱环向盲管（板）、纵向盲管、防水层安装 │◀──┐
│ 水层质量检验     │   └────────┬──────────────────────────┘   │
└─────────────────┘            │                                │
┌─────────────────┐   ┌────────▼──────────────────────┐        │  仰拱部分
│ 止水带、止水     │──▶│ 仰拱纵、环向止水带安装、止水条刻槽 │        │
│ 条质量检验       │   └────────┬──────────────────────┘        │
└─────────────────┘            │                                │
                          ╱ 质量检验 ╲ ─── N ──────────────────┘
                          ╲          ╱
                               │ Y
                     ┌─────────▼──────────┐
                     │ 仰拱及填充混凝土浇筑 │
                     └─────────┬──────────┘
                               │
                     ┌─────────▼────────┐   确定二衬试作时机
                     │  防水板台车就位   │
                     └─────────┬────────┘
                               │
                     ┌─────────▼────────────┐
                     │ 拱墙初期支护表面处理  │◀────┐
                     └─────────┬────────────┘     │
                          ╱ 表面质量检验 ╲ ── N ──┘
                               │ Y
                     ┌─────────▼──────────┐
                     │ 拱墙排水盲管（板）安装 │◀──┐
                     └─────────┬──────────┘    │
                          ╱ 盲管（板）安装质检 ╲ ─ N ┘
                               │ Y                          拱墙部分
                     ┌─────────▼──────────────────────┐
                     │ 拱墙防水层铺挂、防脱空警示装置安装 │◀──┐
                     └─────────┬──────────────────────┘   │
                     ┌─────────▼────────────┐              │
                     │  纵向施工缝止水条安装  │◀─────────────┤
                     └─────────┬────────────┘              │
                     ┌─────────▼──────────────┐            │
                     │ 拱部安装注浆管、环向止水带 │◀──────────┤
                     └─────────┬──────────────┘            │
                          ╱ 质量检验 ╲ ──── N ──────────────┘
                               │ Y
                     ┌─────────▼────────────────────────┐
                     │ 二衬台车就位、防水混凝土浇筑、拱部注浆 │
                     └─────────┬────────────────────────┘
                               │
                     ┌─────────▼──────────────┐
                     │ 侧沟排水管接引、侧沟施工 │                沟槽部分
                     └─────────┬──────────────┘
                          ╱ 防排水效果检验 ╲ ── N ──▶ 实施补救措施
                               │ Y
                           (  结束  )
```

图 1-50　防排水施工工艺流程

图 1-51　防水板铺设作业

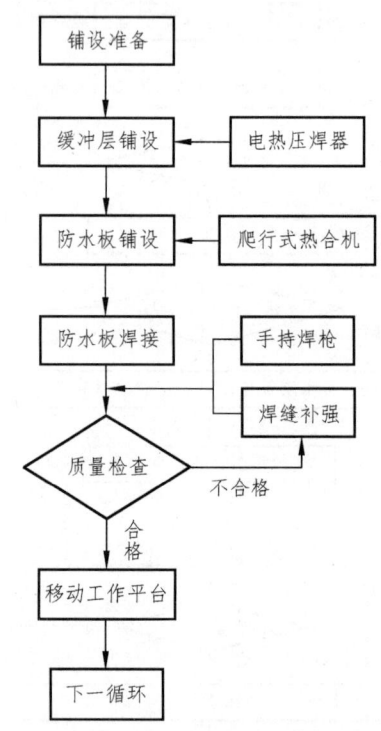

图 1-52　防水层施工工艺流程

3. 防水板的铺挂

防水板的铺设应采用专用台车从拱部向两侧边墙悬挂铺设。下部防水板必须压住上部防水板，铺设松紧适度并留有余量。实铺长度与初期支护基面弧长的比值为 10∶8，以确保混凝土浇筑后与防水层表面密贴。

防水板的固定应采用热压焊机热熔缓冲层热塑性垫圈，使防水板与融化的热塑性垫圈黏结成一体；加固后的防水板用手上托或者挤压，防水板不会产生绷紧或破损现象，以保证混凝土浇筑后与初期支护表面密贴，防水板固定设置示意如图 1-53 所示。

图 1-53 防水板设置示意

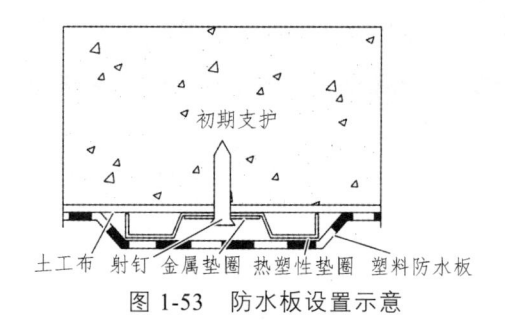

（土工布　射钉　金属垫圈　热塑性垫圈　塑料防水板）

### 4. 防水板的焊接

防水板间的焊接主要由双缝热合爬焊机来完成，搭接工作主要有以下几个要求：

（1）焊接时，接缝处必须擦洗干净，且焊缝接头应平整，不得有气泡褶皱及空隙。

（2）应有专业人员负责防水板的焊接，以保证焊缝质量。热焊机操作手应经过专业培训，并且人员相对固定。

（3）防水板的焊接应采用双焊缝，以调温、调速热楔式自动爬行式热合机热熔焊接，细部处理或修补可采用手持焊枪焊接；自动爬行式热合机有"温度"和"速度"两个控制因素，焊楔温度高时，焊机行走速度应该快；焊楔温度低时，焊机行走速度应慢一些。

（4）两幅防水板的搭接宽度不应小于 15 cm，分段铺设的防水板的边缘部位应预留至少 60 cm 的搭接余量，并对预留边缘部位进行有效保护，防水板搭接示意如图 1-54 所示。

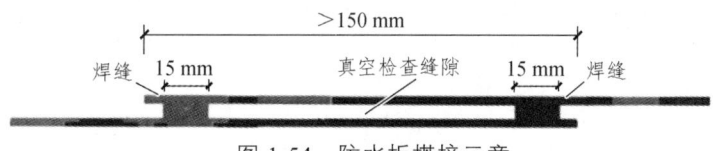

图 1-54 防水板搭接示意

（5）洞内焊接时，应先将两幅防水板铺挂定位，端头各预留 20 cm，由一人在焊机前方约 50 cm 处将两端防水板扶正，另一人手握焊机，将焊机保持在离基面 5~10 cm 的空中，以试调好的恒定的速度向前行走，中途不能停顿，整条焊缝的焊接应一气呵成。

（6）焊缝若有漏焊、假焊，应予补焊，若有烤焦、焊穿处，以及外露的固定点，必须用塑料片覆盖焊接。

（7）附属洞室处铺设防水板时，先按照附属洞室的大小和形状加工防水板，并与边墙防水板焊接成一个整体。如附属洞室成型不好，须用同级混凝土使其外观平顺后，方可铺设防水板。

### 5. 防水板的铺设质量

（1）目测及尺量检查：检查防水板有无烤焦、焊穿、假焊和漏焊；检查焊缝宽度是否符合设计；检查焊缝是否均匀连续，表面是否平整光滑，有无波形断面。

（2）充气检查：防水板的搭接以及焊缝焊接质量检查应采用充气法检查，用打气筒进行充气，当压力表达到 0.25 MPa 时停止充气，保持 15 min，压力下降在 10% 以内，说明焊缝合格；如压力下降过快，说明焊缝不严。防水板焊缝检查如图 1-55 所示。

（3）对防水板补焊处可采用负压检查方法（即真空罩）进行检验，如焊缝密封性不合格，应进行再次修补直至检测合格。

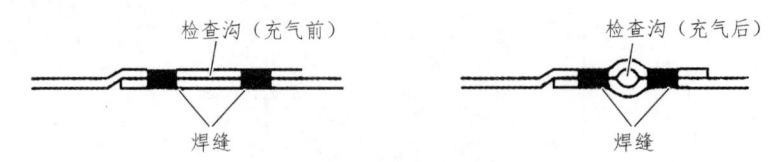

图 1-55 防水板焊接检查

（4）防水板手工焊缝可采用目测方法检查，即观察沿焊缝外边缘是否有熔浆均匀溢出，若有溢出，需进行机械检测；若有虚焊、漏焊部位，应做好标记并及时修补。

（5）防水板所有破损修补处都应再次进行质量检测。

### 1.1.2.7 混凝土衬砌作业线

混凝土衬砌施工工作内容有：测量放样、轨道铺设、台车及模板调整就位、基仓清理、除脱模剂、安装挡头板及止水条（带）、接线盒等预埋、灌注前检查验收、输送管路安装及泵运转调试、混凝土拌和、运输、泵送入模、捣固、拆模、养生等。衬砌作业线最主要的设备为二次衬砌台车，本书在 3.7 节中对其进行了详细介绍。

二次衬砌混凝土施工工艺流程如图 1-56 所示。

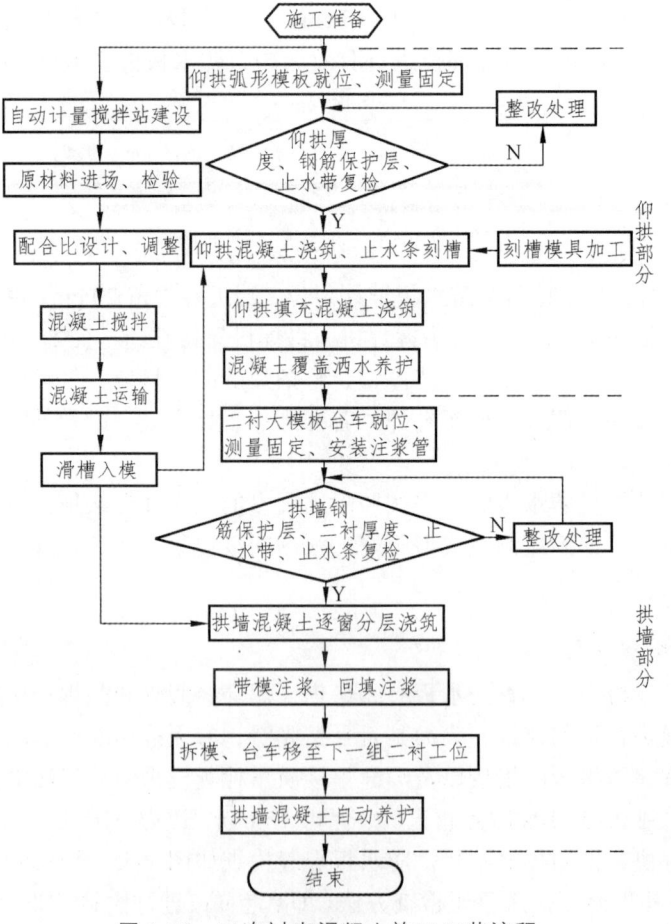

图 1-56 二次衬砌混凝土施工工艺流程

1. 二次模筑混凝土衬砌施工应注意的事项

（1）隧道衬砌的施工，其中线、水平、断面尺寸和净空大小均需符合设计要求。

（2）为确保衬砌不侵入隧道建筑限界，允许在放样时将设计的衬砌轮廓线尺寸扩大 5 cm 或按设计要求办理。

（3）整体式衬砌施工中，发现围岩有对衬砌有不良影响的硬软岩石时，应设沉降缝，洞口应根据气候设置伸缩缝。对以上各缝及衬砌工作缝，在有地下水的隧道工程中应进行防水处理。

（4）衬砌所用原材料、材料的储运均应符合现行有关规定。

（5）一般应整体灌筑，若因地质或施工需要先灌筑拱部时，应确保拱脚有牢靠的支承点或架设纵向托架，以策安全。

（6）衬砌前，应做好地下水的引排工作，基础部位的浮渣及积水均应处理，并不得使地下水冲淋未终凝的混凝土。

2. 混凝土的质量检查及其他注意事项

（1）混凝土的质量检查主要有以下几项：原材料质量与计量检查，每一工作班至少两次。检查拌制及灌筑时的坍落度，每一工作班至少两次。在一工作班中，混凝土配合比应随外界环境改变而变更，并随时检查。混凝土拌和时间与运输时间应随时检查。

（2）混凝土的抗渗、抗压及其他指标应按规定办理并作好原始记录，以备检查。

（3）混凝土的防开裂办法：配合比设计尽量用较大的骨灰比，减少水灰比，合理选用外加剂。施工中合理确定分段长度与灌筑速度。确定好脱模时间，避免混凝土内外温差大于 20 ℃。充分养护，混凝土升降温速度不宜超过 5 ℃/h。减少岩体对衬砌的约束力。

### 1.1.2.8　沟槽作业线

水沟电缆槽液压式全面智能模板车施工工艺流程：施工准备—测量放样—边墙混凝土凿毛—基底清理、冲洗—钢筋绑扎—纵、环向钢筋绑扎—电缆槽底泄水孔预埋—接地端子设置—过轨管引出—模板安装—浇筑沟槽混凝土—混凝土养护、拆模—成品养护，如图 1-57 所示。沟槽施工所使用的沟槽模板台车在本书 3.7 节中有详细介绍。

水沟电缆槽模板车实际操作要点：

（1）模板台车工作前的相关流程：①台车模板表面已清洁、打磨、整修；②统计临近地面端、留地钢筋和通水系统及机器模型等相应零件的组合安装情况，并且达到标准；③完成边墙加强钢筋的植入施工；④沟槽模板台车前进的轨道已铺设。

（2）利用模板台车安装模型与进行模型连接时应使用密封的方法，可较快速地进行筑造且防止外漏，内部的模型和桁架可以用液压杆加以定型，模型车移动到指定位置时，利用液压杆程序开始定型。安装结束后，由专业人员进行整齐度、角度、缝隙接合度，以及整体规格等的检查审核，针对不符合标准的地方进行合理处理。

（3）台车就位。模型车每排有两个车轮，分布在台车的外部方向。一前一后的车轮相隔一定距离。第一步，铺设两侧行走轨道；第二步，调节模型车的液压程序，以便于进行升降操作，保持模型车的移动；第三步，启动模型车的运行程序，让模型车移动到接下来要进行工作的地点；第四步，在模型车移动到规定地点时，依旧使用液压程序根据实际情况对高度、角度等进行相应调整；第五步，运动结束之后，利用尺子、铅锤等测量器材对模型车的高度、角度等进行综合调节。

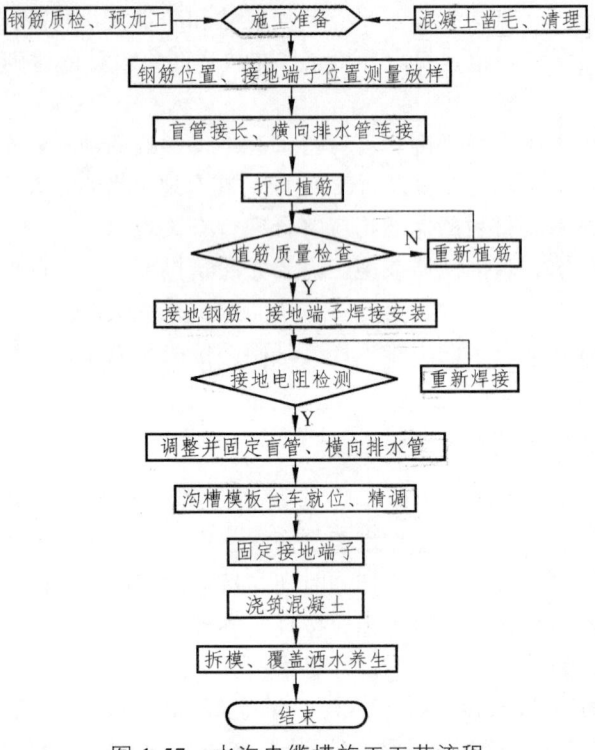

```
钢筋质检、预加工 → 施工准备 ← 混凝土凿毛、清理
                    ↓
          钢筋位置、接地端子位置测量放样
                    ↓
            盲管接长、横向排水管连接
                    ↓
                 打孔植筋
                    ↓
           植筋质量检查 ──N──→ 重新植筋
                    ↓Y
           接地钢筋、接地端子焊接安装
                    ↓
            接地电阻检测 ──→ 重新焊接
                    ↓Y
           调整并固定盲管、横向排水管
                    ↓
            沟槽模板台车就位、精调
                    ↓
                固定接地端子
                    ↓
                 浇筑混凝土
                    ↓
            拆模、覆盖洒水养生
                    ↓
                   结束
```

图 1-57 水沟电缆槽施工工艺流程

（4）侧向模型和水沟电缆槽模型组合固定。

①水沟电缆槽内模定位；②侧模定位；③安装端头模板。所有工作完成后，标志着台车定位完成。

（5）浇筑沟槽混凝土。

建造水沟电缆槽的材料一般是 C30 混凝土，将材料置于拌和站进行混合掺混，之后利用大型运送车输送到施工地点，使用溜槽浇筑的方法，将震动器材插入材料中采取人工搅拌。将建筑材料溜入槽中到达规划的高度。

（6）沟槽混凝土脱模。

在槽内材料达到相应强度时，才能继续实施模型车脱模任务。第一步，拆除端头模外边模接地螺栓及外边模导向杆；第二步，拆下内模定位条及水沟模定位油缸；第三步，缓慢收起水沟中心模油缸使内模脱模；第四步，收起水沟外的内模油缸使模板脱模；第五步，操作外模上油缸脱模一定距离后，再脱外模下油缸，而后提升外模上油缸；第六步，其他程序完成后，各油缸工作复位；第七步，打磨水沟电缆槽内模、外边模，刷脱模油。

### 1.1.3 钻爆法隧道工程实例

#### 1.1.3.1 工程实例——机械化全断面开挖施工工法及工艺

以下以郑万高速铁路湖北段长大隧道施工为例，重点介绍机械化全断面开挖施工工法的应用。

1. 工程条件

郑万高速铁路湖北段起于襄阳,止于巴东,全长约 287 km,隧道共 32.5 个,其中 10 km 以上隧道 7 个,均为单洞双线大断面隧道,开挖断面面积约 150 m²,隧道总长 167.6 km,隧线比约 58.4%,属典型的山区高速铁路。线路平面、纵断面如图 1-58 所示。

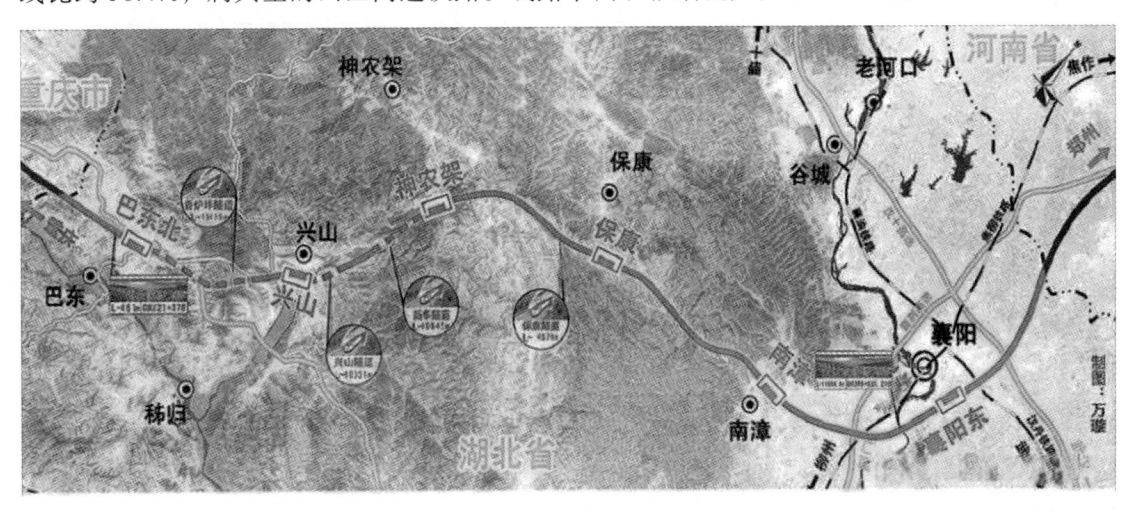

图 1-58 郑万高速铁路湖北段平面、纵断面缩略图

郑万高速铁路湖北段隧道软弱围岩占比高,Ⅳ、Ⅴ级围岩段占比约 67.4%,详情见表 1-7。

表 1-7 郑万高铁湖北段隧道围岩占比

| 围岩级别 | 占比/% | 合计占比/% |
| --- | --- | --- |
| Ⅱ | 1.14 | 32.59 |
| Ⅲ | 31.45 | |
| Ⅳ | 49.95 | 67.41 |
| Ⅴ | 17.46 | |

郑万高速铁路湖北段隧道围岩主要涵盖页岩、灰岩、白云岩、砂岩、泥岩、变质砂岩、辉绿岩 7 种主要岩性,15 种类型,其中页岩、灰岩、白云岩、砂岩、泥岩 5 种岩性占比 88.8%。隧道围岩岩性比例如图 1-59 所示。

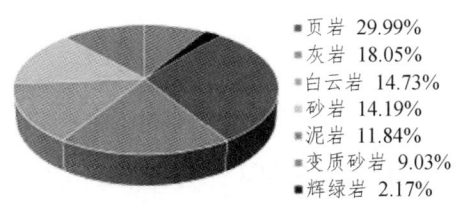

图 1-59 郑万高铁湖北段隧道围岩岩性比例

郑万高速铁路湖北段于 2016 年年底开工,在 13 个隧道共 21 个工区均采用了机械化全断面掘进工法进行施工,机械化全断面掘进工法施工工区见表 1-8。

表 1-8  机械化全断面掘进工法施工工区

| 序号 | 标段 | 工区名称 | 工区长度/m |
|---|---|---|---|
| 1 | ZWZQ-5 | 高家坪隧道进口工区 | 3 263 |
| 2 | ZWZQ-6 | 苏家岩隧道进口工区 | 2 595 |
| 3 | ZWZQ-7 | 保康隧道1#横洞工区 | 2 603 |
| 4 | | 保康隧道2#横洞工区 | 4 654 |
| 5 | | 保康隧道斜井工区 | 4 495 |
| 6 | | 罗家山隧道横洞工区 | 3 444 |
| 7 | | 罗家山隧道出口工区 | 3 164 |
| 8 | ZWZQ-8 | 楚烽隧道2#横洞工区 | 2 953 |
| 9 | | 新华隧道3#横洞工区 | 4 504 |
| 10 | | 新华隧道斜井工区 | 4 920 |
| 11 | | 新华隧道出口工区 | 4 535 |
| 12 | | 甘家山隧道横洞工区 | 2 585 |
| 13 | ZWZQ-9 | 兴山隧道2#横洞工区 | 3 430 |
| 14 | | 向家湾隧道进口工区 | 4 394 |
| 15 | | 香炉坪隧道进口工区 | 6 339 |
| 16 | | 香炉坪隧道1#斜井工区 | 4 708 |
| 17 | | 香炉坪隧道2#斜井工区 | 2 434 |
| 18 | ZWZQ-10 | 巴东隧道1#横洞工区 | 4 352 |
| 19 | | 巴东隧道2#横洞工区 | 3 649 |
| 20 | | 荣家湾隧道进口工区 | 5 440 |
| 21 | | 香树湾隧道横洞工区 | 3 220 |
| 合计 | | | 81 681 |

2. 钻爆法机械化大断面隧道施工工法

1）工法特点

（1）施工机械化程度高。全工序机械化作业，以机械装备代替传统人工作业，减轻了作业人员的劳动强度，减少了掌子面作业人员数量，从而节约了人力成本；同时解决了全断面掘进时掌子面直立面高度过大使得人工作业困难、钢架分节过多、拱部锚杆钻孔及安装困难等诸多问题。

（2）施工安全风险小。全工序机械化作业，现场施工作业人员大量减少，有效规避了因落石、飞石造成的人身伤害，降低了因坍塌造成的群体伤亡事故率；采用含仰拱全断面爆破开挖，辅以主动支护围岩手段，有效控制围岩收敛变形，大幅减小了施工安全风险。

（3）施工质量提升幅度大。全工序机械化作业，提高隧道施工各工序标准化作业水平，能大幅减少因人为因素造成的施工质量问题或质量缺陷，可有效保证隧道开挖成型、锚杆施作、喷射混凝土密实度、仰拱及衬砌浇筑和养护等各工序施工质量，减少运营期缺陷整治及维护费用，提高隧道工程全寿命经济效益。

（4）施工效率高。全工序机械化作业，采用含仰拱一次性全断面开挖及支护，工序简单，有效避免传统施工方法造成的工序复杂、相互干扰问题，减少单工序作业时间及单一循环作业时间，可有效提升施工效率。

（5）施工作业环境条件优良。采用全工序机械化含仰拱全断面一次开挖成型，避免了掌子面附近作业空间狭小、工序间相互制约等问题，提升了作业人员的机械操控率，有效改善了施工作业环境。

2）适用范围

本工法适用于开挖断面面积在 80~170 m² 的高速铁路单、双线隧道深埋一般地段，也可适用于类似断面轮廓的公路隧道工程；瓦斯隧道、岩溶等特殊不良地质隧道工程按相关规范采取相应措施后也可采用本工法施工。

3）工法原理

机械化全断面施工工法是采用注浆台车、凿岩台车、混凝土湿喷台车、钢架安装台车、自行式仰拱栈桥、防水板及钢筋作业台车、混凝土衬砌台车、混凝土养护台车、水沟电缆槽台车等机械配置进行隧道含仰拱全断面一次钻孔爆破、全环一次支护、混凝土整体浇筑及养护等的一种安全快速的施工工法，全断面法施工工序示意如图 1-60 所示。其中部分区段采用了微台阶法施工，工序示意如图 1-61 所示。

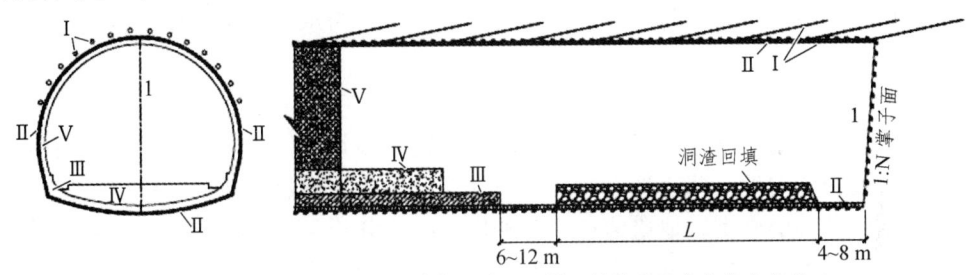

1—全断面开挖施工；Ⅰ—超前支护施工；Ⅱ—拱墙及隧底初期支护施工；
Ⅲ—仰拱混凝土施工；Ⅳ—填充混凝土施工；Ⅴ—拱墙混凝土施工。
备注：图中 L 长度根据现场设备配置和作业空间需求进行确定。

图 1-60 全断面法施工工序示意

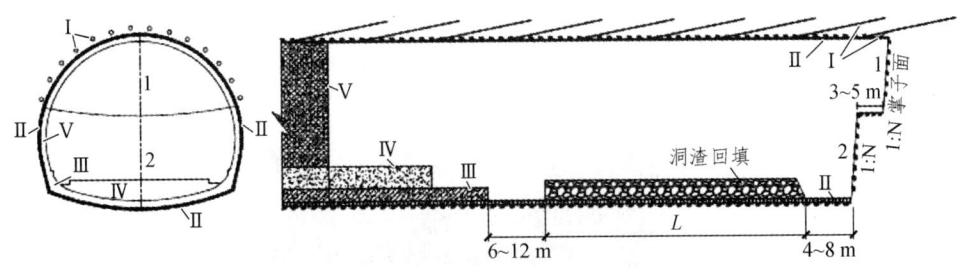

1—上台阶开挖施工；2—下台阶及隧底开挖施工；
Ⅰ—超前支护（设计时）施工；Ⅱ—拱墙及隧底初期支护施工；Ⅲ—仰拱混凝土施工；
Ⅳ—填充混凝土施工；Ⅴ—拱墙混凝土施工。
注：图中 L 长度根据现场设备配置和作业空间需求进行确定

图 1-61 微台阶法施工工序示意

具体原理如下:

(1) 隧道开挖过程中,掌子面前、后方围岩变形及支护结构内力相互影响。严格保持掌子面稳定,是本工法成功实施的关键。本工法实施时通过"定性评价"与"定量评价"相结合的方法综合评价掌子面稳定性,以判定掌子面前方围岩的稳定状态,采取合理的超前支护(加固)措施,提高掌子面前方及后方围岩的整体稳定性,保证施工安全,并为大型机械提供作业条件。

(2) 各工序通过采用高度机械化配置进行施工作业,避免人工作业造成施工质量离散性较大的问题,整体提高施工质量。

(3) 以全电脑三臂凿岩台车、钢架安装台车等为代表的大型机械装备代替传统人工进行施工作业,极大地减轻了劳动强度,减少了作业人员数量,加快了作业进度。

(4) 每循环带仰拱同时爆破开挖并及时将初期支护封闭成环,将传统台阶法施工时的初期支护封闭成环点与掌子面之间的距离尽可能缩小,极大程度减小了围岩收敛变形。

(5) 通过在隧道掌子面范围内钻孔、装药、爆破一次成型,避免传统多台阶法施工时的多次爆破成型,最大程度减小了振动对围岩反复扰动下导致的收敛变形。

(6) 以及时封闭成环为前提,通过提升初期支护喷射混凝土早期强度及终凝强度,使初期支护和围岩快速形成整体,协调变形共同承载,降低隧道掉块、塌方风险,保证施工安全。

(7) 发挥机械设备高效率作业的优势,采用胀壳式预应力中空注浆锚杆等先锚后注式锚杆,通过给锚杆施加一定的初始张拉力,在施作后立即产生锚固力主动紧固围岩,同时快速注浆提供后期强度,对围岩松弛变形进行约束,使围岩成为承载体而不仅是施载体,充分发挥围岩自承能力。

4) 施工流程

(1) 超前地质预报。采用"物探法进行超前大范围预判、钻探法进行局部范围核实、以掌子面地质素描为主的地质调查法进行最终揭示验证"的综合超前地质预报体系,利用多种手段获取掌子面及其前方围岩地质信息,多种信息综合分析、相互校核,对隧道前方进行超前地质预报,为评价掌子面稳定性提供依据。其中,物探法主要采用地震波反射法、地质雷达法、瞬变电磁法等,钻探法主要采用超前地质钻探法、加深炮孔法等,地质调查法主要采用地表补充地质调查法、掌子面附近围岩地质素描法等。

(2) 掌子面超前支护。

喷混凝土采用湿喷工艺,由混凝土湿喷台车施作,超前管棚、掌子面锚杆、帷幕注浆等采用凿岩台车钻孔,注浆采用具有自动计量功能的高压注浆泵或注浆台车。超前支护钻孔如图 1-62 所示。

图 1-62 超前支护钻孔

每循环爆破后,在完成断面检查与地质素描后,进行初喷和掌子面封闭,所用于喷混的混凝土强度等级应保持一致。

若掌子面预注浆采用超前周边注浆,每循环注浆长度不小于 20 m,注浆范围根据不同围岩条件超出开挖轮廓 3～5 m。

① 超前小导管。

② 掌子面锚杆。

掌子面锚杆施工主要操作要点:a.钻孔宜采用凿岩台车或多功能钻机,施作时应控制钻孔位置和外插角;b.施作钻孔时应控制用水量,防止围岩软化;c.掌子面锚杆注浆应采用速凝水泥浆或树脂等材料,快速提供支护强度。凿岩台车钻锚杆孔如图 1-63 所示,胀壳式锚杆注浆如图 1-64 所示。

图 1-63　凿岩台车钻锚杆孔　　图 1-64　胀壳式锚杆注浆

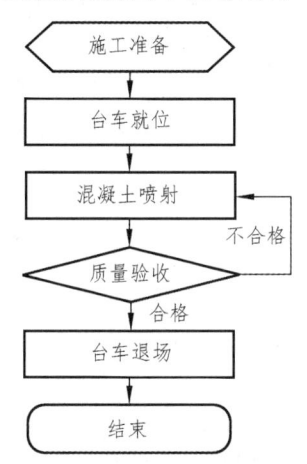

③ 掌子面喷射混凝土封闭。

掌子面喷射混凝土封闭施工工艺流程如图 1-65 所示。

图 1-65　掌子面喷射混凝土封闭施工工艺流程

掌子面喷射混凝土封闭施工主要操作要点:a.掌子面喷射混凝土宜采用与初期支护同标号的混凝土,厚度不小于 4 cm;b.掌子面喷射混凝土应在开挖后立即进行。

(3)开挖。

① 爆破设计。全断面开挖钻爆设计如图 1-66 所示。

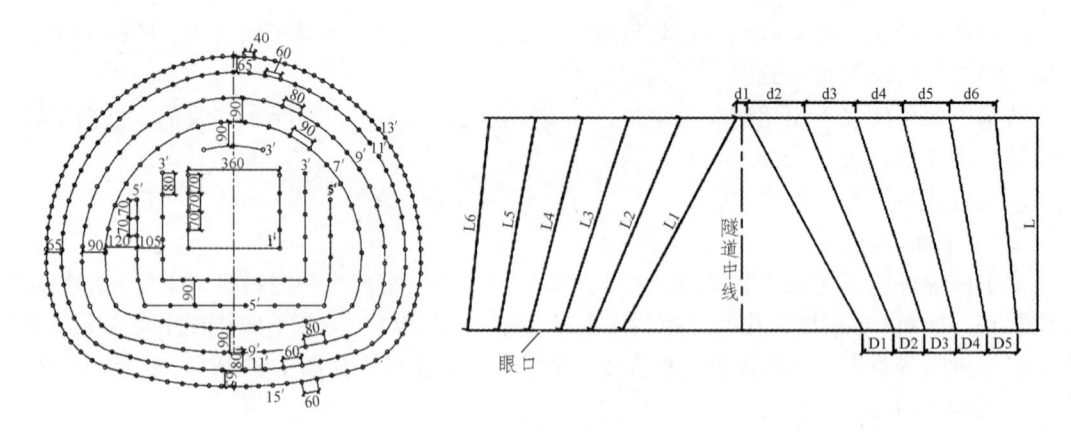

图 1-66 全断面开挖钻爆设计

② 钻眼。将爆破设计参数输入凿岩台车操作系统进行全断面含仰拱钻眼，钻眼时按照双机或单机作业模式，对每个钻臂自动分派钻眼任务，按照由上至下、由左向右的顺序自动完成钻眼。其中，Ⅱ~Ⅳ级围岩进尺宜控制在 2.5~4.5 m，Ⅳ~Ⅴ级围岩进尺宜控制在 1.5~3.0 m。

为控制超欠挖，采用双层周边眼长短相结合的间隔布设方式，外圈周边眼为短眼，内圈周边眼为长眼，短眼掘进长度取长眼掘进长度的 0.3~0.4 倍，长短周边眼布置如图 1-67 所示。

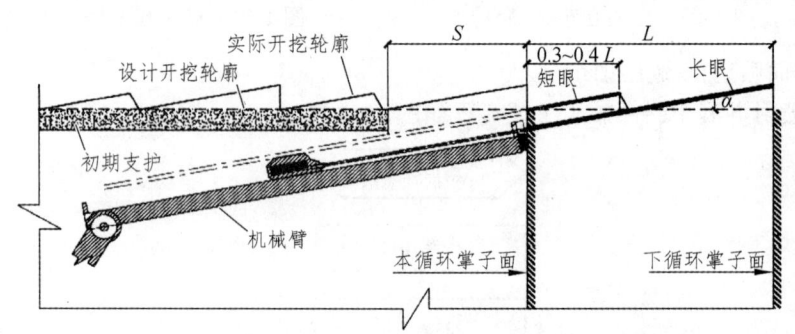

图 1-67 长短周边眼布置

③ 装药。装药时分区域进行，在高度相对较低的矮边墙及仰拱区域人工直接装药，在高度相对较高的拱墙区域利用凿岩台车机械臂作业筐进行辅助装药。对于掏槽眼采用连续装药，对于周边眼采用竹片及导爆索辅助间隔装药，孔底与孔口各装 1 支水袋、炮泥封孔，反向装药结构起爆。装药结构示意如图 1-69 所示，凿岩台车作业筐装药如图 1-70 所示。

④ 爆破。采用多级楔形掏槽，多段位毫秒管微差起爆，起爆顺序严格按照掏槽眼→辅助眼→内圈眼→周边眼→底板眼进行。

（4）初期支护。一般采用早期强度较高的混凝土、先锚后注式系统锚杆、全环格栅/型钢钢架中的一种或几种组合为主的初期支护结构。

① 初喷混凝土。初喷混凝土采用 1 台双臂混凝土湿喷台车或 2 台单臂混凝土湿喷台车施工。在处理好受喷基面后设置喷混凝土厚度控制标志，初喷厚度为 4 cm，初喷过程中将局部超挖的小凹坑喷填平整。初喷时应按照从左右边墙位置向拱部位置方向进行喷射作业。

(a)掏槽眼装药结构示意

(b)辅助眼、底板眼装药结构示意

(c)周边眼装药结构示意

图 1-68 装药结构示意

图 1-69 凿岩台车作业筐装药

② 钻设锚杆。应在初喷后尽早施作锚杆。锚杆支护采用 1~2 台凿岩台车钻孔，钻孔完成后利用凿岩台车机械臂上的吊篮人工安装锚杆；锚杆安装至孔内后，利用凿岩台车吊篮内配置的风动扳手旋紧锚杆端头螺母，对锚杆施加初始张拉力，使锚杆前端的胀壳头张开与孔壁紧固受力，及时锚固围岩形成压力拱；最后再统一灌注水泥浆填满锚杆孔，浆液水灰比 0.3 : 1~0.35 : 1。

③ 架立钢架。钢架安装采用钢架安装台车进行作业。钢架左右边墙脚各设置不少于 2 根锁脚锚杆或锁脚锚管。钢架纵向连接采用套筒连接形式，即在格栅靠围岩侧的主筋或型钢靠围岩侧的腹板上预先焊接 $\Phi 32$ 钢套筒，套筒环向间距为 1.2 m，纵向连接钢筋两端预制弯头，待钢架架设完成后将纵向连接钢筋弯头插入套管内。

钢架安装台车作业如图 1-70 所示，钢架封闭成环如图 1-71 所示。

图 1-70 钢架安装台车作业

图 1-71 钢架封闭成环

④ 复喷混凝土（见图 1-72）。喷射混凝土采用 1~2 台单臂或双臂混凝土湿喷台车进行作业，复喷至设计厚度。复喷时应按照从左右边墙向拱部位置方向进行喷射作业。复喷完成并初凝达到一定强度后再将仰拱区域用洞渣回填，作为其余工序台车作业平台。

图 1-72 复喷混凝土

（5）防排水系统。

拱墙部分防排水系统采用防水板及钢筋作业台车施工。采用割除、抹平等方法清理初期支护基面，满足平整度要求后采用激光断面扫描仪进行断面净空检查，符合净空设计要求后台车就位，启动卷扬机自动提升土工布或防水板，使其沿环向整卷打开，直至被拉至台车另一侧，启动台车液压系统，将土工布及防水板顶升至拱部和边墙初期支护表面并固定牢固。

（6）二次衬砌。

① 仰拱浇筑及养护。仰拱浇筑采用有效长度大于 36 m 自行式带弧模液压仰拱栈桥（12 m 浇筑一幅，12 m 钢筋绑扎一幅，12 m 开挖清渣一幅）施作。首先清理本浇筑循环仰拱范围内的洞渣、隧底虚石、浮渣及积水等，自行式液压仰拱栈桥就位（见图 1-73），绑扎本循环仰拱衬砌钢筋的同时，清理下一仰拱浇筑循环范围内的洞渣。浇筑本循环仰拱衬砌混凝土，并振捣密实，待仰拱衬砌达到设计拆模强度后进行仰拱填充混凝土，并及时覆盖洒水养护。

图 1-73 自行式液压仰拱栈桥

② 拱墙衬砌浇筑及养护。待监控量测数据显示围岩与初期支护协调变形稳定后再施作拱墙二次衬砌。浇筑前应进行断面净空扫描，保证衬砌厚度满足设计要求。拱墙衬砌浇筑采用智能化衬砌台车施作，智能化衬砌台车应具有自动布料、拱顶自动振捣、浇筑混凝土带压入模、混凝土浇筑饱满度智能化控制、环保型管路清洗、端部搭接防顶裂智能监控、新型橡胶组合端模堵头、智能信息集成控制等功能；衬砌台车底部设置行车栈桥，防止车辆通过振动影响台车浇筑。

利用防水板及钢筋作业台车绑扎好钢筋后，衬砌台车就位，采用逐层、逐窗、逐孔的浇筑方式进行混凝土一次连续浇筑，采用插入式振捣棒与附着式振捣器相结合的方式进行振捣，在衬砌混凝土初凝后采用拱顶带模注浆填充拱顶空洞。混凝土达到拆模强度后，拆除模板，并采用混凝土自动养护台车进行养护，养护时采用喷淋养护或蒸汽养护；自动养护台车应具有混凝土表面温度、湿度及环境温度等信息搜集和反馈功能，自动控制养护台车水温、养护时间，养护时间不少于14 d。

衬砌钢筋绑扎、仰拱钢筋绑扎、仰拱混凝土浇筑、衬砌自动养护台车作业（喷淋）、衬砌自动养护台车作业（蒸养）、二次衬砌成品如图1-74~图1-79所示。

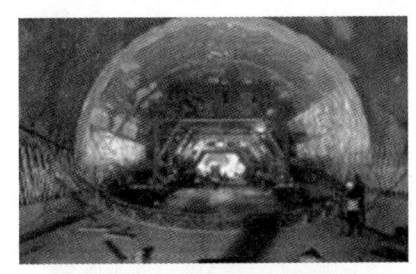

图1-74 衬砌钢筋绑扎

图1-75 仰拱钢筋绑扎

图1-76 仰拱混凝土浇筑

图1-77 衬砌自动养护台车作业（喷淋）

图1-78 衬砌自动养护台车作业（蒸养）

图1-79 二次衬砌成品

3. 工法优势

（1）经济效益：采用此工法施工，各工序均采用机械化作业，工序效率提升幅度较大，利用全工序机械化高效率作业在软弱围岩地段实现了"快速开挖、快速支护"，在Ⅳ、Ⅴ级围岩段平均月进度达110 m、75 m，较常规开挖支护施工进度可提高30%以上，有效缩短了施工工期，对长大隧道及控制性工程的施工工期保障具有重要意义。与传统人工多台阶法相比，一次性爆破掘进，极大程度减少了多次爆破对围岩的扰动，并将初支封闭成环与掌子面距离减小至数米范围内，围岩及初支收敛变形较小，且可在短时间内完成，可适当优化支护结构参数，节约投资。本工法大幅提高了隧道施工各工序标准化作业水平，有效减少由人为因素造成的质量问题或质量缺陷，喷射混凝土、锚杆、钢架、防水板、仰拱及拱墙衬砌、水沟电缆槽等作业施工质量明显提升，较大程度减少了运营期的缺陷整治及维护费用，对高速铁路隧道全寿命周期具有显著效益。

（2）社会效益：与传统人工多台阶分部施工工法相比，该工法机械化程度较高，极大地减轻了人工作业强度，减少了人力成本；同时，掌子面附近作业人员大量减少，群体伤亡事故发生率减小，施工安全性大大提高；由于施工质量提升，对提升隧道运营安全性方面而言也有积极作用。本工法整体提升了我国铁路隧道施工技术水平，对复杂艰险山区高速铁路隧道的安全快速修建具有重要指导意义。

### 1.1.3.2 工程实例——软弱围岩台阶法施工工法及工艺

#### 1. 工程概况

玉磨铁路是中老国际通道的重要组成部分，位于云南省南部地区，北接昆玉铁路玉溪站，经普洱市、西双版纳傣族自治州，至中老边境口岸磨憨，与在建的老中铁路相连。玉磨铁路全长 508.5 km，国铁Ⅰ级、160 km/h 电气化铁路，总投资 505 亿元。其中，玉溪至西双版纳为双线（364 km）、西双版纳至磨憨为单线（144 km）。新建车站 18 个、桥梁 50 km/136 座、隧道 398 km/93 个。全线隧线比 78.3%，长度大于 10 km 的隧道 15 个。新建玉磨铁路平面、纵断面缩略图如图 1-80 所示。

图 1-80 新建玉磨铁路平面、纵断面缩略图

安定隧道全长 17 476 m，为全线第一长大隧道。项目批复工期 6 年，2021 年年底建成通车。安定隧道是全线控制性工程，为单洞双线隧道。洞身主要通过志留系炭质地层，主要为炭质板岩、炭质页岩、千枚岩，Ⅳ、Ⅴ级围岩 87%。安定隧道关键线路上的 1#、2#斜井井身段（双车道断面）施工揭示地质以炭质板岩、千枚岩，Ⅴ级为主。

2018 年 4 月份之前，安定隧道 1#斜井月均进度 80 m、最高 112 m；2#斜井月均进度 82 m、最高 115 m；围岩水平收敛最大 152 cm、沉降最大 96 cm，初期支护出现混凝土剥落、钢架扭曲，频繁拆换。施工单位自 2018 年 3 月开始，按照"正工法、顺工序、配资源、抓安全、强考核、重宣传"的技术和管理理念，进行软弱围岩隧道的快速施工组织研究与实践，2018 年 4 月开始取得初步成效：在工程地质条件相同、支护措施相同的前提下，月进度提升 45%，2018 年 5 月—2019 年 4 月安定隧道 1#斜井共完成 1 324 m，月均进度 110 m，最高月进度

130 m，较之前工效提高 30 m/月；安定 2-1#斜井共完成 865 m，月均进度 124 m，最高月进度 152 m，较之前工效提高 42 m/月。同时，循环时间也由原来的 18 h 缩短至 12 h，进度明显加快。围岩最大收敛 9.0 cm、沉降 4.8 cm，变形受控，初期支护未发生拆换。软岩快速施工工法推行后进度对比如图 1-81 所示。

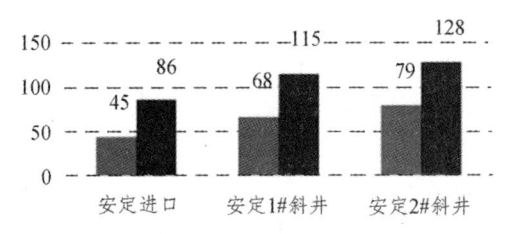

图 1-81　软岩快速施工工法推行后进度对比（单位：m）

### 2. 软弱围岩台阶法施工工艺方法

#### 1）工法特点

（1）工法技术上成熟、管理上可靠。单线、双线正洞隧道以及辅助坑道（竖井除外）的软弱围岩段一般选用台阶法施工，主要基于以下 4 个方面的原因：一是该工法成熟，绝大多数施工单位能够掌握，符合当前技术和生产水平条件；二是该工法适用范围广，目前台阶法能够满足绝大多数地质条件下的隧道施工，应用较为广泛；三是该工法经济性较高，在进行适当的超前支护或者超前加固后，采用台阶法便可完成开挖支护，仅富水粉细砂、极为破碎段或者坍塌体需采用超前帷幕注浆或者超前大管棚支护；四是该工法工效较高，施工中利用台阶形成的高差，可以实现上台阶、下台阶平行作业，能够缩短循环时间，提高施工效率。因此，一般情况下，单、双线铁路隧道宜优先选择台阶法施工。岩石较软、爆破效率较高时，宜优先选择三台阶法；岩石较硬、爆破效率较低时，宜优先选择两台阶法。

仰拱开挖（爆破）宜与下台阶同步进行，仰拱初期支护设有钢架时应紧跟下台阶，且宜与下台阶同步完成。仰拱和下台阶同步开挖，可以实现隧道内所有爆破作业在距掌子面 20 m 范围以内完成，仰拱部位留存一定厚度的石渣满足洞内施工车辆通行，这样的施工工法一方面为液压仰拱栈桥的使用创造了条件，另一方面也为风、水、电等管线紧跟掌子面，以及隧道内的文明施工创造了条件，最主要的是提高了作业效率。当仰拱初期支护设有钢架时，仰拱初支应紧跟下台阶，且宜与下台阶同步完成，并回填石渣满足车辆通行，这样施工的最主要的优点是能够保证结构快速封闭成环，有利于围岩变形控制。

（2）短进尺、快循环。"短进尺"有利于保证隧道结构安全，一般为 1～2 榀钢架间距。严格控制上台阶钢架进尺可保证掌子面的自稳能力，甚至可以优化减少超前支护措施；严格控制下台阶循环进尺，可保证上台阶初期支护结构稳定，防止关门塌方。"快循环"是加快施工进度的最主要手段，通过相对固化循环进尺、提高作业人员的熟练度、降低工序间的衔接时间、提升作业人员的积极性、降低循环时间并提升循环数量来加快施工进度。目前，无论是对于单线隧道、双线隧道还是辅助坑道，在上、中、下台阶同步推进的情况下，以单榀进尺日完成 3 循环、双榀进尺日完成 2 循环，经过科学的组织安排是完全可以实现的。这也是软弱围岩隧道快速施工管理的目标。

（3）整体推进各工序。协调开挖支护、仰拱、二衬以及附属工程，突出重点并按合理步距同步推进。开挖是龙头、仰拱是关键、衬砌是保证，也是软弱围岩隧道快速施工最重要的技术原则之一。隧道施工中要保持开挖支护的龙头地位，且要充分发挥龙头的拉动作用，当开挖支护与隧道内其他施工工序发生干扰、混凝土供应以及后勤保障发生冲突时，应优先保证开挖支护作业，仰拱、二衬等其他工序应视开挖支护情况"见缝插针"地进行，当然质量安全应急处理情况除外；也只有当开挖支护能够达到一定的施工进度时，仰拱和二衬才能够按正常的工序进行组织。仰拱是隧道施工中的关键环节，掌子面开挖支护应为仰拱快速施工提供基础，同时为防水、钢筋和衬砌的正常施工创造条件。因此，隧道内各施工工序应视地质条件、施工工法、机械设备以及工装设备，科学合理优化步距控制标准，加强施工资源配置和管理，统筹协调所有工序同步推进。

（4）优化初支钢架间距。当实现单榀进尺日均3循环、双榀进尺日均2循环后，且仰拱初期支护紧跟下台阶施工，真正实现了"快挖、快支、快封闭"的管理目标，因为"快"字当头，可以有效地控制围岩变形，围岩松动圈减小、荷载效应降低，为优化调整初期支护钢架间距创造了条件。如果钢架间距过小，一方面施工进度明显降低，另一方面初期支护背后喷射混凝土与围岩不密贴、容易形成空洞；钢架间距太大时，支护的整体结构受力效果不好。因此，在实现了开挖支护快速施工管理后，应适当增大初期支护钢架间距，或者加大钢架型号并增大钢架间距。实践证明，一般地质条件下的软弱围岩隧道，在开挖支护实现了快速管理目标后，初期支护钢架间距以 0.8～1.2 m 为宜。

2）适用范围

软弱围岩隧道台阶法施工工法应用范围较广。一般情况下，初期支护设有钢架的单、双线隧道以及辅助坑道均可适用。

3）工法原理

软弱围岩隧道台阶法施工工法与管理是以"工法创新为基础、平行作业为核心、资源保障为支撑、工序考核为抓手"建立的施工管理体系，按照"正工法、顺工序、配资源、抓安全、硬考核、重宣传"进行组织和管理，施工全过程做到"开挖是龙头、仰拱是关键、衬砌是保障"，将软弱围岩隧道的"快挖、快支和快封闭"落到实处。快挖、快支是指单榀进尺日完成3循环、双榀进尺日完成2循环，并且下台阶和仰拱及时同步跟进；快封闭是指初期支护仰拱封闭成环位置距掌子面控制在 20 m 以内。该工法具体原理如下：

（1）正工法。

正工法是针对当前台阶法施工中存在的问题，结合当前施工技术规程等要求，规范台阶法施工中的台阶高度、长度和循环进尺，修正施工作业中的不良习惯，并实现仰拱紧跟下台阶，为快挖、快支、快封闭创造条件。

科学制订台阶高度和长度。台阶的高度和长度等重要参数应结合围岩的稳定性、作业的协同性、工装的可行性、设备的匹配性、人员的适应性、司机的操作性、扒渣的快捷性等影响因素综合考虑确定。比如，上台阶过高、过长，会造成不能平行利用掌子面空间、上下台阶工作量不匹配，出渣时间长，上下台阶施工干扰大，施工效率低等。经过反复研究试验，双车道斜井断面上台阶高度 2.8 m、台阶长度 4.5～5 m 较为适宜。

安定隧道1#、2#斜井采用两台阶法施工，可相对固化，以稳定的工法应对围岩条件的频繁变化；循环进尺原则上稳定在双榀钢架间距，同时做好围岩条件变差单榀钢架进尺的预案，并对作业人员进行提前技术交底、提前技术培训，力争实现无缝衔接过渡。

（2）顺工序。

充分利用掌子面上、下台阶的空间，理顺出渣、上台阶拱架安装工序间的关系，实现平行作业。通过工序设计、反复试验、优化调整，将台阶法施工的工序理顺：一是钻爆，含作业台架吊装等施工准备、钻孔、装药和爆破，上、下台阶和仰拱同时进行。二是通风和扒渣，响炮并经通风排烟达到作业环境标准后，采用挖掘机进行台阶找顶、清除危石并扒渣至下台阶，上台阶达到安装钢架条件。三是出渣和上台阶立拱，通过装载机将钢架、钢筋网片、超前小导管等材料以及电焊机、风钻等小型设备运输至上台阶，组织实施上台阶安装钢架作业。下台阶开展装载机配合自卸汽车出渣。由于台阶高度的存在，上下台阶将立架和出渣两道工序进行空间隔离，作业安全有保障。科学设置了上台阶高度，工序设计时要求出渣时间大于上台阶钢架安装时间，为上台阶按要求施作超前支护、锁脚、钢架环向和纵向连接等提供了时间保障。四是上台阶喷射混凝土和安装下台阶钢架，下台阶出渣完成后即可开始上台阶喷射混凝土作业，同时安装下台阶钢架并施作锁脚。事实上，下台阶钢架安装工作量小、速度快，在喷射混凝土作业准备期间下台阶钢架安装作业已完成大部分，仅剩有少量的平行作业。做好施工通风、施工人员的安全防护，尽可能多地实现平行作业，是台阶法快速施工管理的核心内容。

（3）配资源。

以占满掌子面空间并留有一定富余量为原则，配足施工资源，特别是开挖支护作业人员，以及挖掘机、装载机等机械设备。掌子面空间和工序进度决定施工资源的配置数量，作业人员、施工机械和工装设备必须按要求配置，并留一定的富余量。

（4）抓安全。

坚持以管控红线为目标，切实强化工序质量控制，以质量保安全。一是要加强对下台阶和仰拱（铺底）单循环进尺管理，钢架环向和纵向连接，锁脚锚管质量，初支与围岩密贴性、喷射混凝土强度、钢架基础牢固程度等影响结构安全的质量通病的管控，对地下水浸泡软化基底、洞内行车速度、掌子面通风效果、个人安全防护等严格落实责任人，采取强化检查（处罚）、定期点评通报等宏观管控，鼓励作业人员进行工艺创新等微观引导手段，强化质量、安全控制，确保施工安全。二是加强地质超前预报和监测，根据预报结果及时请求优化调整支护参数；分析通报监测结果，及时预警，确保施工安全。通过狠抓质量安全管控，可以有效保证软弱围岩隧道的快速施工。

（5）硬考核。

施工中应对工班实行奖、罚并举的强硬考核措施，将管理意图传递到作业人员，充分调动作业人员的积极性、主动性和创造性，以提高施工效率。一是奖，实行施工效能考核机制，制定循环作业奖励基准和标准，实行日结算、周兑现，在公开栏公布、公示后，由项目财务人员直接将奖励发放至工人手中。二是罚，按照"谁误事、谁负责"的原则，对影响掌子面进度的责任人按不同标准进行处罚，通过奖罚并举的硬考核手段，努力实现隧道掌子面"零耽搁、负交接、强保障"。

（6）重宣传。

施工中应定期在现场召开周考核总结表彰会议，对当期在施工进度、安全质量等方面表现突出的施工班组、个人给予表彰奖励，发放"先进工班""先进个人"等锦旗、证书和奖金。施工单位要鼓励作业人员通过小改小革达到技术和管理创新目标，对作业人员提出有助加快进度、提高质量安全的合理化建议,一经采用给予重奖并进行宣传。施工单位管理重心要下移,管理人员定期与工班长和作业人员进行交流谈心,了解他们的需求和想法,宣传项目管理理念等。通过上述宣传、激励措施,营造又好又快干事创业的良好氛围,充分调动一线作业人员的积极性、主动性和创造性,紧紧依靠人民群众提高施工生产效率。

4) 施工流程

工序流程和作业方法是软弱围岩隧道快速施工技术的核心内容之一。a.工序间要实行平行作业,如上台阶立架和下台阶出渣等工序平行组织。b.仰拱紧跟下台阶施工:一是当仰拱初期支护设有钢架时,初支仰拱应紧跟下台阶施工,宜与下台阶同步完成;二是当仰拱初期支护未设有钢架时,仰拱的爆破开挖应与下台阶同步完成,如果仰拱开挖不需要爆破或者地下水丰富时,仰拱开挖可滞后下台阶一定距离。

开挖支护工序管控的核心是组织上、下平行作业。平行作业的开展要求各工序间互为条件并且相互制约,因此应对开挖支护工序实行精细化管理,才能达到安全、高效的施工组织目标。

单线和双线隧道以及两台阶法和三台阶法施工在工序组织、施工方法上大致相同,施工组织和施工方法要点如下:

① 清理上台阶掌子面,主要目的:一是清理回弹喷射混凝土,为下一循环钻孔创造条件;二是平整上台阶场地,为作业台架就位创造条件。作业方法如下:

两台阶法:采用人工配合挖掘机械进行。

三台阶法:因台阶具有一定的长度,受挖掘机臂长限制,无法清除上台阶底部回弹混凝土,可以采取以下处理措施:一是严格控制喷射混凝土的回弹率,尽量做到不扒齐头就具备钻孔条件,实践证明这一点是可以做到的;二是配置人员,在喷射混凝土作业过程中边喷、边人工清理齐头;三是在上台阶掌子面底部铺设防水板等隔离层,喷射混凝土完毕后人工配合机械将其拖至中台阶进行处理;四是对于上台阶在上循环扒渣工序中要设专人指挥并确认将上台阶顶部虚渣彻底清理。

② 台架就位。上台阶高度在2.2 m以下,施工人员可以直接作业;超过2.2 m时应辅以作业台架或利用核心土进行作业,作业前须将作业台架运送到上台阶。作业方法如下:

两台阶法:利用挖掘机臂将作业台架托送到上台阶。单线隧道为整体台架,两侧部位可以折叠;双线隧道为两个分体、现场组合式作业台架。作业台架应采用轻质杆件制作,单个体台架整体质量不超过2 t,包括部分风钻、钻杆等的质量也不超过2.5 t。

三台阶法:采用三台阶法施工时,围岩更为软弱,上台阶高度较小。可利用上台阶预留核心土作为作业平台,也可以在上台阶预留一部分石渣,将石渣修整为平台方便作业,还可以采用简易、轻便现场拼装式作业台架,人工将作业台架就位。作业台架就位如图1-82所示。

③ 测量放样、清理仰拱齐头。技术人员标注开挖线及炮眼位置,挖掘机清理仰拱洞渣。测量放线及清理仰拱洞渣如图1-83所示。

④ 钻孔、装药。各台阶(含仰拱)采用人工手持风钻同时钻孔作业,同时完成装药。上台阶采用光面爆破方式布置炮孔,楔形掏槽,掏槽眼数量一般布置4对左右,炮孔底部相距0.2~0.3 m,相邻两对炮孔间距控制为50~90 cm;周边眼间距控制为35~50 cm。

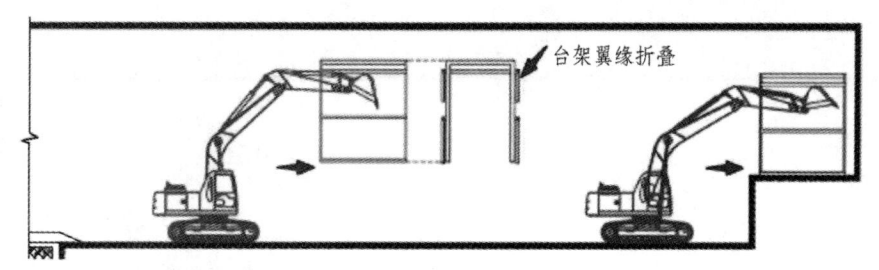

图 1-82 作业台架就位

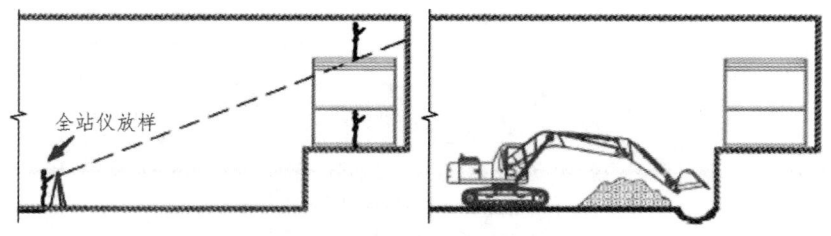

图 1-83 测量放线及清理仰拱洞渣

⑤ 退台架。上台阶装药结束，将作业台架移出掌子面。作业方法如下：

两台阶法：用挖掘机机臂将作业台架托移至掌子面外。

三台阶法：人工将作业台架移至中台阶，挖掘机将作业台架移至掌子面外。挖掘机退台架如图 1-84 所示。

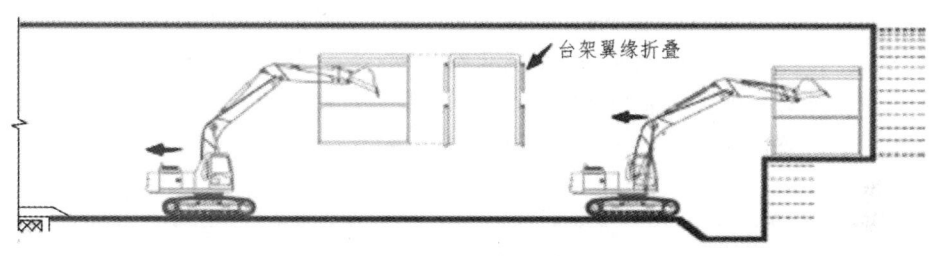

图 1-84 挖掘机退台架

⑥ 爆破作业。将各台阶连线，同时起爆。

⑦ 通风、排险。掌子面爆破后，通风机高档位排烟尘 15 min，人工配合机械进行排险。立架班组做好各项准备工作，包括领取支护材料、运输至掌子面等。

⑧ 上台阶扒渣。将上台阶石渣扒到下台阶，为上台阶下道工序开展提供条件。

两台阶法：挖掘机将上台阶石渣直接扒至下台阶，同时修整一条方便挖掘机上行至上台阶的道路，为运送作业台架以及立架等相关材料做好准备。

三台阶法：挖掘机进行上台阶扒渣作业的同时，可组织出渣；挖掘机将上台阶石渣扒除干净的同时，修整便道为运送作业台架以及立架等相关材料做好准备。上台阶扒渣如图 1-85 所示。

⑨ 台架就位、运送支护材料。作业方法如下：

无论两台阶法还是三台阶法均可采用挖掘机将作业台架托送到上台阶。上台阶立架用的钢拱架、锚杆、小导管以及钢筋网片等物资优先采用挖掘机运送至上台阶，在确保作业安全的前提下也可以采用装载机。

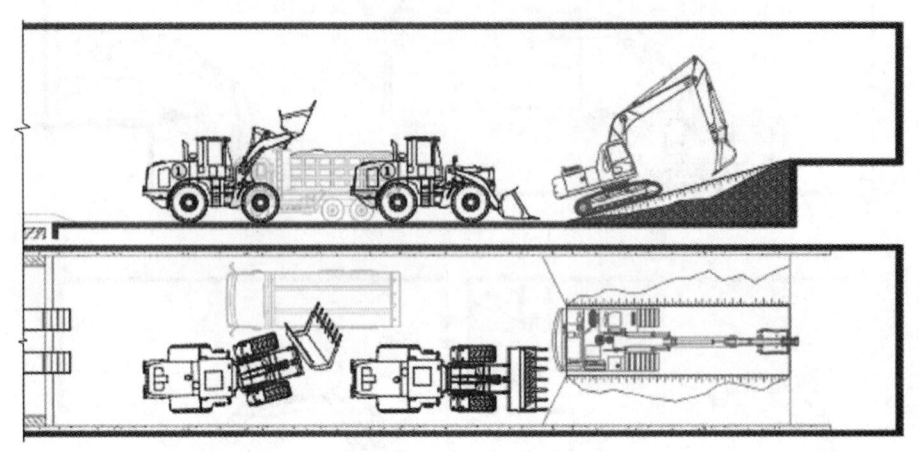

图 1-85 上台阶扒渣

⑩ 出渣。将石渣装、运至洞外。作业方法如下：

单线隧道：采用轮式侧卸装载机装渣，自卸汽车转运至洞外。

双线隧道：可采用 2 台轮式侧卸装载机、1 台轮式侧卸装载机 + 1 台挖掘机、1 台轮式侧卸装载机装渣，自卸汽车转运至洞外。实践证明，1 台轮式侧卸装载机+1 台挖掘机装渣效率较高，推荐采用。

出渣的同时，上台阶（上中台阶）进行立架、锚杆以及超前支护施工。

⑪ 仰拱清理。上、下台阶出渣结束后，进行仰拱石渣开挖，并检查当前循环仰拱开挖尺寸是否合格。开挖的仰拱石渣堆码于后方一侧，以便后续回填使用。同时通知喷浆班组做准备工作。下台阶出渣、上台阶立架如图 1-86 所示。

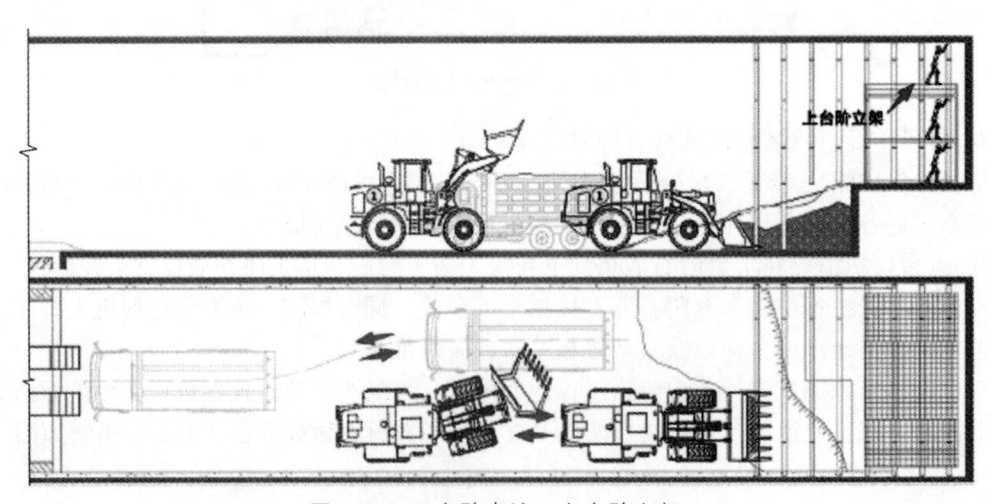

图 1-86 下台阶出渣、上台阶立架

⑫ 下台阶及仰拱立架。仰拱底渣清理结束，立架班组安装下台阶及仰拱初支钢架。仰拱初支钢架可与下台阶当前循环钢架直接成环。下台阶及仰拱立架如图 1-87 所示。

图 1-87　下台阶及仰拱立架

⑬ 仰拱、下台阶喷混凝土。先仰拱后下台阶，并采用自下而上的顺序喷射混凝土，增加仰拱混凝土凝固时间。喷射仰拱和下台阶混凝土如图 1-88 所示。

图 1-88　喷射仰拱和下台阶混凝土

⑭ 仰拱回填石渣。将之前开挖仰拱时预留的石渣回填仰拱部位。回填石渣如图 1-89 所示。

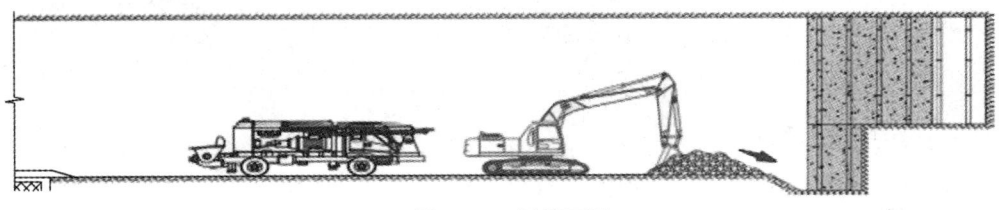

图 1-89　回填石渣

⑮ 退台架。将立架时使用的作业台架移送至掌子面外。
两台阶法：采用挖掘机直接将作业台架托送至掌子面外。
三台阶法：人工配合机械将台架移至中台阶，利用挖掘机将台架移出掌子面外。
⑯ 上台阶喷射混凝土。湿喷机械手（见图 1-90）紧靠下台阶，进行喷混凝土作业。当湿喷机械臂不能满足三台阶空间需求时，可适当调整台阶长度。喷混的回弹料由当班修面工及时清理。该工序开始后，及时通知下循环开挖班组做好衔接工作。

软弱围岩台阶法施工工艺相关图示如图 1-91～图 1-97 所示。

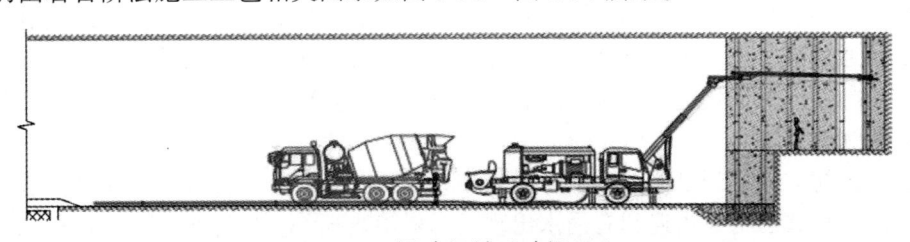

图 1-90　湿喷机械手喷混凝土

图 1-91　施作超前小导管后效果　　　　图 1-92　施作锁脚锚杆

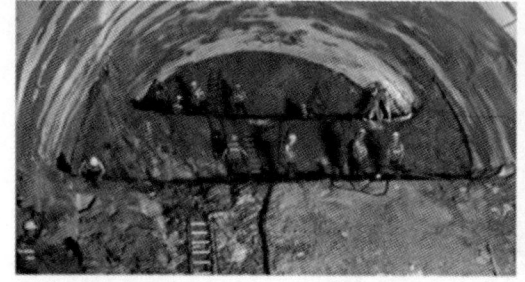

图 1-93　三台阶法开挖　　　　图 1-94　上下台阶同时钻眼、爆破

图 1-95　湿喷混凝土　　　图 1-96　立架、出渣作业　　　图 1-97　出渣设备布置

## 1.2　掘进机法

### 1.2.1　盾构法

#### 1.2.1.1　盾构法原理

盾构法多用于建设城市地下设施，特别是城市地下铁道的建设几乎都采用盾构法施工。盾构法是一种全机械化施工方法，主要用于区间隧道的开挖。它是将盾构机在地层中推进，通过盾构外壳和管片支承四周围岩防止隧道发生坍塌，同时在开挖面前方用切削装置进行土体开挖，并通过出土机械运至洞外，靠千斤顶在后部加压顶进，并拼装预制混凝土管片，形成隧道结构的一种机械化施工方法。盾构法施工的内容包括盾构的始发和到达、盾构的掘进、衬砌、压浆和防水等。

盾构由最初的雏形到目前种类繁多的机型，经历了近 200 年的发展。初期的盾构施工方法采用人工挖掘式盾构，当遇到有涌水出现时向隧道内压气，以阻止涌水。机械掘进式盾构的出现加快了施工速度，但是机械掘进式盾构最初的形式是机械切削部分与盾构本体分开布置，由设置在后部台车上的电机驱动。由于城市地下设施建设的需要，特别是城市地下铁道的建设，盾构法得到了迅速发展和普及。在地质条件松散的积水沙层，混杂大卵石的积水砂砾层等地层施工时，即使采用压气法施工，使开挖面得到稳定也是较困难的。对此研制出了泥水式盾构和土压式盾构，统称为密封式盾构。

1. 土压平衡盾构工作原理

土压平衡盾构是在机械式盾构的前部设置隔板，在刀盘的旋转作用下，刀具切削开挖面的泥土，破碎的泥土通过刀盘开口进入土仓，使土仓和排土用的螺旋输送机内充满切削下来的泥土，依靠盾构千斤顶的推力通过隔板给土仓内的土渣加压，使土压作用于开挖面以平衡开挖面的水土压力。土压平衡盾构工作原理如图 1-98 所示。

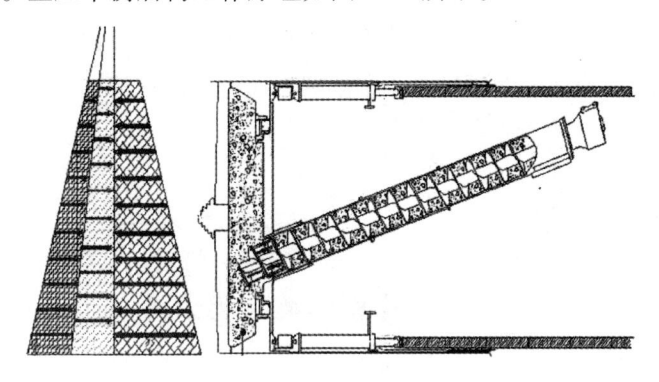

图 1-98　土压平衡盾构工作原理

2. 泥水平衡盾构工作原理

泥水平衡盾构是在机械式盾构的刀盘的后侧，设置一道封闭隔板，隔板与刀盘间的空间定名为泥水仓。把水、黏土及其添加剂混合制成的泥水，经输送管道入泥水仓，待泥水充满整个泥水仓，并具有一定压力，形成泥水压力室。通过泥水的加压作用和压力保持机构，能够维持开挖工作面的稳定。盾构推进时，旋转刀盘切削下来的土砂经搅拌装置搅拌后形成高浓度泥水，用流体输送方式送到地面泥水分离系统，将渣土、水分离后重新送回泥水仓，这就是泥水加压平衡式盾构法的主要特征，故得名泥水加压平衡盾构，简称泥水盾构。

泥水平衡盾构工作原理如图 1-99 所示。

图 1-99　泥水平衡盾构工作原理

1.2.1.2 盾构法的分类

1. 土压平衡盾构工法

1）土压平衡盾构法流程

该工法采用土压平衡盾构进行隧道施工，其工作示意如图 1-100 所示。由刀盘切削下来的土体进入土仓后由螺旋输送机输出，并在螺旋输送机内形成压力梯降；盾构向前推进的同时，螺旋输送机排土，使排土量等于开挖量，即可使开挖面的地层始终保持稳定；排土量通过调节螺旋输送机的转速和出土闸门的开度予以控制；从螺旋输送机出来的渣土通过皮带输送机转运，将渣土卸到停在皮带机下方的渣车上；渣车通过蓄电池机车（电瓶车）牵引运至盾构隧道的竖井，通过地面上的门吊将渣车吊到地面，并卸在渣坑内，使用挖掘机将渣土装至自卸汽车上外运。

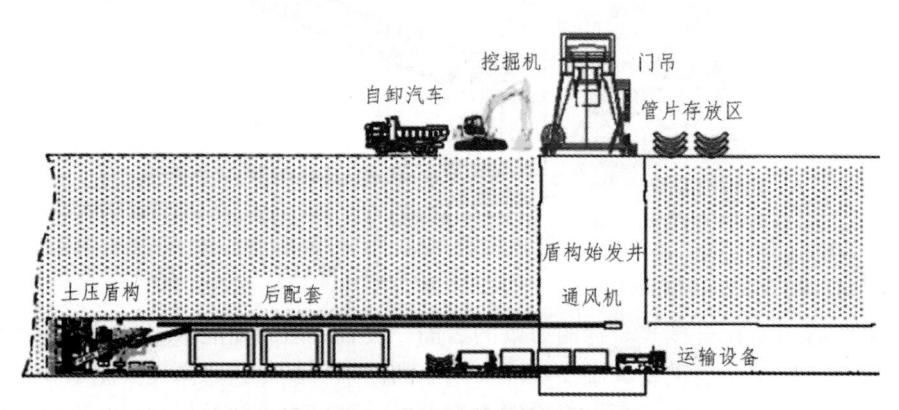

图 1-100 土压平衡盾构工法示意

2）土压平衡盾构法的特点及适用范围

（1）特点。

土压平衡盾构法是利用开挖后的土砂填充密封腔，并保持一定压力以此来保证开挖面平衡。其特点主要有以下几点：施工中基本不使用土体加固等辅助施工措施，节省进洞技术措施费用，并对环境没有污染；据土压变化调整出土和盾构推进速度，以保证工作面的稳定，减少地表下沉；对掘进土量和排土量能进行自动控制管理，机械自动化程度高、施工速度快。

（2）适用范围。

根据土压平衡盾构法的特性，这类盾构比较适用于对冲击黏土、洪积黏土、砂质土等黏土含量高的地质段的施工。

采用土压平衡盾构法进行施工时，其整个工艺流程如图 1-101 所示。

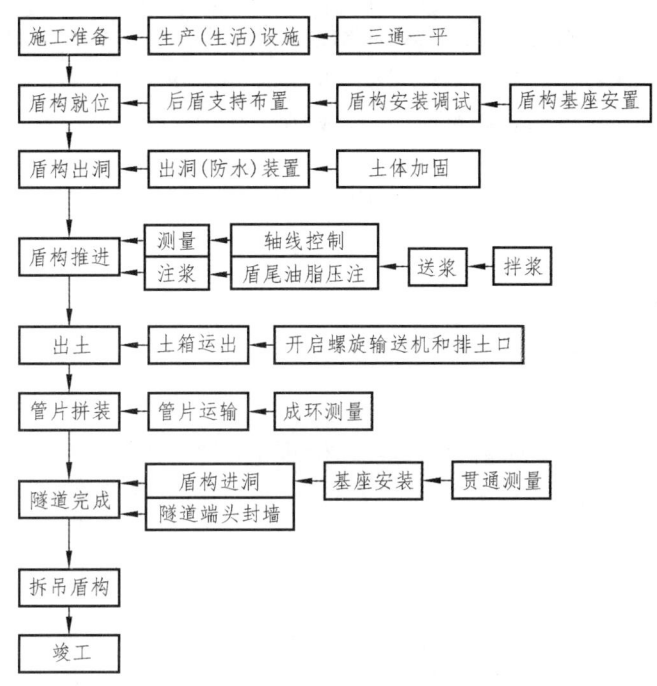

图1-101 土压平衡盾构施工流程

## 2. 泥水平衡盾构工法

泥水平衡盾构法采用泥水盾构进行隧道施工，其工作原理如图1-102所示。

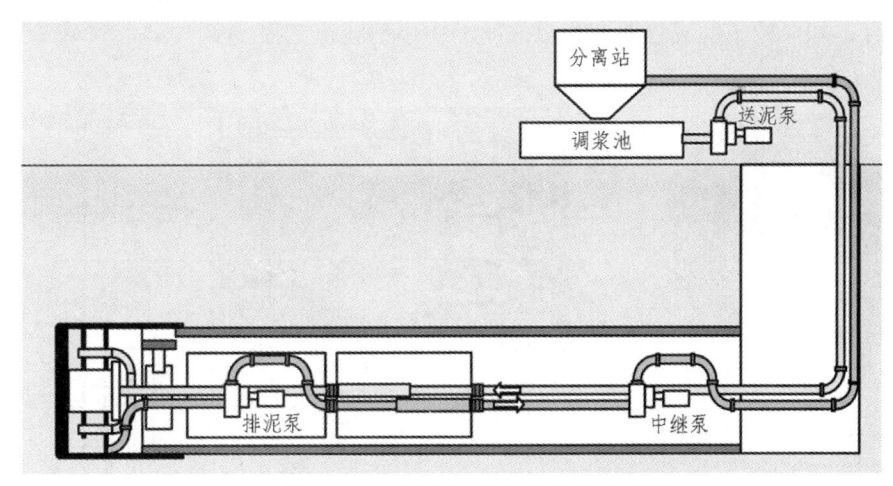

图1-102 泥水平衡盾构法工作原理

送泥泵从设置在地面上的调浆池抽取泥水（水与膨润土的混合物），经送泥管送入到泥水平衡盾构泥水仓；在泥水仓内，充满压力的泥水灌入地层若干厘米深，使膨润土嵌入到土颗粒间的缝隙里，形成一层"蛋糕"，从而使开挖面土层变得较稳定和不透水；通过泥水平衡盾构刀盘旋转，将开挖面已形成"蛋糕"状土体切削下来，与泥水仓内的膨润土浆液混合后，然后通过排泥泵和隧道内的中继泵经由排泥管道泵送到地面上的泥水分离站；泥水分离站将开挖的渣土从膨润土浆液中分离出来；分离出来的泥水进行质量调整后可循环使用，再通过送泥泵送入泥水仓。本质上讲，泥水平衡盾构法是将泥膜作为媒体，由泥水压力来平衡土体压力的隧道掘进方法。泥水平衡盾构使用送排泥泵通过管道从地面直接向开挖面进行送排泥，开挖面完全封闭，具有高安全性和良好的施工环境。一般不需辅助施工（除非为难以维持开挖面稳定的高透水地层、砾石地层），特别是在开挖断面较大时，在控制地表沉降方面优于土压平衡盾构法。

泥水平衡盾构法适用土层范围很广，从软弱黏土、砂土到砂砾层都能使用。对大量含水的砂砾地层、极不稳定的土层和覆土浅的工程，尤其是超大直径和对地表变形要求高的工程，更能显示出其优越性。

泥水平衡盾构法的优点：①对地层的扰动小；②适用于特殊的高地下水压、江底、河底和海底隧道的施工；③适用于大直径化隧道；④由于泥水的冷却和润滑作用，刀具磨损小，有利于长距离施工；⑤适用地层广泛。

泥水平衡盾构法的缺陷：①需要设置泥水管路和处理设备，使得设备复杂，成本高；②施工场地大，且影响交通；③对周围环境的污染较为严重。

### 3. 异形断面盾构工法

1）自由断面盾构法

如图 1-103 所示，自由断面盾构法是在一个普通圆形盾构主刀盘的外侧设置数个规模比主刀盘小的行星刀盘。随着主刀盘的旋转，行星刀盘在外围作自转的同时绕主刀盘公转，行星刀盘公转轨道由行星刀盘扇动臂的扇动角度确定。通过对行星刀盘扇动臂的调节，可开挖出各种非圆形断面的隧道。换言之，通过对行星刀盘公转轨道的设计，可选择如矩形断面、椭圆形断面、马蹄形断面和卵形断面等非圆形断面。自由断面盾构法尤其适用于地下空间受限制的场合，如穿梭于既成管线和水道之间的中小型隧道工程。

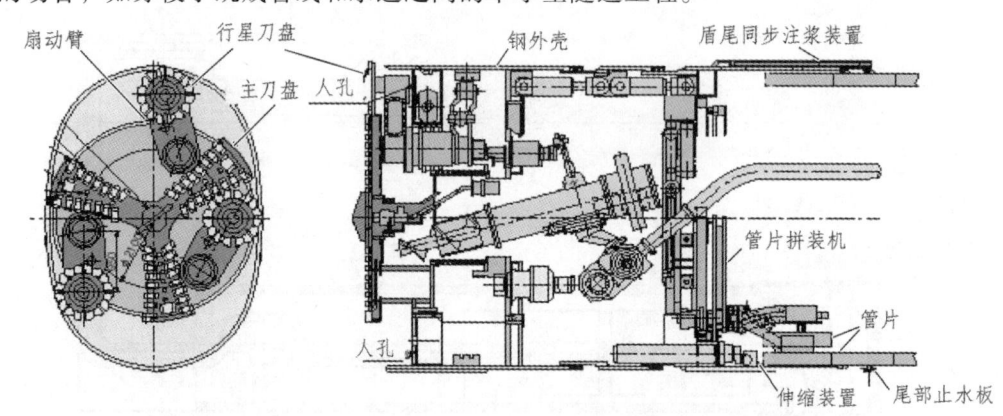

图 1-103 自由断面盾构构造

2）偏心多轴盾构法

该盾构法采用偏心多轴盾构，其特征：采用多根主轴，且在垂直于主轴的方向固定一组曲柄轴；在曲柄轴上再安装刀架；主轴运转时，刀架将在同一平面内作圆弧运动；被开挖的断面接近于刀架形状。因此，该工法可根据隧道断面形状要求，将刀架设计成矩形、圆形、圆环形、椭圆形或马蹄形。图 1-104 所示为开挖圆形断面和矩形断面的偏心多轴盾构工法施工原理。图 1-105 所示为相应盾构设备实物。

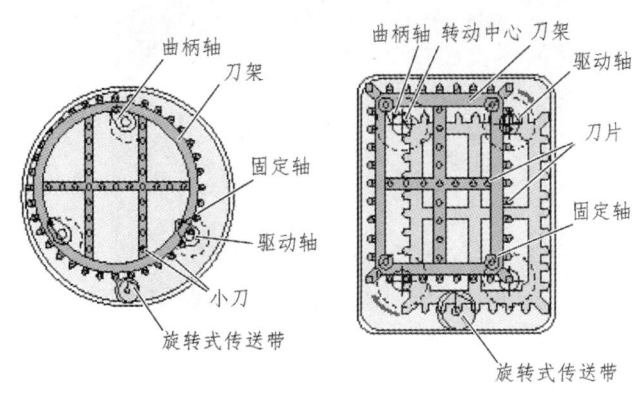

（a）圆形断面　　　　　　　（b）矩形断面

图 1-104　偏心多轴盾构法施工原理

（a）圆形断面　　　　　　　（b）矩形断面

图 1-105　偏心多轴盾构设备实物

偏心多轴盾构具有以下特点：

① 刀架转动半径小，可选择较小的驱动扭矩。因采用多个转动轴同时驱动刀架，所以盾构显得紧凑，具有易装、易拆和易运等特点，适用于大断面隧道开挖。

② 刀架转动半径小，刀具行走距离也小。从刀片磨损角度上来说，比一般盾构至少可多开挖 3 倍以上距离，适合于长距离隧道开挖。

③ 刀架驱动装置小，盾构内施工操作空间大，故可根据需要在盾构内配置土体改良设备以向整个隧道断面的任何位置进行土体改良，适用于曲率半径小、隧道间隔小、土质差等施工条件差的施工场合。

3）MF（Multi Face）盾构法

如图 1-106 所示，MF 盾构由多个圆形断面的部分错位重合而成，可同时开挖多个圆形断面，且多圆形断面的有效面积较开挖面积相等的单圆断面大，属于一种较为经济合理的断面形式。两个或多个大小不同的圆形断面通过一定规则的叠合可开挖出任意断面形式的隧道，在隧道线路规划时对线形有更多灵活的选择。MF 盾构法更适用于地铁车站、综合管廊和地下停车场等大断面隧道的开挖。

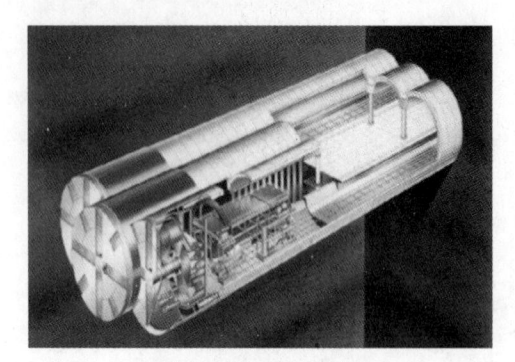

图 1-106 MF 盾构

MF 盾构法的特点：

① 所建隧道的基本结构形式仍为圆形，因此保留了圆形断面的力学特性，但所述隧道可由多个独立控制的小型圆断面叠合形成，开挖量小、断面利用率更高，且可根据不同地质条件进行土体开挖管理。

② 规划隧道线路时，对线形选择具有更大的灵活性。

③ 可采用泥水平衡盾构法或土压平衡盾构法进行施工。

④ 通过调整各刀盘的转速和转向，利用开挖时作用在盾构上的反力可有效控制盾构姿势，纠偏也相对容易。

4）H&V 盾构法

所谓 H&V（Horizontal variation & Vertical variation）盾构法，是将几个圆形断面根据需要进行组合，以开挖多种隧道断面形式的一种特殊施工方法。H&V 盾构法可采用如图 1-107 所示的螺旋式和分叉式两种方式同时开挖多条隧道。该方法可根据隧道施工条件和用途在地下自由掘进和改变隧道断面形式和走向，其施工原理主要是采用了一种铰接式改向装置。这种装置可使盾构前端各自沿着相反的方向旋转，以改变盾构的推进方向。利用这种铰接装置可使盾构产生转动力矩，达到螺旋式推进的目的。

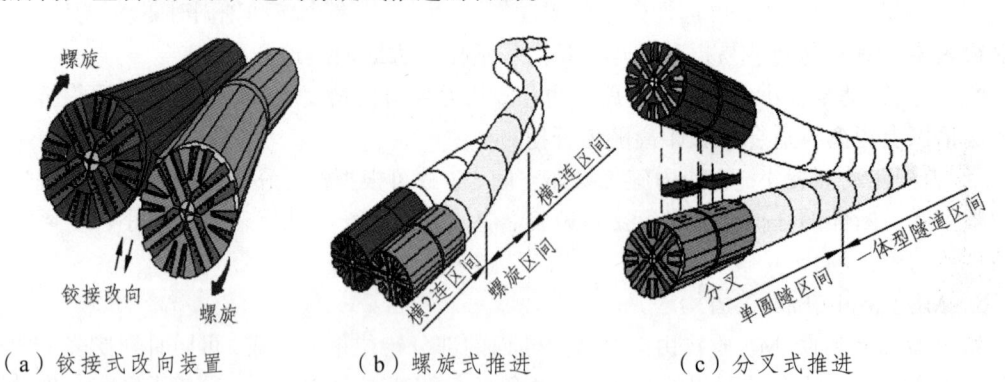

(a) 铰接式改向装置　　(b) 螺旋式推进　　(c) 分叉式推进

图 1-107 H&V 盾构法工作原理

H&V 盾构法具有如下特点：

① 特制的铰接式改向装置，对盾构姿态以及方向的控制比较容易；各驱动装置和开挖装置相互独立，可根据不同土质情况对开挖面分别进行管理，也可自由选择泥水式盾构或土压式盾构进行开挖。

② 隧道断面在地下可自由过渡和转换，无须设置工作井，对缩短工期和降低成本有利。
③ 可根据需要自由选择断面形式，但保留了单圆盾构良好的力学特性。
④ 线形设计时不受周边障碍物限制。

5）球体盾构法

该工法采用如图 1-108 所示的球体盾构进行施工。该盾构法利用球体本身可自由旋转的特点，将一球体内藏于先行盾构主机内部，在球体内部又设计一个后续盾构次机；待先行盾构完成前期开挖后，利用球体的旋转改变隧道推进方向，进行后期隧道的开挖。球体盾构法又分为纵横式连续推进球体盾构法（见图 1-109）、横式连续推进球体盾构法和长距离开挖球体盾构法（见图 1-110）。

图 1-108 球体盾构实物

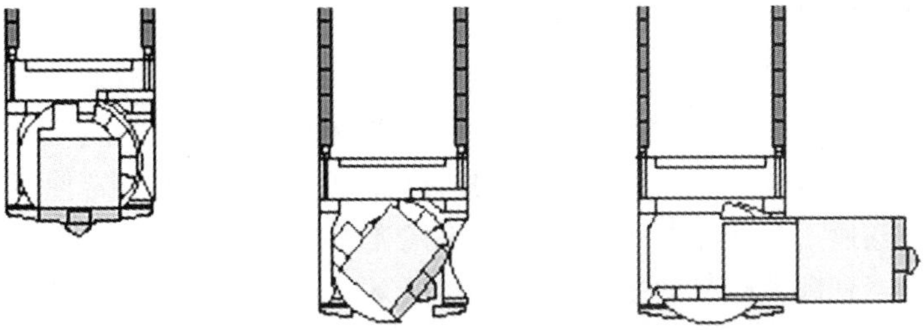

（a）竖向工作井开挖　　（b）球体旋转　　（c）横向隧道开挖
图 1-109 纵横式连续推进球体盾构法的开挖

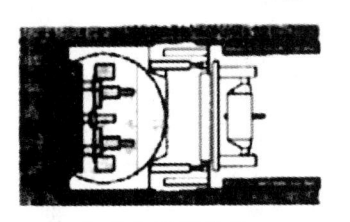

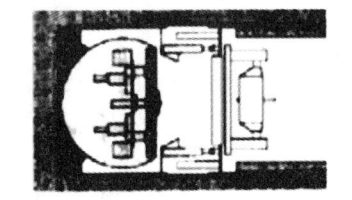

（a）刀盘回缩收藏　　（b）球体旋转　　（c）刀具交换
图 1-110 长距离开挖球体盾构刀具交换

6）DOT 盾构法

如图 1-111 所示，双圆盾构法（Double-O-Tube-Method，DOT）属于 MF 盾构法的一种。不同于 MF 盾构法，双圆盾构法是利用泥水平衡盾构的切削器轮辐形状，将 2 个切削器用同一个平面内的齿轮装配成盾构来筑造隧道的工法，且邻接切削器不产生接触冲突，相互之间按相反的方向旋转,进行同步控制。

DOT盾构法开挖空间小,故与盾构相适应的竖井施工深度和宽度都可以相应减小。隧道断面形式多样化,其中圆形断面可以进行左右、上下等任意组合,以便与周边状况和工程条件相匹配。

图1-111 双圆盾构

### 1.2.1.3 盾构法的优缺点

#### 1. 盾构法的优点

(1)安全性。盾构法施工除在竖井部分以外,几乎没有地面上的作业,不受地面交通、建筑物、河流等的影响,可实现全天候施工。盾构法施工是在钢壳的支护下进行的,因此可安全地进行开挖和衬砌等作业。

(2)环保、公害小。盾构法施工对地面的交通无影响,噪声、振动等危害小,对周围环境干扰少。横穿河底或在掘进中与地下设施、障碍物及地上建筑物的地下基础等交叉时,并不妨碍盾构的机能,同时也完全不影响航道的通行和地面建筑物的正常使用。

(3)经济性。隧道工程费用与覆盖土层的深浅无关,适合埋深、长大隧道施工。在确保掘进面安定的情况下,即使遇到恶劣地质条件和地下设施等障碍,也比明挖法经济性高。

(4)效率高。盾构的推进、出土、拼装管片、衬背注浆以及推进中的监控等全部实现了机械化、自动化控制,劳动强度低,施工精度高,掘进速度快。

(5)快速。盾构是一种集机、电、液压、传感、信息技术为一体的隧道施工成套专用特种设备,盾构法施工过程中的地层掘进、出土运输、衬砌拼装、接缝防水和盾尾间隙注浆充填等作业都在盾构保护下进行,掘进速度较快。

(6)优质。盾构法施工采用管片衬砌,洞壁完整光滑美观。

#### 2. 盾构法的缺点

初期投资大,组装、解体、运输等费用高,刀具磨损、维修费用昂贵。盾构重复利用率较低。盾构形式的选择是根据工程地质、水文地质、隧道断面尺寸等因素确定的。因此,一般不能任意将在其他隧道施工用的盾构重复使用。当覆盖层较浅时,在盾构的推进过程中很难防止地表沉陷。在曲线地段施工时,盾构因为是曲折推进,所以造成超挖,急转弯处的施工困难。采用压气工法时,根据地层不同可能造成缺氧和枯井现象。

根据北京地铁的实际地质情况,采用矿山法施工和采用盾构法施工的技术对比见表1-9。

表 1-9　矿山法与盾构法的对比

| 序号 | 矿山法 | 盾构法 |
|---|---|---|
| 1 | 技术工艺简单，无须大型机械 | 需盾构机及配套设备，技术工艺复杂 |
| 2 | 施工灵活，尤其适于断面变化的情况 | 隧道断面尺寸固定，断面变化时需特殊处理（如岔线等） |
| 3 | 人工开挖支护，支护封闭前安全性较差 | 在盾构机钢壳保护下出渣以及拼装管片衬砌，安全性好 |
| 4 | 作业环境恶劣 | 作业环境好 |
| 5 | 作业环节多，施工速度慢，每天 1 m | 机械化程度高，施工速度快，每天进度超过 8 m |
| 6 | 作业面多，可以多个工作面同时开挖 | 每台盾构机只针对一个工作面，工作面受盾构机数量限制 |
| 7 | 作业施工人员多，每班 35 人 | 作业施工人员少，每班 23 人 |
| 8 | 喷射混凝土、支护质量不易控制 | 预制管片精度高，质量可靠 |
| 9 | 一般需要二次衬砌 | 单层衬砌即可 |
| 10 | 防水质量不易控制 | 防水可靠 |
| 11 | 地层需要降水，造价高 | 无须降水，造价与矿山法相当 |
| 12 | 一般需要超前支护，遇特殊地段需采取地层加固措施 | 除在盾构进出井部位外，一般不需地层改良和预支护 |
| 13 | 无须特别附属设施 | 需设置盾构进出竖井，附建管片预制厂 |
| 14 | 遇不良地质易塌方，沉降控制困难 | 能够有效地控制地表沉降，受地层影响小 |
| 15 | 施工占地较小 | 施工占地稍大 |

### 1.2.2　TBM 法

#### 1.2.2.1　TBM 法原理

TBM 是英文 Tunnel Boring Machine 的缩写，TBM 法即隧道全断面掘进机法，是利用隧道掘进机在岩石地层中暗挖隧道的一种施工方法。所谓岩石地层，是指该地层有硬岩、软岩、风化岩、破碎岩等，在其中开挖的隧道称为岩石隧道。施工时所使用机械通常称为岩石隧道掘进机，简称 TBM。在我国，由于行业部门的习惯，也称之为全断面隧道掘进机。岩石隧道掘进机是利用回转刀盘借助推进装置的作用力使得刀盘上的滚刀切割岩面以实现挤压剪切破岩，从而达到开挖隧道（洞）的目的。TBM 从构造来讲，是由刀盘及驱动装置、行走推进装置、出渣运输装置、机器方位调整机构、机架和机尾，以及液压、电气、润滑、除尘系统等组成的。

1. 敞开式 TBM 工作原理

敞开式 TBM 具备岩体开挖、石渣转运、临时支护等功能。采用敞开式 TBM 进行隧道掘进时，装有滚刀的旋转刀盘在强大的推力、扭矩作用下抵住掌子面，盘形滚刀绕着刀盘中心公转，同时也绕自身中心自转，滚刀在掌子面滚动，当推力超过岩石的抗压强度时，滚刀下的岩石直接破碎，滚刀贯入岩石，掌子面被滚刀挤压碎裂形成隧道同心圆沟槽。随着沟槽深度的增加，岩体表面裂纹加深扩大，当超过岩石剪切和拉伸强度时，相邻同心圆沟槽间的岩石成片剥落，形成石渣（也称"岩屑"）。通过刀盘上的刮板铲拾石渣，经过刀盘的溜渣槽滑落到机器中心位置，然后经漏斗状的集渣环落到主机皮带机上，在主机皮带机的末端，岩屑转由后配套皮带输送机或运输车辆，最终从隧道运出，以完成石渣的转运。通过破碎地带等不良地层需要对刀盘之后的围岩实施临时支护，主要利用锚杆、钢筋网和钢拱架实现围岩临时支护。利用附加的钻机，可以探测机器前方的岩土条件，并在必要时实施地质改良。围岩渗水可利用掘进机底部的排水系统抽排。在后配套区，使用喷射混凝土对已开挖隧道内壁进行支护。所有必要的供应设施均安装在后配套区，除了混凝土喷射以外，常常还包括仰拱块安装。撑靴作为敞开式 TBM 的支撑、换步的结构，同时也用于掘进机的导向。

施工中，应不断对 TBM 的位置姿态进行监测，根据掘进中 TBM 的姿态决定是否对 TBM 进行调向。对于掘进机方向控制，凯式与主梁式各有不同。凯式 TBM 是后支撑装在内凯式机架上，位于后外凯式机架的后面，后支撑通过液压油缸控制伸缩，还可利用液压油缸作横向调整；后支撑缩回时，内凯式机架的位置能够在水平和垂直方向上调整，以调整 TBM 的隧道中线。主梁式 TBM 是借助撑靴区的液压油缸，通过主梁进行竖向和横向移动，从而实现对掘进方向的精确控制。

敞开式 TBM 的掘进循环由掘进作业和换步作业交替组成。在掘进作业时，TBM 刀盘进行沿隧道轴线的直线运动和绕轴线的单方向回转运动复合而成的螺旋运动，被破碎的岩石经由刀盘的铲斗落入皮带输送机向机后输出。

换步作业利用支撑系统，在掘进机掘进时，撑靴进行动作来撑紧洞壁，推进油缸推动刀盘掘进破岩，被破碎的岩石由刀盘的铲斗落入出渣系统后输至洞外。

敞开式 TBM 使用在洞壁岩石能自稳并能经受水平支撑的巨大支撑力的条件下，掘进时，伸出水平支撑，撑紧洞壁，收起前支撑和后支撑，启动皮带机，然后刀盘回转，开始掘进；掘进一个循环后，进行换步作业。

其作业循环如下。

敞开式 TBM 的掘进循环如下（见图 1-112）：

步骤 1：撑靴油缸伸长，撑靴撑紧在岩壁上，前支撑、后支撑缩回，做好掘进准备。

步骤 2：推进液压缸伸长，推动刀盘向前完成一个循环掘进后停止。

步骤 3：前支撑、后支撑伸长来支撑设备，撑靴系统收回。

步骤 4：液压缸 1 缩短，液压缸 2 伸长，外凯向前滑移一个行程长度。

步骤 5：前后外凯的撑靴重新撑紧在洞壁上，前、后支撑缩回，开始新的掘进循环。

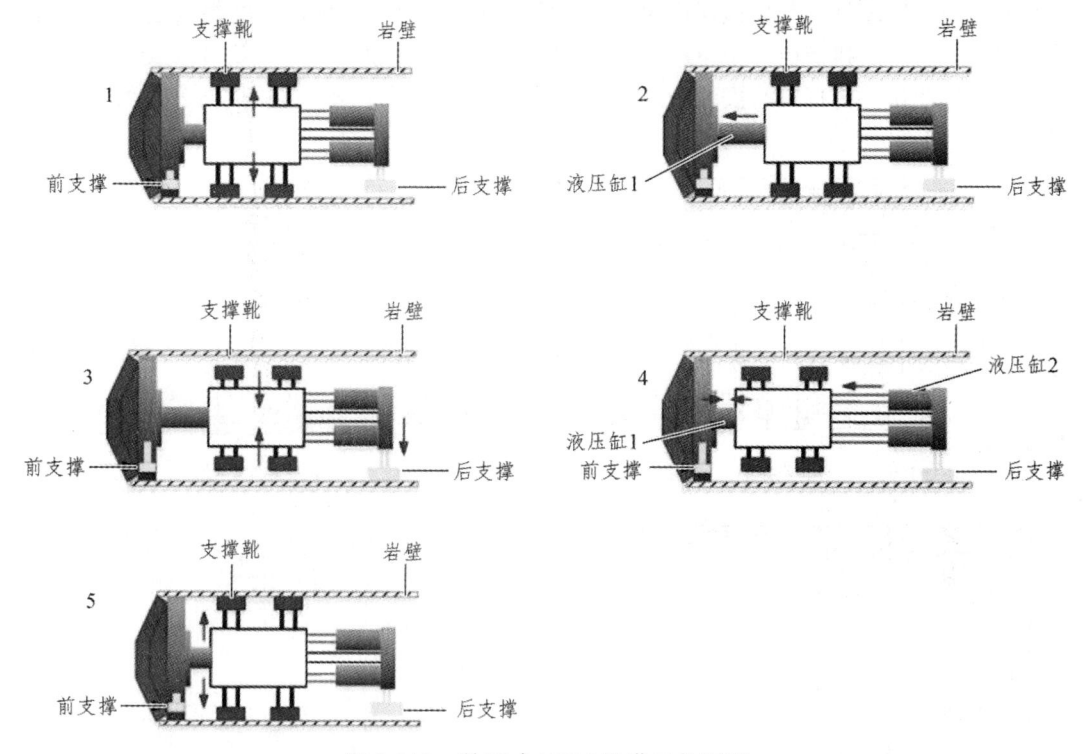

图 1-112 敞开式 TBM 掘进工作原理

## 2. 单护盾 TBM 工作原理

单护盾 TBM 掘进基本原理是隧道开挖时，掘进机由推进油缸动作来产生必要的推力。同时，刀盘转动破碎工作面的岩石，岩石碎屑由位于主机中部的皮带机运出。当掘进到一定长度后，掘进停止，在盾尾的保护下，进行管片安装及注浆，从而完成一个工作循环。单护盾 TBM 的掘进需要靠衬砌管片来提供推进反向力，因此在安装衬砌管片时必须停止掘进，即机器掘进与管片拼装不能同时进行，从而限制了掘进速度。

在掘进过程中，刀盘回转破岩可能造成盾体滚转。在掘进前，根据盾体滚转情况，利用纠滚装置，将推进油缸相对隧道轴线偏转一定角度。在推进油缸撑紧管片时，沿圆周产生切向力，该力对前盾产生纠偏力矩，在掘进过程中逐渐将盾体纠正。

有些 TBM 配置了驱动伸缩及抬升装置，机头架通过伸缩油缸及四组扭矩油缸与前盾相连接。扭矩油缸不仅为刀盘旋转提供反扭矩，且可以实现刀盘的上下左右移动。

## 3. 双护盾 TBM 工作原理

双护盾 TBM 按照隧道管片拼装作业与开挖掘进作业并进且连续开挖的概念进行设计，按快速施工的设计要求，掘进机的管片安装机具有管片储运和管片拼装双作业功能。双护盾 TBM 在地质条件良好时可以掘进与安装管片同时进行，且在任何循环模式下都是在敞开状态下掘进。双护盾 TBM 具有两种掘进模式：即双护盾掘进模式和单护盾掘进模式。

1）双护盾掘进模式

在围岩稳定性较好的硬岩地层中掘进时，撑靴紧撑洞壁为主推进油缸提供反力，使 TBM 向前推进，刀盘的反扭矩由两个位于支撑盾的反扭矩油缸提供，掘进与管片安装同步进行。此时 TBM 作业循环为掘进与安装管片→撑靴收回换步→再支撑→再掘进与安装管片，具体步骤如图 1-113 所示。

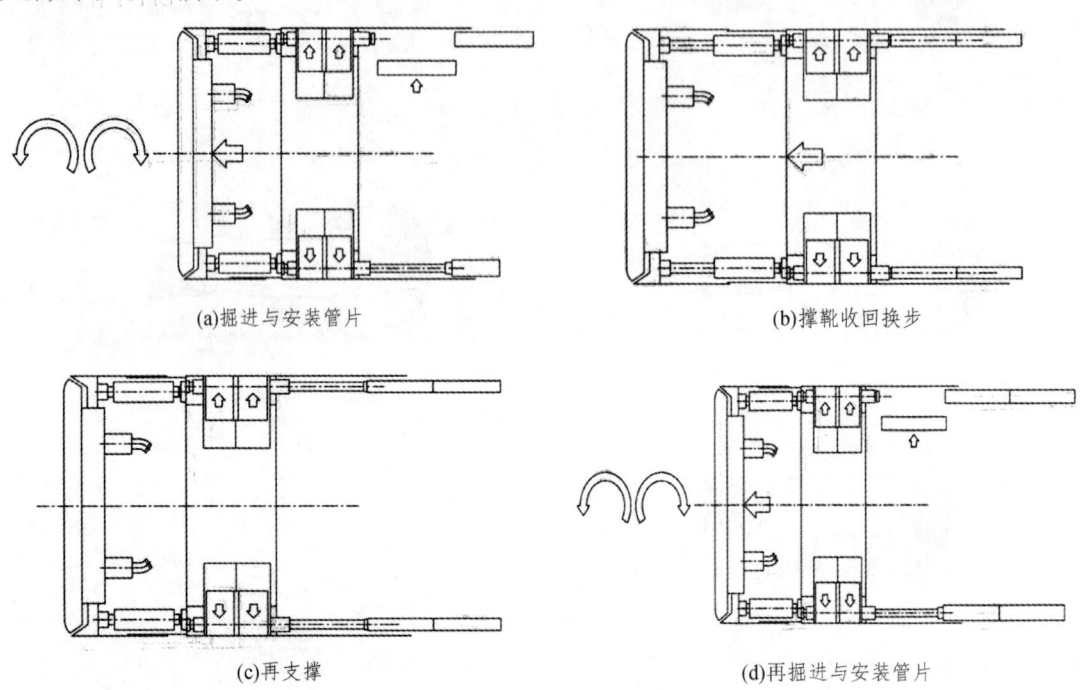

(a)掘进与安装管片

(b)撑靴收回换步

(c)再支撑

(d)再掘进与安装管片

图 1-113　双护盾掘进模式（硬岩模式）

2）单护盾掘进模式

在软弱围岩地层中掘进时，洞壁岩石不能为水平支撑提供足够的支撑力，支撑系统与主推进系统不再使用，伸缩护盾处于收缩位置。刀盘掘进时的反力由盾壳与围岩的摩擦力提供，刀盘的推力由辅助推进油缸支撑在管片上提供，TBM 掘进与管片安装不能同步。此时 TBM 作业循环为掘进→辅助油缸回收→安装管片→再掘进，具体如图 1-114 所示。

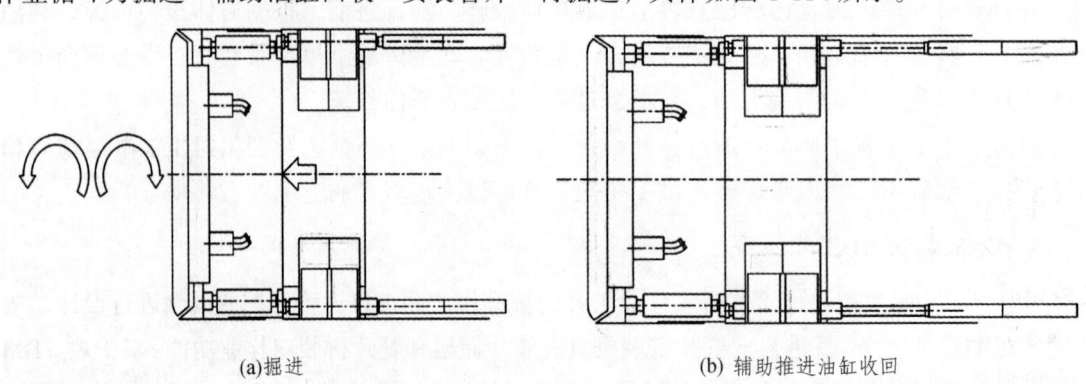

(a)掘进

(b) 辅助推进油缸收回

(c)安装管片　　　　　　　　　　　　　　(d)再掘进

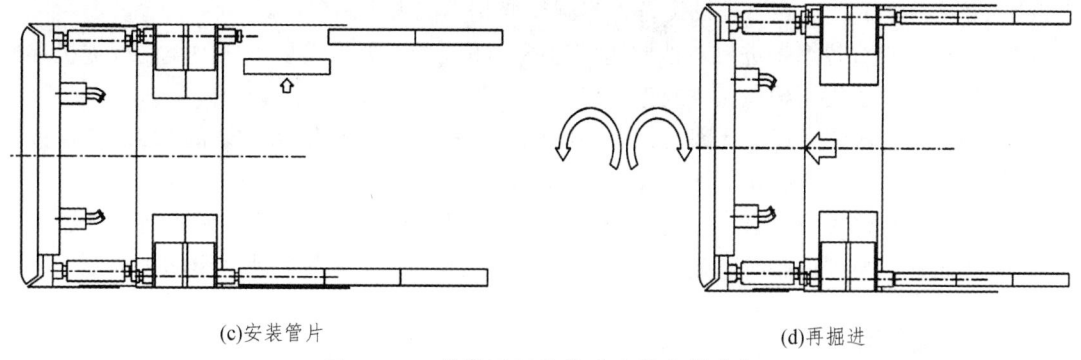

图 1-114　单护盾掘进模式（软岩模式）

#### 1.2.2.2　TBM 法的优缺点

**1. TBM 法的优点**

全断面岩石隧道掘进机作为一种长隧道快速施工的先进设备，其在隧道施工中的主要优点是快速、优质、安全、经济、环保。

（1）快速。掘进机施工的核心优点是掘进速度快。其开挖速度一般是钻爆法的 3~5 倍。

（2）优质。掘进机开挖的隧道是通过刀具挤压和切割洞壁岩石，所以洞壁光滑美观。开挖的洞径尺寸精确、误差小，可以控制在±2 cm 范围内；开挖隧道的洞线与预期洞线误差也小，可以控制在±5 cm 范围内。

（3）安全。掘进机开挖隧道对洞壁外的围岩扰动小，影响范围一般小于 50 cm，容易保持原围岩的稳定性，得到安全的边界环境；掘进机自身带有局部或整体护盾使人员可以在护盾下工作，有利于保护人员安全；掘进机配置有一系列的支护设备，在不良地质段可及时支护以保障安全。

（4）经济。目前，我国使用掘进机施工，若只核算纯开挖成本是会高于钻爆法。但掘进机与钻爆法比较，其经济性主要表现在成洞的综合成本上。可以改变钻爆法长洞短打、直洞折打的费时费钱的施工方式，代之以聚短为长、裁弯取直，从而省时省钱。掘进机开挖隧道的经济性只有在开挖长隧道，尤其是隧道长度超过 3 km 时才能体现。

（5）环保。用掘进机施工不用炸药爆破，施工现场环境不被污染，有利于环境保护。掘进机采用电力驱动，无爆破后的烟尘废气，而且掘进机自身具有完善的通风除尘系统，解决了通风困难的问题。

**2. TBM 法的缺点**

作为隧道快速施工的设备，全断面岩石隧道掘进机也有它的适用范围和局限性。

（1）全断面岩石隧道掘进机设备的一次性投资成本较高，设备较贵，初期投资大。当洞长较短时，采用掘进机施工并不经济。

（2）全断面岩石隧道掘进机的设计制造需要一定的周期，一般需要 9 个月。这还不包括运输和洞口安装调试时间。因此，从确定选用掘进机到实际能使用上掘进机需预留 11~12 个月的时间。

（3）全断面岩石隧道掘进机一次施工只适用于同一个直径的隧道。掘进机直径目前可由

1.2 m 到 12 m，对于一定的掘进机设备，其洞径变化不能大于±10%。

（4）全断面岩石隧道掘进机对地质比较敏感，不同的地质应需要不同种类的掘进机并配置相应的设施，不适用于地质条件复杂、变化大的岩层。

（5）要求隧洞转弯半径大。因为整套掘进机机身较长，一般为 16~20 m，加之机后连接的辅助设备限制，转弯半径不能小于 150~450 m。

（6）运输及维修工作复杂。掘进机设备大、长、重，运输安装要有大型设备配合，刀具更换、电缆延伸、机器调整等辅助工作占时较长，机器一旦发生故障就会影响全部施工。

### 1.2.3 顶管法

#### 1.2.3.1 顶管法工作原理及过程

顶管法是指隧道或地下管道穿越铁路、道路、河流或建筑物等各种障碍物时采用的一种暗挖式施工方法。

在施工时，通过传力顶铁和导向轨道，用支撑于基坑后座上的液压千斤顶将管压入土层中，同时挖除并运走管正面的泥土。当第一节管全部顶入土层后，接着将第二节管接在后面继续顶进，这样将一节节管子顶入，做好接口，建成涵管。

顶管法特别适用于修建穿过已成建筑物、交通线或河流、湖泊下面的涵管。顶管按挖土方式的不同分为机械开挖顶进、挤压顶进、水力机械开挖顶进和人工开挖顶进等。

顶管法施工中涉及 3 种工作面平衡理论：气压平衡、土压平衡、泥水平衡。

1. 气压平衡

所谓气压平衡，是在所顶进的管道中以及挖掘面间充满一定压力的空气，以空气的压力来平衡地下水以及土层的压力。

2. 土压平衡

土压平衡则是以顶管掘进机土舱内泥土的压力来平衡顶管掘进机所处土层的土压力和地下水压力。

1）工作原理

土压平衡式顶管机（见图 1-115）又称为土压式顶管机或 EPB 顶管机，是机械式顶管中的一种封闭式顶管机，其主要特点是在顶进过程中，利用土舱内的压力和螺旋输送机出土来平衡地下水和土压力。

图 1-116 为土压平衡式顶管施工。土压平衡式顶管机是利用安装在顶管机最前面的全断面切削刀盘，将正面土体切削下来进入刀盘后面的贮留密封舱内，并使舱内具有适当的压力使之与开挖面的水土压力相平衡，以减少顶管推进对地层土体的扰动，从而控制地表沉降，在出土时由安装在密封舱下部的螺旋输送机向排土口连续将渣土排出。

土压平衡必须满足以下两个条件：①在顶进过程中，顶管机与其所处的土层的土压力和地下水压力处于平衡状态；②排土量应与刀盘切削下来的土体量处于平衡状态。

图 1-115 土压平衡顶管机构造

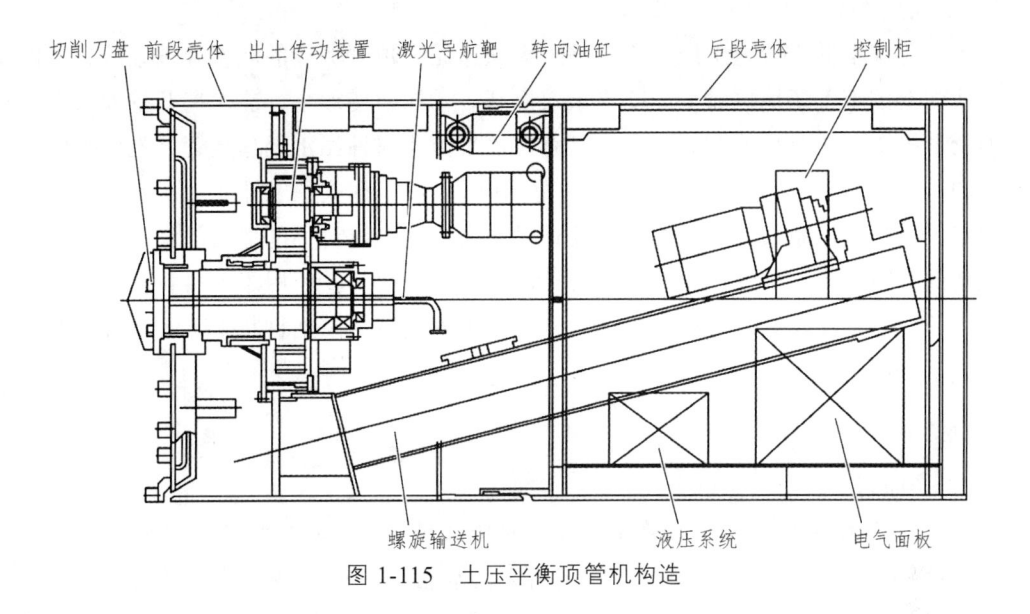

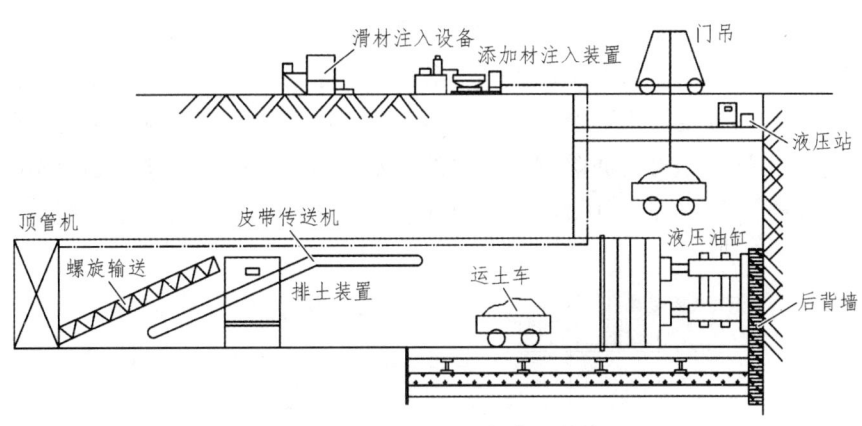

图 1-116 土压平衡式顶管施工

2）开挖面稳定原理

土压平衡式顶管属封闭式顶管，顶管推进时其前端刀盘旋转掘削地层，掘削下来的土体涌入土舱。当掘削土体充满土舱时，由于顶管的推进作用，致使掘削土体对开挖面加压。当该压力与掘削地层的土压水压相等时，若能维持螺旋输送机的排土量与刀盘的掘土量相等，则把这种稳定的出土状态称为开挖面平衡。要想维持排土量与掘土量相等，掘削土必须具备一定的流塑性和抗渗性。有些地层的掘削土仅靠自身的塑流性和抗渗性，即可满足开挖面稳定的要求。此外，多数地层土体的塑流性和抗渗性无法满足稳定开挖面的要求，为此须加入提高流塑性和抗渗性的添加材料，实现稳定开挖面的目的。综上所述，土压顶管开挖面稳定的必要条件如下：①泥土压力必须可以对抗开挖面上地层的土压和水压；②必须可以利用螺旋输送机等排土机构调节排土量；③对必须混入添加材料的土质而言，注入的添加材料必须可使泥土（混入添加材料的掘削土）的流塑性和抗渗性提高到满足掘面稳定要求的水准。

3）优缺点

优点：①成本低。因为土压平衡式顶管无须像泥水顶管那样的泥水处理系统，所以设备较少，所需要的施工场地也较小。②出土效率高。③地面变形小，能保持开挖面稳定，从而使地面变形极小。④对环境友好。由于没有泥水平衡式那种泥水处理装置，也没有气压平衡式那样的压力环境，对环境影响小。⑤适用范围广。土压平衡式顶管几乎对所有土质均适用。

缺点：①掘削扭矩大。因添加材料的相对密度较大，故对掘削地层的渗透作用小，进而使得掘削的摩阻力大，导致顶管机的装备扭矩大、功耗大。②使用添加材料。在砂砾层、黏粒含量少的地层以及硬黏土中进行施工时，必须采用适当的添加材料来对土体进行改良，使得土体易于排出。

3. 泥水平衡

1）工作原理

图 1-117 为泥水平衡式顶管施工。泥水平衡式顶管就是在机械式顶管机刀盘的后方设置一道封闭隔板，隔板与刀盘间的空间定名为泥水舱。把水、黏土及添加剂混合制成的泥水，经输送管道压入泥水舱，待泥水充满整个泥水舱。泥水在挖掘面上形成一层不透水的泥膜，可以阻止泥水向挖掘面里面渗透。同时，泥水本身有一定的压力，该压力称为泥水压力，可以用来平衡地下水压力和土压力。刀盘掘削下来的土砂进入泥水舱，经搅拌装置搅拌，含掘削土砂的高浓度泥水可经由泥浆泵送到地表的泥水分离系统，经泥水分离处理把掘削土体分离出去排掉，再把滤除掘削土砂的泥水重新压送回泥水舱。如此不断循环完成掘削、排土和推进。因为是泥水压力使开挖面稳定平衡的，故又称为泥水加压平衡式顶管，简称泥水顶管。

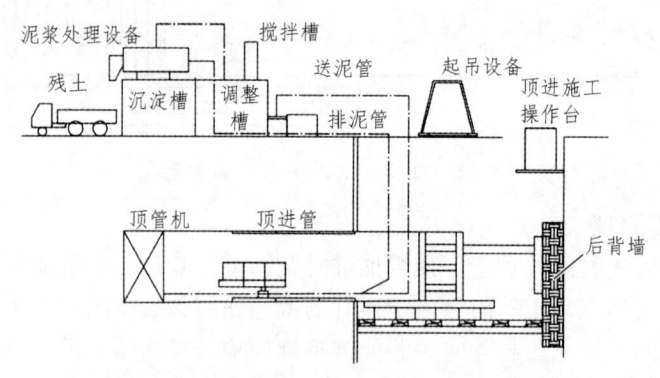

图 1-117 泥水平衡式顶管施工

图 1-118 是泥水平衡式顶管机工作原理。泥水平衡式顶管有两种形式，其中一种是单一的泥水平衡式，即以泥水压力来平衡地下水压力和土压力。为了稳定开挖面，通常泥水压力 $P_m$ 按下式设定：

$$P_m = P_w + P_p \tag{1-1}$$

式中 $P_m$——泥水压力；

$P_w$——地下水压力；

$P_p$——预压力，按经验取 0.01~0.02 MPa。

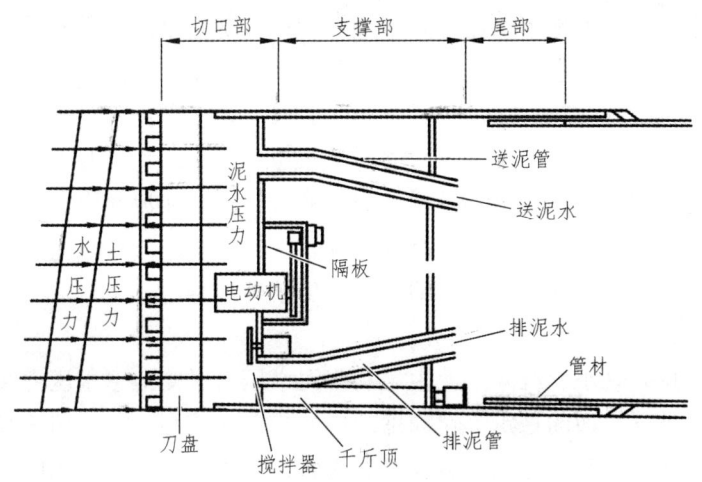

图 1-118 泥水平衡式顶管机工作原理

2）开挖面稳定原理

（1）泥膜的形成。

利用泥水稳定开挖面的想法源于地下连续墙的泥浆护壁原理，其根本原因是泥水与开挖面接触后，可迅速地在开挖面的表面形成隔水泥膜。在泥水与开挖地层接触时，由于作用在开挖面上的泥水压力大于开挖地层的地下水压，泥水中的细粒成分及水通过地层间隙流入开挖地层，其中细粒成分填充地层间隙，使地层的渗透系数变小；而泥水中的水通过间隙流入地层，这部分流入地层的水称作过滤水，对应的水量称为滤水量。

随着时间的增加，地层间隙逐渐被细粒成分充分填充，地层的渗水系数越来越小；滤水量越来越小；超静地下水压的增加速度越来越小，最后超静地下水压稳定在某一数值上，即地层间隙完全被填充。因黏土颗粒均匀地悬浮于泥水中，所以泥膜在开挖面上是均匀分布的。

（2）泥水渗透成膜状态。

图 1-119 为泥水在开挖面的 3 种渗透状态：

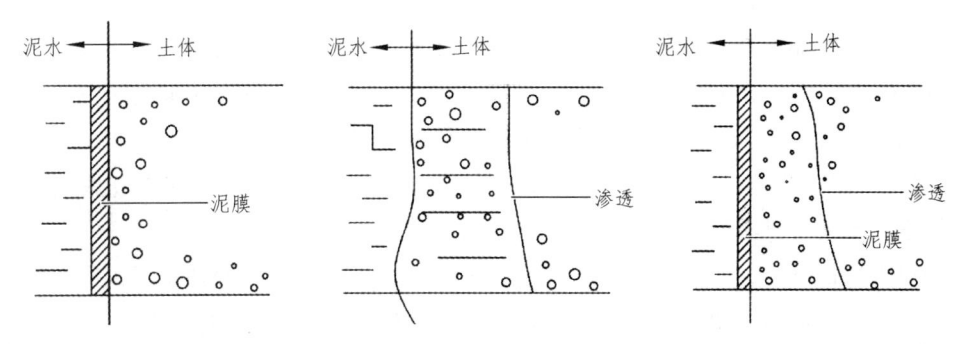

类型 1：细砂上形成泥膜；类型 2：向粗颗粒中渗透，表面无泥膜；类型 3：既能形成渗透又能形成泥膜。

图 1-119 泥水的渗透状态

① 泥膜：地层的有效间隙 $L<D_{min}$（泥水最小粒径）。当泥水与开挖面开始接触后，泥水中的水渗入地层，而颗粒成分吸附聚积在开挖面表面，经过一段时间后，开挖面上形成一层泥膜。成膜后脱水量、超静地下水压停止增加。此类情况主要发生在黏粒土、粉粒土及细砂土等土层。

② 渗透：地层有效间隙 $L>3D_{min}$（泥水最小粒径）。全部泥水可经过地层间隙流走，无法形成泥膜，渗流速度大，脱水量大，超静地下水压大，无法稳定开挖面。此类情况主要多发生于粗砾、砾石地层，其解决措施是增大泥水的粒径，即在泥水中添加砂砾。

③ 泥膜+渗透：地层的有效间隙 $3D_{min}>L>D_{min}$。此类状态的特点是泥水中的颗粒成分向地层间隙渗透、填充，最后成膜。此类情况多发生于砂地层中。

3）优缺点

优点：①对地层扰动小、沉降小。由于利用泥水压力平衡地下水压力和土压力，形成的泥膜可以有效地保证开挖面的稳定，对周围地层的扰动也较小。②适用管径范围大。由于泥水渗入后的浸泡作用，导致开挖地层多少有些松软，故顶管机的刀盘掘削扭矩变小，所以同样扭矩的情形下，泥水顶管的直径可以做得大。③安全性较高。工作井内的环境较好，作业比较安全。④适于高速化施工。由于泥水输送弃土作业是连续不断地进行的，所以施工速度较快。⑤掘进中顶管机体摆动小。在泥水的作用下，地层对刀盘的掘削阻力减小，顶管机的水平及竖直摆动小。

缺点：不适用于在某些土层中顶进。遇到较大障碍物，由于是封闭式机头，人工排出比较困难；遇到硬黏土，土体不易进入泥水舱，即使进入泥水舱也容易引起泥管堵塞，无法正常顶进。

#### 1.2.3.2 顶管法的特点及分类

1. 顶管法的特点

（1）在敷设地下管道时，不需要大挖大填土方作业，是一种非开挖施工技术，地下穿越能力强，施工作业面不大。

（2）顶管法是一种综合性的施工技术，其中对于选线、定位放线、工作井和接收井设置、机头顶推、测量定位及施工组织与管理，都要求进行严格的科学管理和有条不紊地实施施工作业程序，并不断克服穿越不同土层所遇到的各种困难，较好地完成敷设地下管线任务。

（3）具有鲜明的适用性。即应对不同的地质条件、不同施工条件和不同的埋管设置要求，选择与之相适应的顶管施工工艺，以达到事半功倍的效果。

（4）是一种带有高科技手段的现代化地下管道施工方法，它既能不断掘进埋管，后续连接敷设管道，又能支护开挖掘进面，且受先进的激光定位系统指挥。

对于顶管法的分类，有多种不同的方法，每种方法从不同的侧面强调了顶管施工在某一方面的特征，以便从不同角度去认识这些特征。顶管法分类见表1-10。

表 1-10 顶管法分类

| 分类方式 | 类型 | 备注 |
|---|---|---|
| 按管径大小 | 大口径顶管 | 一般指管径在 2 000 mm 以上 |
| | 中口径顶管 | 一般指管径在 1 200～1 800 mm 之间 |
| | 小口径顶管 | 一般指管径在 500～1 000 mm 之间 |
| | 微型顶管 | 一般指管径在 400 mm 以下 |
| 按顶管埋置深度 | 深埋式地下顶管 | 覆土厚度 $H>8$ m，或 $H>3D$（$D$ 为管道内径） |
| | 中埋式地下顶管 | 覆土厚度 $H>3$ m，或 $H>2D$，且 $H<8$ m |
| | 浅埋式地下顶管 | 覆土厚度 $H<3$ m，或 $H<2D$ |
| | 超浅埋式地下顶管 | 覆土厚度 $H<3$ m，或 $H<1.5D$ |
| 按作业形式 | 手掘式 | 靠人在带刃口的工具管（或机头）内挖土的顶管作业 |
| | 挤压式 | 工具管（或机头）内的土是顶进时被挤进管内再做处理 |
| | 半机械式 | 钢制壳体内有掘进岩土的机械，且在该钢制壳体中设有反铲之类的机械手进行挖土 |
| | 机械式 | 钢制壳体内有掘进岩土的机械，且在该钢制壳体内安装有机械装置进行挖土作业 |

2. 顶管法关键技术

（1）方向控制。方向控制是顶管施工成败的关键，必须保证方向与设计轴线一致，最主要在于做好预防控制措施，对于长距离顶进，则应该保证中继环正常工作。

（2）开挖面正面土体的稳定性。在开挖和顶进过程中，尽量减小对正面土体的扰动是防止坍塌、涌水和确保正面土体稳定的关键。正面土体的失稳会导致管道受力情况急剧变化，甚至会造成顶进方向的偏离。

（3）顶力问题。当仅采用管尾推进时，管道的推进距离会受到限制。通常采用中继环接力顶推技术来解决此问题。

（4）触变泥浆注浆减阻技术。触变泥浆的作用：①减阻作用，将顶进管道与土体之间的干摩擦转换为液体摩擦，减小顶进的摩阻力；②填补作用，利用浆液填补施工时管道与土体之间产生的空隙；③支撑作用，在注浆压力下，减小土体变形，使管洞变得稳定。

## 1.2.4 悬臂掘进机法

### 1.2.4.1 悬臂掘进机法概念

悬臂掘进机法是铣挖法最主要的方式。悬臂掘进机是一种部分断面掘进机，其截割臂可以上下、左右自由摆动，能切割出任意形状的隧道断面。悬臂掘进机集开挖、装渣和自动行走于一身，进退自如，操作灵活，对复杂地质适应性强，便于支护，可以适应中软岩、软岩隧道不同的施工方法，因此是中小型隧道、软岩隧道工程的理想开挖工具。目前，国外加快了对悬臂掘进机的研究步伐，逐渐使之应用于中硬和硬岩巷道的掘进施工。

其施工流程如图 1-120 所示。

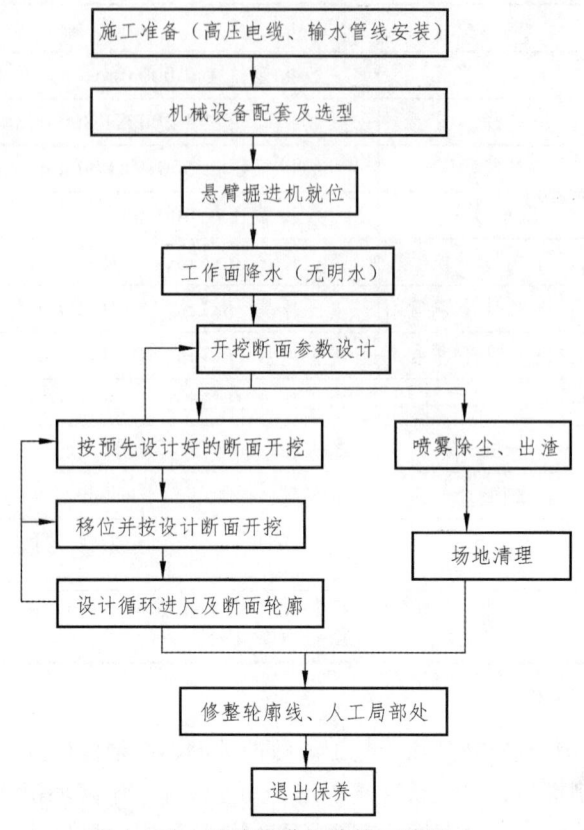

```
施工准备（高压电缆、输水管线安装）
          ↓
      机械设备配套及选型
          ↓
       悬臂掘进机就位
          ↓
      工作面降水（无明水）
          ↓
       开挖断面参数设计
          ↓              ↓
  按预先设计好的断面开挖    喷雾除尘、出渣
          ↓              ↓
    移位并按设计断面开挖    场地清理
          ↓
   设计循环进尺及断面轮廓
          ↓
    修整轮廓线、人工局部处
          ↓
        退出保养
```

图 1-120　悬臂掘进机法施工流程

#### 1.2.4.2　悬臂掘进机法的优缺点

1. 悬臂掘进机法的优点

（1）适用于煤层、半煤岩、软岩巷道的掘进。

（2）结构紧凑，吨位大、重心低且布局合理，工作振动小，可有效降低因设备振动导致的机电液故障。

（3）具备高低两种截割速度，可靠的可伸缩截割结构，可实现高效截割。

（4）装运机构均采用低速大扭矩电机驱动，结构紧凑简单，维护便捷；易磨损部位均采用耐磨材料加强，寿命可提高 3~4 倍。

（5）与全断面掘进机有一些相同的优点：连续开挖、无爆破震动、能更自由地决定支护围岩的适当时机；可减少超挖；可节省围岩支护和衬砌的费用。

2. 悬臂掘进机法的缺点

（1）悬臂掘进机仅能截割巷道部分断面，要破碎全断面岩层，需多次上下左右连续移动截割头来完成工作。

（2）掘进速度受掘进机利用率影响很大，在最优条件下利用率可达 60% 左右，但若围岩需要支护或其他辅助工作跟不上时，其利用率会降低。

## 1.3 其他工法

### 1.3.1 沉管法

沉管法是预制管段沉放法的简称,是在水底修建隧道的一种施工方法。其施工顺序是先在船台上或干坞中制作隧道管段(用钢板和混凝土或钢筋混凝土),管段两端用临时封墙密封后滑移下水(或在坞内放水),使其浮在水中,再拖运到隧道设计位置。定位后,向管段内加载,使其下沉至预先挖好的水底沟槽内。管段逐节沉放,并用水力压接法将相邻管段连接。最后拆除封墙,使各节管段连通成为贯通的隧道。在其顶部和外侧用块石覆盖,以保障安全。20世纪50年代起,由于水下连接等关键性技术的突破而普遍采用,现已成为水底隧道工程的主要施工方法。用这种方法建成的隧道称为沉管隧道。

水下段隧道工程采用沉管法施工,比用盾构法施工具有较多优点,主要有:

① 容易保证隧道施工质量。因管段为预制,混凝土施工质量高,易于做好防水措施;管段较长,接缝很少,漏水机会大为减少,而且采用水力压接法可以实现接缝不漏水。

② 工程造价较低。水下挖土单价比河底下挖土单价低;整体制作管段,浮运费用比制造、运送大量管片费用低;接缝少而使隧道每米单价降低;隧道顶部覆盖层厚度可以很小,隧道长度可缩短很多,工程总价大为降低。

③ 在隧道现场的施工期短。预制管段(包括修筑临时干坞)等大量工作均不在现场进行。

④ 操作条件好、施工安全。除极少量水下作业外,基本上无地下作业,更不用气压作业。

⑤ 适用水深范围较大。大多作业在水上操作,水下作业极少,故几乎不受水深限制,如按照潜水作业实用深度则可达70 m。

⑥ 断面形状、大小可自由选择,断面空间可充分利用。大型的矩形断面的管段可设置4~8车道,而盾构法施工的圆形断面利用率不高,且只能设置双车道。

### 1.3.2 浅埋暗挖法

浅埋暗挖法的理论源于新奥法,是在新奥法的基础上结合我国国情和浅埋的特点发展起来的一种施工方法,其特点是沿用新奥法原理,进行信息量测,反馈给设计和施工,同时采取超前支护和改良地层、注浆加固等配套技术来完成隧道及地下工程的施工。它和软岩新奥法有很多相同的遵循原则。

浅埋暗挖法遵循的原则:

(1)结合工程环境条件、隧道本身的安全等级综合制定地表沉降控制基准值。

(2)综合地表沉降、施工安全、工期、造价等因素选定开挖工法。

(3)强调采用预加固措施(超前管棚、锚杆、注浆、冷冻等)。

(4)隧道支护应考虑时间和空间效应。

(5)隧道开挖后应尽早提供具有足够刚度和早强的初期支护,以控制围岩变形。

(6)尽早施作仰拱、封闭成环,仰拱距工作面的距离越近越好,最大不宜大于一倍洞径。

(7)一般情况下二次衬砌在围岩和初期支护变形基本稳定后施作,但在采取辅助措施后,尚未满足稳定性要求的,也可提前施作二次衬砌。

浅埋暗挖法施工流程如图1-121所示。

图 1-121 浅埋暗挖法施工流程

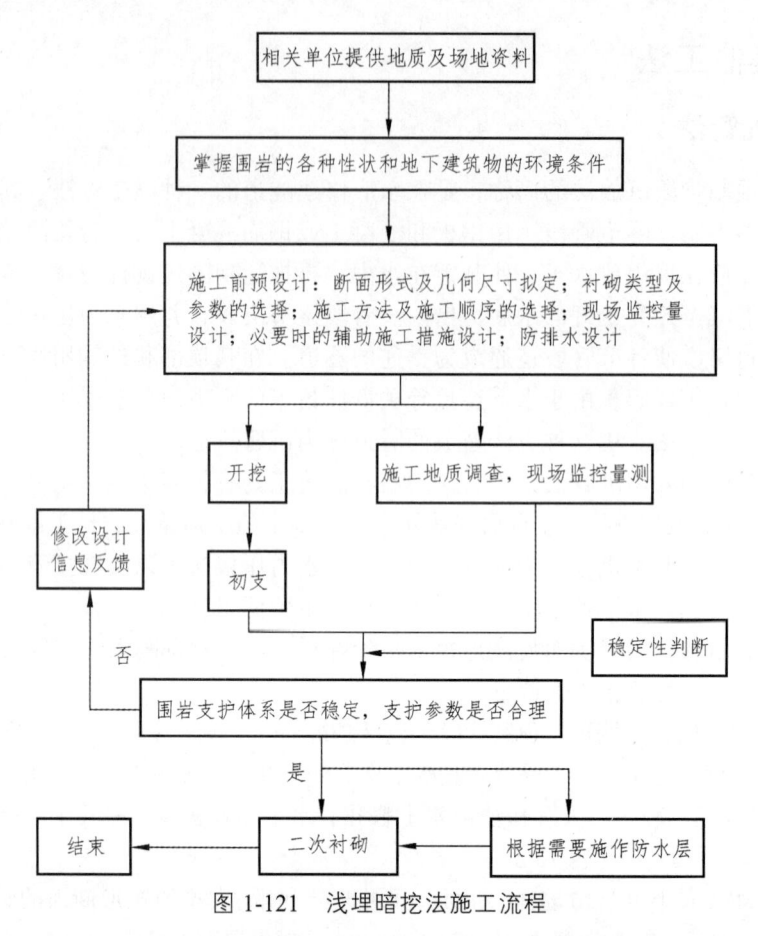

采用浅埋暗挖法施工的地下结构由于使用功能不同，地质条件不同等，形成了多种多样的结构形式，总的来说可按以下几方面分类。

1. 按跨度分类

（1）单跨结构。跨度可从 2 m 至 10 m 以上，例如市政工程中的电力、热力隧道一般跨度为 2~5 m；长安街地下过街道有 7 m、10 m 两种；北京地铁复兴门折返线断面跨度达 14.46 m。

（2）双跨联拱结构。双跨联拱结构在公路隧道、城市道路隧道、地铁隧道中应用较多，两拱中部分隔可以采用中隔墙，也可以采用柱子和顶、底梁。

（3）三跨联拱结构。在地铁地下车站中应用较多，如西单、天安门西、王府井、东单等已经运营中的车站，以及其他部分还处于施工中的车站。市政工程中也有应用，如地下停车场等。

2. 按层数分类

（1）单层结构。采用浅埋暗挖法施工的隧道中以单层较多，单层隧道设计施工难度相对较小，如道路隧道、市政管线隧道、人行隧道、地铁隧道的出入口、客流较小的地铁车站等。

（2）双层结构。为了充分利用地下空间，减少占地，节省投资，有些地下结构设计为双层，双层地下结构设计施工难度大，如西单、天安门西、王府井、东单车站等。

（3）多层结构。在浅埋工程中，对于多层结构的施工难度极大，技术复杂，地面沉降控制难度大，一般很少采用。

# 第 2 部分

# 钻爆法机械设备

　　钻爆法是通过钻孔、装药、爆破开挖岩石的施工方法。这一方法从早期由人工手把钎、锤击凿孔，用火雷管逐个引爆单个药包，发展到用凿岩台车或多臂钻车钻孔。该工法历史悠久、技术成熟，但施工中所需设备繁多，主要包括开挖设备、支护设备、装运设备以及相关辅助设备和新型设备。随着隧道种类的增加以及相应工法的创新，对施工隧道的种类和性能指标要求也越来越高，以满足不同隧道开挖和支护的需要。本部分共包含两章：第 2 章钻爆法机械化配套，具体讲述了机械化配套的发展、主作业线机械化配套方案以及工程实例。第 3 章钻爆法隧道机械设备，具体讲述了超前地质预报和超前预加固作业设备、开挖作业设备、出渣作业设备、初支作业设备、仰拱作业设备、防排水作业设备、混凝土衬砌作业设备、其他辅助设备、新型隧道施工设备、隧道电动化设备等的国内外研究现状、主要结构及工作原理、典型产品介绍等方面的内容。

# 第 2 章　钻爆法隧道机械化配套

## 2.1　隧道施工机械化配套概述

### 2.1.1　隧道机械化配套的发展

#### 2.1.1.1　机械化配套发展历程

20 世纪 60 年代，我国隧道爆破作业进入了普及小型施工机具时代。这一时期的代表性工程是 20 世纪 60 年代中期修建的成昆铁路。成昆铁路全长 1 085 km，隧道占 31%，其中关村坝隧道和沙马拉达隧道长度均在 6 km 以上。在这些隧道的施工中采用了轻型机具、分部开挖的小型机械，修建速度达到了"百米成洞"（平均每月单口成洞 100 m）的水平。20 世纪 70 年代后，手持风钻改进为气腿支撑式手持风钻，钻机的性能也有了较大的提高。20 世纪 80 年代，从国外引进了先进的多臂液压凿岩台车，并在重点隧道项目建设中推广使用。这一时期的代表性工程当属大瑶山隧道，该隧道是中国第一条通车的超长双线电气化铁路隧道，大瑶山隧道施工机械配套主要体现在开挖、喷锚、混凝土衬砌 3 条作业线。相比过去双线隧道月成洞在 35～40 m 之间，大瑶山隧道采用机械化施工后，最高月份（1983 年 11 月）出口完成成洞 152.04 m，开挖 182 m，进口成洞 142.66 m，衬砌 171 m，出口平均月成洞 85.71 m，进口平均月成洞为 62.31 m，显示出机械化施工的优势。20 世纪 90 年代后，在众多的隧道工程项目施工中，使用拼装式简易台架和更为先进的凿岩台车、挖装机等专用设备进行隧道凿岩、支护等作业是值得肯定的技术进步。这一时期的代表性隧道工程有南昆铁路米花岭单线隧道，该隧道施工时对开挖、装运、锚喷支护、衬砌作业线进行了机械配套。米花岭隧道从 1993 年 3 月开挖到 1996 年 9 月竣工，平均单口月成洞 109 m，其中从 1994 年 6 月到 1996 年 5 月，每月单口成洞 150 m 以上，开挖月进度基本稳定在 150～200 m 之间，衬砌月进度为 160 m 以上，接近国外 20 世纪 90 年代的先进水平。随后铁路长大隧道机械化施工在京九、西康等铁路建设中得到推广完善，形成了多作业线机械化施工设备配套模式。

进入 21 世纪以后，我国为了适应高速铁路隧道修建的高标准、高技术要求，一大批先进的机械装备开始投入隧道修建的各个工序环节，如全电脑三臂凿岩台车、湿喷机械手、自行式仰拱栈桥、挖装机，以及铺设台车、模板台车等。这些先进设备的投入使用在提高现场施工效率的同时，进一步减轻了工人的劳动强度、改善了现场施工环境。隧道机械化配套技术在贵广高速铁路三都隧道、沪昆高速铁路雪峰山隧道群、怀邵衡铁路南雪峰山隧道、昌赣客专兴国隧道、郑万高速铁路等项目施工中得以推广完善，获得跨越式发展。未来，伴随着物联网、通信、人工智能的普及，隧道建设必将进入智能化、少人无人化的时代，从而实现隧道建设的高效化和智能化。

### 2.1.1.2 机械化配套现状

当前，我国在隧道建设数量、里程和施工技术上总体已经达到世界领先水平，但是在长大隧道机械化配套技术水平方面与欧洲发达国家还有一定的差距。主要原因有：我国复杂的地质情况，以及设备的使用成本居高不下；施工定额低，目前没有与机械化配套相应的定额，导致施工单位不愿成套配置；凿岩台车受制于设备本身结构外插角等原因，平均线性超挖20 cm以上，超挖突出，且凿岩台车每个月的固定折旧费、配件费、油料费、钻具费等导致开挖成本高于人工风钻开挖；国内对炸药的管制，混装炸药无法在铁路隧道施工中使用，其设备也无法推广；在设备配置时未考虑一套设备能够适应多种施工工法，成套设备难以高效施工，更换施工装备及人员造成进度延误；机械设备的操作手、维修及管理人员紧缺，尤其是维修保养技术人员更加缺乏，设备故障耽误占比较大，现场故障难以及时处理；机械化施工管理经验不足导致施工管理不到位；设备使用、运转专业化程度不高，施工管理未考虑成套装备导致工序安排矛盾；采用大型机械化配套所需施工设备其布置空间不满足现行规范对安全步距的要求；以钻爆法为基础的机械化快速施工技术体系尚未形成，许多设备配套关键技术尚未取得突破，施工进度差别大，事故隐患较多，施工后对环境影响较大；在硬岩或围岩稳定性较好的条件下才能实现快速施工。

国内铁路隧道钻爆法施工机械设备配置现状如下：

（1）在地质预报设备配置方面。多数采用国产地质钻机，部分采用进口地质钻机。

（2）在挖、装、运设备配置方面。开挖采用电动空压机、人工手持风钻、液压钻、简易的钻孔台架等设备和机具，在围岩条件较好的情况下，也采用钻孔凿岩台车进行开挖作业；装渣设备使用挖掘机和轮式装载机，运渣采用大型自卸汽车。

（3）在初期支护设备配置方面。锚喷作业一般采用小型湿喷机，在长大隧道中采用大型湿喷机械手，通常采用人工手持风钻或凿岩台车进行锚杆施工，很少使用锚杆台车进行锚杆施工。

（4）在仰拱作业线设备配置方面。通常使用标准钢模板和简易仰拱栈桥进行仰拱施工，有时也采用自行研制的仰拱模板和自行移动式仰拱栈桥。

（5）在防排水设备配置方面。由于没有标准的防水板安装设备，防水板铺设全部采用自制的简易铺设台架。

（6）在混凝土衬砌作业线设备配置方面。采用集中拌和站进行混凝土拌和，采用混凝土运输车运输，采用混凝土输送泵和全液压钢模板衬砌台车进行混凝土衬砌施工。

通过对瑞典和丹麦等国家隧道施工的调研，国外隧道施工，在开挖、支护、钻孔注浆、锚杆、喷混凝土、出渣等各工序都配置了全机械化作业线，机械化程度高，且配套完整。施工方拥有的施工机械设备较少，各生产线基本通过较为发达的租赁市场租用，且配套维修在现场跟进。在设备租赁方面，特别是大型专用设备的租赁，方式较为灵活，便于现场推广应用。由于施工设备的完善配套，国外隧道施工作业人员每班仅7～10人（未含出渣人员），仅为国内隧道施工同一工序人数的1/12～1/8，在出现重大异常时，可以有效杜绝群死群伤事件。

尽管机械化配套之路在国内铁路隧道钻爆法施工过程中进行得异常艰难，但是在国内专家学者及广大技术人员共同努力下，这条"路"已经初具雏形，而且发展迅速。随着国产化程度的进一步提高，先进的机械化作业线已经逐步形成，特别是在开挖出渣、喷锚、支护和二次混凝土衬砌等工序，设备国产化程度大大提高，实现了从无到有的跨越式进步。例如，在郑万高速铁路隧道施工中，经过业主和施工方多方面的创新和探索，基本实现了全工序机械化及全地质机械化，其中锚杆钻注一体机、自行式仰拱栈桥、半自动防水板铺设台车、整体式沟槽模板台车、衬砌模板台车及温控自动喷淋养护台架等设备均为自主研制。

钻爆法隧道全工序施工如图 2-1 所示。

图 2-1　钻爆法隧道全工序施工

目前，我国各类大型隧道工程的建设正在全面进行，虽然近年来使用掘进机等大型装备进行隧道施工已经较为常见，但是钻爆法仍然在国内山岭隧道的建设中占有无法替代的重要地位。大型机械化配套的目的是提高隧道施工效率，保证施工质量，改善作业条件，减少作业人员，有效探测和控制隧道施工风险，减小工期压力。

在隧道施工中，常用的机械设备有钻爆设备（如风动凿岩机、液压凿岩机、凿岩台车、电动空压机等）、装运设备（如隧道挖装机、装载机、蓄电池机车、矿斗车、翻车机、自卸车、立爪装岩机等）、拱锚喷及衬砌设备（如拱架安装台车、锚杆台车、湿喷台车、混凝土搅拌机、双液注浆泵、注浆机、管棚钻机、砂浆拌和机、轨行式混凝土输送车、混凝土输送泵、单线模板台车、抗水压模板台车等）、通风设备（如轴流式通风机、射流风机等），以及其他设备（如变压器、照明设备、制氧设备、制暖设备等）。可供选择的设备众多，但是如何选择最优的设备以及设备组合，在保证安全施工的前提下，又能保证隧道施工的进度以及经济性，对缩短隧道施工周期、节约成本、提高建筑质量具有重要意义。同时，多种设备同时进入隧道施工现场，如果没有明确的机械设备配套方案，对于现场的施工管理，安全控制也是一个极大的隐患。总之，有效的隧道施工设备配套技术，能保证机械施工的连续性、有效性，保证施工方案的顺利实施，同时为施工方节约成本。

### 2.1.2　隧道施工机械化配套的要点及原则

#### 2.1.2.1　隧道施工机械化配套的要点

（1）设备的选型和数量要满足机械化施工的要求。

（2）机械化施工要满足施工工法要求。

（3）洞内电压需满足机械设备的正常运转。

（4）设备质量可靠是机械化快速施工的关键，否则将会造成其他资源的闲置和浪费，因此质量可靠、维修简便、经济合理是机械设备选型的重要标准。

（5）设备的配件易于购买，配件和易损件能及时供应。

（6）明确相应工程的机械化配套生产目标。

#### 2.1.2.2 隧道施工机械化配套的原则

（1）针对不同的施工工序按专业化组织流水作业，以性能好、效率高、机况良好的大型设备配置到挖装运、锚喷、衬砌、辅助等主要作业线，实现各机械化作业线的有机配合，用机械化程度的提高来实现隧道施工的稳产、高产。

（2）各作业线配套能力的排序：沟槽>二衬>防排水>仰拱>主作业线（开挖、出渣、初支）；其他配套能力的顺序：运输能力>装渣能力>开挖能力>施工组织能力。

（3）设备配置富余系数应适当，过大造成部分设备能力浪费，过小则会导致施工能力不足。

（4）尽可能采用同一个厂家生产的同类机械设备，这样方便其维修、配件供应和通用互换，确保机械使用率。同时，充分考虑设备国产化，推动国产装备发展。

（5）施工机械要与施工方法配套。应该根据洞口场地条件、施工前勘探的地质条件、工期要求等，综合确定合适的施工方案，最终确定与施工方案协调的机械配套方案。相应的施工机械选型配套应该以适应施工方法为准。

（6）施工机械要与人配套。一方面，机械设备应该能够保证人员的安全和符合劳动保护的要求，在条件允许的情况下，能够对施工机械进行改造。

（7）施工机械要与施工环境配套。施工环境包括隧道断面尺寸、通风要求、洞内各工序布置等。单机选型上要考虑质量可靠、高效、经济、维修方便；组合配套时要考虑设备外形尺寸与隧道断面相适应，各设备之间外形尺寸要适应，配套设备间生产能力要匹配。

（8）通风设备与通风方式要配套。特长隧道无轨运输最为重要的问题是通风问题。现有的通风方式有：传统的压入式、巷道式、混合式等，相应风机的选型、风管的选型、风机的布置等都应与通风方式匹配。

（9）零配件、易损件等应该与主要机械配套。当主要施工机械设备已确定的时候，相应的零配件、易损件应该与主要机械配套。

（10）引进设备应该国产化。引进的设备往往会在调试、维修方面出现不便，采购时应该考虑供货商的供货渠道和售后情况，尽量选在国内有售后点的供货商。

（11）施工机械要与隧道土木作业配套。隧道内土木工程作业包括供水、排水、通风、供电等。

总之，机械设备的配套，一方面要结合工程进度要求，强调它的先进性；另一方面要注意配套的合理性，否则，大马拉小车，设备能力高的受到设备能力低的限制，不能充分发挥每一种机械设备的作用，自然不能产生好的经济效益。

## 2.2 钻爆法隧道各作业线机械化配套

### 2.2.1 机械化配套分级

随着隧道钻爆法施工技术的成熟，我国大多隧道采用钻爆法进行开挖，以往钻爆法隧道开挖作业施工多使用人工+作业台架的方式，所需人员数量众多，如今随着科技的不断进步，机械化施工开始逐渐普及，凿岩台车、拱架安装台车、锚杆台车等大机装备开始进入隧道施工的各工序中。由于隧道钻爆法施工具有开挖、出渣、初支等多条作业线，且不同的作业线又各自有多种施工装备可以进行选择，对于不同的需求情况，装备也会有不同的选择。在初步了解了隧道钻爆法施工各作业线可用装备的施工特点、效率情况和适用情况之后，可以根据不同施工装备的施工效率和机械化、无人化、智能化程度将其分为基本机械化配套、中度机械化配套、高度机械化配套等3类配套方案。

### 2.2.1.1 高度机械化配套方案

高度机械化配套以"快速施工、以机代人"为目标，从超前地质预报作业到混凝土衬砌作业均以机械化进行，采用智能型施工装备。此方案适用于长大铁路隧道工程要求施工进度快且有设备专享费用时的配置。

### 2.2.1.2 中度机械化配套方案

开挖等作业工序配套装备与高度机械化配套基本相同，采用普通液压型施工装备。此方案适用于长大铁路隧道工程要求施工进度较快且施工单位自身有需求时的配置。

### 2.2.1.3 基本机械化配套方案

开挖、立拱都采用人工作业，仰拱及混凝土衬砌作业线配置一套设备就可以保证正常施工步距。此方案适用于短隧道或对进度要求较低的常规施工组织的配置。

不同的配套方案在仰拱作业、防排水作业、沟槽作业的施工装备区别不大，主要区别在地质预报、支护（包括初支、二次衬砌、超前支护）、开挖（钻孔、装药）这几个作业线。表2-1为3类机械化配套方案的对比情况。

根据经验，为提高铁路隧道施工机械化，降低成本，减轻作业人员的劳动强度，铁路长大隧道机械化配套方案的月进尺见表2-2。

表2-1　3类机械化配套方案的对比

| 配套方案 | 基本机械化配套方案 | 中度机械化配套方案 | 高度机械化配套方案 |
| --- | --- | --- | --- |
| 区别 | 机械化程度最低，开挖采用作业台架+人工风钻的形式，装药采用人工+台架的形式，仰拱施工采用自制的简易仰拱栈桥 | 机械化程度中等，采用凿岩台车进行开挖、超前地质预报和锚杆作业，仰拱采用自行式液压仰拱栈桥 | 机械化程度和智能化程度最高，均采用全电脑型或智能型装备进行各作业线的施工 |
| 适用情况 | 适用于对施工工期要求不高、机械化程度要求不高、施工资金较为紧张的隧道工程 | 适用于对机械化程度有一定的要求、隧道地质环境较为复杂、采用全断面和微台阶施工工法进行施工的隧道工程 | 适用于对机械化、无人化有较高要求，资金富裕，高海拔、环境较为恶劣、人工无法开展施工或无法进入隧洞的隧道工程 |

注：表格中未提及的作业线装备均采用当前隧道施工中常用的机械化施工装备。

表 2-2　机械化配套方案月进尺

| 施工方法 | 月进尺/m | | |
| --- | --- | --- | --- |
| | 高度配套 | 中度配套 | 基本配套 |
| 一、双线隧道 | | | |
| 全断面法施工 | ≥170 | 140~170 | 110~140 |
| 台阶法施工 | ≥90 | 60~90 | 45~60 |
| 二、单线隧道 | | | |
| 全断面法施工 | ≥150 | 120~150 | 90~120 |
| 台阶法施工 | ≥90 | 60~90 | 45~60 |

表 2-3 为隧道主作业线施工装备配套方案。

表 2-3 隧道主作业线施工装备配套

| 装备作业线 | 超前地质预报作业线 | 开挖作业线 | | 装药作业线 | 出渣作业线 | | | 支护作业线 | | | 仰拱作业线 | 防排水作业线 | 二衬作业线 | 养护作业线 | 沟槽模板作业线 |
|---|---|---|---|---|---|---|---|---|---|---|---|---|---|---|---|
| 基本机械化配套 | 多功能钻机 | 风钻 | 多功能台架 | 多功能台架 | 自卸汽车 | 挖掘机 | 装载机 | 混凝土搅拌运输车 | 多功能台架 | 混凝土湿喷台车 | 简易仰拱栈桥 | 防水板铺设台车 | 衬砌模板台车 | 养护作业台车 | 沟槽模板台车 |
| 中度机械化配套 | 多功能钻机 | 全液压凿岩台车 | | 凿岩台车吊篮 | 自卸汽车 | 挖掘机 | 装载机 | 拱架安装台车 | 凿岩台车 | 混凝土湿喷台车 | 液压仰拱栈桥 | 防水板铺设台车 | 衬砌模板台车 | 养护作业台车 | 沟槽模板台车 |
| 高度机械化配套 | 全电脑多功能钻机 | 全电脑凿岩台车 | | 混装炸药设备 | 自卸汽车 | 挖掘机 | 装载机 | 智能型拱架安装台车 | 智能型锚杆台车 | 智能型混凝土湿喷台车 | 自行式液压仰拱栈桥 | 防水板自动铺设台车 | 数字化衬砌台车 | 数字化养护台车 | 沟槽模板台车 |

## 2.2.2 钻爆法隧道各作业线施工装备配套基本要求

### 2.2.2.1 超前地质预报作业线施工装备配套要求

(1) 开挖前应根据隧道的环境及特点和超前地质预报设计方案选取合理的超前地质预报设备。超前地质预报施工装备配置及参数见表 2-4。

(2) 超前水平钻探应选用钻进速度不小于 5 m/h 中快速地质钻机或凿岩台车(见图 2-2、图 2-3),加深炮孔探测应优先采用凿岩台车施作。当有取芯要求时,应配置相应的钻具。

表 2-4 超前地质预报施工装备配置及参数

| 机械名称 | 规格 | 数量/(台/套) |
| --- | --- | --- |
| 凿岩台车 | 钻孔 30 m | 1 |
| 多功能钻机 | 最大取芯深度 150 m | 1 |
| 全电脑多功能钻机 | 最大取芯深度 150 m | 1 |

图 2-2 中快速地质钻机

图 2-3 凿岩台车

### 2.2.2.2 超前支护作业线施工装备配套要求

(1) 超前管棚、小导管、纤维锚杆等施工钻孔应使用凿岩台车或多功能钻机来施工作业。

(2) 掌子面预注浆作业应配备高压力、大流量、低流速且压力和流量可调的、可传输注浆参数信息的注浆设备。

(3) 大管棚施作机械应优先选用钻孔、注浆一体的多功能钻机。

超前支护作业线施工装备配置及参数见表 2-5;多功能钻机如图 2-4 所示。

表 2-5 超前支护作业线施工装备配置及参数

| 机械名称 | 规格 | 数量/(台/套) |
| --- | --- | --- |
| 多功能钻机 | | 1 |
| 凿岩台车 | 2~3 臂;<br>最大作业范围:<br>14 m×9 m(宽×高,2 臂),<br>15 m×13 m(宽×高,3 臂) | 1 |
| 注浆泵 | 单双液、砂浆 | 1~2 |
| 注浆台车 | 单双液、砂浆 | 1~2 |

图 2-4 多功能钻机

#### 2.2.2.3 开挖作业线施工装备配套要求

（1）隧道开挖设备应根据围岩地质条件、施工断面大小、施工方法等情况合理选择。基本机械化配套采用多功能台架配合风动凿岩机进行钻孔作业；中度机械化配套采用凿岩台车钻孔作业；高度机械配套采用智能化全电脑凿岩台车，实现自动布孔、钻孔、轮廓扫面、动态调控等。

（2）采用凿岩台车开挖时，应增加装药作业平台；宜选用现场混装炸药台车。

开挖作业线施工装备配置及参数见表 2-6；常用机械设备如图 2-5～图 2-7 所示。

表 2-6 开挖作业线施工装备配置及参数

| 机械名称 | 规格 | 数量/（台/套） |
| --- | --- | --- |
| 多功能台架 |  | 1 |
| 风动凿岩机 | YT28 | 10～18 |
| 凿岩台车 | 2～3 臂；<br>最大作业范围：<br>14 m×9 m（宽×高，2 臂），<br>15 m×13 m（宽×高，3 臂） | 1～2 |
| 全电脑凿岩台车 | 3 臂 | 1～2 |

图 2-5 多功能台架　　图 2-6 风动凿岩机　　图 2-7 现场混装炸药台车

#### 2.2.2.4 出渣作业线施工装备配套要求

（1）出渣作业设备应根据隧道断面大小、施工方法、机械设备及施工进度等要求综合考虑，可选择有轨、无轨（汽车）运输或皮带运输方式。

（2）出渣作业设备选型应遵循挖、装、运机械能力协调配套的要求，运输机械配置能力不应小于挖装能力的 1.2 倍。

出渣作业线施工装备配置及参数见表 2-7；装运设备如图 2-8 所示。

表 2-7 出渣作业线施工装备配置及参数表

| 机械名称 | 规格 | 数量/(台/套) | 备注 |
| --- | --- | --- | --- |
| 挖掘机 | 0.2～1.2 m³ | 1～2 | — |
| 装载机 | 2～6 m³ | 1～2 | — |
| 自卸汽车 | 15～40 t |  | 根据运距配置 |

图 2-8 装运渣设备

### 2.2.2.5 初期支护作业线施工装备配套要求

（1）锚杆钻孔作业时，基本机械化配套采用多功能钻机；中度机械化配套采用凿岩台车；高度机械化配套采用锚杆台车，也可采用拱锚一体化台车等多功能作业台车。

（2）锚杆注浆作业应配备注浆设备，满足注浆工艺和保证注浆质量的要求。

（3）初期支护钢拱架、网片加工应配置专用弯曲成型设备，并按工厂化组织加工生产。

（4）钢拱架安装作业时，应采用拱架安装台车或多功能台架施工作业，宜采用预制多榀拱架同步预拼安装的施工方法，宜采用拱架安装台车。

（5）喷射混凝土应使用混凝土湿喷台车施工作业，混凝土应由配置自动计量装置的混凝土搅拌站集中生产。

初期支护作业线施工装备配置及参数见表 2-8；常用机械设备如图 2-9～图 2-11 所示。

表 2-8 初期支护作业线施工装备配置及参数

| 机械名称 | 规格 | 数量/(台/套) |
| --- | --- | --- |
| 风钻 |  | 3～5 |
| 多功能台架 |  | 1 |
| 注浆泵 | 单双液、砂浆 | 1～2 |
| 拱架安装台车 | 三臂 | 1 |
| 锚杆台车 | 单臂 | 1 |
| 拱锚一体台车 |  | 1 |
| 混凝土搅拌运输车 | 10 m³ | 根据运距配置 |
| 混凝土湿喷台车 | 30 m³/h | 1～2 |

图 2-9　锚杆台车 　　　　图 2-10　拱架安装台车

图 2-11　混凝土湿喷台车

#### 2.2.2.6　防排水作业线施工装备配套要求

（1）隧道初期支护基面处理及防水板铺设作业应配置作业台车，宜采用具有防水板铺设、衬砌钢筋安装的综合作业台车。

（2）防水板热熔垫片焊接采用超声波焊机或电磁焊机施工，防水板接缝焊接采用调温、调速式自动爬行焊接机施工。

防水板作业线施工装备配置及参数见表 2-9；防水板铺设台车如图 2-12 所示。

表 2-9　防水板作业线施工装备配置及参数

| 机械名称 | 规格 | 数量/（台/套） |
| --- | --- | --- |
| 防水板铺设台车 | 12 m | 1 |

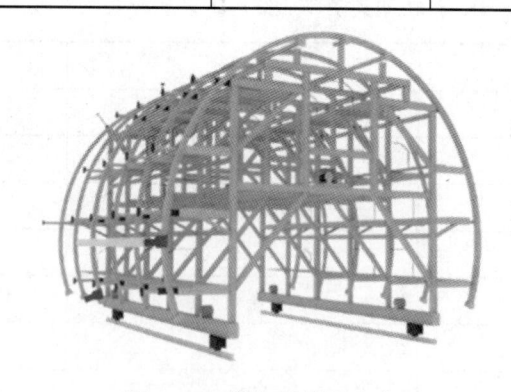

图 2-12　防水板铺设台车

#### 2.2.2.7　仰拱作业线及混凝土衬砌作业线施工装备配套要求

（1）仰拱及填充采用模筑混凝土施工时应使用自行式仰拱栈桥，自行式仰拱栈桥有效跨径不宜小于 24 m。

（2）混凝土应由配置自动计量装置的混凝土搅拌站集中生产，并配备混凝土搅拌运输车、混凝土输送泵及衬砌台车等机械设备。

（3）混凝土浇筑宜采用带有分仓入模、分层浇筑及振捣功能的衬砌台车，应具备混凝土灌注方量测量、灌注压力监测、拱顶饱满度测量、入模温度记录等功能。

（4）衬砌混凝土养护应采用自动养护台车施工作业。

衬砌及养护作业线施工装备配置及参数见表2-10；一些常用的机械如图2-13~图2-15所示。

表2-10 衬砌及养护作业线施工装备配置及参数

| 机械名称 | 规格 | 数量/（台/套） | 备注 |
| --- | --- | --- | --- |
| 简易仰拱栈桥 | 有效跨径不小于24 m | 1 | 规格需要考虑通过车辆的情况 |
| 液压式自行式仰拱栈桥 | 有效跨径不小于24 m | 1 | 规格需要考虑通过车辆的情况 |
| 全自动拌和站 | 75~180 m³/h | 1 | — |
| 混凝土运输车 | 5~12 m³ | 3~5 | 根据运距配置 |
| 混凝土运输泵 | ≥40 m³/h | 1~2 | |
| 衬砌台车 | 9~12 m | 1 | |
| 养护台车 | | 1 | |

图2-13 自行式仰拱栈桥

图2-14 衬砌台车　　图2-15 自动养护台车

#### 2.2.2.8 水沟电缆槽作业线施工装备配套要求

水沟电缆槽作业工序应采用整体式沟槽模板台车施工作业。沟槽作业施工装备配置及参数见表2-11。

表 2-11 沟槽作业施工装备配置及参数

| 机械名称 | 规格 | 数量/（台/套） |
|---|---|---|
| 沟槽模板台车 | 12 m | 1 |

### 2.2.3 工法与施工装备的配套关系

隧道施工方法可分为全断面法、微台阶法、两台阶法以及三台阶法，具体工法选择应根据环境条件、地质条件、断面大小、经济性、设备配置等因素综合确定，可按表 2-12 选择，施工方法应根据隧道地质条件变化及时调整。

表 2-12 各级围岩隧道工法适用表

| 工法 | 围岩级别 | | | | | |
|---|---|---|---|---|---|---|
| | Ⅱ | Ⅲ | Ⅳ | | Ⅴ | |
| | | | 一般地质 | 特殊地质 | 一般地质 | 特殊地质 |
| 全断面 | ○ | ○ | ○ | △ | △ | |
| 微台阶 | | | △ | ○ | ○ | |
| 两台阶 | | | | △ | △ | |
| 三台阶 | | | | | | △ |

备注：1. "○"表示优先采用，"△"可采用。
2. 特殊地质是指有环境要求地段，大应力或地下水发育的软质岩、极软岩、极破碎岩、膨胀岩等。
3. Ⅳ级特殊地段采用超前支护后方可采用全断面法；Ⅴ级围岩一般地段采用超前支护后方可采用全断面法和微台阶法。

隧道开挖应根据围岩级别及其自稳能力控制循环进尺，可按表 2-13 选择。

表 2-13 各级围岩进尺适用表

| 围岩级别 | Ⅱ | Ⅲ | Ⅳ | | Ⅴ | |
|---|---|---|---|---|---|---|
| | | | 一般地质 | 特殊地质 | 一般地质 | 特殊地质 |
| 循环进尺/m | 4.0~5.0 | 3.5~5.0 | 3.0~4.5 | 2.0~3.0 | 1.6~2.4 | 1.2~1.8 |

备注：特殊地质是指有环境要求地段，大应力或地下水发育的软质岩、极软岩、极破碎岩、膨胀岩等。

施工中所选用的工法不同，选用的机械化配套方案也有所不同。当所选工法为全断面法或微台阶法时，为加快施工效率，可选用机械化程度较高的中度机械化配套或高度机械化配套；当所选工法为三台阶法时，由于上台阶空间较小，智能型施工装备在施工时操作较为困难，故选用基本机械化配套或中度机械化配套。

根据隧道类型的不同，在不同的围岩等级条件下，实际的开挖断面尺寸也会有所差异，不同的围岩等级对应着不同的开挖施工工法，图 2-16 为设计速度为 200 km/h 的钻爆法大断面隧道的不同地质条件与施工工法的关系矩阵。根据表 2-1 和图 2-16 可以得出钻爆法隧道不同的围岩等级、地质条件下所建议采用的配套方案及配套方案中建议采用的装备。

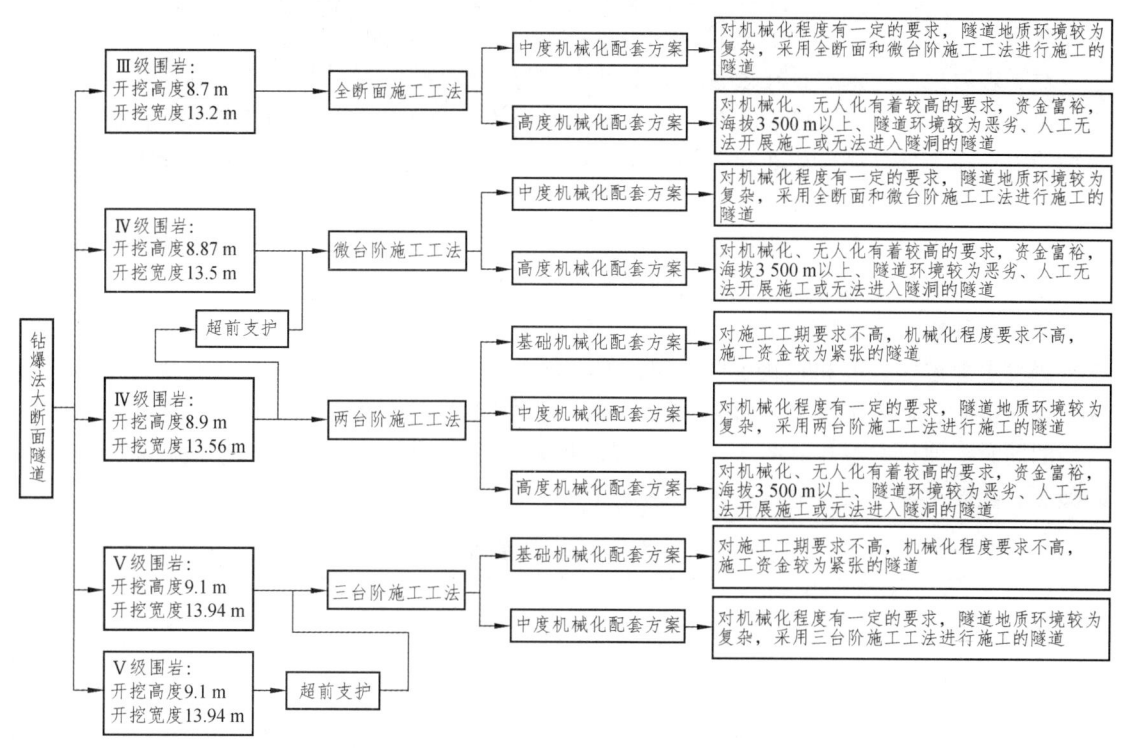

图 2-16 钻爆法大断面隧道不同地质条件下与施工工法的关系矩阵

## 2.2.4 不良地质对隧道施工装备配套的影响

在隧道施工时，若遇到岩爆、软岩大变形、高地温等不良地质，不但会影响隧道的施工效率，而且，面对不良地质也会对钻爆法隧道施工装备配套提出不同的要求。

### 2.2.4.1 岩爆段施工装备配套建议

岩爆是深埋地下工程施工过程中由于开挖卸荷导致含能岩体突然猛烈释放，造成岩石爆裂并弹射出来的动力失稳破坏现象，轻微岩爆仅剥落岩片，无弹射现象，影响深度小于 0.5 m；中等岩爆，爆裂、剥离现象较严重，有少量弹射，影响深度为 0.5~1.0 m；强烈岩爆大片爆裂脱落，出现强烈弹射，影响深度为 1~3 m；极强岩爆为岩爆的最高等级，围岩大片严重爆裂，出现大块岩片剧烈弹射，影响深度大于 3 m。岩爆可瞬间突然发生，也可以持续几天到几个月，是地下工程中比较常见的地质灾害之一。

岩爆的发生严重威胁施工人员及设备的安全，影响施工进度，如岩爆产生的飞石对施工装备的司机室以及操作设备造成损伤，岩爆产生的强大爆破冲击波使设备损毁，部件产生松动和位移，岩爆后的清理、排险与维修会造成一定工期延误。

对于隧道岩爆应遵循"以防为主，防治结合"的原则，根据岩爆等级采取下列预案设计：

（1）轻微和中等岩爆段初期支护可采用网喷混凝土或钢纤维喷混凝土、系统锚杆、超前锚杆的联合加固措施，根据需要喷洒水或打设注水孔。

（2）强烈及以上岩爆段，可采用网喷混凝土或钢纤维喷混凝土、系统锚杆、柔性锚杆、超前锚杆及钢架加强的综合治理措施，必要时采取施设超前应力释放孔、应力解除爆破、钻孔高压注水等措施。

对于岩爆地段的施工，在装备配套上可使用防护能力强、施工性能强的施工装备，主要措施包括：减少掌子面的作业人员，防止群死群伤的安全事故；加强施工装备的作业能力和防护能力，在降低单循环作业时间的同时，减少因岩爆造成装备部件损坏和作业人员受伤导致的停工问题。

针对岩爆发生的主要防护措施是对凿岩台车、自卸汽车等装备的驾驶室添加钢筋网或钢板，以防止落石或溅落的碎石砸坏驾驶室伤及驾驶和操作人员。针对强烈岩爆或极强岩爆，一般通过远程操作施工装备进行自主作业，以避免作业人员在洞内施工时出现安全事故。由于岩爆发生部位、强度和时间难以预测，如遇岩爆，关键的结构件如钻杆、钻臂将发生弯曲或破坏性折断，造成不可逆的破坏，甚至导致金属部件直接报废。因此，在做好人员和设备防护的同时，建议配备相应的2倍数量配件以防止开挖、支护等装备因部件损坏而影响隧道的施工，耽误工期。岩爆地段施工装备选型参考见表2-14。

表2-14　岩爆地段施工装备选型参考

| 岩爆等级 | 建议配置施工装备 |
| --- | --- |
| 轻微/中等 | 多功能钻机：<br>凿岩台车+注浆机，<br>湿喷机 |
| 严重/极严重 | 多功能钻机：<br>①拱锚一体台车+湿喷机+注浆机，<br>②锚注一体台车+拱架台车+湿喷机 |

#### 2.2.4.2　软岩大变形段钻爆法隧道施工装备配套建议

当深埋隧道工程通过低强度围岩段（单轴抗压强度小于30 MPa）时，在高地应力和富水条件下通常产生大变形，隧道围岩变形量大，而且位移速度也很大，一般可以达数十厘米到数米，如果不支护或支护不当，收敛的最终结果是隧道将被完全封死。如果隧道变形发生在永久衬砌构筑以前，往往表现为初期支护严重破裂、扭曲，挤出面侵入限界。这种大变形危害巨大，严重影响施工工期或者线路正常运营，而且整治费用高昂。

通常软岩大变形的变形破坏方式十分多样、围岩变形量大、变形速率相对较高、变形持续时间长、各处的变形破坏程度也有所差别，极易发生初支混凝土开裂、掉块、钢架扭曲、侵限拆换，甚至二次衬砌压溃等现象，给设计、施工带来极大困难。软岩大变形对钻爆法施工装备的影响主要体现在：

（1）多功能钻机、凿岩台车等钻孔设备。在软岩地层中进行钻孔作业时，软岩在遇水或受施工扰动后，强度大幅降低，容易出现塌孔、缩孔现象，导致钻孔设备的钻杆在钻进过程中受到额外的阻力，增加钻进难度，甚至出现卡钻情况。此外，钻孔偏斜、成孔质量差，影响爆破效果和后续施工。软岩地层中的岩石颗粒较细，且可能含有较多的黏土矿物，在钻孔过程中会产生大量的岩粉和泥浆，这些物质会加速钻孔设备的钻杆、钻头、钻套等部件的磨损。

（2）装药设备。软岩大变形地层中的孔洞形状不规则，装药空间受限，给装药设备的操作带来困难，导致装药效率降低。此外，在装药过程中可能会出现掉块、坍塌等现象，需要频繁清理和重新装药，增加了装药时间和工作量。

（3）运输设备。软岩大变形地层在爆破后，岩石容易破碎成小块或碎屑，这些渣料具有较强的黏性和腐蚀性，容易附着在出渣设备的铲斗、输送带等部件上，增加设备的运行阻力。由于软岩大变形可能导致隧道轮廓不规则，增加了运输设备与隧道壁的碰撞风险，损坏运输车辆。同时，地面的不平整和不稳定也会影响运输效率和设备的使用寿命。

（4）初支设备。软岩地层的大变形特性要求隧道开挖后必须及时进行支护，这要求钻爆法装备能够配合快速支护作业，可能需要增加临时支护设备。

（5）通风设备。软岩大变形地层在爆破和施工过程中会产生大量的粉尘，通风条件差，通风设备需要长时间高负荷运行。软岩大变形还可能造成通风设备的布置困难，由于岩石变形可能阻塞通风通道，影响通风效果，增加了通风设备的运行负担，甚至可能导致设备故障。

总之，钻爆法施工中遇到软岩大变形会给各类施工设备的正常运行和使用寿命带来诸多不利影响，增加施工成本和安全风险。针对上述影响，隧道施工装备的选择和使用应考虑以下措施：

（1）由于软岩变形量大、变形速率快的特点，超前支护必不可少，采用超前锚杆、超前小导管、超前长管棚等加固方式对掌子面围岩做超前支护，当前主要推荐采用凿岩台车或锚杆台车用于大变形地段的超前支护施工。此外，还需选择适合软岩地层的钻头和钻杆，以减少磨损，并采用高效率的凿岩机，以提高作业效率。对于软岩地层，用于初期支护的锚杆类型一般推荐使用预应力树脂中空注浆锚杆或锚索，且锚杆的需求较大，建议配置专用的钻锚注一体台车。

（2）在大变形段，拱架间距变短，架设钢拱架的需求也比较大，为了尽快封闭开挖轮廓，减少围岩变形量，可通过一次性安装多榀拱架缩短施工时间。在喷射混凝土方面，由于混凝土的喷射效率较低，且考虑喷射洞壁平整度、回弹率，以及大变形段的变形特点，可在出渣作业的同时，喷射混凝土作为初期支护，湿喷机可以通过加长臂架等措施在不影响出渣作业情况下于较远距离施工。

（3）对于不同大变形等级，特别是严重和极严重大变形，除了采取以上施工措施和施工装备，还需改变施工方法，采取两台阶和三台阶的施工方法，以减缓围岩变形速率。

大变形段施工除了采取以上钻爆法开挖，必要时还可以采用非爆开挖，主要施工装备为悬臂式掘进机或铣挖机，这样可以减少因对围岩的反复扰动造成围岩变形量的增大，且有利于控制超欠挖。软岩大变形段推荐施工装备见表 2-15。

表 2-15 软岩大变形段施工装备选型参考

| 大变形等级 | 建议配置施工装备 |
|---|---|
| 轻微/中等 | 凿岩台车+注浆机/单元，<br>拱架台车，<br>湿喷机 |
| 严重/极严重 | 钻锚注一体台车，<br>拱架台车，<br>湿喷机 |

### 2.2.4.3 高地温段施工装备配套建议

受地质结构作用,以及隧道深埋、岩浆及地热水活动等因素的影响,隧道内部温度显著增加,当隧道内部空气温度高于 28 ℃时即认定为高地温隧道。隧道越长、埋深越大,高地温问题越严重。地温一般随隧道埋深的增加而升高,当埋深小于 1 000 m 时地温起伏变化不大;当埋深大于 1 500 m 时随着深度的增加,地温将急剧升高。

随着隧道施工技术的不断进步,隧道建设逐渐向长大深埋方向发展,高地温病害也逐渐增多,成为隧道工程中的一大难题,高地温对隧道工程的不利影响主要表现在:

(1)恶化施工作业环境,降低劳动生产率并严重威胁施工人员的健康和安全。

(2)影响施工及建筑材料的选取,如耐高温炸药、止水带、排水盲管及防水板等。

(3)产生的附加温度应力还可能引起支护结构开裂、支护性能降低等问题,如锚杆的抗拔力不足、混凝土结构强度降低。

(4)隧道内的高温高湿将导致机械设备的工作条件恶化、效率降低、故障增多。

(5)隧道建成运营后由于洞内温度过高将造成隧道养护维修困难,从而可能导致运营成本大幅提高。

对于高地温隧道的施工,综合采用超前地质预报,调整爆破方案,控制环境温度,人员防护和机械防护相结合的施工方法,在原支护体系基础上,增加隔热层,增设隔热衬砌可取得良好的施工效果。

在人员防护上,首先必须采取有效的个体防护。使用可放入不同工作介质的冷却服,如干冰、压缩空气、冷水等,其中冰块效果最好,但效率低成本高。

在机械防护上,特别是无轨运输设备,应随时注意装载机、自卸汽车作业时的水温,要求不能超过 80 ℃,并对装载机洒水降温,每隔半小时在装载机水箱内加注冷水,防止装载机发动机功率下降、制动性能减弱,在驾驶室内搁置冰块,配合设备的空调系统降低驾驶室内温度;增加自卸汽车的配置数量,减少汽车在洞内的作业时间,汽车进洞前在水箱内加注冷水,驾驶员携带冰块配合空调降温;加强行车路面的洒水降温工作,防止爆胎。

为应对施工装备因高温而频繁发生故障,必须加强对施工装备的保养,按正常施工情况下的 2 倍数量进行机械配置及维修零件储备。利用钻孔时间,对装载机、自卸汽车进行保养,确保设备运转正常。高地温地段,温度的升高可造成设备性能降低和橡胶部件的提前老化。施工中应加强设备自身的排热性能,提前配备或更换易老化的部件,防止因高温造成设备损坏,影响施工的正常进行。

针对进洞施工的挖掘机、装载机在高温环境下经常出现熄火、发动机开锅等设施运转不正常问题,对于挖掘机、装载机等大型机械各增加一套备用,两套设备轮流在洞内工作,在洞外对机械设备及时进行维修和保养。

对于高温环境,应采取以下几个措施:

第一,应避免发动机在该环境下长时间全功率运行。增加冷却液液位检查、清理散热器、风扇皮带检查等维护保养频次。

第二,避免常规工程轮胎在高温环境下(高于 50 ℃)使用。可尝试使用工程实心轮胎,但这也同样存在老化速度快的问题。

第三，针对高温情况下电缆额定载流量降低的问题，有如下措施：①增大主电缆的平方数，将原有的 240 mm² 主电缆改为 300 mm² 主电缆；或者使用双电缆（两个 120 mm² 的电缆）并联的方式来满足设备载流需求（整车质量增加，结构需要重新设计校核）；②要求操作人员将主电缆远离高温环境，或被动降低主电缆的温度，如将主电缆腾空挂起远离高温水，将主电缆放置在通风较好的地方。

第四，对车体中外露在环境中的电缆增加抗腐蚀、抗老化作用的尼龙软套管，定期检查车体外露线缆的绝缘皮是否破损，如果有，及时更换。

第五，在高温环境中，发热量较大的配电柜受环境温度影响，依靠被动散热的方式无法有效散热，可以通过在柜外加装外挂空调，以主动散热的方式来保证元器件或控制单元处于正常工作的温度环境。

第六，选用适用于高温环境的蓄电池，如奥铁马蓄电池，其电解液为固体酸，且该类蓄电池可在 $-55 \sim 75\ ℃$ 的温度范围工作。

第七，整机液压密封件采用耐高温材料，能适应环境温度 100 ℃ 以下的场合。

当遇到极高的高地温环境时，工人无法进入隧道，要求配套装备具有足够的智能化水平，使工人可以在洞外进行遥控施工，实现无人化施工。

#### 2.2.4.4　断层破碎带段施工装备配套建议

断层是地壳受力发生断裂，沿断裂面两侧岩块发生显著相对位移的构造。断层规模大小不等，大者可沿走向延伸数百千米，小者只有几十厘米。由断层或裂隙密集带所造成的岩石强烈破碎地段，又称为断层破碎带。断层破碎带是隧道施工中最常见的不良地质段，特别是在山区沟谷中，有"十沟九断"的说法。断层带内岩体破碎，常呈块石、碎石或角砾状，有的甚至呈断层泥，岩体强度低，围岩压力增大，自稳能力差，容易坍塌，施工困难，其严重程度随断层带的规模和破碎带的增大而恶化，尤以有地下水时更甚。

隧道工程在穿越断层破碎带时，为了从根本上防止围岩失稳、塌方等事故的发生，采取针对性的预防措施，具体如下：

1. 设置迂回导坑

设置迂回导坑，从断层破碎带两侧向中心开挖，可以增加工作面，加快穿越断层破碎带期间的施工速度，减少对岩体的扰动。也可以提前探明断层破碎带具体地质情况，为正洞施工方案调整提供依据。迂回导坑也可以兼作排水洞使用，降低地下水水压，防止正洞施工突水涌泥事故发生。

2. 地层预加固

隧道施工穿越断层破碎带时，需采用超前小导管全断面注浆，加固掌子面前方岩体，当出现涌水突泥等情况后，要及时对基底进行注浆加固，防止涌水突泥后留下空腔，降低地基承载力。

3. 增加支护强度

在预支护上,需采取长大管棚注浆加固,并且施工时应尽可能保证管棚打入稳定岩层,必要时,还可在管棚间套打超前小导管,进一步提高预支护强度。在初期支护上,可通过增加喷射混凝土层厚度、掺入钢纤维、减小钢拱架间距、选截面尺寸大的钢拱架型号等方法增加初期支护强度,提高支护抗力,强化围岩。

4. 施工方法

可采取三台阶临时仰拱法施工,减少上台阶步长,采用短台阶或微台阶法进行施工,减少爆破或机械振动产生的应力波影响。遵循"快开挖,早支护、早封闭"的原则,防止开挖后拱脚悬空时间过长,对初支产生不利影响,尽早将初支封闭成环,在合适时机下施作二次衬砌,防止初支变形过大导致围岩失稳。

5. 超前地质预报

采用 TSP(隧道超前预报)、地质雷达及超前探孔等方法,提前勘察掌子面前方地下水发育情况、节理裂隙发育情况、围岩岩性。根据勘察情况,提前发现地质不良体,采取防水排水、掌子面注浆等相应预防措施,减少塌方风险。

断层破碎带的涌水如图 2-17 所示;隧道坍塌如图 2-18 所示。

图 2-17 断层破碎带的涌水　　　图 2-18 隧道坍塌

隧道施工在通过长距离断层破碎带时,为应对突然涌水、涌泥、塌方、围岩失稳等现象,在施工装备配套方面应根据上述的预防措施作出针对性的改进,具体如下:

1)地质预报施工装备配套建议

在隧道施工中一旦遇到断层破碎带,应认真做好地质情况调查,了解断层破碎带的深度、长度、岩石强度以及岩石稳定性等基本情况,掌握全面的地质信息之后才能够进行隧道施工。否则,由于地质信息不全或地质信息了解不够深入,导致所采取的施工方法不当,甚至引发隧道施工的质量问题和安全问题。因此,在隧道的开挖过程中超前的地质预报是至关重要的,需要配置超前地质钻机,且需要满足一定的轨迹精度,确保钻孔按照设计的轨迹钻进;满足定向钻进深度要求;此外,钻机应配备分析系统,分析掌子面前方的地质情况。

2)开挖施工装备配套建议

洞口断层破碎带的处理通常是从地表对土体进行深层加固或浅层加固,以稳定洞口坡面。

如锚索（杆）、大管棚、高压注浆等辅助措施；与洞外一样，隧道施工在通过长距离的断层破碎带或富水地段，同样需要大管棚、高压注浆等辅助手段。建议隧道工程采用凿岩台车作业，具备大管棚、中管棚、超前小导管、玻璃纤维锚杆施作等功能。

3）支护施工装备配套建议

在锚网喷联合支护技术中，通过喷射混凝土的方式，在隧道围岩外形成刚性或半刚性的保护膜，在喷射混凝土的过程中，需要控制混凝土的厚度，通常厚度应该控制在3~5 cm之间，且要求快速施工，故混凝土喷射台车需要满足快速施工要求。

在超前支护技术中，可选择长度4~6 m的钢管制作成管棚材料，形成钢架支撑结构，管棚打进岩体，应保证小管棚外插角常取 5°~15°，中管棚常取 2°~8°，长管棚常取 1°~3°。因此，配置的管棚钻机的外插角需要满足条件，且根据不同程度断层的情况，需要满足不同钻进深度的需求。因此，管棚钻机的功率也需要满足要求。

支护加固和注浆补强，在半断面微台阶开挖、上下断面顺序开挖施工工序中，应对支护进行加固，采取注浆补强的方式，使隧道内壁在强度、承载能力和稳定性方面都能够得以提升。对不同程度的断层，注浆使用的材料不尽相同，因此注浆设备需要满足能够注不同材料的需求。

## 2.3 钻爆法隧道各作业线施工工效

### 2.3.1 地质预报作业线

通过现场和资料调研分析得知，在隧道施工中地质预报作业都是采用在掌子面向前方钻孔，通过岩芯或是钻进过程中的有关参数对前方一定距离的地质进行预测。通常情况下，地质预报作业之间会间隔几个开挖循环。因此，在进行整个施工工效的计算时并未将其单独考虑。

### 2.3.2 开挖作业线

开挖作业可分为3个部分（钻孔、装药连线、通风排烟）。因此，开挖作业线的整体作业工效也由3部分组成，一是钻孔作业工效（$E_{11}$），二是装药连线工效（$E_{12}$），三是通风排烟工效（$E_{13}$）。开挖作业线工效：

$$E_1 = \frac{T_{11} + T_{12} + T_{13}}{l} \tag{2-1}$$

式中 $E_1$——开挖作业线工效；

$l$——隧道单循环进尺，m；

1. 钻孔作业时间

钻孔作业工效主要取决于循环进尺和作业时间，钻孔时间的长短主要是取决于隧道爆破设计中的炮孔数目和炮孔深度，以及钻孔所采用的凿岩台车的钻孔速度。因此，钻孔作业时间：

$$T_{11}=\frac{n_1 \cdot t_1}{\lambda_1 \cdot \alpha_{11}} \tag{2-2}$$

式中 $T_{11}$——钻孔作业时间，min；

$n_1$——钻孔数量；

$t_1$——平均钻一个孔所用的时间；

$\lambda_1$——同时参与钻孔作业的凿岩台车大臂数量或者施工人数；

$\alpha_{11}$——钻孔工人的熟练度。

2. 装药作业时间

装药作业工效可以利用循环进尺和作业时间进行表示。钻爆法开挖中装药时间主要取决于爆破设计中炮孔所需要装入的炸药量，以及装药工人的熟练程度。若采用自动装药台车进行装药则取决于装药台车的装药效率。因此，装药作业时间：

$$T_{12}=\frac{n_1 \cdot t_2}{\lambda_2 \alpha_{12}} \tag{2-3}$$

式中 $T_{12}$——装药作业时间，min；

$t_2$——工人（装药台车）平均装一个炮孔所用时间，min；

$\lambda_2$——同时参与装药作业的施工人数；

$\alpha_{12}$——装药工人的装药熟练度。

3. 通风排烟时间

在隧道爆破以后，需要进行通风排烟和降尘工作，使得隧道内部的空气质量满足施工要求。通风时间需根据现场情况和通风设备工作效率计算得到。通风时间为 $T_{13}$，则在通风时间内可将隧道内一次性爆破使用最多炸药量所产生的有害气体稀释到允许的浓度：

$$Q = V_1 - \left(K \cdot V_1^{T_{13}+1}/V_2\right)^{1/T_{13}} = V_1\left[1-\left(K \cdot V_1/V_2\right)^{1/T_{13}}\right] \tag{2-4}$$

式中 $Q$——将有害气体稀释到允许浓度所需要的风量，m³。

$V_1$——一次爆破产生的炮烟体积，m³；$V_1 = S \cdot L_s$，$S$ 为一次开挖的断面面积，$L_s$ 为炮烟抛掷长度；按经验 $L_s = 15 + G/5$，$G$ 为最大爆破的炸药消耗量。

$V_2$——一次爆破产生的有害气体体积，m³；$V_2 = a \cdot G$，$a$ 为单位质量炸药爆破产生的有害气体换算成 CO 的体积，取 40 L/kg。

$K$——CO 允许浓度，取 100 mg/m³。

通常情况下会事先大致确定好通风时间 $T_{13}$，然后计算爆破以后将隧道内空气中的有害气体降低到允许浓度所需要的风量 $Q$，再进一步进行隧道风机的选型，保证施工安全。一般情况下，隧道爆破后的通风排烟时间控制在 30~60 min。

### 2.3.3 出渣作业线

对出渣作业线工效的考虑主要分扒渣、装渣、出渣 3 个方面。目前，在钻爆法施工中，常用的出渣方式依然是装载机 + 自卸汽车。其中，扒渣作业主要由挖掘机负责，装渣作业由装载机或挖装机负责，出渣作业由自卸汽车负责。

在进行工效分析时，假设自卸汽车数量足够，这样可以保证工效尽可能高。出渣作业线工效：

$$E_2 = \frac{T_2}{l} \qquad (2\text{-}5)$$

式中　$E_2$——出渣作业线工效；
　　　$T_2$——出渣作业所用时间，min。

其中，$T_2$ 的理论计算如下：
每开挖循环进尺爆破产生的总渣土量 $V_{qz}$：

$$V_{qz} = R \cdot \eta \cdot l \cdot S \qquad (2\text{-}6)$$

式中　$R$——岩体松胀系数；
　　　$\eta$——超挖系数，视爆破质量而定，一般可取 1.15～1.25；
　　　$S$——开挖断面面积，$m^2$。

由此，可以计算出该循环中需要出渣的次数：

$$k = [V_{qz}/V_{zz}] + 1 \qquad (2\text{-}7)$$

式中　[ ]——取整；
　　　$V_{zz}$——自卸汽车装载量，$m^3$。

假设掌子面至隧道洞口的距离为 $S_1$，洞口至弃渣场的距离为 $S_2$，自卸汽车在隧道内部行驶速度为 $V_1$，在隧道外部行驶速度为 $V_2$，则可以得到自卸汽车从掌子面到弃渣场所需时间 $T_{yz}$：

$$T_{yz} = \frac{S_1}{V_1} + \frac{S_2}{V_2} \qquad (2\text{-}8)$$

装载机装满 1 辆自卸汽车所需的时间 $T_{zz}$：

$$T_{zz} = \frac{V_{zx}}{n_{zz}\beta_{zz}} \qquad (2\text{-}9)$$

式中　$V_{zx}$——自卸汽车斗容，$m^3$；
　　　$n_{zz}$——装渣用装载机数量；
　　　$\beta_{zz}$——1 台装载机的实际装载效率，$m^3/min$。

保证在施工过程中的自卸汽车数量足够，则根据上述分析可以得到，出渣作业的总体作业时间：

$$T_2 = kT_{zz} + T_{xz} + T_{yz} \quad (2\text{-}10)$$

式中　$T_{xz}$——自卸汽车卸渣所用时间，min。

当自卸汽车的配置数量不足时，会出现所有自卸汽车都处于运输途中，掌子面处的装载机需要停机等待自卸汽车运输完成一次后回来进行第二次装渣。

假设配置的自卸汽车数量为 $m$，则自卸汽车进行一次运输循环所用的时间可利用式（2-11）进行计算。

$$T_2 = \begin{cases} kT_{zz} + T_{xz} + T_{yz}, & \text{数量充足} \\ (k-jm+1)T_{zz} + (2j+1)T_{yz} + (j+1)T_{xz}, & \text{数量不足} \end{cases} \quad (2\text{-}11)$$

式中　$j$——与出渣循环次数有关，$j = [k/m]$；$j+1$ 为出渣循环次数。

### 2.3.4　初支作业线

初支作业工效主要取决于3部分，分别是锚杆作业工效、钢拱架作业工效和混凝土湿喷作业工效，即

$$E_3 = \frac{T_{31} + T_{32} + T_{33}}{l} \quad (2\text{-}12)$$

式中　$E_3$——初支作业线工效；

　　　$T_{31}$——锚杆作业时间；

　　　$T_{32}$——钢拱架作业时间；

　　　$T_{33}$——混凝土湿喷作业时间。

1. 锚杆作业时间

锚杆作业的工效计算与钻孔作业较为相似，区别在于锚杆作业需要安装锚杆，其中砂浆锚杆需要注浆及保压，早强药包锚杆需要安装锚固剂，该部分时间主要取决于施工设计要求，不同类型锚杆的施工时间是不同的。参考钻孔作业工效的计算公式，可得到锚杆作业时间：

$$T_{31} = \frac{n_2 \cdot (t_{31} + t_{32})}{\lambda_3 \alpha_{31}} + t_3' \quad (2\text{-}13)$$

式中　$T_{31}$——锚杆作业时间，min；

　　　$n_2$——需要施作的锚杆数量；

　　　$t_{31}$——平均钻一个锚杆孔所用时间，min；

　　　$t_{32}$——平均安装一根锚杆所用时间，min；

　　　$t_3'$——砂浆锚杆的注浆及保压时间，或早强药包锚杆的安装锚固剂时间，min；

　　　$\lambda_3$——同时参与锚杆作业的施工装备大臂数量或者施工人数；

　　　$\alpha_{31}$——锚杆台车施工人员熟练度。

## 2. 钢拱架作业时间

以往钢拱架施工时通常采用人工,不仅施工时间长,而且工人的劳动强度大。现在多采用钢拱架安装台车进行安装,可进行单榀拱架逐节安装工艺或多榀预制拱架安装工艺,有效提升作业效率。根据钢拱架安装工艺分析,钢拱架作业时间:

$$T_{32} = \begin{cases} t_{41}/\alpha_{32} \\ n_3 \cdot t_{42}/\alpha_{32} \\ t_{43}/\alpha_{32} \end{cases} \quad (2\text{-}14)$$

式中 $T_{32}$——钢拱架作业时间,min;

$t_{41}$——Ⅲ级围岩地质下钢筋网的安装及焊接时间,min;

$n_3$——初支需要施作的拱架榀数;

$t_{42}$——平均单独安装一榀拱架所用时间,min/榀,由拱架逐节安装时间、钢筋网安装及焊接时间、纵向连接钢筋的焊接时间和锁脚锚杆作业时间4个部分组成;

$t_{43}$——多榀预制拱架一次安装时间、钢筋网及连接钢筋焊接时间和锁脚锚杆作业时间3个部分组成;

$\alpha_{32}$——拱架台车施工人员熟练度。

## 3. 混凝土湿喷作业时间

混凝土湿喷作业在施工过程中的效率主要取决于湿喷机械手的工作能力和操作手的熟练度。湿喷作业时间 $T_{33}$ 可通过初期支护每延米设计混凝土用量、湿喷混凝土回弹率、湿喷机实际喷射效率,以及开挖循环进尺等综合确定,即

$$T_{33} = \frac{(1+\eta)V_{hn}l}{(1-\alpha_{ht})v_s\alpha_{33}} \quad (2\text{-}15)$$

式中 $T_{33}$——湿喷作业时间,min;

$\alpha_{33}$——湿喷机操作人员熟练度;

$V_{hn}$——每延米设计混凝土用量,m³/m;

$\alpha_{ht}$——湿喷混凝土回弹率;

$v_s$——湿喷机实际喷射效率,m³/min。

### 2.3.5 仰拱作业线

仰拱作业主要可分为两个部分:一是仰拱的爆破开挖,二是仰拱的浇注回填。在施工中,仰拱的爆破作业是和掌子面同时进行爆破出渣的。因此,本书在分析仰拱作业部分的作业工效时仅考虑仰拱的浇注部分,而将爆破部分放在开挖作业线中进行考虑。

仰拱作业线工效:

$$E_4 = \frac{T_4}{l_2} \quad (2\text{-}16)$$

式中 $E_4$——仰拱作业线工效；
　　$l_2$——仰拱浇注一次作业的长度，通常为 12 m；
　　$T_4$——仰拱一次循环作业所用时间，即仰拱栈桥两次步进之间的时间间隔，min。

仰拱作业时间主要是由防水层、钢筋布置时间，仰拱浇注及等强时间，仰拱回填及等强时间组成。故 $T_4$ 可用式（2-17）表示：

$$T_4 = t_{41} + t_{42} + t_{43} \tag{2-17}$$

式中 $t_{41}$——工人施作防水层和布置钢筋的时间，受工人熟练度影响较大；
　　$t_{42}$——仰拱浇注和回填所用时间，其计算和初期支护湿喷混凝土较为相似；
　　$t_{43}$——仰拱和回填混凝土等强时间，该部分时间比较固定。

### 2.3.6 防排水作业线

目前，防排水作业整个过程基本采用人工进行，因此整个施工的工效受工人的熟练度和同时作业的工人的数量影响较大。因此，防排水作业线工效：

$$E_5 = \frac{T_5}{l_3} \tag{2-18}$$

式中 $E_5$——防排水作业线工效；
　　$l_3$——防排水一次作业的长度，通常为 12 m；
　　$T_5$——防排水一次循环作业所用时间，即防排水作业台车两次步进之间的时间间隔，$T_5 = t_5/\alpha_5$，$t_5$ 为平均循环用时，$\alpha_5$ 为工人熟练度。

### 2.3.7 混凝土衬砌作业线

二次混凝土衬砌作业的整体工效主要是受混凝土浇筑效率和混凝土等强时间影响。这是因为通常情况下二次衬砌的厚度较大，一次需要浇注的混凝土方量大，等强时间也长。二次衬砌作业线工效：

$$E_6 = \frac{T_6}{l_4} \tag{2-19}$$

式中 $E_6$——二次衬砌作业线工效；
　　$l_4$——二次衬砌一次作业的长度，通常为 12 m；
　　$T_6$——二衬一次循环作业所用时间，即二衬台车两次步进之间的时间间隔，min。

### 2.3.8 沟槽作业线

沟槽作业的工效主要受钢筋布置效率和浇注效率的影响。仰拱浇注一次作业的长度：

$$E_7 = \frac{T_7}{l_5} \tag{2-20}$$

式中 $E_7$——仰拱浇注一次作业的长度，通常为 12 m；

$l_5$——沟槽作业一次作业的长度，m；

$T_7$——沟槽作业一次循环所用时间，min。

沟槽作业一次循环所用时间 $T_7$ 主要由工人绑扎钢筋的时间 $t_{71}$、混凝土浇注所用的时间 $t_{72}$ 和混凝土等强时间 $t_{73}$ 组成，即

$$T_7 = t_{71} + t_{72} + t_{73} \tag{2-21}$$

### 2.3.9 钻爆法隧道施工整体工效

在各作业线工效分析的基础上，对钻爆法隧道整体工效进行分析。通过建立钻爆法整体工效计算数学模型，为施工单位估计施工时间和施工工期提供参考，同时为后续钻爆法隧道全工序施工机械化配套提供理论基础。

钻爆法施工工序（见图 2-19）根据是否可以进行平行作业分为 5 个部分，分别为①主循环作业部分（开挖、出渣、初期支护），②仰拱部分，③防排水部分，④二次衬砌部分，⑤沟槽部分。钻爆法隧道施工整体工效取决于上述 5 个部分中最差的部分，整体的施工工效表示如下：

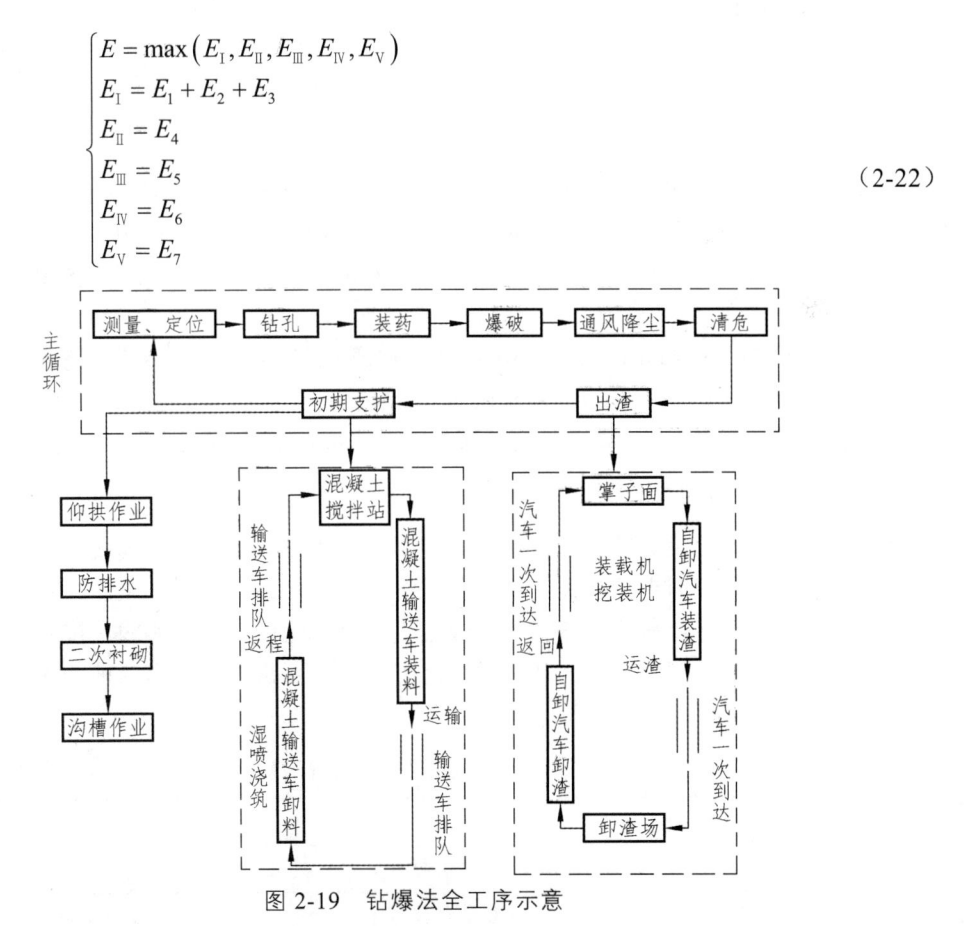

$$\begin{cases} E = \max\left(E_{\mathrm{I}}, E_{\mathrm{II}}, E_{\mathrm{III}}, E_{\mathrm{IV}}, E_{\mathrm{V}}\right) \\ E_{\mathrm{I}} = E_1 + E_2 + E_3 \\ E_{\mathrm{II}} = E_4 \\ E_{\mathrm{III}} = E_5 \\ E_{\mathrm{IV}} = E_6 \\ E_{\mathrm{V}} = E_7 \end{cases} \tag{2-22}$$

图 2-19 钻爆法全工序示意

### 2.3.10 工效提升策略

通过对钻爆法隧道施工的流程和施工工效分析，针对施工过程中所遇到的问题，提出了以下提升功效的策略：

（1）对于一座隧道单个工区存在多个掌子面同时施工的情况，优化装备的调度，尽量避免出现隧道等待装备的情况，必要时增加设备的配置。

（2）对于受运距和组织调度影响较大的出渣和喷射混凝土工序，应当优化自卸汽车和混凝土罐车的配置数量，使之适应隧道累计开挖进尺的变化，并优化组织调度。

（3）对于施工循环时间占比较大的出渣和开挖两个工序，必须尽量保证人员与装备配置，减少装药和运渣两个部分的作业时间，从而提高工效。

（4）对于初期支护工序，拱架、锚杆、湿喷工序可采用多功能一体的设备进行施工，减少设备的进退场，提高施工效率。

（5）优化施工组织，尽量使仰拱与掌子面同时响炮，减少仰拱施工对主循环的影响。

## 2.4 隧道机械化配套工程实例

### 2.4.1 单洞双线隧道

#### 2.4.1.1 郑万高铁湖北段

1. 工程概况

郑万高速铁路位于豫、鄂、渝三省市境内，全长818 km，设计速度为350 km/h，设18个车站，线路起于河南省郑州东站，翻越大洪山余脉、荆山山脉、大巴山山脉，途经襄阳、南漳盆地，跨越唐白河、汉水、蛮河、香溪河、神农溪、大宁河、梅溪河、汤溪河，终于重庆市万州北站。

湖北段全长287.187 km，新建车站6个，隧道32.5座（香树湾隧道跨鄂、渝省界），10 km以上隧道7座，最长隧道为新华隧道（18.77 km），隧道总长167.619 km，隧线比为58.4%，均为单洞双线隧道，隧道开挖断面面积约150 m²，属双线大断面隧道。

2. 机械化配套情况

郑万高速铁路湖北段隧道工程在建设过程中，对机械化装备配套模式进行了试验研究。其机械化配套涵盖了超前支护、开挖、初期支护、二次衬砌4大作业工序，具有系统性强、规模大等特点。根据郑万高速铁路湖北段隧道工程机械化配套现场实践，按照配置机械完备程度，共采用两种装备配套模式：基本机械化配套、高度机械化配套两种，主要机械设备配置见表2-16。

表2-16 主要机械设备配置

| 作业工序 | 主要机械设置 | |
|---|---|---|
| | 高度机械化配套 | 基本机械化配套 |
| 超前支护 | 智能化注浆台车 | 普通注浆台车 |

续表

| 作业工序 | 主要机械设置 | |
|---|---|---|
| | 高度机械化配套 | 基本机械化配套 |
| 钻孔 | 三臂凿岩台车 | 多功能作业台架、风钻 |
| 装药 | 人工装药 | 人工装药 |
| 出渣 | 装载机+自卸卡车 | 装载机+自卸卡车 |
| 立架 | 拱架安装机 | 多功能作业台架 |
| 锚杆 | 锚杆钻注一体机 | 风动凿岩钻机+注浆台车 |
| 喷混凝土 | 单臂湿喷机械手 | 单臂湿喷机械手 |
| 养护作业 | 数字化养护台车 | 喷淋式养护台架 |

基本机械化配套主要包括风动凿岩钻机、普通注浆台车、挖掘机、运渣车、普通拱架安装台架、混凝土喷射台车、自行式仰拱栈桥、普通防水板钢筋铺设台车、普通衬砌模板台车、喷淋养护台架、整体式沟槽模板台车等。

相较于基本机械化配套,高度机械化配套在钻孔、注浆、锚杆施作、拱架安装、衬砌养护等工序对设备进行了强化,增设了2台三臂凿岩台车、1台锚杆钻注一体机、1台自动拱架安装台架、1台数字化养护台车。

3. 不同机械化配套模式下各工序时间

将郑万高速铁路小三峡隧道高度机械化配套与基本机械化配套工序时间进行对比,见表2-17。

表2-17 高度机械化配套与基本机械化配套工序时间对比

| 围岩级别 | | Ⅱ级 | | Ⅲ级 | | Ⅳ级 | |
|---|---|---|---|---|---|---|---|
| 配套情况 | | 高度 | 基本 | 高度 | 基本 | 高度 | 基本 |
| 开挖进尺/m | | 3.7 | 3 | 3.7 | 2.7 | 2.4 | 2.4 |
| 施工准备/h | | 1 | 1 | 1 | 1 | 1 | 1 |
| 钻孔 | 使用设备 | 三臂凿岩台车 | 作业台架+24把风钻 | 三臂凿岩台车 | 作业台架+24把风钻 | 2台三臂凿岩台车 | 作业台架+24把风钻 |
| | 时间/h | 2.6 | 2.6 | 3.1 | 2.5 | 2.5 | 2.6 |
| 装药爆破 | 使用设备 | 人工装药 | 人工装药 | 人工装药 | 人工装药 | 人工装药 | 人工装药 |
| | 时间/h | 2.4 | 2.1 | 2.9 | 2.0 | 2.25 | 2.1 |
| 通风排烟 | 时间/h | 0.5 | 0.5 | 0.5 | 0.5 | 0.5 | 0.5 |
| 喷射混凝土 | 使用设备 | 湿喷机械手 | 湿喷机械手 | 湿喷机械手 | 湿喷机械手 | 湿喷机械手 | 湿喷机械手 |
| | 时间/h | 1.5 | 1.3 | 2 | 1.8 | 1.5 | 1.5 |
| 出渣 | 使用设备 | 装载机+自卸卡车 | 装载机+自卸卡车 | 装载机+自卸卡车 | 装载机+自卸卡车 | 装载机+自卸卡车 | 装载机+自卸卡车 |
| | 时间/h | 3.2 | 3 | 3.2 | 2.9 | 2.5 | 2.2 |

续表

| 围岩级别 | | Ⅱ级 | | Ⅲ级 | | Ⅳ级 | |
|---|---|---|---|---|---|---|---|
| 初期支护<br>(拱架安装+<br>锚杆) | 使用设备 | — | — | — | — | 台架立拱+三臂凿岩台车 | 台架+人工立拱+风钻 |
| | 时间/h | — | — | — | — | 3.0 | 4.5 |
| 超前支护 | 使用设备 | — | — | — | — | 三臂凿岩台车 | 台架、钻机 |
| | 时间/h | — | — | — | — | 2.0 | 3.3 |
| 单循环时间/h | | 11.2 | 10.5 | 12.7 | 10.7 | 15.3 | 17.7 |
| 单位进尺循环时间/h | | 3.03 | 3.5 | 3.43 | 3.96 | 6.35 | 7.38 |

通过对比分析可知，钻孔、装药、出渣、初期支护、超前支护等工序耗时较长。

不同围岩级别情况下，高度机械化配套与基本机械化配套在钻孔、装药工序时间上没有本质区别，初期支护和超前支护工序时间较基本机械化配套少，所以，高度机械化配套下单位进尺循环时间均较基本机械化配套少。说明改善机械化配套可缩短工序时间，提高工程进度。

**4. 机械化配套模式下施工工效统计**

对郑万高速铁路湖北段隧道工程各工区开挖月进度进行统计，见表2-18、表2-19。

表2-18　基本机械化配套工区开挖月进度统计

| 工法 | 围岩等级 | 月进度平均值/m | 实施性施组要求/m | 增幅 | 提升比例/% |
|---|---|---|---|---|---|
| 全断面法 | Ⅲ级 | 127.5 | 120 | 7.5 | 6 |
| | Ⅳ级 | 84 | 75 | 9 | 12 |
| 微台阶法 | Ⅴ级 | 51.8 | 45 | 6.8 | 15 |

表2-19　高度机械化配套工区开挖月进度统计

| 工法 | 围岩等级 | 月进度平均值/m | 实施性施组要求/m | 增幅 | 提升比例/% |
|---|---|---|---|---|---|
| 全断面法 | Ⅲ级 | 144 | 120 | 24 | 20 |
| | Ⅳ级 | 91 | 75 | 16 | 21 |
| 微台阶法 | Ⅴ级 | 65 | 45 | 20 | 44 |

分析表明：基本机械化配套模式下的开挖月进度，较实施性施组要求有所提升，其中Ⅲ、Ⅳ、Ⅴ级围岩月进度分别为127.5 m、84 m、51.8 m，分别提升6%、12%、15%。在高度机械化配套模式下Ⅲ、Ⅳ、Ⅴ级围岩施工月进度分别为144 m、91 m、65 m，较实施性施组要求分别提升20%、21%、44%。

对部分郑万线高度机械化配套和基本机械化配套平均进度进行统计，见表2-20。

表 2-20　高度机械化配套和基本机械化配套进度指标统计表

| 配套方案 | 实际进度/(m/月) | | |
|---|---|---|---|
| | Ⅲ级 | Ⅳ级 | Ⅴ级 |
| 基本机械化配套 | 127.5 | 84 | 51.8 |
| 高度机械化配套 | 144 | 91 | 65 |
| 高配比基本配提升 | 13% | 8% | 25% |

由表 2-20 可知，Ⅲ、Ⅳ、Ⅴ级围岩高度机械化配套较基本机械化配套施工月进度分别提升 16.5 m、7 m、13.2 m，提升比例分别为 13%、8%、25%。

#### 2.4.1.2　成昆线小相岭隧道

1. 工程概况

改建成都至昆明铁路小相岭隧道位于四川省凉山彝族自治州越西县和喜德县境内，全长 21.775 km，属Ⅰ级高风险隧道，是全线重点控制性工程，是成昆线第一长隧，设计速度 160 km/h，双线合修；隧道地质条件复杂，Ⅳ、Ⅴ级围岩占 65%，含有煤层瓦斯、软岩大变形、岩溶、岩堆、放射性、弱岩爆、断层破碎带等多种不良地质现象，堪称地质博物馆。设有贯通平导 1 座 21 579.67 m，斜井 2 座分别长 2 425 m 和 2 200 m，均采用无轨运输。

2. 机械化配套情况

成昆铁路小相岭隧道不同工区采用了高度机械化配套和基本机械化配套方案，高度机械化配套方案比基本机械化配套方案增加了 C6 多功能钻机、三臂凿岩台车、拱架安装机等设备。主要机械设备配置见表 2-21。

表 2-21　主要机械设备配置

| 作业工序 | 主要机械配置 | |
|---|---|---|
| | 高度机械化配套 | 基本机械化配套 |
| 地质超前钻孔 | C6 多功能钻机 | 工程钻机 |
| 钻孔 | 三臂凿岩台车 | 多功能作业台架、风钻 |
| 装药 | 人工装药 | 人工装药 |
| 出渣 | 装载机+自卸卡车 | 装载机+自卸卡车 |
| 立架 | 拱架安装机 | 多功能作业台架 |
| 喷混凝土 | 单臂湿喷机械手 | 湿喷机或单臂湿喷机械手 |

3. 不同机械化配套模式下各工序时间统计

对小相岭隧道Ⅳ级围岩高度机械化配套与基本机械化配套两种配套方式下各工序耗时进行统计，见表 2-22。

表 2-22 高度机械化配套与基本机械化配套各工序时间对比

| 围岩级别 | | Ⅵ级 | |
|---|---|---|---|
| 配套情况 | | 高度机械化配套 | 基本机械化配套 |
| 开挖进尺/m | | 2.4 | 2.4 |
| 施工准备/h | | 1 | 1 |
| 钻孔 | 使用设备 | 三臂凿岩台车 | 作业台架+24把风钻 |
| | 时间/h | 2.5 | 2.7 |
| 装药爆破 | 使用设备 | 人工装药 | 人工装药 |
| | 时间/h | 2.25 | 1.9 |
| 通风排烟 | 时间/h | 0.5 | 0.5 |
| 喷射混凝土 | 使用设备 | 湿喷机械手 | 湿喷机械手 |
| | 时间/h | 1.2 | 1.3 |
| 出渣 | 使用设备 | 装载机+自卸卡车 | 装载机+自卸卡车 |
| | 时间/h | 2.3 | 2.5 |
| 初期支护（拱架安装+锚杆） | 使用设备 | 台架立拱+凿岩台车 | 台架+人工立拱+风钻 |
| | 时间/h | 2.8 | 4.4 |
| 超前支护 | 使用设备 | 三臂凿岩台车 | 台架、钻机 |
| | 时间/h | 2 | 3.2 |
| 单位循环时间/h | | 17.0 | 19.9 |
| 单位进尺循环时间/h | | 7.1 | 8.3 |

由表 2-22 可知，钻孔、装药、出渣、初期支护、超前支护等工序耗时较长。由于采用了三臂凿岩台车，高度机械化配套情况下的初期支护工序及超前支护工序时间较基本机械化配套大幅减少，高度机械化配套下单位进尺循环时间较基本机械化配套少。

4. 进度指标

对小相岭隧道各工区开挖月进度指标进行统计，如表 2-23、表 2-24 所示。

表 2-23 高度机械化配套进度指标　　　　　　　　　　单位：m/月

| 隧道 | 工区 | Ⅲ级 | Ⅳ级 | Ⅴ级 |
|---|---|---|---|---|
| 成昆铁路小相岭隧道 | 2#斜井施工正洞大里程 | 162 | 104 | 59 |

表 2-24 基本机械化配套进度指标　　　　　　　　　　单位：m/月

| | 工区 | Ⅳ级 | Ⅴ级 |
|---|---|---|---|
| 成昆铁路小相岭隧道 | 2#斜井施工正洞大里程 | 80 | 47 |
| | 出口和横洞正洞小里程 | 76 | 51 |
| | 平均 | 78 | 49 |

由表 2-23、表 2-24 可知，Ⅳ、Ⅴ级围岩高度机械化配套较基本机械化配套施工进度分别提升了 24 m 和 12 m，提升比例分别为 33%和 25%。高度机械化配置与基本机械化配置进度对比如图 2-20 所示。

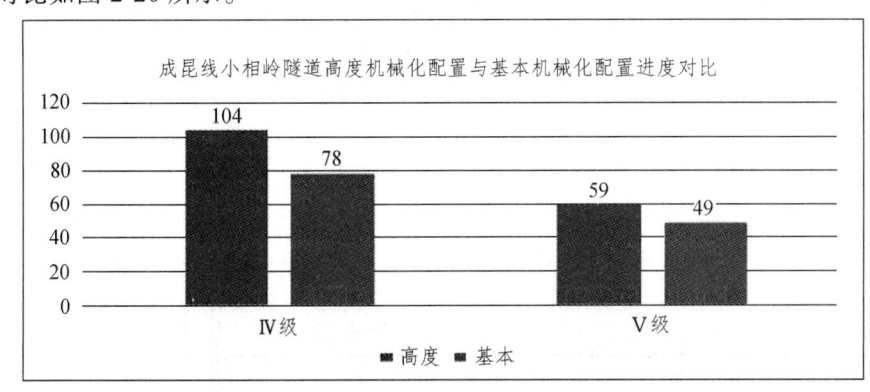

成昆线小相岭隧道高度机械化配置与基本机械化配置进度对比

彩图 2-20

图 2-20 高度机械化配置与基本机械化配置进度对比（单位：m/月）

## 2.4.2 双洞单线隧道

### 2.4.2.1 兴泉铁路

1. 工程概况

兴泉铁路是浩吉铁路（原蒙华铁路）原蒙华铁路)的东延线，西起赣州市兴国县，由京九线兴国站引出向东经于都、宁都、石城，福建省三明市宁化、清流、明溪、三明、永安、大田，在永安与鹰厦铁路相交，再经德化、永春、安溪、南安等市县，终至泉州市，正线全长 495.867 km。该铁路设计等级为国铁Ⅰ级，功能定位为国铁Ⅰ级单线电气化铁路，客货共线，设计旅客列车行车速度 160 km/h。

2. 机械化配套情况

主要机械设备配置见表 2-25。

表 2-25 主要机械设备配置

| 作业工序 | 主要机械配置 |
| --- | --- |
| 地质超前钻孔 | 工程钻机 |
| 钻孔 | 多功能作业台架、风钻 |
| 装药 | 人工装药 |
| 出渣 | 装载机+自卸卡车 |
| 立架 | 多功能作业台架 |
| 喷混凝土 | 湿喷机或湿喷机械手 |

3. 各工序时间统计

峰果岭隧道不同围岩级别条件下各工序的施工设备及时间统计见表 2-26。

表 2-26 各工序耗时统计

| 围岩级别 | Ⅲ级 | Ⅳ级 | Ⅴ级 |
|---|---|---|---|
| 开挖进尺/m | 3 | 2.4 | 0.8 |
| 施工准备/h | 1 | 0.5 | 0.5 |
| 钻孔 | 作业台架+风钻<br>4 | 作业台架+风钻<br>2 | 作业台架+风钻<br>2 |
| 装药爆破 | 人工装药<br>1 | 人工装药<br>0.5 | 人工装药<br>0.5 |
| 通风排烟 | 1 | 0.5 | 0.5 |
| 喷射混凝土 | 小型湿喷机<br>2 | 小型湿喷机<br>2 | 小型湿喷机<br>3 |
| 出渣 | 装载机+自卸卡车<br>3 | 装载机+自卸卡车<br>2 | 装载机+自卸卡车<br>2 |
| 初期支护<br>（拱架安装+锚杆） | 台架+人工立拱+风钻<br>4 | 台架+人工立拱+风钻<br>5 | 台架+人工立拱+风钻<br>3 |
| 超前支护 | — | 台架、风钻<br>3 | 台架、风钻<br>2 |
| 单位循环时间/h | 16 | 15.5 | 13.5 |
| 单位进尺循环时间/h | 5.3 | 6.2 | 16.8 |

由表 2-26 可知，钻孔、出渣、喷射混凝土、初期支护、超前支护等工序耗时较长。

4．进度指标统计

兴泉铁路进度指标统计见表 2-27。

表 2-27 兴泉铁路进度指标统计　　　　　　　　单位：m/月

| 序号 | 工区 | 围岩级别 | | | |
|---|---|---|---|---|---|
| | | Ⅱ级 | Ⅲ级 | Ⅳ级 | Ⅴ级 |
| 1 | 于都二号隧道进口 | | | 92 | 55 |
| 2 | 于都二号隧道出口 | | | | 35 |
| 3 | 于都二号隧道斜井 | | 130 | 75 | 35 |
| 4 | 大竹园二号隧道进口 | 136 | 100 | 70 | 44 |
| 5 | 大竹园二号隧道出口 | 135 | 130 | 75 | 45 |
| 6 | 固厚隧道进口 | | 120 | 80 | 44 |
| 7 | 固厚隧道出口 | | 120 | 80 | 44 |
| 8 | 省界隧道进口 | | | 65 | 55 |

续表

| 序号 | 工区 | 围岩级别 | | | |
|---|---|---|---|---|---|
| | | Ⅱ级 | Ⅲ级 | Ⅳ级 | Ⅴ级 |
| 9 | 省界隧道出口 | | | | 50 |
| 10 | 峰果岭隧道进口 | 132 | 123 | 66 | 31 |
| 11 | 峰果岭隧道斜井 | | 113 | 72 | 33 |
| 12 | 峰果岭隧道出口 | | 123 | 102 | 39 |
| 13 | 后坊隧道进口 | | 108 | 73 | 39 |
| 14 | 后坊隧道出口 | | 113 | 79 | 35 |
| 15 | 黄家碟隧道进口 | | | 66 | 29 |
| 16 | 黄家碟隧道斜井 | 127 | 119 | 67 | 53 |
| 17 | 黄家碟隧道出口 | | | | 35 |
| 18 | 西家山隧道进口 | | 135 | 69 | 57 |
| 19 | 西家山隧道出口 | | | 70 | 57 |
| 20 | 新华坊隧道进口 | | 139 | 69 | 57 |
| 21 | 新华坊隧道出口 | | 111 | 65 | 50 |
| 22 | 双坂隧道进口 | | | 70 | 57 |
| 23 | 双坂隧道出口 | 139 | 139 | 75 | 57 |
| 24 | 黄历村隧道进口 | | 90 | 72 | 48 |
| 25 | 黄历村隧道出口 | | 120 | 90 | 50 |
| 26 | 牛栏杆隧道进口 | | 100 | 90 | 50 |
| 27 | 牛栏杆隧道出口 | | 140 | 90 | 50 |
| 28 | 将军寨隧道出口 | 130 | 80 | 72 | 50 |
| 29 | 将军寨隧道1#斜井 | | | 72 | 50 |
| 30 | 将军寨隧道2#斜井 | 120 | 120 | 72 | 50 |
| 31 | 铁骑山一号隧道进口 | 120 | 110 | 72 | 50 |
| 32 | 铁骑山一号隧道出口 | 120 | 110 | 72 | 50 |
| 33 | 三阳隧道进口 | | | | 32 |
| 34 | 三阳隧道出口 | 130 | 120 | 90 | 50 |
| 35 | 三阳隧道一号斜井 | | 150 | 141 | 55 |
| 36 | 三阳隧道二号斜井小里程 | | 120 | 90 | |
| 37 | 三阳隧道二号斜井大里程 | | | 90 | |
| 38 | 桃山一号隧道出口 | | 120 | 63 | 35 |
| 39 | 三阳隧道三号斜井 | | | 30 | |

续表

| 序号 | 工区 | 围岩级别 | | | |
|---|---|---|---|---|---|
| | | Ⅱ级 | Ⅲ级 | Ⅳ级 | Ⅴ级 |
| 40 | 南屏山隧道进口 | | | 80 | |
| 41 | 南屏山隧道出口 | | 115 | 60 | 35 |
| 42 | 仙峰村隧道进口 | | 115 | 70 | 45 |
| 43 | 仙峰村隧道斜井 | 130 | 115 | 70 | 45 |
| 44 | 仙峰村隧道出口 | 130 | 115 | 70 | 45 |
| 45 | 白林安隧道出口 | 130 | 115 | 70 | 45 |
| 46 | 白林安隧道斜井 | 130 | 115 | 70 | 45 |
| 47 | 戴云山一号隧道1#斜井 | 130 | 120 | 90 | 50 |
| 48 | 戴云山一号隧道2#斜井 | 130 | 120 | 70 | 35 |
| 49 | 戴云山一号隧道出口 | 146 | 120 | 70 | 35 |
| 50 | 戴云山二号隧道进口 | | | 75 | 55 |
| 51 | 戴云山二号隧道1#斜井 | | 160 | 75 | 55 |
| 52 | 戴云山二号隧道2#斜井 | | 150 | 90 | 50 |
| 53 | 戴云山二号隧道出口 | 130 | | 75 | 50 |
| 54 | 天马隧道进口 | | | | 30 |
| 55 | 天马隧道斜井 | 130 | 120 | 90 | 50 |
| 56 | 天马隧道出口 | 130 | 113 | 62 | 38 |
| 57 | 佛子格隧道进口 | | | 53 | 33 |
| 58 | 佛子格隧道横洞 | | 120 | 90 | 35 |
| 59 | 佛子格隧道出口 | | 84 | 50 | 41 |
| 60 | 镇中隧道进口 | | | 36 | 30 |
| 61 | 镇中隧道出口 | | 95 | 50 | 38 |
| 62 | 灯峰隧道进口 | | 120 | 90 | 50 |
| 63 | 灯峰隧道出口 | 137 | 137 | 90 | 50 |
| 64 | 石砻隧道一工区 | 138 | 120 | 95 | 39 |
| 65 | 平均值 | 131 | 120 | 75 | 45 |

### 2.4.2.2 成兰铁路跃龙门隧道

1. 工程概况

成兰铁路跃龙门隧道穿越龙门山山脉，左线全长 19 981 m、右线全长 20 042 m，单面上坡，最大埋深约 1 450 m。洞身通过地层主要为白云质灰岩、粉砂岩、磷灰岩、千枚岩、炭质千枚岩夹灰岩等；洞身共发育 5 断层 2 向斜 2 背斜，其中 1 条为活动断裂带。辅助坑道采用

"2横+3斜+1平+2泄"方案。为Ⅰ级高风险隧道,是全线重点控制工程。

2. 机械化配套情况

跃龙门隧道采用了高度机械化配套方案,配置了 C6 多功能钻机、三臂凿岩台车、拱架安装机、湿喷机械手等设备。其主要机械设备配置见表 2-28。

表 2-28 主要机械设备配置

| 作业工序 | 主要机械配置 |
| --- | --- |
| 地质超前钻孔 | C6 多功能钻机 |
| 钻孔 | 三臂凿岩台车 |
| 装药 | 人工装药 |
| 出渣 | 装载机 |
| 立架 | 拱架安装机 |
| 喷混凝土 | 单臂湿喷机械手 |

3. 施工进度

跃龙门隧道工程实际施工进度见表 2-29。

表 2-29 跃龙门隧道实际施工进度指标

| 工区 | 实际进度/(m/月) | | | | |
| --- | --- | --- | --- | --- | --- |
| | Ⅱ级 | Ⅲ级 | Ⅳ级 | Ⅴ级 | 严重大变形 |
| 3号斜井正洞 | 155 | 145 | 90 | 67 | 30 |

### 2.4.3 辅助坑道

#### 2.4.3.1 斜 井

以龙泉山隧道为例。

1. 工程概况

龙泉山隧道为四川成都至重庆新建铁路隧道,按客运专线列车行车速度 250 km/h 设计,是预留了提速条件的客运专线双线隧道。隧道穿越主要地层岩性依次为粉质黏土、成都黏土、卵石土;下伏基岩为泥岩夹砂岩;断层角砾、压碎岩。

在隧道中部设计了 2 座斜井,其中 1 号斜井为主斜井,全长 404 m,纵坡为 38‰(20°48′24″);2 号斜井为副斜井,全长 406 m,纵坡为 37‰(20°18′16″)。1 号斜井和 2 号斜井的净空尺寸分别为 6.4 m(宽)×4.7 m(高)和 4 m(宽)×4.6 m(高),其中 1 号斜井采用双车道有轨运输,2 号斜井采用单车道有轨运输。

2. 机械化配套情况

其主要机械设备配置见表 2-30。

表 2-30  主要机械设备配置

| 工序 | 设备 | 型号 | 备注 |
|---|---|---|---|
| 开挖 | 湿式风动凿岩机 |  | 钻孔 |
| 装运 | 蓄电池机车 | XK12-9 | 4 台 |
| | 梭式矿车 | SB-20 | 3 台 |
| | 轨轮式混凝土输送车 | TSB-6 | 3 台 |
| | 扒渣机（履带式） | WZL150 | 2 台 |
| | 侧翻矿车 | YCC-8 | 4 台 |
| | 大型卷扬绞车 |  | 2 套 |
| | 翻渣漏斗 | 10 m³ | 1 套 |

#### 2.4.3.2  横  洞

以乌蒙山 2 号隧道为例。

1. 工程概况

乌蒙山 2 号隧道位于第三亚欧大陆桥中国贵州省威宁县龙场乡境内，地层岩性属为第四系、三叠系、二叠系之黏土、粉质黏土，滑坡堆积、块石土、砂岩、泥岩、灰岩、白云岩夹泥质灰岩、页岩夹砂岩、泥灰岩、页岩夹泥灰岩、泥质灰岩、泥岩夹泥灰岩、泥岩夹砂岩、煤层及断层角砾等。

横洞断面设计为双股轨道断面，断面尺寸 5 m（宽）×5.5 m（高）；地质主要为Ⅲ级围岩，少量为Ⅳ或Ⅴ级围岩，采用钻爆法、无轨装渣、有轨运输方式掘进，全断面开挖。循环进尺 2.6～3 m，每天 3～4 循环，日进尺 8～12 m。横洞掘进断面轮廓如图 2-21 所示。

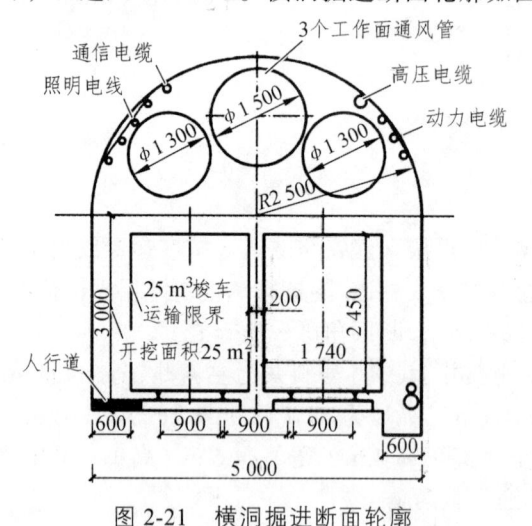

图 2-21  横洞掘进断面轮廓

2. 机械化配套情况

其主要机械设备配置见表 2-31。

表 2-31 主要机械设备配置

| 工序 | 设备 | 型号规格 |
|---|---|---|
| 开挖 | 手持式凿岩机 | |
| | 风动凿岩机 | YT28 |
| 装运 | 装载机（200 m 内） | ZLC40C |
| | 侧卸式装载机 | ZL50C |
| | 自卸汽车（500 m 内） | 8 t |
| | 履带挖装机（500 m 内） | ITC312 |
| | 内燃低污染机车 | 25 t |
| | 梭式矿车 | SSD25 |
| | 履带式挖掘机 | CAT320C |
| 支护 | 混凝土喷射机 | TK961 |
| 辅助作业 | 轨行模板台车 | 12 m |
| | 混凝土输送罐车 | 6 m3 |
| | 混凝土泵 | HB60 |
| | 混凝土搅拌机 | HZS50 |
| | 轴流通风机 | 95 kW |
| | 55 射流风机 | SSF-6P-NO16 型 |

3. 施工进度

横洞工区不同围岩级别条件下月掘进进度见表 2-32。

表 2-32 横洞工区不同围岩级别月掘进进度      单位：m/月

| 主要技术指标 | Ⅲ级围岩 | Ⅳ级围岩 | Ⅴ级围岩 |
|---|---|---|---|
| 横洞（中部平导）开挖支护 | 330 | 200 | 120 |

### 2.4.3.3　平　导

以汉十高速铁路武当山隧道群为例。

1. 工程概况

武当山隧道群主要包括肖家沟隧道、胡家隧道、铁家沟隧道 3 座隧道，是全线的重点工程和控制工程，肖家沟隧道全长 3 787.97 m，平行导坑 1 座，长 3 595 m；胡家隧道全长 850 m；铁家沟隧道全长 4 172 m，平行导坑 1 座，长 4 175 m。

隧道群地层隶属昆仑秦岭区武当山区，覆盖层主要有：冲洪积（$Q_4^{al+pl}$）淤泥、粉质黏土，残坡积（$Q_4^{el+dl}$）粉质黏土。下伏基岩为元古界武当山群（Ptwd）云母石英片岩。肖家沟隧道区内地质构造发育主要有5处断层，其中2处为区域性断层，断层带内发育碎裂岩、碎粒岩及断层角砾岩。铁家沟隧道发育6条断层，断层带内发育断层角砾岩，且节理裂隙发育，岩体破碎。

平导采用单车道+错车道断面，开挖断面为6.0 m（高）×5.0 m（宽），大部分地段为Ⅲ、Ⅳ级围岩，每天4个循环，平导掘进12 m，平均合计月进尺208.95 m，最高月掘进280 m，最高日进尺18 m。

2. 机械化配套情况

其主要机械设备配置见表2-33。

表2-33　主要机械设备配置

| 工序 | 设备 | 型号 | 备注 |
|---|---|---|---|
| 开挖 | 风动凿岩机 | YT28 | 12把 |
| 装运 | 侧卸式装载机 | ZL50 | |
| 装运 | 自卸汽车 | 20 t | 3~5台 |
| 支护 | 湿喷机械手 | KC30 | 30 m³/h |
| 支护 | 湿喷机 | TK600 A | 6 m³/h |

3. 施工进度

各工序作业循环平均耗时统计见表2-34；指导性月进度指标见表2-35。

表2-34　各工序作业循环平均耗时统计

| 序号 | 工序 | 循环时间/min | 备注 |
|---|---|---|---|
| 1 | 测量放样 | 20 | — |
| 2 | 钻眼爆破 | 120 | 包括钻孔台车就位、吹孔、装药、堵塞 |
| 3 | 通风 | 20 | 包括找顶、排险 |
| 4 | 装渣及运输 | 100 | 包括挖装机进退 |
| 5 | 锚喷支护 | 100 | 包括锚杆、立架、挂网、喷射混凝土 |
| 合计 | | 360 | 循环进尺 $L=3.0$ m |

表2-35　指导性月进度指标

| 围岩等级 | Ⅲ级围岩 | Ⅳ级围岩 | Ⅴ级围岩 |
|---|---|---|---|
| 施工进度/(m/月) | 250 | 180 | 100 |

# 第 3 章 钻爆法隧道施工机械设备

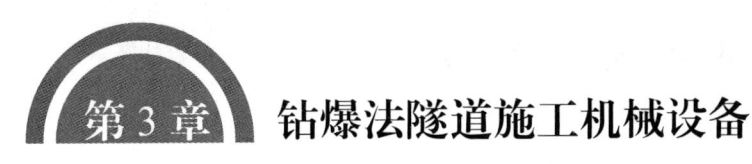

## 3.1 超前地质预报及超前预加固作业设备

开挖前对地质情况的了解程度，对隧洞建设有着十分重要的作用。通过超前预报，及时发现异常情况，预报掌子面前方不良地质体的位置、产状及其围岩结构的完整性与含水的可能性，为正确选择开挖断面、支护设计参数和优化施工方案提供依据，并为预防隧洞涌水、突泥、突气等可能形成的灾害性事故及时提供信息，使工程单位提前做好施工准备，保证施工安全，同时还可节约大量资金。所以隧洞超前预报能够指导安全科学施工、提高施工效率、缩短施工周期、避免事故损失、节约投资等，具有重大的社会效益和经济效益。本章介绍了在隧道施工中用于超前地质预报和超前预加固作业的设备。

### 3.1.1 多功能钻机

#### 3.1.1.1 概 述

多功能钻机是一种以钻头进行钻进工作的工程机械，主要用于地质超前钻探、探测和排放隧道施工中的涌水及瓦斯、隧道施工中的围岩加固及注浆止水作业、管棚作业、锚固作业、城市地基的注浆钻孔、地质灾害的抢险和救援工作、地热及水利水电围堰注浆等钻进作业，具有操作简单、动力强劲、钻速快、可靠性高、对工况的适应性强等优点。

多功能钻机按其工作机构动力的来源进行分类，一般可分为风动式、液压式、内燃式和电动式；按照破岩造孔的方式进行分类，又可分为回转式、冲击式和回转冲击式。目前，市场上的多功能钻机普遍采用的是液压凿岩机，其具有消耗能量少、钻孔效率高、噪声低等优点。

1. 主要功能

1）超前地质钻探

多功能钻机能够实现对软硬交错地层的地质钻探，常采用超前钻探工法、冲击式钢丝绳取芯工法和超前水平取芯钻探工法等。

2）探测和排放隧道施工中的涌水及瓦斯

为保证施工安全，多功能钻机能很好地实现在隧道施工前对掌子面前方各种突发情况的快速检测，并能对存在的高压水或瓦斯等进行快速排放。

3）隧道施工中的岩盘加固及岩浆止水作业

多功能钻机主要适用于隧道施工过程中掌子面的岩浆止水及加强岩盘稳定性等钻孔工程。高性能多功能钻机可实现"钻注一体化"的作业模式，有效缩短施工作业周期。

4）管棚作业

多功能钻机能很好地实现洞口及洞内的管棚作业，具有较高的钻孔精度，有效地避免了钻进过程中的偏空。

5）锚固作业

锚固钻机是一种随水利水电、交通运输、隧道施工等建设工程的快速发展应运而生的一种新型高效凿岩钻进设备，作为多功能钻机的一种，广泛适用于野外荒山的边坡治理、铁路修筑、矿山开采等工程的钻凿锚杆孔或爆破孔。

2. 结构组成及工作原理

多功能钻机主要由中心定位器、夹持器及其底座、推进梁、自动换钎器、液压凿岩机、前后辅助支腿、车架与底盘、行走系统、动臂、转盘、动力系统、液压系统及控制系统等组成，以车架及底盘为基准来装配各组成部件，通过液压元件的驱动实现多功能钻机的完整凿岩作业流程。多功能钻机的结构组成如图3-1所示。

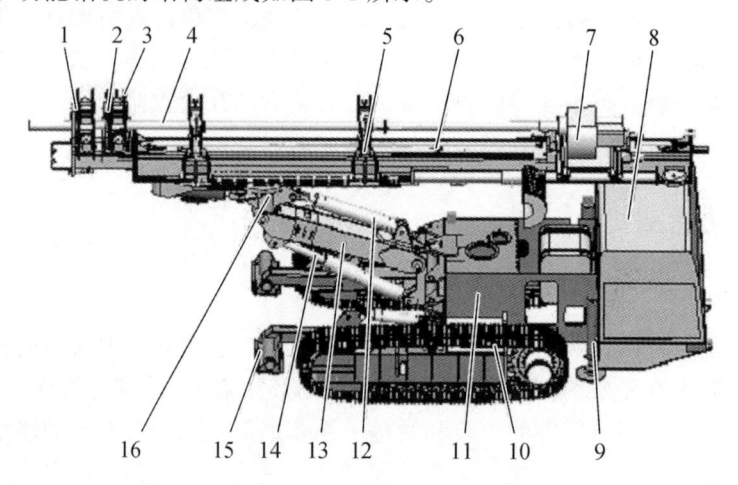

1—中心定位器；2—夹持器支座；3—夹持器；4—钎杆；5—自动换钎器；6—推进梁；
7—液压凿岩机；8—发动机；9—后辅助支腿；10—行走系统；11—车架及底盘；
12—推进梁俯仰油缸；13—动臂；14—动臂俯仰油缸；
15—前辅助支腿；16—转盘。

图 3-1 多功能钻机

多功能钻机的工作原理：多功能钻机行驶到工作位置后，前后辅助支腿与地面接触，起到支撑钻机的作用。推进梁与掌子面接触，液压凿岩机在推进梁导轨内通过油缸链条配合实现其在推进梁上的前进与后退，以完成多功能钻机在工程施工中的钻孔作业。

### 3.1.1.2 国内外技术发展现状

现代钻机是由早期人力驱动、简单的回转式机械经过长期不断地演变发展而来的。早期的钻机由于钻进效率低、无法取出完整的岩芯、只能钻垂直孔、钻孔过程中不能及时排除岩屑等缺陷而制约着工程的进展。随着社会的发展，钻机技术得到了长足发展，且在一些发达国家中有了较大范围的应用。

多功能钻机的构思萌芽于20世纪60年代。较早的多功能钻机是法国FORACO（弗兰克）公司研制的 VPRH 型钻机，这种钻机的设计主要是为了解决复杂地层钻进的效率问题，它是将振动、冲击、回转和液力下压 4 种功能组合在一起的钻机，4 种功能可以单独作用也可配合作用。这种新型钻机的出现开创了多功能钻机研究的先河。

1. 国外技术现状

20 世纪 70 年代，随着各行业的发展，大量工程项目需要快速施工，为适应工程项目的快速施工，瑞典 Atlas-Copco（阿特拉斯）公司、法国 Secoma（塞科马）公司、意大利 CASAGRADE（卡萨阁蓝地）公司开始陆续推出自己在凿岩设备方面的一些产品，其中就包括机械化程度较高的多功能履带式工程钻机。意大利 CASAGRADE（卡萨阁蓝地）公司、芬兰 Tamrock（汤姆洛克）公司、日本"矿研"公司、瑞典 Atlas-Copco（阿特拉斯）和 Sandvik（山特维克）公司、美国 Ingersoll Rand（英格索兰）公司等在生产工程钻机方面有着雄厚实力，其研制的钻机在结构和参数上都比传统的转盘式和立轴式钻机有较大的提高。在这些钻机上液压装置也得到了更为广泛的应用，如液压自动卡盘、无导向杆的大通径动力头回转器等，变速箱，离合器和其他部件的性能也做了大幅改善。同时，计算机辅助监控也应用到了这些新型的多功能钻机中。上述技术上的改进使得这些产品通常具有安全可靠、功能齐全和较高自动化水平等特点。目前，德国 KLEMM（宝峨-克莱姆）的 KR805-2 多功能钻机、日本"矿研"多功能钻机和意大利 C6 钻机代表了现代多功能钻机的国际先进水平，并且各具特色。

2. 国内技术现状

20 世纪 70 年代，我国对于工程钻机研制开始起步。当时我国研制和生产的钻探设备主要为地质岩芯钻机，随着经济发展，尤其是改革开放以来，各类基础建设工程不仅数量越来越多，项目规模也越来越庞大，为了应对此时的工程施工，工程钻机的发展逐步得到重视。国内研究人员通过对水文钻机的研究，在原来基础上做出一系列的改进，演变成了早期的多功能钻机。

随着国内技术的不断发展，国内一些企业已能够生产出一些具备较高性能的全液压多功能钻机，生产厂家如铁建重工、山东地质探矿机械厂、北京天和众邦勘探技术有限公司、北京探矿机械厂等。

经过几十年的发展，我国工程钻探设备和勘察技术水平均有了长足的进步，在施工范围、安全、效率、节能环保、钻进工艺等诸多方面的都有了显著提升。中国多功能钻机企业不断推出具有自主知识产权的新产品。在技术方面，中国多功能钻机逐渐实现了数字化、自动化和智能化，提高了钻机的工作效率和安全性。

### 3.1.1.3 典型产品介绍

1. DGZ150 多功能钻机

DGZ150 多功能钻机（见图 3-2）是铁建重工隧道超前钻探、地质取芯、超前支护等多工序施工装备，可广泛应用于隧道（地质预报、地质改良等）、建筑（基坑支护、锚杆锚索等）、抢险救助（排水钻孔、排气钻孔等）等领域。

图 3-2 DGZ150 多功能钻机

产品特点：

1）150 m 超前地质预报

其独有的 MWD 地质超前预报系统，通过对钻孔数据自动采集、分析，获得掌子面前方地质数据；优异的冲击式钢丝绳取芯系统，具备取芯速度快、取芯完整的优势，实现隧道地质快速超前勘探；轻松实现 $\Phi 65 \sim 245$ mm 直径钻进成孔，最大钻深达 150 m。

2）超前安全支护

适用多种注浆工艺（缓凝型、瞬凝型、前进式、后退式），改良各种复杂地层；配备各种低、高压孔口止水装置，兼具止水、止浆功能。

3）高效高质钻进

配置全液压旋转冲击动力头，克服潜孔锤污染大、遇高压水难以钻进等缺点，效率是传统旋转钻机的 5 倍以上，速度达 10～30 m/h；通过钻杆实现单管和套管注浆，提高了施工效率，降低了施工成本。

4）大范围作业

通过主臂后部转盘，可使钻机只定位一次，即可完成±95°大范围钻孔施工。

5）操作快捷方便

采用标准化注水头和平衡杆设计，施工时仅需按要求适配钻具即可实现多功能钻进，操作便捷；配置全液压旋转冲击动力头，同一动力头既能低速大扭矩快速钻孔又能高速回转取芯，并且具有侧移功能，在换杆或定位过程中可进行横向调整，有效减少换杆和定位时间；采用无线遥控器控制整机动作，可提高操作人员的机动性，规避视野盲区，更加符合人机工程学设计。

6）双动力节能环保

配置发动机（行走动力）+电机（行走动力+工作动力）双动力系统并自带电缆卷筒，节能、环保，既适用于隧道施工，又适用于基坑、边坡加固等施工。

相关产品参数如表 3-1 所示。

表 3-1 铁建重工多功能钻机主要参数

| 项目 | 单位 | 参数 | | |
|---|---|---|---|---|
| | | DGZ150 标准型 | DGZZ150 智能型 | DGZ150G 高原型 |
| 整机质量 | kg | 18 000 | | |
| 整机尺寸：长×宽×高 | mm | 10 700×2 500×3 065 | | |
| 电总功率 | kW | 110（4P，380 V） | | |
| 发动机额定功率 | kW | 45 | | |
| 最大钻孔深度 | m | 150 | | |
| 钻孔直径 | mm | $\Phi 65 \sim 245$ | | |
| 水平钻孔高度 | mm | $-937 \sim 4\ 820$ | | |
| 最高行驶速度（Ⅰ/Ⅱ） | km/h | 2.2/4.4 | | |
| 最大爬坡能力 | % | 40 | | |
| 接地比压 | MPa | 0.08 | | |
| 动力头最大扭矩 | N·m | 15 306（44 r/min） | | |
| 最大转速输出扭矩 | N·m | 848（812 r/min） | | |
| 冲击力 | N·m | 500/750/900 | | |
| 冲击数 | min$^{-1}$ | 2 500/1 900/1200 | | |
| 推进行程 | m | 3.76 | | |
| 推进力 | kN | 62 | | |
| 提拔力 | kN | 62 | | |
| 推进速度 | km/h | $0 \sim 0.36/0 \sim 1.5$ | | |

2. RPD-180CBR 多功能钻机

1）主要性能特点

RPD-180CBR 钻机是日本矿研株式会社生产的全液压旋转冲击多功能地质钻机，它适用于地面、地下、隧道、边坡工程的地质钻探、注浆加固、管棚支护、锚杆锚索等各类深孔钻进；采用回旋冲击单管钻进和套管钻进方法，能快速完成长距离钻孔；适合隧道断面（宽×高）3 m×4 m 平行导坑作业及 6 m×9 m 大断面隧道作业，工作环境温度为-10～+40 ℃。

2）主要组成结构简介

（1）其各组成部件如图 3-3 所示。

（2）动力单元。动力单元是将电动机或发动机作为动力源驱动液压泵，产生的液压成为各传动装置工作的液压源。动力单元主要由电动机、发动机、液压泵、泄压阀、油箱、散热器、开关箱、节流阀、过滤器等组成。

图 3-3  RPD-180CBR 钻机

（3）钻杆夹具。外、内夹具旨在用夹块固定钻杆，同时在安装和拆卸钻杆时，产生的正反旋转的转矩起到夹紧钻杆的作用，夹块和钻杆的尺寸是通用的。此夹具均为开闭式，打开外夹具外罩即可将钻杆及刀头从上部取出。

（4）推进装置。推进装置是由液压电机推进动力头的装置。推进用的液压电机是用液压泵输出的液压把推力传给链轮，来推进动力头移动的。

（5）动力头。动力头由冲击液压缸、旋转用液压电机以及减速器组成，输出冲击力和旋转力，如图 3-4 所示。冲击机构是通过分配阀切换液压油的方向使冲击锤进行往复运动冲击辅助锤。旋转机构是通过齿轮箱使液压电机的旋转减速，传递给辅助锤。动力头的润滑有以下 3 种方式：①齿轮、轴承——油路供给式；②辅助锤活动部——冲击液压缸强制供给式；③黄油辅助润滑。

（6）控制台。控制台由行走操作杆、推进梁姿态操作杆、钻孔操作杆，MWD（无线随钻测量系统）组成。

该钻机相关参数见表 3-2。

表 3-2  钻机相关参数

| 项目名称 | 单位 | 参数 |
| --- | --- | --- |
| 钻孔直径 | mm | 65~170（最大 225） |
| 转数 | rpm | 最大 72 |
| 扭矩 | kN·m | 8 |
| 打击数 | $min^{-1}$ | 2 200 |
| 打击能量 | J | 750 |
| 推进力 | kN | 0~60 |
| 行程长度 | mm | 2 760 |
| 电动机（钻孔） | kW | 75（4P，380 V） |
| 发动机（行走） | kW/（r/min） | 30/2 000 |
| 外形尺寸（$L \times W \times H$） | mm | 8 500×2 800×3 100 |
| 质量（钻机） | kg | 17 000 |

### 3.1.2 管棚钻机

#### 3.1.2.1 概 述

管棚支护技术主要用于隧道、水洞施工和对前方岩层结构的探测，以及易发生顶板冒落、涌水地段超前管棚支护，以减少回填混凝土使用量，提高工作进度并最大限度地减少对周围土层的扰动和破坏，有效地控制地层的稳定性，保证设备和人员的安全。隧道、水洞工程中管棚支护施工对钻机的要求有：对位效率高，尽可能少地移机和开工作窗，钻孔速度快，有较大的爬坡能力，能实现远程控制及对环境污染小等。最初国内管棚支护施工用钻机主要依赖于进口，价格高，操控系统复杂，受隧道环境变化影响较大，且对操作控制人员的要求较高。现在我国已经研制出拥有自主知识产权的管棚钻机，与国外钻机相比，价格适中、操控简单、维修方便，具有较高的性价比，更适应国内市场的需求。

#### 3.1.2.2 国内外技术发展现状

目前，在世界范围内的隧道工程建设中管棚超前支护法已经被广泛采用，并取得了良好的发展。在我国，管棚超前支护法已成为地下工程结构形式复杂、施工场地狭小受限、地层地质松散富水，以及存在软弱破碎围岩等情况下，修筑隧道工程的重要施工方法。

1. 国外技术现状

管棚钻机是设计用于开展管棚施工的专用机械，最早诞生于 20 世纪 80 年代，经过多年的发展进步，管棚钻机的技术性能得到了不断完善，逐渐形成具有自主机动、双臂双工、钻臂伸缩等功能的现代管棚钻机。当前著名的管棚钻机生产商有：意大利的 Soilmec（土力）公司、Casa Grande（卡萨格兰蒂）公司，德国的 KLEMM（宝峨-克莱姆）公司，美国的英格索兰（Ingersoll Rand）公司，瑞典的阿特拉斯科普柯（Atlas Copco）公司等。

2. 国内技术现状

我国专用管棚钻机的研发开始于 1987 年。1989 年北京西单地铁车站的承建商铁道部第十六工程局采购了中国地质装备总公司开发研制的土星钻机，在工程实践中取得了成功应用。此后，中国地质装备公司先后开发了 5 个品种的钻机并形成系列产品。近年来，中国在管棚钻机领域取得了一些重要的研究成果。例如，中铁一局成功研制出 Z-GP150 管棚钻机，该钻机集机械、电气、液压、自动控制为一体，具有钻孔作业时快速清孔、排渣，可有效降低粉尘污染，并且解决了卡钻难题，实现多方位灵活钻孔，减少移机次数，提高作业效率，适用性强且安全等优点。在长隧道施工中，专用管棚钻机被广泛应用，其技术水平和性能不断提高。

隧道施工中也利用凿岩台车钻管棚孔，再借助挖掘机等设备辅助或多人协同作业将管棚推装至管棚孔。管棚钻机的发展，可以清晰地看出，国外的先进水平始终引领着管棚钻机的发展方向，当前管棚钻机的发展呈现出如下的趋势：一是大型管棚钻机将成为主流，具体表现在设备自重的增加、整机功率的提高、主要运转机构输出能力的提升等方面。这一点是与隧道工程难度加大、施工质量标准提高、施工效率需求提升相适应。二是管棚钻机向"机械、电子、液压一体化"方向发展，利用现代传感技术和计算机技术实现更高水平的人机交互，提高管棚钻机的自动化、智能化水平，更加确保施工质量。三是模块化设计成为管棚钻机发展的另一个显著特征，主要表现在大量采用市场化的通用性高的部件，以便客户根据工程需要自主更换部件，具有更高的灵活性。

### 3.1.2.3 管棚钻机结构

管棚钻机部件如图 3-4 所示，其详细结构如图 3-5 所示。管棚钻机主要由履带行走装置（行走底盘）、摆机构、偏转头、大转盘机构、液臂结构、摆动头和托架机构、钻进机构共同组成。

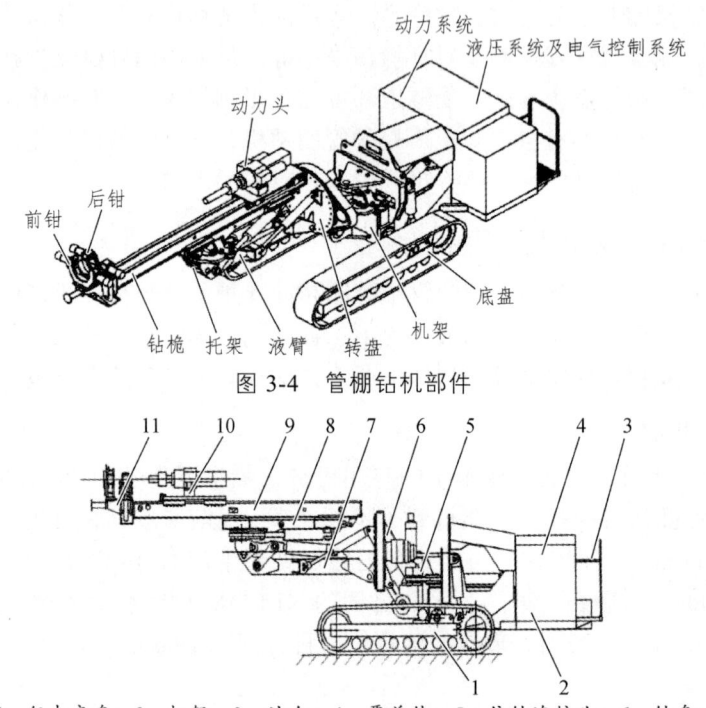

图 3-4 管棚钻机部件

1—行走底盘；2—机架；3—站台；4—覆盖件；5—偏转连接头；6—转盘；
7—液臂；8—托架；9—钻架；10—动力头；11—前后钳座。

图 3-5 管棚钻机结构

**1. 履带行走装置**

履带行走装置如图 3-6 所示，行走装置分为左右两部分，由行走架、履带板、驱动轮、引导轮以及支重轮、履带传动装置、履带张紧装置组成。

左右两套行走装置采用连接转轴与车架连接，并通过机身调整油缸与车架铰接，这种浮动式结构使得行走装置与车架间的角度调节可达±16°。履带行走装置可保证钻机在凸凹不平的地面及允许的坡道上行走。

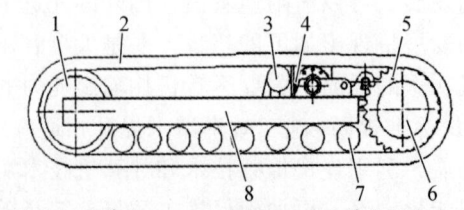

1—引导轮；2—链轨及履带板；3—上托轮；4—履带张紧加油嘴；5—驱动轮；
6—履带传动装置；7—支重轮；8—机架。

图 3-6 履带行走装置

2. 变幅机构

变幅机构的全部动作由液压缸或者液压电机驱动完成，该结构使钻杆在复杂狭小的空间方便对孔定位。变幅机构有左右、水平和绕自身轴线旋转运动的功能，可使整个钻架装置由垂直位置转动到水平位置。

3. 钻进机构

管棚钻机钻进机构由钻架体、动力头座、动力头（凿岩机）、钻杆、钻头、潜孔锤等部件组成。钻架上安装有钻杆装拆夹紧装置以及旋转拆卸装置，均由油缸驱动。动力头安装在钻架滑轨上，通过油缸驱动链条带动动力头在滑轨上运动。钻架结构如图 3-7 所示。

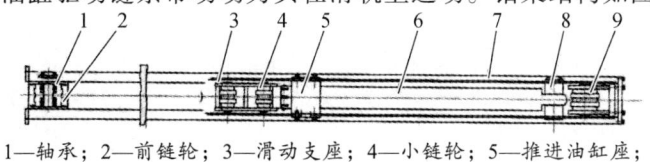

1—轴承；2—前链轮；3—滑动支座；4—小链轮；5—推进油缸座；
6—推进油缸；7—钻架体；8—销轴；9—后链轮。

图 3-7 钻架结构

### 3.1.2.4 管棚钻机关键技术设计

现以 Z-GP150 型管棚钻机为例，讲解管棚钻机的关键技术。

1. 凿岩系统

Z-GP150 型管棚钻机凿岩系统由动力头、前冲击器、水气同进装置、推进系统、装卸钳组成。动力头为德国 EURO DRILL（欧钻）公司产品，包括主轴回转和后冲击（液动锤）两部分结构。主轴回转的转矩大，当转速为 43 r/min 时，最大转矩为 11 kN·m；当转速为 86 r/min 时，最大转矩为 5.5 kN·m；后冲击功能可以有效处理卡钻问题，但深孔钻进时，会降低效率。Z-GP150 型管棚钻机在钻头和钻杆中间设计有前冲击器（潜孔冲击器）。通过顶驱回转、后冲击加前冲击方式进行钻孔，大大提高了深孔钻进效率，钻孔速度达到 15～20 m/h，钻孔深度大于 60 m。

在水气同进装置中，供水采用恒压变量泵系统，恒压变量泵的输出流量等于电液比例换向阀所调节的流量，输出最大压力等于恒压变量泵的调整压力，当操作阀在中位时，系统保压，恒压变量泵接近零排量输出，此时系统压力为设定压力。当操作阀在左位时，恒压变量泵的输出流量随电液比例换向阀的节流口变化而变化，输出压力恒定；供气系统由空气压缩机提供气源，通过单向阀实现供气。远程操作供水的电液比例换向阀和供气的电磁阀、单向阀，实现水（压力 6 MPa）气（压力 1.2 MPa）单进和水气同进。采用水气同进，通过适时调整，既能给前冲击提供动力，又能达到清孔、快速排渣的目的，同时实现无尘作业，从而减少环境污染，改善作业环境。通过随杆液压缸推动链条带动动力头、钻杆、钻具，推进力达 50 kN，起拔力达 98 kN，一次钻进 2 200 mm，最大退杆速度达 42.2 m/min，以确保不同管径的钻杆使用；后钳可实现正、反向转动，方便拆卸钻杆。前、后钳示意如图 3-8 所示。

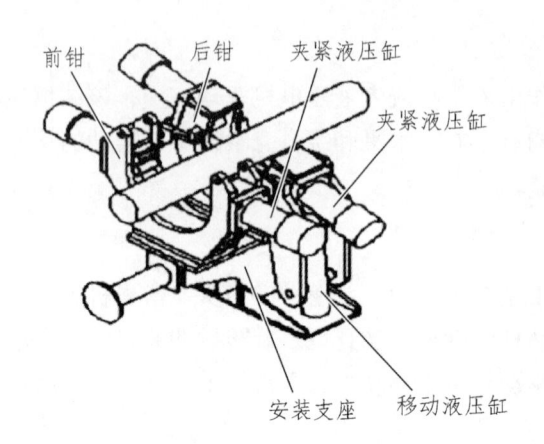

图 3-8 前、后钳示意

### 2. 可回转的转盘机构

Z-GP150 型管棚钻机设有垂直齿轮转盘回转结构，通过液压电机驱动齿轮传动副，使钻机前连接盘带动液臂及钻桅、托架、动力头等绕轴心顺、逆时针各转动 135°，并能在任意位置锁定，实现快速对位、低位钻孔、宽位钻孔，大大提高了钻孔范围，减少了施工移机次数，且无须开工作窗，提高了工作效率，降低了施工成本，此设计为国内首创。

### 3. 灵活的调节机构

调节机构具有调节液臂举升、钻桅翻转、钻桅摆动、钻桅滑动、转盘摆动等动作的功能。如图 3-9 为液压缸位置示意，液臂举升液压缸使液臂向上摆动 0°～35°；钻桅翻转液压缸推动一个 5 铰点变幅机构，实现了翻转头上所连接的钻桅在 0°～135°范围内可调；两侧的钻桅偏摆液压缸推动钻桅托架摆动，使其左右 75°可调；微调液压缸可实现钻桅与托架相对滑动；转盘偏摆液压缸推动转盘左右摆动 30°；通过电液控制以及不同的动作组合，实现钻桅的多个角度调节，且动作幅度范围大、动作灵活、施工效率高。

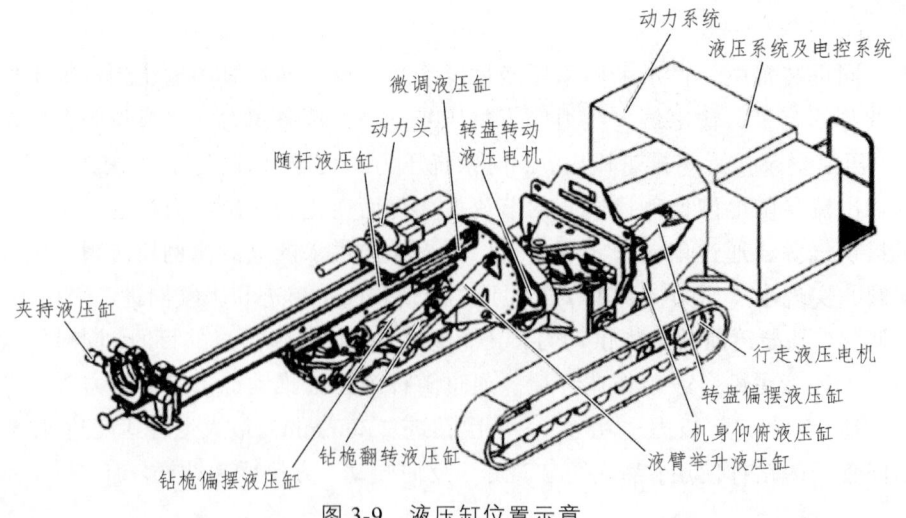

图 3-9 液压缸位置示意

4. 机身仰俯调节机构

Z-GP150 管棚钻机采用先进的专用钻机履带底盘,接地比压小。机身与底盘间采用半轴连接,通过机身仰俯液压缸实现机身仰俯可调(见图 3-10)。机身可仰俯调节,提高了整机的适应性,利于在坡地行走、在工地移动和运输。

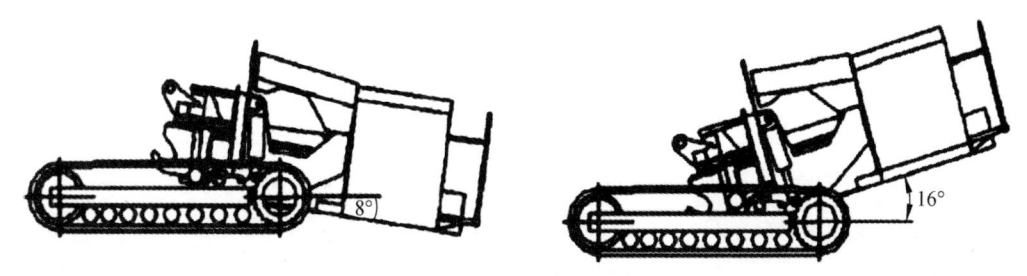

图 3-10　机身俯仰示意

### 3.1.2.5　管棚钻机典型产品

Z-GP150 型管棚钻机(见图 3-11)设计吸取了国内外钻机的优点,并结合了国内施工的特点,其机身仰俯调整机构、水气同进系统、回转转盘机构和移动操控装置,都为采用的新技术,其中回转转盘机构和水气同进系统更是众多特点中的亮点。它与国外钻机相比,操控简单、维修方便,具有较高的性价比,更适应国内市场的需求。

图 3-11　Z-GP150 管棚钻机

Z-GP150 型管棚钻机主要技术参数见表 3-3。

表 3-3　Z-GP150 型管棚钻机主要技术参数

| 项目 | 参数 | 项目 | 参数 |
|---|---|---|---|
| 钻孔直径/mm | 150 | 工作范围 | — |
| 钻孔深度/m | >60 | 最高水平钻进高度/mm | 3 950 |
| 钻孔速度/(m/h) | | 最低水平钻进高度/mm | 62 |
| 动力头钻机最大转矩/(N·m) | 15~20 | 最宽水平钻进跨度/mm | 7 030 |
| 低速挡（0~43 r/min） | 11 000 | 发动机型号 | Cummins 6BTAA5.9- |
| 高速挡（0~86 r/min） | 5 500 | 额定功率/kW | C180 |
| 液压冲击器冲击频率/Hz | 40 | 额定转速/(r/min) | 132 |
| 水压/MPa | 6 | 液压系统工作压力/MPa | 2 200 |
| 气压/MPa | 1.2 | 行走系统 | 25 |
| 推进系统 | — | 慢速行走速度/(km/h) | 1.79 |
| 最大推进力/kN | 50 | 快速行走速度/(km/h) | 4.79 |
| 最大推进行程/mm | 2 200 | 爬坡能力/(°) | 30 |
| 推进速度/(m/min) | 18.48 | 离地间隙/mm | 350 |
| 最大起拔力/kN | 98 | 接地比压/(N/cm$^2$) | 6.9 |
| 起拔速度/(m/min) | 9.4 | 整机质量/t | 16.2 |
| 最大退杆速度/(m/min) | 42.2 | 整机外形尺寸（长×宽×高）/(mm×mm×mm) | 9 420×2 280×2 760 |

## 3.2　开挖作业设备

隧道工程的类型不同，使用的施工机械也不同，相互间的差异比较大，有的隧道工程需要用高性能专用机械设备，有的隧道工程用一般机械即可。隧道工程机械至今已经历了四代的发展：第一代为钢钎、大锤；第二代为手持凿岩机；第三代为凿岩台车；第四代为智能型凿岩台车和隧道掘进机。本节主要介绍几种常用隧道开挖作业设备。

### 3.2.1　风动凿岩机

风动凿岩机是国内用于钻爆法施工的主要开挖设备，其与作业台架配合进行钻孔作业，对于长度小于 3 km 的隧道，风动凿岩机仍然具有显著的成本优势。本节将对风动凿岩机做简要介绍。

#### 3.2.1.1　概　述

风动凿岩机简称风钻，是一种以压缩空气为动力的冲击式钻眼机械，将电能转换为气压能再转化为机械能，不仅需要装备功率较大的空气压缩机、铺设较长管路，而且转换和传送效率很低，压力也不是很高，一般为 0.5~0.7 MPa。此外，风动凿岩机工作时，由于活塞对钎子的冲击、机头和钎肩的碰撞、钎杆的振动等原因，产生机械噪声。由于风钻排气产生气体动力噪声，噪声级可达 100~130 dB。隧道内，多台风动凿岩机工作时不仅振动噪声大，尘雾也导致可见度差。风动凿岩机在操作时，人用手扶持的，称为手持式凿岩机；利用气动支腿支撑的，称为气腿式凿岩机；在一台车架上装有一至数只凿岩机的，称为凿岩台车。

#### 3.2.1.2 基本结构

风动凿岩机虽然种类较多，但结构基本相似，均由冲击配气机构、转钎机构、排屑机构、润滑机构等组成。其中，最重要的机构即冲击配气机构，是实现活塞往复运动以冲击钎尾的机构。常用的冲击配气机构有被动阀配气机构、控制阀配气机构和无阀配气机构 3 种。本节主要介绍控制阀配气机构和转钎机构。

1. 控制阀配气机构

压缩空气通过控制气路推动配气阀换向，耗气量比被动阀配气机构小，其动作原理如图 3-12 所示。冲击行程开始时［见图 3-12（a）］压缩空气由箭头所示方向进入气缸后腔，推动活塞向前运动，当活塞越过控制气孔时，一部分压缩空气进入后阀室，推动阀变换位置，此时前阀室的废气从小孔逸入大气。当活塞越过排气孔时后腔与大气相通，活塞靠惯性冲击钎尾。冲击行程结束也是返回行程的开始［见图 3-12（b）］，此时压缩空气由箭头所示方向进入气缸前腔，推动活塞反向运动。活塞越过控制气孔时，一部分压缩空气进入前阀室，并推动阀变换位置，后阀室内废气经小孔逸入大气。当活塞越过排气口后，气缸前腔与大气相通，返回行程结束。

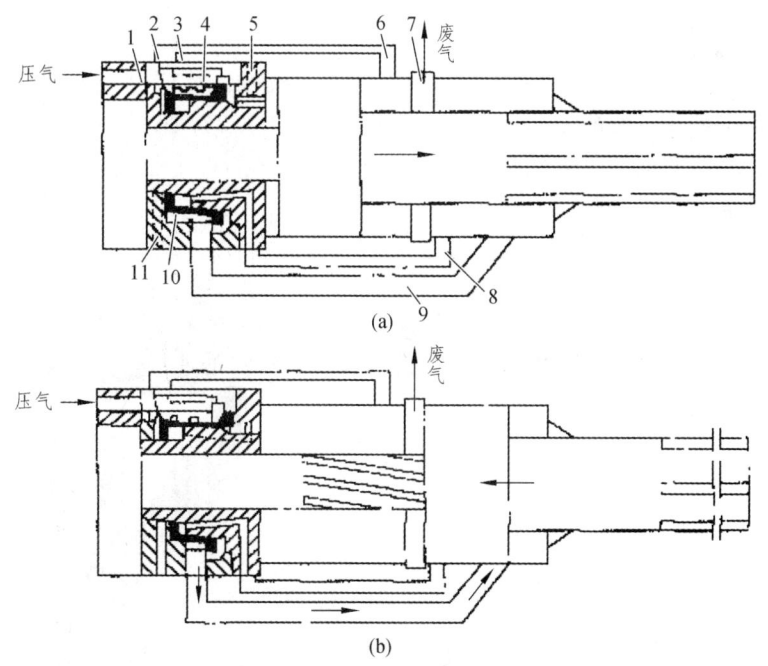

1—阀套；2—后阀室；3—阀柜；4—控制阀；5，11—通气小孔；
6，8—控制气孔；7—排气孔；9—气孔；10—前阀室。

图 3-12 控制阀配气机构

2. 转钎机构

使气动凿岩机钎杆回转的机构,分为内回转和独立回转两种。

1)内回转转钎机构

内回转转钎机构如图 3-13 所示,当活塞 4 往复运动时,通过螺旋棒 3 和棘轮机构,使钎杆每被冲击一次转动一定的角度。内杆棘轮机构具有单向间歇转动特性,冲程时棘爪处于顺齿位置,螺旋棒转动,活塞依直线向前冲击。回程时,棘爪处于逆齿位置,阻止螺旋棒转动,迫使活塞转动,从而带动转钎套和钎杆转动一定角度。内回转机构多用于轻型手持式或支腿式气动凿岩机。

2)独立回转转钎机构

独立回转转钎机构由独立的气动电机经齿轮减速驱动钎杆转动,具有转速可调、转矩大、转动方向可变等特点,有利于装拆钎头钎杆。该机构多用于重型导轨式气动凿岩机。

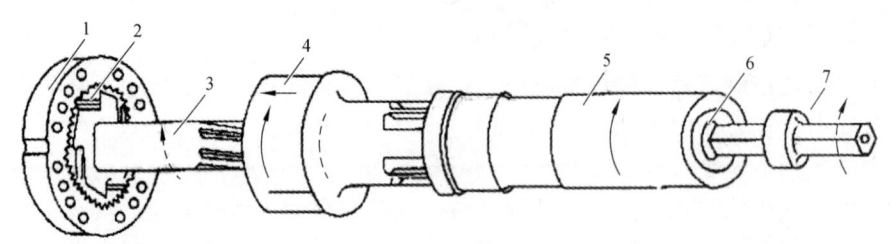

1—棘轮;2—棘爪;3—螺旋棒;4—活塞;5—转动套;6—钎尾套;7—钎杆。

图 3-13　内回转转钎机构

### 3.2.1.3　典型产品介绍

1. YT28G 型气腿式凿岩机结构

YT28G 型气腿式凿岩机是一种新型高效率的凿岩机械,其结构如图 3-14 所示。它广泛应用于矿山巷道掘进及各种凿岩作业中的钻凿爆破孔。YT28G 型凿岩机的使用范围较广,质量轻、凿速快、故障率低、可靠性高,适于在中硬或坚硬岩石上钻凿水平和倾斜炮孔,也可垂直向上钻凿顶板上的锚杆孔,炮孔直径一般为 34~42 mm,钻孔深度可达 5 m。

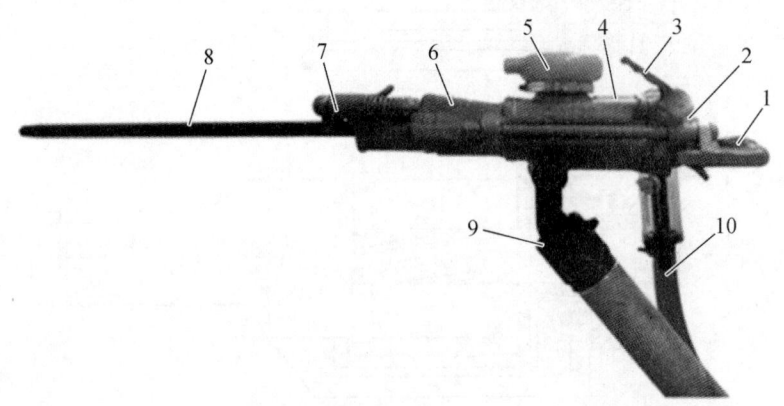

1—手把;2—柄体;3—操纵阀手柄;4—气缸;5—消音罩;
6—机头;7—钎卡;8—钎杆;9—气腿;10—水管。

图 3-14　YT28G 型气腿式凿岩机

2. YT28G 型气腿式凿岩机主要参数

YT28G 型气腿式凿岩机产品性能参数见表 3-4。

表 3-4　YT28G 型气腿式凿岩机性能参数

| 项目 | 参数 | 单位 |
|---|---|---|
| 机器质量 | ≈26 | kg |
| 机器长度 | 661 | mm |
| 缸体直径 | 80 | mm |
| 活塞行程 | 60 | mm |
| 工作气压 | 0.4～0.5～0.63 | MPa |
| 冲击频率 | ≥28 ≥35 ≥36 | Hz |
| 耗气量 | ≤52 ≤58 ≤82 | L |
| 冲击能 | ≥44 ≥63 ≥70 | J |
| 转钎扭矩 | ≥15 ≥19 ≥23 | N·m |
| 转钎转速 | ≥250 ≥260 ≥300 | r/min |
| 凿孔速度 | ≥250 ≥400 ≥470 | mm/min |
| 钎头直径 | $\Phi$34～42 | mm |
| 钎尾规格 | 22×（108±1） | mm |

### 3.2.2　液压凿岩机

#### 3.2.2.1　概　述

液压凿岩机是利用高压油作为动力源推动活塞冲击钎子，附有独立回转机构，具有钻速快、可调性好、可自动化和便于计算机控制等优点的一种凿岩机械。通常，液压凿岩机具有冲击机构和回转机构，其凿岩作业过程是冲击、回转、推进与岩孔冲洗功能的综合。液压凿岩机冲击机构将液压能通过活塞运动作用于钎具，钎具以冲击能传递给岩石，从而达到破碎岩石的目的，一般来说，液压冲击机构输出的冲击功率越大，凿岩能力越强，即凿孔速度越快或破岩效果越好。液压凿岩机可分为手持式液压凿岩机、支腿式液压凿岩机、机载式液压凿岩机 3 种，也可按结构分为有阀型和无阀型两种，如图 3-15 所示。

（a）手持式液压凿岩机　　（b）支腿式液压凿岩机　　（c）机载式液压凿岩机

图 3-15　液压凿岩机的分类

#### 3.2.2.2 国内外技术发展现状

1. 国外技术现状

国外对液压凿岩机的研究开始较早，在 20 世纪 20 年代，首部液压凿岩机由英国人 Doorman 研制成功，但由于当时的制造技术低下，并未批量生产。真正意义上的第一台实用型液压凿岩机是由法国 Monta-bert（蒙特贝）公司于 1970 年研制成功的，其型号为 H50，此台液压凿岩机完成了 14 000 m 的凿孔工作，引发世界关注。此后液压凿岩机的研制浪潮在各国纷纷兴起。美国 Ingersoll Rand（英格索兰）公司于 1975 年研制出 HARD 系列凿岩机，并取得了持续凿孔 65 000 m 的巨大成功，瑞典 Linden-Alirmak（安利马赫）公司和德国 Krupp（克虏伯）公司于 1976 年分别推出 AD 系列液压凿岩机。目前，在众多液压凿岩机生产公司之中，以瑞典 Epiroc（安百拓）公司和 Sandvik（山特维克）公司最为成功，这两家公司的凿岩机销售总量之和超过世界总量的 70%。Epiroc（安百拓）公司是由原来的 Atlas Copco（阿特拉斯）公司拆分出来的，专注于采矿、基础设施建设和开采自然资源等行业。目前，液压凿岩机正在朝向大冲击功率、智能化和安全化方向发展，Epiroc（安百拓）公司生产的液压凿岩机冲击功率最大可达 20 kW。安柏拓 COP1800 型凿岩机如图 3-16 所示。

图 3-16 安柏拓 COP1800 型凿岩机

2. 国内技术现状

国内对于液压凿岩机的研究起步较晚，大约从 1970 年才开始涉及此领域，由于当时的历史条件和生产制造技术水平的限制，研制过程并不顺利，直到 1980 年才生产出能够真正应用于实际工作的液压凿岩机，型号为 YYG80C，这也是国内实践生产意义上的第一代产品，并通过了相关技术部门的鉴定，但就工作性能和稳定性来说，此型号液压凿岩机与国外产品相比仍有较大差距。此后我国科研人员通过自主研发与技术引进相结合的方式进行试验研究，南京工程机械厂、沈阳风动工具厂等企业分别与国外 AtlasCopco（阿特拉斯）、Tamrock（汤姆洛克）等公司开展技术合作，液压凿岩机的技术性问题取得了关键性突破和进展。目前，莲花山 HYD 系列凿岩机及乐清采矿机械厂的 YYT 系列凿岩机在国内市场得到了一定的推广应用。图 3-17 为国内莲花山凿岩公司 HYD 系列产品。

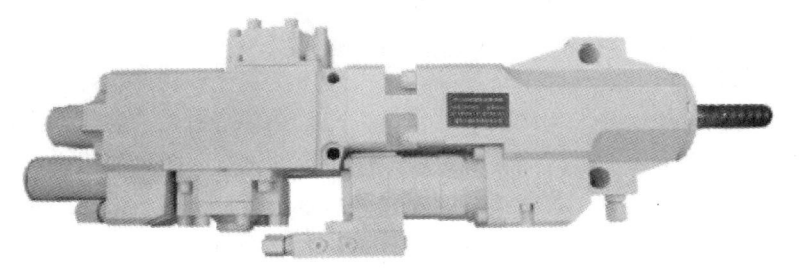

图 3-17 HYD 系列凿岩机

### 3.2.2.3 基本结构

液压凿岩机主要由冲击机构、蓄能机构、转钎机构、排屑机构、液压控制系统等组成，液压凿岩机典型结构如图 3-18 所示，液压凿岩机外形如图 3-19 所示。

#### 1. 冲击机构

冲击机构按配油机构分为有阀式和无阀式两种。有阀式冲击机构按回油方式，可分为单腔回油和双腔回油两种；按配油阀与冲击活塞相对位置，又可分为单腔回油套阀式冲击机构和单腔回油柱阀式冲击机构。

有阀式冲击机构由活塞、缸体和配油阀等组成。压力油通过配油阀和活塞的相互作用不断改变活塞两端的受压状态，使活塞在缸体内往复运动并冲击钎尾做功。无阀式冲击机构由活塞、缸体等组成，通过活塞运动时位置的改变实现配油。无阀式冲击机构在技术上尚未成熟。液压凿岩机多数采用单腔回油套阀式、单腔回油柱阀式和双腔回油柱阀式等冲击机构。

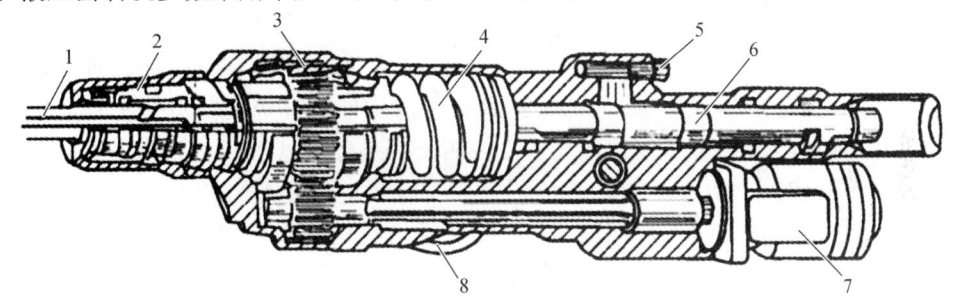

1—钎尾；2—旁侧供水机构；3—齿轮转钎机构；4—缓冲弹簧；5—配流阀；
6—冲击锤；7—转钎电机；8—隔膜式蓄能器。

图 3-18 液压凿岩机典型结构

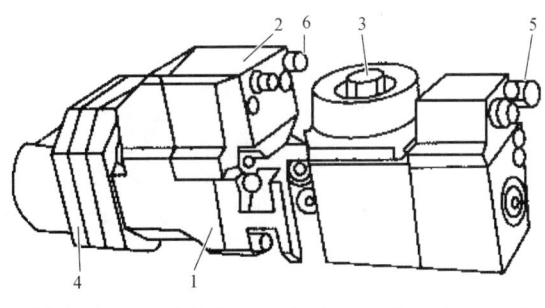

1—冲击机构；2—转钎机构；3—蓄能器；4—机头；5—冲击进油口；6—转钎进油口。

图 3-19 液压凿岩机外形

2. 蓄能机构

液压凿岩机大都采用一个或两个蓄能器，主要作用是蓄能和稳压。冲击行程时活塞速度很高，所需的瞬时流量往往是平均流量的几倍，为此，在冲击机构的高压侧有蓄能器，将回程过程中多余的流量以液压能形式储存于蓄能器中，待冲击行程时释放出来。蓄能器还能吸收液压系统的脉冲和振动能量。蓄能器有隔膜式和活塞式两种，大多采用隔膜式。

缓冲装置多采用液压缓冲机构，其结构如图3-20所示。钎杆装在反冲套筒2内，反冲套筒的后面加反冲活塞5，反冲活塞的锥面上承受高压油。当钎杆反弹力经反冲套筒2传给反冲活塞5后，反冲活塞向后运动，把反弹力传给高压油路中的蓄能器，蓄能器将反冲能量吸收。为提高反冲效果，蓄能器应尽量靠近缓冲器的高压油室。

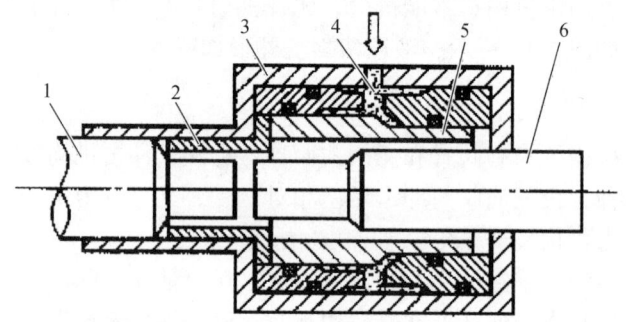

1—钎杆；2—反冲套筒；3—缓冲器外壳；4—高压油路；5—反冲活塞；6—冲击锤。

图3-20 液压缓冲器的结构

3. 转钎机构

转钎机构如图3-21所示是凿岩时使钎杆转动的机构，有内回转和外回转两种。内回转转钎机构利用冲击活塞回程能量，通过螺旋棒和棘轮机构使钎杆每被冲击一次转动一定角度，为间歇回转。内回转转钎机构输出转矩小，多用于轻型支腿式液压凿岩机。外回转转钎机构又称独立回转机构，一般用单独的液压回路驱动液压电机经过齿轮减速，带动钎杆旋转，为连续回转，可无级调速并可反向旋转。外回转转钎机构输出转矩大，多用于导轨式液压凿岩机，其液压电机有齿轮电机、叶片电机和摆线电机3种。转钎机构主要采用独立回转机构较多。

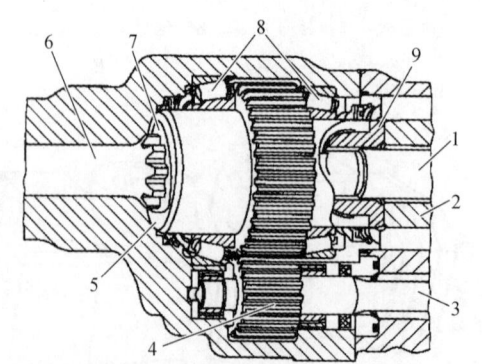

1—冲击活塞；2—缓冲活塞；3—传动长轴；4—小齿轮；5—大齿轮；
6—钎尾；7—花键套；8—轴承；9—缓冲套筒。

图3-21 独立转钎结构

4. 排屑机构

排屑机构是用水冲洗排出孔内岩屑的机构，供水方式有中心供水和侧式供水两种。中心供水式排屑机构与气动凿岩机相同，冲洗水从后部通过水针进入钎杆、钎头流入孔底，冲洗水压为 0.3～0.4 MPa，这种冲洗方法多用于轻型液压凿岩机。侧式供水式排屑机构的冲洗水直接从凿岩机机头水套进入钎尾、钎杆和钎头。这种结构水路短，密封可靠，水压高（1.0～1.2 MPa），冲洗、排屑效果好，多用于导轨式液压凿岩机。

5. 液压控制系统

液压凿岩机液压控制系统的分类方法很多，其中主要按供油液压泵的数量分类为单泵、双泵和三泵系统。

较多的液压凿岩机液压控制系统采用三泵供油系统，如图 3-22 所示，即由 3 台油泵分别向液压凿岩机的 3 个执行机构：推进油缸、回转液压电机和冲击器供油。三泵系统的主要优点是推进、回转和冲击 3 个回路的压力分别可按其工作压力来调整，哪一个回路不工作时，可使该回路处于卸荷状态，因此系统效率较高。另外，由于 3 个回路各自独立，某一回路的压力流量变化不会对其他回路产生干扰，但其缺点是结构不紧凑。

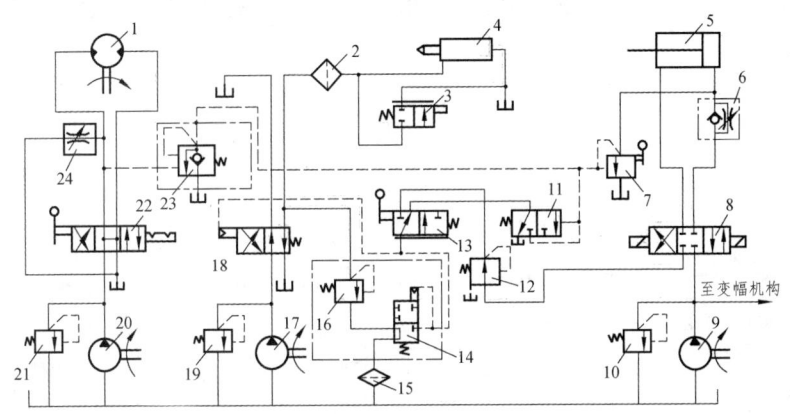

1—回转电机；2—滤油器；3—卸荷阀；4—冲击器；5—推进油缸；6—单向节流阀；7—推进压力控制阀；
8—电磁换向阀；9—推进供油泵；10，16，19，21—溢流阀；11，14，18—液动阀；
12—减压阀；13，22—手动换向阀；15—滤油器；17—冲击供油泵；
20—回转供油泵；23—推进压力调节阀；24—调速阀。

图 3-22　Mercury-14 型液压系统原理

钎头在接触岩石之前，使手动换向阀 22 处于左位，回转供油泵来油经阀 22 至回转电机 1，电机先旋转；使电磁换向阀 8 处于右位，推进供油泵 9 来油经阀 8 和单向节流阀 6 进入推进油缸右腔，推进油缸推动凿岩机沿着推进器的滑架空载前进，这时只需 3.5 MPa 以下的工作油压，其轴推力只是克服凿岩机与滑架间的摩擦力；当钎头接触到岩石之后，轴推力加大，工作油压上升，当油压上升到 4 MPa 时，液动阀 18 切换至右位工作，推进压力油经阀 11、阀 13 进入液动阀 18 控制腔室，使阀 18 切换至左位工作，于是冲击供油泵 17 来油经阀 18、滤油器 2 通到冲击器 4，开始冲击，此时冲击泵油压由溢流阀 16 控制，冲击器在 8 MPa 的供油压力下工作，其冲击能为正常凿岩时的一半，符合开眼的需要。开眼完成后，将推进压力控制阀 7 操纵杆缓慢地推到位，于是推进油压逐步增加至 8 MPa。这时，液动阀 14 切换至上位工作，断开溢流阀 16 的回油路，冲击回路的压力由溢流阀 19 所控制，压力保持为 16 MPa，凿岩机进入正常凿岩状态。在凿岩时，如发生卡钎现象，回转油压随着回转阻力的增加而升高,当回转油压超过调定值后,推进压力调节阀路起作用使推进压力降低,推进压力相应减少,使钻具凿入岩石的深度减少或停止钻进;当推进压力降到 5.5 MPa 以下时,液动阀 14 在弹簧力的作用下复位,使凿岩机的冲击能降低一半,当推进压力继续下降到 3.5 MPa 以下时,液动阀 18 回至右位工作,冲击器停止冲击,只有回转机构继续回转以使钎杆脱离卡钎状态。当钎杆脱离卡钎后,回转压力降到推进压力调节阀 23 调节值以下时,推进油压恢复。液动阀 14 重新又切换至上位工作,液动阀 18 切换至左位工作,冲击器恢复冲击,转入正常工作。

6. 钎具

钎具,即用钎钢和其他材料(如硬质合金)制造而成的钻凿岩石用的工具。它主要包含 4 部分,即钎杆(或称钎子杆)、钎头(或称钻头)、连接套筒(或称套筒)和钎尾。它是用于钻眼的重要工具,按钎头、钎杆和钎尾的连接不同有活头钎子(见图 3-23)、整体钎子(见图 3-24)和可接长钎杆的钎子(见图 3-25)。

1—钎头;2—钎杆;3—钎扇;4—钎尾;5—水孔。

图 3-23　活头钎子

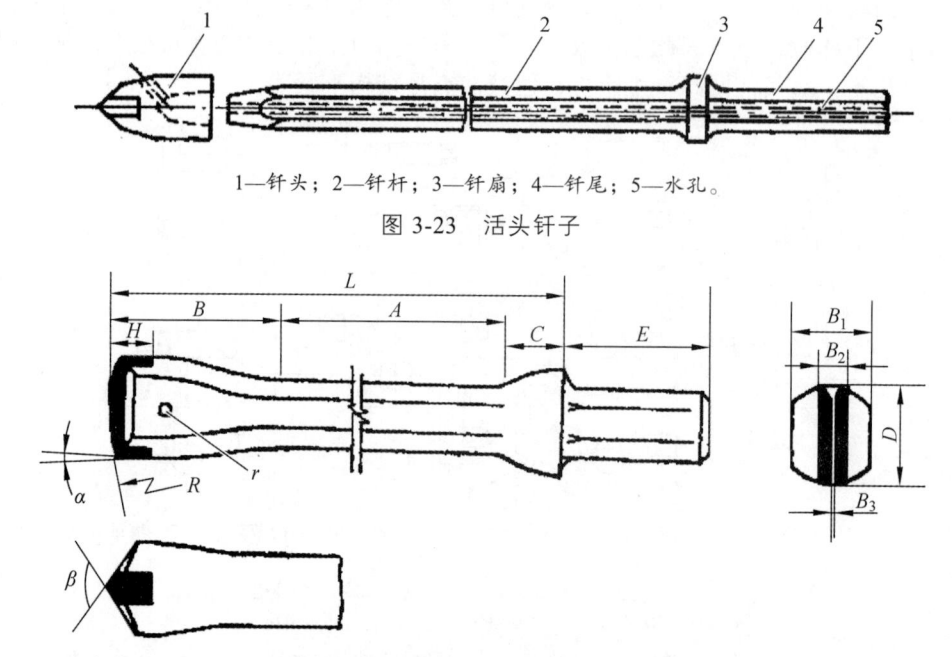

$A$—钎杆尺寸;$B$—钎头尺寸;$B_1$—钎头宽;$B_2$—镶嵌合金片宽;$B_3$—刃口宽;$C$—钎肩尺寸;$D$—钎头尺寸;$E$—钎尾尺寸;$H$—镶嵌合金片高度;$L$—有效长度;$R$—刃弧半径;$r$—冲洗水孔;$\alpha$—间隙角;$\beta$—刃角。

图 3-24　整体钎子

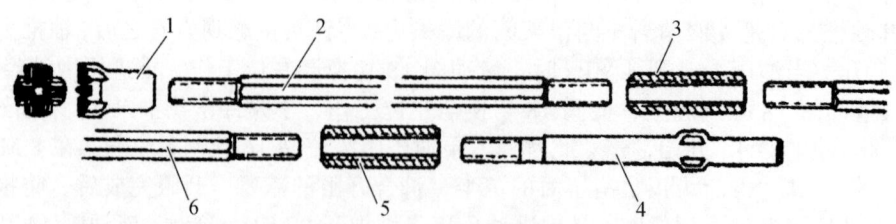

1—钎头;2—钎杆;3—钎杆连接套;4—钎尾连接套;5—钎尾接头;6—合金刀片。

图 3-25　可接长钎杆的钎子

1）钎　　头

钎头是直接破碎岩石的部分，用碳素钢或合金钢制作，坚固耐磨，钎头和钎杆的连接方式有整体连接、锥形连接、螺纹连接，如图 3-26 所示。

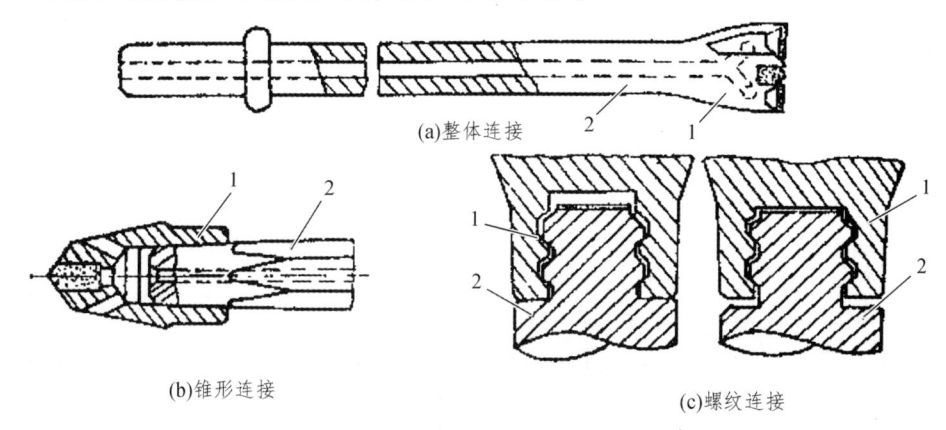

(a)整体连接

(b)锥形连接　　(c)螺纹连接

1—钎头；2—钎杆。

图 3-26　钎头和钎杆的连接方式

钎头的螺纹形式主要有 T 形（梯形）、R 形（绳形）、C 形（双星形）等。T 形螺纹具有较好的松紧特性，适用于各种条件下钻孔，直径宜为 38~50 mm。R 形螺纹螺距小，齿廓角大，直径宜为 25~38 mm。C 形螺纹螺距较大，适用大直径的螺纹连接。

（1）钎头类型。根据在钎头上所镶硬质合金的形状不同，钎头可分为刃片钎头、球齿钎头和复合片齿钎头 3 大类。钎头的类型代号和形别代号码见表 3-5，钎头的类型与优缺点及适用范围见表 3-6。钎头的类型如图 3-27 所示。

表 3-5　钎头的类型代号和形别代号码

| 类型 | 类型代号 | 形别 | 形别代号 |
| --- | --- | --- | --- |
| 一字形 | Y | 马蹄 | 1 |
| 三刃形 | SR | 圆头硬质合金 | 2 |
| 十字形 | S | 方头硬质合金 | 1 |
|  |  | 圆头硬质合金 | 2 |
| X 形 | X | 方头硬质合金 | 1 |
|  |  | 圆头硬质合金 | 2 |
| 球齿形 | Q | 以钎头镶硬质合金齿数定 | 3~15 |
| 复合形 | FH | 以钎头片状硬质合金加球状硬质合金数定 | 4.1~8.8 |

表 3-6　钎头的类型与优缺点及适用范围

| 类型 | 布置方式 | 优缺点和适用范围 |
|---|---|---|
| 刃片形 | 一字形、三刃形、十字形、X形等，见图 3-35（a）～（f） | 优点：（1）整体坚固性好，可钻凿任何种类的岩石；（2）寿命长；（3）合金利用率较高，合金片残留刃高，可降至 8 mm 以下，且可回收利用。<br>缺点：（1）最大直径受限制（一字形、三刃形不大于 45 mm，十字形不大于 64 mm，X 形一般不大于 89 mm）；（2）钎刃受力与磨损不均匀，导致钎刃外缘破岩效率低、磨损快，钎刃中心部分原地重复破碎岩石，磨损缓慢；（3）修磨频繁，造成总的凿岩效率低，工人劳动强度大。<br>目前，许多工业发达国家已淘汰了一字形钎头 |
| 球齿形 | 3齿、4齿、……、22 齿等，图 3-35（g）～（i）所示为其中三种 | 优点：（1）布齿自由，可根据凿孔直径和破岩负荷大小，合理确定边、中齿数目及位置；（2）破岩效率高，既可有效地消除破岩盲区，又避免了岩屑的重复破碎；（3）不修磨寿命长，重磨工作量小；（4）钎头直径不受限制。<br>缺点：（1）边齿承受弯曲应力，抗冲击能力低；（2）外缘钢体接触矿岩，抗径向磨损能力弱；（3）不适用于单轴抗压强度 $\sigma_D>350$ MPa 的极坚韧矿岩 |
| 复合片齿形 | 三刃一齿形、四刃一齿形、五刃三齿形、八刃八齿形等，见图 3-35（j）～（l） | 保存并发扬了刃片和球齿钎头的优点，同时又避免其缺点，其特点是：（1）整体坚固性好，边刃与中齿均承受压应力，刃锋尖锐，可钻凿任何岩石；（2）众多边刃外侧直接接触眼孔壁岩石，抗径向磨损能力强；（3）边刃与中齿受力与磨损均匀，钝化周期较长；（4）钎头直径不受限制；（5）边刃可用小规格砂轮修复，且合金磨损量小，重磨损量小，重磨费用降低；（6）使用寿命长，约为同直径刃片或球齿钎头寿命的 2 倍；（7）合金有效利用率高，残留刃齿可回收利用。<br>建议配备经过技术培训的专职钎头修磨工 |

（2）钎头材质。钎头材质是保证钎头质量的基础。钎头用材包括钢材、凿岩硬质合金和钎焊材料。选材原则：

① 坚韧耐磨。具有良好的刚性和韧性，头部钢材的硬度应达到 HRC40～50。要有较高的屈服极限、疲劳强度、冲击韧性和断裂韧性，能有效地防止钎头的塑性变形和脆性断裂，足以保证钎头几何形状的稳定性和工作的持久性。

② 工艺性能好。退火后硬度不大于 HB260，易于切削加工，热处理工艺简单，容易控制，空冷硬度应达到 HRC40～45、油淬硬度可达 HRC48～55；可焊性好，对一般铜基或银基焊料的亲和力强，焊料和钢体界面能形成固溶合金，线膨胀系数比较接近硬质合金，以降低焊接应力；热嵌固齿的球齿钎头用钢在装齿温度区间应具有较高的线膨胀系数，并能保持较高的硬度、强度与韧性。

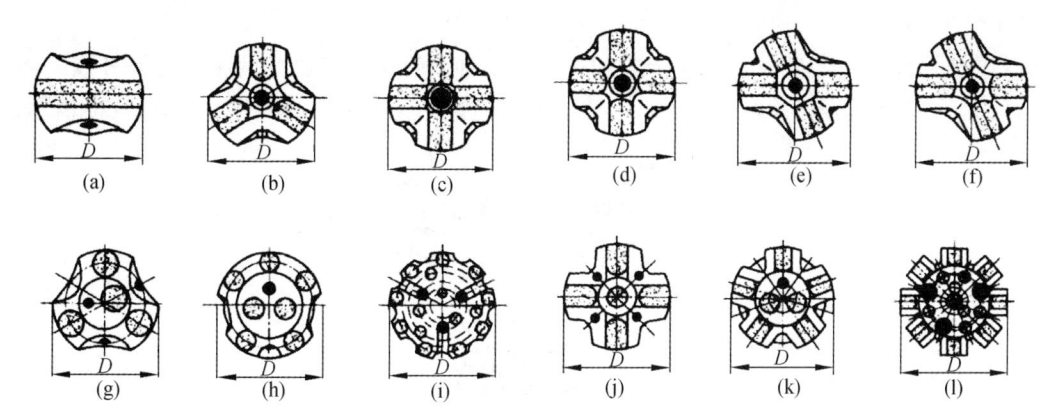

(a) 一字形（马蹄形）；(b) 三刃形（实芯形）；(c) 十字形（镶芯形）；(d) 十字形（实芯形）；(e) X形（镶芯形）；(f) X形（实芯形）；(g) 球齿形（四齿）；(h) 球齿形（七齿）；(i) 球齿形（十五齿）；(j) 复合形（四刃一齿）；(k) 复合形（五刃二齿）；(l) 复合形（八刃八齿）。

（注：直径范围 32～127 mm 锥体或螺纹连接）

图 3-27 钎头的类型

2) 钎 杆

钎杆是传递各种冲击力和转矩的部件，要求具有较好的刚度、耐磨性、韧性和抗侵蚀性。钎杆按结构可分为整体钎杆、锥体连接带尾钎杆和螺纹连接带尾钎杆。常用钎杆的类型如图 3-28 所示。

钎杆是由专用中空钎钢制造的，其断面形状主要有六角形和圆形。我国小直径（轻型）钎杆主要用 ZK55SiMnMo 钎钢，而国外主要采用中碳 Cr-Ni-Mo 系合金钢，如瑞典 Fagersta Secroc（法格斯塔）公司的"钻孔法"（加不锈钢内衬）2708（40SiMnCrNiMo）钎杆在相同条件下，其首锻次平均寿命约为我国 2K55SiMnMo 钎杆的两倍多。大直径（重型）钎杆国外多采用低碳 Cr-Ni-Mo 系合金钢。

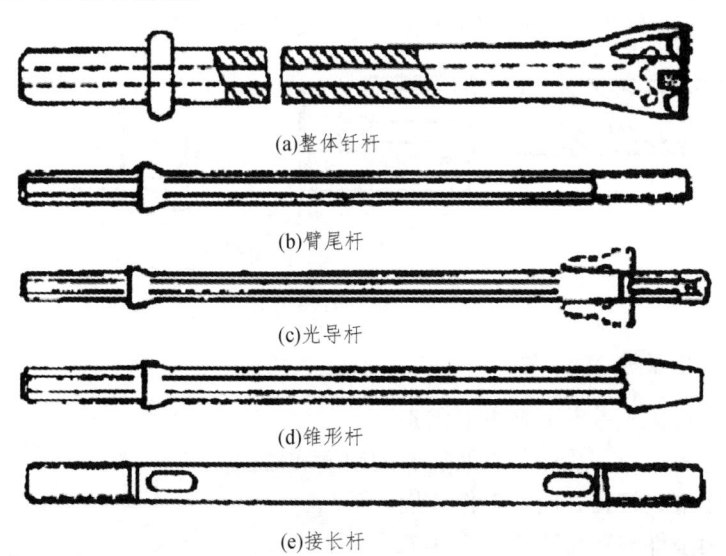

(a) 整体钎杆

(b) 臂尾杆

(c) 光导杆

(d) 锥形杆

(e) 接长杆

图 3-28 钎杆的类型

3）钎　尾

钎尾是直接接受来自凿岩机冲击力和扭矩的部件。钎尾一般分为两种：与钎杆成一体的连体钎尾，其结构如图 3-29 所示；另一种是单独的钎尾，称为接杆钎尾，如图 3-30 所示。

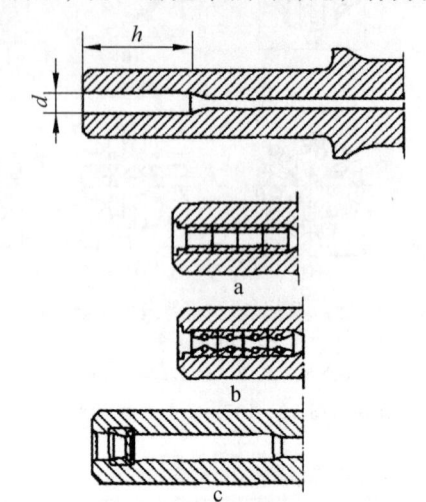

a—圆柱状密封；b—变径圆柱密封；c—环形密封；
h—密封长度；d—密封直径。

图 3-29　连体钎尾

钎尾的直径应能使钎尾顺利地插入凿岩机转钎套筒（钟套）内，而无过大的间隙与偏斜。因此，在国内外标准中，都规定了钎尾直径与钎套的配合公差。接杆钎尾结构如图 3-30 所示。

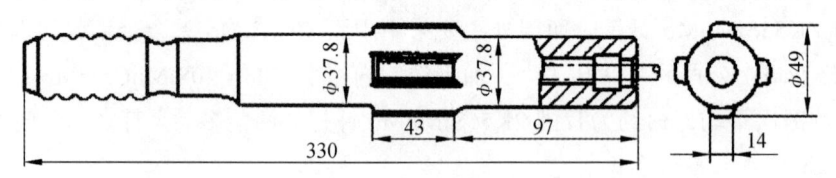

（a）连接部分为阳螺纹中心给水

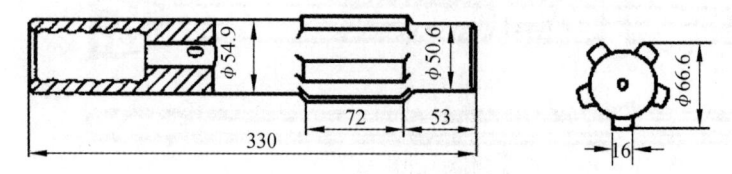

（b）连接部分为阴螺纹旁侧给水

图 3-30　接杆钎尾结构

#### 3.2.2.4　选用原则及计算

选择凿岩钻孔机械应考虑下列主要因素：

（1）爆破设计的孔径、孔深，以及岩石的硬度和磨蚀性。

（2）钻孔工作量、打孔方向、工作环境。

钻孔机械适用条件和钻孔速度见表 3-7。

表 3-7 钻孔机械适用条件和钻孔速度

| 钻孔机械 | 质量/kg | 孔径/mm | 孔深/m | 平均凿岩速度/(m/h) | | |
|---|---|---|---|---|---|---|
| | | | | 软岩 | 中硬岩 | 硬岩 |
| 手持凿岩机 | 14~32 | 32~64 | 3~6 | 9~12 | 5~9 | 5 |
| 导轨凿岩机 | 180~270 | 38~89 | 15 | 21~30 | 9~21 | 9 |
| 凿岩台车 | 4 000~10 000 | 35~127 | 15 | 30~45 | 15~30 | 15 |
| 潜孔钻机 | 18 000~30 000 | 127~230 | 12~20 | 30~45 | 15~30 | 15 |
| 牙轮钻机 | 20 000~100 000 | 127~200 | 9~18 | 12~21 | 12~21 | 12 |
| 冲击式钻机 | | 102~152 | 15 | 4~7 | 2~4 | 2 |

影响凿岩机性能的主要参数为冲击功率、冲击频率、工作压力和回转扭矩。经过测算，不同岩石硬度系数优选凿岩机参数见 3-8 表。

表 3-8 不同岩石硬度系数优选凿岩机参数

| 硬度系数 | 冲击功率/kW | 冲击压力/MPa | 回转速度/(r/min) | 回转扭矩/(N·m) | 钻孔直径/mm |
|---|---|---|---|---|---|
| 5~8 | 15~18 | 18 | 350~400 | 350~400 | 25~70 |
| 8~13 | 18~20 | 20 | 300~350 | 400~600 | 25~70 |
| 13~15 | 20~22 | 20 | 250~300 | 600~800 | 25~70 |
| 15~20 | 22 | 20 | 200~250 | 800 | 25~70 |

#### 3.2.2.5 典型产品介绍

目前，我国液压凿岩机因受设计、制造及液压技术整体水平的限制，与国外先进机型相比尚有一定差距。能够代表国外先进凿岩机的是法国 Monta-bert（蒙特贝）公司和瑞典 Sandvik（山特维克）公司生产的液压凿岩机，它们的性能参数见表 3-9、表 3-10。

表 3-9 法国 Monta-bert（蒙特贝）公司部分液压凿岩机性能参数

| 型号 | 冲击 | | | | 旋转 | | | | 机重/kg |
|---|---|---|---|---|---|---|---|---|---|
| | 压力/MPa | 流量/(L/min) | 冲击能/J | 频率/Hz | 压力/MPa | 流量/(L/min) | 扭矩/(N·m) | 转速/(r/min) | |
| HC-25 | 15 | 55~65 | 150 | 55~65 | 14 | 48 | 320 | 180~300 | 71 |
| HC-50 | 13 | 105 | 241 | 62 | 15 | 35 | 415 | 195 | 102 |
| HC-109 | 13.5 | 135 | 400 | 47 | 15 | 60 | 610 | 220 | 142 |
| HC-150RP | 14 | 140 | 510 | 37 | 15 | 60 | 1 070 | 130 | 218 |
| HC-170RP | 18 | 160 | 570 | 41 | 20 | 80 | 2 000 | 130 | 320 |
| HC-200 ARP | 19.5 | 190 | 775 | 39 | 20 | 80 | 2550 | 125 | 418 |

表 3-10　瑞典 Sandvik（山特维克）公司部分液压凿岩机性能参数

| 参数 | 型号 | | | |
|---|---|---|---|---|
| | HL710S | HL820T | HF820T | HL1060T |
| 钻孔直径/mm | 54～89 | 64～127 | 64～127 | 89～127（钻杆），89～152（套管） |
| 冲击功率/kW | 20 | 21 | 23 | 25 |
| 冲击频率/Hz | 52 | 52 | 60 | 33～38 |
| 冲击压力/MPa | 19 | 20 | 10～23 | 9～16 |
| 回转速度/（r/min） | 0～180 | 0～180 | 0～180 | 0～180 |
| 回转扭矩/（N·m） | 1 095/1 335 | 1 095/1 335/1 765 | 1 095/1 335/1 765 | 2 005/2 265 |
| 回转压力/MPa | 20 | 20 | 20 | 16 |
| 回转流量/（L/min） | 79/99 | 79/99/128 | 79/99/128 | 85/113 |
| 机重/kg | 245 | 265～310 | 265～310 | 470 |

### 3.2.3　凿岩台车

#### 3.2.3.1　概　　述

凿岩台车是一种隧道及地下工程用于钻爆法施工的凿岩设备，凿孔时能准确定位定向，并能钻凿平行炮孔，可与装载机械及运输车辆配套，组成掘进机械化作业线。它能移动并支持多台凿岩机同时进行钻眼作业。工作机构主要由推进器、钻臂、回转机构、平移机构组成。其主要结构由凿岩机、钻臂（凿岩机的承托、定位和推进机构）、钢结构的车架、走行机构以及其他必要的附属设备，以及根据工程需要添加的设备所组成。在钻爆法隧道施工中凿岩台车获得了广泛应用。

凿岩台车按用途可分为平巷掘进钻车、采矿钻车、锚杆钻车，以及露天开采用凿岩钻车等；按行走机构可分为轮轨、轮胎和履带式；按架设凿岩机台数可分为单臂、双臂和多臂凿岩台车。凿岩台车动力分机械式和液压式，后者应用较多，自动化程度高，整个钻眼（孔）程序由计算机控制。在凿岩台车的发展过程中，采用风动凿岩机的梯架式凿岩台车，逐步被采用液压凿岩机的凿岩台车所代替。典型的液压凿岩台车外形结构如图 3-31 所示。

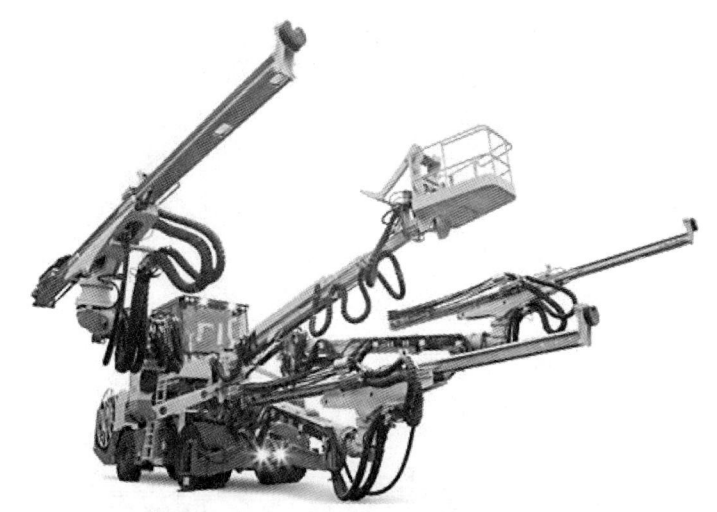

图 3-31 液压凿岩台车外形结构

### 3.2.3.2 国内外技术发展现状

1. 国外技术现状

1970 年,世界上第一台液压凿岩机 H50 型由法国制造,并且将其装配在液压台车上用于矿山钻孔,取得了连续钻孔 14 000 m 的优异成绩。1973 年,瑞典的 Atlas Copco(阿特拉斯)公司研制出 COP1038HD 型掘进用液压凿岩机,用于地下深孔采矿凿岩。1977 年,日本 Furukawa(古河)矿业公司研制出 HD100 中型和 HD200 重型液压凿岩机。

随着液压控制和电子技术的发展和应用,凿岩循环已实现自动化,即自动开孔、防卡钎、自动停机、自动退钎、台车和钻臂自动移位和定位,以及遥控操作等,这种全自动凿岩台车又称为凿岩机器人。由于这类凿岩机器人主要用于隧道的开挖,故又将它们称为隧道凿岩机器人。先后有挪威、日本、法国、美国、英国、德国、芬兰、瑞典等国家的许多厂家积极参与了这项工作,液压凿岩台车技术日趋成熟,产品不断完善,品种规格齐全,使用日益广泛。目前,已有 20 多个国家的几十家公司能生产 50 多种不同型号的液压凿岩机及其台车。现在世界上凿岩台车生产厂家竞争的核心产品是全液压凿岩机,而台车的作用是使液压凿岩机的优越性得以充分发挥。

2. 国内技术现状

我国的凿岩台车发展比国外要晚,从 20 世纪 60 年代起步,进入 70 年代以后才开始较快发展,并在新产品测试、工艺试验以及产品零部件的"三化"等方面做了大量工作。在发展过程中,我国引进多种液压台车和液压凿岩机的制造技术,在此技术上逐步形成了我国液压凿岩台车的产品系列和研制、使用格局,这也标志着我国自主研制的全液压凿岩台车结合我国国情进入了实用和成熟阶段。

为了进一步掌握并推广国外领先的液压凿岩技术,国内的科研院所和企业也开始了对液压凿岩台车进行了自主研发,并形成了自己的品牌体系。90 年代中期后,国产的凿岩台车已经在国内得到应用。在国内掌握液压凿岩台车的制造技术之后,国外已经成功研制出由计算机控制的全电脑凿岩台车并投入使用。自动控制技术使凿岩台车的工作效率大幅度提升,极大地缩短了施工的周期。国际上，关于凿岩台车智能化相关技术的研发可以追溯到 20 世纪 80 年代，随着电液比例技术和自动化技术的发展及其在凿岩台车上的应用，凿岩台车呈现出从机械化向自动化、智能化的发展趋势。经历了数十年的发展，中国国产的凿岩台车早已建立了自己的品牌系列，不再需要依靠国外的技术，能够满足国内市场的需求。目前，国内铁建重工、中铁装备等厂商均开发出了全电脑凿岩台车。不过，目前中国的凿岩台车在性能上和外国最先进的凿岩台车之间仍存在着一些差距。

#### 3.2.3.3 液压凿岩台车

液压凿岩台车由液压凿岩机、推进梁、大臂、底盘、液压系统、供气系统、电缆绞盘、水管绞盘、电气系统和供水系统等组成。其外形结构如图 3-32 所示。

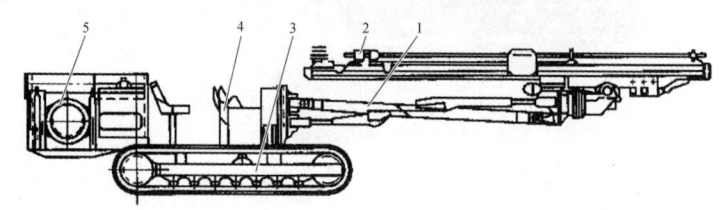

1—钻臂；2—液压凿岩机；3—行走机构；4—操作台；5—动力源及电缆、水管绞盘。

图 3-32 液压凿岩台车

为完成掘进，凿岩台车应实现下列运动：①行走运动，以便台车进入和退出工作面；②推进器变位和钻臂变幅运动，以实现在断面任意位置和任意角度钻眼；③推进运动，以使凿岩机沿钻孔轴线前进和后退。

1. 凿岩机

凿岩机是凿岩台车的心脏。冲击活塞的高频往复运动，将液压能转换成动能传递到钻头上，由于钻头与岩石紧密接触，冲击动能最终传到岩石上并使其破碎，同时为了不使硬合金柱齿（刃）重复冲击同一位置使岩石过分破碎而降低效率，凿岩机还需配备转钎机构，使钻头以一定速度旋转避免重复冲击。钻头的旋转速度取决于钻头直径及种类，直径越大转速越低；柱齿钻头较十字钻头转速提高了 40~50 r/min，较一字钻头提高了 80~100 r/min，用直径 45 mm 的柱齿钻头时转速大约为 200 r/min。

液压凿岩机按系统压力分有中高压和中低压两种，冲击压力在 17~27 MPa 之间为中高压，在 10~17 MPa 之间为中低压。中高压凿岩机要求精密的配合度以减小内泄损失，所以其零件的制造精度要求相当高，对油品的黏度特性及杂质含量较敏感。中低压凿岩机制造精度要求相对来说低一些，对油品的黏度特性及杂质含量的敏感性也略低于前者。瑞典 AtlasCopco（阿特拉斯）公司生产的液压凿岩机采用中高压系统，芬兰 Tamrock（汤姆洛克）公司和日本 Furukawa（古河）矿业公司生产的液压凿岩机采用中低压系统。

2. 钻 臂

钻臂是用于支撑和推进凿岩机，并可自由调节方位以适应炮孔位置需要的机构，对台车的动作灵活性、可靠性及生产率有很大影响。按钻臂的结构特点及运动方式不同，有直角坐标式钻臂和极坐标式钻臂两类。直角坐标式钻臂在找孔时，操作程序多，耗时长，但对操作程序和操作精度要求不严格，便于掌握和使用；极坐标式钻臂在找孔时，操作程序少，时间短，但对操作程序和操作精度都要求严格，需要有相当熟练的技术。

1）直角坐标式钻臂

直角坐标式钻臂如图 3-33 所示，它是利用钻臂液压缸和摆臂液压缸使钻臂上下左右按直角坐标位移的确定孔位的钻臂，它由臂杆、推进器、自动平行机构和各个起支撑作用的支撑缸等组成。钻臂上装有翻转机构，推进器在翻转机构的推动下可绕臂杆轴线旋转任意角度。推进器还可通过俯仰液压缸和摆角液压缸灵活调整钻孔的角度和位置。直角坐标式钻臂操作程序多，定位时间长，但其结构简单，适用于钻凿各种纵横排列的炮孔。

直角坐标式钻臂的臂杆支撑凿岩机及各构件的重量并承受凿岩过程中的各种反力，有定长式和可伸缩式两种。

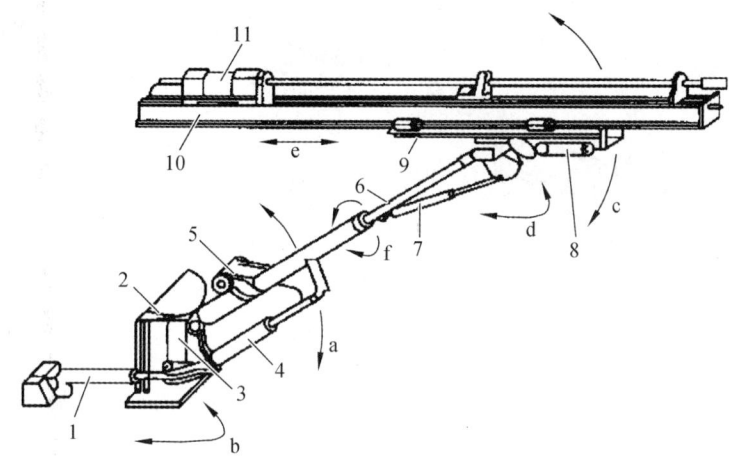

a—钻臂起落；b—钻臂摆动；c—推进器俯仰；d—推进器水平摆动；e—推进器补偿；f—钻床旋转；
1—摆臂液压缸；2—钻臂座；3—转轴；4—钻臂液压缸；5—钻臂旋转机构；6—钻臂；
7—俯仰液压缸；8—摆角液压缸；9—托盘；10—推进器；11—凿岩机。

图 3-33　直角坐标式钻臂

2）极坐标式钻臂

极坐标式钻臂如图 3-34 所示，它是利用钻臂后部的回转机构，使整个钻臂绕后部轴线旋转 360°的钻臂。它由臂杆、回转机构、推进器、自动平行机构和各个起支撑作用的支撑缸等组成。钻臂液压缸通过调节钻臂夹角，以调节钻臂投影到工作面上的旋转半径。

岩孔的位置由旋转半径和钻臂旋转角度来确定。极坐标式钻臂确定孔位操作程序少，定位时间短，便于钻凿周边孔，但对操作程序的要求比较严格，司机操作的熟练程度对定位时间影响较大。

按旋转机构的位置，大臂可分为无旋转式、根部旋转式和头部旋转式 3 种。无旋转式大臂仅用于小巷道掘进和矿山的崩落法采矿；根部旋转式大臂特别适用于马蹄形断面的隧道开挖，可钻锚杆孔和炮孔；头部旋转式大臂运动性能最好，可用于钻凿所有种类的爆破孔，可在 $X$-$Y$ 两个方向实现全断面的液压自动持平，但结构相对复杂，质量大且重心前移，影响整机的稳定性。

大臂的断面形状有矩形、多边形和圆形等。矩形断面大臂的内外套之间形成线接触，摩擦块磨损极不均匀，但结构简单，调整和维修容易。日本 Furukawa（古河）公司生产的台车大臂属于矩形断面大臂。多边形断面的大臂很少，目前仅有芬兰 Tamrock（汤姆洛克）公司台车上配置的大臂断面为六边形，它的内外套管之间始终是面接触，克服了矩形断面大臂的弱点，强度大，可用作承载较大的锚杆臂，调整和维修也很容易。圆形断面的大臂内外套管之间用 3 个长键导向定位并承受扭矩，一旦形成间隙必须更换新键；结构较轻巧，不能用作强度大的锚杆臂。极坐标式钻臂使用两个对称安装的油缸完成 X-Y 方向的运动，自动持平精确可靠。

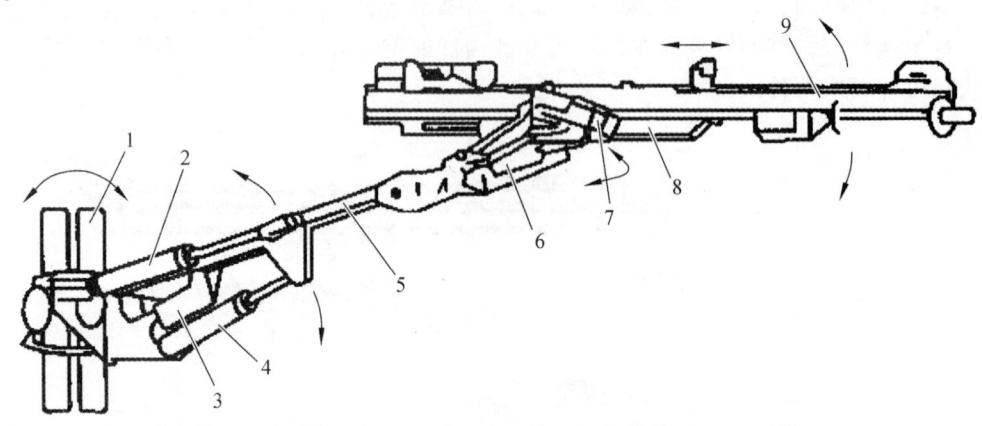

1—回转机构；2—摆臂液压缸；3—平行液压缸；4—钻臂液压缸；5—臂杆；
6—俯仰液压缸；7—摆角液压缸；8—托盘；9—推进器。

图 3-34 极坐标式钻臂

3）钻臂自动持平机构的工作原理

芬兰 Tamrock（汤姆洛克）凿岩台车的 ZRU 系列大臂是利用相似三角形完成自动持平的（见图 3-35）。钻臂起升缸与推进器的对应液压缸断面尺寸相等，钻臂缸伸缩一定长度，推进器的相应液压缸同时伸缩一定长度，使两个三角形保持相似来保证推进器平行运动。

瑞典 AtlasCopco（阿特拉斯）公司凿岩台车的 BUT 系列钻臂的自动持平也是依据相似三角形原理（见图 3-36）。钻臂的 1 号液压缸和 2 号液压缸分别与推进器的 4 号液压缸和 5 号液压缸串联在一起，来保证推进器的平行运动。

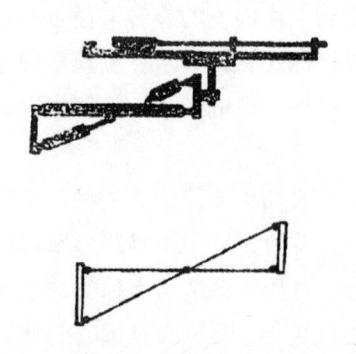

图 3-35 ZRU 系列大臂自动持平原理

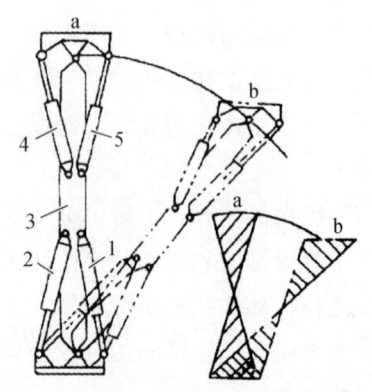

图 3-36 BUT 系列大臂自动持平原理

3. 推进器

推进器用来使凿岩机移进或退出工作面，并提供凿岩时所需的轴向推力。根据凿岩工作的需要，推进器产生的轴向推力的大小和推进速度应能调节，以使凿岩机以最优的轴推力工作。推进器按工作原理不同可分为螺旋式推进器、液压缸式推进器、链式推进器3种类型。

液压缸式推进器结构如图3-37所示，推进液压缸的两端装有导绳轮，钢丝绳的一端固定在导轨上，另一端绕过导绳轮固定在托盘上，调节装置可控制钢丝绳的张紧程度。由于活塞杆固定在导轨上，工作时缸体移动，牵引钢丝绳带动凿岩机沿导轨进退。根据动滑轮原理，凿岩机的移动速度和行程为液压缸推进速度和行程的两倍，而作用在凿岩机上的推力只有液压缸推力的一半。这种推进器的特点是传动简单，质量轻，推进行程大，但钢丝绳拉伸变形大，需调节其张紧程度，寿命也较短。若改为链条传动，可延长其使用寿命。

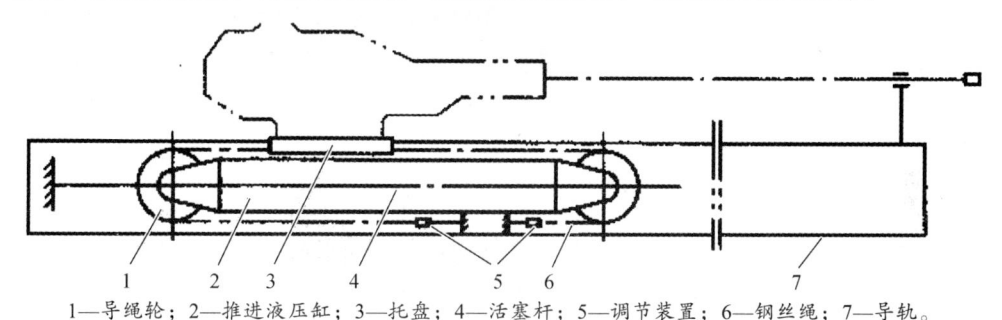

1—导绳轮；2—推进液压缸；3—托盘；4—活塞杆；5—调节装置；6—钢丝绳；7—导轨。

图3-37 液压缸式推进器的结构

推进器变位：在摆角液压缸的作用下，可实现推进器的水平变动，通过俯仰液压缸可实现推进器的俯仰运动，以钻凿不同方向的炮眼。在补偿液压缸的作用下，推进器作补偿运动，使导轨前端的顶尖始终顶紧在岩壁上以增加钻臂的工作稳定性，并在钻臂因位置变化引起导轨顶尖脱离岩壁时起距离补偿作用。

4. 行走底盘

台车底盘行走速度一般为10～15 km/h，取决于发动机的功率和质量，质量每减小5%，速度增加5%；台车的转弯半径主要取决于底盘的形式，且受制于稳定性。铰接式底盘一般较整体式底盘转弯半径小；台车的爬坡能力取决于路面情况、发动机功率和底盘形式。一般来说，轮胎式底盘爬坡能力<18°，履带式底盘<25°，轨行式底盘<4°；台车的越野性能取决于底盘的离地间隙（一般应>250 mm）、轮胎与地面的接触情况、轮胎尺寸、形式和材料以及驱动方式，全轮驱动台车的越野性能最好。

底盘有轮胎式、履带式、轨行式和步进式几种。

（1）轮胎式底盘分为铰接式和整体式两种。铰接式底盘体积较小，操作灵活，由于受铰接区的影响，不易布置，价格较整体式底盘低。整体式底盘稳定性好，易于布置。虽然内角转弯半径小，但外角转弯半径大，转向时需较大的空间，这两种底盘都广泛地应用于各种尺寸的台车。

（2）履带式底盘比较灵活，爬坡能力强，但速度较慢。由于接地比压小，可在松软的地面上作业，且整机工作稳定性较好，一般情况下可不另设支腿，特别适用于煤矿巷道和一些矿山的斜坡道处掘进。

（3）轨行式底盘适用于采用有轨运输的隧道掘进，质量轻，结构简单，易于布置，适用于极大和极小的台车，如大型门架式凿岩台车多用轨行式底盘。但由于适用于轨道的原因，活动范围受限制。

（4）步进式地盘又分为滑动轨道式和滑动底板式两种，仅用于大型门架台车。芬兰 Tamrock（汤姆洛克）公司生产的 PPV HS315T 型门架台车采用的就是滑动轨道式底盘。日本 Furukawa（古河）公司的门架式凿岩台车多数也采用这种行走机构。滑动轨道式底盘由一段带驱动链的钢轨、驱动装置和链轮组成，行走时先用支腿将台车连同滑轨一起提升离开地面，然后将滑轨伸出，再收回支腿将台车放下，驱动装置使台车沿滑轮行走到端部，如此循环，一步一步行走。这种机构对地面的平整度要求很高，而且保持轨距也相当重要。

滑动底板式底盘是由 3 段以上由液压缸连接在一起的上面铺有轨道和道岔的钢结构组成，每段 30~50 m。行走时，顺序操作缸使第一段相对于第二、第三段向前伸出，再使第二段相对于第三段前伸到第一段末部，然后再使第三段伸到第二段的原来位置，这样就完成了一个行程。滑动底板式底盘的优点是出渣快捷，掉道较少，台车工作非常稳定。缺点是非常笨重（每段重 40~50 t），价格昂贵，只能用于大曲率半径的隧道施工。

5. 液压系统

台车液压系统的作用是根据岩石情况优化各种钻孔参数以得到最佳凿岩效率，主要控制凿岩机的各种功能，如冲击、旋转、冲洗、开孔、推进器的定位和推进以及钻臂的所有动作，还有一些自动功能的控制也是由液压系统来自动完成的，如自动开孔、自动防卡钎、自动停钻退钻和自动冲洗等功能。

1）自动功能

（1）开始自动开孔时，如速度过快，容易跑偏，在斜面上钻孔时更是如此。为此开孔时将冲击压力降低 1/3~1/2，推进压力降低 1/3，使钻头以慢速进入岩石，提高钻孔的精确度和速度，并减小钻具的损耗。

（2）自动防卡钎，当钻头通过岩石中的裂隙或其他原因使旋转阻力突然升高有可能引起卡钎时，应立即将钻头退出；阻力下降至正常值时再及时恢复正常钻进。该功能可减少钻具的消耗，并且允许一人操作多台钻臂。

（3）自动停钻退钻，当孔钻好后，凿岩机的旋转、冲击和冲洗停止，凿岩机高速退回到推进器末端。此过程完全程序化，可减轻劳动强度，增加钻孔工时。

（4）自动冲洗凿岩过程一开始，冲洗随即开始。

2）液压系统的控制方式

液压系统按控制方式分为液压直控、液压先导控制、气动先导控制和电磁控制等几种。

（1）液压直控各个动作由手控方向控制阀直接控制，结构简单，故障处理容易，经济；但尺寸较大，不易布置，设置自动功能时布管较复杂。

（2）液压先导控制由液压先导阀控制主阀，从而操纵各个动作，尺寸较小，易于布置，容易增加功能，调节点可集中，布管容易。

（3）气动先导控制由气控先导阀控制主阀，需要一套独立的气路系统，结构较复杂，不易处理故障，现已很少使用。

（4）电磁先导控制由电磁先导阀控制主阀，需要一套独立的电路系统，尺寸较小，易于布置和增加各种功能,可实现遥控;但其结构复杂,不易处理故障,对操作和维修要求较高。随着电器元件可靠性的提高,这种控制方式将越来越多地被采用,目前国内引进的计算机控制液压凿岩台车就是采用这种控制方式。

随着计算机技术的发展,凿岩台车已经发展成为具有自动控制功能的机器人。其控制简图如3-38所示。图中的上位机用于车体定位、布孔、过程监控、过程管理等;下位机主要进行过程控制。上位机下传的工作指令有:自检、车体定位、计算机导向、自动移位、自动凿岩、结束任务、传感器标定、油缸(电机)调试、设置工作参数等;自动作业时的目标参数包括各关节角度变量、钻臂与推进器的伸缩位移变量、钻孔深度(L2);传感器标定时的目标参数为待标定的传感器序号;油缸(电机)调试时的目标参数为待调试的油缸(电机)序号;设置工作参数时的目标参数为所有工作参数。

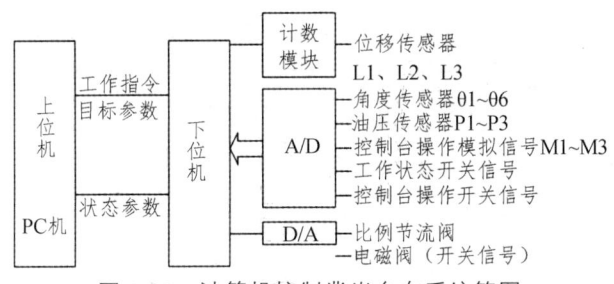

图 3-38 计算机控制凿岩台车系统简图

#### 3.2.3.4 全电脑凿岩台车

全电脑凿岩台车最早由挪威 AMV 公司于本世纪初研制诞生,但该公司的全电脑凿岩台车却没有在国内外大范围内使用。目前,国外著名的凿岩台车生产商 AtlasCopco(阿特拉斯)和 Sandvik(山特维克)均推出了全电脑凿岩台车,AtlasCopco(阿特拉斯)于 2010 年推出了具有人机交互功能的 BoomerXL3D 三臂凿岩台车,该台车目前在国内应用还不广泛。而 Sandvik(山特维克)也于 2010 年推出了 DTi 系列全电脑凿岩台车。国内著名的全电脑三臂凿岩台车的生产厂家有铁建重工和中铁装备公司等。

1. 全电脑凿岩台车工作原理

全电脑凿岩台车实现高精度钻孔的原理即借助于给定的参照系,利用计算机控制系统实现隧道凿岩过程的自动化。计算机控制系统由隧道挖掘项目管理和信息分析工具软件组成,是智能化隧道开挖的基石。该系统能够优化钻爆模式,可以针对流程各阶段提供指导,因此能够降低项目成本保证隧道挖掘顺利进行。全电脑凿岩台车工作原理如图 3-39 所示。

与传统方式不同,全电脑凿岩台车在钻孔时,依靠计算机系统进行准确定位,完全按照隧道设计要求控制超欠挖,真正做到完全光面爆破,可以将爆破轮廓控制在最理想的范围内,减少出渣和回填方量,减少衬砌材料(特别是水泥)的消耗,省工、省时、省料。台车的计算机控制系统还可以将隧道内钻孔的数量,总钻孔时间,单孔钻孔时间,每个孔的深度、角度、位置都能进行记录和存储。存储卡里的这些数据,为以后制定隧道端面设计施工方案和技术鉴定提供可靠的依据和参考。该控制系统对该设备的整个操作进行程序控制,当在系统中写入炮眼布置图,设备可以按照写入信息自动或半自动地进行钻孔作业。这样大大加强了人机对话的功能。操作方面自动化程度高,人员配置少,劳动强度低,工作的安全性和舒适性也得到了很大的改善。在解决好现场相关配置优化和设备维护保养技术储备后可以完全发挥出设备的最佳性能,铁建重工全电脑凿岩台车与液压凿岩台车的对比如表3-11所示。

图 3-39 全电脑凿岩台车工作原理

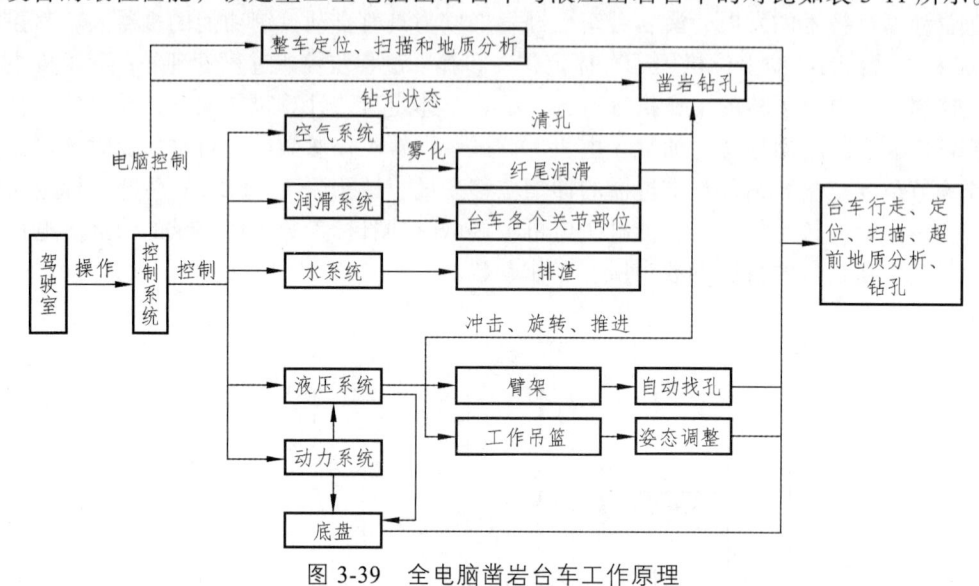

表 3-11 全电脑凿岩台车与液压凿岩台车对比

|  | 对比项 | 全电脑凿岩台车 | 液压凿岩台车 |
|---|---|---|---|
| 相同点 | 整机结构 | 底盘、钻臂、吊篮、推进机构 | |
| | 底盘行走控制 | 发动机机械驱动行走、液压制动、液压转向 | |
| | 臂架和推进机构控制 | 电液多路阀控制 | |
| | 驾驶室 | 封闭式驾驶室 | |
| 不同点 | 3D扫描仪 | 配置3D扫描仪用于定位和轮廓扫描 | 无 |
| | 自动控制系统 | 自动控制找点和钻孔 | 无 |
| | 凿岩机控制 | 程序自动控制 | 液压系统逻辑控制 |
| | 驾驶室操作 | 全电脑控制钻孔,一个操作台 | 人工控制,三个操作台 |

2. 全电脑凿岩台车八大功能

1)全自动高效智能化钻孔

支持任何终端,将钻孔参数规划设计(炮孔布置图),通过互联网导入车载主控电脑,全电脑凿岩台车将按照布置图参数自动工作,实现钻孔参数自动控制,有效控制开挖面轮廓和超欠挖。确保准、平、直、齐的开孔效果,通过凿岩钻孔参数检测传感器进行反馈,自动控制凿岩机防卡钻、防空打、开孔模式等。每个工作臂可在 2 min 内自动完成 5 m 深钻孔作业。电脑精确布孔,每个孔都由程序进行定位、定向和定深度,无须在掌子面上标注钻孔位置,可以消除人为开孔造成的误差。

2）开挖轮廓扫描

全电脑凿岩台车利用三维激光扫描技术进行隧道内部开挖截面三维扫描，通过软件完成站点拼接、标定、平差等得到高精度高密度的点云数据，可方便地生成隧道横断面数据，通过对开挖截面扫描所得点云数据的重构，逆向生成截面三维结构模型，并通过对比实际扫描截面与隧道预设截面，得出超欠挖数据，同时为下一步喷锚工序提供准确数据。

3）喷浆厚度检测

对隧道内部截面进行面状式三维扫描，可方便地生成隧道的横断面数据，通过对湿喷前后开挖隧道截面数据对比可得到隧道湿喷混凝土厚度。

4）数据交互与远程通信

可输出多种数据和报表并可实现信息实时共享（爆破孔参数、锚杆参数、地质预报数据、超前注浆孔参数、隧道爆破轮廓和喷锚轮廓、超挖量统计等），实现对隧道安全施工的智能化管理和随时监控。

在远程终端（如办公室）可实时监控隧道内钻孔情况、每个凿岩机的工作状态以及隧道和钻岩状态的三维显示；岩石信息在线传输，可判断地质情况、优化爆破方案。

5）超前钻探与地质分析

具有 30 m 超前钻探功能，一个 30 m 超前探孔仅需要 20 min 就可完成。每个工作臂可在 2 min 内自动完成 5 m 深钻孔作业。

钻孔作业时，能够实时监测钻孔压力、钻孔速度、钻杆旋转速度等参数，通过 MWD 软件分析复原地质情况，并形成地质报告，在线判断地质情况及其爆破支护方案，尤其适用于超前地质钻探。

6）锚杆施工

采用全电脑凿岩台车可灵活实现手动、自动锚杆施工作业，三钻臂 8 自由度精确定位，水平钻爆破孔，空间锚杆施工。

7）配合注浆与管棚加固

通过全电脑凿岩台车可轻松进行超前注浆孔的设置，根据需要控制钻孔直径和深度，并完成对破碎地层的先行注浆加固，全电脑凿岩台车根据需要最大可钻孔到直径 140 mm，深度 25~50 m，配合注浆单元进行电脑控制注浆并上传数据。

为防止隧道开挖引起的地表下沉和围岩松动，开挖掘进前沿开挖工作面的上半断面设计在周边打入厚壁钢管，在地层中构筑临时承载棚进行开挖。尤其在洞口或地质情况较差时可采用全电脑凿岩台车进行管棚孔施工，钻孔直径 45~142 mm，深度达 30~40 m。

8）配合装药和撬毛

利用自带工作吊篮或作业平台配合装药单元，进行爆破前后辅助工序作业，大幅改善装药作业环境。

通过全电脑凿岩台车自带工作平台和全姿态臂架，能快速地完成巷道顶板与边邦浮岩毛石的清理工作，极大地提高了人员和设备安全性。

图 3-40 为全电脑三臂凿岩台车臂架及凿岩机液压系统工作原理图，臂架液压系统的动力源为发动机（提供备用应急动力）、电机（作为主要工作动力源），液压油将压力能传递至主控制元件多路阀，然后由多路阀分别控制臂架各个执行元件的方向、最大压力和运动速度。

一般情况下，中臂相较左右两臂配置了接杆机构，因此臂架动作除去共有的 9 个（大臂举升、大臂偏摆、大臂伸缩、推进梁上下、推进梁左右、推进梁摆动缸旋转、推进补偿、推进梁角度调整、前端夹紧），多出了接杆机构动作4个（接杆机构摆动、接杆机构升降、接杆机构夹紧、钻杆库防脱落）。这些动作中除推进梁摆动缸旋转和接杆机构摆动是利用摆动缸实现回转动作外，其他11个动作均利用最常见的双作用单杆活塞杆油缸来实现直线往复运动。液压缸由于结构简单、工作可靠、工艺成熟等特点，在各领域的液压系统中得到了广泛应用。

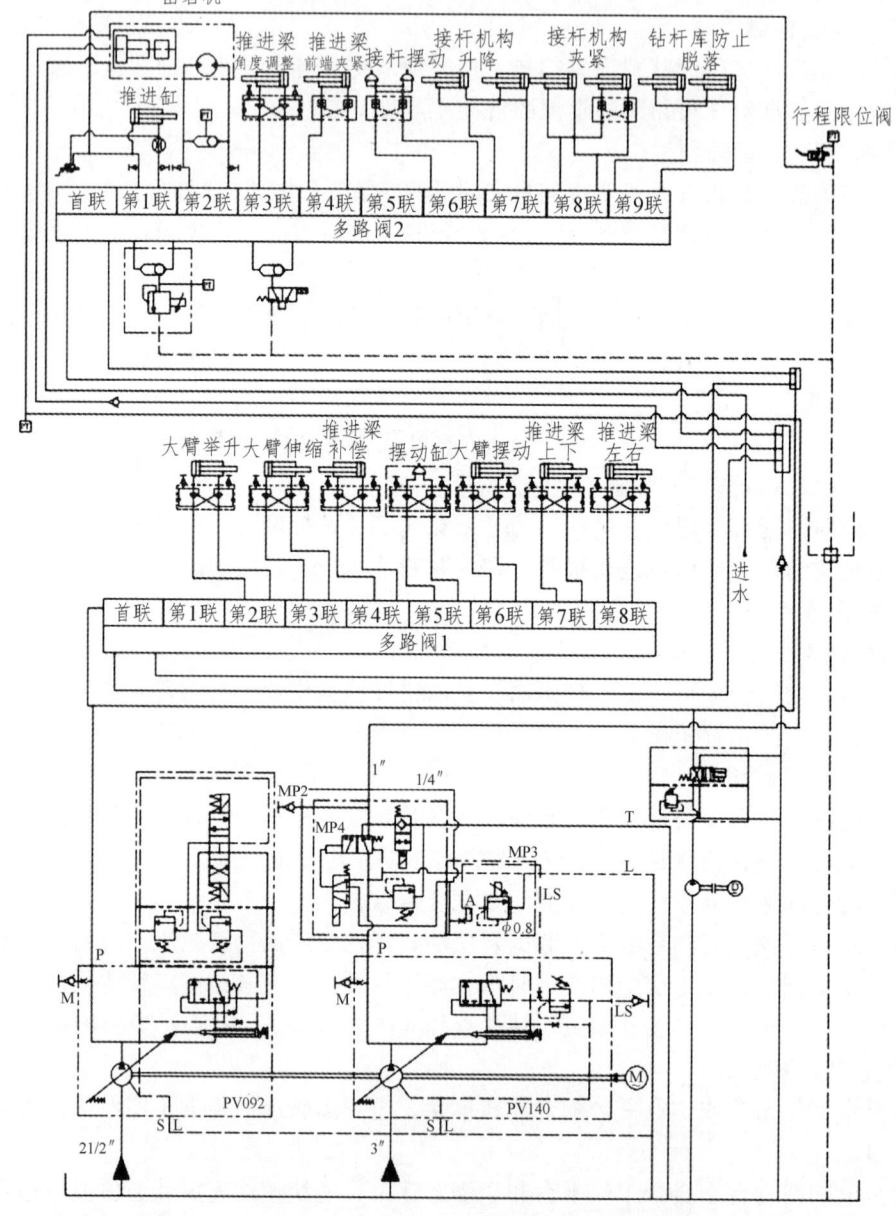

图 3-40　全电脑三臂凿岩台车臂架及凿岩机液压系统原理

下面就以铁建重工的全电脑三臂凿岩台车的两个典型的臂架动作回路进行说明。

（1）大臂举升动作详解：从动力源电机泵组或者发动机泵组的高压油到达主控制元件——多路阀1，多路阀1的第1联为使能阀，逻辑上，只有第1联得电，后面的第2~8联才能正常工作。但需要注意的是，由于受电气程序控制，可能会出现一个按钮导致使能联和工作联同时得电的现象，如同大臂举升，只需上抬操作手柄，即可实现多路阀1的第1联、第2联同时得电。第2联的A、B口连接平衡阀，平衡阀的出口分别连接大臂举升油缸的无杠腔和有杆腔。平衡阀在此处的作用是液控节流保证动作平稳、负载保持和超载保护。当多路阀不得电时，平衡阀将油缸有杠腔和无杠腔的压力油锁住，使油缸稳定保持在当前的位置。

（2）推进梁前端夹紧动作详解：从动力源电机泵组或者发动机泵组的高压油到达主控制元件——多路阀2，多路阀2第4联的A、B口连接液压锁，液压锁的出口分别连接夹紧油缸的无杠腔和有杠腔。液压锁在此处的作用是将夹紧油缸的回路锁死，确保夹紧钳在多路阀不得电的情况下，可靠有效地处于锁死状态。

3. 全电脑凿岩台车的优点

（1）在隧道超欠挖控制、光面爆破质量等方面，全电脑台车优于普通液压凿岩台车。

（2）无须人工或采用其他测量设备布设隧道周边轮廓和炮孔，可大大缩短施工准备时间。

（3）钻孔度极高，可提高炮孔利用率，工程成本显著降低，开挖断面布孔图中每个孔的位置、角度、钻孔数量和移动顺序、方向均由车载电脑按预先优化的方案自动进行，所有钻孔的定位开孔和钻进循环完全由电脑自动完成。

（4）全电脑凿岩台车配有一套完整的诊断系统和安全报警系统，对整个钻进系统和全车状态进行实时监控和故障诊断，为维修提供及时准确的信息，而普通凿岩台车对操作手的经验依赖很强。

4. 全电脑凿岩台车的应用难点

（1）目前，国内隧道施工主要还是采用人工开挖方式，且采用全电脑凿岩台车掘进施工的钻爆设计人员（集爆破专业、岩土专业、钻爆法的布孔图设计等为一体的综合性技能人才）严重缺乏，因此目前在我国很难实现真正意义上的全电脑凿岩台车智能化施工。

（2）全电脑凿岩台车的控制系统为计算机控制系统，其操作界面均为英语，虽然大大加强了该设备的人工智能化，体现出其先进性，但作为操作手和维护人员，不仅要懂得与工程机械相关的英文，而且还要对计算机控制、液压系统等各方面的知识有广泛深入的了解，对操作手和维护人员的文化素养要求较高，因此全电脑凿岩台车的维护成本也比普通凿岩台车的高，而且培养一个合格的操作手和维护人员周期长，人力资源成本也较高。

（3）全电脑凿岩台车的计算机控制系统中的报警装置较多，稍有操作不当就会发出警报，对于这些警报如果维护人员和操作人员一时难以对故障做出判断，就会发生停机的情况。相比普通凿岩台车简单实用的操作和维护方式，一些操作手和维护人员不愿意使用这类过于先进的设备，导致先进设备停用而购买人工智能水平较低的设备来使用。

虽然目前在我国推行全电脑凿岩台车的钻爆施工还有诸多困难，但利用全电脑凿岩台车进行钻爆施工，是隧道工程机械化施工发展的必然趋势，通过引进世界最先进的设备和施工理念，不仅提升了施工团队的整体素质，还扩大了公司的知名度和自身的核心竞争力。发展高新技术设备和储备高素质专业技术人才，是保持行业领先位置的前提。当然在工程施工领域，如果我们的人才储备不能适应先进的设备，对于类似全电脑凿岩台车这类先进设备就应该慎用，应该选择适合实际施工情况的设备，如手气钻或普通凿岩台车等。

#### 3.2.3.5 凿岩台车与风钻钻爆开挖对比分析

对比分析凿岩台车与风动凿岩机的钻爆开挖方式，有如下不同：

1. 施工工效对比

在岩质硬、节理裂隙不发育的灰岩条件下，凿岩台车钻杆钻进 4.0 m，单孔钻进时间为 2～3 min，而同等围岩条件下，人工钻孔 3.5 m，单孔钻进时间需 12～15 min。经统计，Ⅱ、Ⅲ级围岩风钻钻爆每循环平均进尺 3.2 m，凿岩台车钻爆每循环进尺平均可达 3.6 m。在小三峡隧道正洞施工中采用 2 台凿岩台车进行钻爆作业，Ⅱ、Ⅲ级围岩条件下平均掘进速度均达到 180 m/月，最高掘进速度达到 210 m/月，风钻钻爆开挖约 150 m/月；Ⅳ级围岩条件下风钻钻爆每循环平均进尺 3.0 m，使用凿岩台车钻爆每循环进尺平均可达 3.3 m，风钻 90 m/月，凿岩台车 100 m/月。

对于Ⅱ、Ⅲ级围岩施工，凿岩台车钻爆的优势在于开挖钻爆时间较短，平均较风钻钻爆开挖时间缩短 0.7 h；而出渣、锚网及喷浆作业平均循环时间均较风钻钻爆时间长，无明显优势，分析原因主要为单循环平均进尺凿岩台车钻爆较风钻钻爆多 0.4 m。

对于Ⅳ级围岩施工，凿岩台车钻爆平均工序时长仅比风钻钻爆快 0.2 h，出渣、锚网及喷浆作业平均循环时长与风钻钻爆基本一致，故凿岩台车钻爆开挖无明显优势。

2. 班组人员配置对比

使用凿岩台车钻爆及风钻钻爆施工，按 2 班工作制，凿岩台车钻爆除配置司钻工外，另需配置装药人员及维修保养人员。风钻钻爆及凿岩台车钻爆人工对比分析见表 3-12。

表 3-12　风钻钻爆及凿岩台车钻爆人工对比分析（单班配置）

| 钻爆方式 | 司钻人员 | 装药人员 | 维修保养 | 总计 |
| --- | --- | --- | --- | --- |
| 风钻钻爆 | 19 | 2 | 1 | 22 |
| 2 台凿岩台车钻爆 | 6 | 6 | 3 | 15 |

由表 3-12 对比可以得出：单班配置下，使用风钻钻爆 22 人，2 台凿岩台车钻爆仅需 15 人，人员减少 31.8%。风钻钻爆和台车钻爆人员配置及未来发展趋势分析如下：

（1）风钻钻爆用工较台车钻爆用工多。

（2）从目前司钻工的年龄组成方面分析，风钻钻爆司钻工年龄为 35～50 岁，平均年龄为 39 岁，文化程度较低；而凿岩台车司钻人员年龄为 20～30 岁，平均年龄为 25 岁，文化程度一般为中专以上。

（3）随着社会不断发展，就业岗位种类不断增多，风钻工的平均年龄将持续增高，也将意味着风钻钻爆面临着人员短缺的风险，而凿岩台车司钻工的市场需求将持续扩大。

（4）随着科技发展及安全环保意识的不断提高，人们对工作环境标准的要求也随之提高，故机械操作代替手工操作是未来一段时间发展的趋势。

3. 安全性对比

风钻钻爆施工离掌子面较近，人员多且密集，风动凿岩机噪声大，湿雾状的废气导致作业空间清晰度较差，同时存在落石的危险。凿岩台车钻爆施工在距离掌子面 10～13 m 的位置操作大臂，驾驶室顶棚采用的是防落物冲击顶棚，可保证操作人员的安全。此外，凿岩台车采用闭式油路系统，消除了气动凿岩机排气时发出的高分贝噪声，且没有手风钻排出的湿雾废气，施工环境空气相对较为清新、安全性更高。操作人员在驾驶室内进行操作，且驾驶室有隔音等作用，改善了操作人员的工作环境。

4. 超欠挖量对比

采用风钻钻爆法进行隧道开挖施工时，人力手持风动凿岩机进行钻孔。采用人力来控制钻杆的推进角度和速度，根据钻速、卡钻情况动态调整钻进角度。周边眼钻孔时，可使凿岩机与岩面密贴，并通过测量定位和导向管辅助作用，保证成孔的精度和质量，线性超挖控制较好。而采用凿岩台车进行施工时，由于司钻人员自身操作水平参差不齐、管理不严等因素造成超挖。根据统计的超欠挖测量数据，通过计算平均线性超挖值指标，可知在实际施工过程中，使用风钻钻爆开挖成型比采用凿岩台车钻爆开挖成型好。风钻钻爆与凿岩台车钻爆平均线性超挖数据比较分析如图 3-41 所示。

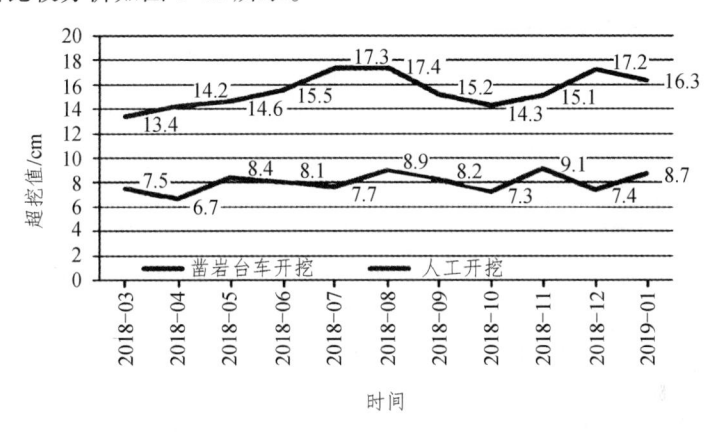

图 3-41　风钻钻爆与凿岩台车钻爆平均线性超挖数据比较分析

由图 3-41 可知，同样的围岩级别下，实际施工过程中风钻钻爆开挖的平均线性超挖可控制为 8 cm，而凿岩台车钻爆开挖的平均线性超挖为 15.5 cm。凿岩台车钻爆相对风钻钻爆开挖平均线性超挖值多 7.5 cm，意味着混凝土的线性回填量较风钻钻爆超耗 7.5 cm，故如何有效控制凿岩台车开挖超挖量，是节约施工成本的主要途径。

5. 作业成本对比

目前，进口的凿岩台车，主要为 AtlasCopco（阿特拉斯）和 Sandvik（山特维克）的产品，以一台三臂凿岩台车为例，不仅购置费用单台均在 700 万元以上，而且配件费用也很高，造成维护费用很高。国产凿岩台车，主要生产厂家有中铁装备和铁建重工，单台购置费用 350 万元以上，而一套风动凿岩机仅需 5 000 元左右。对于较短的隧道，使用凿岩台车极不划算，通常凿岩台车适合于 2 500 m 以上的隧道施工使用。

2018 年 3 月至 2019 年 1 月，小三峡隧道硬质岩段采用台车开挖，共计开挖 1 840 m。通过逐月分析记录，综合常规的人工开挖消耗，对凿岩台车钻爆与风钻钻爆施工的相关数据进行统计分析、对比，凿岩台车钻爆施工相对风钻钻爆施工每立方米增加 13.6 元。若考虑超挖混凝土回填成本，则每立方米增加 25.5 元。风钻钻爆与凿岩台车钻爆经济成本对比分析见表

3-13。

表 3-13 风钻钻爆与凿岩台车钻爆经济成本对比

| 项目 | 费用/（元/m³） | | | 备注 |
|---|---|---|---|---|
| | 风钻钻爆 | 双台车钻爆 | 差值 | |
| 人工费 | 21 | 12 | 9.0 | 按照风钻钻爆开挖需 44 人，凿岩台车钻爆开挖需要 30 人，人均月工资 10 000 元 |
| 折旧使用费 | 0 | 9 | -9.0 | 风钻 3 000 元/把，由于风钻购买费用相比凿岩台车而言，可以忽略，对于单个循环的开挖，费用很低，也可以忽略 |
| 配件及油耗费 | 1.4 | 13.4 | -12.0 | 依据实际消耗计算而得 |
| 火工品费 | 10.6 | 12.6 | -2.0 | 炸药 10.9 元/kg，雷管 6.5 元/发，导爆索 3.88 元/m |
| 电费 | 2 | 2 | 0 | 电费 0.76 元/（kW·h） |
| 空压机、机房费 | 0.4 | 0 | 0.4 | 含空压机使用费、机房建设费 |
| 超挖混凝土回填成本 | 0 | 11.9 | -11.9 | 利用 3D 扫描仪对开挖轮廓实际扫描统计而得，凿岩台车钻爆开挖较风钻钻爆开挖超挖多 7.5 cm，换算为回填混凝土计算得出 |
| 合计 | 35.4 | 60.9 | -25.5 | |

考虑凿岩台车钻爆相比风钻钻爆超挖量大的情况，对其超挖增加部分进行二次衬砌回填混凝土，其回填混凝土方量，按照实际施工过程中使用凿岩台车钻爆超挖较风钻钻爆超挖每延米多 7.5 cm 计算，开挖轮廓周长为 42.46 m。如果按照 C40 混凝土成本 560 元/m³ 进行测算，则凿岩台车钻爆较风钻钻爆混凝土用量每延米费用增加 0.075 m×42.46 m×1 m×560 元/m³ = 1 783.32 元，则每立方米为 1 783.32 元÷150 m³ = 11.9 元/m³；则含混凝土超耗采用凿岩台车开挖较风钻开挖成本每延米费用增加 1 m×150 m³×25.5 元/m³ = 3 825.00 元，按照开挖 1 840 m 计算，凿岩台车钻爆较风钻钻爆增加费用为 3 825.00 元/m×1 840 m = 703.80 万元。

6. 多功能性

凿岩台车不仅可以用于 5～30 m 超前探孔施工，还具备应对不良地质的探测能力以及用于注浆钻孔。通过更换配套直径钻头，可灵活施作小导管、锚杆孔等，钻孔角度操作范围大。

7. 凿岩台车与风钻适用性综合分析

综合以上各方面分析，凿岩台车适用于Ⅲ级、Ⅳ级及部分Ⅴ级围岩地段开挖断面 9～130 m，而手风钻开挖几乎适用于钻爆任何围岩。凿岩台车在硬岩条件下钻孔速度较快，遇软弱围岩时应慎重选用。目前，凿岩台车的缺点在于一次购入成本较高，折旧使用费高，实际施工超挖较大，施工成本控制不力、、司钻操作手短缺等。风钻钻爆使用范围广，购置和使用成本较低，超挖相对易控制，但其噪声污染大，作业环境安全风险高，劳动强度大，作业人员年龄偏大且面临短缺等境况。

目前，在铁路建设行业施工形势及劳动密集型用工模式下，山岭隧道风钻钻爆施工仍较普遍，凿岩台车钻爆尚未大规模推广使用。但随着社会不断地发展，就业岗位种类不断地增多，风钻工的平均年龄将持续增高，这也意味着风钻钻爆面临着人员短缺的风险，同时伴随着科技的发展及安全环保意识的不断提高，以及人们对工作环境标准要求的提高，加之在各方努力下，不断完善凿岩台车钻爆预算定额及规范编制，为凿岩台车钻爆作业提供全方位保障，则机械操作代替手工操作是将来发展的趋势。

#### 3.2.3.6 典型产品介绍

当前，市场上生产液压凿岩台车的公司有 AtlasCopco（阿特拉斯）、Sandvik（山特维克）、铁建重工、中铁装备、江西鑫通等，其生产的液压凿岩台车几乎覆盖小断面隧道至大断面隧道的开挖，下面选取其中部分典型产品做简要介绍。

1. Rocket Boomer 353E 型全液压凿岩台车

1）主要性能特点

AtlasCopco（阿特拉斯）公司的 Rocket Boomer 353E 型全液压凿岩台车，是一款适用于隧道掘进、岩层开孔以及地下开挖作业的凿岩设备，在矿山工程巷道和工程隧道开挖方面应用非常广泛。这款凿岩台车以小巧耐用、操作简单、适用范围广，深受国内操作者喜爱。其最大缺点是液压系统为直控式系统，钻机故障多，消耗较大。

2）主要组成结构简介

该设备结构设计合理、作业运行效率高、调整和维修方便简单，整车主要由底盘、钻臂、推进梁、凿岩机服务平台、液压控制系统、空压机及水泵等组成。作业时，钻臂覆盖面积可达 168 m²，钻孔直径为 $\varPhi 43 \sim 102$ mm。此外，该设备还可进行钻爆孔、锚杆孔、掏槽孔、超前灌浆孔、管棚、装药、锚杆、灌浆以及风管安装等作业，其外观如图 3-42 所示。

图 3-42 Rocket Boomer 353E 型凿岩台车

3）规格参数

Rocket Boomer 353E 型全液压凿岩掘进台车规格参数见表 3-14。

表 3-14　Rocket Boomer 353E 型全液压凿岩掘进台车技术参数

| 序号 | 项目 | 单位 | 参数 |
|---|---|---|---|
| 1 | 外形尺寸（长×宽×高） | mm | 15 300×2 500×3 400 |
| 2 | 有效作业高度、宽度 | mm | 高 14 340，宽 11 800 |
| 3 | 有效作业面积 | m² | 20～169 |
| 4 | 爬坡能力 | (°) | 15 |
| 5 | 行驶速度 | km/h | 18 |
| 6 | 液压系统额定压力 | MPa | 23 |
| 7 | 钻眼速度 | m/min | 大于 3（$\Phi$45 mm 孔径） |
| 8 | 整机质量 | kg | 39 000 |
| 9 | 钻机电机转矩 | N·m | 640 |
| 10 | 转弯内径 | mm | 5 650 |
| 11 | 转弯外径 | mm | 11 150 |
| 12 | 凿岩机额定功率 | kW | 18 |
| 13 | 发动机功率（额定） | kW | 170 |
| 14 | 电气总输入功率 | kW | 190 |
| 15 | 水泵排量 | L/min | 200（1.5 MPa） |

2. ZYS 系列凿岩台车

ZYS 系列凿岩台车是铁建重工生产的全电脑凿岩设备。其产品特点如下：

（1）智能精确定位。通过扫描仪，实现凿岩台车在隧道内的精确定位。

（2）高质高效钻孔。爆破设计图导入电脑，无须在掌子面锚点即可实现自动钻孔；钻孔角度、位置、深度等参数由电脑控制，钻孔精确；凿岩机功率大，钻孔速度快，最快速度可达 3～5 m/min。

（3）超前地质分析。实时监测并采集钻孔压力、钻孔速度和钻杆旋转速度等参数，通过 MWD 软件分析复原地质情况，优化爆破方案。

（4）扫描优化爆破设计。扫描仪测量爆破后隧道内表面轮廓，形成"点云"，电脑重建 3D 轮廓，获得超欠挖等数据，比对实际轮廓与设计轮廓数值，指导爆破设计优化。

（5）舒适环保驾驶室。全封闭式驾驶室，内置操作空调和行车空调；驾驶室内噪声低于 78 dB，粉尘低，有效减少职业病发生的概率。

（6）高度信息化。自动记录、存储钻孔日志，为后期进行隧道地质分析提供理论依据。自动记录、存储 3D 扫描日志，用于检查超挖、欠挖情况，还可以计算出超挖及欠挖的土石方量。可通过网络进行远程监控，生成任意时间段内台车的运动轨迹动画，可以实时查看台车各仪表数值。

（7）适应能力强。适用于全断面（含仰拱）、大断面、微台阶法等多种开挖方法；可实现洞口和洞内管棚作业；配置自动接杆机构，可实现超前钻探。

主要产品技术参数见表 3-15。

表 3-15  ZYS 系列凿岩台车主要技术参数

| 项目 | 单位 | 参数 | | | | |
|---|---|---|---|---|---|---|
| | | ZYS134 | ZYS123 | ZYS122 | ZY113 | ZY82 |
| | | 四臂 13 m 级 | 三臂 12 m 级 | 两臂 12 m 级 | 三臂 11 m 级 | 两臂 8 m 级 |
| | | 全电脑 | 全电脑 | 全电脑 | 半智能 | 半智能 |
| 整机质量 | kg | 61 000 | 53 000 | 45 000 | 52 000 | 33 000 |
| 整机尺寸：长×宽×高 | mm | 17 600×3 000 ×3 600 | 17 600×2 900 ×3 600 | 17 600×2 800 ×3 620 | 17 600×2 900 ×3 600 | 15 100×2 500 ×3 300 |
| 电机总功率 | kW | 425 | 325 | 185 | 295 | 185 |
| 最大工作断面：宽×高 | m | 17.8×13.4 | 16.6×12.1 | 16.6×12.1 | 16.6×11.3 | 13.2×8 |
| 最小工作断面：宽×高 | m | 7×7 | 6×6 | 5×5 | 6×6 | 4×4 |
| 最大爬坡能力 | % | 25 | | | | |
| 最小转弯半径 | m | 12.6 | 12.4 | 10 | 12.4 | 8.6 |
| 凿岩机型号 | — | 3×HC109+1× HC110 | 3×HC110 | 2×HC110 | 3×HC109 | 2×HC109 |
| 最大冲击功率 | kW | 18.5/31.9 | 31.9 | | | 18.5 |
| 最大钻孔深度 | m | 5.25 | | | 5.25 | 4 |
| 钻孔直径 | mm | $\Phi$40~140 | | | $\Phi$38~140 | |

## 3.2.4 装药设备

### 3.2.4.1 概　述

长期以来，机械化装药一直是爆破科研人员的主攻技术目标，它对降低劳动强度、保证人身安全及提高装药速度有重要意义。目前，国内外使用的装药器械主要有装药器和装药台车。装药器是通过容器和管道，用压缩空气将散装炸药压入炮孔。装药器按其装药原理分为喷射式、压入式和喷射-压入联合式；按携带方式分为小型轻便式和自行式。装药台车是一种在长大隧道施工中，将人员、物品提升起来，送至工作面进行装药的设备。

以往传统的装药普遍采用人工装药方法。袋装炸药由工人一袋袋装入炮孔，卷状炸药用炮棍一支一支地捅入炮孔，手工操作工序烦琐、成本高、效率低，而且手工装药劳动强度大、作业安全性差、装药密度小、爆破质量差，在技术、经济和管理方面都存在严重不足。

地下爆破装药机械包括装药器和装药车两类。装药器又分传统装填黏性粒状炸药（还有少数装填粉状炸药）的压气装药器和新型现场混装乳化炸药装药器。装药车也分地下压气装药车和地下现场混装乳化炸药车。

地下炮孔实现机械装药难度较大。这是由于地下爆破作业的工作空间小，炮孔直径较小，输送距离较长，炮孔方向又多为水平，地下作业对爆炸后有毒气体生成量等要求较严。地下中小直径炮孔爆破、装药直径对其爆轰传播有很大影响，必须具备较小的临界爆轰直径和稳定的传播性能，相应要求不同的乳胶基质配方，装药车对此必须具有良好的适应性。

#### 3.2.4.2 国内外技术发展现状

1. 国外技术发展现状

20世纪中期，在一些采矿业较为发达的国家开始采用初级的装药器代替最初的人工装药，实现了装药的初级机械化，如苏联的KyPama-7 M、KyPama-8，3-2型喷射式装药器，压入式装药器，联合式装药器等。20世纪80年代，乳化炸药地下装药车也相继在国外问世，随即被广泛采用。国外在20世纪末提出了"智能化矿山"的概念。加拿大制订出一项拟在2050年实现的远景规划——将加拿大北部边远地区的矿山实现为无人矿井，通过卫星操纵矿山的所有设备实现机械自动破碎和自动切割采矿；Rio Tinto（力拓）集团西澳皮尔巴拉铁矿项目中应用了大量先进技术，实现了一定程度的智能化采矿。

近期，澳大利亚学者提出了视觉寻孔、自动装药的智能化装药方案，在装药过程中首次加入视觉伺服炮孔定位、机械臂的自动控制，实现了自动寻孔功能。该方法使用三维激光扫描仪扫描隧道的环境，通过视觉算法，筛选出炮孔，并测算出炮孔三维坐标；随后控制自动化机械臂精准对孔；最后实现自动装药过程。其中，在筛选炮孔过程中，人为地删除错误的炮孔识别结果、增加视觉算法遗漏的炮孔。

2. 国内技术发展现状

20世纪60年代，我国就开始了对粉状铵油炸药装药车的研究，但由于粉状铵油炸药的严重吸湿结块性，使得装药车的螺旋输送与计量都遇到了很大的困难，一直未能广泛推广。在20世纪70年代开始对浆状炸药装药车进行研究，并且在80年代由长沙矿山研究所研制成功，但因为我国的浆状炸药和水胶炸药的使用量较小，因此相应的装药车并没有得到广泛的应用。20世纪80年代，我国研制成功露天乳化炸药装药车，是集制药、装药、计量、控制为一体的完整的工作系统。随着矿业的不断发展，露天矿山开始转入地下开采，到20世纪90年代，我国才深入开始对地下炸药装药车的研究，如马鞍山矿山院的DZY220型井下装药车。21世纪后国内的自动化装药技术发展迅速，北京矿冶研究总院研制的BCJ-41型地下乳化装药车在整车一体自动化上实现了突破。该车不仅实现了遥控对孔、自动送退管，而且还实现了卷管与送退管自动匹配、数字化可视操作、实时状态监测、炸药配方比例自动调节等多项先进技术。湖南金能研制出的JR1.5型乳化炸药装药车，使用送管机构替代了原有的装药平台，实现了机械自动送退管，降低了人工劳动强度；遥控机械臂替代人工，实现遥控对孔。2011年中国五矿长沙矿山研究院研制的地下中深孔装药车，改变了我国井下粉粒状炸药装填设备落后和依赖进口的局面，其性能、稳定性和使用寿命达到国际水平。2023年中交第二公路工程局有限公司研发了乳化炸药隧道智能装药车。与传统人工成品装药相比，可进一步减少钻孔量，爆破效率提高10%以上，人员可减少50%以上，大大提高了装药作业的机械化水平。

#### 3.2.4.3 地下装药车的分类与选型

1. 按装填炸药的类型分类

不同的爆破方法选择的炸药类型是不同的，地下装药车根据所装炸药的类型不同基本分为两大类。

1) 地下铵油炸药装药车

地下铵油炸药装药车是将散装炸药（粉状和粒状）输送装药系统放置于带有升降平台的专用运输设备上，工作时，启动动力系统和输送系统，将散装炸药注入地下工程的炮孔中，连接起爆网络即可爆破。

2) 乳化炸药的地下炮孔混装车

乳化炸药的地下炮孔混装车装载乳胶基质（乳化炸药半成品）及其他添加剂，驶入装药作业现场，将其按工艺要求通过软管泵入炮孔中，乳胶基质和润滑剂在炮孔中混合，敏化为乳化炸药。

2. 按装药车的工作动力系统分类

装药车的工作动力系统有两种类型。

1) 柴油发动机单一动力系统装药车

这种装药车行走及工作装药的动力均来自柴油机。

2) 柴油机和电动机双动力系统装药车

这种装药车行走、转向、制动的动力源来自柴油机，工作（装药）系统的动力源来自电动机。装药车行驶到装药点关闭装药车，接上电源，启动电动机进行装药作业；不用柴油动力，大大减少了工作面的污染。这种装药车也可以两用，在采用大爆破的场合，启动电动机进行装药作业；在小规模装药点仍用柴油机工作。

3. 按装药车的底盘类型分类

1) 普通工程车底盘

普通工程车底盘主要用于大断面隧道掘进和回采爆破作业。

2) 铰接式通用底盘

铰接式通用底盘主要用于中、小断面回采进路的扇形孔装药爆破作业。

3) 无自行底盘

无自行底盘只有工作装置，是一台独立的装药器。爆破装药作业时，用起重机或其他吊装设施将其吊装到爆破工地的拖车或现场作业车上，由装载车辆将其运入、运出爆破作业面，主要用于小断面巷道或隧道掘进，特别适用于竖井、倾斜进路和其他狭窄断面掘进爆破作业。

4. 装药车的选型

1) 根据装填炸药的类型选择装药车的类别

装填粉状或粒状的地下铵油炸药选择散装炸药装药车；装填乳化炸药选择乳化炸药地下炮孔混装车。

2) 根据装药量和工况选择装药车的工作动力类别

在一次爆破量较小的场合，一般一个装药点的装药时间不超过 3 h 时可选柴油发动机单一动力装药车；在采用大爆破的场合，一次爆破装药几十吨，装药时间长，应选柴油机和电动机双动力装药车。

3) 根据使用要求选择装药车的配置

（1）装药罐。根据一次爆破需要的装药量确定装药罐的数量。一罐的容积保证一次装药完成一次爆破量（一次装药量为 1～1.5 t/次），无须再添药。但对于爆破量大的场合，一罐炸药量不能完成一次爆破，这时一般选择两个较小的罐，一罐装药，一罐添药，两罐交替工作。这种工况装药车常与炸药运输车配套使用。

装药罐的结构有两种：一种是罐外间接式振动。有些炸药比较黏，要考虑罐里炸药的垮落，可将炸药罐安放在橡胶垫上，用振动器每 5～10 min 振动一次。另一种是回风阀反吹。在药罐底部装回风阀向罐内反吹，控制好反吹的频率，使罐内的粒状药呈浮动状态而不至于互相碰撞而破损。装药罐内装搅拌装置以防止炸药棚料。

（2）吊篮臂。即确定大臂和吊篮的数量。大臂的结构形式有直升式（两节或多节）和折返式两种。

大臂和吊篮的结构尺寸参数包括大臂举升能力、最大举升高度、最大举升宽度、旋转角度，吊篮的尺寸根据使用要求选取。

（3）送药分手工送药和液压送管器送药两种。

手工送药：工人站在吊篮上握住送药管往炮孔里送药，装药车设置简单、造价低，一般用于掘进工作面和浅孔装药的场合。

液压送管器送药：对于像采用分段崩落法（分段高度为 15、18、20 多米）等需中深孔装药的场合（炮孔深度达 30 多米），手工送药劳动强度大，往回抽管手动控制不均匀，装填炸药的密实度不够，影响爆破效果。采用液压送管器，可保证往炮孔送管和往外抽管速度可控、均匀，确保装填炸药密实。

4）底盘的选择

根据使用的条件选择底盘的类型。绝大多数地下装药车均采用低污染、四轮驱动铰接式通用底盘，可很好地适应井下巷道窄、转弯半径小、坡度大、爬坡频繁、路面差等恶劣工况。根据载质量选择底盘的规格。此外在选择装药车的时候还应根据性价比选择装药车的厂家和型号。

#### 3.2.4.4 装药台车结构组成与工作原理

1. 地下铵油炸药装药车装药系统的结构组成与工作原理

1）结构组成

装药车的工作机构主要由 3 部分组成：一是工作平台与举升吊篮装置；二是装药装置；三是操作控制系统。地下铵油炸药装药车结构组成如图 3-43 所示。

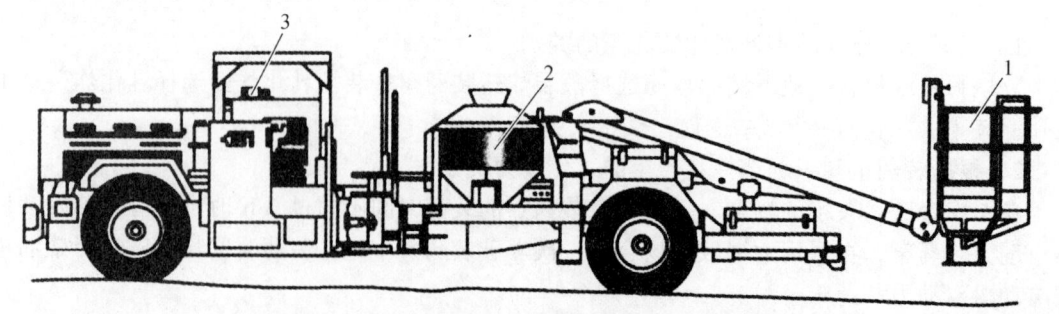

1—工作平台与举升吊篮装置；2—装药装置；3—操作控制系统。

图 3-43 地下铵油炸药装药车结构组成示意

（1）工作平台与举升吊篮装置。工作平台一般能进行 360°回转，并具有举升及伸缩功能，能覆盖较大范围的工作面。吊篮或平台是装药工的工作场所，适用于1～3人在台上工作，既可用于装药，又可用于检查和维修等。

（2）装药系统。一般地下铵油炸药装药车的装药系统的组成有：

① 储药装置：包括装药罐、储药箱、搅拌装置、倒药机构。

② 送药装置：包括输药胶管。

③ 气路系统：包括空气压缩机、储气包、气路、电控按钮等。

2）工作原理

装药车在井下工作时，由空气压缩机产生的压缩空气经过储气包及空气过滤器再经过减压阀进入药罐内部。气路系统原理如图3-44所示。进入装药罐的空气一股吹向药罐顶部，另一股由软管引向药罐下锥部出口。炸药在这两股压缩空气的作用下，沿着半导电塑料输药软管送入炮孔。粉状或粒状炸药在气压冲力的作用下即被压实于炮孔中。装药密度、喷药效率随选用的输药管直径和工作风压不同而变化，在输药管直径一定的情况下，一般压缩空气压力高，其装药密度和装药效率也高。

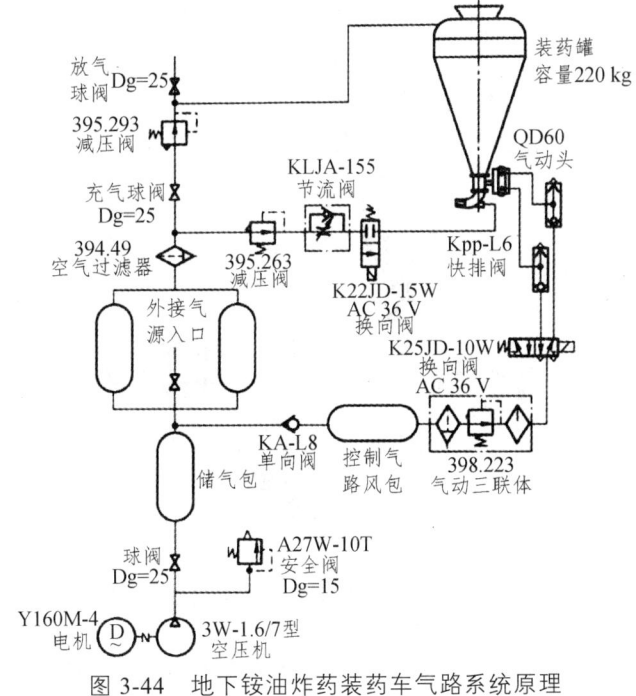

图3-44 地下铵油炸药装药车气路系统原理

2. 乳化炸药现场混装车工作装置的结构组成与工作原理

1）结构组成

乳化炸药现场混装车总体上由行驶底盘及工作装置（装药系统）两大部分组成，如图3-45所示。中小直径散装乳化炸药装药车的工作装置（装药系统）部分由乳胶基质储存及输送系统、敏化剂储存罐及输送系统、添加剂储存及输送系统、乳胶基质连续敏化及装填系统、液压及控制系统、电器与自动控制系统等组成。

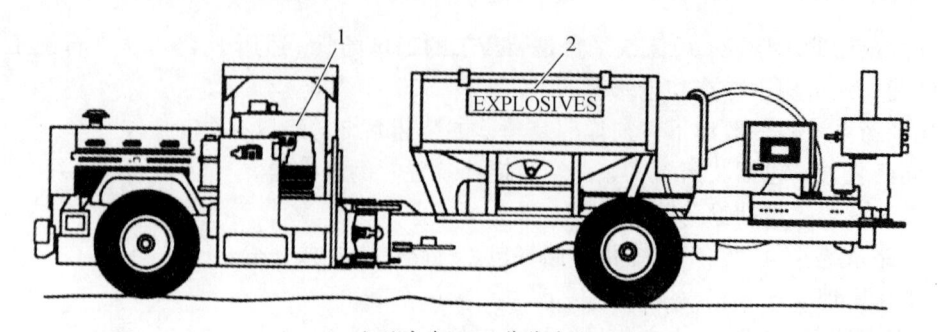

1—行驶底盘；2—装药系统。

图 3-45  乳化炸药现场混装车

2）工作原理

装药车从乳化炸药厂或乳胶基质地面制备站装载乳胶基质及其他添加剂，驶入装药作业现场，由车载动力驱动液压系统，进而由液压电机带动乳胶输送泵和添加剂输送泵。乳胶输送泵将乳胶基质按工艺要求通过高压软管自动泵入炮孔中，同时，装药工艺所需的润滑剂溶液也在作业现场配制，由计量泵按照比例同步将润滑剂溶液泵入炮孔中，乳胶基质和润滑剂在炮孔中混合，敏化成为乳化炸药。装药过程及装药量由计算机控制。每个炮孔的装药量以及乳胶基质和添加剂的配比由 PLC 控制。

中小直径散装乳化炸药装药车工作原理如图 3-46 所示。

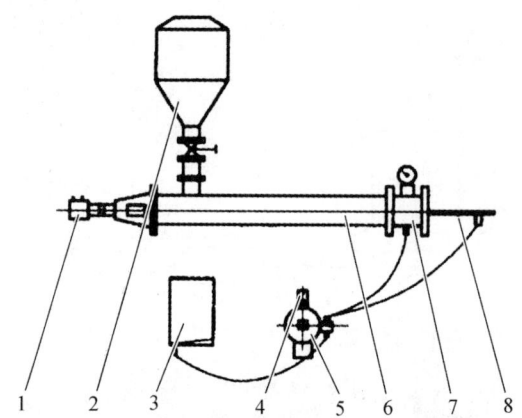

1—乳胶泵电机；2—乳胶基质储罐；3—润滑剂箱；4—润滑剂泵电机；5—润滑剂泵；
6—乳胶输送泵；7—测压件；8—输药软管。

图 3-46  中小直径散装乳化炸药装药车工作原理

（1）乳胶基质低阻力输送与敏化成药。

乳胶基质在常温（或低温）下呈膏体状态，具有很高的黏度。在乳化炸药装药车上，实现了高黏度乳胶基质长距离、低阻力管道输送技术。按预先设定的配方，乳胶基质与敏化剂经装药软管连续输送进入静态敏化器，并在其中实现连续混合后送入炮孔，有关组分经连续混合后开始反应，释放出惰性气体，在炮孔内最终将乳胶基质敏化成为乳化炸药。乳胶基质连续输送与敏化系统的工作压力一般为 0.6~1.0 MPa；乳胶基质孔内敏化成药时间为 3~5 min。图 3-47 为乳胶基质的连续敏化与炮孔装药示意。

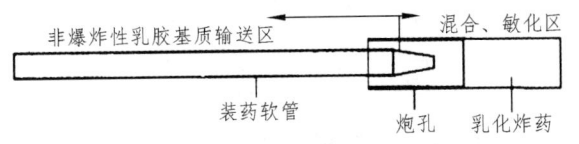

图 3-47 连续敏化与装药示意

（2）液压系统。

在装药车装填过程中，乳胶泵和润滑剂泵需要反复启、停，以便移动装药软管将乳胶基质装入同一工作面不同位置的炮孔中；另外每个炮孔的装药精度又要求输送泵体自始至终保持匀速转动，因此采用液压电机作为泵体的驱动装置是最佳选择。液压电机的动力来自液压系统中的液压油泵，通过液压系统中的各个执行元件可以很容易地控制这两个泵的启、停以及控制泵的输送流量。如将液压系统中的电磁换向阀的电信号与自动控制箱中的相应电机的启、停按钮相连接后，可以控制相应电机、泵体的旋转；另外，设计控制系统程序时，将控制系统中设定的每个炮孔装药量与泵体的旋转时间相联系，能够实现这两套泵体动作的自动控制。在液压系统中，调节流量调节阀（流控阀）可以改变输入不同电机的液压油流量，以改变电机的转速，从而可对乳胶泵和润滑剂泵的输送量进行调节，以适应装药车在不同爆破工地的装药量要求，可以分别在隧道小洞室和中小型露天矿采掘现场中使用。

3）微机控制炮孔装填

在地面站或配送站装载乳胶基质及敏化剂后，装药车即可直接驶入装药作业现场，并根据爆破设计要求进行现场混装作业。设定炮孔装药量后，车载 PLC 控制系统就可自动启、停以控制各个工作分系统协同动作，自动完成每个炮孔的装填作业，并存储、显示每个炮孔的装药量与累计装药量。装填作业效率在 15～100 kg/min 范围内可调，装药计量误差小于 1%。图 3-48 为炮孔装填示意。在现场混装作业过程中，PLC 对装药车关键工作系统实施在线监控，一旦出现超过设定参数的异常情况，整个系统会立即自动停车，确保现场混装作业的安全性。

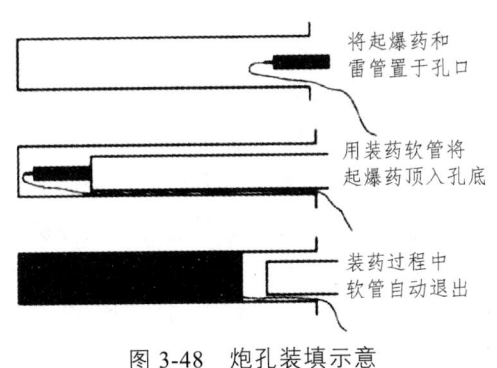

图 3-48 炮孔装填示意

#### 3.2.4.5 台车装药与人工装药分析对比

当前，在隧道爆破作业中，不管是人工手持风钻还是采用台车钻孔进行钻爆作业，掌子面仍以大量的爆破作业人员进行装药作业为主。如采用凿岩台车施工时，钻孔完毕后即需要约 5 人在吊篮甚至在钻臂上进行装药，钻孔速度快（2 h 左右），但装药时间长（2 h 左右）；而人工手持风钻施工时，钻孔速度慢（3 h 左右），但装药人数众多，装药速度快（1 h），总的钻爆循环时间相差不大，这也是现实中使用凿岩台车施工与人工钻爆施工速度相差无几的主要原因。

1. 人工装药安全问题

1）作业环境安全风险高，存在围岩掉落伤人的安全风险

因掘进工序的特殊性，每次进行装药作业的工作面巷道均为未支护的裸巷，作业过程中，爆破工需紧贴没有支护的裸露掌子面作业，尤其是在岩石较破碎的Ⅳ、Ⅴ级围岩下作业，受爆破扰动，即使经多次检撬，也存在围岩掉落伤人的安全风险。

2）需登高作业，存在跌落摔伤的安全风险

因各工作面有一半以上爆破孔在2m以上，整个装药过程中，大部分时间需人员站在梯子上，装药过程中无法双手把扶，且长时间仰头作业，人员易疲劳，存在从梯子上跌落摔伤的安全风险。

3）装药效率低，与爆破物品接触时间长

在装药过程中，特别是在梯子上装药作业时，爆破工需频繁上下传递、装填乳化药卷，降低了整体作业效率，人员长时间接触火工品（约150 min），安全风险较高。

4）需多次倒运，劳动强度大，安全风险高

乳化药卷从入库到分发至各作业面使用全过程，需经4~5次人工装、卸、搬运，使用人力多，劳动强度大，且全过程接触的均为成品炸药，每多一次火工品倒运，就增加一层安全风险。

2. 台车装药的优势

1）装药车结构性能，满足机械化装药作业需求

装药系统能适应小直径浅孔掘进爆破装药作业，自动送管系统可实现周边孔不耦合装药；载人吊篮系统对提高处理堵孔、装药、连线作业效率有显著作用，解决了人员站在梯子上在裸露巷道下作业存在的登高跌落摔伤和围岩掉落伤人风险；解决药卷多次倒运、爆破人员多次接触成品炸药的问题。

2）掘进爆破混装炸药技术工艺，实现全断面机械化装药作业

通过试验，对掏槽孔、辅助孔选用定量法（3~5 kg）耦合装药，对周边孔采用不耦合装药，循环进尺达到2.95 m；光爆质量验痕率：硬岩平均为80%，中硬岩平均为50%，软岩巷道成型符合设计轮廓，解决了近年来国内外一些大型地下金属矿山尝试采用混装车掘进爆破施工，但均不能用于周边孔装药的问题，实现了掘进爆破全部机械化装药目标。

混装乳化炸药密度可随施工需要进行调整，装药计量准确，全耦合装药，装药密度较传统装药密度大，孔装药利用率达100%，因此要达到同样的爆破效果其孔网参数要比使用常规炸药爆破的孔网参数大，延米爆破方量为传统炸药爆破方量的1.5倍左右，钻孔量可减少30%左右，降低了钻孔成本，因而总体上降低了爆破成本。

在大型硐室工程中，使用常规炸药爆破，随着往后爆破次数的增加根底逐渐提高，严重影响了挖渣装备的正常运作，而采用混装炸药爆破技术，有效地解决了这个问题。采用混装炸药装药技术，一方面装药密度比常规传统装药密度大，达到全耦合装药，这样对于深孔梯段爆破，其对钻孔的利用率高，充分利用炮孔容积，保持炸药的良好抗水性；另一方面混装炸药流动性大，可以通过输药管轻松地直接送到炮孔的底部，解决了因孔内有水和岩屑致使炸药无法达到炮孔底部的困难，减少了卡孔造成的盲炮，因而爆破后底部较平整，避免了二

次解炮处理，破岩质量得到合理控制和提高，同时也提高了炮渣的挖装效率。

3）装药效率提高约 50%

采用掘进混装车装药，体现最突出的环节就是在装药过程中大大提高了工作效率。如使用装药台车，55 孔纯装药时间约 80 min、48 孔纯装药时间约 70 min，较目前人工装药时间 150 min/炮，效率提高 47%~53%，降低了工人长时间在裸露巷道下的作业时间。最为突出的是，节省出来的装药时间，为 1 台车 1 个班次完成 2 炮装药任务创造了条件，通过爆破工一起领药、出药，装药台车可实现先装 1 炮药后再转移到另一个面装第 2 炮药，将原来的每炮 4 人优化为每炮 3 人，大大提高了作业效率、优化了人力配置。

4）能够实现本质安全

乳化炸药是通过移动式地面站将原材料生产成半成品后分装在混装炸药车的料仓里，然后用混装炸药车将半成品运送到施工现场进行配制生产，现场配制完毕后用输药管装入炮孔内 10 min 后才发泡形成具有雷管感度的炸药，因此在整个生产加工和运输过程中不存在意外爆炸危险。平常无须仓库储存，彻底消除了传统炸药生产、运输、储存过程中的不安全因素，提高了爆破作业的安全性。同时，载人吊篮系统四周有防护栏杆，顶部装配了防护顶板，爆破工站在装药台车专用的安全作业平台上作业，杜绝了人员高空坠落、浮石掉落伤人的安全风险。

5）能够实现"自动化减人、机械化换人"目标

依据现场试验情况，具体爆破施工程序分为前期准备及填装。以杏山铁矿装药作业模式为例，6 人每班完成 2 炮装药作业，平均每炮 3 人。同时机械装药代替人工装药，降低了工人劳动强度和登高作业等安全风险。

6）能够实现降本增效目标

以杏山铁矿掘进作业为例：

一是穿爆费用降低：目前人工装药穿孔、爆破单炮成本共计 3 495.6 元，测算混装车装药穿孔、爆破单炮成本共计 3 251.6 元，费用降低 243.9 元/炮（见表 3-16）。

表 3-16 爆破成本对比

| 序号 | 类别 | 人工装药 | | 装药车装药 | | 差值/元 |
| --- | --- | --- | --- | --- | --- | --- |
| | | 用量 | 成本/元 | 用量 | 成本/元 | |
| 1 | 基质炸药 | 0 | 0 | 126 | 724.5 | 724.5 |
| 2 | 乳化炸药 | 106.3 | 518.7 | 4.4 | 21.5 | −497.3 |
| 3 | 电子雷管 | 51 | 806.3 | 46 | 727.3 | −79.1 |
| 4 | 导爆索 | 75 | 132.8 | 0 | 0 | −132.8 |
| 5 | 穿孔 | 55 | 2 037.8 | 48 | 1 778.4 | −259.4 |
| 6 | 合计 | | 3 495.6 | | 3 251.6 | −234.9 |

二是人工费用降低：按单台车测算，每台车每班完成 2 炮装药作业，每炮减少 1 人，共 2 人。

三是增加设备消耗费用：掘进装药台车运行费用为 14.5 万元/台/年。

综上可知，按 1 台车测算，1 年可完成掘进装药 660 炮/1 921 m，可节省费用 37.6 万元。

#### 3.2.4.6 国内外典型产品介绍

目前，国内混装炸药车根据生产炸药的品种分为铵油炸药车、重铵油炸药车、现场混装炸药车、乳胶基质炸药车、多功能混装炸药车等，生产厂家主要有惠丰机械-原山西长治机械厂、北京北方诺信科技有限公司、江苏澳瑞凯板桥矿山机械有限公司、湖南金能科技股份有限公司等，生产的型号主要有 BCJ 多功能装药车、BCLH 现场混装粒状铵油炸药车、BCHR 系列现场混装乳化炸药车、BCHZ 系列现场混装重铵油炸药车。国外生产地下装药车的公司主要有：芬兰 NORMET（挪曼尔特）公司、加拿大 MACLEAN（麦考林）、DUX（杜克斯）和 BTI 公司、瑞典 GIA（盖亚）公司、美国 GETMAN（格特曼）公司、法国 EPC（德希尼布）集团公司、澳大利亚 Orica（澳瑞凯）炸药公司等。

1. BCHR 系列现场混装乳化炸药车

BCHR 系列现场混装乳化炸药车（见图 3-49）主要由汽车底盘、动力输出系统、基质料仓及泵送系统、敏化系统、连续装填系统、液压系统、自控系统、水汽清洗系统、保温系统等组成。

图 3-49 BCHR 系列现场混装乳化炸药车

该系列炸药车配备了动态监控系统和远程故障诊断系统，建立了企业级的信息监控平台。其由汽车底盘改装而成，所有零部件都安装在汽车底盘上。

该车广泛应用于冶金、煤炭、化工、建材等大中型露天采场、采石场的炮孔（干孔、水孔）作业，炮孔直径要求在 100 mm 以上，可实现低阻力、长距离、小管径的现场装药。

（1）BCHR 系列现场混装乳化炸药车主要技术参数见表 3-17。

表 3-17  BCHR 系列现场混装乳化炸药车主要技术参数

| 项目 | 型号 | |
|---|---|---|
| | BCHR-15 | BCHR-12 |
| 装药量/t | 15 | 12 |
| 适应环境温度/°C | −30~+40 | |
| 装药效率/(kg/min) | 100~280 | |
| 计量误差/% | ±2 | |
| 液压系统最高压力/MPa | 16 | |
| 整车最大质量/kg | 31 000 | 25 000 |
| 外形尺寸（长×宽×高）/mm | 10 520×2 500×3 750 | 9 400×2 450×3 980 |
| 乳胶基质密度/(g/cm$^3$) | 1.3~1.4 | |
| 乳化基质雷管感度 | 无雷管感度 | |
| 炸药密度/(g/cm$^3$) | 1.0~1.3 | |
| 爆速/(m/s) | 4 200~4 900 | |

（2）BCHR 系列现场混装乳化炸药车工作原理及工艺流程。

由乳化基质地面站生产的半成品乳胶基质，经基质泵泵入现场混装炸药车的乳化基质料仓，将配制好的敏化剂、催化剂溶液泵入到混装车的敏化剂箱、催化剂箱，并将冲洗水箱的水加至规定水位。

BCHR 装药车在地面站完成原料的装载后直接驶入爆破现场进行作业。

BCHR 装药车驶入爆破现场定位后，启动汽车发动机挂上取力器，开启自控系统，液压系统开始工作。

首先进行输药软管对孔及放管操作，通过调节机械手的伸缩、回转进行对孔，对好孔后，通过软管卷筒将输药软管放入孔底，完成炸药装填前的对孔及放管工作。

然后根据爆破设计的要求，在驾驶室内的控制触摸屏上设置好单孔装药量，打开基质料仓的蝶阀，料仓内的乳胶基质通过螺杆泵进行泵送，敏化剂、催化剂分别经敏化剂泵、催化剂泵泵送，通过流量计计量后进入螺杆泵的入口管路，经螺杆泵泵送在静态混合器内进行混合。

混合好的乳胶基质借助螺杆泵的压力，经水环润滑减阻装置，通过软管卷筒、输药软管送入孔底，乳胶基质经 10~15 min 发泡后，形成无雷管感度的乳化炸药。

BCHR 系列现场混装乳化炸药车工艺流程如图 3-50 所示。

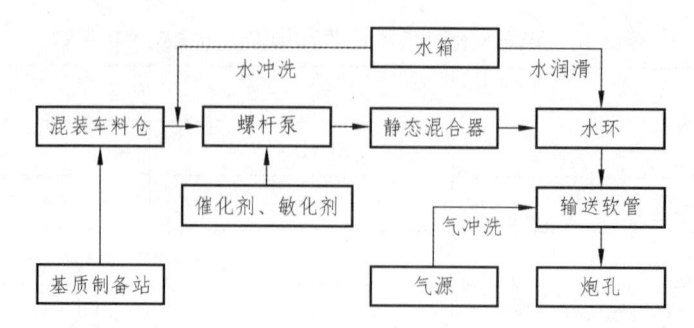

图 3-50　BCHR 系列现场混装乳化炸药车工艺流程

## 2. BCHZ 系列现场混装重铵油炸药车

BCHZ 系列现场混装重铵油炸药车（见图 3-51）主要由汽车底盘、动力输出系统、螺旋输送系统、液压操作系统、电气操作系统、燃油箱、多孔粒状硝铵料仓、乳化基质料仓及泵送系统等组成。

该车广泛适用于冶金、煤炭、化工、建材等大中型露天采场、采石场的炮孔（干孔、湿孔）作业，炮孔直径要求在 100 mm 以上。

图 3-51　BCHZ 系列现场混装重铵油炸药车

（1）BCHZ 现场混装重铵油炸药车主要技术参数见表 3-18。

表 3-18　BCHZ 系列现场混装重铵油炸药车主要技术参数

| 项目 | 型号<br>BCHZ-15 现场混装重铵油炸药车（多功能） |
|---|---|
| 装药效率/（kg/min） | 乳化炸药 100~280；<br>多孔粒状铵油炸药 200~450 |
| 计量误差/% | ±2 |
| 液压系统最高压力/MPa | 16 |
| 外形尺寸/mm<br>（长×宽×高） | 10 420×2 500×3 750 |
| 炸药密度/（g/cm³） | 1.05~1.35 |
| 爆速/（m/s） | 2 800~4 100 |

（2）BCHZ系列现场混装重铵油炸药车工作原理及工艺流程。

由移动（固定）地面站生产的半成品乳胶基质，经基质泵泵入现场混装车的乳胶基质料仓。在地面完成燃油、多孔粒状硝酸铵的装仓，然后直接驶入爆破作业现场。

整车动力来源于汽车发动机，取力器驱动液压油泵，液压油泵将压力油泵送到各个执行机构：基质泵电机、底螺旋电机、侧斜螺旋电机、升降油缸、燃油泵电机、回转电机、基质泵电机。

按照工艺配方的要求，乳胶基质通过转子泵进行泵送，多孔粒状硝酸铵经底螺旋按比例输出，燃油泵泵送的柴油经流量计计量后在三级输送螺旋的侧螺旋内进行混合输送装填入炮孔。

BCHZ系列现场混装重铵油炸药车工作流程如图3-52所示。

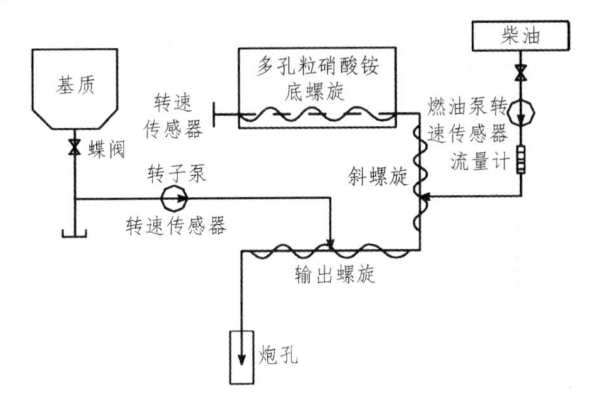

图 3-52　BCHZ系列现场混装重铵油炸药车工作流程

3. Charmec 9910 BC ANX 装药车

NORMET（挪曼尔特）公司的 Charmec 系列装药车已有 40 多年的矿山和隧道工程应用历史，具有多功能、安全、可靠和高效的特点，适用于铵油炸药、乳化炸药和其他类型的炸药，既可以用于开拓掘进，也可以用于生产爆破。

Charmec 9910 BC ANX 1000 装药车（见图 3-53）的 ANFO 炸药装药系统包含两个容量均为 500 L 的装药罐。采用举升能力达到 1 000 kg 的 Normet 超级大臂（Superboom）和大尺寸工作平台。因此，它能轻而易举地举升全体装药人员及炸药，可实现 10 m 高、12.5 m 宽的作业覆盖范围。机载空压机为装药提供高压风，绝缘的工作箱可安全存放雷管。

在工作臂 60°的回转范围内，工作平台可随之保持与作业面平行。液压驱动可伸展的 REX 工作平台不伸展时平台尺寸为 2.4 m×2.4 m，完全伸展后平台尺寸可达 2.4 m×4.7 m，为平台工作提供了较大的作业范围，工作臂和工作平台专门设计用于隧道施工。多个操作员可在同一平台上同时进行作业，使得该产品特别适合大断面隧道的装药作业。

大尺寸工作平台，覆盖面广的工作大臂，稳定性超强的底盘，使这款设备不仅仅是一台高效的装药车，同时还是一台真正的多功能设备，适合各种隧道施工作业。高举升载荷和大覆盖范围使其在不进行装药作业的情况下可广泛应用于通风设备、电缆、管道以及围岩加固如锚杆等的安装、挂网以及人工喷射混凝土等作业。其稳定的结构也可用于取样、测量与勘测作业。各工种作业所需的工具、材料可以一次快速到位，作业快捷、高效，不会无故中断。Charmec 9910 BC ANX 1000 装药车主要技术参数见表 3-19。

图 3-53 Charmec 9910 BC ANX 1000 装药车

表 3-19 Charmec 9910 BC ANX 1000 装药车主要技术参数

| 序号 | 名称 | 项目 | 9910 BC ANX1000 |
|---|---|---|---|
| 1 | 尺寸 | 长 | 11290 mm |
| | | 宽 | 2400 mm |
| | | 高 | 2 900 mm |
| | | 轮距 | 3 350 mm |
| | | 离地距离 | 320 mm |
| | | 外回转半径 | 7 780 mm |
| | | 内回转半径 | 3 530 mm |
| | | 工作质量 | 19 600 kg |
| 2 | 大臂 | 吊篮臂型号 | NSB900 |
| | | 大臂举升 | −20°～+53° |
| | | 大臂回转 | ±30° |
| 3 | 工作平台 | 作业高度 | 11.0 m |
| | | 作业宽度 | 10.0 m |
| | | 平台回转 | 340° |
| | | 平台尺寸（基础） | 2.40 m×2.40 m |
| | | 平台尺寸（伸长） | 2.40 m×4.70 m |
| | | 举升能力 | 1 000 kg |
| 4 | 装药 | 装药系统 | 两个各 500 L 的容器 |
| 5 | 底盘 | 底盘型号 | NC98 |
| | | 柴油发动机 | TCD2013 96 kW Tier3 |
| | | 驱动方式 | 四轮驱动 |

## 3.3 出渣作业线设备

出渣是隧道施工的基本作业之一，出渣作业占全部作业时间的 40%～60%。因此，出渣作业能力的大小，决定整个作业循环时间的长短，决定隧道的施工速度。正确合理地选择出渣作业方式，是加快隧道施工速度的关键。

装渣机械的分类繁多，从不同的角度有不同的分类方法，一般可分为翻斗式装渣机、动力式装载机、牵引式装载机；按行走方式可分为轨道式、履带式和轮胎式；按卸载方式可分为顶部翻转式、前倾卸载式和侧向卸载式；按扒渣方式可分为铲斗式、蟹爪式、立爪式和反铲斗式；按动力可分为电力驱动式、内燃机驱动式和空压式等。

隧道施工中，正洞、导洞及斜井出渣用的装渣机械有：装载机、挖装机、液压挖掘机、立爪式装载机等。

### 3.3.1 装载机

#### 3.3.1.1 概　述

隧道断面较小时，可采用专门设计的地下装载机，由于铰接式转向机动灵活，隧道用轮胎式装载机一般都是铰接式。对隧道用轮胎式装载机的要求如下：

（1）外形尺寸宽度及高度应予以缩小，长度方向可适当加长以安排布置装载机各系统部件。

（2）转弯半径尽可能小，以便于在狭窄的隧道内转弯掉头。

（3）驾驶座位应该横置，以便于装载机进退作业时，都能够良好地观察。

（4）驾驶座位应力求置于前车架上，以便于在车体曲折状态下铲装时，无论向左或向右曲折，都便于观察。

（5）因其进退频繁，变速箱后退挡数应与前进挡数相等。

（6）铲斗最好是可以侧卸的，便于卸载。

（7）内燃机必须装设废气净化装置。

（8）铰接点最好在前后轮的中间，使曲线行驶时，前后车轮沿同一轮迹行驶，以减小运行阻力和轮胎损耗，同时便于在狭窄地带作业。

#### 3.3.1.2 轮式装载机主要结构

以国产 ZL 系列地面用轮式装载机为例，介绍装载机的主要结构。

图 3-54 为 ZL 系列前端式装载机结构，与地面用装置机结构相似，如国产的 3 m$^3$ 的 DZL-50 地下装载机是 ZL-50 型的变形产品，零部件通用程度达 70%。

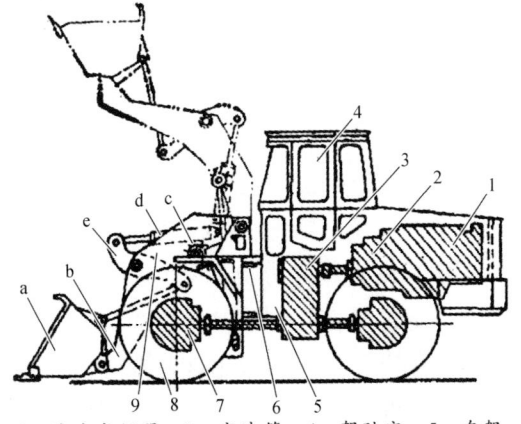

1—柴油发动机；2—液力变矩器；3—变速箱；4—驾驶室；5—车架；7—前、后桥；6—转向铰接装置；8—车轮；9—工作机构；
a—铲斗；b—动臂；c—举升油缸；d—转斗油缸；e—转斗摇臂。

图 3-54　ZL 系列前端式装载机结构

#### 3.3.1.3 其他类型的装载机

1. 侧卸式装载机

侧卸式装载机是在普通型装载机基础上改制而成并可实现正向、左右侧向卸料的多功能机械，特别适用于隧道开挖和窄小场地的施工作业，不需要转向调头等操纵动作就可以顺利完成装卸料工作，大大减少了作业循环时间，提高了工作效率。

1) 结构组成

装载机双向侧卸工作装置与普通工作装置一样为前置运动式，因其液压系统多为一联管路，故侧卸装载机的前车架需作轻微的设计变动。双向侧卸工作装置的三维立体外形结构如图 3-55 所示。

从图 3-55 中可以看出，双向侧卸工作装置由侧卸铲斗总成（含铲齿或可换齿座齿套）、托架总成、侧卸液压缸及其软硬管附件、铰接销轴等零部件组成，可实现左右双向侧卸和正卸两种功能。

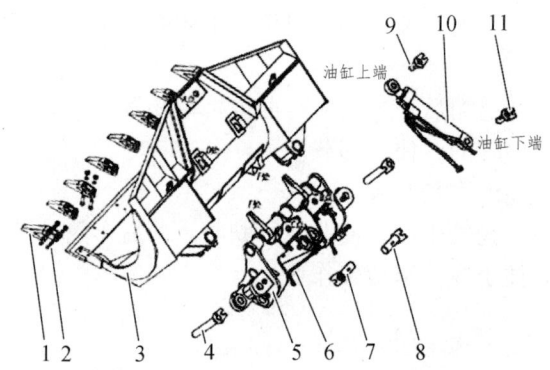

1—铲齿（含边齿）；2—连接螺栓与螺母；3—侧卸铲斗焊合件；4—铲斗与托架铰接销；5—托架总成；
6—至三联阀的液压管路；7—拉杆铰接销；8—动臂铰接销；9—油缸铰接销；
10—侧卸液压缸及附件；11—油缸铰接销。

图 3-55 双向侧卸工作装置的三维立体外形结构

2) 双向侧卸装置的工作原理

双向侧卸工作装置侧卸工况示意见图 3-56（图中为向右侧卸工况）。其主要部件有侧卸铲斗总成、托架总成和侧卸液压缸等。托架总成与动臂、拉杆铰接，通过侧卸或正卸销轴与侧卸铲斗总成连为一体。侧卸液压缸安装在侧卸铲斗背面，其前端支点与侧卸铲斗总成铰接，后端支点与托架总成铰接。在侧卸液压缸活塞杆的反复伸缩作用下，侧卸铲斗总成即可绕侧卸销轴做侧向来回转动，从而实现侧向卸料功能。左（右）侧卸时仅需将侧卸液压缸后支点用铰接销轴与托架总成左（右）边的轴座孔铰接，并将侧卸铲斗总成相对应的左（右）侧铰接座与托架总成的铰接孔用侧卸销轴固定。当采用该装置进行正卸作业时，只需将侧卸液压缸闭锁，并将侧卸铲斗总成与托架总成另一侧铰接孔用正卸销轴铰接，使铲斗与托架成为刚性整体，即可实现与普通铲斗相同的正卸作业功能。

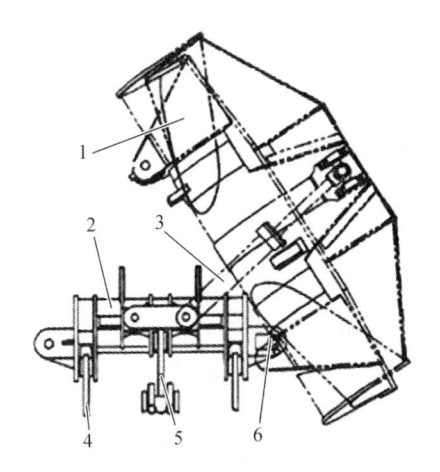

1—侧卸铲斗总成；2—托架总成；3—侧卸液压缸；4—动臂；5—拉缸；6—侧卸销轴。

图 3-56 双向侧卸工作装置侧卸工况示意

双向侧卸式装载机工作如图 3-57 所示。

图 3-57 双向侧卸式装载机工作图

2. 旋转装载机

旋转装载机是指其工作装置在作业过程中，可绕其旋转轴左右旋转 90°（转角范围为 180°），并且结构紧凑，因此同普通的轮式装载机相比，旋转装载机更广泛应用于作业空间受到限制、而对其机动性无特别要求的场合。这种装载机均装备液压快换装置，可更换多种不同的作业机具，以适应不同场合的作业需求。同时，它可替代现有的卸载式装载机，适合在隧道等狭窄空间作业。典型作业工况如图 3-58 所示。

图 3-58 旋转装载机工况图

3. 立爪式装载机

立爪式装载机是一种上取式半连续作业的装载机，是依靠两只立爪模仿人的手臂动作进行耙装。在煤矿和金属矿山的巷道中，可用以将崩落的半煤岩和岩石装入矿车、梭车或其他运输设备中。该机可与凿岩台车及运输设备组成机械化作业线。

立爪式装载机的主要优点：①这种设备插入料堆和耙取物料的阻力较小，功率消耗少，生产率高。②装载和耙取范围大，作业灵活，操作方便。③两个立爪分别驱动，既可交错运动，又可同步运动，有利于清理和耙装较大的岩块。④各驱动机构均采用液压系统，即使出现超负荷的情况，也可保护各部分机构不受损坏。⑤可以清理工作面和挖沟，减少工人的辅助劳动。⑥取消了机械传动系统，机构简化、紧凑，机重减轻。

按立爪的结构形式划分，有立爪式装载机和蟹爪式装载机；按行走方式可分为轨轮式、履带式和轮胎式，其中轨轮式行走机构用得较多。因蟹爪式装载机不太能适应隧道快速施工的要求，本书略去不叙。下面以 ZMY-I 型装载机为例，说明立爪式装载机的工作原理和基本结构。

ZMY-1 型立爪式装载机如图 3-59 所示，它由工作机构、行走机构和转载机构等组成。

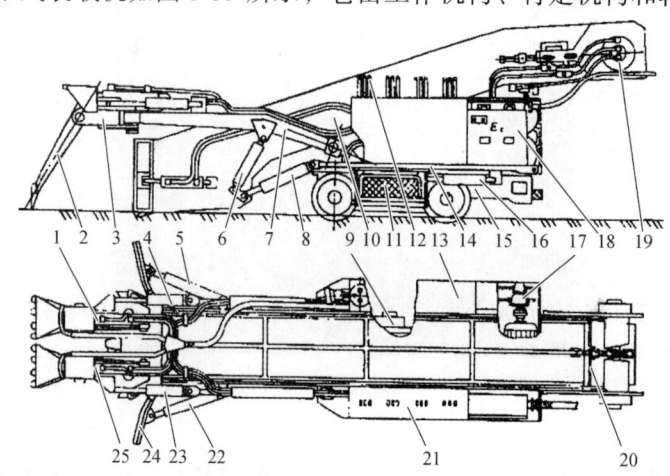

1，25—耙取油缸；2—立爪；3—小臂；4，23—小臂油缸；5，22—集渣油缸；6—大臂油缸；7—工作大臂；8—支撑油缸；9—行走电机；10—输送机；11—脚踏板；12—操纵手柄；13—油箱；14—转盘；15—减速器；16—转盘油缸；17—泵站；18—电控箱；19—输送机电机；20—刮板链；21—操纵箱；24—集渣板。

图 3-59 ZMY-1 型立爪装载机

### 3.3.2 隧道挖装机

#### 3.3.2.1 概　述

隧道挖装机又叫扒渣机、挖斗装载机、岩巷掘进机等。隧道挖装机集扒、挖、装、运、卸、行走于一体，集成了行走、挖掘、采集、输送、装车、场地平整 6 种功能，常用于铁路、公路、矿业、水利水电等小断面隧道岩巷的挖掘装运施工，适合在空间狭窄、大型机械难以到位施工的隧道、矿洞、巷道、斜巷斜井、涵洞等处进行施工。

隧道挖装机按挖掘装载能力分为小型、中型和大型。隧道挖装机每小时挖装运矿石土料

120 m³ 以下属于小型挖装机，每小时挖装运矿石土料 300 m³ 以上属于大型挖装机。

隧道挖装机按动力系统分为内燃型、电动型及内燃-电动混合动力型。小型隧道挖装机多为内燃型或电动型，内燃型挖装机机动性好，常用于小型巷道施工，电动型挖装机常用于小型矿井施工，在瓦斯等环境下采用具有隔爆功能的电机进行驱动。中型和大型隧道挖装机通常为内燃-电动混合动力型，适用于各种工作环境。

隧道挖装机按走行结构形式分为轮胎式、履带式、轨道式、履带-轨道复合式。小型隧道挖装机多采用轮胎式结构，中型和大型隧道挖装机常采用履带式结构，为方便地下井巷及隧道施工，还专门设计有轨道式隧道挖装机；同时，为了方便长大隧道施工，大型隧道挖装机常加装轨道走行机构。

按爬坡能力分类有普通型和大坡度型。小型隧道挖装机基本属于普通型，中型和大型隧道挖装机由于动力充沛，大部分为适应能力强的大坡度型。

隧道挖装机的设计用途：清出爆破或挖掘后的土石渣、表面土壤的挖掘、隧道横断面的成型。在这些用途当中，最重要的是清出隧道(洞)中爆破后的土石渣，也就是隧道的出渣。隧道挖装机在工作的时候，输送装置前部的开合框打开至最大开口宽度，工作装置对爆破后在掌子面附近的土石渣或者爆破后的岩石进行挖掘和收集，之后再扒运到刮板输送装置下部的开合框内，堆起的土石渣通过刮板输送装置上的双排链刮板运输到隧道挖装机刮板尾部，然后土石渣卸入隧道挖装机尾部的自卸汽车或者梭式矿车里。因为隧道挖装机的主要工作不是挖掘，而是扒渣，所以其铲斗的宽度和长度较大，但铲斗较浅，铲斗的斗容量比相近机重的挖掘机小。

国内外典型隧道挖装机外观如图 3-60、图 3-61、图 3-62 所示。

图 3-60  ITC312 型隧道挖装机

图 3-61  LWZ 型挖装机

图 3-62  WZ330 型隧道挖装机

#### 3.3.2.2 国内外技术发展现状

1. 国外技术现状

目前，国外的隧道挖装机生产厂家主要为德国的 SChaeff（雪孚）公司和日本的 KEMCO.Schaeff（凯米科-夏夫）公司。其中，德国 SChaeff（雪孚）公司的产品质量和技术性能占有绝对优势，其公司的 ITC 系列产品最具代表性，其中 ITC120 型（见图 3-63）产品将凿岩破碎功能与挖掘功能整合在一个工作臂上，实现了对中等硬度土层的挖装作业。日本 KEMCO.Schaeff（凯米科-夏夫）公司的挖装机产业也是通过向 SChaeff（雪孚）公司引进技术后发展而来的。SChaeff（雪孚）公司隧道挖装机主要技术参数见表 3-20。

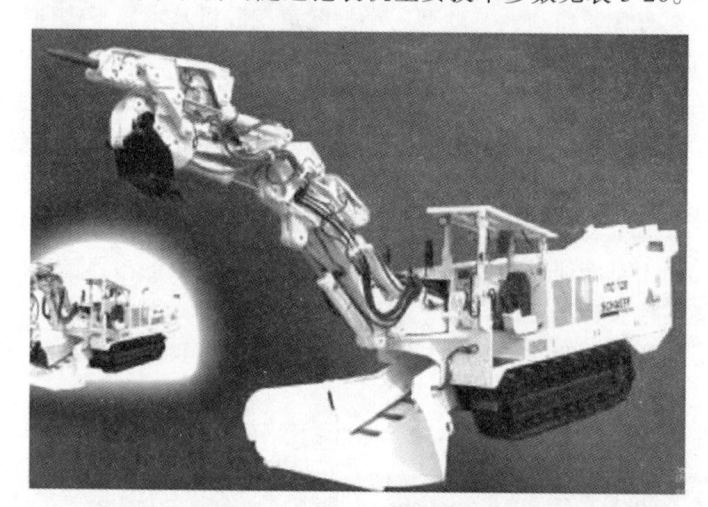

图 3-63　ITC120 隧道挖装机

国外的隧道施工产品优点突出，但在针对地铁隧道施工时也存在不适应的问题，地铁隧道相比铁路山岭等隧道空间要狭窄，需要单机具有多种功能，以实现单台设备在各个工序的施工作业。在这一方面国外的设备存在多功能实现的问题。

2. 国内技术现状

我国隧道挖装机的自主研发起步较晚，并在研发初期将主要精力放在了中小型隧道挖装机上。国产隧道挖装机是经过学习和吸收国外反铲式扒渣机的技术特点发展而来的。国内初期研发的隧道挖装机主要是单动力驱动的小型机，行走和作业均为电机驱动，多为单走行方式，一般为轮轨式和履带式，施工效率都不高，其中主要的代表企业有南昌凯马和贵阳力特。另外，石家庄铁道学院和相关企业依据原铁道部科技研究开发计划课题共同开发出了 WZ330 型隧道挖装机，该样机于 2009 年在石家庄下线，特点为双动力，但是该柴油机动力略显不足。国内其他研制隧道挖装机的厂家还有江西蓝翔有限公司、山东骏成机械有限公司以及洛阳一拖和铁一局建工机械有限公司等。国内主流隧道挖装机主要技术参数见表 3-21。

表 3-20　SChaeff（雪孚）隧道挖装机主要技术参数

| 挖装机型号 | ITC312-H1 | ITC312-H3 | ITC312-H4 | ITC312-H6 | ITC312SL | ITC320 |
|---|---|---|---|---|---|---|
| 整机工作质量/t | 35 | 26~34 | 27 | 37.5 | 34~37 | 45 |
| 输送能力/（m³/h） | 300 | 250~300 | 200~250 | 300 | 600 | 250 |
| 整机尺寸（运输状态）/m | 12×2.3×2.7 | 12.95×2.47×2.75 | 12.95×2.4×2.75 | 12×2.4×2.7 | 12.9×2.7×3.3 | 16×2.7×3.15 |
| 最小施工断面/m² | 18 | 15 | | 18 | 17 | 18 |
| 工作压力/MPa | 35 | 32 | 25 | 35 | 35 | 35 |
| 电机功率/kW | 90 | 90（1 480 r/min） | 75 | 90 | 110（1 485 r/min） | 132（1 480 r/min） |
| 发动机功率/kW | 140（2 000 r/min） | 140（2 300 r/min） | 63 | 140（1 800 r/min） | 165（2 000 r/min） | 165（2 000 r/min） |
| 履带板宽度/m | | 0.4 | | | 0.5 | 0.5 |
| 电机驱动慢/快/（km/h） | | 1.6/3.6 | | | | |
| 发动机驱动慢/快/（km/h） | | 1.6/3.6 | | | 1.8/4.8 | 1.8/4.8 |
| 爬坡角度/（°） | | 20 | | | 64.9%（33） | 64.9%（33） |
| 最大牵引力/kN | | 280 | | | | |
| 开合集料框宽度/m | 2.35~3.67 | 2.3~3.3 | | 2.35~3.67 | 2.7~4.1 | 2.6~4.1 |
| 输送槽内宽/m | 0.8 | 0.8 | | | 0.8 | 0.8 |
| 卸渣高度/m | 0.8 | 0.8 | 0.7 | 0.8 | 1 | 0.8 |
| 电机输送链速度/（m/s） | 2.5~3.5 | 2.5~3.5 | 3.5 | 3.5 | 3.5 | 3.5 |
| 发动机输送链速度/（m/s） | | 0.55 | | | 0.58 | 0.6 |
| 大臂座回转角度/（°） | | 0.5 | | | 0.58 | 0.6 |
| 铲斗宽度/m | | 2×55 | 2×55 | | 2×50 | 2×50 |
| 接地比压/kPa | | 0.9 | 0.5 | | 1.2 | 0.7 |
| 最大挖掘力/kN | | 119 | | | 100 | 150 |
| 最大挖高/m | 8.25 | 6.7 | | 7.95 | 6.7 | 8.25 |
| 最大挖深/m | 2.2 | 1.5 | | 2 | 1.5 | 2 |

表 3-21　国内主流隧道挖装机主要技术参数

| 挖装机型号 | LWZ160 | LWL260 | LWL360 A | WDZL312 | WZ330 |
|---|---|---|---|---|---|
|  | 贵阳力特 | 南昌凯马 | 南昌凯马 | 江西蓝翔 | 河北冀川 |
| 整机工作质量/t | 15.5 | 28 | 30 | 26.5 | 32 |
| 输送能力/(m³/h) | 160 | 260 | 360 |  | 330 |
| 整机尺寸/m | 13×2×3.2 | 13.5×2.2×3.1 | 16.1×3.5×4.4 | 13.5×2.7×3.5 | 15.6×2.5×2.9 |
| 工作压力/MPa | 15 |  |  | 31.5 | 32 |
| 电机功率/kW | 79 | 95 | 115 | 110 | 90 |
| 发动机功率/kW |  |  | 112 |  | 132 |
| 电机驱动慢/快/(km/h) | 2.2 | 1.52 | 1.45 |  | 1.6/2.7 |
| 发动机驱动慢/快/(km/h) |  | 1.49 | 1.4 |  | 1.6/2.7 |
| 爬坡角度/(°) | 46.6%（25） | 21.3%（12） | 21.3%（12） | 53.2%（28） | 36.4%（20） |
| 开合集料框宽度/m | ≤2.5 | 2.2-3.3 | 3.5 | 3.5 |  |
| 输送槽内宽/m | 0.75 | 0.8 | 1 |  |  |
| 卸渣高度/m | 2.6 | 3.5 | 3.6 | 3.7 | 3.5 |
| 电机输送链速度/(m/s) |  |  |  | 0.2~0.7 | 0.55 |
| 发动机输送链速度/(m/s) |  |  |  |  | 0.5 |
| 接地比压/kPa | <150 | 80 | 80 |  | 90 |
| 最小离地间隙/m |  | 0.2 | 0.25 | 0.43 | 0.25 |
| 最大挖高/m | 3.25 | 6.5 | 6.8 | 6.75 | 6.5 |
| 最大挖深/m |  | 1.4 | 1.45 | 0.9 | 1 |

3．发展趋势

随着我国隧道挖装机需求量的增加，挖装机技术得到良好的发展，未来挖装机的发展呈现如下特点：

（1）多样化。挖装机应用广泛，不仅是铁路隧道施工中的重要机械设备，还适用于矿洞、巷道、斜巷斜井、涵洞等危险、恶劣环境中。工作空间的限制对挖装机的外形尺寸和装载能力提出不同的要求。

（2）节能性。在能源日渐紧缺的今天，节能成为各个行业的追求之一。传统的工程机械能量利用率较低，仅为20%~30%，改善节能性显得尤为迫切。

（3）电液比例化控制。为了提高挖装机的可控性，减轻操作员的疲劳，未来的挖装机更多地采用如先导手柄控制电液化、泵控电子化、检测智能化等电液化控制技术。

#### 3.3.2.3　隧道挖装机的结构原理

1．整体结构

隧道挖装机整机由底盘行走机构、挖掘和运渣机构、内燃机和电力双动力系统、液压传动系统、电器控制系统五部分构成，完成挖装机的行走、扒渣（挖料）和输渣功能。挖装机同时采用柴油驱动和电力驱动两套动力系统,在洞外工作时由于无法随时供给电力,所以采用柴油驱动;在洞内工作时,由于隧道空间狭小,空气流动性差,柴油燃烧会对空气造成较大污染,因此改用电力驱动。隧道挖装机整体结构见图3-64。

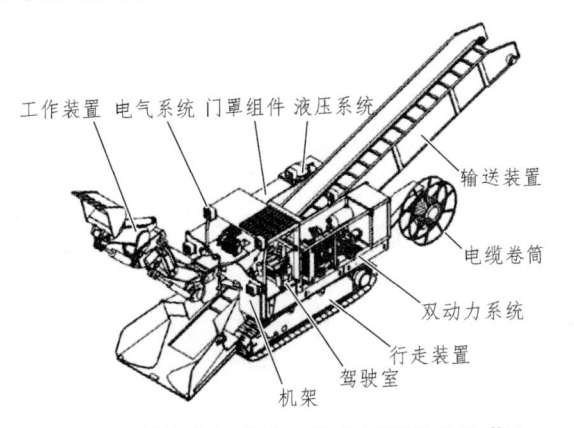

图 3-64 隧道挖装机构造(部分门罩组件隐藏)

2. 工作装置

挖装机工作装置为反铲挖掘机构,主要由动臂座、动臂、斗杆、挖斗、连杆机构、回转接头臂A、回转接头臂B、接头回转油缸、动臂油缸、接头油缸、斗杆油缸、铲斗油缸等部件组成。

该工作装置可以实现上下俯仰、左右偏摆作业,并靠液压缸的伸缩提供扒渣所需的动作和挖掘力。其中,铲斗和斗杆之间通过一个四连杆机构实现挖掘角度的放大,回转臂和机架之间为铰接结构,靠液压缸实现横向摆动。挖装机工作装置各臂架之间的垂向转动靠液压缸的伸缩实现,其中铲斗缸通过连杆机构驱动铲斗与斗杆之间实现相对转动,斗杆缸驱动斗杆与动臂之间实现相对转动,动臂缸驱动臂与回转臂之间实现相对转动。回转臂相对车架的横向摆动靠回转缸实现。隧道挖装机的工作装置结构如图3-65所示。

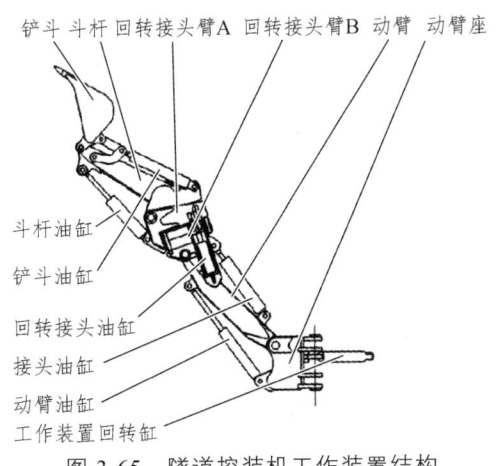

图 3-65 隧道挖装机工作装置结构

由于隧道挖装机工作装置经常沿着隧道两边进行收底、清渣,所以要求工作装置能沿着隧道进行平行作业。为了达到这个目的,特别将工作装置设计成斗杆相对动臂转动的,即在二者之间增加回转接头臂。回转接头臂由两部分构成,两者之间为铰接结构,可以通过油缸推动相互转动一定角度,从而使得动臂和斗杆能相互转动一定角度,其结构如图 3-66 所示。

图 3-66　回转接头臂结构形式

3. 输送装置

输送装置由集料筐、刮板输送链(双链式)、链条张紧装置、集料框开合油缸、输送装置顶升油缸等部件构成。刮板输送机构采用液压电机驱动的刮板输送链,刮板输送链由滚子链和赶料棒组成。输送装置下部的顶伸油缸,可以根据运渣车辆的不同调整卸渣高度。集料筐在非工作状态是合拢的,在工作的时候靠开合油缸顶开,以收集工作装置扒过来的土石渣。设计集料筐的主要目的是确保工作装置在自卸汽车或者梭式矿车装满离开后可以继续作业,此时把反铲工作装置扒取过来的土石渣储存在集料筐内,下一辆装渣车辆到来后可以快速把集料筐内的土石渣运扒到刮板输送链上,这样可以有效缩短装渣机械的等待接渣时间。

### 3.3.3　有轨运输机械

#### 3.3.3.1　运输车辆

隧道内常用的运输矿车有多种类型,按照运输货物类型可分为两类:第一类用于运输器材设备,如平板车、材料车;第二类用于运输散粒货,如梭式矿车、固定车厢式矿车、翻斗式矿车、单侧曲轨侧卸式矿车和底卸式矿车。除梭式矿车外,其他运输散粒货的矿车可以统称为斗车。

1. 梭式矿车

梭式矿车简称梭矿,它是应用于矿山隧道、水工涵洞等平巷掘进时的一种大型转载运输设备。它由机车牵引,可与挖掘、装渣机械组成平巷掘进机械化作业线。

我国生产的梭矿定型产品,容积有 4、6、8 $m^3$ 等 3 种。根据铁路隧道工程施工特点要求,宜发展单个的大容积梭矿,用矿山机车牵引在轨道上行驶。目前,已研制的梭矿容积最大达 16 $m^3$。

(1)主要技术性能及参数。

几种梭式矿车主要技术参数见表 3-22。

表 3-22　梭式矿车的主要技术参数

| 参数 | 型号 | | | |
|---|---|---|---|---|
| | ST-4<br>STB-4 | ST-6<br>STB-6 | ST-8<br>STB-8 | SD-8<br>STD-8 |
| 容积/m³ | 4 | 6 | 8 | 10 |
| 自重/t | 6 | 8 | 10 | 20 |
| 载质量/t | 10 | 15 | 200 | 8 |
| 外形尺寸：<br>长×宽×高/mm | 6 250×1 260×1 620 | 7 014×1 450×1 640 | 9 540×1 570×1 640 | 9 600×1 560×1 780 |
| 转向架中心距/mm | 3 000 | 3 600 | 5 400 | 5 950 |
| 轨距/mm | 600 | 600 | 600，762，900 | 600，762，900 |
| 轴距/mm | 800 | 800 | 800 | 800 |
| 单车最小转弯半径/m | 8 | 12 | 15 | 12 |
| 搭接最小转弯半径/m | — | — | — | 30 |
| 接载高度/m | 1.2 | 1.2 | 1.2 | 1.2 |
| 卸载时间/min | 2 | 1.2 | 1.5 | 1.5 |
| 电机功率/kW | 2×7.5 | 2×10.5 | 2×13 | 18.5 |
| 最大运行速度/(km/h) | 20 | 20 | 20 | 15 |
| 使用巷道规格/(m×m) | 2.2×2.2 | 2.4×2.4 | 2.5×2.5 | 3×3 |
| 转向架减震方式 | | | | 橡胶，钢板 |

注：1. ST 型为非搭接型，SD 型为搭接型。
　　2. STB、SDB 中的 B 表示阻爆型。
　　3. SD 型可选配橡胶弹簧减震或钢板弹簧减震。

（2）主要结构。

梭式矿车主要由车厢、刮板运输机构、转向机构和动力传动装置 4 部分组成，如图 3-67 所示。

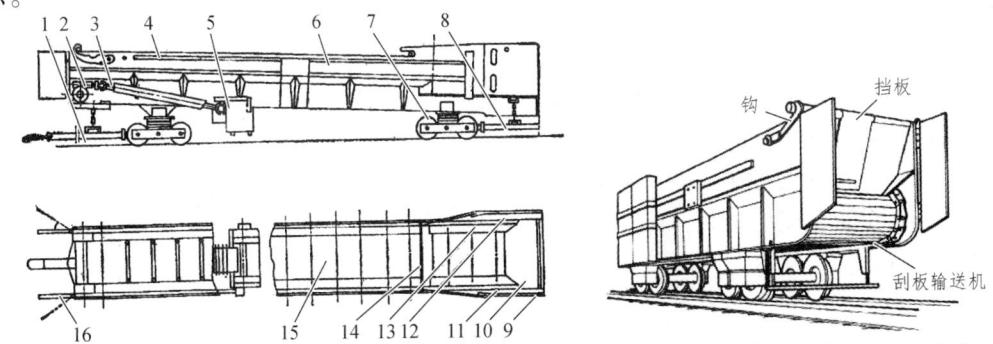

1—牵引杆；2—圆柱蜗轮减速器；3—万向传动轴；4—前车体；5—电动机托架及链传动；6—后车体；
7—转向架；8—搭接牵引杆Ⅰ；9—左外侧板；10—后挡板；11—左后侧板；12—右后侧板；
13—右外侧板；14—活动挡板；15—刮板运输机；16—前挡板。

图 3-67　梭式矿车结构

（3）梭式矿车的应用。

梭式矿车可以单车使用，也可以搭接组成列车使用。装岩机将石渣装入梭矿的装料端，通过车厢底部的刮板运输链，可将石渣自动地装满整个车厢。若装载的石渣较多，则可组列使用，使两辆或多辆梭矿搭接，第一辆梭矿将石渣转运到第二辆及以后的各辆，装满后由机车牵引至卸渣场卸载。有的梭矿在装载时可以穿搭在一起，一次将整列车装满，但在运行时须将梭矿脱开（仍组成为列车）。在这种情况下，梭矿的连接杆可伸缩改变其长度。有的梭矿在装载、卸载、运行状态均可搭接，无须脱开。这种梭矿具有更高的运输能力。

2. 斗车

斗车结构简单，使用方便，适应性强，按其容量大小可分为小型斗车（容量小于 3 m³）和大型斗车。斗车运输是较经济的运输方式。小型斗车轻便灵活，满载率高，调车便利，一般均可人力翻斗卸渣。在无牵引机械时还可以人力推送，它是最常用的运输车辆。大型斗车单车容量较大，可达 20 m³，必须用动力机车牵引，并配用大型装渣机械装渣才能保证快速装运。根据斗车类型采用驼峰机构侧卸或翻车机构卸渣。对轨道要求严格，但可以减少装渣中调车作业次数，进而缩短装渣时间。

固定车厢式矿车如图 3-68 所示。车厢与车架固定连接，须用翻车机将矿车翻转进行卸载。其基本结构由车厢、车架、缓冲器、连接器和行走机构组成。矿车和物料的总和超过 20 t 时，一般应增加轮对数目。对多于两个轮对的矿车，为便于通过弯道将两个轮对组成一个有转盘的小车，这种小车称为转向架。

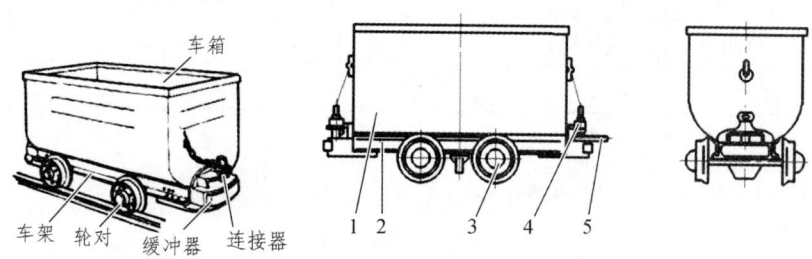

1—车厢；2—车架；3—轮轴；4—插销；5—牵引链。

图 3-68　固定车厢式矿车结构

### 3.3.3.2　牵引机车

牵引机车是在隧道掘进期间，为运送施工材料、出渣的运输车辆提供牵引动力的设备，一般采用蓄电池机车（电瓶车）或架线式机车，有时也采用内燃机车。蓄电池机车（电瓶车）或架线式机车，其优点是在洞内不造成废气污染，主要用于隧道纵坡度不大的隧道施工运输牵引。内燃机车牵引能力较大，但运输期间会增加洞内的废气污染和噪声，需要加强隧道施工期间的通风。

1. 电机车

目前，我国主流电机车都采用直流电机车，其牵引电动机及牵引电网均为直流。直流电机车有两种：架空接触线随遇供电式电机车，简称架线式电机车；自携电源蓄电池电机车，简称蓄电池电机车。

架线式机车由以下部分组成：列车，由电机车和所牵引的矿车组成；供电设备，由牵引电网与牵引用变流室组成。架线式电机车的供电系统如图3-69所示。

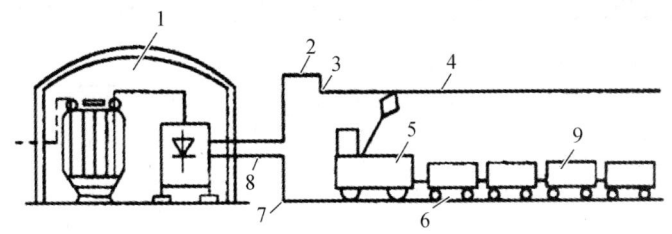

1—牵引变流室；2—馈电线；3—馈电点；4—架空裸导线；5—电机车；6—运输轨道；
7—回电点；8—回电线；9—矿车。

图3-69 架线式电机车的供电系统

牵引变流室内安装有交流变流设备、专用变压器、直流配电设备等。牵引变流室一般与井底车场电流所在一起或在其附近的专用硐室内。

蓄电池电机车由列车、供电设备组成，其供电设备包括充电设备及变流设备两部分，对于此类设备轨道不在供电系统中。

（1）电机车的主要技术性能及参数。

常用电机车的主要技术性能及参数见表3-23。

表3-23 常用电机车的主要技术性能及参数

| 参数 | | 型号 | | | |
|---|---|---|---|---|---|
| | | CTY2.5/4.6.7.9G48 | CDY2.5/4.6.7.9G48（A） | CJY1.5/6.7.9G100 | CJY7/6.7.9GP |
| 类型 | | 蓄电池 | 非防爆特殊型蓄电池 | 架线式 | 交流变频调速 |
| 装备质量/t | | 2.5 | 2.5 | 1.5 | 7 |
| 轨距/mm | | 457<br>600<br>762<br>900 | 457<br>600<br>762<br>900 | 600<br>762<br>900 | 600<br>762<br>900 |
| 牵引力/kN | | 2.55 | 2.55 | 1.5 | 15.09 |
| 速度/(km/h) | | 4.54 | 4.54 | 4.54 | 11 |
| 最大牵引力/kN | | 6.13 | 6.13 | 3.68 | 17.2 |
| 电压/V | | 48（蓄电池组电容量330/A·h） | 48（蓄电池组电容量308/A·h） | 100 | 550（250） |
| 牵引电机功率×台数/kW | | 3.5×1 | 3.5×1 | 3.5×1 | 22×2 |
| 外形尺寸 | 总长/mm | 2 480 | 2 330 | 2 340 | 4 470 |
| | 轨面距顶棚高/mm | 1 550 | 1 550 | | |
| | 牵引高度/mm | 320 | 320 | 320 | 320/430 |
| | 轴距/mm | 650 | 650 | 650 | 1 100 |
| | 轮径/mm | 460 | 460 | 460 | 680 |
| 最小曲线半径/m | | 5 | 5 | 5 | 7 |
| 调速方式 | | 电阻 | 电阻 | 电阻 | 变频 |
| 制动方式 | | 机械 | 机械 | 机械 | 机械电气 |
| 备注 | | 单电机外车架 | 非煤矿井下使用 | 内车架单电机 | 一级传动单司机室（1800~2200） |

（2）主要结构。

电机车结构大致相同，主要由机械、电气两大部分组成，如图3-70所示。

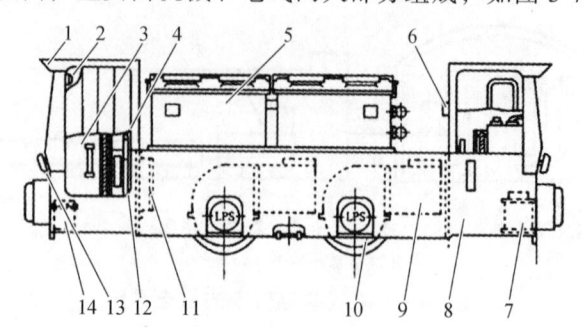

1—司机棚；2—照明灯；3—司机控制器；4—制动装置；5—电源装置；6—甲烷报警仪；
7—断电及稳压装置；8—车体；9—电动机；10—行走部件；11—分线箱；
12—撒砂装置；13—警铃装置；14—电阻器。

图 3-70 电机车结构

机械部分包括车架、轮对、轴承和轴箱、弹簧托架、制动系统、撒砂系统、齿轮传动装置及连接缓冲装置。

2. 内燃隧道牵引车

长期以来，在隧道及地下工程中使用的蓄电池电机车因其储电能力有限，存在诸多缺陷，如充电时间长，走行距离短，使用费用高，铅酸蓄电池报废后对环境污染很大等。而内燃隧道牵引车不需要充电，只需携带柴油就可以行走很长距离，特别适用于隧道施工尤其是长大隧道施工。内燃隧道牵引车属于窄轨内燃机车，下面介绍其主要结构和主要参数。

（1）基本构造。

窄轨内燃机车种类较多，不同的产品结构差异较大。图3-71为JX29KB型机械传动内燃机车，图3-72为CFL150XCL型液力传动内燃机车。

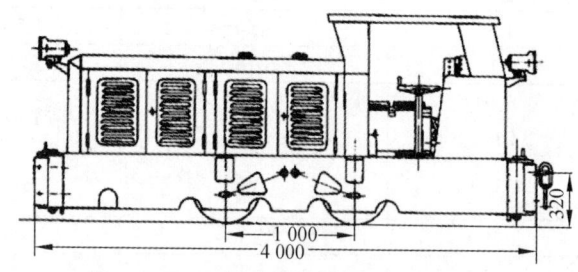

图 3-71 JX29KB 型机械传动内燃机车

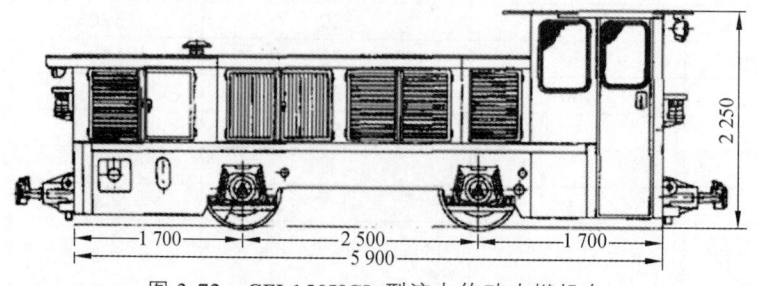

图 3-72 CFL150XCL 型液力传动内燃机车

（2）国内地下窄轨内燃机车主要技术参数。

表 3-24 所示为国产地下窄轨内燃机车主要技术参数。

表 3-24 国产地下窄轨内燃机车主要技术参数

| 技术参数 | 型号 | | | |
|---|---|---|---|---|
| | JX15（20）井巷内燃机车 | JX29KB（JX40KB）防爆低污染内燃机车 | SQ（110 kW）隧道牵引机车 | CJ66FB 防爆齿轨内燃机车 |
| 轨距/mm | 600 | 600 | 900 | 600、900 |
| 整备质量/t | 2.7 | 7 | 18 | 12 |
| 轴列式 | B | B | B | B |
| 轴重/（kN） | 13.5 | 35 | 90 | 60 |
| 轴距/mm | 750 | 1 000 | 2 700 | 1 500 |
| 最大黏着牵引力/kN | 6.8 | 15.68 | 持续 33.9，起动 53.8 | 撒砂 24.5，不撒砂 18.5 |
| 最高黏着运行速度/（km/h） | 7、9、16 | 4.25、6.3、12.7、19.3 | 持续 7，范围 0~30 | 14.8 |
| 最大运行坡度/‰ | 20 | 20 | 20 | 463 |
| 最小水平曲线半径/m | 6 | 7 | 20 | 10 |
| 传动方式 | 机械传动 | 机械传动 | 液力传动 | 液力、机械传动 |
| 驱动方式 | 链条 | 链条 | 车轴齿轮箱和万向轴 | 车轴齿轮箱和万向轴 |
| 制动方式 | 脚制动和手制动 | 手制动 | 空气制动及手制动 | 液压及空气制动 |
| 车钩高度/mm | 210、320、480 | 210、320、430 | 420 | 320 |
| 柴油机型号 | 2105-1 | X4105FB | 6135 AK-IC | 6105FB |
| 标定功率/转速/kW/（r/min） | 14.9/1 500 | 29.4/1 500 | 110/1 500 | 66/2 300 |
| 起动方式 | 电起动 | 电起动 | 电起动 | 液压起动 |
| $NO_2$ | 7.87g/（kW/h） | $<800\times10^{-6}$（体积分数） | $<800\times10^{-6}$（体积分数） | $<800\times10^{-6}$（体积分数） |
| 外形尺寸（长×宽×高）/mm | 2 460×955×1 750 | 4 000×1 060×1 600 | 6 200×1 140×1 600 | 11 840×1 100×1 600 |

### 3.3.4 无轨运输机械

#### 3.3.4.1 概 述

在隧道施工中，常用的无轨运输设备有：通用自卸汽车、隧道用自卸汽车（铰接式自卸汽车）、集装箱式自卸汽车。

1. 通用自卸汽车

隧道内使用通用自卸汽车运渣，其最大问题是内燃机排放的废气。内燃机排放的废气多为油气混合物，废气中含有大量的二氧化碳，对环境造成污染，对人体造成伤害。为了减少排出的废气量，车辆上装设有空气净化装置和排气处理装置。在隧道内经常使用的通用自卸汽车多为 20 t 级，最大载质量为 10 t。

2. 隧道用自卸汽车

此种车辆即铰接式自卸汽车，其最大特点是外形尺寸小，车体为铰接式，转弯半径小，因此，可以在狭窄的地带行驶。行走系统装设有液力变矩器、动力换挡装置等，因此通行性能和爬坡性能较通用自卸汽车好。动力多采用涡流式空冷发动机，或空冷二次燃烧式发动机，同时装设有排气处理装置，因此对隧道内环境污染较小。驾驶员座椅为横置式或为双转向机构（方向盘前后布置），操纵方便，视野良好。

3. 集装箱式自卸汽车

集装箱式自卸汽车由前车身、U形后车体和集装箱（即翻斗）3部分组成。集装箱放置在U形框架结构内，通过四连杆机构可将放置在地上的集装箱插移到车体上；也可以使用U形框架内的车体，将放置在地上的集装箱插移到车体上。装在车体上的集装箱也可以在车体上向后倾斜卸载，最大后倾角可达67°。

此种车辆的载质量有40 t、60 t和75 t等，主要适用于大断面隧道的运输作业。

### 3.3.4.2 铰接式自卸汽车的结构特点和使用性能

1. 前、后车体以铰链轴连接，转弯半径小

前车体集中了发动机、变速器、分动器及液压转向等部件。后车体仅为车架中后桥和车厢，前后车体之间以垂直安装的铰链轴相连接，车辆转弯时，不再是单体式汽车的前轮转向，而是前车体以铰链轴为中心的整体转向；因此，铰接式自卸汽车的转弯半径大大减小，仅为相同轴距长度的单体式汽车转弯半径的60%~70%。由于转弯半径减小，使得铰接式自卸车的转弯、倒车更灵便，机动性大为提高。

2. 全轮驱动、单胎结构，通过性强

为适应在松软、泥泞的地面上行驶，铰接式自卸汽车均采用全轮驱动，轮胎为宽体、大花纹的低气压单胎。

3. 分动器、差速器及差速锁，有力保证续航能力

发动机的动力经变速器增大扭矩输出时，均是经分动器将动力分别输出，向前驱动前桥车轮，向后则驱动中桥和后桥的车轮。不仅左、右轮之间有差速器及差速锁，在前、中、后桥间也有差速器及差速锁，从而保证了在转弯时左右车轮可以差速，而当某一车轮打滑时，又可实现锁止，保证整车连续行驶。

4. 车速不高

铰接式自卸汽车是为适应在松软泥泞地面行驶而设计的，行驶速度不可能偏高，因而其最高车速均设定在45~52 km/h，实际上常用的行驶速度一般均在30~40 km/h。

5. 悬架结构简单

由于车速不高，地面松软，轮胎又是宽体、低压、单体轮胎，从而使车辆悬架结构可以大为简化，如取消传统的钢板弹簧，甚至仅保留一定厚度的橡胶缓冲块，从而使车架及车厢的离地高度得以大为降低。

### 6. 适应隧道作业的要求

由于车架、车厢的离地高度大为降低，相应的装载机铲斗的提升高度得以降低，也适应了隧道开挖运输作业中对相关设备和施工空间最大高度的限制。

### 7. 车宽较窄

由于采用 3 轴，车轮又采用单胎，因而使铰接式自卸汽车的外宽得以缩窄。与同吨位的单体式 4×2 车型相比，其外宽将缩窄 15%～20%。车宽缩窄，同样有利于适应隧道开挖运输作业的要求。

### 8. 爬坡能力较强

铰接式自卸汽车主要行驶于松软、泥泞无路地段，路面均为临时路面。虽然一些路段的坡度有可能达到 10%～15%，但铰接式自卸汽车的传动系速比分配设计，一般都能够确保整车满载状态时仍有 50% 的最大爬坡度。

### 9. 倒车挡有 3 挡，包括快倒挡

在铰接式自卸汽车使用中，经常要反复装载和卸载，倒车的时间比例较高，倒车的距离有时较长，为缩短长距离倒车的时间，铰接式自卸汽车的倒挡一般有 3 个挡位，即慢速挡、中速挡（常用）及快速挡。使用快速挡时，车辆倒车速度可达 20～25 km/h。

## 3.3.5 带式输送机

### 3.3.5.1 工作原理及结构组成

#### 1. 带式输送机的工作原理

带式输送机是一种以输送带做牵引和承载构件，连续输送物料的机械设备。其结构原理如图 3-73 所示，带式输送机是以无极挠性输送带载运物料的连续输送机械。它具有多种类型，以适应在不同条件下使用，但其基本组成相同，只是具体结构有所区别。主动滚筒在电动机驱动下旋转，通过主动滚筒与输送带之间的摩擦力带动输送带及带上的货物一同连续运行。当货物运到端部后，由于输送带换向而卸载。利用专门的卸载装置也可以在中部任意位置卸载。

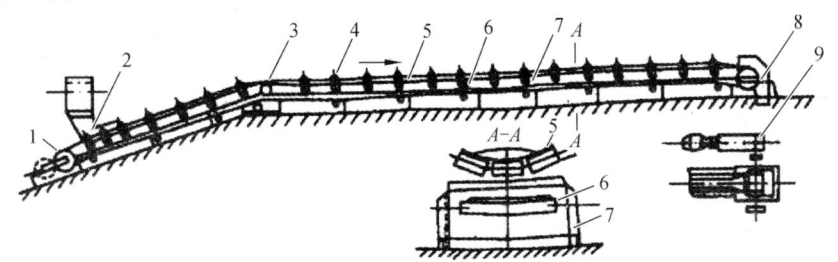

1—拉紧装置；2—装载装置；3—改向滚筒；4—上托辊；5—输送带；
6—下托辊；7—机架；8—清扫装置；9—驱动装置。

图 3-73 带式输送机工作原理

#### 2. 带式输送机的主要部件

带式输送机包括以下几个主要部分：输送带、托辊及中间架、滚筒、拉紧装置、制动装置、控制装置、清扫装置和卸料装置等。

（1）输送带。

输送带是带式输送机的重要组成部分，在输送机成本中占 30%~50%。输送带在带式输送机中既是承载构件又是牵引构件（钢丝绳牵引带式输送机除外），它不仅要有承载能力，还要有足够的抗拉强度。

（2）托辊及机架。

托辊的作用是支撑输送带，减小运行阻力，并使输送带的垂度不超过一定的限度，以保证输送带平稳运行。托辊的总重占整机质量的 30%~40%。托辊安装在机架上，按其用途可分为承载托辊、回程托辊、缓冲托辊和调心托辊。

机架主要由机头传动架、中部架、中间驱动架、受料架和机尾架等组成。机头传动架用于安装头部驱动装置和传动滚筒等元部件。中部架主要安装支承上、下两股输送带的托辊组，由多节架逐节连接而成。中间驱动架用于安装整套中间助力驱动装置，其结构随直线带式摩擦或卸载滚筒摩擦等不同拖动方式而异。受料架设在输送机受料装载处，具有较强的耐冲击能力；架上装有上、下两层可与相邻机架衔接的托辊组，上层为较密集的缓冲托辊组，下层托辊组与中部架处的相同；架上还装有导料槽。机尾架用于安装机尾改向滚筒，输送带在此转向回程，并设有调偏机构。小型带式输送机还附设输送带的张紧装置。

（3）滚筒。

滚筒是带式输送机的重要部件之一，按其作用不同，可分为传动（驱动）滚筒与改向滚筒两种。传动滚筒用来传递力，它既可传递牵引力，也可传递制动力；而改向滚筒则不起传递力的作用，主要用于改变输送带的运行方向，以实现各种功能（如拉紧、返回等）。

（4）制动装置。

对于倾斜输送物料的带式输送机，为了防止有载停车时发生倒转或顺滑现象，或者对于停车特性与时间有严格要求的带式输送机，应设置制动装置。制动装置按其工作方式不同可分为逆止器和制动器。

（5）拉紧装置。

拉紧装置又称张紧装置，它是调节输送带张紧程度，以产生摩擦驱动所需张力的装置，是带式输送机必不可少的部件。在总体布置带式输送机时，选择合适的拉紧装置，确定合理的安装位置，是保证输送机正常运转、启动和制动时输送带在传动滚筒上不打滑的重要条件。通常确定拉紧装置的位置时需考虑以下几点：①拉紧装置应尽量安装在靠近传动滚筒空载的分支上，以使启动和制动时不产生打滑现象。对运距较短的输送机可布置在机尾部，并将机尾部的改向滚筒作为拉紧滚筒。②拉紧装置应尽可能布置在输送带张力最小处，这样可减小拉紧力。③应尽可能使输送带在拉紧滚筒的绕入和绕出分支方向与滚筒位移线平行，且施加的拉紧力要通过滚筒中心。

带式输送机拉紧装置的结构形式很多，按其工作原理的不同主要分为重锤式、固定式和自动式 3 种。

（6）清扫装置。

在带式输送机运行过程中，不可避免地有部分碎块和粉末粘到输送带的表面，通过卸料装置后不能完全卸净。当表面粘有物料的输送带通过导向滚筒或回程托辊时，由于物料的积聚而使它们的直径增大，会加剧输送带的磨损，引起输送带跑偏，同时沿途不断掉落的物料又污染了场地环境。此外，粘有物料的输送带表面与传动滚筒表面相接触除有上述危害外，还会破坏多滚筒传动的牵引力分配关系，致使某台电动机过载（或欠载）。因此，清扫粘在输送带表面的物料，对提高输送带的使用寿命和保证输送机的正常运转具有重要意义。

对清扫装置的基本要求：能清扫干净，清扫阻力小，不损伤输送带的覆盖层，结构简单而又可靠。

常用的清扫装置有刮板式清扫器、清扫刷；此外，还有水力冲刷器、振动清扫器等。采用哪种装置，应视所输送物料的黏性而定。

#### 3.3.5.2 产品介绍

带式输送机是煤矿巷道最理想的高效连接运输设备，它与其他运输设备（有轨运输机械、无轨运输机械）相比，不仅具有长距离、大运量、连续输送等优点，而且运行可靠，相比于其他运输机械更容易维修和节省劳动力，易于实现自动化、集中控制，特别是对于高产高效矿井，带式输送机已成为煤炭高效开采机电一体化技术装备中的关键设备。

现以新乡市津锐机械厂的 TD75 型通用带式输送机为例说明。

1. 整机结构和特点

TD75 型通用带式输送机的具体结构如图 3-74 所示，适用于水平或倾斜输送，工作环境为 -15 ℃ ~ +40 ℃，输送具有酸性碱性、油类物质和有机溶剂等成分的物料时，需采用耐油、耐酸碱的橡胶带；TD75 型通用带式输送机驱动部分采用电机减速机或电动滚筒驱动；制动装置选用滚柱逆止器、带式逆止器、制动器等；拉紧形式有螺旋拉紧、垂直拉紧、车式拉紧 3 种。TD75 型通用带式输送机具有输送量大、结构简单、维修方便、部件标准化等优点，根据输送工艺要求，可单台输送，也可多台或与其他输送设备组成水平或倾斜的输送系统，以满足不同布置形式的作业线需要，适用于输送堆积密度小于 1.67 t/m$^3$，易于掏取的粉状、粒状、小块状的低磨琢性物料及袋装物料，如煤炭、块煤、焦炭、石油焦、干污泥等。被送物料温度小于 60 ℃。其机长及装配形式可根据用户要求确定，传动可采用电滚筒，也可采用带驱动架的驱动装置。

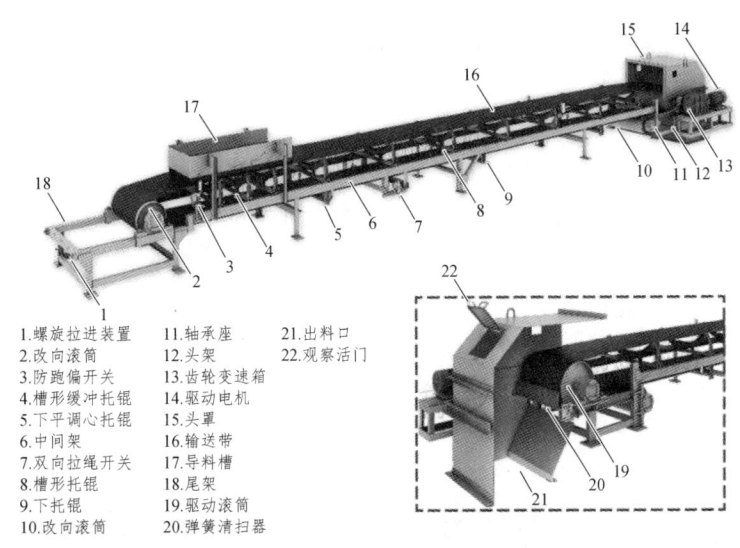

1. 螺旋拉进装置　11. 轴承座　21. 出料口
2. 改向滚筒　12. 头架　22. 观察活门
3. 防跑偏开关　13. 齿轮变速箱
4. 槽形缓冲托辊　14. 驱动电机
5. 下平调心托辊　15. 头罩
6. 中间架　16. 输送带
7. 双向拉绳开关　17. 导料槽
8. 槽形托辊　18. 尾架
9. 下托辊　19. 驱动滚筒
10. 改向滚筒　20. 弹簧清扫器

图 3-74　TD75 型通用带式输送机

## 2. TD75型通用带式输送机输送能力

TD75型通用带式输送机输送能力见表3-25。

表3-25 TD75型通用带式输送机输送能力

| 承载托辊形式 | 带速/(m/s) | 带宽 B/mm | | | | | |
|---|---|---|---|---|---|---|---|
| | | 500 | 650 | 800 | 1 000 | 1 200 | 1 400 |
| | | 输送量 Q/(t/s) | | | | | |
| 槽型托辊 | 0.8 | 78 | 131 | — | — | — | — |
| | 1.0 | 97 | 164 | 278 | 435 | 655 | 891 |
| | 1.25 | 122 | 206 | 3 458 | 544 | 819 | 1 115 |
| | 1.6 | 156 | 264 | 445 | 696 | 1 048 | 1 427 |
| | 2.0 | 191 | 323 | 546 | 853 | 1 284 | 1 748 |
| | 2.5 | 232 | 391 | 661 | 1 033 | 1 556 | 2 118 |
| | 3.15 | — | — | 824 | 1 233 | 1 858 | 2 528 |
| | 4.0 | — | — | — | — | 2 202 | 2 996 |
| 平行托辊 | 0.8 | 41 | 67 | 118 | — | — | — |
| | 1.0 | 52 | 88 | 147 | 230 | 345 | 460 |
| | 1.25 | 66 | 110 | 184 | 288 | 432 | 588 |
| | 1.6 | 84 | 142 | 236 | 368 | 553 | 753 |
| | 2.0 | 103 | 174 | 289 | 451 | 677 | 922 |
| | 2.5 | 125 | 211 | 350 | 546 | 821 | 1 117 |

### 3.3.6 不同出渣方式对比

#### 3.3.6.1 不同出渣方式的优缺点

1. 有轨运输

（1）优点：电力驱动，可以减少洞内通风压力。

（2）缺点：轨式矿车转弯半径较大，在横洞与主洞垂直相交的位置需大量扩挖，增加了回填成本；轨式矿车出渣作业时，一台矿车装渣，另一台需在洞外等待，待一台满载出洞后另一台才能进洞装渣，运转时间较长，出渣效率低，影响施工进度。为了加快施工进度，洞内需设错车道，最小宽度为2 m，最小长度为20 m，增加了投资及回填成本；轨式矿车对洞口场地需求较高，需要较为宽阔的场地。如果项目隧洞的洞口场地均较为狭窄，受到河流等地形限制，且弃渣场较为分散，那么洞外轨道布设受场地影响较大，需二次倒运，费时费力。

2. 无轨运输

（1）优点：小断面隧道施工，可以在洞内会车，无须增设加宽带和掉头洞，能在洞内掉头，减少了洞内扩挖所产生的回填费用；在出渣的过程中，需要数辆自卸汽车在掌子面附近等待装车，实现连续装渣，有利于加快整体施工进度；采购成本低，便于维修保养，灵活机动，用途广泛；受洞口场地影响较小，对弃渣场距离远近要求不高，无须二次倒运。

（2）缺点：尾气排放量大，洞内通风要求高；随隧道掘进长度变长，为了保证施工进度，需要适当增加自卸汽车的数量。

3. 带式输送机

（1）优点：输送物料种类广泛，输送物料的范围可以从很细的各种物料到大的岩石石块、煤或浆木料，能以最小的落差输送细分过的或易碎的物料；输送范围宽，带式输送机的输送能力可以满足任何要求的输送任务；输送线路的适应性强，输送机线路可以适应地形，在空间和水平面上弯曲，从而降低基建投资，并能避免在场内和其他拥挤地区，以免受铁路、公路、山脉及河流的干扰；灵活装卸料，带式输送机可以根据工艺流程的要求灵活地从一点或多点受料，也可以向多点或几个区段卸料；可靠性强、安全性高、费用低；占用维护人员的时间少，较少的零件维护和更换可在现场很快地完成，维护费用低。

（2）缺点：大部分矿业带式输送机均以恒速运行为主，不能根据运载量实时调节带速，在这种情况下无法保证带式输送机保持满负荷或高负荷运行，带式输送机长期处于轻载状态，导致输送机的实际工作效率只有40%~60%，浪费大量电能，生产成本大大提高。

#### 3.3.6.2 施工效率对比

以某一引水隧道工程为例分析不同出渣方案的区别。

（1）有轨运输施工。有轨运输采用轨式扒渣机配合梭式矿车出渣，配置 2 台 16 m³ 梭式矿车和 1 台电瓶牵引车。扒渣机采用 LW-150 型，扒渣能力为 150 m³/h，每装满一组梭式矿车的时间按 40 min 计算。为了保障梭式矿车运行安全，速度按 5 km/h 计算。按最大距离计算，进、出口各施工 3 631 m，出渣运输时间为 45 min。由此计算可得，每循环出渣工序耗费时间为 85 min。

（2）无轨运输施工。无轨运输采用履带式扒渣机配合自卸汽车出渣，需配置多台自卸汽车进行一次性出渣，才能达到与采用梭式矿车相同的出渣效率，且在出渣后至少应通风 30 min。

（3）带式输送机。带式输送机在隧道施工中能做到不间断出渣，与上述两种出渣方式相比有如下特点：

① 采用排渣带式输送机进行隧道排渣，不需要大量的劳动力，只需要少量的维护人员，在降低劳动强度的同时也降低投资成本，同时排渣能力也大大提高，相对车辆运输，环保的同时又减少了对隧道通风的要求。

② 由于隧道空间有限，所以排渣带式输送机一般都设计得比较紧凑，物料输送支架一般通过膨胀螺栓固定在隧道的洞壁上，这种结构可以节省出更大的空间留给检修小车和人员通行。

③ 隧道洞口的规格可按标准分类，因此排渣带式输送机的规格和部件可以实现标准化，既减少设计强度，又实现部件的通用性，在不同的项目里可以重复使用，提高设备的使用率。

④ 排渣带式输送机的运行只需要电能，非常环保，采用排渣带式输送机进行废渣外运既减少汽车运输导致的污染，也减少汽车维护和保养的费用，是一次性投入终身受益的设备。

⑤ 排渣带式输送机能实现连续运输，保证了隧道排渣的连续性，从而避免了汽车运输过程中出现故障，造成排渣瘫痪的问题。

结合国内外产品，对比采用排渣带式输送机和传统的车运方式，总投资费用和施工工期都是比较低的，所以排渣带式输送机的前景是十分光明的。

## 3.4 初支作业设备

隧道的开挖，打破了地层结构的最初应力平衡，造成围岩应力的释放以及开挖后洞室的变形，过量变形会导致岩石松动，更严重的情况就是坍塌。在开挖成形后的洞室周边，施作钢、混凝土等支撑物，向洞室周边提供抗力，控制围岩变形，这种开挖后的隧道内支撑体系，称为隧道洞身支护。本节介绍几种常用的隧道支护作业设备。

### 3.4.1 拱架安装台车

#### 3.4.1.1 概述

在隧道施工中，当围岩软弱破碎严重时，需及时安装钢拱架作为初期支护，以控制围岩变形，防止坍塌。国外发达国家对于隧道机械化施工研究较早，各施工工序都配置了配套的机械化作业线，机械化程度高，设备配套齐全，在软弱围岩的支护作业中，拱架安装设备被广泛使用。国外拱架安装设备主要有以下两种。

（1）专用拱架安装车。这类拱架安装车专门用来进行钢拱架的安装，根据举升钢拱架的机械臂的数目可分为单臂和双臂两种，分别如图3-75和图3-76所示。单臂式拱架安装车只能进行整体式或已组装好的钢拱架的安装。由于钢拱架挠度较大，且单臂式安装车只有一个抓举点，不易克服拱架挠度，造成就位困难、安装时间长。双臂式拱架安装车具有两个举升臂，将拱架分为两节进行安装，举升的拱架挠度较小，可解决单臂式安装车所遇到的问题。

图3-75 单臂式拱架安装车　　　　图3-76 双臂式拱架安装车

（2）由现有设备改装而来的拱架安装车。这类拱架安装车是对挖掘机、叉装车等现有设备改装而来的，如图3-77所示。这类拱架安装车结构相对简单，当无须进行拱架安装时，可迅速恢复为原来的功能。但这类安装车也存在着与单臂拱架安装车同样的问题。

图 3-77 由叉装车改装而来的拱架安装车

#### 3.4.1.2 国内外技术发展现状

1. 国外技术现状

国外发达国家自 20 世纪中叶起，由于开展大规模基础设施建设而逐步扩大工程机械需求，加上人力成本相对较高，从而促使了发达国家对工程机械的研发和实际运用。目前，在隧道施工方面，国外发达国家已经基本实现全过程机械化作业。针对开挖、挂网、架拱等基础工序，研发了相应的高效率、高专业化程度的专用设备。

20 世纪 90 年代以来，国外发达国家已掌握了隧道拱架安装工程设备的设计制造技术，并随着技术的进步，不断迭代优化。同时，伴随着电控技术的发展，相关的控制理论及技术也逐步应用至拱架安装设备中，使得相关产品在机械化和自动化方面得到了进一步的提升。

国外相关产品逐步呈现为结构功能细化，在底盘移动方式上，主要为履带式和轮胎式。工作机构也细化为单臂式、多臂式和工程机械改装式。单臂式结构设备主要有芬兰 NORMET（挪曼尔特）公司生产的 Himec9915BA 拱架台车（见图 3-78）、德国 GTA 公司生产的 NormLifter2500 A 型拱架安装台车（见图 3-79）等。多臂式结构设备主要有 MCHI220Z（见图 3-80），其为一种集隧道拱架安装和混凝土喷射为一体的综合支护设备，可满足隧道施工多工序作业要求。

图 3-78 Himec9915BA 　　图 3-79 NormLifter2500 A 　　图 3-80 MCHI220Z

2. 国内技术现状

我国隧道施工产品的机械化水平与欧美等发达国家对比，国内对于相关拱架安装设备的研究稍显落后，拱架安装设备的结构设计仍具有较大的改进空间。国内相关研究力量主要集中在企业与科研院校，企业主要以工程机械改装式和多臂式拱架安装台车为主要研究方向，如湖南五新研发的 WXHLC1215 型拱架台车（见图 3-81）为改装式台车，中国铁建重工集团股份有限公司研发的 SCD133 型拱架台车（见图 3-82）为多臂式拱架安装台车。

图 3-81　WXHLC1215 型拱架台车　　　图 3-82　SCD133 型拱架台车

**3. 发展趋势**

随着基础建设规模的扩大，以及相关理论研究的进一步加深，对钢拱架安装车的研究呈现出了如下趋势：

（1）根据国际隧道协会（ITA）对隧道横断面积的分类标准，有极小断面、小断面、中等断面、大断面和特大断面 5 种类型，针对不同断面类型的支护设备的研究也进一步发展加深，这将促进拱架安装台车种类发展细化，以满足不同隧道类型施工的要求。

（2）针对隧道初期支护采用的钢拱架具有弯曲程度高、长度大、挠度大等特点，需要进一步提升和优化安装设备夹持机构的工作稳定性和灵活性，保证夹持机构在拱架吊装过程中具有良好的稳定性，减少拱架在吊装过程中的变形、振动，同时提高工作机构的自由度，保证拱架吊装的灵活性，从而提高安装过程的效率。

（3）为了进一步提高隧道初期支护的效率，相关工程设备将朝着转场高效化方向发展。拱架安装台车的底盘结构将进一步改进优化，减轻底盘机构的质量，采用更先进的行走方式，以实现高效转场和平稳支撑。

（4）为了进一步提升拱架安装台车的适用性，相关研究也将朝着设备多用型发展，设备将采用多臂多辅助机构设计，实现一机多能，尽可能满足隧道开挖各工序的要求，提升设备的机械化水平。

（5）隧道开掘具有一定的危险性，随着控制技术的发展，拱架安装台车必然会朝着电气化智能控制方向发展，实现机电一体化，从而提高安装设备的控制精度、操作灵敏度和智能化辅助功能。同时，电气控制乃至无线控制能够进一步提高施工的可靠性、精准性和稳定性，并大幅度提升安装人员的安全性。

### 3.4.1.3　工作原理与结构组成

单臂式拱架安装车只能进行整体式或已组装好的钢拱架的安装，由于钢拱架挠度较大，且单臂式安装车只有一个抓举点，不易克服拱架挠度，造成就位困难、安装时间增长。相比单臂式拱架安装车，双臂式钢拱架安装车具有安装就位容易、安装速度快等优点，因此双臂式是拱架安装车的发展趋势，也是国产化研究的主要方向。这里只介绍双臂式拱架安装车的结构和工作原理。

1. 双臂式拱架安装车主要结构与原理

双臂式拱架安装车主要由底盘、拱架安装机械手、工作平台、平台举升臂以及液压系统、电控系统等组成，如图 3-83 所示。滑台可沿轨道前后移动，安装机械手铰接于滑台上，其结构组成如图 3-84 所示。

沿拱架安装机械手伸缩臂伸缩方向建立 $X$ 轴，基座 2 转动轴线为 $Z$ 轴。为完成拱架的举升和姿态调整，机械手能够实现以下自由度的动作：伸缩臂的伸缩、俯仰和绕 $Z$ 轴的摆动；小臂 16 保持水平、绕 $Z$ 轴的左右摆动；夹持器 6 绕 $Y$ 轴的摆动、绕 $Z$ 轴的摆动以及沿 $Y$ 轴的夹紧；采用静液压调平方式实现小臂的自动调平。随动油缸 12 和平衡油缸 9 的结构尺寸完全相同，它们的有杆腔和无杆腔分别相连，使得油缸 12 伸长（缩短）的长度与油缸 9 缩短（伸长）的长度相等。当基臂 3 举升时，随动油缸 12 伸长，$\angle BAC$ 增大，平衡油缸 9 缩短相同距离，$\angle DEF$ 减小，合理设计 $\triangle CAB$ 和 $\triangle FED$ 的边长，可使 $\angle DEF$ 减小的角度约等于 $\angle BAC$ 增大的角度，实现小臂的水平调节。

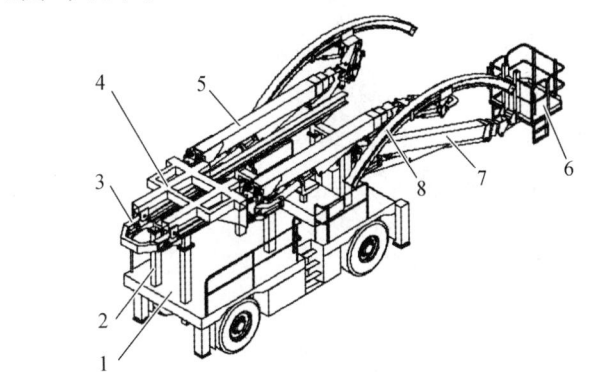

1—底盘；2—轨道支承；3—轨道；4—滑台；5—安装机械手；
6—工作平台；7—平台举升臂；8—钢拱架。

图 3-83 双臂式拱架安装车主要结构

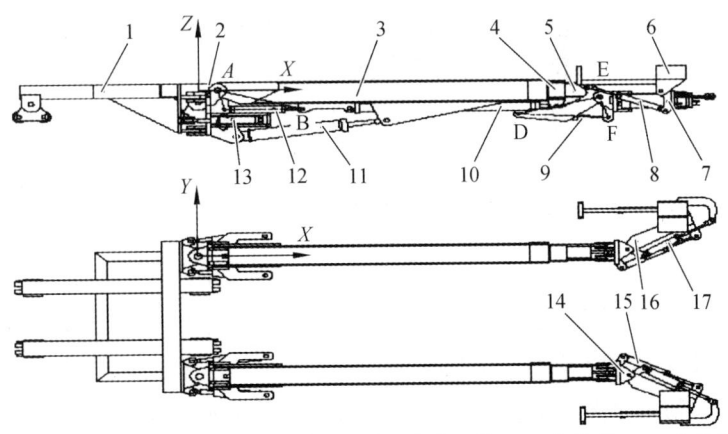

1—滑台；2—基座；3—基臂；4—第一节伸缩臂；5—第二节伸缩臂；6—夹持器；7—夹持器与小臂连接件；
8—夹持器俯仰油缸；9—平衡油缸；10—第一节伸缩臂油缸；11—基臂变幅油缸；
12—随动油缸；13—基臂摆动油缸；14—伸缩臂与小臂连接件；
15—小臂摆动油缸；16—小臂；17—夹持器摆动油缸。

图 3-84 双臂式拱架安装机械手结构

2. 作业流程

（1）抓取并运输钢拱架。拱架安装车利用安装机械手抓取钢拱架并运输到安装位置，抓取及运输钢拱架过程中滑台处于轨道靠近车尾一端，这样可增加运输过程中车辆的稳定性。

（2）举升钢拱架并进行姿态调整。到达安装位置后，液压支腿张开，滑台移动到轨道靠近车头一端，安装机械手进行钢拱架的举升和姿态调整，使钢拱架达到安装高度并平行于隧道截面，如图 3-85 所示。

（3）安装螺栓。将两个钢拱架进行点动，进一步调整姿态，实现钢拱架在空中的对接，通过工作平台将安装人员提升到一定高度，安装拱架接头端板的连接螺栓。

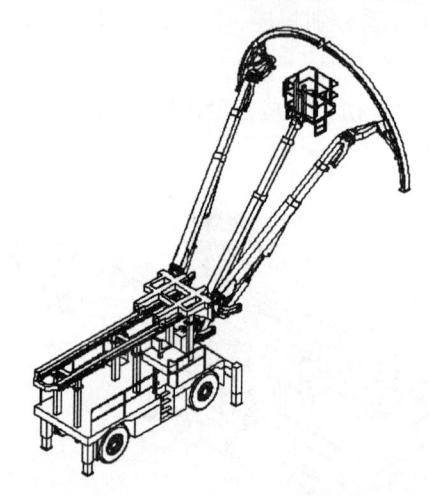

图 3-85　处于安装状态的拱架安装车

#### 3.4.1.4　国内外典型产品

国外发达国家对于拱架安装设备研究较早，在 20 世纪 90 年代已掌握拱架安装车的设计和制造技术。国外具有代表性的产品主要有芬兰 NORMET（挪曼尔特）公司的 Himec 9915BA 和 UTILIFT 2000 型双臂拱架安装车、德国 GTA 公司的 NormLifter 2500 A 和 M 2000 RS 以及日本 Furukawa（古河）的 MCH1220Z 等。国内关于隧道拱架安装设备的研究起步较晚，目前铁建重工、中铁装备等企业均研制了拱架安装车。

1. UTILIFT 2000 型双臂拱架安装车

UTILIFT 2000 型双臂拱架安装车是 NORMET（挪曼尔特）公司研制的专用拱架安装设备，结构尺寸如图 3-86 所示，其结构主要由轮式底盘、两个拱架安装臂、两个工作平台以及滑台等组成。底盘为四轮驱动刚性重载底盘，前轮为双轮胎形式。前后桥均采用全液压双回路多片式油浸行车制动、失压保护安全型紧急制动。拱架安装臂可由驾驶室内控制，也可使用有线遥控的方式控制。工作平台可分别通过平台控制盘和底盘驾驶室独立控制。UTILIFT 2000 型双臂拱架安装车的主要性能参数见表 3-26。

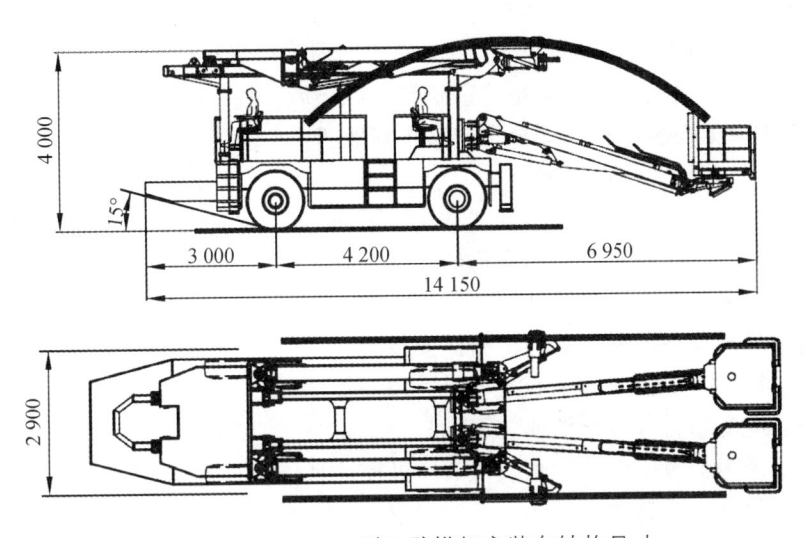

图 3-86 UTILIFT 2000 型双臂拱架安装车结构尺寸

表 3-26 UTILIFT 2000 型双臂拱架安装车主要性能参数

| 型号 | | | Normet UTILIFT 2000 |
|---|---|---|---|
| 整车尺寸 | | 长 | 14 150 mm |
| | | 宽 | 2 900 mm |
| | | 高 | 4 000 mm |
| | | 设备总质量 | 34 000 kg |
| 底盘 | 发动机 | 型号 | DEUTZ TCD 2012 L6 |
| | | 功率 | 155 kW/2 300 r/min |
| | 后桥摆动 | | ±10° |
| | 最大行驶速度 | | 15 km/h |
| | 爬坡能力 | | 15° |
| | 最大牵引力 | | 168 kN |
| 拱架安装臂 | 最大举升高度 | | 11 m |
| | 最大侧伸 | | 8.5 m |
| | 举升能力 | | 1 000 kg/臂 |
| | 伸缩距离 | | 4 000 mm |
| | 滑台移动距离 | | 4 300 mm |
| 工作平台 | 最大提升高度 | | 11.6 m |
| | 最大负荷 | | 400 kg/臂 |
| | 回转角度 | | 45° |

2. XM1200三臂拱架安装台车

1）主要性能特点与结构简介

XM1200三臂拱架安装台车是北京新能正源环境科技有限公司研发的具有完全自主知识产权的新型钢拱架安装台车，该台车能够较好地适应单双线铁路隧道以及公路隧道工程钢拱架的安装作业。其性能特点如下：

① 三臂结构设计，多种拱架安装方法，精确定位，高效作业。
② 机械抓手与操控平台一体化集约设计，安全性与可控性大幅提高。
③ 三臂机械抓手自适应设计。
④ 适合各种规格的钢拱架和格栅拱安装。
⑤ 自平衡作业平台，可360°旋转。
⑥ 柴、电双动力，可分别独立工作。
⑦ 系统采用全液压设计、无级调节，可控性高。
⑧ 随机附有电缆卷筒。
⑨ 履带底盘，适合多种现场路面工况，稳定性好，爬坡能力强。

XM1200三臂拱架安装台车如图3-87所示，该台车主要由臂架系统、动力系统、行走系统等组成，采用三臂三平台、三臂三抓手、柴电双动力、重力自适应、全尺寸夹具等设计。

1—行走系统；2—臂架系统；3—动力系统。
图3-87 XM1200三臂拱架安装台车

（1）行走系统。

XM120三臂拱架安装台车行走系统采用履带式行走结构。其履带底盘爬坡能力强，能够在坡度为12°的地面上正常行走；行走速度可达2.8 m/h；作业环境适应性好，可广泛适用于铁路、公路、地铁等隧道施工。

（2）臂架系统。

三臂拱架安装台车臂架系统如图3-88所示，该臂架系统由1个主臂、2个辅臂及其附属结构组成。主臂配有重力自适应机械抓手，辅臂配有拱架固定装置，用于隧道拱架抓举、角度调整、连接和安装就位等机械化快速作业。操作人员可分别在各操作平台完成臂的伸缩、旋转、升降、对孔角度调整等控制作业。主辅臂上的3个作业平台还可用于锁脚锚杆作业、拱架之间拉筋焊接、隧道缺陷处理、装药作业、隧道内法向锚杆施工和其他高空作业。

1—作业平台；2—主臂抓手；3—主臂；4—辅臂。

图 3-88　XM120 三臂拱架安装台车臂架系统

（3）动力系统。

XM1200 三臂拱架安装台车动力装置采用柴电双动力系统，由柴油机动力单元和电动机动力单元组成。柴油机动力单元采用 AC 380 V 电压供电，额定功率为 90 kW，转速为 1 500 r/min；电动机动力单元同样采用 AC 380 V 电压供电，额定功率为 90 kW，转速为 1 500 r/min。两动力单元均可独立工作，具有较强的适应性。

2）规格参数

XM1200 三臂拱架安装台车规格参数见表 3-27。

表 3-27　XM1200 三臂拱架安装台车规格参数

| 序号 | 部件名称 | 项目 | 单位 | 参数 |
| --- | --- | --- | --- | --- |
| 1 | 主臂 | 最大安装高度 | m | 12 |
| | | 最大水平外伸 | m | 12 |
| | | 主臂举升角度 | (°) | −21～+40 |
| | | 工作臂回转角度 | (°) | 左右各 30 |
| | | 额定载荷 | kg | 1 100 |
| | | 最大举升高度 | m | 12 |
| 2 | 辅臂 | 最大水平外伸 | m | 13 |
| | | 举升角度 | (°) | −21～+41 |
| | | 摆动角度 | (°) | 0～30 |
| | | 额定载荷 | kg | 700 |
| 3 | 电动机动力单元 | 额定功率 | kW | 90 |
| | | 电压 | V | AC 380 |
| | | 电流 | A | 166 |
| | | 转速 | r/min | 1 500 |

续表

| 序号 | 部件名称 | 项目 | 单位 | 参数 |
|---|---|---|---|---|
| 4 | 柴油机动力单元 | 额定功率 | kW | 145 |
| | | 转速 | r/min | 1 500 |
| 5 | 履带行走 | 爬坡能力 | (°) | 12 |
| | | 行走速度 | km/h | 2.8 |
| 6 | 整机参数 | 整机尺寸 | mm | 13 800×2 900×2 970 |
| | | 质量 | kg | 45 000 |

### 3.4.2 锚杆台车

#### 3.4.2.1 概述

锚杆台车是在井下巷道顶板或侧帮中钻凿锚杆孔并完成部分或全部锚杆安装工序的自移式设备。锚杆台车按结构不同可分为塔架式、推进器式及转架式3种；按行走机构可分为轮胎式和履带式；按驱动方式可分为电力驱动、液压驱动及防爆型柴油机驱动。随着矿山井巷、隧道等地下工程锚杆支护作业的普及与发展，国外各大矿山设备公司都相继推出了功能全、自动化程度高的锚杆钻装车，真正实现了锚杆支护施工的高度机械化、智能化，从而减轻了工人负担，提高了工作效率和施工质量。

#### 3.4.2.2 国内外技术发展现状

1. 国外技术现状

20世纪50年代初，美国、瑞典等西方国家已广泛应用伸缩式气动凿岩机钻凿顶板锚杆孔，20世纪50年代末，随着锚杆支护理论及设计方法的不断完善，英国等国家率先将锚杆支护技术应用于煤矿巷道支护。20世纪70年代，为适应大断面巷道锚杆支护快速施工，美国的Ingersoll Rand（英格索兰）、法国的Séché（赛克马）、瑞典的Atlas Copco（阿特拉斯）等凿岩设备公司陆续推出了功能多、机械化程度高的台车式锚杆钻装机。该类钻机既能钻锚杆孔，又能安装锚杆，基本实现了锚杆孔施工、锚杆安装的机械化。20世纪80年代至90年代，澳大利亚成功研制了轻型支腿式气动锚杆钻机，并在澳大利亚、英国、中国、波兰和印度等国的煤矿得到广泛应用。该型钻机切削动力采用风电机，推进支腿用高强度玻璃纤维和碳素纤维缠绕而成，具有动力单一、质量轻、输出转矩大的特点。同时，美国的JEFFERY（杰弗里）公司、JOY（乔伊）公司，英国的Anderson（安德森）公司，奥地利的Voestalpine AG（奥钢铁）公司等又相继研制了与连续式采煤机、掘进机相配套的机载式锚杆钻装机，实现了采掘锚一体化作业。新一代的锚杆钻装机不仅采用了新材料、新工艺，而且应用了计算机控制技术，使锚杆施工实现了高度的机械化和智能化，使其性能更先进、使用更方便、施工更安全。

纵观国外锚杆钻装设备的发展历程，其发展始终与锚杆支护理论不断完善与发展紧密相连，相互依存，相互促进。同时，国外锚杆钻机的研究不断采用新材料、新工艺，其紧密结合国情而开发的每一代产品都能代表当时的世界领先水平。国外锚杆钻机的发展趋势：一方面不断完善改进现已普遍使用的单体锚杆钻机，使其更可靠，更适应现场需要；另一方面不断加强对掘锚一体化快速掘进装备的研究（目前，已经推广使用了多款快速掘锚装备）。国外锚杆钻机的研究与开发将会从这两个方面开展，而且后者为今后发展重点。

2. 国内技术现状

我国锚杆钻机的研究起步较晚，从20世纪60年代起，我国在引进英国Victor（维克托）锚杆钻机的基础上，开发研制了系列电动锚杆钻机。到了20世纪70年代，又在7665型和ZY24型气动凿岩机的基础上，研制了YSP45型伸缩式顶板凿岩机。随着岩巷大量使用砂浆锚杆，1976年成功研制了我国第一台机械化锚杆钻孔安装机，1981年又成功研制了CGM-40型全液钻车。1990年以后，我国单体锚杆钻机在吸收国外锚杆钻机技术的基础上已有了一定的发展。目前，锚杆钻机生产厂家主要是生产气动顶板锚杆钻机、气动边帮锚杆钻机，这两种锚杆钻机已经形成系列化产品。我国还研制成功了与悬臂式掘进机配套的机载锚杆钻机，且正在加紧研究带锚杆钻机的连续采煤机和掘锚一体化机组。近年来，国内铁建重工集团股份有限公司、中铁装备工程集团有限公司、五新隧道智能装备有限公司等厂家先后研发了专用的锚杆台车、钻注一体隧道锚杆台车，标志着国产隧道锚杆台车商品化取得阶段性成果。

我国锚杆钻机存在的主要问题：

（1）锚杆钻机的品种过多，可靠性较差。目前，我国已经开发了多种型号的锚杆钻机，但适用于隧道且可靠性高的并不多，很多产品难以在隧道连续使用。

（2）锚杆钻机的生产制造标准不够规范，各厂家的锚杆钻机零部件互换性差。随着锚杆钻机技术的发展，我国制定了一系列锚杆钻机的标准，但标准中对钻机零部件的连接部分尺寸没有统一规定，再加上锚杆钻机的零部件缺乏专业化生产，致使市场上的锚杆钻机零部件通用性较差。

（3）锚杆钻机技术的发展近年来处于停滞状态，产品性能提升缓慢。国内锚杆钻机技术是基于国外锚杆钻机技术发展而来的。目前，几乎所有的锚杆钻机都是在国外锚杆钻机的结构基础上对其形状和尺寸稍加改动，没有实质性的突破。

### 3.4.2.3 结构组成

锚杆台车基本结构如图3-89所示，在需要锚杆支护的地方用锚杆台车完成钻孔、注浆、由锚杆架上取锚杆并安装捣实等动作，全套工序均由锚杆台车完成。锚杆台车由台车底盘、大臂、锚杆机头等组成。底盘为自行式底盘，与凿岩台车的底盘相同，为增加台车的机动性，采用轮胎式底盘、全液压驱动、液压转向，具有机动灵活、操作轻便等特点。大臂结构通常是矩形箱结构，具有升降、摆动、伸缩、转动等功能。大臂内、外套管之间可由摩擦块调整。大臂的动作均由液压系统控制。大臂上各个液压缸均装有插入式自动平衡限速阀以起保护作用，当大臂受到强大外力作用时，自动打开油口卸荷。锚杆机头由凿岩机及其推进器、锚杆推进器、注浆或喷射导架、定位器、三状态定位液压缸、锚杆夹持架等部件组成，可完成从钻孔、注浆到锚杆安装全过程的工作。用同样的锚杆机头可灌注树脂和水泥，无须更换任何部件。

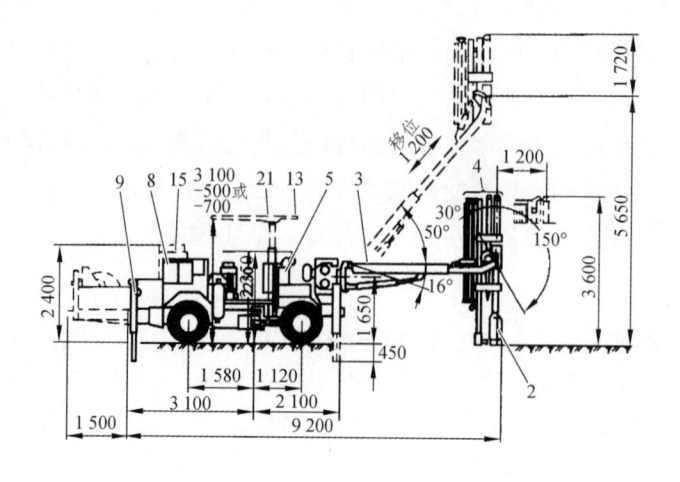

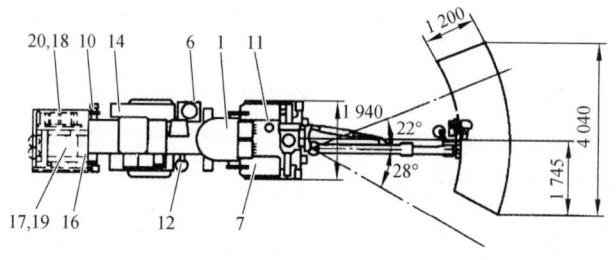

1—底盘；2—凿岩机；3—支臂；4—供灌浆筒和水泥料用的锚杆机头；5—控制盘；6—动力箱；
7—油冷却器；8—主开关系统；9—液压支腿；10—水减压阀；11—钎尾集中注油器；
12—空气净化器；13—作业照明和行驶照明；14—水压泵；15—钎尾润滑装置；
16—接地保护和过电流保护装置；17—自动电缆卷筒；18—自动水管卷筒；
19—手动电缆卷轮；20—手动水管卷轮；21—安全棚。
注：14～21为选配件。

图 3-89　锚杆台车基本结构

### 3.4.2.4　国内外典型产品

#### 1. MTZ141 锚杆台车（见图 3-90）

图 3-90　MTZ141 锚杆台车

1）产品特点

（1）钻孔速度快。

打孔定向、定深，保证锚杆孔深度、角度准确，确保施工质量达到设计要求；可在 2 min 内完成 5 m 深钻孔作业，2 min 内完成锚杆安装及注浆。

（2）一键操作，智能自动。

设备可实现一键自动钻孔、安装锚杆、注浆作业；自动识别锚杆施工图，准确定位锚杆支护位置；自动记录、存储锚杆施工日志，便于优化锚杆施工路线和注浆作业。可自动抓取网片、自动挂网，可在 2 min 内完成挂网。

（3）多功能，广泛适用。

可实现系统锚杆、锁脚锚杆施工作业，广泛适应各种工况要求；满足先注后锚式及先锚后注式锚杆施工方式；适用于锚网安装、辅助撬毛、辅助铺设防水板、隧道设备安装等施工作业。

（4）精确定位，通过使用全站仪，实现台车在隧道内的精确定位。

（5）舒适驾驶，操作简单。

（6）全封闭式驾驶室，内置冷热空调，改善操作环境；总线复合手柄，操作简单。

2）规格参数

MTZ141 锚杆台车规格参数见表 3-28。

表 3-28　MTZ141 锚杆台车规格参数

| 序号 | 项目 | 单位 | 参数 |
|---|---|---|---|
| 1 | 整机质量 | kg | 30 500 |
| 2 | 整机尺寸：长×宽×高 | mm | 18 500×2 500×3 300 |
| 3 | 电机总功率 | kW | 81 |
| 4 | 发动机额定功率 | kW | 118 |
| 5 | 最大工作断面：宽×高 | m | 23×14 |
| 6 | 最小工作断面：宽×高 | m | 7.1×7.1 |
| 锚杆单元 | | | |
| 7 | 单杆最大钻孔深度 | m | 5.5 |
| 8 | 钻孔直径 | mm | $\Phi 41 \sim 76$ |
| 9 | 锚杆库容量 | 根 | 9 |
| 10 | 适应锚杆类型 | — | 中空锚杆/砂浆锚杆 |
| 11 | 锚杆长度 | m | ≤5 |
| 注浆系统 | | | |
| 12 | 注浆泵容量 | L | 100 |
| 13 | 最大注浆压力 | MPa | 4 |

续表

| 序号 | 项目 | 单位 | 参数 |
|---|---|---|---|
| 吊篮挂网总成 | | | |
| 14 | 挂网功能 | — | — |
| 15 | 适用网片大小 | m | — |
| 16 | 最高行驶速度 | km/h | 4 |
| 17 | 最大爬坡能力 | % | 25 |
| 18 | 接近角 | (°) | 15 |
| 19 | 离去角 | (°) | 15 |
| 20 | 最小离地间隙 | mm | 350 |
| 21 | 最小转弯半径（内/外） | m | 11 |

3）项目应用

一台搭载着全新锚杆预应力智能预设系统的铁建重工高原智能型锚杆台车（见图 3-91）在高原铁路进行智能预设锚杆预应力施工。

图 3-91 高原智能型锚杆台车现场施工

该项目隧道受断裂构造的影响，岩体较破碎，蚀变岩发育，局部存在强蚀变破碎带，地下水富集，地质条件较复杂。根据施工设计要求需进行预应力锚杆支护，如何对锚杆预应力进行自主预设、施加以及检测，是现场施工中的重难点问题。

针对施工情况，铁建重工开发了锚杆预应力智能预设技术，并将其搭载至 MTZ141G 高原智能型锚杆台车上。升级后的锚杆台车可通过锚杆预应力智能预设系统（见图 3-92），实现锚杆预应力值实时显示、施加预应力到位后自动停止及施工日志记录等功能。在施工安装锚杆后，通过对锚杆施加自主预设的预应力，实现真正有效的主动支护，确保锚杆施加预应力质量达到设计要求。

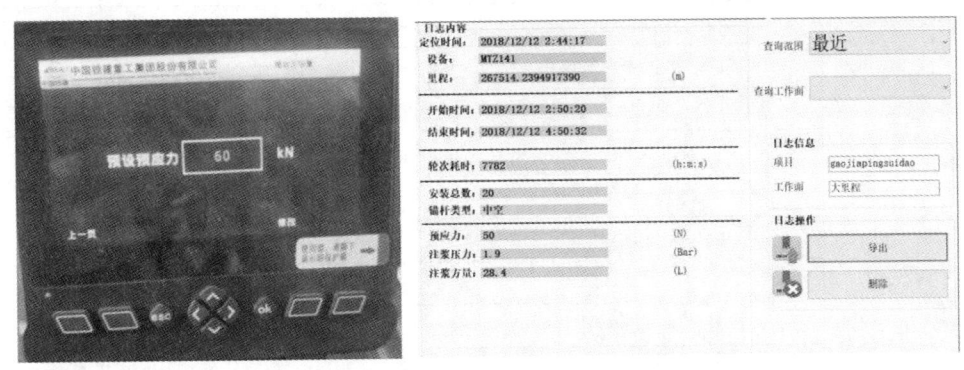

图 3-92 锚杆预应力智能预设系统

高原智能型锚杆台车已完成预应力锚杆数量超过 150 根，在Ⅲ、Ⅳ级围岩条件下为锚杆施加预应力，单根锚杆钻锚注作业平均时间约 5 min。锚杆根根有效，作业安全高效，MTZ141G 高原智能型锚杆台车突破了锚杆施工长期以来无法自主预设、施加、检测锚杆预应力的技术难题，有效解决锚杆支护无法达到设计要求的问题，为高原铁路隧道主动支护体系施工保驾护航。

2. XZMG 系列锚杆台车

1）主要性能特点

（1）全液压驱动、适用性强、操作方便、维护简单、安全性高；铰接式自制工程底盘、四轮驱动，可灵活快速转场。

（2）标配台湾永大液压凿岩机；具有凿岩硬度高、钻孔速度快、稳定可靠的特点。

（3）灵活的工作钻臂，可实现臂架动作的 9 个自由度操作；工作钻臂具有使推进梁全方位保持平行的功能，可直接、快速、准确定位；钻臂具有自动防卡钎功能。

（4）臂架采用集中润滑系统，延长臂架使用寿命。

（5）标配无线遥控，在驾驶室操作台视野不佳的情况下，采用无线遥控可极大提高工作效率。

（6）自动推送锚杆，降低作业者劳动强度，提高工作效率。

（7）带计量装置的自动注浆系统，可对注浆量进行精准控制，并显著降低作业者的劳动强度，提高工作效率。

2）技术参数

XZMG 锚杆台车规格参数见表 3-29。

表 3-29　XZMG 锚杆台车规格参数

| 项目 | 名称 | 单位 | 参数 |
|---|---|---|---|
| 整车参数 | 整机尺寸：长×宽×高 | mm | 16 000×2 560×3 443 |
| | 自重 | kg | 32 600 |
| | 整机功率 | kW | 132（发动机）70（电机） |
| | 爬坡能力 | % | 25 |
| | 接近角 | (°) | 20 |
| | 离去角 | (°) | 18 |
| | 最大行驶速度 | km/h | 15 |
| | 制动方式 | — | 双回路液压制动 |
| 驾驶室 | 驾驶室升降方式 | — | 整体升降 650 mm |
| | 底盘操作台形式 | — | 固定横向驾驶 |
| | 整体结构 | — | 封闭式结构 |
| 工作臂参数 | 覆盖范围：宽×高 | m | 18×12 |
| | 钻臂伸缩量 | mm | 1 800 |
| | 钻臂举升角 | (°) | −30～+60 |
| | 钻臂摆动角 | (°) | ±45 |
| | 推进梁伸缩量 | mm | 1 450 |
| 平台臂参数 | 平台最大载荷 | kg | 500 |
| | 最大举升高度 | mm | 13 000 |
| | 最大宽度 | mm | 18 500 |
| 凿岩参数 | 钻孔深度 | mm | 4 500 |
| | 钻孔直径 | mm | 45～115 |
| | 冲击功率 | kW | 27 |
| | 回转扭矩 | N·m | 600 |
| 注浆参数 | 出浆量 | L/min | 1 500 |
| | 功率（搅拌+注浆） | kW | 1.5+2.2 |
| | 注浆压力 | MPa | 3 |
| | 料斗容积 | L | 80 |

## 3.4.3　拱锚一体化台车

### 3.4.3.1　概述

隧道开挖后，为了增加结构安全度、控制围岩应力释放和变形，需要对开挖面进行初期支护。随着技术的发展和安全规范的要求，拱架安装台车代替人工作业趋势越加明显，但现有拱架安装台车功能单一，不能实现初期支护工序全机械化作业，锚杆作业仍需人工配合，或采用锚杆台车施工，设备进出场需要耗费一定时间；现有施工工法限制网片安装效率，采用机械化作业不能有效提高挂网、拉筋焊接施工效率。拱锚台车是用于现代隧道施工的新型设备，其吸收了拱架台车和锚杆台车完善成熟的设计理念，可以实现辅助撬毛、辅助测量、拱架安装、网片连接筋焊接、锁脚锚杆施工、系统锚杆施工、超前小导管施工等，满足公路、铁路等行业二台阶、全段断面隧道工法施工。拱锚一体化台车如图3-93所示。

图3-93 拱锚一体化台车

### 3.4.3.2 结构组成与工作原理

**1. 拱锚台车结构组成**

拱锚台车基本结构如图3-94所示，拱锚台车解决了拱架安装台车以及锚杆台车的功能单一问题，提高了施工效率。拱锚台车主要由车体、侧臂架、钻臂、中间臂架、机械抓手，以及伸缩支腿组成。车体上设有驾驶室和电缆卷盘，下部设有前伸缩支腿和后伸缩支腿，拱锚台车进行作业时伸缩支腿伸出进行台车定位。车体上设有两个侧臂架和一个中间臂架，中间臂架通过回转支撑座连接在车体上，侧臂架则通过滑移机构与车体连接。机械抓手分别位于中间臂架和侧臂架的自由端，在中间臂架的自由端设有第一机械抓手，每个侧臂架的自由端设有第二机械抓手，在中间臂架和侧臂架的臂体上设有能相对臂体运动的钻臂。

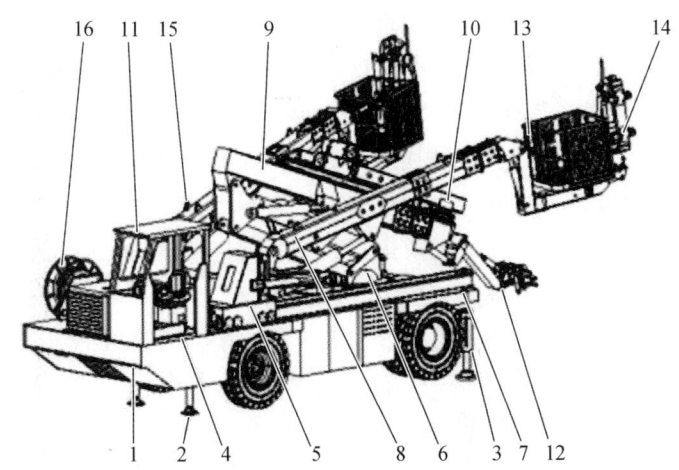

1—车体；2—前伸缩支腿；3—后伸缩支腿；4—驾驶室；5—滑移臂座；6—支撑座；7—滑移轨道；8—右侧臂架；9—中间臂架；10—钻臂；11—左侧滑座；12—第一机械抓手；13—可折叠吊篮；14—第二机械抓手；15—左侧臂架；16—电缆卷盘。

图3-94 拱锚台车基本结构

2. 拱锚台车工作原理

拱锚台车的臂架实现了锚钻集成，增加锚杆钻设功能，实现拱、锚机械化作业，减少作业人员数量，提高初支施工效率，实现网片快速铺挂、拱架快速拼装，解决挂网困难问题，提高挂网效率，加快隧道初支整体工效，最终实现减人增效的目的。其具体施工步骤如下：

（1）将拱锚一体化台车驶于隧道合适位置，将前伸缩支腿和后伸缩支腿伸出进行台车定位。

（2）台车定位后，作业人员位于吊篮内操作左侧臂架和右侧臂架前移，将吊篮内作业人员送至指定工作面进行打点测量，利用破碎锤进行隧道欠挖作业。

（3）展开中间臂架，调整钻臂姿态，操作中间臂架进行回转、折叠与伸缩动作，利用钻臂快速在隧道环向指定位置钻设 5~7 个定位锚杆孔。

（4）利用第一机械抓手抓取顶部网片并将顶部网片托举至隧道特定位置；吊篮内的作业人员利用锚杆将顶部网片固定在洞壁上，然后，中间臂架、左侧臂架和右侧臂架同时回收；随后，左侧臂架和右侧臂架上的第二机械抓手同时将两侧的网片托举至隧道特定位置；吊篮内的作业人员利用锚杆将两侧的网片固定在洞壁上，并位于顶部网片的两侧。

（5）待网片安装固定完毕后，作业人员操作中间臂架、左侧臂架和右侧臂架分别抓取拱顶拱架和左右两侧拱架，抓取拱架后调整拱架姿态，将拱架举至隧道内指定位置处进行拼接固定。

（6）作业人员利用吊篮平台进行网片和拱架的拉筋焊接作业，拉筋焊接时，作业人员操作中间臂架，利用钻臂进行锁脚锚杆孔和系统锚杆孔的钻设作业。

（7）重复步骤（2）~（6），直至完成整个隧道支护。

### 3.4.3.3　不同初支方式的对比

1. 拱锚台车的优缺点

（1）优点分析：①功能丰富。适用于钢拱架安装、锚杆安装、锚网安装、超前支护安装等施工作业。②抓手灵活，节约立架时间。该台车抓手自由度多，中臂抓举重量最大，在无欠挖状态下，与人工相比每班节约 1 h。③安全风险低。钢架在钢筋厂已提前连接为整体，网片焊接完成，且操作人员位于钢架及网片形成的保护屏障下方，安全系数高。④欠挖处理。左右臂架上的欠挖处理锤，可以处理小批量的欠挖。

（2）缺点分析。①增加工字钢加工及运输成本。钢架需提前在钢筋厂加工连接为整体，相应地增加了钢材加工费用；单榀钢架采用装载机运输，整体钢架采用平板车运输，增加了钢架运输费用。②设备成本高，性价比较低。人工立架最多只需 8 人，立架成本约为 8.5 万元/月，设备立架仅设备租金就需花费 15 万元/月。③对开挖断面要求较高。由于钢架 3 榀连接为一个整体，断面欠挖会导致钢架定位调整变得极为困难，耗时耗力，因此设备立架要求开挖断面不得有任何欠挖。④增加锚固剂用量。人工施工锚杆时，通常使用 40 mm 钻头；设备施工锚杆则采用 45 mm 钻头，成孔直径变大，成孔体积增加 60%，系统锚杆及锁脚锚杆施工用的锚固剂用量相应增多。⑤每班节约的时间不明显。对于 3 榀 I12 工字钢钢架，智能拱锚一体化台车立架和人工立架均需要花费 1.5 h；对于三榀 I14~I18 工字钢钢架，拱锚一体化台车立架相比于人工立架节约了 1 h，但每月只能增加一个班的进尺，经济价值不大。⑥机械化没有实现减人目标。Ⅳ级围岩条件下，人工立架需 6 人；拱锚一体化台车立架需 2 人操作设备，4 名工人配合。⑦网片焊接和锁脚不能同时施工。完成螺栓对接钢架形成整体并定位后，采用拱锚一体化台车施工需完成网片焊接后，才能进行锁脚施工，导致工序时间增加约 40 min。

2. 工效及成本分析

拱锚一体化台车用于预制拱架安装、锚杆施工、超前支护施工。LGM312H 智能拱锚一体化台车采用三臂三抓手三吊篮结构，搭载双锚杆系统，其中臂架采用全滑移结构，滑移行程为 3.9 m，由三臂遥控系统控制；GM133 智能拱锚一体化台车采用三臂三抓手两吊篮结构，搭载单锚杆系统。采用智能拱锚一体化台车进行钢架安装和采用人工进行钢架安装的区别如下：设备安装以 3 榀为一个单位，拱架在钢筋厂提前连接为整体，人工以 1 榀为一个单位；设备安装采用挖机配合吊放拱架，人工安装采用装载机配合端举拱架；设备安装单台设备即可完成锁脚、锚杆、超前支护施工，人工安装需要开挖班配合钻孔施工。智能拱锚一体化台车单次拱架安装所需时间与开挖进尺、岩面平整程度、围岩地质条件、拱架加工精度、钢架型号大小有关。以白鹤滩隧道 Z4b 衬砌类型施工为例，其支护参数：I16 工字钢钢架，间距为 1 m，一个单元（3 m）质量 500 kg，工作前拱架摆放时间约 20 min，设备进场接电接水时间约 15 min，立架工作时间约 70 min，网片焊接时间约 50 min，锚杆施工时间约 30 min，设备退场时间约 10 min，共历时 195 min，整体用时比人工立架节约 30 min。

以Ⅴ级围岩 Z4b 衬砌类型施工为例计算，拱锚一体化台车和人工立架均按月、按米核算，立架进尺按开挖进尺核算，电费根据现场安装的专用电表核算每班用电量。相比于人工立架，使用设备立架每延米增加成本约 761.57 元。

#### 3.4.3.4 典型产品介绍

1. XZGMT411 拱架锚杆安装台车（见图 3-95）

图 3-95 XZGMT411 拱架锚杆安装台车

该设备适用于铁路、公路隧道拱架（工字钢拱架、H 型钢拱架、钢格栅拱架）安装的规范性安全作业，同时具备钻进系统锚杆孔、超前锚杆孔，锚杆及锚网的安装，锚杆注浆，测量放线，装填炸药等功能，是隧道支护作业中使用的专业性多功能施工设备。

1）整机结构

（1）整机配置有4根作业臂，1根专用凿岩工作臂，2根拱架安装臂，1根工作平台臂，四臂独立控制，可单独或平行作业，满足单洞单双线隧道工作幅域全覆盖。

（2）整机配置专用工程底盘，左右拱架臂回转结构，以及凿岩臂与工作平台臂摆动结构。

（3）配置独立注浆系统，实现安装拱架、钻进锚杆孔、注浆等多工序集中作业，具有隧道施工作业多功能性，设备使用价值高。

（4）整机配置双动力系统，可保证隧道内施工的安全可靠性。

2）整机外观

（1）外观专注工业性设计，主色调以工程黄+中灰色为主，整体外观大方和谐。

（2）外观采用高品质油漆，保证外观持久性。

3）凿岩工作臂

（1）凿岩工作臂配置了品牌大功率凿岩机与专业定制高强度铝合金推进梁。

（2）臂架操作灵活，作业定位精准，臂架可贴近拱顶或掌子面钻孔施工。

4）拱架安装臂

（1）左右拱架安装臂配置大回转机构，自由度高，拱架臂可近地面夹取拱架，拱架空中姿态调整和对接灵活精准。

（2）拱架安装完毕后，可轻松加装附加作业吊篮，增加安装锚杆、装药、挂锚网、焊连接筋等作业平台，以提高设备的作业效率。

5）工作平台臂

（1）工作平台臂位于固定独立的工作平台，带回转机构和独立操控盒，作业平台可容两人轻松作业。

（2）可独立加装拱架机械手，满足特定工法的作业需求。

6）设备作业效率

（1）安装拱架：在满足对应工法条件下，平均每台班每榀拱架安装时间不超过 60 min，设备施工每台班仅需4至6人（含2名操作手）。

（2）锚杆孔钻进：大功率高频凿岩机，一次钻进最大深度可达 4 000 mm，钻进速度快；适合钻进孔径 $\Phi 43 \sim 115$ mm。

7）整机运输、行驶适应性

（1）整机运输尺寸（长×宽×高）15 700 mm×2 970 mm×3 300 mm，满足整体远距离运输。

（2）专用隧道工程机械底盘，350 mm 的高离地间隙设计，通过性好。

（3）可满足隧道施工路面工况，最高自行走速度可达 17 km/h，可快捷短距离自行走转场。

8）产品规格

XZGMT411拱架锚杆安装台车技术参数见表3-30。

表 3-30  XZGMT411拱架锚杆安装台车技术参数

| 名称 | | 参数数值 | 单位 |
|---|---|---|---|
| 整车参数 | 全长 | 15 700 | mm |
| | 总宽 | 2 970 | mm |
| | 总高 | 3 300 | mm |
| | 自重 | 42 000 | kg |
| | 整机功率 | 177（发动机）<br>55（泵组1电机）<br>37（泵组2电机）　279.5<br>7.5（空压机）<br>3（水泵电机） | kW |
| 行驶参数 | 行驶速度（max） | 17 | km/h |
| | 爬坡能力 | 30% | |
| | 接近角 | 15° | |
| | 离去角 | 17° | |
| | 制动方式 | 双回路液压制动 | |
| | 最小离地间隙 | 350 | mm |
| 拱架臂参数 | 工作臂数量 | 2 | |
| | 夹持最大质量 | 2×1 500 | kg |
| | 最大举升高度 | 12 500 | mm |
| | 最大宽度 | 25 700 | mm |
| | 工作臂伸缩级数 | 2级 | |
| | 左臂回转幅角 | −10°~120° | |
| | 右臂回转幅角 | −120°~10° | |
| | 臂俯仰幅角 | −20°~53° | |
| | 臂同步伸缩量 | 0~2 900 | mm |
| | 机械手俯仰幅角 | −70°~20° | |
| | 机械手水平幅角 | 0~°70° | |
| | 夹具俯仰幅角 | −90°~0° | |
| 凿岩臂参数 | 最大钻孔高度 | 15 000 | mm |
| | 最大钻孔宽度 | ±10 400 | mm |
| | 钻臂伸缩量 | 2 400 | mm |
| | 钻臂变幅角度 | −30°/60° | |
| | 钻臂摆动角度 | ±45° | |

续表

| 名称 | | 参数数值 | 单位 |
|---|---|---|---|
| 凿岩臂参数 | 推进梁旋转角度 | ±180° | |
| | 推进梁变幅角度 | 0°/90° | |
| | 推进力 | 12 000 | N |
| | 推进梁补偿量 | 1 800 | mm |
| | 单杆钻孔深 | 4 000 | mm |
| 凿岩机参数 | 型号 | YDH90C | |
| | 最大工作压力 | 230 | bar |
| | 冲击功率 | 27 | kW |
| | 冲击功 | 190 | J |
| | 冲击频率 | 130 | Hz |
| | 旋转扭矩 | 600 | N·m |
| | 适用孔径 | Φ43～115 | mm |
| 平台臂参数 | 平台最大载荷 | 500 | kg |
| | 最大举升高度 | 10 800 | mm |
| | 最大宽度 | 16 000 | mm |
| | 平台臂伸缩级数 | 2 级 | |
| | 回转幅角 | ±55° | |
| | 臂俯仰幅角 | −30°～60° | |
| | 臂同步伸缩量 | 0～2 400 | mm |
| | 工作平台回转幅角 | −90°～90° | |
| | 机械手俯仰幅角 | −60°～30° | |
| 空压机参数 | 电机功率 | 7.5 | kW |
| | 额定流量 | 1.38 | m³/min |
| | 工作压力 | 7 | bar |
| 水泵参数 | 电机功率 | 3 | kW |
| | 额定流量 | 5 | m³/h |
| | 最大压力 | 16 | bar |

2. LGM312N 智能拱锚一体化台车（见图 3-96）

图 3-96　LGM312N 智能拱锚一体化台车

适用于矿山巷道、公路铁路隧道、水利水电和抽水蓄能电站的拱架安装、锚杆钻孔、欠挖处理、锚杆注浆、装药作业、隧道检测、场内静态高空作业等，LGM312N 智能拱锚一体化台车采用工程底盘，搭载双锚杆系统，整机具备四轮转向、四轮驱动、双向驾驶等功能，柴电双动力系统，电动施工，柴动应急。三臂遥控控制，满足预制拱架安装、多种台阶法作业及拱架定位调整，拱架安装时可处理欠挖及焊接作业，隧道适应能力强。

1）产品优势

（1）功能集成：智能拱铺一体化台车多项工序集成于一体，分别为测量放点、欠挖作业、拱架安装、锚网安装、超前支护、系统锚杆施工、锚杆注浆(选配)等。

（2）效率高：采用三臂三抓手三吊篮结构，中臂最大举升力 3 t，立架所有的施工工序 1 h 左右可以完成。

（3）预制拱架安装：采用蓝海智装自主研发的专利技术，洞外拱架制作，减少危险作业面的作业时间和施工风险，大大提高施工效率。

（4）双锚杆系统：最大钻孔深度达到 4.5 m，左右两臂架可同时进行锁脚、系统锚杆和超前锚杆作业。

（5）可扩展式吊篮：设备配备可扩展式吊篮，操作空间更大，可用于装炸药和装锚杆。

（6）选配注浆功能：设备选配注浆系统，锚杆施作后可快速进行注浆作业。

（7）减少作业人员：整个施工作业 3~4 人可以完成，传统作业需要 8 人及以上。

（8）辅助功能集成：设备自带破碎锤和焊机，拱架安装时可进行欠挖处理及焊接作业。

（9）设备信息化(选配)：包含集群化管理、定位功能、视频监控、对讲机功能、预/报警功能、数据管理功能隧道 BIM 技术和数字李生、施工报表管理、隧道轮廓扫描、远程控制等功能。

2）产品参数

LGM312N 智能拱锚一体化台车技术参数见表 3-31。

表 3-31 LGM312N 智能拱锚一体化台车技术参数

| 项目 | | 参数 |
|---|---|---|
| 整机参数 | 运输尺寸（长×宽×高） | 11 360×3 665×3 355 mm |
| | 发动机功率 | 138.5 kW |
| | 作业范围（宽×高） | 17×12 m |
| | 整机质量 | 38 t |
| | 控制方式 | 无线遥控＋手动控制 |
| | 工作方式 | 电机施工，柴动行走和应急 |
| | 电气装机功率 | 159 kW |
| | 工作电压 | 380 V |
| 底盘参数 | 底盘形势 | 工程底盘 |
| | 驾驶模式 | 双向驾驶（前后双驾驶室） |
| | 驱动及转向方式 | 四轮驱动，四轮转向 |
| | 爬坡能力 | 36% |
| | 转弯半径 | 15 mm（两轮）/8 m（四轮） |
| | 最小离地间隙 | 380 mm |
| | 接近角/离去角 | 15.4°/15.7° |
| | 最高车速 | 15 km/h |
| 臂架参数 | 臂架模式 | 两级伸缩式 |
| | 吊篮模式 | 可扩展式 |
| | 中间臂最大举升能力 | 3t |
| | 吊篮数量 | 3 个 |
| | 抓手数量 | 3 个 |
| | 臂架数量 | 3 个 |
| | 左右臂最大举升能力 | 1.5 t |
| 凿岩参数 | 凿岩机数量 | 2 台 |
| | 凿岩机功率 | 18 kW |
| | 推进梁 | 5 590 mm（选配 6 200/4 990 mm） |
| | 最大钻孔深度 | 4 m（选配 4.6 m/3.4 m） |
| | 钻孔直径 | $\Phi 41 \sim 102$ mm |
| | 钻杆 | 4 305mm（选配 4 915/3700mm） |
| 空压机参数 | 排气量 | 0.98 m³/min |
| | 排气压力 | 0.8 MPa |

续表

| 项目 | | 参数 |
|---|---|---|
| 水泵参数 | 流量 | 16 m³/h |
| | 压力 | 20 bar |
| 附件 | 电焊机 | 3 台 |
| | 破碎锤 | 2 把 |
| 选配装置 | 三遥控/一遥控 | 单向驾驶 |
| | 破碎锤 | 前轮转向 |
| | 电焊机 | 可燃气体检测器 |
| | 中臂承重 1.5 t | 清孔装置 t |

### 3.4.4 混凝土湿喷台车

#### 3.4.4.1 概　述

在基础建设施工中，越来越多的工程用到了喷锚支护这一国际先进的岩土工程方法。喷锚支护作业采用的是混凝土喷射机（手）设备，该类型机械设备在钻井、隧道、桥梁、巷道、水坡、煤矿等大型工程中应用广泛。

混凝土喷射按工艺一般可分为干喷和湿喷。干喷是指将水泥、砂子和骨料按照一定比例直接混合加入喷射机的喂料机构，经过软管输送到喷嘴，在喷出以前，通过水环使干料润湿，使打在喷射面上的物料发生搅拌和水合作用，最终黏结成支护层。湿喷是将已经拌和好的混凝土成品加入喷射机，在喷嘴处加入速凝剂使其形成料束喷射至作业面。经过现场的应用和检验，干喷设备由于存在粉尘高、回弹大、质量差和经济效益低等缺点，已基本上被湿喷所取代。

随着隧道施工要求的不断提高，以湿喷机为核心器件的混凝土湿喷机械手（台车）应运而生，湿喷机械手（台车）是集湿喷机、行走底盘、臂架系统、液压系统及电气控制系统为一体的工程机械设备，与传统的小型化湿喷机相比，具有喷射方量大、移动能力强、智能化程度高等优点，其技术在国外已经非常成熟，近年来在国内的各个施工隧道领域也得到了大面积的推广。现如今随着智能化程度的不断提高，混凝土湿喷机械手（台车）已成为隧道施工喷锚支护作业中的主要设备。

#### 3.4.4.2 国内外技术发展现状

1. 国外技术现状

国外对混凝土喷射机械研究与应用较早，从20世纪40年代开始，德国的BSM（贝仕）公司研制出双罐式喷射机。到20世纪50年代，美国EIMCO（艾姆科）公司研制出湿式混凝土喷射机。20世纪60年代，湿喷技术已经开始在西方国家推行，各类湿式混凝土喷射机相继被研发出来，并投入使用中。以瑞士为例，其当时的建设工程中有一半以上的支护工程都采用了湿式喷射技术。20世纪80年代，喷射混凝土技术被广泛地应用在地下工程中的混凝土灌注，由此出现了专门的喷射混凝土的工业机器人。20世纪年代中期，随着湿式喷射技术的推广，混凝土喷射机械手得到广泛的应用。到了 2000 年，出现了第一台由计算机控制的喷浆机器人，它通过编程完成自动化喷浆，并且能够对其工作进行记录存档。通过计算机的控制，危险区域不再有工人作业，替代他们的是先进的自动化混凝土喷射机械手。如今的混凝土喷射机还采用了激光测量技术。通过激光测量，计算机智能分析后，精确找到最佳喷射位置，进而提高了工程的整体施工水平。在欧美等发达国家中，已逐渐将隧道湿喷机混凝土作业看作是最合理、最环保、最主要的混凝土喷射作业方式，湿喷技术应用已占隧道喷射混凝土的主导地位。截止到目前，在国外最具代表性的湿喷机类型有：德国 Putzmeister（普茨麦斯特）Sika-PM500PC 型湿喷机、芬兰 NORMET（挪曼尔特）的 Spraymec 9150 型混凝土湿喷机以及瑞士的 MEYCO Potenza 移动式混凝土喷射设备。

2. 国内技术现状

我国从 20 世纪 60 年代初期就开始研究混凝土喷射机，但由于相关因素的制约，进步缓慢。尽管困难很多，但国内有关专业的科研人员和生产工作者仍知难而进，在充分吸收国外先进技术的基础上，研制出适合我国国情的系列干喷机。国产干喷机以转子式居多，有的厂家还生产出转盘式喷射机，这种新型喷射机不仅结构紧凑、体积小、质量轻，而且综合性能也比较好，已在各类工程中广泛采用。我国在湿喷机研究和生产方面起步较晚，加之湿喷机的结构比较复杂，工艺要求高，国内最常见的湿喷机是焦作建筑机械厂生产的 HPS-5 型湿喷机，此外，江苏江都工程机械厂生产 JSP-5/10 A 型两用湿法泵式喷射机，既能泵送混凝土，又能湿喷混凝土，在实际工程中的应用也比较广泛。

目前，由于干喷作业中粉尘颗粒污染严重，随着人们环保意识的逐步提高，干喷作业受到环保条件的限制，在我国隧道初支作业中运用得越来越少，推行更多的是采用湿喷法施工。近年来，随着隧道建设的发展，湿喷机和湿喷技术的研究也相应受到了重视，在引进和吸收国外技术的基础上，国内湿喷机的研制水平也得到了很大提高，2010 年以后，随着多家实力企业陆续进入这一领域，推出了一系列混凝土湿喷台车产品，喷射混凝土设备也正在逐步实现国产化和智能化，行业开始实现飞跃发展。同时，喷射混凝土材料制备的关键材料——喷射混凝土用速凝剂得到了快速发展，无碱液体速凝剂技术逐渐成熟，为喷射混凝土材料的高性能化发展提供了材料基础。因此，使用混凝土湿喷台车作业，混凝土回弹率可以降低至 15%，从而大幅提升施工效率，并且由于水灰比易于控制，可以大大改善喷射混凝土的品质，减轻劳动量的同时还节省了成本。

综合来看，随着国家产业政策的支持、铁路和高速公路等基础建设的持续投入以及国家"一带一路"倡议的推进，为隧道施工装备行业带来了重大的发展机遇。与此同时，随着人们环保意识的增强以及对喷射混凝土质量要求的提高，必将有越来越多的混凝土湿喷台车投入使用。

### 3.4.4.3 分类与结构组成

1. 干式混凝土喷射机

干式混凝土喷射机是比较成熟的设备，具有输送距离长、工作风压低、喷头脉冲小、工艺设备简单、对渗水岩面适应性好以及混合料存放时间较长、耐用等特点。干式混凝土喷射机按机械结构形式的不同主要有双罐式、螺旋式以及转子式 3 种。

2. 湿式混凝土喷射机

根据湿式混凝土喷射机的工作原理，其可分为泵送式和风送式两大类。泵送式湿喷机一般以"稠密流"形式输送拌和料，风送式湿喷机利用压缩空气将拌和料以"稀薄流"形式输送至喷嘴。

1）泵送式湿喷机

（1）活塞式湿喷机。

活塞式湿喷机采用液压驱动双缸往复式活塞泵，它的工作原理是通过两个泵送油缸的交替作用，一个油缸推动混凝土缸中的工作活塞压实并推送混凝土，另一个油缸从料斗中吸入混凝土，这样往复实现混凝土的连续输送。活塞式湿喷机泵送原理如图 3-97 所示。

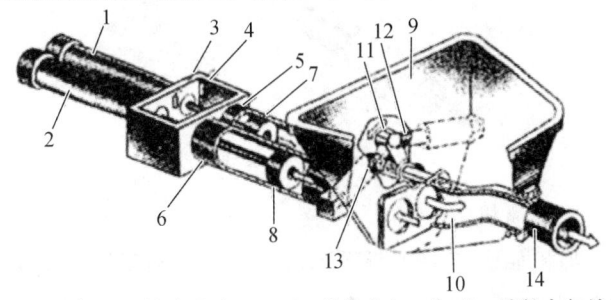

1，2—主泵送油缸；3—水洗槽；4—接近开关；5，6—混凝土缸；7，8—混凝土缸活塞杆；9—料斗；
10—S 管阀；11—摆臂；12，13—摆臂油缸；14—出料口。

图 3-97 活塞式湿喷机泵送原理

目前，国际上这类湿喷机性能和技术水平较高的要属美国产品，如美国 MULTIQUIP 公司的 MAYCO 型系列湿喷泵，如图 3-98 所示，采用柴油机驱动，最大排量可达 54 m³/h，最大输出压力为 6.2 MPa，最大水平泵送距离为 336 m，最大垂直泵送高度为 91 m。

图 3-98 MAYCO ST-70TDRM 型混凝土泵

国内活塞式湿喷机主要有中国地质科学院开发的 HBT 型系列混凝土湿喷泵、南京煤炭研究所研制的 PSHB-5 型湿喷机以及济南山川机器人工程公司研制生产的 PBT20 型湿喷机。

活塞泵式湿喷机适宜输送水灰比较大（0.55～0.65）的混凝土，喷射混凝土的坍落度大（8～22 cm），同时输料过程中易产生脉冲，人抱喷头作业危险性大，采用该机型一般都配备机械手。另外，这类湿喷机还存在机型笨重、活塞泵磨损快、难以清洗等问题。

（2）螺杆泵式湿喷机。

螺杆泵式湿喷机如图 3-99 所示。这类湿喷机的核心部件是螺杆泵，它由转子、定子及可调的壳体组成，依靠螺杆与定子套相互啮合时接触空间容积的变化来输送混合料。其代表机型有德国 UELMAT（尤尔马特）SB-3 型螺杆泵式湿喷机、日本三井三池制作所生产的 TMS 型螺杆泵式湿喷机以及马鞍山矿山研究院研制的 WSP-3 型湿喷机。这类湿喷机的生产率不高，输送距离短（水平 40 m，垂直 20 m），宜输送水灰比较大（0.5~0.6）的混凝土，且存在体积大、螺杆和定子套易磨损等问题，故应用范围较小。

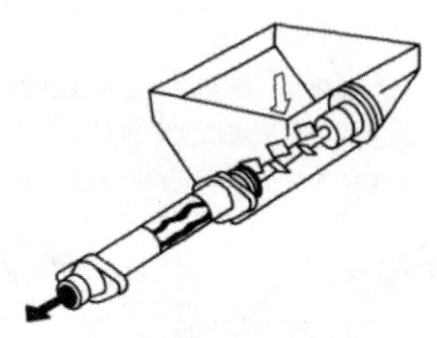

图 3-99　螺杆泵式湿喷机

（3）软管挤压泵式湿喷机。

软管挤压泵式湿喷机如图 3-100 所示。这类湿喷机利用挤压辊滚动将与其贴合的挤压胶管压扁，并在自身弹性恢复力的作用下产生负压，将料斗中的湿料吸入管内，同时前面被压缩的胶管体积不断缩小，产生挤压力，使混凝土沿输料管运动，达到泵送的目的，机器反向回转时可清洗管道。国内外现有的此类机型有日本 Kyokuto（极东）公司生产的 PC08-60 M 型喷射机和南京煤科所研制的 JSP-5/10 型湿喷机等。

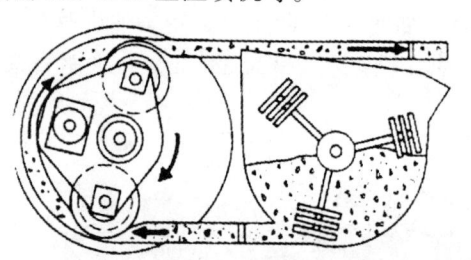

图 3-100　软管挤压泵式湿喷机

软管挤压泵式湿喷机效率高、结构简单、操作方便、工作平稳，但存在着输料中易产生脉冲、输送距离较短、软管容易磨损和速凝剂添加装置复杂等问题。这类湿喷机适宜输送水灰比较大（0.55~0.65）的混凝土，喷射混凝土的塌落度大（10~22 cm），不适宜在煤矿井下进行湿喷混凝土作业。

2）风送式湿喷机
（1）转子式湿喷机。

转子式湿喷机是在干喷机的基础上加以改进的，使其能处理湿拌和料。这种喷射机中最有代表性的产品是瑞士 ALIVA（阿里瓦）公司生产的 ALIVA-280 型干湿两用转子式混凝土喷射机。该机的工作原理如图 3-101 所示，工作时料斗中的湿拌和料落入转子料孔，经旋转 180°后料孔与压缩空气进气口相通，湿拌和料以悬浮状态被压至出料管，在喷嘴混合室与液体速凝剂混合后从喷嘴高速喷出。国内典型的转子式湿喷机有北京矿业研究总院研制的 SPZ-6 型和 SPZ-Ⅱ型混凝土湿喷机。这种结构的湿喷机必须将转子的端面密封，一般采用不同材质的密封板和衬板，由于密封板和衬板接触面积大，使得混凝土细小颗粒容易进入密封板和衬板之间，造成摩擦力增大，从而使密封件磨损严重，容易出现漏风跑尘的现象。

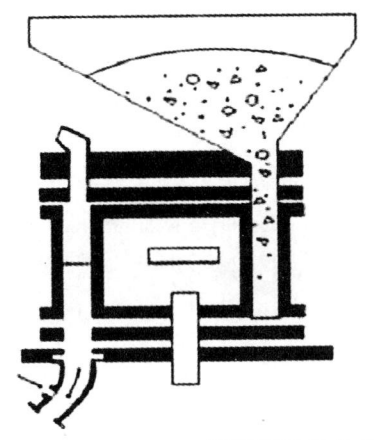

图 3-101 ALIVA-280 型喷射机工作原理

（2）转子活塞式湿喷机。

如图 3-102 所示为铁道科学研究院西南分院研制的 TK-961 型转子活塞式湿喷机。该机的工作原理是：在转子的每个料腔内有一个活塞，转子活塞与凸轮组成联动机构，在转子的转动过程中，通过凸轮、活塞杆，转子联动机构迫使活塞在料腔内上下移动，完成下料和喂料。全湿混凝土料由活塞强制推送喂入气料混合仓，与压缩空气混合后形成稀薄流形态，通过管道输送到喷嘴喷出。这种机内泵送和管道稀薄流输送相结合的混凝土输送方式，在一定程度上综合了泵送式和风送式湿喷机的优点，是一种全新的喷射机结构。该机已在成都和深圳市政工程、西康和朔黄铁路隧道工程中得到应用。

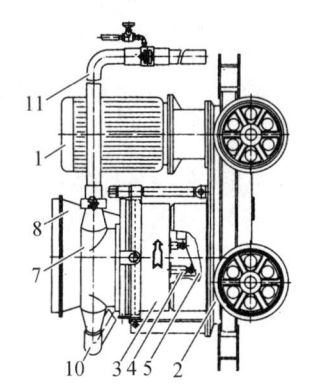

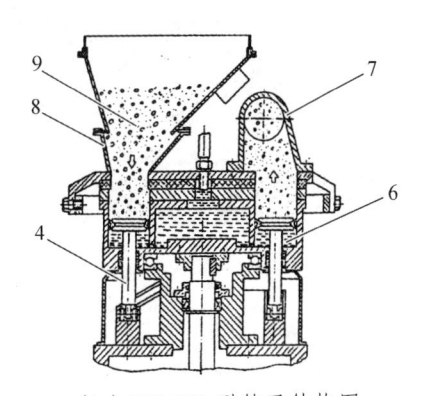

（a）TK-961 型结构总图　　（b）TK-961 型转子结构图

1—电动机；2—减速器；3—转子；4—活塞；5—凸轮；6—清洗水；7—出料管；8—进料斗；9—混凝土；10—压风管；11—输料管。

图 3-102 TK-961 型转子活塞式湿喷机

（3）叶轮式湿喷机。

安徽安庆恒特工程机械研究所研制的 HTS 系列叶轮式湿喷机，采用"叶轮喂料压气送料装置"作为核心部件取代传统和现有其他各种混凝土喷射机的喂料、送料方式，实现了连续均匀喂料和出料，并利用风压将全湿混凝土输送到喷嘴喷出。

3. 混凝土湿喷台车

喷射混凝土时，若由工人持喷嘴进行喷射，由于距岩面较近，喷射产生的粉尘和回弹物对施工人员有极大的危害，且劳动强度大，生产率较低，并且随着大断面隧道工程的增多，人工喷浆需要用脚手架，进度慢，不能适应及时支护的需要。采用混凝土湿喷台车，操作者可远距离地对喷射机械手进行遥控，明显改善作业条件，大大提高了工作效率。

混凝土湿喷台车是将喷射机、喷射机械手以及空压机等设备安装在自带动力的专用底盘上，实现快速喷射支护作业。下面以 Sika-PM500PC 型混凝土湿喷台车为例，介绍其结构组成和工作原理。

1）主要组成和配置

Sika-PM500PC 型混凝土湿喷台车是瑞士 Sika（西卡）公司与德国 Putzmeister（普茨迈斯特）公司联合研制推出的混凝土湿喷台车，其主要应用于隧道、边坡等大规模混凝土喷射施工。Sika-PM500PC 型混凝土湿喷台车的主要配置：Putzmeister BSA1005 活塞式混凝土泵、Aliva-403.5 液态添加剂计量输送泵、Putzmeister SA13.9 型喷射机械手、液态速凝剂箱、Betico PM77 空压机、电缆卷盘、LM 4WD 型刚性底盘等，如图 3-103 所示。Sika-PM500PC 型混凝土湿喷台车采用刚性底盘，内燃-静液压传动、四轮驱动、四轮转向、双向驾驶，并配有安全顶棚司机室。SA13.9 型喷射机械手为全液压驱动，有线遥控操纵，作业时由动力电缆提供电力。Sika-PM500PC 型混凝土湿喷台车主要技术参数见表 3-32。

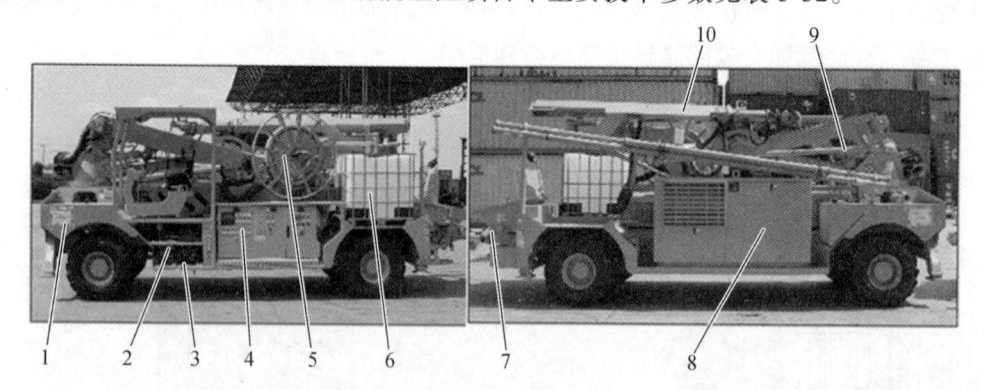

1—底盘；2—Aliva-403.5 计量输送泵；3—高压水泵；4—电控箱；5—电缆卷盘；6—1 000 L 液态速凝剂箱；7—BSA1005 活塞式混凝土泵；8—PM77 空压机；9—喷射附件；10—SA13.9 型喷射机械手。

图 3-103 Sika-PM500PC 型混凝土湿喷台车配置

表 3-32  Sika-PM500PC 型混凝土湿喷台车主要技术参数

| 型号 | | Sika-PM500PC |
|---|---|---|
| 整车尺寸 | 外形尺寸/mm（长×宽×高） | 7 572×2 400×3 512 |
| | 整机质量/kg | 16 000 |
| | 最小转弯半径（内/外）/mm | 2 620/6 100 |
| 底盘 | 发动机输出功率/kW | 75（2 500 r/min） |
| | 最大行驶速度/(km/h) | 18 |
| | 爬坡能力/(°) | 25 |
| 工作范围 | 最大喷射范围（高×宽）/m | 16.9×29 |
| | 最大喷射深度/m | 8.7 |
| 混凝土喷射能力 | 混凝土喷射泵 型号 | Putzmeister BSA1005 |
| | 混凝土喷射泵 缸径/mm | $\Phi$180 |
| | 混凝土喷射泵 行程/mm | 1 000 |
| | 理论泵送能力/m³/h | 4～30 |
| | 喂料高度/m | 1.28 |
| | 喷射最大骨料直径/mm | 16 |
| 速凝剂输送能力 | 速凝剂计量输送泵 | Aliva-403.5 凸轮转子软管泵 |
| | 输送能力/(L/h) | 30～700 |
| | 电动机功率/kW | 1.1 kW（变频调速） |
| 液压系统 | 电动机功率/kW | 55 |
| | 工作压力/MPa | 22 |
| | 输出流量/(L/min) | 187 |

2）喷射机械手

Putzmeister SA13.9 型喷射机械手主要由臂座、大臂、小臂托架、小臂回转架、小臂、喷射头以及液压缸等部分组成，如图 3-104 所示。通过随动油缸 4 和小臂俯仰油缸 11 形成静液压调平机构，即油缸 4 和油缸 11 结构尺寸相同且它们的无杆腔和有杆腔分别相连，实现了在大臂俯仰过程中小臂自动保持水平。小臂回转架为三角形结构，其与小臂回转油缸组成小臂回转机构，实现小臂的左右摆动、折叠和回转动作，如图 3-105 所示。在运输时，通过小臂向回转座方向的折叠，可缩小喷射机械手的运输尺寸，提高通行能力。

喷射机械手可实现大臂的回转、俯仰和伸缩，小臂的俯仰、伸缩和折叠以及喷射头的回转、摆动和喷嘴的刷动，如图 3-106 所示。喷射机械手的运动可以通过有线遥控器控制，也可以手动操作控制阀组作业。喷射机械手的控制阀组位于回转座上，并有防护罩保护。

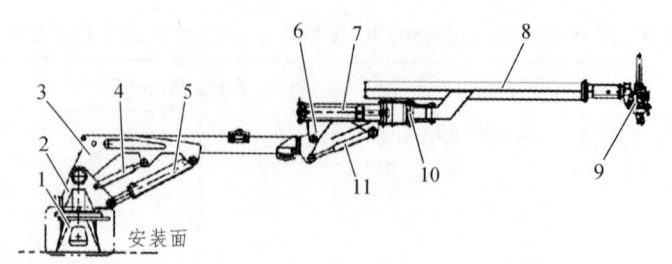

1—回转座；2—臂座；3—大臂；4—随动油缸；5—大臂俯仰油缸；6—小臂托架；7—小臂回转油缸；
8—小臂；9—喷射头；10—小臂回转架；11—小臂俯仰油缸。

图 3-104　SA13.9 型喷射机械手结构

图 3-105　处于折叠状态的 SA13.9 型喷射机械手　　　图 3-106　SA13.9 型喷射机械手运动方式

喷射头（是喷射机械手的重要组成部分），用于把混凝土、压缩空气以及液态速凝剂混合后喷出喷嘴。喷射头主要由喷嘴、变流器、分流管、混流器、刷动电机、摆动电机以及回转电机等组成，如图 3-107 所示。混凝土、压缩空气和速凝剂在喷射头中的混合过程是：压缩空气与速凝剂在混流器中混合后，经两根分流管进入变流器中；以稀密流状态输送的混凝土在变流器中与混有速凝剂的压缩空气混合形成稀薄流状态，经喷嘴喷出。摆动电机可使喷射头摆动 240°，故其喷射盲区只有喷射头背后的 120°。通过刷动电机带动偏心轮实现喷嘴沿锥面做 360°连续回转运动。

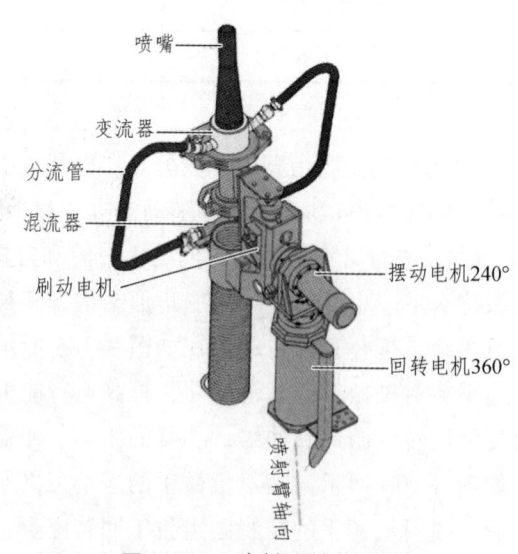

图 3-107　喷射头结构示意

3）速凝剂系统

速凝剂系统结构如图 3-108 所示。该系统的工作原理是在混凝土中加入速凝剂，可使喷射出的混凝土快凝早强，增加一次喷层厚度，提高喷射效率。速凝剂一般贮存在速凝剂箱 10 中，也可用速凝剂吸管 11 从速凝剂罐中抽取。选择阀 9 用于选择接通速凝剂箱 10 或速凝剂吸管 11。速凝剂从输送泵 8 泵出，与压缩空气混合，经过止回阀 5 进入喷射头 3 中。压力表 7 带有限压开关，当管路压力超过限定压力，则自动关闭输送泵 8，必要时可打开管路排放阀 4 以释放管路压力。止回阀 5 的作用是保证进入喷射头 3 中的速凝剂不会回流。

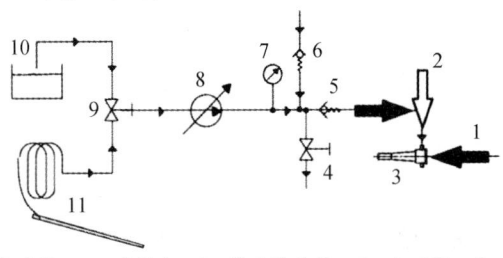

1—混凝土输送系统；2—压缩空气系统；3—喷射头；4—管路排放阀；5—止回阀；6—压缩空气输入管和止回阀；
7—压力表；8—速凝剂输送泵；9—选择阀；10—速凝剂箱；11—速凝剂吸管。

图 3-108 速凝剂系统结构

#### 3.4.4.4 国内外典型产品

目前，国内厂家生产的混凝土湿喷台车主要有三一重工的 HPS30 型和 HPS30 A 型、铁建重工的 HPS3016 型和 HPSD3010 型以及新筑股份的 XZPS20 型和 XZPS30 型。国外主要有芬兰 NORMET（挪曼尔特）公司的 Spraymec 系列和 Alpha 系列、意大利 CIFA（西法）公司的 CSS-3 型和 CSS-3C 型、日本 Furukawa（古河）的 CJM 系列、瑞士 Sika（西卡）和德国 Putzmeister（普茨迈斯特）联合推出的 Sila-PM 系列等。

1. HP-5017G 高原型双臂湿喷台车（见图 3-109）

HP-5017G 双臂高原湿喷台车是针对高原、高寒等极端工况而专门研发的大型混凝土喷射装备，具有施工效率高、覆盖范围广、回弹率低等优势，同时，适用于铁路、地铁、国防、市政、跨海隧道等隧道施工领域中大断面和超大断面的混凝土喷射支护作业。

图 3-109 HP-5017G 高原型双臂湿喷台车

1）产品特点

（1）喷射效率高、覆盖范围大。9 自由度折叠伸缩式臂架结构，超大作业高度 17 m，超大作业宽度 2 m×15 m，可满足单洞双线隧道的全断面有效覆盖。

（2）双臂架喷射系统。双臂同时进行喷射作业时，提高施工效率1.5倍以上；施工过程中一组喷射系统出现故障另一组可继续工作，从而缩短因设备故障造成的停工时间。

（3）双泵送系统。输送能力强，可达50 m³/h，为常规湿喷台车的2倍；两拖泵一体式设计，可独立工作。

（4）可靠性高。该设备具有双液压动力源系统。两套液压泵组动力源互为备用，一组泵出现故障时，可切换另一组泵进行作业，降低设备故障导致的误工率。双臂架防碰撞系统，可检测两臂喷射姿态，保证双臂同时工作时无碰撞、干涉现象，使施工作业顺利有序进行。

（5）安全性高。该设备具有双路制动系统。双路液压制动，提高了制动系统的可靠性。

（6）加强对驾驶室的防护，并增加空调和制氧设备，满足低温、缺氧环境下的正常施工需求。

（7）维保便捷。混凝土活塞快速更换。泵送系统主油缸端部增加小油缸，可将混凝土活塞拔出，降低维修保养劳动强度。

（8）配备速凝剂添加泵。减少添加速凝剂时的搬运，降低工人的劳动强度。

（9）敞开式整机布局。车架左、右框架门和电控柜可完全敞开，维保空间大，方便检修。上层框架模块化设计，可整体吊装，维保方便。

（10）高原适应性好。底盘系统采用专用工程底盘、大功率发动机、四轮驱动、四轮转向，爬坡能力强。

（11）发动机、电机、空压机、速凝剂泵的高原选型设计，可适用于海拔3 500 m以上，最低温度−30 ℃，高原、高寒、低氧、低气压等恶劣工况。

（12）双向驾驶室。前、后双驾驶室，均可独立操作驾驶，视野好，安全性高。

2）产品参数

（1）HP-5017G高原型双臂湿喷台车技术参数见表3-33。

表3-33　HP-5017G高原型双臂湿喷台车技术参数

| 项目 | | 参数 |
| --- | --- | --- |
| 整机参数 | 质量/t | 33 |
| | 长×宽×高/mm | 11 000×2 900×3 850 |
| 泵送系统 | 泵送压力/（m³/h） | 2×25 |
| | 理论出口压力/bar | 80 |
| 臂架系统 | 臂架结构形式 | 9个动作（包含伸缩、折叠、回转） |
| | 臂架数量/个 | 2 |
| | 臂架控制方式 | 机控+无线遥控 |
| 底盘系统 | 最大行驶速度/（km/h） | 18 |
| | 爬坡能力 | 1∶8 |
| | 驱动形式 | 四轮转向、四轮驱动 |
| | 最小转弯半径/m | 3.5 |
| 工作范围 | 最大作业高度/m | 17 |
| | 最大作业宽度/m | 32 |
| | 最大作业深度/m | 7 |
| | 最小作业隧道高度/m | 5 |

（2）目前，国内混凝土湿喷台车部分型号和主要技术参数见表3-34。

表3-34 国内混凝土湿喷台车部分型号及参数

| | 型号<br>厂家 | HPS3016<br>铁建重工 | HPSD3010<br>铁建重工 | HPS30<br>三一重工 | LHP40M<br>蓝海智能 | TTPJ3012 A<br>天业通联 |
|---|---|---|---|---|---|---|
| 整车尺寸 | 长/mm | 11 234 | 6 933 | 8 710 | 8 340 | 8 660 |
| | 宽/mm | 2 500 | 2 280 | 2 600 | 2 700 | 2 440 |
| | 高/mm | 3 340 | 2 900 | 3 440 | 3 250 | 3 500 |
| | 整机质量/kg | 19 500 | 700 | 18 410 | 17 500 | 17 000 |
| 底盘 | 形式 | 轮式 | 履带式 | 轮式 | 轮式 | 轮式 |
| | 发动机/kW | 75 | 45 | 电动机 160<br>柴油机 1 | 103 | 100 |
| | 最大速度/（km/h） | 22 | 5 | 22 | 15 | 17 |
| | 爬坡能力/（°） | 20 | 30 | 25 | 16 | 25 |
| 工作范围 | 最大高度/m | 17.5 | 11.5 | 16 | 15 | 1 |
| | 最大宽度/m | 28.2 | 21 | 28 | 26 | 30 |
| 工作范围 | 最大深度/m | 7.6 | 7 | 8.6 | | 8 |
| 混凝土喷射能力 | 理论排量/（m³/h） | 最大 30 | 最大 30 | 电动机 28<br>柴油机 32 | 最大 40 | 4～30 |
| | 喷射骨料直径/mm | 15 | 15 | | 25 | 16 |
| | 速凝剂输送能力/（L/h） | 50～700 | 30～700 | 50～100 | 1000 | 128～900 |
| 空压机 | 功率/kW | 75 | 55 | 75 | 75 | 55 |
| | 排量/（m³/min） | 11 | 11 | 11.5 | | 10.8 |
| | 压力/MPa | 0.8 | 0.7 | 0.7 | 1.6 | 0.7 |

2. 轮式湿喷机械手LHP40K-G（见图3-110）

LHP40K-G 轮式湿喷机械手是一款综合国内隧道初支混凝土喷浆工艺及高海拔施工工况研发升级的一款专用设备，最大喷射方量达到 40m³/h，广泛应用于隧道工程、水利工程、市政工程、道路桥梁工程等。设备具有喷射方量大、不易堵管、回弹低、性能稳定等特点。既适用于全断面，也适用于半断面和多阶梯开挖。

图 3-110 轮式湿喷机械手 LHP40K-G

1）产品优势

（1）能适用于海拔 2 000~4 500 m 施工,属于高原型。

（2）配备高原型空压机,满足施工所需风源要求。

（3）设备具备双向驾驶,进出场方便。

（4）最大喷射方量达到 40 $m^3$/h,喷浆效率高,不易堵管。

（5）柴电双系统,电动施工,柴动应急,保障施工进度。

（6）配备双速凝剂箱,速凝剂容量 1.5 方,满足大断面施工量。

2）产品参数

轮式湿喷机械手 LHP40K-G 产品参数见表 3-35。

表 3-35　轮式湿喷机械手 LHP40K-G 技术参数

| 项目 | | 参数 |
|---|---|---|
| 整机参数 | 运输尺寸（长×宽×高） | 8 400×2 610×3 250 mm |
| | 作业范围（宽×高） | 26×15 m |
| | 自重 | ≤20.5 t |
| | 控制方式 | 臂架采用无线遥控 |
| | 工作方式 | 电动系统+柴油应急 |
| | 电气装机功率 | 165 kW |
| | 工作电压 | 380 V |
| | 最大喷射方量 | 40 $m^3$/h |
| 底盘参数 | 发动机 | 玉柴 |
| | 功率 | 103 kW |
| | 底盘形式 | 工程底盘 |
| | 驾驶模式 | 双向驾驶 |
| | 驱动及转向 | 四轮驱动,前轮转向 |
| | 最大爬坡度 | 29% |
| | 转弯半径 | 10 mm（两轮） |
| | 最小离地间隙 | 460 mm |
| | 接近角/离去角 | 21°/19° |
| | 最高车速 | 15 km/h |
| | 轴距 | 4 200 mm |
| | 制动距离 | 2 m、15 km/h |
| 速凝剂系统参数 | 速凝剂泵 | YD25R-BMSY400 |
| | 驱动方式 | 液压电机 |
| | 速凝剂最大压力 | 1.6 MPa |
| | 速凝剂箱容积 | 1.5 $m^3$ |
| | 最大排量 | 1 000 L/h |

续表

| 项目 | | 参数 |
|---|---|---|
| 机械臂参数 | 喷臂节数 | 3节 |
| | 最大喷射高度 | 15 m |
| | 最大喷射宽度 | 26 m |
| | 大臂俯仰角 | 75° |
| | 小臂俯仰角 | 65° |
| | 大臂回转角度 | 300° |
| | 大臂伸缩 | 大臂不伸缩 |
| | 小臂伸缩 | 4.6m（两级伸缩） |
| | 喷头座轴向回转 | 360° |
| | 喷头座轴向摆动 | 240° |
| | 喷头偏转角刷动 | 8°×360°连续 |
| 混凝土泵参数 | 电机总功率 | 75 kW |
| | 油缸数量 | 2个 |
| | 油缸（缸径×行程） | 100×1 000 m |
| | 砼缸（缸径×行程） | 180×1 000 mm |
| | 料斗 | 0.3 m³ |
| | 泵送管道 | 125-100 变径管 |
| | 喷射骨料最大直径 | 25 mm |
| | 每小时最大方量 | 40 m³/h |
| 空压机系统参数 | 空压机型号 | AEP590A-SCLH |
| | 电机功率 | 90 kW |
| | 排气量 | 20 m³/min |
| | 排气压力 | 0.7 MPa |
| | 冷却方式 | 风冷 |

## 3.5 仰拱作业设备

### 3.5.1 仰拱作业概述

仰拱是为改善上部支护结构受力条件而设置在隧道底部的反向拱形结构，是隧道结构的主要组成部分之一，它不仅要将隧道上部的地层压力通过隧道边墙结构或将路面上的荷载有效地传递到地下，而且还有效地抵抗隧道下部地层传来的反力。设置仰拱可以促进支护结构封闭成型，改善整体受力条件，增强结构的稳定性，保证隧道施工的安全性。

长期以来，在我国铁路隧道衬砌施工中一直有"重拱墙、轻底部"的观点，对仰拱全幅施工设备的研究一直比较少。在最初的隧道施工中，仰拱作业用设备仅为人工组装的简易仰拱栈桥，该栈桥笨重、简陋，无法灵活快速移动，也无法保证通过车辆以及施工车辆的安全。随着机械化施工的不断发展，坚固以及灵活的液压（自动化）仰拱栈桥和仰拱台车开始进入隧道施工作业人员的视野。

铁路隧道仰拱快速作业台车是一种适应目前高速铁路隧道施工进度要求和技术规范条件的实用性仰拱作业装备系统，通常与跳板式通行栈桥配合使用，其工艺简单、移动方便、定位准确、立模快速，实现了仰拱结构整体灌注和施工平行作业，能较好地解决传统仰拱作业与衬砌施工不同步、不协调、进度落后等问题。该系统由5大部分组成：第一部分为跳板式栈桥；第二部分为仰拱模架；第三部分为中心水沟模架；第四部分为端头梁；第五部分为模板系统动力的电动绞车，如图3-111及表3-36所示。

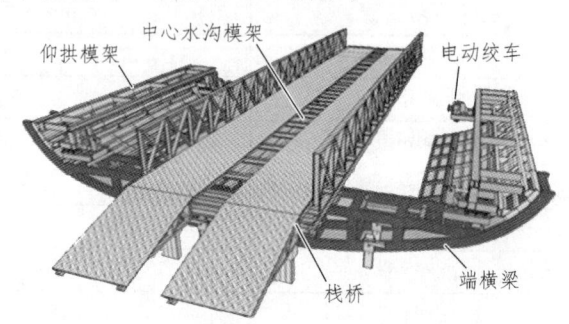

图3-111 仰拱快速作业台车结构形式

表3-36 仰拱模板台车主要部件

| 序号 | 名称 | 数量 | 部件 | 质量/kg |
|---|---|---|---|---|
| 1 | 端头梁 | 1 | 组成部件 | 3 275 |
| 2 | 模板支架 | 2 | 组成部件 | 1 114 |
| 3 | 分段仰拱模板 | 2 | 组成部件 | 5 318 |
| 4 | 水沟模板 | 1 | 组成部件 | 1 930 |
| 5 | 牵引走行系统 | 1 | 组成部件 | 460 |
| 6 | 通行栈桥 | 4 | 组合部件 | 38 000 |

### 3.5.2 国内外技术发展现状

仰拱施工一直以来是隧道钻爆法施工工序中影响施工进度、质量、安全控制的一道关键工序，针对传统仰拱施工速度及质量等方面存在的一系列问题，通过革新施工工艺与施工设备可有效提升隧道整体施工效率，依据具体施工环境因地制宜设计的仰拱栈桥，得以在隧道仰拱施工中更好地发挥作用，通过总结借鉴隧道二衬混凝土及路面混凝土振捣整平施工技术，不断提高完善隧道仰拱施工装备。

随着隧道施工机械化配套的不断升级，目前铁路隧道施工普遍采用全液压自行栈桥配合整体式仰拱及填充模板装置替代传统的简易钢便梁式仰拱栈桥或轨行式仰拱栈桥配合仰拱组合钢模板施工，极大地保障了施工安全，提高了施工效率和施工质量。但在仰拱施工工序中，仰拱的防水板铺设、钢筋绑扎及填充混凝土的振捣、整平等工作仍需人工进行，故仍存在着人员劳动强度大、作业不便、施工质量不可控等问题。

### 3.5.3　仰拱施工中的主要设备

国内铁路隧道仰拱施工设备中除了通用混凝土运输、浇筑和振捣设备外，还有简易仰拱栈桥、简易仰拱模板、自行式仰拱栈桥，以及结合仰拱栈桥和仰拱模板开发的仰拱模板台车等设备。

1. 简易仰拱栈桥

简易仰拱栈桥一般采用工字钢现场焊接加工而成，由两条独立的桥板组成，具有结构简单、成本低廉等优点，但同时也具有稳定性不好、安全性低、移动不便、效率低等缺点。

2. 简易仰拱模板

简易仰拱模板通常由模板支架和曲面模板等组成，制造简单、成本低。施工时，通常由吊装设备吊运就位，人工安装，施工工序较烦琐、施工效率低，且施工安全、质量等都较难保证。

3. 自行式仰拱栈桥

自行式仰拱栈桥是基于仰拱栈桥而开发的可实现自行移动的仰拱栈桥。与传统的简易仰拱栈桥相比，自行式仰拱栈桥采用整体框架结构，其稳定性更好，安全性更高；同时，自行式仰拱栈桥无须借助其他施工机械即可移动，不占用其他工序的施工资源，施工便捷，效率更高。自行式仰拱栈桥的走行方式有轮轨式、滑靴式、履带式、轮胎式以及组合形式等。

4. 仰拱模板台车

仰拱模板台车主要有可供运输设备通行的栈桥式仰拱模板台车和不能供运输设备通行的普通仰拱模板台车。栈桥式仰拱模板台车适用于仰拱栈桥施工法，而普通仰拱模板台车适用于仰拱顺序施工法或平行导坑运输仰拱施工法。国内铁路隧道施工多采用栈桥式仰拱模板台车。

### 3.5.4　简易仰拱栈桥的组成

仰拱栈桥主要由 5 部分组成：仰拱模架、中心沟模架、端头梁、栈桥和走行设备。以端头梁为界，快速施工技术中把仰拱及填充施工分为两个工作区，即隧底开挖、出渣、清底为第一工作区，仰拱模板安装、拆除和混凝土浇筑为第二工作区，二者以流水作业的方式组织施工。

1. 仰拱模架

因仰拱中部弧形半径大，坡度比较平缓，可不设模板。将混凝土通过自然摊铺的方法从中间向两边浇筑，混凝土浇至仰拱模板下沿时，将混凝土改为由仰拱两侧的顶部入模，使仰拱混凝土一次浇筑完成。经现场试验证明：混凝土坍落度在 120~140 mm 的情况下，从仰拱与二衬边墙设计施工缝处向下设置 3.0 m 长的弧形模板，即可很好地满足仰拱混凝土的施工要求（见图 3-112）。

仰拱模架设计为左右两副，分别由刚性骨架和模板组成（不被填充掩埋的部分），主要作用是固定、存放和移动模板，以及安设走行装置绞车，传递动力。模板采用大块组合钢模，每幅 3 块，模板间用枢纽连接，以翻折方式安装和拆除。每块长 6 m，宽 0.8～1.2 m，用 10 cm 槽钢做加强肋，使模板具有足够的刚度，仅通过销钉固定模板两端就可完成模板固定，以简化模板加固措施。

2. 中心沟模架

中心沟模架采用模架、模板一体式设计，即用 20 cm 工字钢为模架，在模架上有 6 mm 钢板作曲板和底板（见图 3-113）。

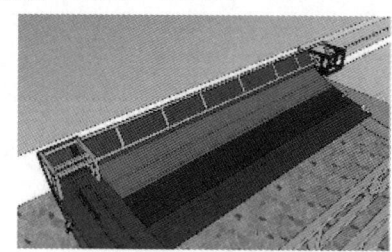

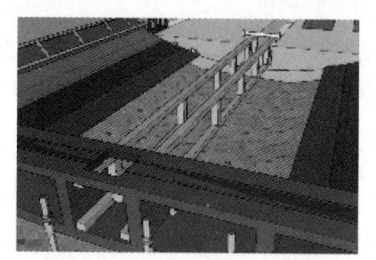

图 3-112　仰拱模架　　　　图 3-113　中心水沟模架

3. 端头梁

根据仰拱和填充混凝土的结构尺寸设计端头梁，以满足端头就位后，仰拱模架、中心沟排架随即就位的要求。梁底为弧形，与仰拱中埋式止水带位置一致，使用固定中埋式止水带。梁上边缘与填充混凝土面标高一致，可控制填充混凝土浇筑标高。在端头梁两端设立仰拱模架靠柱，定位仰拱模架。为适应隧底开挖清理后的地形情况，共设置 8 根可自由伸缩的支柱，梁部采用 2 cm 工字钢制作，设计承载 60 t。

4. 栈　桥

考虑洞内施工中设备配套情况，每副栈桥采用两片分离式，每片重约 10 t，使用一台挖机即可完成栈桥的移动。为保持在仰拱混凝土施工时洞内交通畅通，由 4 片梁组成两副栈桥形成双车道。

栈桥长 19 m，单片宽 1.2 m。在仰拱施工中，两端支撑长度各 2.5 m，有效工作长度约 13 m。其中，端头梁宽度 1 m，有效工作面长约 12 m，平均分为两个仰拱作业面。栈桥设计为双层结构，上层主要采用 20 cm 工字钢，做成弧形，使桥面成为拱桥，下层用 36 cm 工字钢制作，上下两层之间每隔 1 m 左右，设一道联系横梁，使下层主梁受力荷载符合均布荷载模型，加强结构整体性和承载能力。

5. 走行设备

为使栈桥能够作为快速施工设备的吊梁，利用栈桥每片梁两边工字钢翼板作为轨道，配备一个轨道吊车，使之吊起端头梁，在绞车的拉动下，可以拉着仰拱模架、中心沟模架一起移动到下一工作面。轨道吊车采用 20 cm 槽钢作为梁，每侧各设两个滑轮与栈桥的底层工字钢翼板咬合，确保走行顺畅。

6. 轨道吊车的吊运和卸载定位

（1）吊运：因端头梁有可以伸缩的支柱，所以把端头梁用拉杆与吊车连接拉紧后，收缩端头梁的支柱，即可起吊。仰拱模架、中心沟模架一端在已施工的填充面上，安设轮子可滑行。另一端与端头梁连接，在绞车的拉动下使整体向前移动。

（2）卸载定位：模架移动到设计里程后，需要上下调整标高，左右调整平面位置。这时在栈桥上挂设手动葫芦，提升端头梁，轨道车松动拉杆即可卸载。通过手动葫芦先上下调整端头梁至设计标高，横向再用千斤顶左右调整端头梁设计平面位置，然后放下端头梁的支柱完成定位。

### 3.5.5 简易仰拱栈桥的主要特点

（1）工艺简单，移动方便，定位准确，立模快速，平行作业，灵活性好。
（2）仰拱结构整体灌注成型，确保工程质量。
（3）结构设计合理，简易可行，适应性好，实用性强。
（4）施工组织及设备配套容易，满足快速、高效施工要求。
（5）使用操作便利，工作稳定、安全。
（6）模块化设计，通用性好，制作精良，质量可靠，成本低。

简易仰拱栈桥主要技术参数及要求见表3-37。

表3-37 主要技术参数及要求

| 序号 | 名称 | 数量 | 备注 |
|---|---|---|---|
| 1 | 每循环长度 | 6 | m |
| 2 | 模筑周期 | 1~2 | 个/天 |
| 3 | 栈桥数量 | 2（双线4梁） | 套 |
| 4 | 栈桥长度 | 19 | m |
| 5 | 配套功率 | 7.5×2 | kW |
| 6 | 模架最大外形尺寸 | 9×12.6×2.6 | m |
| 7 | 立、收模方式 | 螺旋及葫芦操作 | |
| 8 | 走行方式 | 牵引拖曳/轨行式 | 选配 |

### 3.5.6 液压自行式仰拱栈桥的组成

液压自行式仰拱栈桥主要由栈桥桥架结构、升降支撑系统、行走系统、液压控制系统以及配套使用的整体式仰拱弧模、中央排水沟模板等组成。栈桥整体结构稳固，行车平稳；可自行前后行走、左右移动调节，方便快捷；可提供12 m有效作业空间，节约施工时间，提高施工效率。配套使用的仰拱弧模和中央排水沟模板可由模板拖行滑架连接带动移动和定位，定位精准，使用便捷；栈桥桥面中间设置有多个可以打开盖板的工作窗口，可作为混凝土浇筑下料口。

绑扎好仰拱钢筋后，利用栈桥结构、模板拖行滑架和模板液压调节结构，将仰拱弧形模板精确定位。通过弧模上分布的各个浇筑窗口进行仰拱混凝土浇筑。混凝土强度达到规定要求后，收缩两侧弧模并提升整个模板结构以完成拆模，同时将弧模通过模板拖行滑架移动至栈桥前端，将中央排水沟模板安装就位，安装好仰拱填充部分的堵头模板，进行仰拱填充混凝土作业；填充混凝土拆模后，可采用同样的方式，施作下一仓仰拱混凝土。

### 3.5.7 液压自行式仰拱栈桥的优越性

1. 循环时间大幅缩短

栈桥跨度大，很好地解决了隧道施工过程中仰拱施工与前方工作面工序的干扰问题，为隧道整个工序循环的流水化、快速作业提供了有力的基础保障。如表3-38所示，采用液压仰拱台车与采用整体式弧形模板相比可节约循环时间11.2 h。

表3-38 仰拱施工工序时间对比  单位：h

| 项目 | 整体式弧形模板 | 液压仰拱台车 |
| --- | --- | --- |
| 隧道开挖出渣 | 8 | 8 |
| 虚渣清理 | 3 | 3 |
| 仰拱弧形模板安装 | 12 | 1.5 |
| 仰拱混凝土浇筑 | 3 | 3 |
| 等强时间 | 4 | 4 |
| 仰拱模板拆除 | 1 | 0.3 |
| 合计 | 31 | 19.8 |

2. 大大节约了施工成本

整体仰拱弧形模板与自行式液压仰拱台车相比较，以每板仰拱（12 m）为例，二者在施工中所用人工成本见表3-39。

表3-39 整体仰拱弧形模板与自行式液压仰拱台车  单位：人

| 序号 | 设备名称 | 定位 | 安装 | 拆卸 | 堆码保养 |
| --- | --- | --- | --- | --- | --- |
| 1 | 整体仰拱弧形模板 | 4 | 6 | 2 | 2 |
| 2 | 液压仰拱台车 | 1 | 2 | 1 | 1 |

表3-42中人工费情况：定位工人为钢筋工，5 500元/月；安装工人为模板工，5 000元/月；拆卸和堆码保养工人为普工，4 500元/月。

使用整体仰拱弧形模板，每板按12 m计，每12延米需要600 kg钢筋对弧形模板进行加固和支撑，弧形模板定位、安装、拆卸和堆码保养需要作业工人14人，使用挖机配合作业则需要13 h。

而采用液压仰拱台车不需要用钢筋进行定位，节省了600 kg钢筋（2 300元/t），使用过程中定位、安装、拆卸和堆码保养作业工人只需5人，节省作业工人达9人（钢筋工节省3人，模板工节约4人，普工节约2人）；使用挖机配合作业只需0.5 h，节省挖机使用时间12.5 h（挖机台班费按300元/h计）。

通过以上分析，使用液压仰拱台车节约施工成本计算如下。人工费：3×5 500/30 + 4×5 000/30 + 2×4 500/30 = 1 516.7(元)，钢筋费：0.6 ×2 300 = 1 380(元)，挖机费：12.5 ×300 = 3 750(元)。因此，采用液压仰拱栈桥每板仰拱节约成本 1 516.7 + 1 380 + 3 750 = 6 646.7(元)，每延米仰拱节省成本553.9元。以晏家堡二号隧道斜井正洞为例，晏家堡二号隧道斜井正洞施工任务为 2 761 m，可节约 152.9 万元，全隧道推广可节约 392.2 万元，而液压仰拱台车造价为 22 万，其经济效益显而易见。

3. 机械化程度高

采用了全自动液压系统，实现了仰拱栈桥的灵活移动与便捷行走，大大缩短了就位时间。

4. 保证了施工质量

大跨度仰拱栈桥为仰拱施工提供了足够的空间，使得仰拱能够一次性浇筑完成，保证了仰拱结构的整体性；采用液压仰拱台车浇筑弧形仰拱，其桁架配合液压系统，稳定性较好，可以有效避免整体式弧形模板加固困难、整体跑模等缺点，使仰拱混凝土达到了内实外美的效果，同时液压仰拱台车安设有中埋式钢板止水带夹具，可有效保证整个隧道中埋钢板止水带平面线形顺直、标高控制精准。

总的来说，液压自行式仰拱作业台车在前期投入上较传统的简易栈桥大，但其有效地提高了生产效率，加快了进度，特别是当隧道较长且工期紧张时，其对降低施工成本、解决工程进度等方面均具有显著的效益。

### 3.5.8 产品介绍

以铁建重工仰拱桥模台车为例。

仰拱桥模台车（见图3-114）是一种用于车辆通行、仰拱浇筑成型的隧道施工设备，可广泛应用于铁路、公路等隧道施工。

图 3-114 仰拱桥模台车

1. 产品特点

（1）移动便捷，提速增效。

栈桥由液压电机驱动行走轮胎实现自行走，模板配置驱动电机并由栈桥配合实现行走，可快速完成行走、横移、定位、脱模等功能，移动便捷，大大缩短了就位时间。

（2）无线遥控易操作。

台车各动作由电比例多路阀控制，可通过无线遥控实现智能遥控控制，操作简单方便。

（3）大作业跨度。

YDZQ～24 M/G 仰拱桥模台车净跨度大于 24 m，模板长度为 12 m，很好地解决了仰拱施工与前方工作面工序干扰问题，为隧道整个工序循环的流水化、快速作业提供了有利的基础保障。

2. 技术参数

仰拱桥模台车技术参数见表3-40。

表 3-40 仰拱桥模台车技术参数

| 项目 | | 单位 | 参数 | |
| --- | --- | --- | --- | --- |
| | | | YDZQ-24 M/G<br>24 m 跨度标准型/高原型 | YDZQ-12 M/G<br>12 m 跨度标准型/高原型 |
| 整机质量 | 栈桥 | kg | 46 000 | 38 000 |
| | 模板 | | 25 000 | 25 000 |
| 整机尺寸：长×宽×高 | 栈桥 | mm | 41 700×5 100×2 200 | 32 300×4 600×1 230 |
| | 模板 | | 14 700×12 700×1 800 | 14 700×12 700×1 800 |
| 电总功率 | 栈桥 | kW | 13 | 13 |
| | 模板 | | 6 | 6 |
| 行车道净宽 | | m | 3.6 | 3.2 |
| 最高行驶速度 | | m/min | 5 | 5 |
| 横移行程 | | m | 0.45 | 0.35 |
| 净跨度 | | m | >24 | >14 |
| 一次仰拱浇筑长度 | | m | 12/24 | 12 |

## 3.6 防排水作业设备

### 3.6.1 防排水作业概述

防水工作是隧道施工中的一项重要工作内容，防水作业质量和效率会直接影响整个工程进展。隧道长期受渗水、漏水的作用，特别是具有侵蚀性的地下水，对衬砌和隧道内设备的侵蚀及冻胀影响非常严重。因此，做好防排水，做到不渗、不漏，是保证隧道长期安全运营的重要前提。

在现代隧道防水工程中，铺设防水板作为隧道防排水设计的首选措施，其施工过程中需要在隧道断面上铺设防水板等防水材料，以达到防止隧道内渗水、漏水的目的。本节主要介绍防水板作业台车。

防水板作业台车是专为隧道施工中铺设防水板、土工布、绑扎钢筋及铺设二衬钢筋网而设计的作业台车。在台车上通过装配卷扬机提升系统，实现防水板铺设的机械化作业，可有效降低作业人员的劳动强度，具有使用安全可靠、生产效率高等特点。

隧道防水卷材的铺设包含土工布和防水板的铺设，其中以防水板的铺设施工最为关键。防水板铺设施工是在初期支护之后、二次衬砌之前进行。以沪昆铁路梨子坪隧道项目为例，防水板施工采用无钉铺设工艺。施工采用传统的简易台架人工进行铺设，一般 6~8 人／组，3~4 h 施工 1 个幅宽循环（宽度 3 m，含土工布铺设固定及防水板的铺设焊接），2 幅防水板间的搭接使用自动爬行焊机进行焊接。人工进行防水板铺设的关键工序为铺设—支撑—焊接。各工序作业人员劳动强度大，铺设速度慢。防水板铺设质量主要依赖于工人的技术水平，随意性大。防水板铺设的质量会影响衬砌的质量，从而引起隧道渗水、漏水等问题，降低隧道的使用寿命。

### 3.6.2 国内外技术发展现状

#### 3.6.2.1 国外技术现状

在隧道施工中，新奥法施工技术仍是应用最广泛的方法，目前在初期支护与二次衬砌之间设置防水层用以起到防排水的方法也得到国内外普遍的认可。在20世纪70年代，德国在隧道施工中就开始利用合成树脂制作防水垫片、止水带等，并运用到预制衬砌施工之中，同时还采用合成树脂与多层沥青结合形成防水膜等技术，都取得了较好的防水效果。随后，这些技术得到很多国家的认可并加以学习，法国、瑞士、奥地利等西欧国家相继开始采用聚乙烯、聚氯乙烯等来制作各类型的防水材料，不断进行技术改进，取得非常好的效果。

目前，国外隧道防排水施工中常用的方法如下：

（1）超前注浆。通过在岩层内钻注浆孔，注入合适的浆液，浆液一方面填充岩层内的空隙和裂隙，排除岩层内空气，同时利用浆液的黏结性使得破碎的岩层形成一个完整的整体，使得隧道周边岩层形成一个隔水帷幕，有效地将地下水阻隔在隧道开挖范围之外，有效起到防水作用。

（2）喷射灌浆。首先利用潜孔钻机或其他钻孔设备按设计要求钻设一定深度的钻孔，利用高压注浆泵及喷射机沿钻孔向周边土体高压快速喷射特殊浆液（常用水泥浆液）。高压的喷射流使得周边一定范围内岩体固结密实，并与固化浆液混合后黏结在一起，逐渐形成具有一定强度的固结体，该固结体可以有效地阻止地下水的渗流，并可以起到临时超前支护的效果。

从国外隧道防排水施工技术及其发展情况来看，目前隧道防排水技术的发展趋势主要有以下几方面：

（1）由多向少，由复杂向简单。由目前的多道防水逐渐向一道防水的转变。传统的多道防水整体效果好，但是其工序多、施工速度慢、成本高，而一道防水在满足防水要求的前提下，其施工方便，总体施工成本低。目前，国外已有隧道采用一道防水的做法。

（2）施工工艺发展与施工设备、防水材料的研发步调一致，相互促进，共同发展。

（3）重视隧道结构自身的防水性能，尤其是混凝土的防水效果，将是隧道防水效果的基础和重点。

（4）复合式防排水材料的运用会更加广泛。目前，国外的许多隧道工程的防排水材料均是由复合型材料制作而成，其防水效果远高于传统的单一材料。

#### 3.6.2.2 国内技术现状

就隧道工程而言，我国接触最早、实践最多的还属于铁路隧道。在早期铁路隧道施工中大部分都采用矿山法施工，这种施工方法主要以石块等进行衬砌支撑，基本上没有采用专门的防排水措施，隧道是否渗漏及渗漏水量的大小都依赖于围岩自身的防水性能及地下水量的大小，这些隧道往往在后期会出现极大安全隐患。这种情况一直持续到20世纪70年代，我国在隧道施工中逐渐开始引进较为科学、先进的新奥法施工技术，此时在一些隧道施工中开始采用混凝土来浇筑衬砌，但在针对施工缝等处施工时也没有相应的措施，从整体效果上来讲，隧道防排水质量虽然有了较大的提升，但依旧存在极大的安全隐患。这种情况持续到80年代后，随着我国铁路电气化改造的开展，隧道渗漏水的危害逐渐显露，人们也越来越意识到隧道防排水质量的重要性，特别是在一些长大铁路隧道工程中，这种情况更为突显。

针对隧道防排水问题，《铁路隧道设计规范》及《公路隧道设计规范》中都明确提出防排水总体设计及施工原则，即"防、排、截、堵相结合，因地制宜、综合治理"。该原则清楚明确地强调防排水需要从整体优化，是贯穿整个施工过程的综合性工作，而不能仅仅作为一个单独工序进行施工。要求建成的隧道能做到衬砌拱顶无水滴，边墙不渗水，路面无积水，以及隧道配套的附属洞室无渗漏情况。

国内隧道工程在采用简易台架人工铺设时，首先需要裁剪卷材，根据隧道的横断面轮廓裁剪出相应的防水板料；然后在隧道拱顶部的 PE 泡沫塑料垫衬上标出隧道纵向中心线，铺设时需要使防水板的横向中心线与该中心线重合，从拱顶开始向两侧垂直铺设，在铺边的同时与塑料圆垫片热熔焊接。这样不仅需要事先裁剪防水板，而且还需要制作专门用来安装防水板的钢拱架。另外，在安装时，操作人员在钢拱架上操作，不仅需要整平防水板，还需要校对防水板与衬垫的中心线，非常浪费工时，操作也不够安全。基于以上问题，国内外研究方向主要集中在铺设设备研制上。

自从我国开始采用新奥法施工隧道及其他地下工程以来，在不断地学习和实践之中总结出一套特有的防排水施工体系，主要有以下几种方法：

（1）围岩注浆堵水。在开挖掌子面之前，沿开挖轮廓面钻设注浆孔，向前方围岩注射水泥浆液等，封堵围岩裂隙，降低围岩的渗透性。

（2）设置防水层。设置防水层的主要方法是在初支的喷混凝土外侧与二衬之间设置一层防水层，利用该防水层起到防水及排水作用，从目前现场施工情况看，使用较多的防水方法主要有以下几种：

① 防水膜法。主要作用原理是在二次衬砌和初期支护之间喷涂一层具有防水能力的涂料，利用涂料的不透水性来防水。采用这种方法的主要优势在于施工效率高，但是使用条件要求较高，对初期支护表面平整度要求苛刻，在涂料施工时对环境要求高，初期支护表面必须干燥，同时防水涂料厚度控制难度大，因此这种方法在实际中运用较少，在一些特殊条件下采用。

② 防水板法。在初期支护喷射混凝土及二次衬砌混凝土之间设置防水板，利用防水板的隔水性阻断地下水，从而起到防排水的效果。它是目前我国使用最广泛的方法。现在主要采用的防水板材料主要有：PVC、ECB、EVA、LDPE 及 HDPE、CPE 等。利用防水板施作防水层的主要优点在于：适用性强，适用于大部分环境，对初期支护质量要求相对较低，同时防水板作为一个整体，其质量易于保证；可以有效隔绝地下水与衬砌接触，减少水对衬砌的侵蚀作用，这样在很大程度上解决隧道超挖造成的防水困难的问题。

（3）抗渗混凝土。主要是通过研制抗渗能力较强的混凝土材料，用以取代传统的喷混凝土及二次衬砌混凝土，通过抗渗混凝土自身的防渗漏特性，达到不漏不渗的效果。其中，抗渗混凝土在二次衬砌模筑施工中运用得较为成功，取得较好的效果，在该方面的技术也较为成熟。但抗渗喷射混凝土技术还需进一步提高。

通过多方面的研究，我国目前较常用的依旧是复合式衬砌防排水方法，即充分利用复合式防水层、三缝等特殊部位的止水措施及二次衬砌自身的抗渗能力等多种方式相结合的方法，通过实践证明，该方法具有良好的防渗漏效果。

### 3.6.3 防水层作业台车工作原理及结构组成

#### 3.6.3.1 工作原理

隧道防水板铺设台车上设置有与隧道断面相似的仿轮廓面铺设轨道，以液压电机等作为动力。铺设装置沿铺设轨道行走的同时使防水卷材沿隧道轮廓面环向展开，然后使用辐射状的伸缩支撑液压缸进行有效支撑，从而实现防水卷材的机械化自动铺设和支撑。工人在作业平台上进行固定或焊接，结束后缩回支撑液压缸。

#### 3.6.3.2 结构组成

1. 隧道新型防水卷材铺设装置

沪昆铁路梨子坪隧道项目使用了一种新型防水卷材铺设装置，如图 3-115 所示，代替传统的铺设作业台架，可在降低防水卷材铺设施工劳动强度及人工成本的同时，提高铺设工效和质量，保证施工的安全。表 3-41 和表 3-42 为机械铺设和人工铺设方式对比。

图 3-115 新型防水卷材铺设装置

表 3-41 土工布两种铺设方式对比

| 铺设方式 | 单幅铺设时间/min | 作业人员人数 | 劳动强度 | 作业安全性 | 铺设质量 |
| --- | --- | --- | --- | --- | --- |
| 机械铺设 | 15 | 3 | 低 | 高 | 较好 |
| 人工铺设 | 30 | 5~6 | 高 | 低 | 一般 |

表 3-42 防水板两种铺设方式对比

| 铺设方式 | 单幅铺设时间/h | 作业人员人数 | 劳动强度 | 作业安全性 | 铺设质量 |
| --- | --- | --- | --- | --- | --- |
| 机械铺设 | 1.5 | 3 | 低 | 高 | 较好 |
| 人工铺设 | 3~4 | 6~8 | 高 | 低 | 一般 |

新型防水卷材铺设装置的设计是在参考传统模板台车结构的基础上，对主体结构进行改进，主要结构包括自动行走系统、铺设台车、铺设轨道、铺设装置、支撑装置、液压系统、电气系统等，如图 3-116 所示。

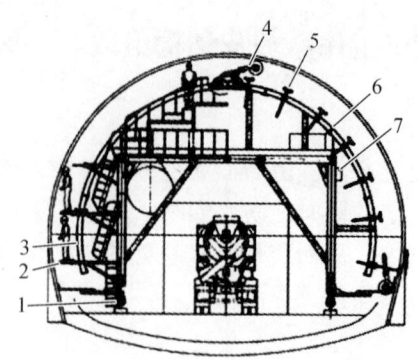

1—自动行走系统；2—铺设台车；3—铺设轨道；4—铺设装置；
5—支撑装置；6—液压系统；7—电气系统。

图 3-116　新型防水卷材铺设装置

1）自动行走系统

施工现场的简易作业台架移动工位时需要装载机配合完成，铺设台车自动行走功能提高了设备的机动性。考虑到二次衬砌模板台车行走也需铺轨，铺设台车自动行走系统和模板台车可使用同一轨道（即相同轨距），避免了重复铺轨。

2）铺设台车

铺设台车包括铺设台架、作业平台、升降支腿、通风管道、爬梯、防水卷材安装平台等。

铺设台架是铺设装置的主要承重部分，因此台架整体必须有足够的强度和刚度及抗冲击性能，以保证作业时的安全、平稳；台架设计时须考虑最大车辆通过净空和减小掌子面空气回流的阻力。作业平台供人工铺设时土工布打射钉和防水板焊接，必要时可设置翻转平台供作业人员接近超挖的轮廓面。升降支腿可在一定程度上适应超、欠挖的轮廓面。通风管道用于铺设风管，设计时需要施工方对风管的铺设位置、有效断面直径等进行详细的技术交底。爬梯供作业人员上下台架，且同侧的爬梯用于连通上、中、下 3 层作业平台。防水卷材安装平台用于防水卷材的放置和安装。

3）铺设轨道

铺设轨道是铺设装置铺设时仿轮廓面行走的轨道，可以保证防水板与开挖面铺设的贴合度。为便于运输和装配，铺设轨道一般设计分割为可互换的数段。

铺设轨道连接铺设装置和铺设台架，在铺设和支撑作业时承重较大，其本身的刚度和强度应该能够满足使用要求。

4）铺设装置

铺设装置是实现防水卷材沿轮廓面展开的装置，其进行往复运动的牵引动力来自液压电机。铺设装置依靠行走轮使其沿铺设轨道行走，为了避免两侧电机不同步，在轨道的侧部设置了侧导向轮。

铺设臂用来安装、固定防水卷材；调整油缸用于铺设半径的微调；车架为铺设装置的主框架，是承载主体。

5）支撑装置

支撑装置（见图 3-117）用于防水卷材沿轮廓面的动力支撑，沿铺设轨道圆周呈辐射状分布，由液压油缸、球铰橡胶撑靴、安装座等组成。球铰橡胶撑靴适用于凹凸不平的隧道毛轮廓面，有效地避免了在支撑过程中对防水卷材的硬损伤。

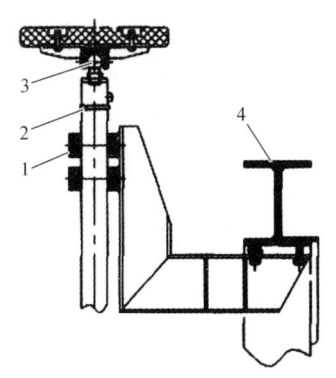

1—液压油缸；2—球铰橡胶撑靴；3—安装支座；4—铺设轨道。

图 3-117 支撑装置

6）液压系统

液压系统是完成铺设台车支腿升降和实现防水卷材支撑的关键系统，液压系统的设计类比了二次衬砌用钢模板台车的液压系统。需要说明的是，为了保护防水卷材支撑油路，所需工作压力较小，而支腿油路所需的工作压力较大。在满足使用要求的情况下，综合考虑各种因素，液压系统的额定压力调定为 6.3 MPa，支腿分系统工作压力调定为 5.5 MPa，支撑分系统工作压力调定为 2 MPa，铺设分系统工作压力调定为 6.3 MPa，铺设行走牵引采用静液压双制动，确保铺设作业的安全性。

7）电气系统

电气系统采用 PLC 控制，较继电器控制方式更稳定、可靠，查找故障更加方便、准确。设置本地或无线遥控操作模式，更适于复杂工况下的隧道作业。

2. 双线隧道联络通道专用防水层安装台车

双线隧道每隔一定距离就设置一处联络通道，该通道截面直径较隧道主体直径小，所以铺设空间更小。在此情况下，门式防水层台车显得过于庞大，需要结构更为小巧，可折叠、方便运输的双线隧道联络通道专用防水层安装台车。

目前，常用的一种专用于隧道联络通道防水层施工的安装台车如图 3-118 所示。其主要结构包括人员篮、回转臂、起重机械手、车体及行走机构等。

图 3-118 联络通道专用防水层安装台车

人员篮通过两个球形铰接结构悬吊在一个可伸缩、旋转的绞架上，依靠绞架的运动，人员篮可以到达并停留在需铺设防水层的任意位置。伸缩油缸装备有安全阀。在绞架的两端各有一个液压回转驱动装置，利用绝对值编码器可控制回转驱动装置同步运行，保证双臂同步转动，人员篮前后稳定。为方便在主隧道和联络通道之间转移，该设备有轨行式和轮式两套行走机构。在切换行走机构时，轮式行走机构可以收起，机器的底部有一液压支腿可将台车整体支起并做90°旋转。行走机构的转换如图3-119所示。

图3-119　行走机构的转换

台车移动至工作区域的步骤如图3-120所示，主要可分为以下几个步骤：

图3-120　台车移动至工作区域步骤

（1）利用轨道，开至主通道与联络通道交叉处，定点停车。
（2）液压支腿伸出，将台车车身支起，旋转90°车头对准联络通道入口，并铺设临时垫板。
（3）轮式行走机构展开，液压支腿慢慢收回，开动轮式行走机构，将台车驶入联络通道安装防水层位置。

如果台车需要从一个工作通道转移到下一个工作地点，则只需按相反的步骤进行，退出当前联络通道进入主隧道，再按上述步骤进入下一个联络通道即可。联络通道防水层台车基本参数见表3-43。

表 3-43 联络通道防水层台车基本参数

| | | |
|---|---|---|
| 底盘驱动 | 轮式行走机构轴距 | 2 467 mm |
| | 轨道间距 | 900 mm |
| | 电动机功率 | 6 kW |
| | 液压驱动功率 | 5.5 kW+4 kW |
| | 轨行式行走机构轮直径 | 350 mm |
| | 轮式行走机构轮直径 | 405 mm |
| | 轨行式行走机构速度 | 6 m/min |
| | 轮式行走机构速度 | 最大 40 m/min |
| 转台驱动装置 | 转动到位所需时间 | 0.9 min |
| 人员篮 | 可携带卷材最大宽度 | 2.2 m |
| | 最大载重 | 600 kg |
| 起重机 | 最大起重质量 | 1.4 t |
| 整机 | 总质量 | 约 6.64 t |

### 3.6.4 产品介绍

以铁建重工防水板钢筋铺设台车为例。

防水板钢筋铺设台车（见图 3-121）是隧道防水板铺设设备，具有自动铺设防水板和提升、绑扎环向和纵向钢筋的功能，可广泛用于铁路、公路、水利等领域的施工。

图 3-121 防水板钢筋铺设台车

1. 产品特点

（1）一车两用效率高。可满足 6.5 m 宽幅防水板铺设，也可满足 12 m 钢筋一次性绑扎；防水板铺设仅需 2~3 人即可完成；起吊卷材、自动铺展，无须人工肩扛手抬。

（2）无线遥控易操作。整机作业通过遥控控制，自带纵向行走和横向平移功能，仅需 1 人即可操控台车。

（3）施工质量好。防水板铺设平整美观，钢筋绑扎面作业平台全覆盖。

2. 技术参数

防水板钢筋铺设台车技术参数见表 3-44。

表 3-44 防水板钢筋铺设台车技术参数

| 项目 | 单位 | 参数 | | 备注 |
| --- | --- | --- | --- | --- |
| | | FSG12 标准型 | FSG12G 智能型 | |
| 整机质量 | kg | 55 000 | 55 000 | 依据隧道轮廓设计 |
| 门架净空（高×宽） | m | 4.9×6.0 | 4.9×6.0 | |
| 整机尺寸（长） | m | 15.5 | 15.5 | |
| 电机总功率 | kW | 55 | 55 | |
| 作业半径 | m | $R6.95 \sim 7.3$ | $R6.95 \sim 7.3$ | |
| 适用卷材宽度 | m | 2~6.5 | 2~6.5 | |
| 钢筋绑扎长度 | m | 12 | 12 | |
| 吊机起吊质量 | kg | 1 000 | 1 000 | |
| 输入电压 | V | 380 | 380 | |
| 电气系统控制电压 | V | 24 | 24 | |
| 液压系统工作压力 | MPa | 16 | 16 | |

## 3.7 混凝土衬砌作业设备

衬砌技术通常是应用于隧道工程、水利工程中，是为防止围岩变形或坍塌，沿隧道洞身周边用钢筋混凝土等材料修建的永久性支护结构。

目前，隧道衬砌施工由过去的手工操作走向了综合机械化操作，既可以满足隧道混凝土衬砌高质量和高效率的要求，同时也可以避免隧道施工中的干扰，减少人力、物力，降低人员的劳动强度，提高隧道施工的机械化程度。混凝土衬砌受各种复杂环境的影响和各种外力的作用，其状态都在不断变化，很容易出现病害，如不及时维修养护，病害会逐渐发展，影响混凝土衬砌的安全，严重者甚至会导致事故。因此，为提高混凝土浇筑质量，提前检测和养护至关重要。

### 3.7.1 衬砌模板台车

#### 3.7.1.1 概 述

隧道施工中的一个重要工序是二次衬砌。由于对隧道工程质量要求高、工期短，众多隧道工程都要求用整体钢模衬砌台车进行二次衬砌施工。隧道衬砌台车是隧道施工过程中二次衬砌必须使用的专用设备，用于对隧道内壁的混凝土衬砌施工。它由钢材制造而成，具有一定的形状、刚度和强度，如图 3-122 所示。采用钢模衬砌台车施工，既可以满足隧道施工二次衬砌高质量和高效率的要求，同时可以避免隧道施工中的干扰，减少人力物力，降低人员的劳动强度，提高隧道施工的机械化程度。

图 3-122 衬砌模板台车

目前，隧道衬砌施工由过去的手工操作走向了综合机械化操作，提高了隧道衬砌质量和工作效率。衬砌台车是铁路、公路隧道混凝土衬砌一次成型设备，其可根据用户提供的隧道断面设计制造，能保证边开挖、边衬砌，其门架净空高度和宽度能保证有轨和无轨运输车辆通行。整机行走采用电机-机械驱动；模板采用全液压操作，利用液压缸支（收）模机械锁定；在台车架上部和模板之间留有空间供安装隧道通风管；对于有瓦斯的隧道衬砌，其电气系统按照瓦斯隧道防爆规范要求进行设计，确保使用安全。根据隧道工程的不同，衬砌台车分为边顶拱式、直墙变截面边顶拱式、渐变面式、全圆针梁式、全圆穿行式等。根据用户的实际需要，可机动选择全液压自行式、全液压拖动式、机械式钢模板、简易式组合模板等形式。

#### 3.7.1.2 国内外技术发展现状

1. 国外技术现状

在 20 世纪中期前，隧道衬砌施工主要是通过人工组装拱架式模板台车进行施工作业，但随着社会的进步和科技的发展，相关部门对隧道工程的衬砌面质量和施工效率提出了更高的要求，传统的组装式模板台车已经不再满足施工要求，急需对传统的模板台车更新换代。国外对衬砌台车的研发较早，从 20 世纪中叶就开始，主要用于城市地下轨道交通和大型水力发电站涵洞的混凝土衬砌施工，当时处于发达国家行列的日本、芬兰和美国等都在广泛使用传统的组装拱架式模板台车，如芬兰的 NORMET（挪曼尔特）、日本的 Furukawa（古河）和 NISHIO（西尾）等。到 20 世纪后期，除了少量的小型隧道外，钢模台车已经开始在国外的其他隧道建设中使用，隧道衬砌施工开始向机械化方向发展，由此衍生出了适应各种施工工况条件的钢模台车。例如，位于巴基斯坦杰赫勒河上的曼格拉水电站隧洞工程，该隧道的直径为 9.15 m，由于基岩层复杂、岩性软弱、含有泥化夹层，采用以往的施工方法已经不能适应当时的条件，因此巴基斯坦国内首次采用针梁式模板台车，该台车具有施工干扰小、混凝土衬砌外观质量好、资源及劳动力利用率高等优点，但其一次性投入成本远大于前，不适合洞线短、断面不一致的隧洞衬砌施工；苏联英古里电站引水隧洞，内径为 9.5 m，其形式为双曲拱坝，针对大截面、截面形式多变的引水隧洞，采用了隧洞双曲钢模台车，顶拱混凝土月进尺为 60 m，边墙混凝土浇筑月进尺为 120 m，较以前的组装式施工节省了大量时间。目前国外的隧道衬砌模板台车呈现出以下发展趋势：

（1）自动化程度提高：通过采用先进的控制系统和自动化设备，提高模板台车的操作精度和效率。

（2）多功能化：模板台车不仅用于隧道衬砌施工，还可以集成其他功能，如混凝土浇筑、振捣、养护等，实现一体化施工。

（3）轻量化和模块化：采用高强度材料和优化设计，减轻模板台车的重量，便于运输和安装。同时，模块化设计可以提高模板台车的通用性和可维护性。

（4）智能化：利用传感器、物联网等技术，实现对模板台车的实时监测和远程控制，提高施工安全性和管理效率。

2. 国内技术现状

1953 年，我国水电行业首次使用模板台车进行衬砌施工，这台模板台车虽然尚未具备自动行走、液压驱动、自动调平等功能，但无疑是一次巨大的进步，因为其实现了隧洞衬砌机械化作业。在铁路、公路隧道工程衬砌施工中使用模板台车相对较晚，1982 年我国首次从日本引进模板台车用于衡广复线大瑶山隧道衬砌施工。直至 1985 年，我国自主研发了第一台国产模板台车，并由此实现了模板台车的国产化，为我国大型隧洞混凝土衬砌作业提供了可靠的设备支撑。我国的混凝土衬砌台车主要有简易衬砌台车、全液压自动行走衬砌台车和网架式衬砌台车，在水工隧道和桥梁施工中还普遍用到提升滑模、顶升滑模和翻模等。

近年来，随着我国基础设施建设的不断发展，衬砌模板台车的应用也越来越广泛。我国已经有多家企业和科研机构从事衬砌模板台车的研发和生产，并且取得了一定的成果。例如，研发了适用于不同地质条件和隧道断面的衬砌模板台车，提高了施工效率和质量。同时，中国也在不断探索衬砌模板台车的智能化和自动化技术，以提高施工的安全性和可靠性。2020 年 12 月 16 日，贵南高铁都安隧道采用国内首款智能化隧道二衬浇筑台车，该台车集疏通、观察、刻录、信息反馈和储存等功能于一体，可以监控混凝土浇筑实时状态；通过插入式变频高频振捣系统，可以从根本上解决隧道拱顶混凝土不密实导致脱空和空洞的难题。

#### 3.7.1.3　隧道衬砌台车类型及要求

衬砌台车是隧道施工过程中二次衬砌不可或缺的非标产品，用于对隧道内壁的混凝土衬砌施工。衬砌台车主要有简易衬砌台车、全液压自动行走衬砌台车和网架式衬砌台车几种。全液压衬砌台车又可分为边顶拱式、全圆针梁式、底模针梁式、全圆穿行式等。

隧道衬砌台车的一般要求：

（1）模板外形尺寸要能满足隧道断面要求。其形状误差要求如下：$R \leqslant 3$ m 时，不大于 10 mm，$R > 3$ m 时，不大于 20 mm（$R$ 指隧道断面处最大断面半径）。

（2）必须保证模板中心线与隧道中心线重合。因此，在台车主台架横向不移位的情况下模板能左右移动（即水平移动），一般水平移动距离不超过中心线±150 mm。

（3）模板的动作要能有效地完成支模、拆模、锁定定位工作。近年来设计的模板台车其模板的支模、脱模均采用液压驱动，锁定采用机械装置来完成。整体模板应留有作业窗、注浆孔以满足施工要求。整体模板的长度、门架行走轮的轴距与隧道转弯半径及其他配套机械的施工组织有关，一般模板长度在 6～12 m，门架轴距小于整个模板长度 1 m 左右。

（4）台车各部件的设计应能满足运输条件。台车主台架内净空应能满足其他施工机械的通过。

（5）根据用户要求，台车行走有自行式和非自行式。无论哪种形式都应考虑满足其他机械拖拉行驶的条件，同时还须考虑台车过岔道时的通过能力。

#### 3.7.1.4 衬砌台车结构设计

1. 模　　板

常用隧道衬砌台车模板系统的设计需要根据施工要求来设计模板轮廓线、模板衬砌长度、作业窗及注浆口的位置、搭接长度等，同时考虑模板的分块、分模情况以及脱模间隙。

（1）作业窗、注浆口位置及类型的确定：根据要求布置作业窗及注浆口（最下面一排作业窗距边基高度不大于1 500 mm），注浆口关闭后外弧面一般为平面。

（2）面板长度的确定：根据总体设计进行分模，确定铰接结构的位置，但面板的长度最好不要在5 950~6 500 mm之间。

（3）模板面板、腹板、角钢等的设计：面板厚度一般为8~12 mm，腹板上关键点需要布置相应的螺栓孔，腹板间选择合适的加强材料。

（4）模板脱模间隙的设计：脱模间隙最小处不小于60 mm（即顶模与边模铰接处），一般情况下设计为110 mm，与地面间隙应大于150 mm；需要考虑涂脱模剂的空间（不小于350 mm）。

对于变截面隧道衬砌台车模板系统的顶模设计方案有4种。

（1）在顶模变截面处采用加宽块。即根据隧道的断面尺寸，选择其中最小的一个断面尺寸作为设计的基准断面。顶模分为左右两块设计，在施工最小断面处可以直接使用，而在其他加宽的断面处施工时，则将顶模从中间分开，并同时将两侧的顶、侧模移动到相应的位置，通过在中间安装加宽块，并通过加高垫、油缸或者两者结合的方式将模板升至设计的要求高度。

（2）旋转顶模，并加装加宽块。其台车最小断面设计和使用过程与方案（1）相同，而在加宽断面处的使用过程中，应将顶模从中间的连接处分开，同时顶模和侧模向外移动到相应的位置，并将两个半块的顶模围绕铰接销轴，向外旋转直至其顶模的端点与设计的轮廓线相切，然后再进行加宽块、加高垫等的安装。

（3）旋转部分顶模，并加装加宽块。即根据隧道断面的尺寸，将其中最小的一个断面尺寸作为设计的基准断面，并将顶模分为4块进行设计，其模板之间采用螺栓连接，在最小断面处的施工过程中可以直接使用，而在其他断面处施工时，则将顶模从正中间分开，并同时将两侧的顶、侧模移动到相应的位置，然后将一侧的模板向外旋转直至其顶模的端点与设计的轮廓线相切，然后再进行所需的加宽块安装，同时通过加高垫、油缸或者两者结合的方式将模板升至设计的要求高度。

（4）将不同断面处一侧的顶模模板全部更换。即在变截面处的顶模相切点部位采用螺栓连接，从而使其在不同断面处的使用过程中，逐步更换一侧的顶模模板，而侧模的位置则随之向内或向外移动。采取此种方案时应当注意顶模与支撑系统中的上模梁的连接位置必须满足另一侧的顶模尺寸要求，以便保证不同断面处的可操作性。

2. 门　　架

门架系统的作用是支撑整个模板系统与承受衬砌时的压力，防止模板变形与向内收缩。门架主要有上下纵梁、立柱、门架横梁、纵向连接件、加强斜撑、模板横梁、模板立柱、丝杆、油缸、横移机构、行走机构等部件。其中，门架横梁作为模板台车重要的承重部件，对材料的强度和刚度要求较高，一般采用H型钢、工字钢等拼焊而成。对于变截面隧道，模板均要向外侧移动，门架横梁必须加长。在设计时可在一侧增加加宽块，并移动横移机构至加宽块一侧；或将其设计成左右两块，在中间部位增加加宽块，横移机构随左右两块移动而移动。

3. 液压系统

台车设计有升降油缸、模板油缸和横移油缸，油缸的行程、零行程长度、缸径及杆径大小、管路接头形式、连接销孔直径、连接结构尺寸、油孔方向及外形尺寸根据方案来确定；液压系统工作压力一般情况下按 12 MPa 考虑，额定压力按 16 MPa 考虑。针对变截面需增加与此相配的接头和油管数量等。液压系统可以提高隧道衬砌台车的工作效率，减少工人的工作量。

4. 其他辅助系统

模板台车应考虑通风管的穿越形式；应设置足够的承重螺杆和丝杆支撑；模板台车拱顶应在适当的位置设置混凝土封堵装置和检查孔；模板台车上安装的附着式振动器应能单独启动；曲线地段应考虑内外弧长差引起的左右侧搭接长度的变化，以使弧线圆顺，减少接缝错台，确保台车前后端模板弧度一致；确保灌注孔在模板台车拱顶中间位置，以保证两侧混凝土同时对称浇筑。

#### 3.7.1.5　全断面钢模板衬砌台车

目前，所用的各种模板台车，结构形式大致相同，仅在模板形状及局部结构上有所区别。模板台车实际上是钢结构台车与模板通过液压缸、螺旋千斤顶连接而构成。按衬砌作业的方式不同，可分为平移式和穿行式。平移式的台车与模板是不可分离的，一次浇注混凝土后需等其具有一定强度后，才能脱模前移，开始下一循环；穿行式备有两套模板，台车与钢模板之间的连接可以拆卸，浇筑混凝土后台车即脱离模板，混凝土由模板拱形结构独立支承，台车后移与后一段已凝固混凝土的模板连接，并拆模、收拢，从前面的模板下穿行通过，到新的衬砌地段作业。

1. 主要要求

在隧道模筑衬砌作业中推广混凝土泵送技术后，采用整体钢模台车（见图 3-123）可以极大地提高衬砌速度及衬砌质量，并能减少模板的损耗及模板拼装时间，降低了劳动强度。

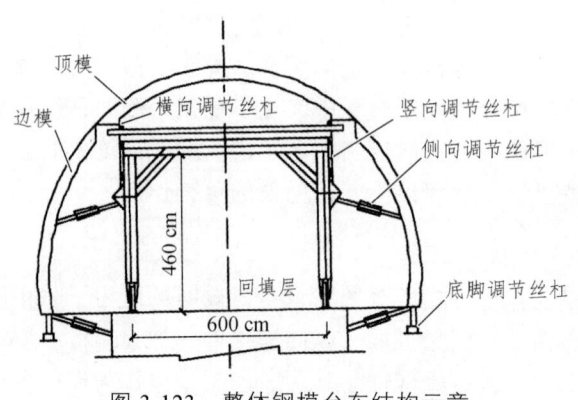

图 3-123　整体钢模台车结构示意

全断面钢模板衬砌台车一般应符合以下要求：

（1）模板支撑桁架门下净空应满足隧道衬砌前方施工所需大型设备通行要求；桁架各层平台的高度要满足混凝土施工要求，利于工人进行安管、混凝土捣固等施工作业；桁架杆件荷载计算按所承受荷载最大值的 1.5 倍考虑。

（2）台车整体模板由面板、支撑骨架、铰接接头、作业窗等组成，当衬砌断面较大，所承受荷载较大时，支撑骨架应制成桁架结构，并尽量减少板块接缝数量。

为保证衬砌净空，模板外径按设计轮廓线扩大 5 cm 考虑；模板表面的平整度、光洁度应满足衬砌混凝土外观质量要求；模板制作应有足够的强度和刚度，通常钢模板厚度不得小于 8 mm。

（3）衬砌台车长度应和隧道平面线形、进度指标、施工能力等相适应。直线隧道衬砌台车长度宜为 10～12 m，曲线隧道且半径较小时，长度宜为 6～11 m。

（4）台车模板的液压支顶、收缩系统应布置合理，满足衬砌施工需要。

（5）衬砌台车应满足自动行走要求，并有闭锁装置，保证定位准确。

2. 主要技术性能及参数

表 3-45 所列为几种全断面钢模板衬砌台车的主要技术性能及参数。

表 3-45 模板台车技术性能参数

| 项目 | 单位 | 参数 | | |
|---|---|---|---|---|
| | | 佐贺 | 岐阜 GKK | SMT-12 |
| 适用断面 | mm | R5540、R5510、R7390 组合成的曲拱断面 | R4390、R5590、R5450 组合成的曲拱断面 | 专隧 0016、专隧 0025 规定断面 |
| 模板长度 | m | 12 | 12 | 12 |
| 线路形式 | | 直线 | 直线 | 直径、半径≥600 m 的曲线 |
| 作业方式 | | 平移式 | 平移式 | 穿行式 |
| 轨距 | mm | 6 000 | 5 700 | 5 100 |
| 车速 | m/min | 6.5 | 8 | 30～40 |
| 总质量 | t | | 96.1 | 90/130 |
| 下净空（宽×高） | m | 4.5×4.8 | 4.5×4.8 | 4.15×4.8 |
| 模板收拢方式 | | 铰接 | 铰接 | 铰接 |
| 生产厂家 | | 日本 Saga（佐贺） | 日本 Gifu（岐阜） | 铁道建筑总公司科研所 |

#### 3.7.1.6 国内外典型产品

1. 佐贺模板台车

佐贺模板台车由钢模板、台车架、液压系统、螺旋千斤顶、手动葫芦、走行装置、电气系统、洁扫机、振动器等组成，如图 3-124 所示。

1）钢模板及台车架

由钢模板构成拱架结构，台车架为钢架结构，两者间通过油缸及千斤顶连接。拱架由若干块钢模板拼接成顶拱、侧拱、底拱3大部分。整个拱架可相对于钢架作左右、上下的微调，以对中定位。顶拱、侧拱的模板由油缸推动；底拱模板由手动葫芦起吊，自重下落。钢架是一个门式架，留有机械通过的空间，钢架与拱架间还留有铺设通风管道的空间。台车纵断面上有4排钢架，相互之间由桁架结构连接。钢架安装在走行架上，模板上设有3个混凝土浇筑口及观察窗，钢架上设有工作平台。

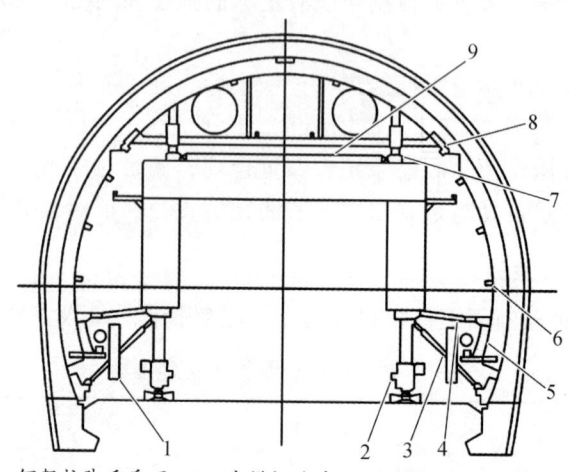

1—清扫机；2—钢架柱脚千斤顶；3—底模板千斤顶；4—侧模板千斤顶；5—手动葫芦；6—振动器；7—顶模板千斤顶；8—观察窗；9—对中油缸。

图 3-124　佐贺模板台车

2）走行装置

钢架柱脚通过水平轴与走行架相连，共有两个主动走行架，两个从动走行架。行走动力来自齿轮电动机，经二线链传动，驱动一侧车轮，链传动速比 $i = (54/120) \times (24/12) = 9$。该侧车轮又通过 $i=1$ 的链传动，驱动另一侧车轮。为使台车在混凝土养生期间牢固定位，设有夹轨器。走行架总成如图 3-125 所示。

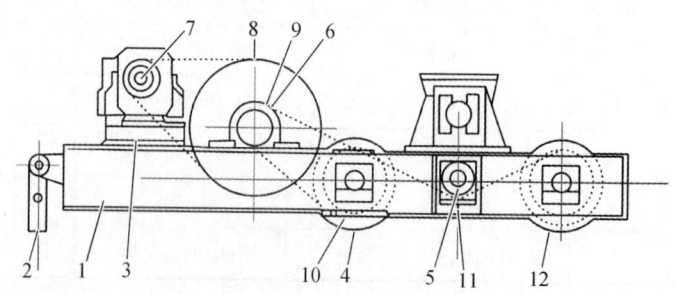

1—走行架；2—夹轨器；3—齿轮电动机；4—驱动轮；5—张紧装置；6—轴承；7~12—链轮。

图 3-125　走行架总成

3）液压系统

整机共有液压缸14个。其中，用于升降顶模的4个液压缸为单作用式，并带有安全螺母；用于对中定位的 2 个液压缸为双作用式；用于侧模的 8 个液压缸为双作用式。液压系统原理如图 3-126 所示，液压油缸参数见表 3-46。

4）螺旋千斤顶

整机共有螺旋千斤顶 38 个。其中，18 个支撑侧模，12 个支撑底模，4 个支撑钢架柱脚，4 个支撑顶模。其参数如表 3-47 所示。

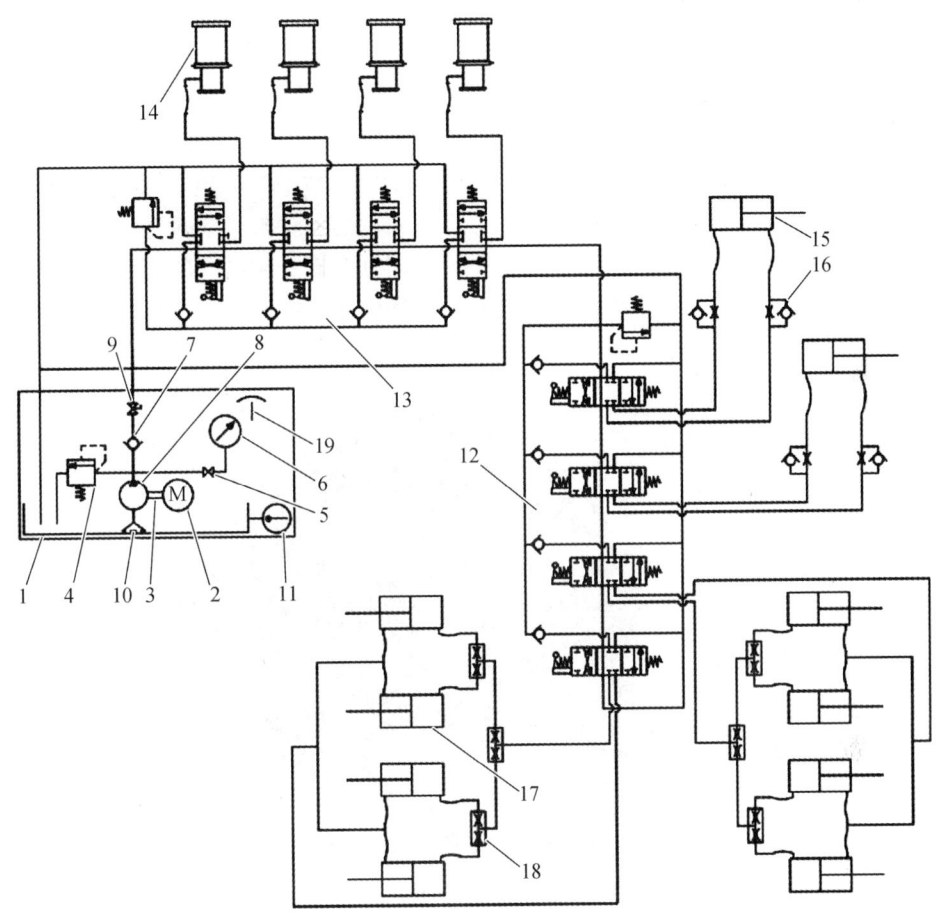

1—油箱；2—电动机；3—联轴器；4—安全阀；5—压力表接头；6—压力表；7—单向阀；8—油泵；9—截止阀；10—滤清器；11—油温计；12—手动换向阀组；13—手动换向阀；14—顶模缸；15—对中缸；16—单向节流阀；17—侧模缸；18—分流阀；19—排气装置。

图 3-126 液压系统

表 3-46 液压油缸参数

| 名称 | 数量 | 推力 | 拉力 | 全行程 | 类型 | 控制方式 | 安装方式 |
| --- | --- | --- | --- | --- | --- | --- | --- |
| 顶模缸 | 4 | 4×35 t | 4×7 t | 250 mm | 单作用式 | 手动 | 杆头、缸头均为法兰连接 |
| 对中缸 | 2 | 2×10 t | 2×7 t | 150 mm | 双作用式 | 手动 | 杆头花键、缸头铰接连接 |
| 侧模缸 | 8 | 8×10 t | 8×7 t | 300 mm | 双作用式 | 手动 | 杆头花键、缸头铰接连接 |

表 3-47  螺旋千斤顶参数

| 名称 | 数量 | 驱动方式 | 推力 | 行程 |
| --- | --- | --- | --- | --- |
| 侧模千斤顶 | 18 | 手动 | 18×25 t | 200 mm |
| 底模千斤顶 | 12 | 手动 | 12×7.5 t | 150 mm |
| 钢架柱脚千斤顶 | 4 | 手动 | 4×40 t | 100 mm |
| 顶模千斤顶 | 4 | 手动 | 4×35 t | 125 mm |

2. CQS12G 智能型数字化衬砌台车

铁建重工 CQS12G 智能型数字化衬砌台车（见图 3-127）是隧道二衬施工的专用设备，可广泛应用于铁路、公路、地下工程、引水工程等领域的各种隧道、井巷、涵洞等施工中的二衬支护作业。在结构设计方面，它采用了坚固耐用且合理的架构，以确保在复杂的隧道施工环境中稳定运行。台车的主体结构经过精心计算和优化，能够承受巨大的压力和冲击，保证施工过程的安全性和可靠性。

图 3-127  CQS12G 智能型数字化衬砌台车

（1）双浇筑高效施工：CQS12G 智能型数字化衬砌台车拥有独特的双浇筑系统，可遥控分层逐窗浇筑，仅需 10 min 即可完成上下管路切换，浇筑速度快，一环二衬作业时间为 8~10 h。

（2）高频密实振捣：配备高频气动振动器，振动范围广且深度大，与气囊堵头相配合，能有效避免端头模板漏浆，使混凝土振捣密实。拱顶具备信号反馈和压力检测双重监测，确保拱顶灌满。

（3）信息化高度集成：具有液位显示、入模温度监测、拱顶灌满提醒，以及报警信息等功能，并能够对施工数据进行记录、存储及传输。

（4）节省人力物力：仅需 1 名操作手即可完成整机布料，浇筑完成后的管路采用海绵球清洗，方便快捷。4~6 人即可完成一环二衬施工。

CQS12G 智能型数字化衬砌台车技术参数见表 3-48。

表 3-48  CQS12G 智能型数字化衬砌台车技术参数

| 项目 | 单位 | 参数 |
| --- | --- | --- |
| 整机质量 | kg | 160 000 |
| 整机尺寸：长×宽×高 | mm | 12 100×13 400×9 945 |
| 电总功率 | kW | 97 |
| 行走方式 |  | 轨行式（自动送轨） |
| 最高行驶速度 | m/min | 4 |
| 模板厚度 | mm | 10 |
| 模板宽度 | mm | 2 000 |
| 通车净空间（宽×高） | m | 3.9×4.5 |
| 一个工作循环理论衬砌长度 | m | 12 |
| 衬砌混凝土理论泵送排量 | m³/h | 40 |
| 一环混凝土理论浇筑时间 | h | 8 |
| 输送管路通径 | mm | 125 |

### 3.7.2 水沟电缆槽模板台车

#### 3.7.2.1 概　述

现行铁路隧道一般双侧设计有水沟及电缆沟槽。自行式水沟电缆台车通过整体门架相连，可以双侧同时施工，减少了传统拼装模板拆除、转运、安装的繁杂工序，加快了施工进度；且不需要额外的加固支撑支架，混凝土浇筑过程中不易变形胀模，易于控制水沟电缆槽整体成形，达到高效美观的效果。水沟、电缆沟施工技术要求：

（1）在施工电缆槽槽身混凝土时，要结合各种预埋管线图和预留洞室施工，保证预埋管线相通。

（2）为保证路面净宽，防止电缆槽槽身混凝土施工时模板发生变形或移动造成侵限，必须保证模板内侧垂直、槽壁厚度和槽内净空尺寸。

（3）靠边墙侧为电力电缆槽，靠线路侧为通信、信号电缆槽。

（4）水沟及电缆槽槽身采用 C30 混凝土，通信、信号电缆槽槽身靠线路侧配置单层钢筋，水沟及电缆槽盖板采用 C35 钢筋混凝土。

#### 3.7.2.2 台车结构组成及原理

1. 结构组成

台车主要由门架、模板系统、液压控制系统和行走系统 4 个部分组成。

（1）门架：门架各型钢构件采用螺栓连接而成，以方便拆卸和重新组装。在门架的竖杆外侧设三角悬臂支撑，用于螺栓固定竖向液压杆。施工车辆可从门架下方自由通过，施工互不影响。

（2）模板系统：采用定型钢模板，包括水沟芯模、电缆槽芯模和侧模。模板有效长度一一般 12 m，搭接 10 cm，和二衬台车有效长度相同，沟槽一次浇筑长度 12 m。芯模要带有斜度，方便拔模时芯模和混凝土脱离。

（3）液压控制系统：包括竖向液压杆、水平向液压杆、液压站、电控箱和液压管。

（4）行走系统：包括主动轮、从动轮、钢轨、支轨丝杠和动力电机。

台车整体布局及台车主视图、台车侧视图如图 3-128～图 3-130 所示。

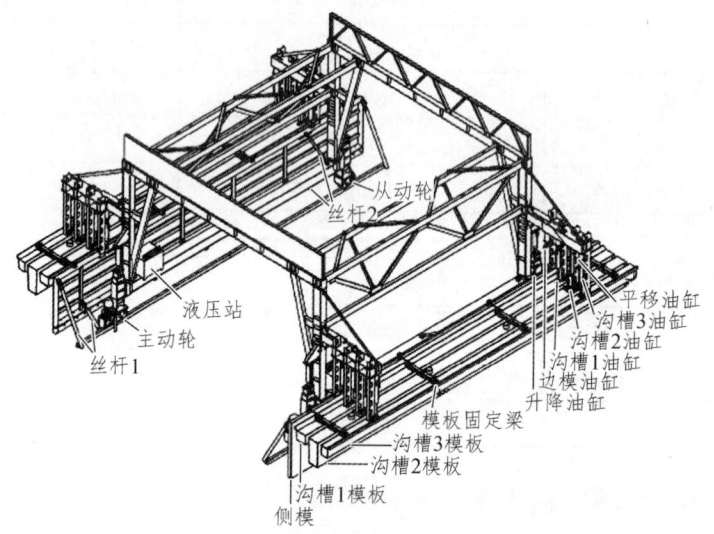

图 3-128 台车整体布局示意

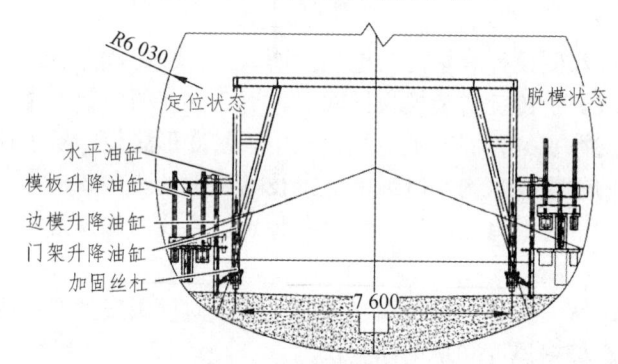

图 3-129 台车主视图

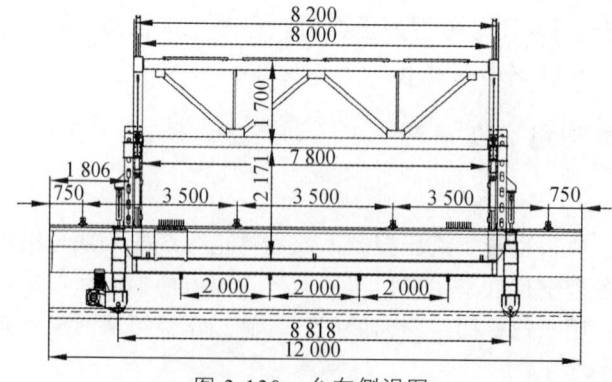

图 3-130 台车侧视图

2. 工作原理

在门架上设置长度可调的三角形横向支撑，用于悬吊模板，横向支撑上设置竖向和水平液压杆，液压杆与芯模、侧模连接，通过操控竖向液压杆油缸伸缩可调整模板高度，通过操控水平液压杆油缸伸缩可横向水平移动侧模。操控液压控制系统，使模板竖向、横向调整到设计位置后，通过模板顶部"定位卡"固定各模板的相对位置。模板固定好后，浇筑沟槽混凝土。混凝土达到一定强度后，水沟侧模横向外移，提升芯模，完成脱模后，操控竖向液压杆放下滚轮使其和钢轨接触，去除顶轨丝杠，开启电机使台车沿轨道整体自行移动到下一位置，提升竖向液压杆使滚轮和钢轨分离，台车自重依靠顶轨丝杆支撑在钢轨上，模板调整到位后施工下一段水沟和电缆槽。

#### 3.7.2.3 产品介绍

以水沟电缆槽液压式整体自行模板台车为例。

水沟电缆槽液压式整体自行模板台车的施工工艺流程：施工准备—测量放样—边墙混凝土凿毛—基底清理、冲洗—钢筋绑扎—纵、环向钢筋绑扎—电缆槽底泄水孔预埋—接地端子设置—过轨管引出—模板安装—浇筑沟槽混凝土—混凝土养护、拆模—成品养护。水沟电缆槽液压式整体自行模板台车如图3-131所示。

图3-131 水沟电缆槽液压式整体自行模板台车结构

产品特点如下：

（1）水沟电缆槽液压式整体自行模板台车具有操作简便、转场快捷、模板不易损坏的特点，且大大减轻了人员劳动强度及工作量，较少人员就能完成沟槽段施工。

（2）实现了电力电缆槽、水沟槽与通信信号电缆槽三者的整体性浇筑，确保结构的整体性、线条流畅性、观感质量。

（3）由于沟槽整体浇筑，有效地防止了水沟渗水到道床，从而避免渗水对无砟轨道综合接地系统、电气系统的影响及腐蚀，而且还在一定程度上防止道床翻浆现象。

（4）有效地规避了混凝土施工缝处理的凿毛、安装接茬筋、清洗界面及涂刷界面剂等烦琐工序，加快了施工节奏，降低了工程成本。

（5）采用整套设备进行施工，便于实现沟槽施工的精确定位、作业标准化、施工机械化、检测现代化、管理信息化及确保工期，更能满足客运专线标准。

### 3.7.3 衬砌养护台车

#### 3.7.3.1 概　述

**1. 衬砌存在主要问题**

水泥是一种水硬性无机胶凝材料，是组成混凝土的重要组成部分。混凝土浇筑后，如不及时进行养护，混凝土中水分会蒸发过快，形成脱水现象，使已形成凝胶体的水泥颗粒不能充分水化，无法转化为稳定的结晶，缺乏足够的黏结力，从而会在混凝土表面呈现片状或粉状脱落。因此，为提高混凝土浇筑质量，后期的养护至关重要，尤其是混凝土养护期间的温度和湿度控制必须到位。衬砌混凝土养护的目的是为混凝土提供适宜的硬化条件。

**2. 养护措施**

（1）自然养护。隧道衬砌后不进行人工干预，在自然条件下进行衬砌混凝土硬化。

（2）洒水养护。隧道衬砌后采用人工洒水的方式进行养护作业，保证衬砌表面的湿度。

（3）雾炮养护。利用雾炮对衬砌表面进行养护，相对人工洒水，机械化程度更高。

（4）喷淋养护台车。利用台车设备对衬砌表面进行自动化喷淋作业，有效降低劳动强度，是目前较为先进的养护方式。

上述措施存在的问题：

（1）自然养护受环境温度、湿度影响较大，容易产生裂纹等缺陷。

（2）人工洒水难以保证洒水均匀，操作相对困难，随意性比较大，难以保证养护质量，洒水过多会造成水资源浪费，洒水过少又不能满足养护要求。

（3）人工洒水对温、湿度的掌握不准确。隧道工程现场对衬砌混凝土温、湿度基本没有监测，喷洒水温、湿度难以准确控制，而混凝土表面温度与喷洒水温差较大，混凝土快速降温和降温不均匀会导致产生裂纹。

（4）人工养护需要专人来完成，一般需配置1~2名养护工人专门负责，劳动强度高，养护人工成本较高，养护效率低。

#### 3.7.3.2 隧道养护台车

**1. 喷淋养护台车**

喷淋养护台车一般采用门式结构、轮轨自行式行走，并留有足够的通车空间保证隧道施工设备的正常通行。其结构主要由门架总成、梯子平台总成、喷淋系统总成、行走机构总成组成。

1）门架总成

门架总成主要由型材搭接框梁，经螺栓连接而成，结构包括横梁、立柱、斜撑、纵梁、顶部及侧部工作平台等，采用螺栓连接各部件，该结构便于施工拆装。框架中部留隧道施工所需的通车空间，一般净空高4.5 m，可满足隧道车辆正常的通行要求。顶部设有大面积平台，作为顶部隧道检测及注浆使用，门架侧向3层分别设置平台，其间距按实际需要设置，一般可为2 m间距，作为侧向检测使用。

2）喷淋系统总成

喷淋系统由喷水系统及支架系统组成，喷水系统又分为水泵、水箱、水管及喷头。经过实际考察与实验，喷水系统的水管材质为 PPR 管，该种材质连接优于普通钢管，内壁光滑、易于仿形成型且连接处不易出现漏水现象，施工时依据实际隧道面进行仿形布置，采用管道专用连接工具，操作简单易懂，经过简单的培训即可掌握连接技巧。喷头采用喷淋状态可调式喷头，其喷洒范围及距离均可适量调节，在门架两侧底纵梁上各设置一组水箱，其容积依据水泵参数计算而得。

3）行走机构总成

行走机构为轮轨自行式，分为两种结构：一种为钢轨式结构，另一种为轮胎式结构。钢轨式具有导向好，台车运行稳定的优点，缺点是需要人工铺设轨道，而轮胎式运行方便，但导向性差，运行易于偏向，方向不易调节。采用钢轨自行式行走机构，行走轮可通过三合一减速机驱动，该减速机与锥形转子电动机、带齿圈的走轮组成集传动、减速、制动于一体的"三合一"运行机构，结构简单、轻小紧凑，维护、保养也极为方便，它的闭式传动齿轮可以更换，能得到不同的传动比，可满足用户对行走速度的不同要求，很适合隧道内驱动行走，且操作配备了有线及无线遥控两种方式，可根据实际需求使用。在此设计基础上还设置了电缆卷筒。往复式走行，在行程两端装设行程限位装置，可在设定范围内往复行走，实现台车自动往返行走或一般的长距离行走。行走机构如图 3-132 所示。

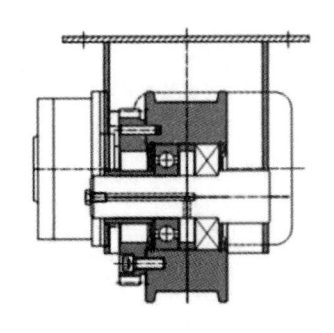

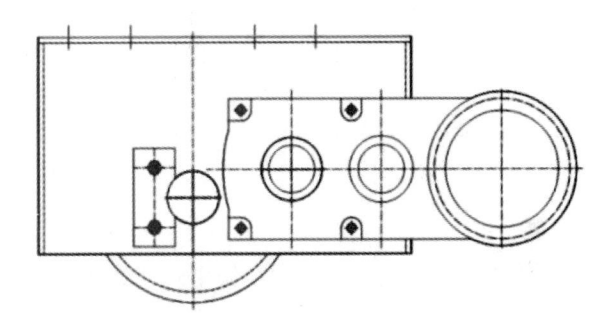

图 3-132　行走机构

4）电气部分

隧道全自动喷淋养护台车的电气系统采用 380 V/50Hz 交流电源，供电方式为电缆卷筒供电。操控方式采用无线遥控和有线按钮控制两种。整车还设有安全保护系统，其主要功能有：

（1）台车前后运行极限限位，防止电缆线拉断。

（2）台车前后设有换向开关，实现台车行走自动换向。

（3）水箱内设有水位计，防止水位过低致使水泵损坏。

（4）无线遥控和有线按钮控制联锁互锁，防止误操作。

（5）设有相序保护器。

（6）设有总电源急停开关。

（7）具有电机热过载保护。

（8）台车前后设有旋转警示灯。

## 2. 智能养护台车

隧道衬砌智能养护台车是一个可以自动或人工操控行走的，具备喷水、探测、调节、通信等各种功能的综合性平台，主要由门架主结构、外拱、走行系统、加热系统、密封系统、雾化系统、智能温湿度控制系统等组成，如图 3-133 所示。其中，门架主结构需考虑隧道内通风管的布置和隧道内物流通道。

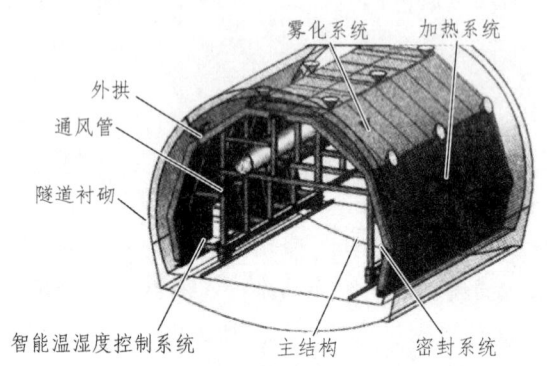

图 3-133　隧道衬砌智能养护台车的结构组成

1）主结构

主结构为整车的中心受力部件，由上部支撑结构及走行驱动系统组成。上部支撑结构采用型材焊接，走行驱动系统为养护台车向下一个工作面推进提供行动力。

2）外　拱

外拱采用折线形设计，为型材焊接结构，布置于主结构外侧，与主结构上部支撑采用螺栓连接。

3）加热系统

加热系统采用定制的防水、耐高温（300 ℃）、耐强酸强碱、阻燃隔热保温的工业级电加热装置，在外拱外侧分区域实现加热，并于每个区域设置独立温度传感器，通过控制器实现智能温度控制，其中恒温区域可根据实际使用需求进行设定。

4）密封系统

密封系统设置于外拱前、后两端及底部，密封系统的应用使养护区域处于一个相对封闭的空间，为养护台车温度、湿度控制提供保障。

5）雾化系统

雾化系统采用 5~10 μm 级雾化喷头、不锈钢高压流体输送管道等实现区域雾化，并通过湿度传感器将数据传送至控制器，以达到智能养护湿度。

6）智能温湿度控制系统

智能温湿度控制系统是养护台车的核心，由温湿度控制器、传感器和加热、加湿部分组成，可以实现对养护区域的智能控制与调节，降低人为因素的影响。该智能控制系统具备数显、自动生成曲线、报表数据保存和输出等功能，可实现移动终端 APP 的远程在线控制。养护台车温湿度控制系统具备以下功能：①系统无线自动定时数据采集、保存、上传；②根据工艺设定温度；③系统自动温度数据处理及数据异常报警；④温度时间曲线报表输出；⑤温度数据日最大值、最小值及平均值输出;⑥历史数据保存及查询;⑦数据库记录可编辑;⑧能自动控制蒸汽阀门实现自动化蒸汽养护。

温度控制系统的工作原理:该系统由一台中央控制器(工控机、PLC)接收无线采集温度数据,经 PID 控制算法与系统设定的工艺参数进行比对,输出相应的指令控制模拟量的大小,控制相应电磁阀实现自动化的控制,其控制原理如图 3-134 所示。

图 3-134 温度控制系统工作原理

温控系统能记录各个传感器的实时温度,并能导出温度曲线,可生成报表并打印。该系统实时显示温度、湿度数据,支持数据导出打印,支持报警数据查询,可控制继电器输出,可以实现手动和自动开启电热毯的功能,现场以电热毯作为控制对象,分升温和降温两个部分,每个部分分为 6 个阶段来实现,每个阶段可以自由设定需要控制的温度值和保持恒温的时间。

湿度控制系统工作原理:隧道衬砌智能养护采用微米级雾化加湿,利用 5~10μm 雾化喷头、不锈钢高压流体输送管道实现区域雾化,并通过湿度传感器将数据传至控制器,以达到养护湿度智能控制。雾化系统配备加热设施,通过操作界面控制喷出雾化水的温度,从而减小雾化水和衬砌混凝土温差。

### 3.7.3.3 产品介绍

以湖南五新数字化养护台车为例。

湖南五新数字化养护台车整体设计具有外形尺寸小、质量轻、机动灵活等特点,可实现脱模养护、自动养护、智能养护,让衬砌养护更及时、更高效。

(1)及时养护:可穿过二衬台车,确保二衬脱模后及时养护。

(2)独立养护:配置独立的养护运行轨道,与台车行走分开,行走至指定仓位后,启动自动养护,作业平稳。

(3)自动养护:可按设定的时间及频次自动进行混凝土养护作业。

(4)数字化养护:可自动记录、实时存储、自动传输本机养护数据至五新 e 管家(需 4G 网络支持);自动生成施工日志,对数据进行深度分析、总结。

(5)稳定高效:行走时无须外接电源、无电缆拖拽、无须铺设轨道;方向随时调整,轻松适应不平整地面,行走移位稳定高效。

(6)智能温控:可检测混凝土温度、环境温湿度,根据混凝土温度自动调节养护水温。

(7)人机交互系统:实时监测设备的运行状态,可实时根据施工参数要求调节养护参数。

(8)自诊断系统:配备完整的自诊断系统和安全语音报警系统,对整个系统实行实时监控和故障检测,并进行语音播报,出现故障时,可切换成人工辅助模式正常作业。

(9)一机多能:适用于不同断面,可重复利用,标准化程度高;兼具除尘功能,大大改善施工环境。

SY1200 养护台车参数见表 3-49。

表 3-49　SY1200 养护台车参数

| 长×宽×高（收起状态）/mm | 6 700×2 950×4 080 | 走行速度/(m/min) | 8 |
|---|---|---|---|
| 整机质量/t | 3.5 | 水箱容积/m³ | 2 |
| 总功率/kW | 13 | 数字化智能检测系统 | 混凝土表面温度监测 |
| 加热系统功率/kW | 48 | | 环境温湿度监测 |
| 养护范围（高）/mm | 5 500～9 945 | | 水温监测及自动温度平衡 |
| 行走方式 | 轮胎带转向行走 | | 养护数据记录及传输 |
| 电池 | 25.9 V/138 Ah | | 人机交互系统 |
| 控制方式 | 遥控加本地 | | 五新 e 管家平台 |

### 3.7.4　隧道衬砌质量检测车

#### 3.7.4.1　概　述

隧道衬砌质量检测是隧道建设中不可或缺的环节。传统检测方法分为无损检测和有损检测。其中，有损检测虽然能够直观地检测衬砌质量，但往往会对衬砌结构的整体性造成破坏；无损检测常用的检测方法是打击声法和地质雷达法，基于现场施工条件，现有地质雷达法往往是作业人员站在作业平台上手持地质雷达往复检测，虽然在一定程度上保护了隧道衬砌结构，但由于受平台稳定性及作业人员人为因素等影响，检测过程仍存在测线偏移、仪器脱离隧道表面、工作强度大、安全隐患较多等弊端，无法满足隧道衬砌质量验收快速、高效、安全、高精度的要求。

目前，隧道结构检测技术实现自动化、实时化、集成化成为国内外隧道质量检测的发展方向。其中，搭载检测设备的检测台车研制成为重要发展方向。日本 JR East（东京旅客铁道）公司和日本 Mitsui O.S.K. Lines（三井船舶）公司合作开发的隧道衬砌质量检测车，采用轨行式自轮运转车，搭载 3 台雷达探测器往复 3 次实现全断面检测，每台雷达探测器扫描覆盖宽度为 1 m，最大检测深度为 40 cm。德国 SPACETAC（斯派特科）公司研制的 TS3 隧道三维激光红外车载扫描系统搭载在小型货车、轨道车上，实现对隧道外观病害、断面形变检测，检测速度为 5 km/h。国内基于隧道表面状态检测的台车研制技术日渐完善。同济大学黄宏伟研制的地铁隧道结构病害检测设备系统 MTI-100，是由 6 台线阵 CCD 相机及光源组成的行走检测平台，可检测裂缝、渗漏水、掉块等隧道表面病害信息；武大卓越研制的隧道快速检测车搭载多个精密传感器，速度可达 80 km/h，每日检测里程可达 500 km，裂缝精度达到 0.2 mm，实现了隧道裂缝、掉块等隧道表面病害信息的快速检测，但尚未涉及隧道二次衬砌内部深层脱空、不密实等缺陷方面检测。目前，国内针对二次衬砌内部质量检测多采用地质雷达法，但针对隧道衬砌地质雷达无损检测的检测台车研制起步较晚，传统人工手持天线作业及搭载接触式地质雷达天线检测台车作业尚存在贴合不连续、往复作业、测线因人为因素发生偏移等问题。中国铁道科学研究院集团公司采用基于 WEB 的物联网技术与移动检测平台，研发的面向竣工验收期隧道的轮胎式衬砌质量检测装备搭载 5 台雷达天线，实现了对隧道衬砌内部密实度、钢筋分布情况的检测，但隧道全断面衬砌质量检测验收时仍需要往复作业，检测效率有待进一步提高。

### 3.7.4.2 结构组成

检测台车整体采用"汽车底盘+机械臂"结构，相对常规地质雷达无损检测方法，机械化作业取代人工能在很大程度上提高检测效率及检测精度。台车主要结构包括汽车底盘、传动系统、检测臂架、雷达天线缓冲机构、电气系统、隧道质量检测系统、仰拱检测伸缩臂、液压系统、操作室、机构室、副车架、集中润滑系统和发电机组。其中，检测作业状态时，机构室可向车体后方滑移打开，作业人员在操作间进行数据采集。台车整体布置如图 3-135 所示。检测台车检测臂架及仰拱检测伸缩臂采用遥控作业，保证臂架展开作业时作业人员的安全。检测台车主要技术参数见表 3-50，工作范围如图 3-136 所示。

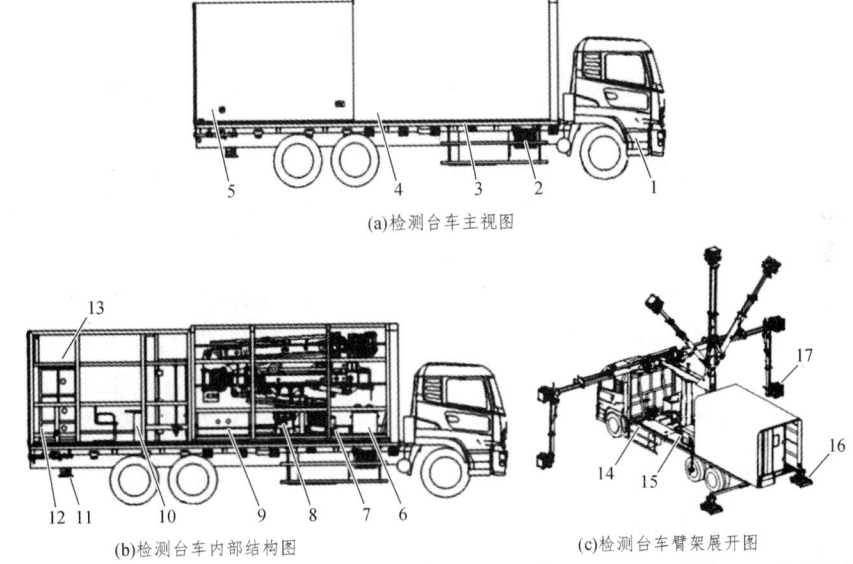

(a)检测台车主视图

(b)检测台车内部结构图

(c)检测台车臂架展开图

1—汽车底盘；2—液压系统；3—副车架；4—机构室；5—操作室；6—液压油箱；7—集中润滑系统；8—检测臂架；9—电气系统；10—隧道质量检测系统；11—仰拱检测伸缩臂；12—储物柜；13—空调；14—传动系统；15—发电机组；16—地质雷达；17—雷达天线缓冲机构。

图 3-135　检测台车整体布置

表 3-50　检测台车主要技术参数

| 项目 | 参数 |
| --- | --- |
| 整机尺寸：长×宽×高/mm | 11 000×2 520×3 975 |
| 工作范围：宽×高/mm | 大断面：1 400×10 300；小断面：8 680×8 650 |
| 整机质量/t | 28 |
| 行驶速度/（km/h） | 60 |
| 检测作业速度/（km/h） | 3~10 |
| 臂架动作 | 遥控 |
| 动力传动 | 全功率取力 |
| 轴距/mm | 5 850+1 350 |
| 爬坡能力/% | 40 |
| 限界 | 符合《汽车、挂车及汽车列车外轮廓尺寸、轴荷及质量限值》（GB 1589—2016）有关汽车底盘设计方面规定 |

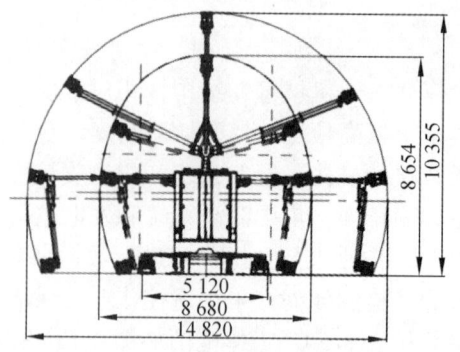

图 3-136 检测台车工作范围

1. 隧道质量检测系统

隧道质量检测系统主要由地质雷达天线、雷达控制采集软件、数据分析处理软件、病害定位测距装置和视频控制采集系统等模块组成，系统结构原理如图 3-137 所示。其中，衬砌检测由多通道雷达主机 1 连接接触式雷达天线，雷达天线分别连接到主机 1 预留接口；考虑多通道雷达天线控制接口硬件在主机内部的安装空间及采集图像分屏显示操作的舒适性，多通道雷达主机 2 连接接触式雷达天线，实现对仰拱及边墙的检测，将雷达主机并列安装在操作室操作台位置。两台多通道雷达主机时序由 CPLD 控制，通过 CLK、LINK 2 根同步信号线同步时序，通过 USB 接口进行数据传输，即通过 USB 接口 ID 识别不同天线通道，分时协同作业，将每个雷达天线通道数据单独存盘显示，利用图像分析处理算法将各个通道采集的数据以灰度图形式动态地显示在同一视图的不同通道框中，间接实现隧道仰拱及二次衬砌质量数据同步采集。

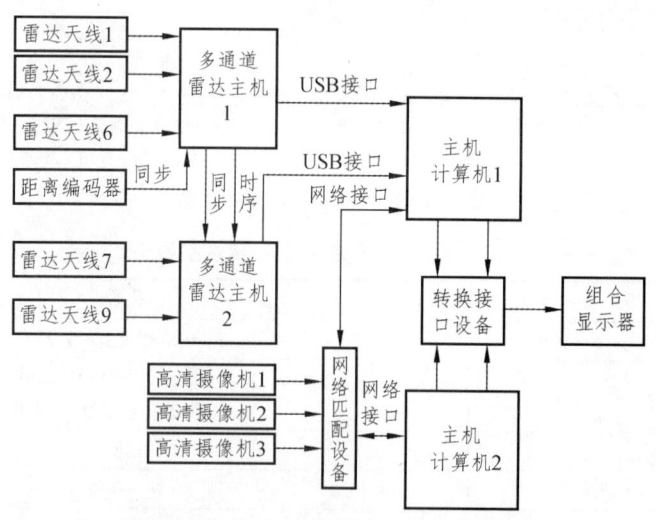

图 3-137 隧道质量检测系统结构原理

（1）地质雷达天线模块。该模块分别安装在机械臂架及仰拱检测伸缩臂各分臂端部，用于对衬砌内部密实度、钢筋网分布情况、厚度等进行准确检查，利用高频电磁脉冲波来探测目标体。它通过发射天线向地下或目标体发射高频带短脉冲电磁波，经过地层或目标体反射回地面，被接收天线所接收。电磁波在介质中传播时，其路径、电磁波能量强度与波形将随所通过介质的电性质及几何形态的变化而变化，进而实现对衬砌内部结构的"X 光"检查，原理如图 3-138 所示。

（2）雷达控制采集软件模块。该模块主要为隧道衬砌质量检测台车提供雷达数据，具有 GPS 信息接收、设备状态检测等功能，能够在雷达设备支持下完成雷达数据的显示及保存。

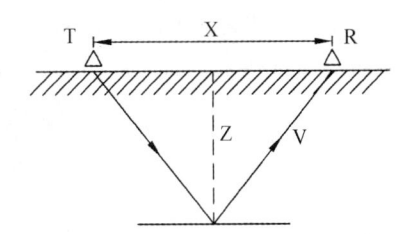

（3）病害定位测距装置、视频采集系统模块。病害定位测距装置通过安装在车轮上的一套高精度角度编码器实现与汽车底盘行驶距离完美转换，对病害位置进行精确标定。视频采集模块配置高清摄像机，工作的同时实时捕捉隧道内部场景，可借助视频对衬砌缺陷位置进行复核及判定，进一步提高检测台车的检测精度。

图 3-138 电磁波在地下的传播途径

隧道质量检测系统优化了传统的主机-天线一体化模式，两台雷达主机分时协同工作，通过同步信号进行时序上的协作，雷达天线通过同步信号分时交替工作，即同一时间内只有 1 台天线作业。分时协同作业实现了多组雷达天线同步作业，通过雷达天线、视频采集设备、病害定位测距装置完成检测台车对隧道二次衬砌状况单次全断面检测，相对传统检测方式，一方面检测效率得以提高，另一方面排除人为因素影响，检测精度同步得以提高，能够为隧道衬砌检测提供准确参考。

2. 检测臂架

传统人工手持雷达天线进行检测作业时，作业台架前移过程中存在地面不平、移动偏摆、作业人员手抖动等影响因素，测线容易发生偏移，因此通过设计检测臂架代替人工托举，避免测线偏移及安全问题发生。检测作业时，检测台车机构室打开，检测臂架呈展开状态，考虑车辆行驶状态下臂架展开高度、宽度较大及臂架端部实时贴合隧道壁，检测臂架为主要受力部件。

3. 雷达天线缓冲机构

传统地质雷达无损检测多为人工托举雷达天线与隧道壁刚性贴合，虽然可以保证平面处天线与壁面贴合，但因隧道表面多为弧形结构，遇到弧面过度或者遇到不平整壁面，天线容易脱离隧道壁，甚至因障碍物存在使天线受到损坏，同时也可能对作业人员造成伤害，影响检测效果。检测台车所配置雷达天线缓冲机构能有效解决检测过程中天线自适应避障的难题，其主要由伸缩主弹簧、摆动小弹簧、连杆机构组成，借助主弹簧收缩实现雷达天线与隧道壁接触面垂直方向的调节，借助小弹簧摆动实现雷达天线沿隧道壁上下方向的调节，如图 3-139 所示。检测作业过程中，在天线遇到阻碍情况下可借助弹簧及连杆机构实时调整姿态与隧道壁紧密贴合，保证数据检测的连续性。

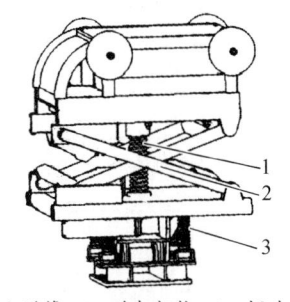

1—伸缩主弹簧；2—连杆机构；3—摆动小弹簧。

图 3-139 雷达天线缓冲机构

### 3.7.4.3 产品介绍

以铁建重工车载式隧道衬砌质量检测车为例。

CQJ10 车载式隧道衬砌质量检测车（见图 3-140）是隧道衬砌检测领域的重要设备，实现对二次衬砌完成后衬砌厚度、衬砌背后回填密实度、衬砌内部钢筋分布情况等机械化、信息化检测，可用于高速铁路隧道贯通、衬砌与填充层施工作业完成后，道床施工作业前的隧道衬砌质量检测及运营状态下公路隧道衬砌内部病害检测。

图 3-140 CQJ10 车载式隧道衬砌质量检测车

产品特点如下：

（1）全断面多线同步检测。多节臂架伸缩机构配置定制化九通道雷达检测系统，实现隧道全断面的单次多线测量，检测效率高。

（2）雷达天线自适应避障。雷达天线配置缓冲机构，检测过程中天线实时调整姿态，与隧道壁紧密贴合确保检测数据连续。

（3）数据自动化采集。采用九通道雷达检测系统，实时采集和生成图像数据，标定质量缺陷位置，准确分析隧道内部环境状况。

（4）适用范围广。采用汽车底盘，便于转场检测作业，臂架检测范围既可满足高铁隧道竣工衬砌质量验收，也可满足公路隧道衬砌检测。

（5）高原适应性（仅高原型具备）。采用高原环境适配性设计，可在海拔≤4 500 m、温度−25~50°C 的环境下高效工作。

主要参数见表 3-51。

表 3-51 CQJ10 技术参数

| 项目 | 单位 | CQJ10 | 备注 |
|---|---|---|---|
| 整机质量 | kg | 28 000 | |
| 整机尺寸：长×宽×高 | mm | 11 000×2 520×3 975 | |
| 工作范围：宽×高 | mm | 大断面：1 400×10 300；小断面：8 680×8 650 | |
| 行驶速度 | km/h | 60 | |
| 检测作业速度 | km/h | 3~10 | |
| 雷达天线检测深度 | cm | | 仰拱检测：≥200；衬砌检测：≥50 |
| 实测水平分辨率 | m | ≤0.02 | |
| 实测纵向分辨率 | cm | <2 | |
| 视频采集定位误差 | m | ≤1 | |

## 3.8 其他辅助设备

前文介绍了钻爆法隧道施工中的一些常用作业设备，这些设备在隧道施工过程中均具有独特之处，而本节介绍的设备在隧道施工中同样发挥着巨大的作用，如隧道风机、隧道压气设备。铁路隧道施工长距离通风的技术水平，直接影响隧道独头掘进的规模，特别是在机械化施工技术高度发展的时代。隧道施工中也广泛使用着各种由压缩空气驱动的机械及工具，如前文所提的风动凿岩机。这些辅助施工机械的应用极大地提高了工作效率，为施工过程中隧道的通风、设备稳定运行提供了重要保障。

### 3.8.1 隧道风机

#### 3.8.1.1 隧道通风概述

隧道施工通风就是把隧道内的有害气体、粉尘等有害物质合理地排出，或者是送入新鲜空气加以稀释。合理的通风方式需要根据隧道的形态、规模以及施工方法进行考虑。隧道的通风方式主要有自然通风和机械通风两种，其中机械通风分为风管式通风和坑道式通风两大类。风管式通风又分为压入式、抽出式、混合式等几种。坑道式通风是一种在施工中，隧道本身能形成回路时，可用其代替风管，进行有效通风的方式。

1. 选择通风方式的基本原则

在现场施工中，由于有害物质多种多样，而且隧道内的作业地点（如上半断面施工、下半断面施工、检底、铺底、铺设防水板、二次衬砌作业等）也很多，编制通风计划时要考虑的环境因素也越加复杂，因此，应根据隧道规模（断面积、长度等）、施工方法、施工条件等，来选择最合适的通风方式，有效经济地利用通风机、风管等通风设备。

2. 自然通风的适用范围

隧道内的自然通风，除了受隧道内外的温差、气象条件限制外，还受到隧道形状、坡度等因素的影响。因此，在隧道掘进距离较长、采用大断面爆破开挖的情况下，原则上还是要采用机械通风，不能依赖自然通风方式。

3. 风管通风法的特征

风管通风法视隧道内空气循环风流，原则上分为压入式和抽出式，但在实际布置中将压入式和抽出式同时并用或采取组合应用的方式。另外，在施工现场根据风机台数及配置状况，又分为集中布置和串联布置两种，其中还可根据风管内压力的正负细分为正压和负压两种形式。

风管通风法各种方式的特征见表 3-52，隧道风管通风方式如图 3-141 所示。

表 3-52  风管通风法各种方式的特征

| 分类 | 方法 | 要点 |
|---|---|---|
| 通风机布置方法 | 集中 | 满足隧道全长所需风量的通风机，集中设置在隧道内或者隧道外 |
| | 串联 | 在风管中间视所需风量，分散设置通风机 |
| 通风方式 | 抽出式 | 把隧道内被污染的空气用通风机通过风管强制地排到隧道外 |
| | 压入式 | 把隧道外的新鲜空气用通风机通过风管向隧道内送入 |
| | 并用式 | 把压入、抽出两系列的通风设备沿隧道全长布置进行通风 |
| | 组合式 | 把压入、抽出的通风设备沿隧道内组合设置，进行通风 |
| 风管内压力 | 正压 | 风管内压力为正 |
| | 负压 | 风管内压力为负 |

连接在一起的所有通风巷道及通风机构成了隧道通风系统。按通风机和巷道布置方式的不同，有 3 种通风系统。

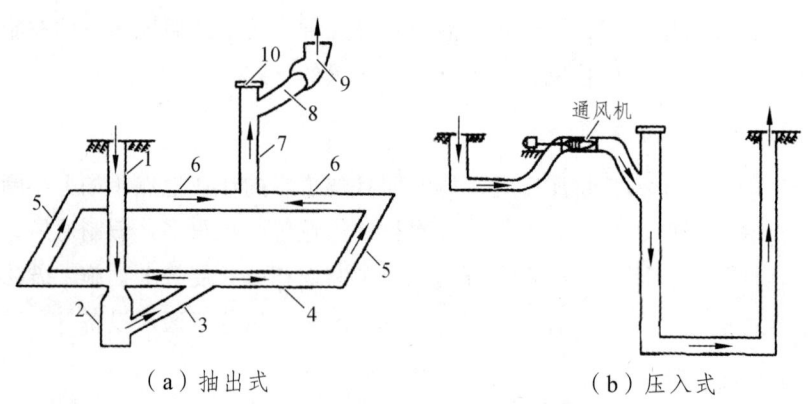

（a）抽出式　　　（b）压入式

1—风井；2—井底车场；3—石门；4—运输平巷；5—隧道开挖面；6—回风巷；
7—出风井；8—风硐；9—通风机；10—风门。

图 3-141　隧道风管通风方式

### 4. 坑道通风的特征

在长大隧道的洞口附近设置风机，把开挖中的隧道作为风管进行通风。在中间的联络坑道、作业坑道等处设置风门，以防止中途漏风和形成循环风流。在最前端的联络坑道内，设置局部通风机，采用风管通风法对开挖面附近进行通风。

总之，两座以上的施工隧道相互贯通形成回路时，坑道通风是极为有效的通风方法。

风管通风法和坑道通风法的比较列于表 3-53 中。

表 3-53  风管通风法与坑道通风法要点比较

| 要点 | 工法 | |
|---|---|---|
| | 风管通风法 | 坑道通风法 |
| 漏风 | 不漏风是很困难的,确定风量时不要考虑漏风 | 不漏风,风机的风量就是通风量,故通风效率高 |
| 风量 | 隧道内能够设置的风管受到限制(直径1 300~1 500 mm),大量送风有困难 | 开挖的隧道就是风管,可以大量送风 |
| 电费 | 风管风速大,压力损失大,耗电高 | 隧道内压力损失小,耗电小 |
| 风管设备费 | 风管的安装、拆除、维护、管理量大,需要一定的费用 | 风管只在局部地点设置,风管的安装、拆除、维护、管理等费用低 |
| 隧道形状 | | 送风口和排风口各自独立,相互间联系有两个洞口,应用受到一定限制 |

5. 隧道通风机的分类

根据通风机的用途不同,隧道通风机可分为主要通风机和局部通风机。主要通风机是负责全隧道或某一区域通风的通风机,局部通风机是负责掘进工作面通风的通风机。

根据气体在通风机叶轮内部的流动方向不同,隧道通风机可分为离心式通风机和轴流式通风机。离心式通风机是气体沿轴向流入叶轮,在叶轮内转为径向流出,轴流式通风机是气体沿轴向进入叶轮,经叶轮后仍沿轴向流出。

### 3.8.1.2  隧道通风机理论

离心式通风机(见图 3-14)主要部件有叶轮、机壳、扩散器等。其中,叶轮是传送气流的关键部件,它由前、后盘和均布在其间的弯曲叶片组成,如图 3-143 所示。当叶轮被电动机拖动旋转时,叶片流道间的空气受叶片的推动随之旋转,并在离心力的作用下,自叶轮中心以较高的速度被抛向轮缘,进入螺旋机壳后经扩散器排出。与此同时,叶轮入口处形成负压,外部空气在大气压力作用下,经进风口进入叶轮,叶轮连续旋转,形成连续的风流。

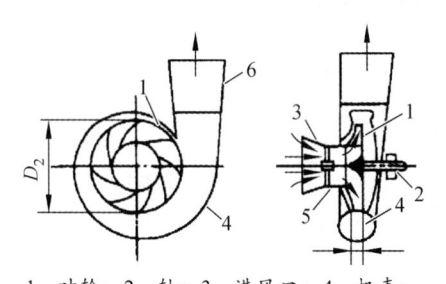

1—叶轮;2—轴;3—进风口;4—机壳;
5—前导器;6—扩散器。

图 3-142  离心式通风机示意

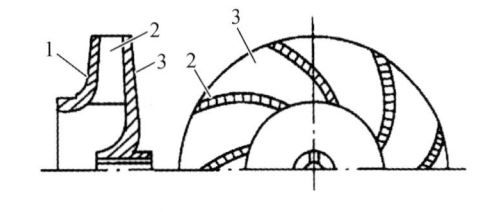

1—前盘;2—叶片;3—后盘。

图 3-143  叶轮结构示意

轴流式通风机(见图 3-144)主要部件有叶轮、导叶、机壳、主轴等。当电动机带动叶轮旋转时,叶轮流道中的气体受到叶片的推力作用,经固定的各导叶校正流动方向后,以接近轴向的方向通过扩散器排出。

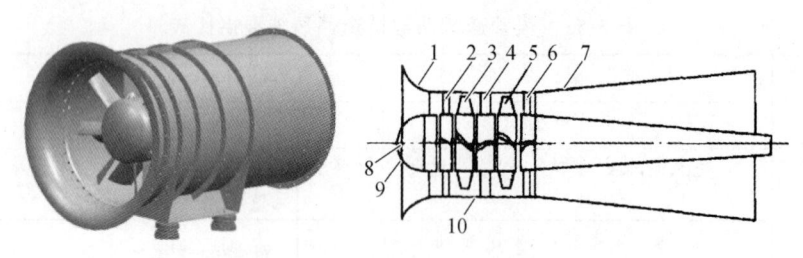

1—集流器；2—前导叶；3—第一级叶轮；4—中导叶；5—第二级叶轮；
6—后导叶；7—扩散器；8—主轴；9—疏流器；10—外壳。

图 3-144　轴流式通风机

### 3.8.1.3　通风机结构

#### 1. 离心式通风机的结构

离心式通风机结构如图 3-145 所示。叶轮的作用是将原动机的能量传递给气体，它由前盘、后盘、叶片和轮毂等焊接或铆接而成。叶片有前弯、径向、后弯 3 种，煤矿通风机大多采用后弯叶片。叶片的形状一般可分为平板形、圆弧形和机翼形，目前多采用机翼形叶片来提高通风机的效率。

机壳由一个截面逐渐扩大的螺旋流道和一个扩压器组成，用来收集叶轮里的气流，并导致通风机出口，同时将气流部分动压转变为静压。

改变前导器中叶片的开启度，可控制进气大小或叶轮入口气流方向，以扩大离心式通风机的使用范围和改善调节性能。

集流器的作用是引导气流均匀地充满叶轮入口，并减少流动损失和降低入口涡流噪声。

进气箱安装在进口集流器之前，主要应用于大型离心式通风机入口前需接弯管处（如双吸离心式通风机）。因气流转弯会使叶轮入口截面上的气流分布不均匀，安装进气箱则可改善叶轮入口的气流状况。

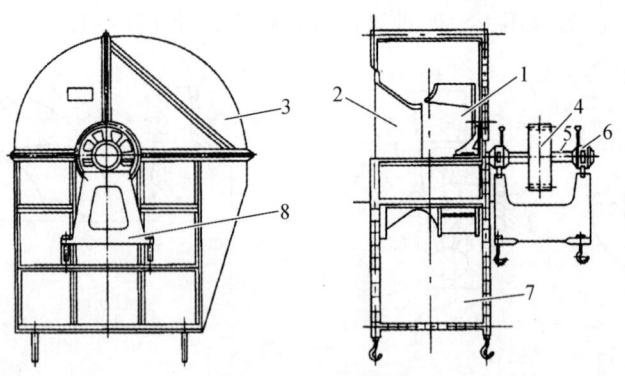

1—叶轮；2—集流器；3—机壳；4—带轮；5—传动轴；6—轴承；7—出风口；8—轴承座。

图 3-145　4-72-11 型离心式通风机结构

#### 2. 轴流式通风机的机构

轴流式通风机结构如图 3-146 所示。叶轮由若干扭曲的机翼形叶片和轮毂组成，叶片以一定的安装角度安装在轮毂上，导叶固定在机壳上。根据导叶与叶轮的相对位置不同，导叶分为前导叶、中导叶和后导叶，其主要作用是确保气流按所需的方向流动，减少流动损失。

其中后导叶还有将叶轮出口气流的动压转换成静压的作用;如若将前导叶涉及为可以转动的,则可以调节进入叶轮的气流方向,改变通风机工况。各种导叶的数目与叶片数互为质数,以避免气流通过时产生共振现象。集流器和疏流罩的主要作用是使进入通风机的气流成流线型,减少入口流动损失,提高通风机效率。扩散器的作用是使气流中的一部分动压转变为静压,以提高通风机的静压和静压效率。

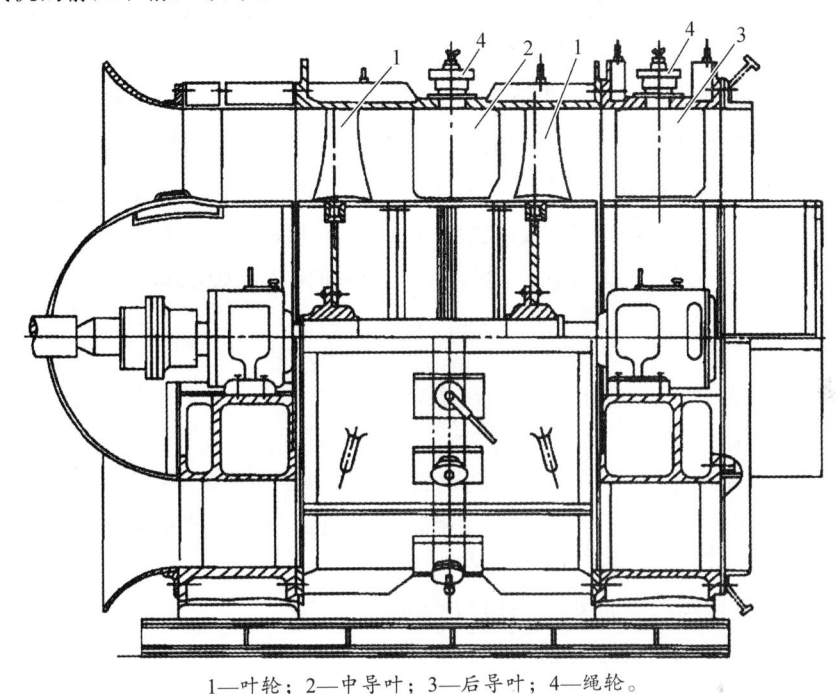

1—叶轮；2—中导叶；3—后导叶；4—绳轮。

图 3-146　2K60 型轴流式通风机结构

### 3. 离心式通风机与轴流式通风机的比较

离心式通风机与轴流式通风机在地下工程通风中均广泛使用,它们各有不同的特点,现从以下几方面做简单比较。

（1）结构：轴流式结构紧凑,体积较小,质量较轻,可采用高转速电动机直接拖动,传动方式简单,但结构复杂,维修困难；离心式通风机结构简单,维修方便,但结构尺寸较大,安装占地面积大,转速低,传动方式较轴流式复杂。目前,新型的离心式通风机由于采用机翼形叶片,提高了转速,使体积与轴流式接近。

（2）性能：一般来说,轴流式通风机的风压低,流量大,反风方法多；离心式通风机则相反。在联合运行时,由于轴流式通风机的特性曲线呈马鞍形,因此可能会出现不稳定的工况点,联合工作稳定性较差；而离心式通风机联合运行则比较可靠。轴流式通风机的噪声较离心式通风机大,所以应采取消声措施。离心式通风机的最高效率比轴流式通风机要高一些,但离心式通风机的平均效率不如轴流式高。

（3）启动、运转：离心式通风机启动时,闸门必须关闭,以减小启动负荷；轴流式通风机启动时,闸门可半开或全开。在运转过程中,当风量突然增大时,轴流式通风机的功率增加不大,不易过载,而离心式通风机则相反。

（4）工况调节：轴流式通风机可通过改变叶轮叶片或静导叶片的安装角度，改变叶轮的级数、叶片片数、前导器等多种方法调节通风机工况，特别是叶轮叶片安装角的调节，既经济，又方便、可靠；离心式通风机一般采用闸门调节、尾翼调节、前导器调节或改变通风机转速等调节通风机工况，其总的调节性能不如轴流式通风机。

（5）适用范围：离心式通风机适用于流量小、风压大、转速较低的情况，轴流式通风机则相反。通常，当风压在 3~3.2 kPa 时，应尽量选用轴流式通风机。另外，由于轴流式通风机的特性曲线有效部分陡斜，适用于隧道阻力变化大而风量变化不大的隧道施工；而离心式通风机的特性曲线较平缓，适用风量变化大而隧道阻力变化不大的隧道施工。

一般来讲，大、中型隧道工程的通风应采用轴流式通风机；中、小型矿井应采用叶片前弯式叶轮的离心式通风机，因为这种通风机的风压大，但效率低；对于特大型隧道，应选用大型叶片后弯式叶轮的离心式通风机，主要因为这种通风机的效率高。

#### 3.8.1.4 产品介绍

以 SDZF-Ⅲ系列多级变速隧道施工风机为例。

（1）分级用途及特点。

SDZF-Ⅲ系列风机主要用于大型较长隧道施工的通风，该系列风机采用多级变速电机（三速电机），可随隧道施工长度的增加而通过电机的转速变化，实现对风机风量的可调。该系列风机具有噪声低、效率高、能耗低的特点。

（2）风机的型号标示说明，如图 3-147 所示。

$$\text{S D Z F Ⅲ No.12.5}$$

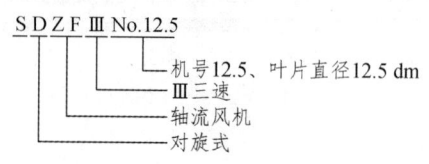

机号12.5、叶片直径12.5 dm
Ⅲ 三速
轴流风机
对旋式

图 3-147 风机标号标示说明

（3）SDZF-Ⅲ系列多级变速隧道施工风机参数，见表 3-54。

表 3-54 SDZF-Ⅲ系列多级变速隧道施工风机参数

| 风机型号 | 速度 | 风量/(m³/min) | 风压/Pa | 高效风量/(m³/min) | 转速/(r/min) | 最高电机功率/kW | 配用电机/kW |
|---|---|---|---|---|---|---|---|
| SDZF-Ⅲ-NO.10 | 高 | 770~1 500 | 550~3 500 | 1 225 | 1 480 | 76 | 40 |
| | 中 | 640~1 010 | 240~2 600 | 1 025 | 980 | 36 | 20×2 |
| | 低 | 420~760 | 140~1 080 | 679 | 740 | 18 | 10×2 |
| SDZF-Ⅲ-NO.11 | 高 | 1 015~2 285 | 624~5 250 | 2 050 | 1 480 | 114 | 60×2 |
| | 中 | 690~1 545 | 495~2 600 | 1 508 | 980 | 56 | 30×2 |
| | 低 | 540~1 306 | 1 895 | 925 | 740 | 19 | 10×2 |
| SDZF-Ⅲ-NO.11.5 | 高 | 1 171~2 885 | 727~5 929 | 1 865 | 1 480 | 142.8 | 75×2 |
| | 中 | 975~1 836 | 317~2 716 | 1 255 | 980 | 44.0 | 24×2 |
| | 低 | 639~1 467 | 185~1 164 | 941 | 740 | 18.7 | 12×2 |

续表

| 风机型号 | 速度 | 风量/(m³/min) | 风压/Pa | 高效风量/(m³/min) | 转速/(r/min) | 最高电机功率/kW | 配用电机/kW |
|---|---|---|---|---|---|---|---|
| SDZF-Ⅲ-NO.12.5 | 高 | 1 550～2 912 | 860～6 555 | 2 385 | 1 480 | 216 | 110×2 |
| | 中 | 1 052～2 268 | 629～2 645 | 1 910 | 980 | 77.5 | 40×2 |
| | 低 | 840～1 975 | 555～1 875 | 1 408 | 740 | 38.4 | 20×2 |
| SDZF-Ⅲ-NO.13 | 高 | 1 695～3 300 | 930～5 920 | 2 691 | 1 480 | 259 | 132×2 |
| | 中 | 1 407～2 219 | 406～2 704 | 1 813 | 980 | 81 | 45×2 |
| | 低 | 923～1 670 | 237～1 487 | 1 360 | 740 | 34 | 22×2 |
| SDZF-Ⅲ-NO.14 | 高 | 2 113～1 506 | 1 078～6 860 | 3 360 | 1 480 | 360 | 185×2 |
| | 中 | 1 756～2 771 | 470～3 136 | 2 263 | 980 | 117 | 60×2 |
| | 低 | 1 152～2 085 | 274～1 725 | 1 698 | 740 | 54 | 30×2 |
| SDZF-Ⅲ-NO.15 | 高 | 2 269～4 416 | 1 181～7 160 | 3 676 | 1 480 | 394 | 200×2 |
| | 中 | 1 806～3 106 | 525～3 436 | 2 536 | 980 | 128.6 | 65×2 |
| | 低 | 1 272～2 331 | 294～1 940 | 1 904 | 740 | 55.7 | 32×2 |

（4）风机外形结构（见图3-148）。

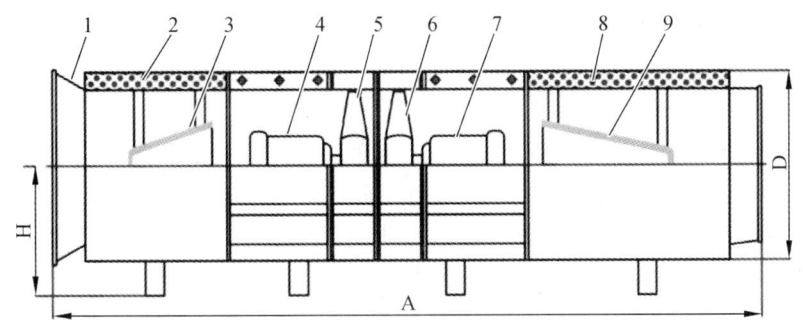

1—集流器；2—进气消声筒；3—进气消声锥；4—一级电动机；5—一级叶轮；6—二级叶轮；7—二级电动机；8—出气消声筒；9—出气消声锥。

图 3-148　风机外形结构简图

## 3.8.2　隧道压气设备

### 3.8.2.1　概　述

在隧道施工中广泛使用各种由压缩空气驱动的机械及工具，如应用于掘进工作面的气动凿岩机、气动装岩机，凿井使用的气动抓岩机，地面使用的空气锤等。空气压缩设备就是指为这些气动机械提供压缩空气的整套设备。在有瓦斯的隧道中可避免产生电火花引起爆炸；容易满足气动凿岩机等冲击机械高速、往复、冲击强的要求；比电力有更大的过负荷能力。其主要缺点是生产和使用压缩空气的效率较低，故这种动力比电力运行费用高。

隧道空气压缩设备的组成如图3-149所示，包括空气压缩机（简称空压机）、电动机及电控设备、辅助设备（包括空气过滤器、风包、冷却水循环系统等）和输气管道等。

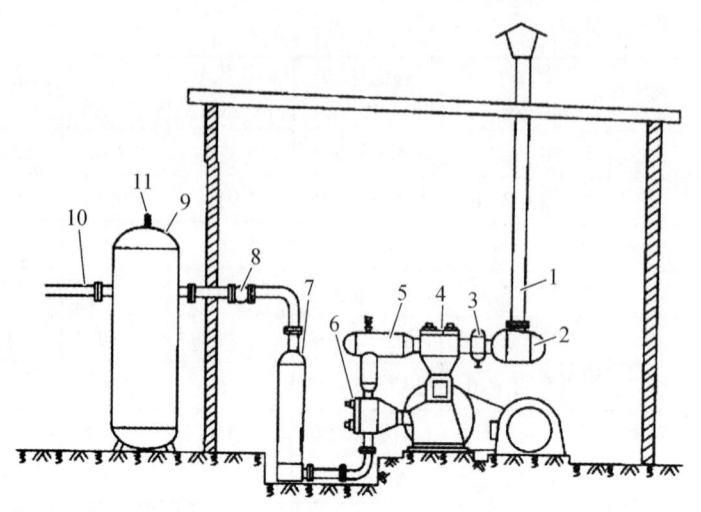

1—进气管；2—空气过滤器；3—调节装置；4—低压缸；5—中间冷却器；6—高压缸；
7—后冷却器；8—逆止阀；9—风包；10—压气管路；11—安全阀。

图 3-149 隧道压气系统示意

空气通过空气过滤器时，其中的尘埃和机械杂质被清除，清洁的空气进入空压机进行压缩，压缩到具有一定的压力后排入风包。风包是一个储气器，它除了能贮存压缩空气外，还能消除空压机排送出气体的压力波动，并能将压缩空气中所含的油分和水分分离出来。从风包出来的压缩气体沿管道送到井下供风动工具使用或送到其他使用压缩气体的场所。

#### 3.8.2.2 活塞式空气压缩机

1. 结构组成

活塞式空压机的主要结构部件，按其作用可分解为气路系统、传动系统、冷却系统、润滑系统、调节系统与控制保护系统等。煤矿行业中常用的活塞式空压机为 L 形空压机，即高、低压气缸布置相互垂直呈 L 形，低压缸为立式，高压缸为卧式。图 3-160 为 4L-20/8 型空压机。

图 3-150  4L-20/8 型空压机

## 2. 活塞式空气压缩机的调节

由空压机产生的压气，主要供井下风动机具使用。由于井下风动机具开动的台数经常变化，因此耗气量也经常变化。当耗气量大于空压机的排气量时，可启动备用空压机；小于空压机的排气量时，多余的压气虽然可以暂时储存在风包中，但如时间较长，风包内压气数量较多，风压增加太大，容易产生危险，因此必须进行空压机排气量的调节。

### 1）打开进气阀调节

如图 3-151 所示，图中左侧为压力调节器，由缸体 1、滑阀 2（带有阀杆 3）、弹簧 4 等组成，经管 5 与风包或压气管相连，利用管 6 通往右侧的减荷装置。风包中风压正常时，弹簧 4 把滑阀 2 推到缸内最上端位置，此时管 5 被滑阀上端面堵死。当风包中风压超过正常值时，把滑阀 2 压到下侧位置，使管 5 和管 6 连通。此时，风包中的压缩空气进入减荷装置缸体 7 内，推动活塞 8 克服弹簧 9 的弹性力向下移动，利用杆 10 的叉头将进气阀 11 的阀片压开。气缸 12 与大气相通，当其活塞左行时，气缸进气；右行时，又将吸进气缸的气体由进气阀排到大气中，此时空压机空转，不向压气管网供应压气。

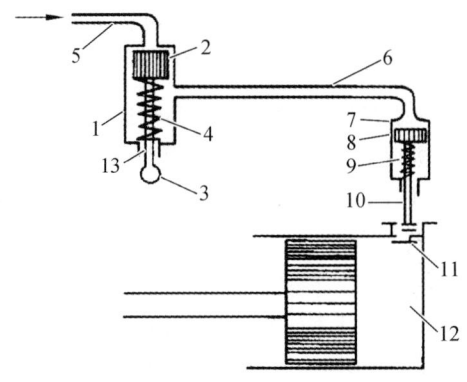

1—缸体；2—滑阀；3—阀杆；4—弹簧；5—通风包风管；6—通减荷器风管；
7—减荷装置；8—活塞；9—弹簧；10—带叉头的杆；
11—进气阀；12—气缸；13—放气槽孔。

图 3-151　打开进气阀调节示意

对于双作用式气缸，可将两侧工作腔的进气阀分别连接两个压力调节器 A 和 B，同时将两个压力调节器的动作压力、恢复压力整定成不同的值，则可实现 100%、50%、0% 排气量的三级调节。当风包中压力升到某一额定数值时，压力调节器 A 起作用，打开气缸一侧的进气阀，排气量减为额定值的 50%。如此时排气量仍然大于耗气量，则风包中压力继续上升，压力调节器 B 随后起作用，打开气缸另一侧的进气阀，空压机进入空转。恢复情况类似。

这种调节方法简便易行，缺点是调节器动作时，负荷立即下降，产生的惯性力较大。为了不使惯性力太大，需加大飞轮质量以产生较大的惯性。

### 2）关闭进气管调节

目前，矿山使用的 L 形空压机常采用关闭进气管的调节方式，其结构简图如图 3-152 所示。与打开进气阀调节一样，关闭进气管调节也是靠压力调节器来进行调节。当风包中风压超过整定值时，压力调节器起作用，风包中的高压风通过管路进入减荷缸 1，推动活塞 2 带动盘形阀 3，克服弹簧 4 的压力向上移动，把进气管通路堵死，从而使空压机不能进气，因而也不能排气，空压机空转。风包中风压降低时，其作用与上述打开进气阀调节时类似。

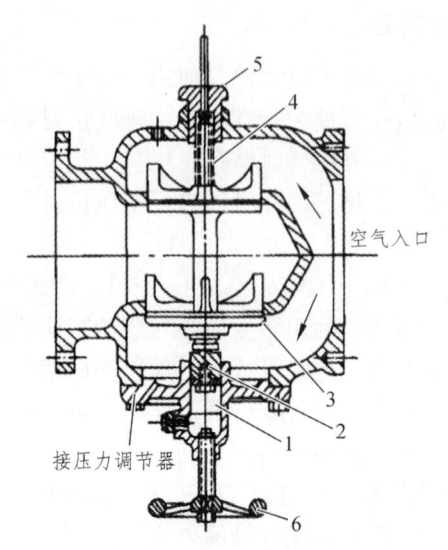

1—减荷缸；2—活塞；3—盘形阀；4—弹簧；5—调节螺母；6—手轮。

图 3-152　关闭进气管调节减荷装置

当风包中有相当风压时，为了能够不带负荷启动空压机，设计有手轮6，启动前把活塞2托起，封闭进气管，于是空压机可以空载启动。在空压机转速达到额定值时，再转动手轮6脱离活塞2，利用弹簧4的力量使活塞2连同盘形阀3一起下降，恢复至原位，进气管打开，空压机开始正常工作。

3）改变余隙容积调节

如图 3-153 所示，气缸壁上设计有附加的余隙容积1，此附加余隙容积靠阀2的作用可以和气缸连通或隔断。当风包中压力增大超过整定值时，压力调节器起作用，压气通过压力调节器后沿风管3进入减荷气缸4内，克服弹簧6的作用，推动活塞5，将阀2打开使余隙容积增大，空压机的排气量减小。

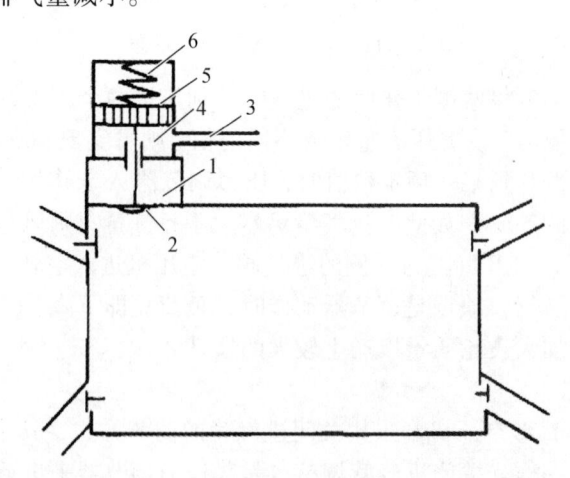

1—附加余隙容积；2—阀；3—风管；4—减荷气缸；5—活塞；6—弹簧。

图 3-153　改变余隙容积调节示意

用改变余隙容积调节时，往往在气缸上设有4个附加余隙容积，分别由4个整定为不同压力值的压力调节器控制。当各个余隙容积依次和气缸连通时，空压机的排气量将逐步减少 25%左右，于是能进行五级调节，分别给出 100%、75%、50%、25%和 0%的排气量。

### 3.8.2.3 螺杆式空气压缩机

螺杆式空气压缩机结构如图 3-154 所示，在压缩机的机体中，平行地配置着一对相互啮合的螺旋形转子，通常把节圆外具有凸齿的转子，称为阳转子或阳螺杆；把节圆内具有凹齿的转子，称为阴转子或阴螺杆，一般阳转子与原动机连接，由阳转子带动阴转子转动转子上的最后一对轴承实现轴向定位，并承受压缩机中的轴向力。转子两端的圆柱滚子轴承使转子实现径向定位，并承受压缩机中的径向力。在压缩机机体的两端，分别开设一定形状和大小的孔口，一个供吸气用，称为进气口；另一个供排气用，称作排气口。

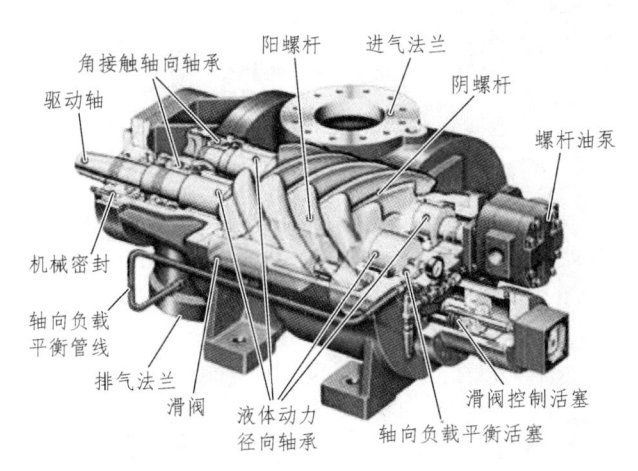

图 3-154 螺杆式空气压缩机结构

螺杆空压机的工作主要经进气、压缩、排气 3 个过程来完成。

1）进 气

螺杆空压机的进气过程：转子转动时，阴阳转子的齿沟转至进气端壁开口时，其空间最大，此时转子齿沟空间与进气口相通，因在排气时齿沟的气体被完全排出，齿沟处于真空状态，当转至进气口时，外界气体即被吸入，沿轴向进入阴阳转子的齿沟内。当气体充满了整个齿沟时，转子进气侧端面转离机壳进气口，在齿沟的气体即被封闭。

2）压 缩

螺杆空压机的压缩过程：在阴阳转子吸气结束后，其阴阳转子齿尖会与机壳封闭，此时气体在齿沟内不再外流。其啮合面逐渐向排气端移动，啮合面与排气口之间的齿沟空间渐渐减小，齿沟内的气体压力被压缩提高。

3）排 气

螺杆空压机的排气过程：当转子的啮合端面转到与机壳排气口相通时，被压缩的气体开始排出，直至齿尖与齿沟的啮合面移至排气端面，此时阴阳转子的啮合面与机壳排气口的齿沟空间为零，即完成排气过程。在此同时转子的啮合面与机壳进气口之间的齿沟长度又达到最长，进气过程又再次进行。

#### 3.8.2.4 产品介绍

以博莱特 BLT 5 A-120 A/W 螺杆压缩机为例。

BLT5 A-120 A/W 螺杆压缩机是为国内工况和运行环境而设计制造的，具有性能出众、安装容易、操控灵活和生产力高的特点；能够满足用户多方面的需求，并为用户的生产过程保驾护航；在保障高生产效率和生产力的同时，可降低用户成本。其工作流程如图 3-155 所示。

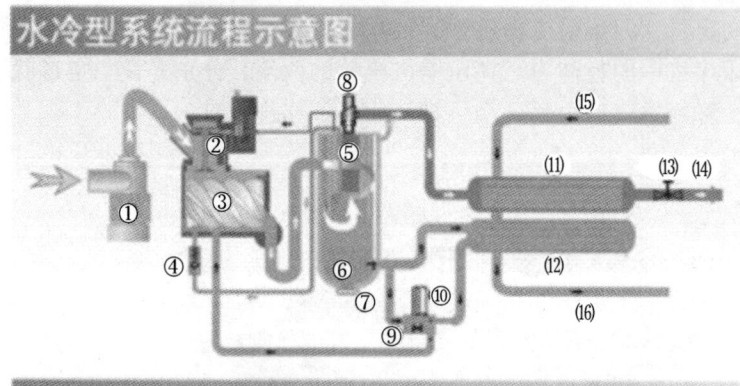

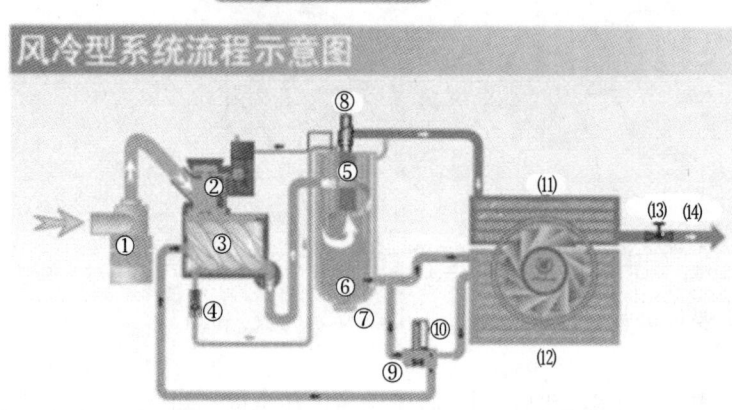

彩图 3-155

图 3-155 压缩机冷却流程

### 3.8.3 隧道混凝土输送泵车

#### 3.8.3.1 概　述

在隧道施工作业过程中，将混凝土泵送至浇筑位置是混凝土泵车的主要作用，如初期支护、二次衬砌和路面施工都需要浇筑混凝土。混凝土施工技术一直是整个隧道施工中的重中之重，同时也是造成隧道施工安全隐患的重要原因。混凝土输送和浇筑是钻爆法铁路隧道施工过程中必不可少的工序，混凝土输送泵是混凝土输送的专用设备，能够将泵的液压能转化成机械能，通过管道输送混凝土。由于受结构尺寸、施工场地等限制，诸如隧道混凝土回填（衬砌）、二期混凝土浇筑等均需要使用混凝土泵车（见图 3-156）来输送混凝土。

图 3-156　混凝土输送泵车

目前，国内中联集团研发的 HBT125 型拖式混凝土输送泵，单位泵送量已突破 125 m³/h，最大泵送压力可达 21.5 MPa。三一集团研发的 HBT80-S 型混凝土输送泵，极限泵送压力可达 18.9 MPa。沈阳建设机械总公司研发的 HBTl00-S 型混凝土输送泵其理论极限竖直距离为 248 m。混凝土泵车布料杆的长度由过去的 37 m 为市场主流，演变到现在以 45 m 以上为主流，泵送设备的单位泵送量也由过去的 60~80 m³/h 为市场主流发展到现在以 80~120 m³/h 为基本要求。随着工业的快速升级转型，当前国内混凝土泵送设备的研发也进入高水平阶段，泵送设备的机械性能和质量标准也逐步与国际接轨。

### 3.8.3.2　混凝土输送泵车的分类与特点

混凝土输送泵车按结构和用途分为拖式混凝土泵、车载泵和泵车，按动力类型分为电动混凝土输送泵和柴油动力混凝土输送泵。

混凝土输送泵车的性能特点：

（1）采用三联泵开式系统、液压回路互不干扰，系统运行。
（2）具有反泵功能，利于及时排除堵管故障，并可短时间的停机待料。
（3）采用先进的 S 管分配阀，可自动补偿磨损间隙，密封性能好。
（4）采用耐磨合金眼镜板和浮动切割环，使用寿命长。
（5）长行程的料缸，延长了料缸和活塞的使用寿命。
（6）优化设计的料斗，便于清洗，吸料性能更好。
（7）自动集中润滑系统，保证机器运行中得到有效润滑。
（8）可远程遥控，操作更加安全方便。
（9）所有零部件全部基于国标，互换性较好。

### 3.8.3.3　混凝土输送泵车的泵送技术

1. 第一代泵送技术

电控换向技术，PLC 控制电磁阀换向实现泵送、S 管分配交替换向。机器组装简单，生产成本低，但电气控制复杂，故障率与维护成本极高，极易耽误工程进度是其最大的弊端。电控换向方式利用传感器感知油缸行程并作为换向信号，经过控制器控制先导电磁阀换向，进而实现系统换向。

1）电控接近开关

电控接近开关换向系统如图3-157所示，该系统利用布置在水槽或主缸上的接近开关发出换向信号。当主缸活塞检测套运动到预定位置，接近开关接到换向信号，并发信息给控制器，由控制器通过控制先导电磁阀实现摆阀、主阀换向，进而控制摆缸、主缸换向。因电磁阀的电磁力不足以直接驱动摆阀、主换向阀，故电磁阀仅作为先导阀。

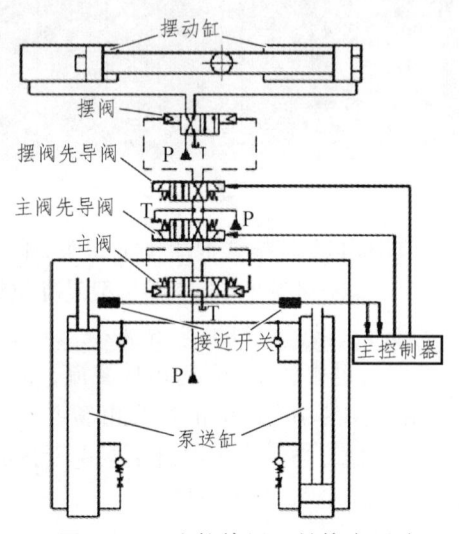

图3-157 电控接近开关换向系统

2）电控位移传感

为了实时获取主缸的位移信息，实现更加精准的行程控制和换向，电控位移传感是在主缸中内嵌磁致伸缩位移传感器，通过主缸位移来实现换向。这种方式可以根据油缸运行速度和位置更精准地实现换向时点和时序，缺点是为了布置该传感器，导致主缸结构复杂，同时由于传感器为内置式，检修和更换相当复杂。

2. 第二代泵送技术

液压换向技术，完全靠主油缸、分配小油缸液压信号的变化实现动作换向。液控换向方式采用主缸行程末端活塞两端的压差作为换向信号，实现系统换向。它由信号阀提取换向信号并将其传递至换向阀，由换向阀控制摆缸和主缸实现顺序换向，进而完成整个换向过程。

1）液控插装直驱

液控直驱换向系统如图3-158所示。当主油缸运动至行程末端时，活塞将设置在主缸缸筒上的两个油口隔离为两个区域，一个与高压腔相连，一个与低压腔相连。两者的压差将推动信号阀插芯打开，并将高压腔压力输送至摆阀先导阀两端，推动先导阀换向，进而摆阀换向，完成摆缸换向。摆阀的输出口与主阀先导阀相连，当摆缸换向时，顺序实现主阀先导阀和主阀换向，进而控制主缸换向，完成一个完整的泵送换向过程。

为了减少信号阀插芯、先导阀阀芯在动作过程中受到的冲击，在系统中设置半桥液阻进行滤波。先导阀芯带定位机构，换向到位后，机械锁定阀芯位置。

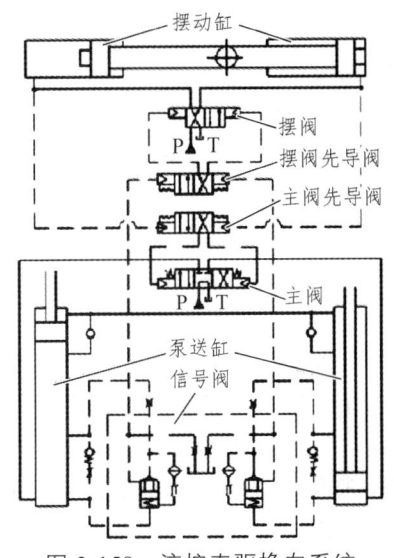

图 3-158 液控直驱换向系统

2）液控滑阀放大

上述换向方式中，将主油缸的压差信号作为换向信号，同时又作为先导阀的驱动信号，因此对压差信号的要求相对较高，油缸和信号阀泄漏、节流口堵塞等都易造成换向故障，且主阀、摆阀均存在放大级，系统相对复杂。液控滑阀换向系统如图 3-159 所示。信号阀为滑阀结构，主缸换向信号只驱动信号阀阀芯动作，滑阀的 P 口接系统高压油，因此其工作口输出压力足以直接驱动摆阀换向，实现摆缸换向，从而取消了摆阀换向先导阀。主阀的换向与上述类似，由摆阀输出口驱动，不同之处是取消了先导阀，直接驱动主阀，通过设置阻尼有效降低主阀换向冲击，系统更加简洁，可靠性高。

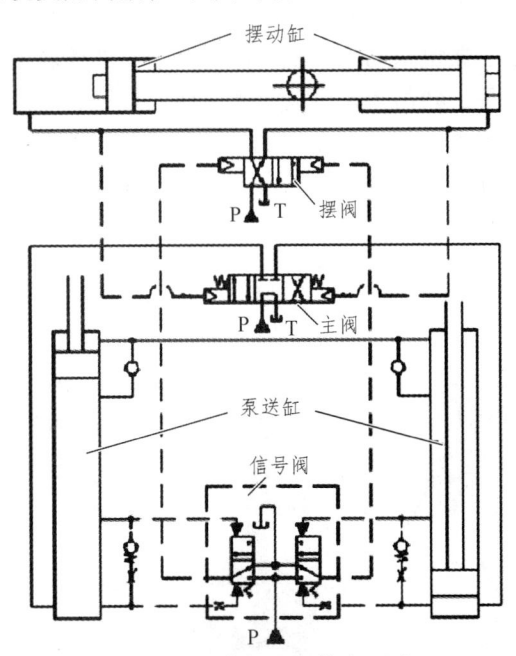

图 3-159 液控滑阀换向系统

3）液压换向技术特点

（1）混凝土泵送、S 管分配无须 PLC 电气元件参与，故障率更低，控制更可靠，产品的使用寿命大大提高。

（2）全液控技术输送泵，没有恒压泵、控制箱内没有 PLC、没有氮气储气罐、水箱处没有接近开关，结构简单，维护成本大大降低。

## 3.9 新型隧道施工设备及技术

近年来，隧道专用设备逐渐开始普及，但依然存在施工质量不一、受限于施工人员技术水平、作业环境差等缺陷。对于山区隧道工程高质量建设而言，其施工场点多，占线长，跨越不同的气候、地理、地质区域，施工地段一般为山区或者丘陵，甚至穿越极端地区，常遇到极端条件，施工人员面临前所未有的困难，对人员安全保障形成巨大的挑战。随着新一轮科技革命和产业革命的快速发展，以人工智能、机器人、物联网、互联网等技术为代表的智能产业蓬勃兴起，成为时代科技创新的一个重要标志。在隧道建造行业，众多企业以产品智能化为目标，逐渐实现机器换人。隧道施工装备智能化是实现隧道少人化、无人化施工的前提，本节将介绍几种新型的隧道施工设备，让隧道建造更智能、更高效、更安全、更环保。

### 3.9.1 智能拱锚喷一体化台车

#### 3.9.1.1 概　述

LGMP350D 智能拱锚喷一体化台车（见图 3-160）是四川蓝海智能装备制造有限公司研发的一款隧道初支作业一体化台车，该设备集初喷、测量放点、欠挖作业、超前小导管作业、拱架安装、超前支护、系统锚杆、锁脚作业、喷浆支护、注浆等为一体的隧道机械设备。

该设备采用工程底盘、柴电双动力系统、四轮驱动、四轮转向、前后双向驾驶结构，上装采用三臂全滑移、三抓手、两吊篮、两欠挖锤、两锚杆臂、一喷浆臂和一注浆系统结构。臂架采用全滑移结构，兼备本地遥控双重控制，中间臂最大举升 3.5 t，满足预制拱架安装、各种台阶法作业及拱架精准定位调整。设备自带破碎锤和焊机，安装拱架时可进行欠挖处理及焊接作业。

图 3-160　智能拱锚喷一体化台车

#### 3.9.1.2 基本结构及功能介绍

LGMP350D 智能拱锚喷一体化台车主要由车身、底盘、左中右 3 个拱架等组成，包括臂架、车架、底盘、料斗/水箱、眼镜板、切割环、混凝土缸、主油缸和 S 管总成等。智能拱锚喷一体化台车爪如图 3-161 所示，智能拱锚喷一体化台车注浆喷头如图 3-162 所示。

图 3-161　智能拱锚喷一体化台车爪 　　图 3-162　智能拱锚喷一体化台车注浆喷头

该台车具有以下功能：

（1）集群化管理功能。把监测数据纳入平台进行统一管理、大幅提高管理效率。

（2）定位功能。平台可通过 GPS 定位系统实时掌握设备的位置以及运行轨迹信息。

（3）视频监控功能。平台可通过高清摄像头实时检测设备运行状态，同时可将施工图片和视频通过网络传输到检测平台。

检测平台如图 3-163 所示。

图 3-163　检测平台

（4）预/报警功能。平台通过检测系统，自动推送预/报警信息到用户手机端，实时提醒用户及时排查安全隐患和进行设备维护等。

（5）对讲机功能。利用 APP 设备管理页面的对讲机功能，可以与设备施工现场实时进行语音对话。

（6）隧道 BIM 技术和数字孪生。自主开发隧道 BIM 技术和数字孪生应用，配合激光扫描和精确定位系统实现设计、施工、检测的数据实时交互，为精益管理提供数据化、可视化、标准化依据，可呈现在手机端、PC 端、监控平台等。

（7）数据管理功能。平台可将施工数据进行处理和分析输出施工日志，可实时进行数据变化趋势分析、数据关联对比、施工报表日志输出、施工材料日志输出等，为施工管理提供数据支持。

（8）隧道轮廓扫描。通过激光扫描和摄像头装置扫描收集隧道的内部轮廓图像信息，扫描结束后隧道轮廓数据自动导入系统。隧道轮廓扫描如图 3-164 所示。

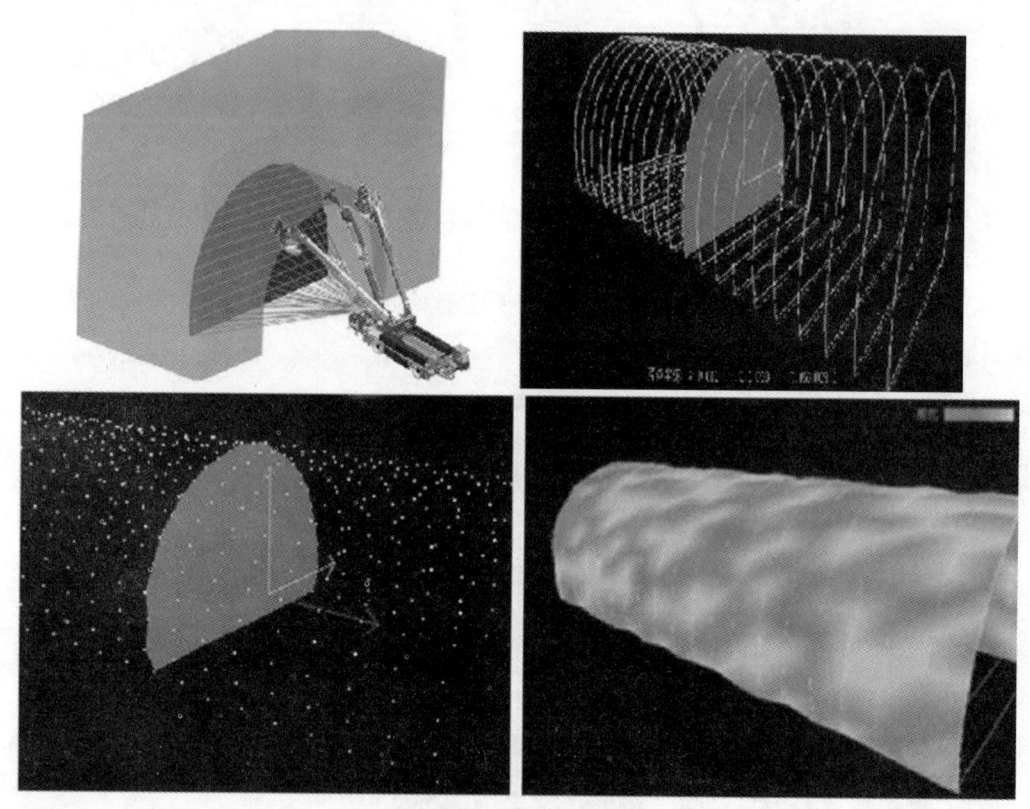

图 3-164　隧道轮廓扫描图

（9）远程控制系统。利用 APP 进行网络连接、实现远程监控、远程对话、远程应急疏散以及远程设备操作等。

LGMP350D 智能拱锚喷一体化台车工作三维仿真如图 3-165 所示，LGMP350D 智能拱锚喷一体化台车工作二维模拟如图 3-166 所示。

图 3-165　LGMP350D 智能拱锚喷一体化台车工作三维仿真图

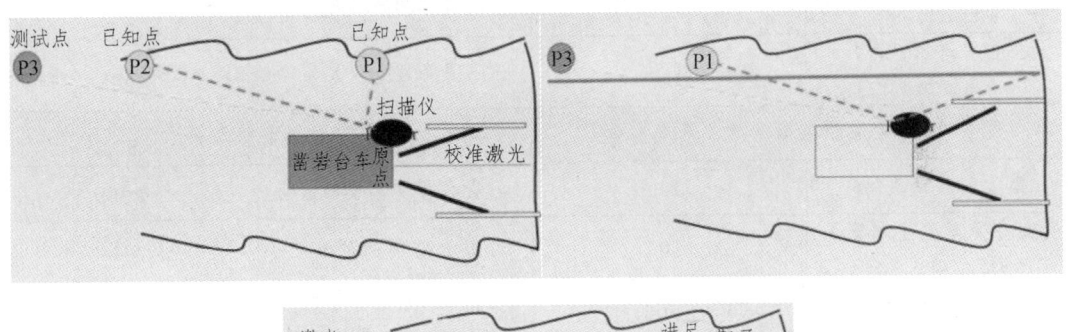

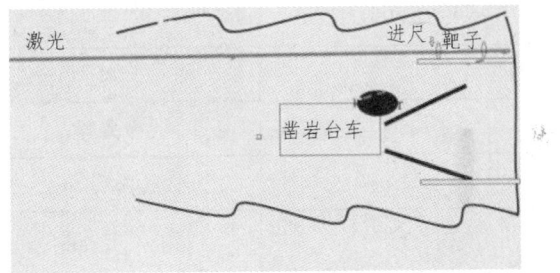

图 3-166　LGMP350D 智能拱锚喷一体化台车工作二维模拟图

### 3.9.1.3　产品参数

智能拱锚喷一体化台车参数见表 3-55。

表 3-55　智能拱锚喷一体化台车参数

| 项目 | 参数 | 项目 | 参数 |
| --- | --- | --- | --- |
| 整机参数 | | 底盘参数 | |
| 外形尺寸/mm | 11 420×3 400×2 890 | 发动机品牌 | 康明斯 |
| 整机质量/t | 50 | 发动机功率/kW | 142 |
| 工作方式 | 电动+柴动 | 电机功率/kW | 90 |
| 控制方式 | 无线遥控+手动控制 | 驾驶模式 | 双向驾驶（2 驾驶室） |
| 注浆参数 | | 底盘形式 | 工程底盘 |

续表

| 项目 | 参数 | 项目 | 参数 |
|---|---|---|---|
| 流量/(L/h) | 1 800 | 驱动及转向方式 | 四轮驱动四轮转向 |
| 最高压力/MPa | 3 | 最小离地间隙/mm | 400 |
| 最大骨料粒径/mm | 3 | 爬坡能力 | 25% |
| 搅拌容积/L | 110 | 转弯半径（两轮）/mm | 15 |
| 滑移参数 | | 转弯半径（八字）/mm | 8 |
| 滑移长度/m | 4.2 | 最高车速/(km/h) | 25 |
| 主臂滑移速度/(m/min) | 2.8 | 接近角/(°) | 17 |
| 左右臂滑移速度/(m/min) | 1.7 | 离去角/(°) | 18 |
| 左右拱架臂参数 | | 中间主臂参数 | |
| 最大安装高度/m | 14 | 最大举升能力/kg | 3 500 |
| 最大安装宽度（单侧）/m | 10 | 最大安装高度/m | 11 |
| 最大举升能力/kg | 1 500 | 最大安装宽度（单侧）/m | 8 |
| 喷浆参数 | | 锚杆参数 | |
| 理论喷浆方量/(m³/h) | 50 | 机头品牌 | 山特维克 |
| 最大喷射高度/m | 14 | 钻孔深度/m | 4 |
| 最大喷射宽度（单侧）/m | 15 | 钻孔孔径/mm | 43~63 |

### 3.9.1.4 产品优点

（1）提高施工效率。智能拱锚喷一体化台车集所有初支所需功能于一体，减少4次设备进出转场时间；大方量喷浆系统，喷浆效率高；自带注浆系统、自带锚杆系统，可以及时加固岩层。

（2）减少施工人员。使智能拱锚喷一体化台车在整个初支工序只需要5人，即拱架安装以及系统锚杆作业4人、喷浆支护1人。

（3）提高作业安全。对智能拱锚喷一体化台车采用全遥控作业，施工人员远离掌子面，保证了作业人员的施工安全。LGMP350D智能拱锚喷一体化台车进洞如图3-167所示，焊接连接筋如图3-168所示，LGMP350D智能拱锚喷一体化台车喷浆如图3-169所示。

图 3-167　LGMP350D 智能拱锚喷一体化台车进洞　　图 3-168　焊接连接筋

图 3-169　LGMP350D 智能拱锚喷一体化台车喷浆

（4）降低设备购买成本及减少换场时间。智能拱锚喷一体化台车可取代湿喷台车、拱架安装台车、锚杆台车、注浆机等，可降低设备的购买成本。利用常规设备在作业中途需要转场 4 次，共耗时 2 h20 min。智能拱锚喷一体化台车无须转场，可兼用于整个施工工序。利用常规设备工序中转场时间见表 3-56。

表 3-56　利用常规设备工序中转场时间

| 序号 | 工序 | 时间/min | 总计 |
| --- | --- | --- | --- |
| 1 | 初喷与拱架台车转场一次 | 30 | 2 h20 min |
| 2 | 拱架台车与锚杆台车转场一次 | 30 | |
| 3 | 锚杆台车与注浆机和推台架转场一次 | 50 | |
| 4 | 注浆机和台架与湿喷台车转场一次 | 30 | |

（5）高效预制立架工艺。智能拱锚喷一体化台车采用独立研发的全国首创的预制拱架安装工艺，三榀拱架安装时间为 50 min 左右，提高了施工效率，增强了施工安全性。

图 3-170　LGMP350D 智能拱锚喷一体化台车立架工艺

### 3.9.2　多功能掘进机

#### 3.9.2.1　概　述

LDJ400 系列多功能掘进机，如图 3-171 所示，是一款运用于隧道非爆开挖的专用设备，主要利用工作部的高频破碎锤产生高频冲击破岩、斗齿楔入围岩中的板撬破岩和利用围岩下方的临空面重力作用自动破岩。设备采用本地控制+无线控制的控制方式，能适应 5~9 m 隧道开挖，集高频破岩、软土快挖、轮廓修整、喷雾除尘等功能于一体，适用于限制爆破地段（如机场、居民聚集区和野生动物保护区等）的快速施工，适应性强，满足多类围岩施工。

图 3-171　LDJ400B-Ⅰ多功能掘进机

#### 3.9.2.2　产品参数

LDJ400 系列多功能掘进机产品参数见表 3-57~3-59。

表 3-57　LDJ400A 系列参数

| 系列 | LDJ400A-I | LDJ400A-II | LDJ400A-III |
|---|---|---|---|
| 外形尺寸/mm | 16 000×3 000×3 200 | 16 000×3 000×3 200 | 16 000×3 000×3 200 |
| 质量/t | 72 | 73 | 75 |
| 动力形式 | 柴电双动<br>柴油应急，电动施工 | 柴电双动<br>柴油应急，电动施工 | 柴电双动<br>柴油应急，电动施工 |
| 出渣功能 | 无 | 无 | 无 |

续表

| 系列 | LDJ400A-I | LDJ400A-II | LDJ400A-III |
|---|---|---|---|
| 发动机功率/kW | 潍柴176 | 潍柴176 | 潍柴176 |
| 电气装机功率/kW | 400 | 400 | 400 |
| 工作电压/V | 1 140 | 1140 | 1140 |
| 高频锤型号 | H5 | H8 | H10 |
| 行驶速度/km/h | 0~1.5 | 0~1.5 | 0~1.5 |
| 最大爬坡度/(%) | 30 | 30 | 30 |
| 适应断面高度/m | 5~9 | 5~9 | 5~9 |
| 适应断面宽度/m | ≥6 | ≥6 | ≥6 |
| 开挖效率/(m³/h) | 0~35 | 0~50 | 0~70 |
| 出渣效率/(m³/h) | — | — | — |

表3-58 LDJ400A系列参数

| 系列 | LDJ400B-I | LDJ400B-II |
|---|---|---|
| 外形尺寸/mm | 16 000×3 000×3 200 | 16 000×3 000×3 200 |
| 质量/t | 70 | 75 |
| 动力形势 | 柴动动力,柴动施工 | 柴电双动,柴动/电动均可正常施工 |
| 出渣功能 | 无 | 无 |
| 发动机功率/kW | 康明斯410 | 康明斯410 |
| 电气装机功率/kW | 无 | 400 |
| 工作电压/V | 无 | 1 140 |
| 高频锤型号 | H8 | H8 |
| 行驶速度/(km/h) | 0~1.5 | 0~1.5 |
| 最大爬坡度/(%) | 30 | 30 |
| 适应断面高度/m | 5~9 | 5~9 |
| 适应断面宽度/m | ≥6 | ≥6 |
| 开挖效率/(m³/h) | 0~50 | 0~50 |
| 出渣效率/(m³/h) | — | — |

表3-59 LDJ400C系列参数

| 系列 | LDJ400C |
|---|---|
| 外形尺寸/mm | 16 000×2 800×3 200 |
| 重量/t | 90 |
| 动力形势 | 柴电双动:柴油应急,电动施工 |

续表

| 系列 | LDJ400C |
|---|---|
| 出渣功能 | 有 |
| 发动机功率/kW | 潍柴 210 |
| 电气装机功率/kW | 400 |
| 工作电压/V | 1140 |
| 高频锤型号 | H8 |
| 行驶速度/（km/h） | 0~1.5 |
| 最大爬坡度/（%） | 30 |
| 适应断面高度/m | 5~9 |
| 适应断面宽度/m | ≥6 |
| 开挖效率/（m³/h） | 0~50 |
| 出渣效率/（m³/h） | 180 |

#### 3.9.2.3 产品优点

（1）高效开挖：在Ⅳ、Ⅴ级围岩下综合开挖效率可达 50 m³/h。

（2）围岩扰动小：非爆开挖方式，对围岩扰动小。

（3）精准超欠控制：整机动作控制好，轮廓面超欠挖可控制在 10 cm 内。

（4）喷雾除尘：整机配置高效除尘喷淋系统，有效控制粉尘，有效保证施工环境。

（5）高频破岩：配置专利三齿座配合高频破碎锤，破岩速度快，冲击力强。

（6）遥控控制：整机所有动作采用遥控控制，操作简单便捷，操作人员可灵活调整位置方便操作。

（7）柴电双动：柴动应急和转场，电动施工，施工成本低，施工时无尾气污染隧道空气和热量聚集。

（8）高效出渣：部分机型配置集渣和出渣装置，出渣能力 180 m³/h，可满足小断面设备不退场快速出渣需求。

### 3.9.3 智能化注浆设备

智能化注浆设备是隧道钻爆法施工中的超前注浆加固设备，可广泛应用于铁路、公路、水利、冶金等领域中各种隧道、井巷、涵洞等的止水、加固、溶洞填充注浆。

该设备在国内首次集上料、称重、制浆、注浆、称重计量、控制等于一体，具有自动规划、自动配浆、自动注浆、自动计量、自动清洗、数据交互六大功能，在施工中具备智能化程度高、作业效率高、施工质量好的性能优势，具有自动化、可视化、信息化的智能化特征。该设备既具有注浆施工过程自感知、自决策、自执行功能，也使注浆过程、注浆结果可视化，同时还实现数据自动采集、存储、传输、分析、交互等大数据信息化管理。智能化注浆设备如图 3-172 所示。

图 3-172 智能化注浆设备

#### 3.9.3.1 产品特点

1. 一体化高效注浆

集粉料存储、粉料输送、制浆、注浆功能于一体，实现自动配料、连续制浆、多孔同时注浆，提升制浆、注浆效率。

2. 智能化高质注浆

通过大数据（凿岩台车钻孔等数据）分析，提前规划注浆压力、流量及注浆量，实现注浆可视化、信息化，大幅提高注浆质量。

3. 适应多种注浆工艺

适应多种超前注浆工艺（前进式、后退式、全孔一次性注浆），可注单液浆、双液浆，实现超前地层加固、帷幕注浆止水。

4. 注浆全过程管控

自动记录、存储注浆日志，注浆质量可追溯，工程计价有据可查。

5. 节能环保

根据地质情况精准调控注浆压力、流量，减少因注浆流量过大溢流引起的能耗损耗；粉料采用全封闭螺旋机输送，粉尘污染低。

#### 3.9.3.2 基本结构及工作原理

智能化注浆设备结构主要包括储料仓 A、B，下料器，配比称重器，螺旋输送器，制浆搅拌器，储料罐，注浆输送管，注浆泵及控制器等。

智能化注浆设备结构按功能分为机械构件、干料混合配比计量控制子系统、制浆配水控制子系统、输料控制子系统、实时数据采集子系统、综合管理子系统。水泥、膨润土和中砂混合后分别输入 A、B 料仓，B 料仓中的膨润土和中砂在洞外配比。制浆过程为间断性工作模式，各子系统由综合管理子系统协调。在工作模式下，管理子系统采集储浆罐液位，根据液位及注浆流量，确定是否制浆，并启动称重配料子系统，称重配料子系统根据设定的配比，按顺序分别打开A、B下料口，计量A、B下料质量，完成此项工作后，将实际总质量传送给综合管理系统。综合管理系统启动输料系统，将混合料输送到制浆机，并将实际混合料质量传送给配水子系统，打开电磁阀，由流量计开始计量配水量；启动拌和电机，拌和120 s后，停止拌和。综合管理系统在接收到配水及拌和完成信号后，制成的浆液通过三通阀进入动态储浆罐。一次循环周期完成，综合管理系统通过储液罐液位、输液管流量数据，确定是否开始下一次制浆，其系统功能构架如图3-173所示。

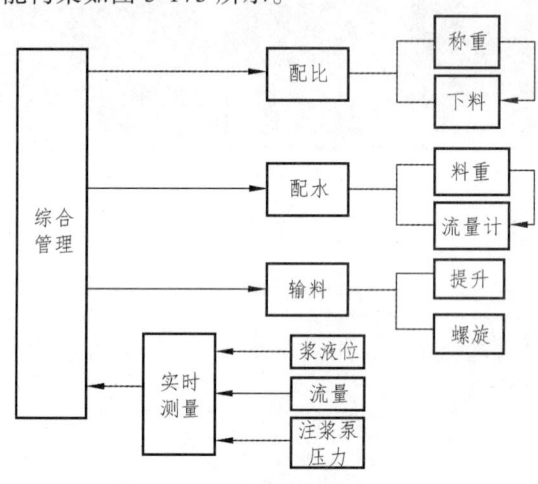

图3-173 系统功能构架

### 3.9.3.3 产品参数

智能化注浆设备参数见表3-60。

表3-60 智能化注浆设备参数

| 项目 | 单位 | 参数 | | |
|---|---|---|---|---|
| | | ZJS410<br>智能型（4泵） | ZJS410G<br>高原智能型（4泵） | ZJS210<br>智能型（2泵） |
| 整机质量 | kg | 35 257 | 37 070 | 3 100 |
| 整机尺寸：<br>长×宽×高 | mm | 20 150×2 500×3 100 | 20 150×2 500×3 100 | 12 600×2 500×3 100 |
| 电总功率 | kW | 181 | 208 | 98 |
| 可注浆液类型 | | 水泥浆、双液浆 | | |
| 汽车底盘 | | | | |
| 长×宽×高 | mm | 10 600×2 500×2 970 | 11 000×2 500×3 180 | 7 680×2 480×2 970 |
| 质量 | kg | 9 106 | 10 187 | 8 928 |
| 最大载重 | kg | 25 000 | 25 000 | 17 000 |
| 发动机额定功率 | kW | 199 | 252 | 132 |
| 最小转弯半径 | m | 11 | 11 | 8.2 |

续表

| 项目 | | 单位 | 参数 | | |
|---|---|---|---|---|---|
| | | | ZJS410<br>智能型（4泵） | ZJS410G<br>高原智能型（4泵） | ZJS210<br>智能型（2泵） |
| 最大爬坡能力 | | % | 30 | 30 | 30 |
| 粉料单元 | | | | | |
| 长×宽×高 | | mm | 80 660×20 450×3 100 | 80 600×20 450×3 100 | 5 040×2 450×3 100 |
| 质量 | | kg | 12 317 | 12 183 | 9528 |
| 粉料存储容积 | | m³ | 11 | 11 | 8 |
| 粉料输送能力 | | t/h | 2×30 | 2×30 | 30 |
| 注浆单元 | | | | | |
| 长×宽×高 | | mm | 9 350×2 450×3 000 | 9 350×2 450×3 000 | 5 860×2 450×3 000 |
| 质量 | | kg | 13 834 | 14 700 | 12 814 |
| 混合机 | 容积 | L | 2×600 | 2×600 | 600 |
| | 制浆能力 | m³/h | 2×10 | 2×10 | 10 |
| 储料罐 | 容积 | L | 2×800 | 2×800 | 800 |
| | 搅拌速度 | r/min | 71 | 71 | 71 |
| 注浆泵 | 流量 | L/min | 4×65 | 4×65 | 2×65 |
| | 压力 | bar | 100 | 100 | 100 |

### 3.9.4 除尘台车

除尘净化设备属于隧道施工配套辅助设备，是隧道钻爆法开挖过程中的重要装备，能实现快速吸收粉尘、自动脉冲喷吹清洗、自动集中排放粉尘等功能，主要用于快速清洁掌子面爆破后的粉尘，减少爆破后等待时间，净化爆破后隧道内的空气，提高隧道内施工环境质量，可广泛应用于公路、铁路、水利等隧道施工，尤其适用于高原环境。生产除尘台车的厂家主要有铁建重工、新能正源等。下面主要介绍铁建重工所生产的除尘台车。

#### 3.9.4.1 产品特点

（1）全液压驱动：配置大功率发动机，整机动力源于发动机。
（2）双向驾驶：设置双向驾驶室，独立操作，提高狭小空间内的机动性。
（3）四轮转向：四轮转向形成八字、蟹形和前、后桥独立转向行走模式。
（4）高效除尘：液压驱动双级轴流风机，大风量除尘，高精度过滤器除尘高效，净化空气。
（5）集群滤芯脉冲喷吹清洗：配置高原型空压机、采用全自动压缩空气脉冲喷吹技术自动清洗滤芯。
（6）粉尘自动集中排放：采用液驱全自动螺旋输送技术，将吸收的粉尘集中排放。
（7）高原适应性（仅高原型设备具有）：低温加热装置、发动机、车桥、变速箱等添加高原专用润滑油液，采用宽黏温特性液压油。

### 3.9.4.2 基本结构及功能介绍

隧道除尘台车（见图3-174）主要包括车体1、动力系统2、吸尘部件3和除尘部件4。其中，车体1为台车的主体结构，动力系统2、吸尘部件3和除尘部件4均设置在车体1上。动力系统2的输出端与车体1和吸尘部件3相连，主要用于驱动车体1行走以及驱动吸尘部件3和除尘部件4正常运行。吸尘部件3设置在车体1的尾部位置，并且沿水平方向安装，即沿隧道的长度方向安装，主要用于吸收隧道施工中产生的粉尘。除尘部件4与吸尘部件3连通，主要用于将吸尘部件3吸收的粉尘过滤后再排出。

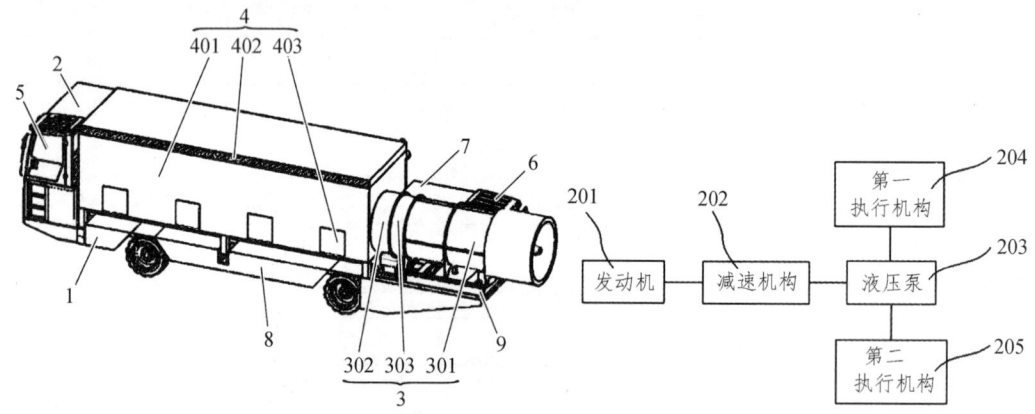

1—车体；2—动力系统；3—吸尘部位；4—除尘部位；5—前驾驶室；6—后驾驶室；7—空压机；8—底盘；9—支撑架；301—抽风机；302—导风管；303—软风筒；401—除尘箱；402—排风格栅；403—检修门。

图 3-174　除尘台车结构简图

隧道除尘台车的除尘效果强大，原因在于有两大核心科技加持：集群滤芯和智能检测，如图3-175所示。

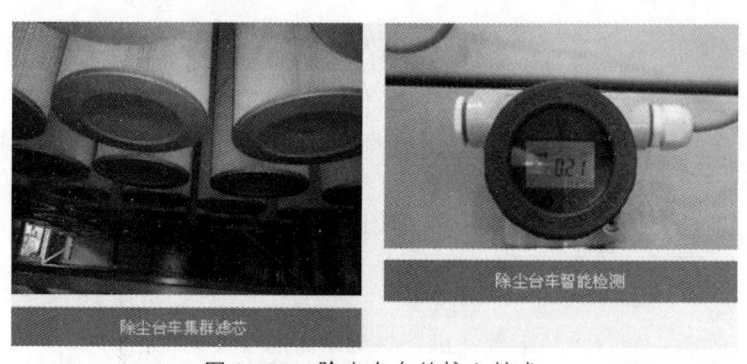

图 3-175　除尘台车的核心技术

位于海拔3 500 m的某高原高寒铁路合修隧道，在其建设过程中存在粉尘浓度高、空气质量差、通风等待时间长等问题，严重影响施工效率。引进铁建重工SCC3000G高原型隧道除尘台车后，20 min内可将掌子面至除尘台车之间的粉尘基本除净，若采用传统的通风除尘方式，需近2 h才能达到此效果，极大地缩短了除尘作业时间，提高了隧道整体施工效率。

### 3.9.4.3 产品参数

产品参数见表3-61。

表 3-61　铁建重工除尘台车参数

| 项目 | 单位 | SCC1500 | SCC1500G |
|---|---|---|---|
| 整机质量 | kg | 18 200 | 24 500 |
| 整机尺寸（长×宽×高） | m | 10.5×2.5×3.6 | 13.4×2.85×3.6 |
| 发动机功率 | kW | 132 | 390 |
| 电机总功率 | kW | 116 | — |
| 除尘风量 | m³/min | 1 500 | 3 200 |
| 除尘器除尘效率 | % | ≥99 | ≥99 |
| 最大行驶速度 | km/h | 85 | 12 |
| 最大爬坡能力 | % | 35 | 25 |
| 最小转弯半径 | m | 8 | 4 |
| 转向方式 | — | 前轮转向 | 四轮转向 |
| 接近角 | (°) | 24 | 15 |
| 离去角 | (°) | 17 | 15 |
| 适用隧道断面面积 | m² | ≤80 | 80～130 |
| 适用海拔 | m | ≤3 000 | ≤4 500 |

### 3.9.5　隧道专用设备指挥中心

#### 3.9.5.1　概　述

近年来，隧道专用设备逐渐开始普及，但依然存在施工质量不一、受限于施工人员技术水平、作业环境差等缺陷，这些问题在海拔较低的施工过程中不凸显，但对于铁路高质量建设而言，其施工场点多，占线长，跨越不同的气候、地理、地质区域，施工地段一般为山区或者丘陵，甚至穿越极端地区，常遇到极端条件，施工人员面临前所未有的困难，对人员安全保障形成巨大的挑战。针对这些问题，基于信息通信、视频传输、数据交互等技术，在常规隧道专用设备的基础上，隧道专用设备指挥中心及远程操控系统应运而生。操作人员可在指挥中心通过远程操控系统实现对隧道专用设备的远程操控，可实现各系统协同工作，具备很好的机动性和环境适应性。本节主要介绍隧道专用设备指挥中心及远程操控系统。

#### 3.9.5.2　基本结构及功能介绍

1. 隧道专用设备指挥中心

隧道专用设备指挥中心主要由底盘、上装、电气系统、中控系统以及其他辅助系统组成。指挥中心是移动式的，自带行走动力。车厢底部布置有液压支腿，以保证整车工作的稳定性，同时自带市电和光纤电缆盘，车厢自带制氧机、电加热器、多媒体设备等。在指挥中心内部，设计了远程操控系统，作为监控与控制中心，可实现对施工作业图像实时采集、处理、传输和存储，可通过对应设备工位的操作台实现对隧道专用设备的远程操控，同时开发了数据智能管控系统，对不同工序中的隧道设备进行相关数据的统一管理。指挥中心内部布局设计如图 3-176 所示。

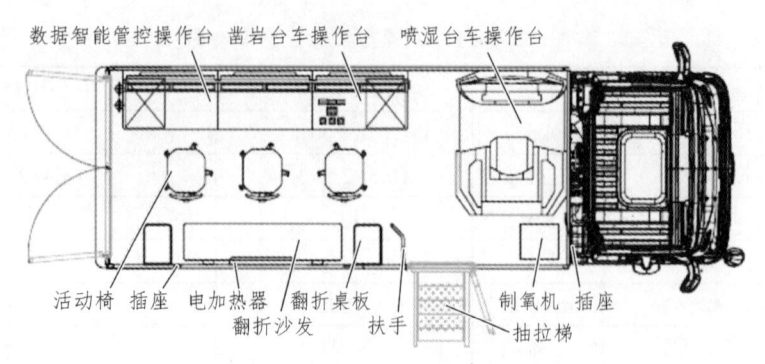

图 3-176 指挥中心内部布局设计

2. 远程操控系统

隧道专用设备指挥中心包含湿喷台车远程操控系统、凿岩台车远程操控系统、锚杆台车以及拱架台车远程操控系统，以湿喷台车远程操控系统为例对远程操控系统设计进行简要介绍。整个远程操控的过程本质上是指挥中心、传输媒介和湿喷台车三者数据交互的过程，数据流链路框图如图 3-177 所示。远程操控系统按功能模块划分为操控模块、通信模块、车载控制模块。

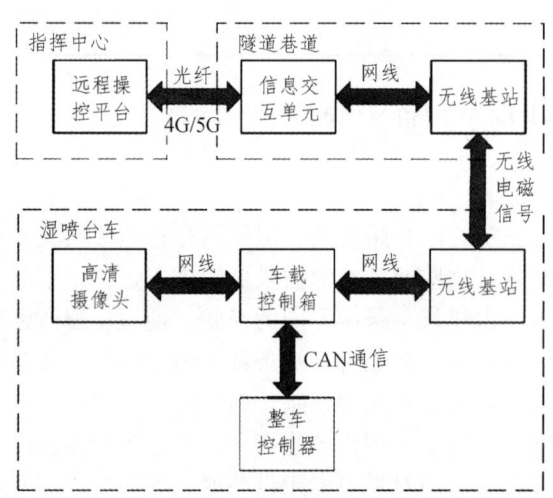

图 3-177 远程操控系统数据流链路框图

工作原理：通过湿喷台车上的传感器、摄像头获取台车当前运行状态；通过车载数据交互单元将设备端 CAN 总线数据转换成以太网数据协议格式。通过工业交换机将设备端数据和摄像头数据汇总，然后通过设备端无线基站将数据发送给隧道内的无线基站，通过无线基站将无线信号转换成有线信号，再通过光纤交换机接入到隧道内光纤中。信号沿着光纤到达隧道外，这时，可以直接接入远程操控平台，也可以接入市域互联网络，再借助远程操控平台端的 CPE 和防火墙终端设备，实现跨市域的超远距离数据传输。显示器显示各项参数信息，实现对喷射混凝土、速凝剂等的实时检测并在屏幕上进行显示，可通过操控平台翻页键进行调出和隐藏。操作系统通过新型控制器、通信模块、完备故障警报及状态显示系统，实现车体故障快速识别与诊断。

### 3.9.6 钻爆法隧道智能建造新技术

本部分将系统性介绍隧道数据通信传输技术、隧道环境感知技术、隧道施工装备控制技术、隧道智能化管控技术 4 个方面的新技术，为构建钻爆法隧道智能建造体系提供重要的技术支撑。

#### 3.9.6.1 隧道数据通信传输技术

**1. 隧道无线组网技术**

施工无线通信网络是实现互联互通、多机协同、提高施工效率的前提。隧道施工环境与其他环境相比，存在结构狭长、地质条件复杂、无线传播环境多变、信号衰减严重、多径现象明显、接入信息源速率差异大等特点。单一的现代无线网络技术难以解决整座隧道建造流程监测问题，需要研究构建融合不同无线技术优势的异构无线网络。隧道内无线组网如图 3-178 所示，可通过 mesh 自组网采用多跳方式进行数据传输，实现隧道内组网。mesh 节点在隧道壁上间隔一定的距离进行布置，移动 mesh 直接安装在台车或者其他移动设备上，达到相互通信的效果，最终实现从隧道洞口至掌子面附近的全线组网。

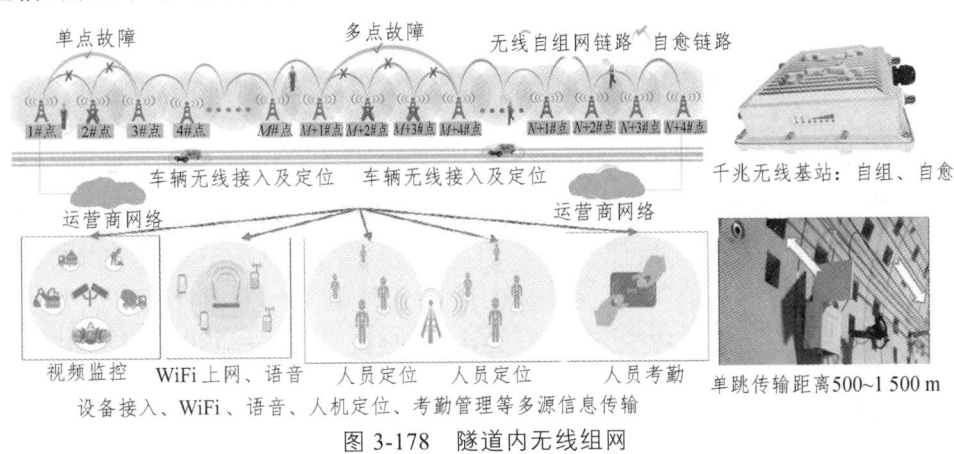

图 3-178 隧道内无线组网

**2. 隧道数据信息采集及传输技术**

数据采集系统是面向隧道内多种感知终端设备、多种通信协议的数据采集和传输的软硬件系统。通过网络通信技术和数据加密技术，将数据安全、高效、完整地传输到远程数据中心服务器，具有系统稳定、可靠、感知终端接入扩展性强、维护便捷等特点，为钻爆法隧道建造中多元感知终端海量数据的展示、分析、挖掘提供了基础，实现了数据价值的最大化。

感知终端设备数据格式类型和通信协议的多样性，是数据信息自动采集及传输的重难点。为解决上述问题，研发了新型隧道数据采集及传输系统，解决隧道施工中多接口大密度异构数据采集和传输的难题。同时，针对传统的隧道掘进设备数据自动采集终端存在的设备体积大、价格高、现场搭载困难、维护成本高等问题，研究开发能稳定运行于现场恶劣工作环境中的专用设备，是支持以太网 PLC 及 CAN 总线控制器标准帧格式数据采集，支持以太网、

Wi-Fi通信能力,支持数据完整性传输的高性能工业数据采集网关,如图3-179所示。该数据采集网关可在客户端和服务端之间实现双向数据传输,是数据采集及传输系统的重要组成部分。

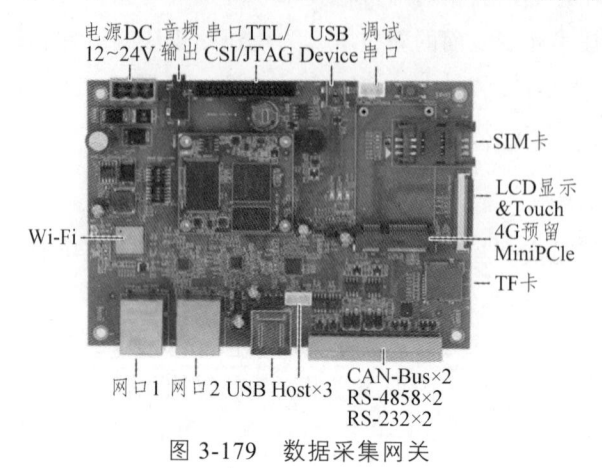

图3-179 数据采集网关

### 3.9.6.2 隧道环境感知技术

1. 隧道围岩信息智能识别技术

针对传统围岩信息获取及判断识别方法存在时效性差、主观判别精度低的问题,提出一种集成式"随钻参数与激光扫描"的隧道围岩信息智能识别方法,可高效、高精度获取岩体力学特性与几何结构信息,以及掌子面围岩抗压强度,极大改善了传统方法取样危险性大、数据获取难的局面。MWD地质云图如图3-180所示。利用凿岩台车进行超前地质预报,进行钻孔作业时,实时监测推进速度、冲击压力、推进压力、回转压力、水压力和水流量等参数,并通过MWD软件复原地质情况(隧道围岩信息识别系统如图3-181所示),形成地质报告,由此建立隧道大数据地质库。在此基础上,结合双光谱成像技术实时获取岩体强度及完整性参数,采用神经网络、聚类分析等学习算法实现对短距离(≤30 m)围岩的智能分级。最后将获取的数据传输至"智能装备综合管控平台",汇总后由专家(人工)进行辅助分析诊断,与装药量、布孔图等多次对比,指导后续施工。

图3-180 MWD地质云图

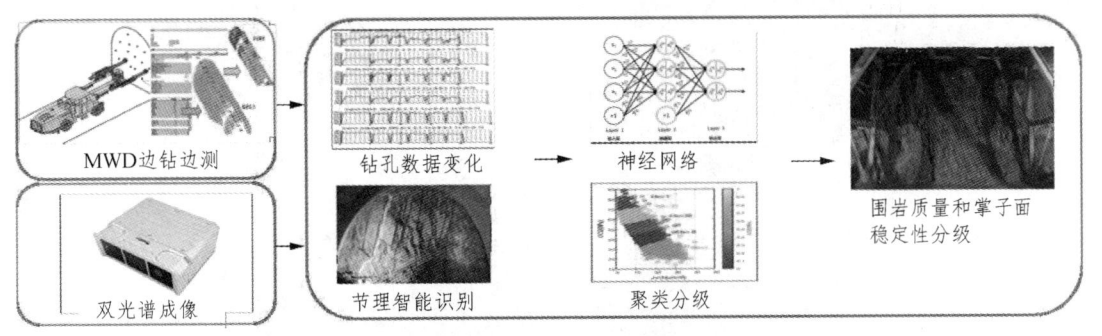

图 3-181 隧道围岩信息识别系统

2. 隧道三维量测技术

针对钻爆法施工装备在施工过程中数字化程度低、支护效果量化评价难、拱架识别精度低等共性技术问题，运用隧道三维点云数据预处理、稀疏化与三维重建技术，构建隧道三维数字化地质模型，重点分析不同施工时期超欠挖量、隧道壁含水量、喷浆厚度等，实现隧道支护质量的精准评估。三维激光扫描技术是通过扫描采集点云数据，经处理分析后获取高精度、高分辨率的数字模型，进而利用生成的模型进行后续工作的综合技术。其工作原理：基于激光测距原理，快速获取待测物表面点的三维坐标（$x$，$y$，$z$）、反射率等信息，由大量点信息形成三维模型。三维激光扫描分为三个阶段：外业操作（扫描测量）、内业处理（数据处理）、检测成果输出。

1）外业操作（扫描测量）

激光扫描仪布置在中心轴线附近，在扫描仪前 0.6～5 m 呈不规则三角形架设 3 个球棱镜，放置于宽敞通视处，且每个球棱镜间距离不大于 5 m，并保持棱镜面朝向全站仪，反光面朝向扫描仪，如图 3-182 所示。球棱镜架设完成后用全站仪测量棱镜坐标（此时棱镜常数和棱镜杆高度均调为零），保持球棱镜不动直至扫描完毕。同时，测站间距小于 30 m。

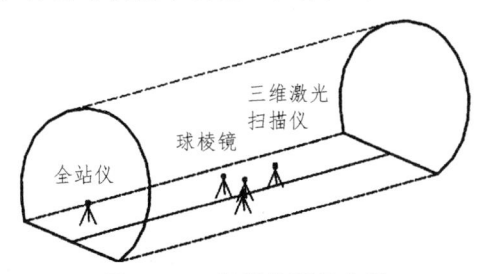

图 3-182 扫描仪测量布置

2）内业处理（数据处理）

通过计算坐标系间的转换，采取平移或旋转数据的方式，将现场扫描的点云数据统一到一个坐标系内，然后通过扫描仪配套软件完成数据拼接处理，形成隧道整体轮廓并导出数据成果。隧道三维扫描处理效果如图 3-183 所示。

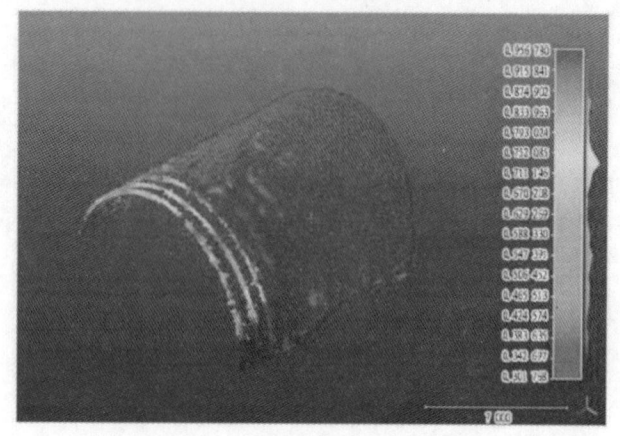

图 3-183 隧道三维扫描处理效果

3）检测成果输出

数据处理完成后，可输出三维效果图及各类检测结果报告、报表，直观地反映隧道超欠挖、平整度及断面侵限、收敛等情况。超欠挖分析三维效果图如图 3-184 所示，系统生成断面超欠挖分析报表截图如图 3-185 所示。

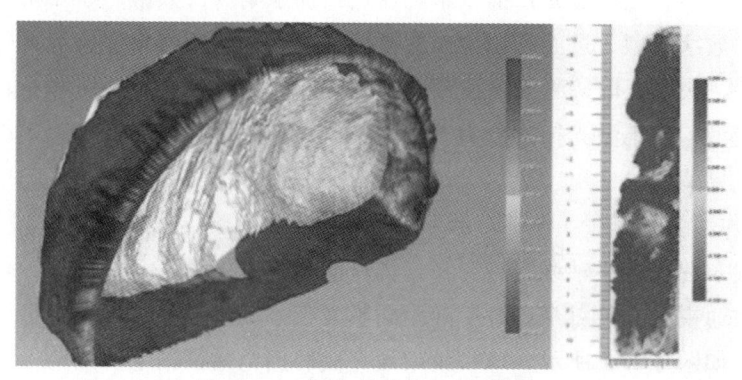

图 3-184 超欠挖分析三维效果图

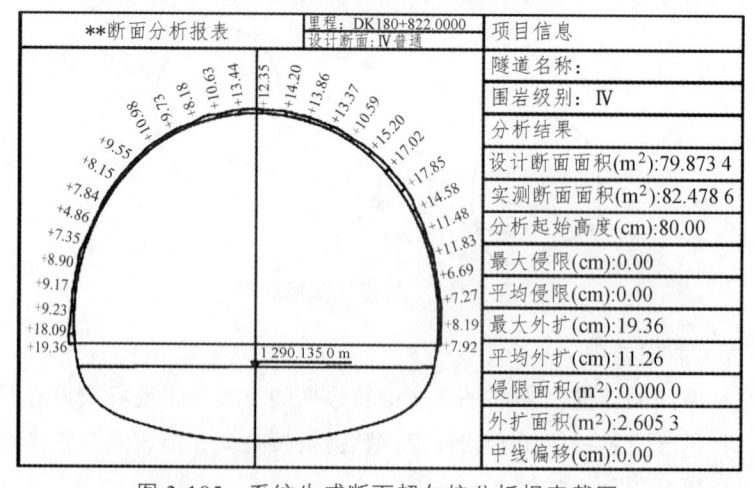

图 3-185 系统生成断面超欠挖分析报表截图

### 3.9.6.3 隧道施工装备控制技术

#### 1. 自动导航定位技术

导航定位是智能型装备的重要基础功能。目前，隧道内施工装备的导航定位方式主要是全站仪人工测量定位，导航效率低、人为误差大。自动导航技术是通过在台车上设置动态测量装置，利用视觉目标识别技术搜索隧道内的测量参考标志，并自动照准隧道测量标志，完成定位导航计算，实现施工装备的自动导航定位功能，不仅提高了装备定位效率，还提升了自动化作业的智能化水平。

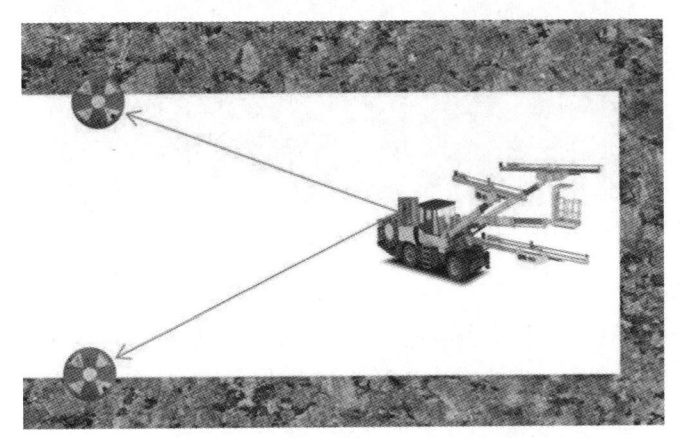

图 3-186　凿岩台车自动导航定位

自动导航技术需要解决测量标志视觉识别和空间几何测量两大核心问题。针对测量标志的视觉识别问题，设计专用的测量编码标志，研究基于图像深度学习算法来提高目标检测的效率和编码识别精度。针对测量标志的照准问题，采用视觉特征点判别和点云空间几何中心互检等方法，提升照准的精准度。

#### 2. 目标位姿动态测量技术

隧道设备智能化作业需要获取目标的实时位姿变化，引导自身机械结构进行精准控制调节，满足复杂工况下的作业要求。动态测量技术可以实时采集工作面目标的空间点云数据，即将两个不同视角下采集到的三维点云数据通过计算实现近似完美的刚体变换，并将其整合至同一坐标系下。具体流程如图 3-187 所示

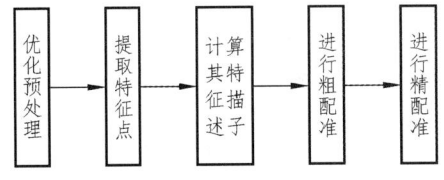

图 3-187　三维点云配准流程

在复杂的作业环境中，由于臂架自身复杂的运动状态，通常存在自身遮挡现象，进而导致待测目标跟踪失锁的情况。根据臂架结构设计，构建空间几何模板，基于动态采集的臂架部分点云数据，进行空间配准，推估遮挡部分的臂架位姿状态，实现臂架末端目标的位姿感知，引导臂架控制操作。运用点云配准的动态测量技术得到的臂架末端位姿如图 3-188 所示。

图 3-188 臂架末端位姿动态测量（单位：m）

3. 臂架控制技术

作为钻爆法隧道施工专用设备的臂架，具有自重大、挠度变形明显等特点，会对设备动作精度和隧道施工质量造成一定的影响。臂架控制技术主要是实现对台车钻臂位姿状态的实时监测和目标位置的自动寻点对准，并且能够提高隧道施工专用设备的动作效率和动作精度，保证人员施工的安全性。

以凿岩台车为例，一方面，凿岩台车臂架接收传感器实时采集的关节状态数据，采用正向运动学算法得到机械臂末端的位置和姿态，并进行挠度补偿，实现对末端执行器位姿状态的实时监测；另一方面，根据目标孔位，通过逆向运动学算法叠加挠度补偿数据，自动解算出要对准该目标孔位臂架各关节预计所需的角度和位置，并作为指令下发，实现自动寻孔对准。基于机器人技术自动解算目标点位所需的臂架各关节角度和位置，在台车停放到不同位置时均可实现自动对点。利用 BP 神经网络建立臂架挠度误差预测模型，根据预测结果对臂架运动进行补偿。臂架挠度补偿测试结果如图 3-189 所示。

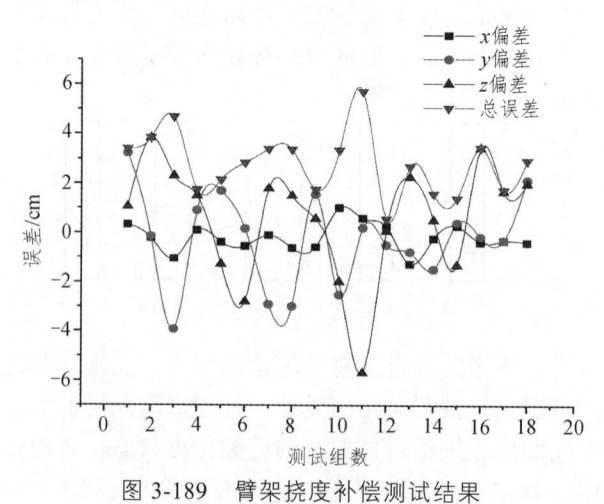

图 3-189 臂架挠度补偿测试结果

4. 极端工况下远程控制技术

钻爆法隧道施工经常会遇到极端环境与地质风险，在这种极端工况下（如岩爆、高地温）可通过远程控制技术开发相应的远程控制指挥车，实现关键工序的安全、高效、少人或无人化施工。

极端工况下远程控制技术通过实时采集隧道开挖面的图像信息与设备运行数据，基于Wi-Fi 等无线网络及信息交互单元，实现高清网络视频和数据实时传输，经过控制中心的深度分析形成指令，采用电液控制系统操纵设备进行施工，把操作人员从恶劣的环境中解放出来，实现专用设备的远距离操作、远程辅助测量以及视频监控，实现在高风险地质环境中的安全作业。目前，中铁装备已开发的一款远程指挥车如图 3-190 所示，具有装备行走及作业远程操控的能力，以及施工数据日志缓存及云存储的功能。

图 3-190　远程指挥车

#### 3.9.6.4　隧道智能化管控技术

1. 工序分析与智能化调度系统

工序分析主要是利用机器视觉和无线射频识别等智能化监测手段，通过对掘进作业过程中开挖、装运、支护等工序进行自动识别统计（见图 3-191），开发出智能工序调度管理系统。

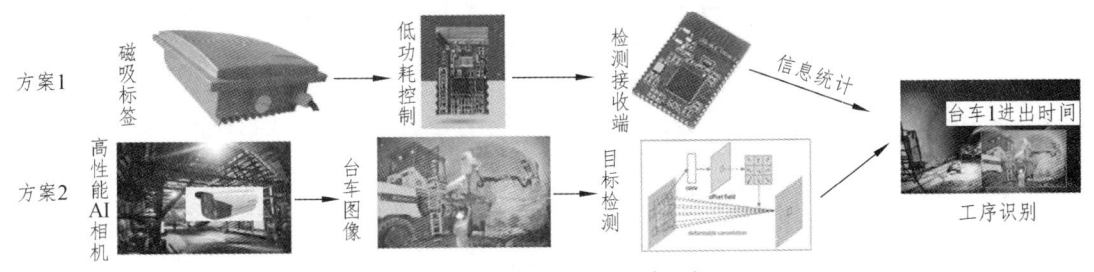

图 3-191　隧道工序识别方案

智能工序调度管理系统主要包含地面工序识别监测系统、地下施工工序识别监测系统和工序调度管理系统。地面工序识别监测系统针对地面拌和站、钢拱架制造车间、渣土运输车辆、物料运输机车等各工序的设备作业状态和作业进行实时监测、识别。在地下施工工序识别与监测方面，主要针对隧道开挖、装药、装运、支护、仰拱、防水、二衬台车等作业台车及人员记性自动识别监测，动态监测范围为 1～50 m。工序调度管理系统通过对监测信息的整合分析，实现对整个施工过程中生产资源的调度优化管理。

通过工序分析和智能化调度，实现对全工序施工过程的实时监控、识别与线上调度，重点解决隧道施工中转弯半径小、爬坡角度大、光线亮度低等复杂工况下工序精准识别的难题，提高了工序衔接的效率，实现人机料法环等各环节的信息化跟踪追溯功能。

2. 综合信息智能分析系统

综合信息智能分析系统可根据隧道施工开挖、支护两大工序分为隧道开挖智能分析系统（见图3-192）、隧道支护智能分析系统（见图3-193）。对隧道建设过程中的岩体信息、支护信息、开挖钻孔信息、施工组织信息等进行收集存储及分析，不断优化岩体-开挖数据库、岩体-支护数据库，通过人工智能算法等实现对开挖、支护工艺参数的分析优化，布孔图及爆破参数的动态调整以及养护方案的动态设计，形成经验知识与数据驱动机器学习技术相结合的钻爆法隧道综合信息智能分析系统。

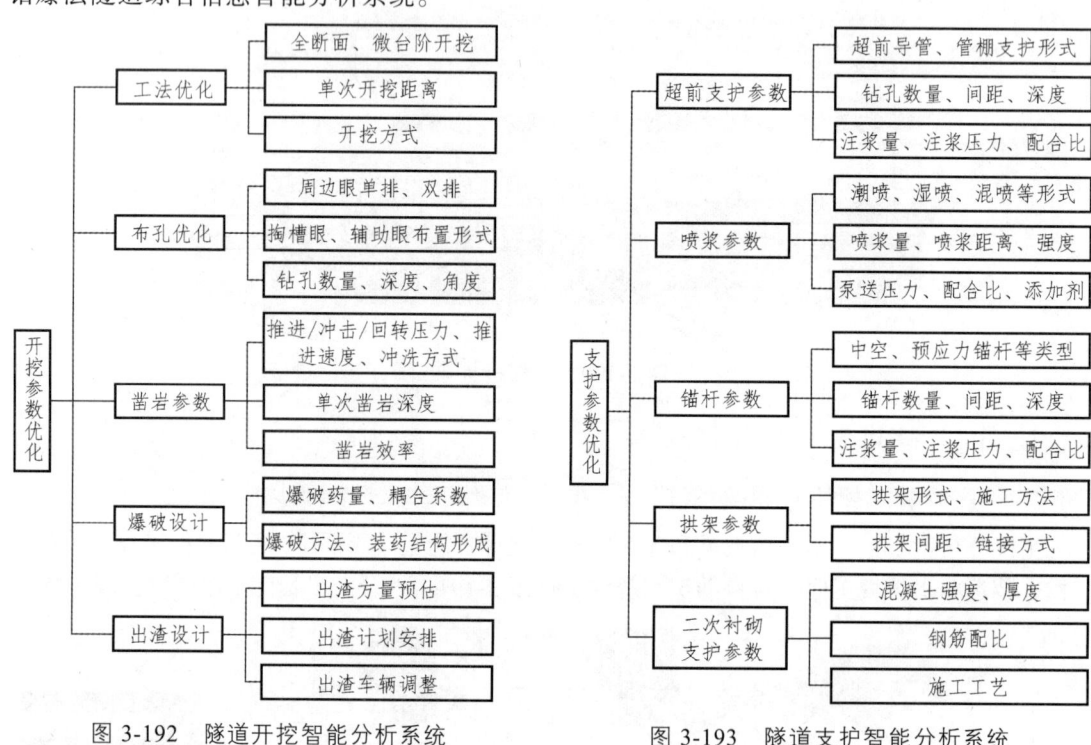

图3-192 隧道开挖智能分析系统

图3-193 隧道支护智能分析系统

## 3.10 隧道电动新能源装备

### 3.10.1 概述

1. 国内外隧道电动新能源装备技术发展现状

传统燃油型工程机械油耗一般在20~70 L/h，1台20 t挖掘机的废气排放量相当于近30辆小型汽车的排放量，而且随着作业环境海拔升高、氧气稀薄导致工效损耗更大。为解决这一问题，近年来国内外许多工程机械生产厂商都加大了对新能源工程机械的研发与生产力度，主要研发方向为燃气动力（LNG）、动力电池、柴（油）电双动力、混合动力的挖掘机、装载机等。国外企业方面，日本 Komatsu（小松）研发的 HB205 和 HB215 混合动力挖掘机、瑞典 Volvo（沃尔沃）研发的 L220F 混合动力装载机、德国 Wacker Neuson（威克诺森）wl20e 电动装载机和 803e 电动挖掘机等，不仅在本国实现了批量生产销售，而且已面向其他国家进行销售。国内企业方面，柳工、徐工、长安重工、三一重工、山河智能等主要工程机械厂家，也已相继开发生产了电动自卸汽车、挖掘机、装载机等工程机械，电动工程机械的品类和数量呈现出爆发式增长，发展电动新能源装备已成为诸多施工机械厂家新的研发方向。

2. 电动新能源装备在高海拔山区铁路隧道施工中的优势

1）在减少机械功效损耗方面的优势

随着海拔高度上升，大气压强度降低，内燃机械气缸内充气量减少、散热性能下降、热负荷增加、混合气燃烧不充分，导致机械动力性能明显下降。实验数据表明，对于自然吸气型内燃机而言，海拔高度每上升 1 000 m，功率和扭矩下降 8%~13%，当海拔上升至 4 000 m，其功率降低约 45%。电动装备以锂离子电池系统存储能量，将能量直接输入到高效永磁电机，产生驱动机器所需的动力，减少了内燃机利用燃料与空气混合燃烧产生动能的环节，在任何运行速度下都能提供瞬时扭矩和峰值扭矩，基本不产生功率损耗。西宁至成都铁路甘青段轨面海拔在 2 000~3 570 m，其中海拔 3 000 m 以上的线路占 56.5%，在这一高原铁路项目中，特别是海拔 3 000 m 以上地区，电动装备较燃油机械在工效发挥方面具有明显优势。

2）在保障作业人员身心健康方面的优势

科学研究表明，海拔高度与空气含氧量之间近似满足一次函数关系，当处于零海拔时，空气中含氧量为 20.95%，当海拔达到 3 000 m 和 4 000 m 时，空气中含氧量仅分别为 16.15% 和 14.55%。在隧道内作业，空间狭小，随着掘进长度增加，通风供氧变得困难，有限的空间内机械工作消耗大量氧气，导致作业人员出现缺氧，头晕、窒息等高原反应。同时，随着海拔升高，发动机气缸内充气量减少，进入气缸的燃油得不到充分燃烧，造成大量 CO、NO、$NO_2$ 等有害气体及 $PM_{2.5}$ 等颗粒物排放，进一步恶化了隧道内工作环境。根据中国铁道科学研究院对 G317 线雀儿山隧道（隧道长 7 079 m，海拔高 4 239.5~4 378.7 m）研究发现，隧道内使用 1 台装载机和 3 台自卸车出渣，按 3 h 出渣时间计算，每个出渣工序产生 CO 约 15 930 L。高原缺氧环境，加之有限空间内机械设备与人争氧、尾气排放污染空气等，严重威胁作业人员身心健康，导致管理和作业人员频繁更换，影响正常施工组织。电动装备以电能直接驱动电机带动机械臂作业，无排气管等结构，作业过程不消耗氧气，不产生 CO、NO 等有害气体，实现尾气零排放，减少了 $PM_{2.5}$ 颗粒物浓度，降低了机械噪声，有效改善了隧道内作业环境，体现了"以人民为中心"和"生命至上"的建设理念。

3）在降低建设成本方面的优势

西宁至成都铁路建设期长达 7.5 年，当前原油市场价格又居高不下，加之高原环境下燃油机械工效降低，进一步增加了施工企业机械使用成本控制方面的难度。工期越长、海拔越高，对成本控制的影响越明显。同时，随着海拔上升，大气压力下降，柴油机性能恶化，功率下降，油耗进一步增加。在海拔 3 000 m 和 4 000 m 地区，非涡轮增压内燃机完成单位作业量的燃油消耗较平原地区分别增加 57% 和 86%。电动装备以电力蓄能为动力源，电力价格整体趋势呈现平稳有降。根据研究显示，纯电动汽车的百公里能耗仅为传统燃油汽车的 41.5%。

在高海拔地区，由于电动装备在电能向机械动能转换过程中，不受海拔、气温等影响，且配备了动能回收系统，基本不产生能量损耗，使其成本优势更加明显。另外，燃油机械需要定期更换机油、机滤、润滑油等，是一笔不菲的成本支出，而电动装备的电池、电机在全生命周期内（5年或20万km、1万小时）基本免维护，设备使用成本也明显降低。

### 3.10.2 典型产品介绍

1. 电动装载机

装载机是最常用的土方工程机械，在整个社会提倡绿色、环保和节能的大环境下，电驱动技术已然成为研究装载机节能减排技术研究的热点之一。电动装载机采用电动机作为牵引装置，并应用化学蓄电池组、动力电池组作为动力能源。当前，全电动或混合动力的电动汽车已屡见不鲜，国外许多大型工程机械公司已成功地将先进的电动或混合动力技术应用到大型装载机上，国内装载机公司也进行了这方面的探索和尝试。山东蓝田工程机械科技有限公司生产的LTP-120型电动装载机如图3-194所示，该机具有能量转换率高、噪声小、无废气排放、控制便捷等优点，适用于仓储、车间及地下巷道等对环境要求较高的场所。

图3-194 LTP-120型电动装载机

（1）主要技术参数见表3-62。

表3-62 换电、充电重卡优劣势对比

| 项目 | 参数 |
| --- | --- |
| 电动机额定功率/kW | 20 |
| 标准铲斗容量/m³ | 0.5 |
| 额定载重量/kg | 900 |
| 三项和时间/s | ≤4.5 |
| 行驶速度/（km/h） | 0~18 |
| 最大卸载高度/mm | 2 700 |
| 最大爬坡度/（°） | 30 |
| 整机质量/kg | 3 200 |
| 外形尺寸（长×宽×高）/（mm×mm×mm） | 4 700×1 600×2 400 |

（2）主要结构及特点。

① 传动系统主要构成。

LTP-120 型电动装载机的传动系统主要包括前桥、后桥、变速器、液压电机、直流电动机、蓄电池及液压泵等，如图 3-195 所示。直流电动机通过霍尔踏板、控制器实现无级变速。直流电动机带动双联齿轮泵转动，液压泵输出的液压油进入液压电机使液压电机旋转，液压电机通过机械式变速器、前（后）驱动桥带动车轮旋转，实现车辆行走。通过多路阀控制油液流动方向以控制液压电机的旋转方向实现车辆的前进和后退；通过直流电动机的无级变速功能控制液压泵的输出流量，进而改变液压电机的转速，结合变速器的高、低挡转换来实现车辆行走速度的调节。

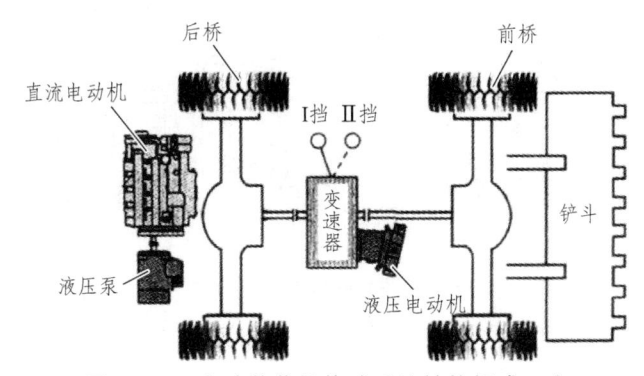

图 3-195 电动装载机传动系统结构组成示意

② 电气系统。

该机采用直流电动机为动力源，直流电动机型号为 YP132135-120 V，额定功率为 20 kW，由 120 V 蓄电池组提供电力，通过霍尔踏板和控制器实现无级调速。蓄电池组采用双充电器组合方式，可以有效地保证蓄电池的使用寿命，缩短充电时间，充满电后机器可以持续工作 8 h。由于该机采用电动机驱动方式，因此具有无废气排放、噪声小、控制便捷等优点，适用于仓储、车间及地下巷道等对环境要求较高的场所。该电动装载机的电气原理如图 3-196 所示。

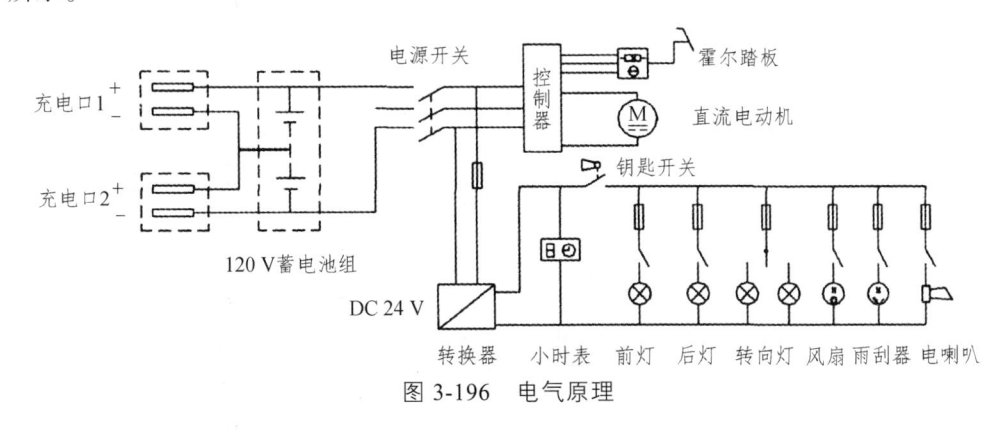

图 3-196 电气原理

## 2. 电动挖掘机

常规挖掘机的构造如图 3-197 所示，主要由柴油机系统、电控系统、液压系统、行走系统、回转平台、工作装置、驾驶室等组成。柴油机系统把柴油的化学能转化为机械能，是整机的动力源。常规液压挖掘机经过了一百多年的发展,为人类的建设发展作出了巨大的贡献。由于作业工况的多样性,其被誉为工程机械之王,几乎有工地的地方就能看到它的身影。但是其缺点也明显,首先是能量利用率低,常规挖掘机装备的是柴油机,而柴油机的燃油效率只有33%左右,最高不超过40%;其次是柴油机的排放物会污染大气,这些污染物主要包括一氧化碳、未燃碳氢化合物、氮氧化物以及颗粒物等。这些尾气成分是当前空气污染的重要来源,时刻威胁着人类健康。部分发达地区已经制定出台相关政策,逐步淘汰柴油工程机械的使用;此外,石油作为不可再生资源,迟早会枯竭。总而言之,柴油工程机械不符合绿色、节能、环保的要求。

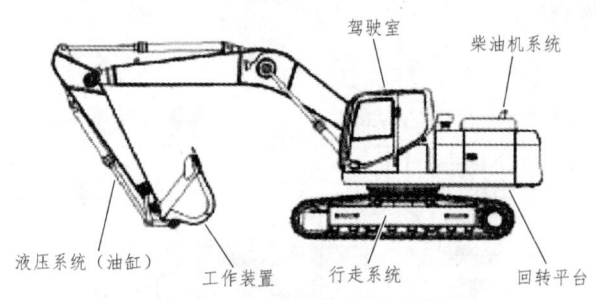

图 3-197 常规挖掘机构造

电动挖掘机与常规挖掘机结构上的主要区别在于动力系统,电动挖掘机按照电源形式分为电池供电和电网供电。电网供电指电动挖掘机直接从就近的电网取电,这种供电方式的优势是电力充足,无须充电,可长时间连续工作。不足之处是受电网网点的限制,只能在电桩周围移动,只适用于电网覆盖广泛且取电便利的场合。电池供电是指用可充电电池组对挖掘机进行供电,电池供电方式克服了电网供电的局限性,原则上可以适用于各种工作环境,缺点就是受电池电量的限制,无法长时间持续工作。电池供电按照电池组的安装位置,分为内置和外置两种形式。内置是指电池以及控制系统全部都集成安装于挖掘机内部,这种设计思路借鉴了电动汽车,将油箱和发动机替换成电池和电机。电池外置是指将电池组作为单独的电源部分,不将其放置到挖掘机机身上,而是采用图 3-198 所示的移动供电形式。这种方式在挖掘机尾部会多出一套电缆输送机构,该机构对挖掘机的灵活性会有一定的影响,但是采用这种方式的优势是很明显的,由于电池不在机身上,电池几乎不会受到振动影响,并且电能供给更为灵活。2018 年,国机重工再制造公司完成了首台 22 t 级电动挖掘机的试制以及销售,该产品采用了"机不动电动"的设计理念,实现了由多台供电车轮流为 1 台挖掘机供电的供电模式,为挖掘机产品进入电动工程机械市场迈出了重要的一步。

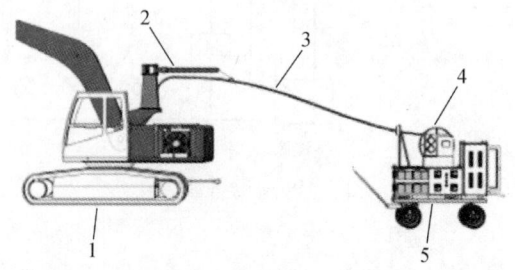

1—电动挖掘机;2—受力臂;3—供电电缆;4—卷线机构;5—电源车。

图 3-198 移动供电方式

国机重工常林 323Ev 电动挖掘机，如图 3-199 所示，其基本参数见表 3-63。323Ev 电动挖掘机采用性能卓越的高可靠驱动电机，提供了强大的源动力，通用式液压系统，配件无须等待，维护保养便捷，智能化冷却系统设计，按需进行冷却，节能降噪，彰显人性化，高等级防护，多重安全设计，全面确保人员安全。国机重工常林 323Ev 电动挖掘机的性能特点如下：

① 可靠的驱动电机，提供强大的动力。
② 通用式液压系统，配件无须等待，维护保养便捷。
③ 智能化冷却系统设计，按需进行冷却，节能降噪。
④ 高低压分离设计，卓越的屏蔽系统，杜绝电磁干扰。
⑤ 智能锂电池管理系统，冷暖独立设计，耐久节能，满足不同工况环境续航需求。
⑥ 先进的快充技术，实现极速闪充。

图 3-199　国机重工常林 323Ev 电动挖掘机

表 3-63　国机重工常林 323Ev 电动挖掘机基本参数

| 项目 | 参数 |
| --- | --- |
| 整车质量 | 23 700 kg |
| 额定斗容 | 0.9 $m^3$ |
| 铲斗挖掘力 | 150 kN |
| 斗杆挖掘力 | 100 kN |
| 额定功率 | 140 kW（1 800 r/min） |
| 最大牵引力 | 194 kN |

3．电动卡车

一直以来，公路货运车辆的油耗和尾气排放居高不下，尤其是重型柴油货车，更在其中占据重要的比例。随着我国新能源汽车技术水平提升、电池成本降低、商业模式不断创新，再加上国家加快推进柴油货车污染治理工作，推动了新能源重型载货汽车的研发和推广。

1）电动卡车技术发展现状

一般来说,电动卡车与传统卡车最大的区别在于更换了全新的动力系统,取消了发动机、变速箱，以及油箱，取而代之的是"电池、电机、电控"3大专用部件。

（1）电池。

动力电池为纯电动新能源汽车的核心部件，根据电池组件的串并联方式不同，可以将电池组件装成不同形式的电池包，又根据电池充电续航方式的不同，分为换电模式与传统充电模式，其中换电模式逐渐成为近些年的主流模式。在换电模式下，整个电池包可以通过换电站工业机器人机械臂的抓取实现更换，进而实现电动卡车续航。卡车换电模式如图3-200所示。

图 3-200  卡车换电模式

换电、充电重型卡车（简称重卡）优劣势对比见表3-64。

表 3-64  换电、充电重卡优劣势对比

| 对比分析 | 优势 | 劣势 |
| --- | --- | --- |
| 换电 | 高效：补给效率堪比加油；<br>降本：车电分离销售，购车成本与燃油车相当；<br>灵活：灵活匹配不同电量，降低成本；<br>安全：集中管理，平缓充电，延长电池寿命；<br>集约：提升城市土地资源利用率，降低占地空间；<br>友好：可以错峰补能，降低电网压力 | 成本：换电站成本高，初始投入高；<br>兼容性：换电站只能服务特定用户群体；<br>电网负载：换电站接入电网容量大，对电网冲击大；<br>操作性：一旦故障，需要专业人员解决；<br>电池匹配：要求电池规格统一 |
| 充电 | 成本：充电桩成本相对较低，初始投入成本低；<br>兼容性：充电桩兼容性好，一般能向下兼容；<br>电网负载：充电桩功率低，接入电网容量小，对电网冲击小；<br>操作性：充电技术难度较低，人工操作简单 | 时间：充电时间长；<br>运营效率：由于充电时间长，出勤率低；<br>运行里程：无法避免里程焦虑；<br>成本：采购成本是同级别燃油车3倍以上；<br>载货量：电池自重高，降低载货量 |

目前，在国内市场上的新能源汽车主要采用磷酸铁锂电池和三元锂电池。商用车动力电池主要以磷酸铁锂电池为主，首先磷酸铁锂电池与三元锂离子电池相比安全稳定性更高；其

次磷酸铁锂电池不像三元锂电池含有钴、锰等成本较高的金属元素，成本有很大优势；最后磷酸铁锂电池有较好的循环稳定性能。但其理论能量密度大概在 160 W·h/kg，目前几乎到达了能量密度的极限。近年来，动力电池价格持续下降，年降幅度达到 15%～20%。

（2）电机。

电机与电机控制器是电能转换为动能的关键设备，驱动电机可以分为永磁同步电机和交流异步电机。目前，新能源汽车驱动电机主要为永磁同步电机，占装机量的 90%以上。通过对磁、电、热耦合的优化以及超导、非晶高导低损材料的应用，可有效提高电机功率密度，降低成本。电机效率目前最高可达 95%，功率密度可达 3.8～4.0 kW/kg。对于新能源汽车驱动电机而言，电机的效率、功率密度和可靠性是用户选择时考量较多的因素。

电机控制器通过电力电子技术对输出电流、电压和频率进行控制，进而控制驱动电机的转速和转矩。与工业变频器相比，电机控制器只涉及直流-交流的逆变，且只需要考虑汽车启停、市区行驶和高速行驶等有限的工况，但对恶劣环境和高载波频率的要求高于普通变频器。IGBT 是电机控制器的核心部件，起到功率变换的作用，其成本接近电机控制器总成本的一半，目前主要依赖进口。

总体来说，国内驱动电机产品与海外产品处于同等水平，并且国内产品在电机生产成本上具备一定的优势，国产电机控制器在功率密度上和海外标杆产品仍有一定的差距，如在驱动电机匹配过程中对电机高效区间的扩大、噪声与振动的抑制方面仍有提升空间，但差距也在逐步缩减。

（3）电控。

电控模块是纯电动车最为复杂的关键模块，主要包括多合一控制系统、低压配电单元、车辆控制系统（VCU）、电机控制器等底盘电控设备，多合一控制系统主要实现 DC-DC 转换、空压机控制、转向泵控制、高压配电等功能，VCU 则是底盘的控制中枢，通过与电机控制器配合实现对动力系统的控制。

2）目前电动重卡存在的问题

电动重卡相比于传统重卡仍然存在 3 方面的问题。

（1）电动重型载货汽车整备质量明显高于燃油重型载货汽车。

目前，由于电池技术的限制，电池的能量密度是有限的，提高电动车的续航里程只能通过匹配更大的电池容量。虽然现阶段电池的能量密度在逐步提升，但纯电动重型载货汽车的续航里程仍然受到电池容量的制约，且电池组本身的质量大小对于有限重要求的重型载货汽车来说是不小的负担。目前，6×4 电动牵引车普遍匹配 280 kW·h 左右的电量，整备质量集中在 11～12 t，相比传统燃油车 9 t 左右的整备质量，高出约 25%，续航里程集中在 200 km 左右，经济效益相比传统重型载货汽车有很大差距。

（2）电动重型载货汽车的初始购置成本远高于燃油重型载货汽车。

由于纯电动重型载货汽车正处于研发使用的初始阶段，市场没有形成规模，成本目前仍然很高。动力电池的成本大约占电动重型载货汽车整车成本的 30%，目前，电池成本约 1 元/W·h，相比传统重卡的价格仍有很大差距。以比亚迪纯电动自卸车为例，其补贴前价格为 100 万元左右，比同类柴油车型（40 万元左右）价格明显高出许多。值得庆幸的是动力电池的市场价格近几年的年降幅度为 10%～15%，动力电池的技术在不断迭代升级，电动车市场规模也在不断增长，新能源重型载货汽车的成本未来与传统重型载货汽车的成本差距会进一步缩小。

（3）电动重型载货汽车的续航相比传统重型载货汽车差距大。

重型载货汽车多运行在高速公路上，在高速公路的服务区修建重型载货汽车充电区仍困难重重，充电桩的建设用地也是一个必须面对的大难题。目前纯电动重型载货汽车的续航里程普遍集中在 300 km 以内，且大功率充电设施不完善，不能满足中长途运输需求。因此，这类车辆多用于行驶范围固定、行驶时间固定的领域，如港口、矿山等场地和固定线路运行，且需要运营用户或者第三方投资建设专用充电设施，充电时间成本高，且需一天多次充电，严重影响重型载货汽车的运营效率。目前，华菱、北奔和福田创新性地引入换电模式，解决了电动重型载货汽车用户的充电问题，但是换电站前期投入大，回本周期长，需要良好的运营条件才能体现经济效益，比如长年运距、高油电差和规模效应等。

3）徐工 E700 重型电动卡

全球市场主要重型电动卡车生产商包括 Volvo（沃尔沃）卡车、三一集团、徐工汽车、中国重汽和东风汽车等。

在动力系统方面，徐工 E700 纯电动牵引车电机的峰值功率达到 360 kW（490 马力），电池电量为 281.9 kW·h，续航里程可达到 180 km。徐工 E700 纯电动牵引车可实现车电分离，这样购车成本基本与燃油车持平，而且仅需 5 min 就可实现快速换电，堪比加油时效，可有效解决纯电动重卡充电时间长的续航瓶颈问题，保障"人停车不停"的高效运营。

### 3.10.3 绿色机械化配套方案

在高海拔、长距离隧道施工中，不仅要求施工装备在高海拔环境下具有足够的机械化施工效率，还要求在隧道通风距离长、风损大的情况下，仍然要兼顾避免环境污染。在这一过程中，出渣作业线所用的以内燃机为动力元件的施工装备，在施工时往往会产生大量黑烟，对环境造成大量污染。为了减少污染，提出在高海拔、长距离隧道施工中选用纯电动化驱动的机械装备进行施工，避免柴油机造成的隧道环境污染。

绿色机械化配套方案就是在基础机械化配套方案、中度机械化配套方案和高度机械化配套方案的基础上，将出渣作业线中的挖掘机、装载机和自卸汽车、支护和二衬作业线中使用的混凝土罐车由柴油机驱动更换为电驱动，以此来减少柴油机在施工中产生的环境污染，并且电动机相较于柴油机，在高海拔环境下受到的影响要小得多，现有电动装备一次充满电后可满足隧道内 4~5 h 的施工作业需求，电子控制及系统集成操作板块先进便捷，动力板块与同类型燃油设备基本相同，甚至更为优越，可一定程度解决在高海拔环境下柴油机工作效率不足的问题。

但是电动装备的缺点也相当明显，在高温、涌水量大的隧道环境中使用受限。长期在高温环境使用，会使电机性能下降，甚至导致电动机转子消磁，并且电机各部分承受的应力增加，加速电机各部件材料的老化；在涌水量大的隧道环境中施工时，现有的电动装备（如电动装载机与电动挖掘机）在洞内作业时的防水性能还有待提高，电池的散热模块致使电池与电机部分不能全封闭，一旦进水，就会导致绝缘性减弱，进而导致设备停机。

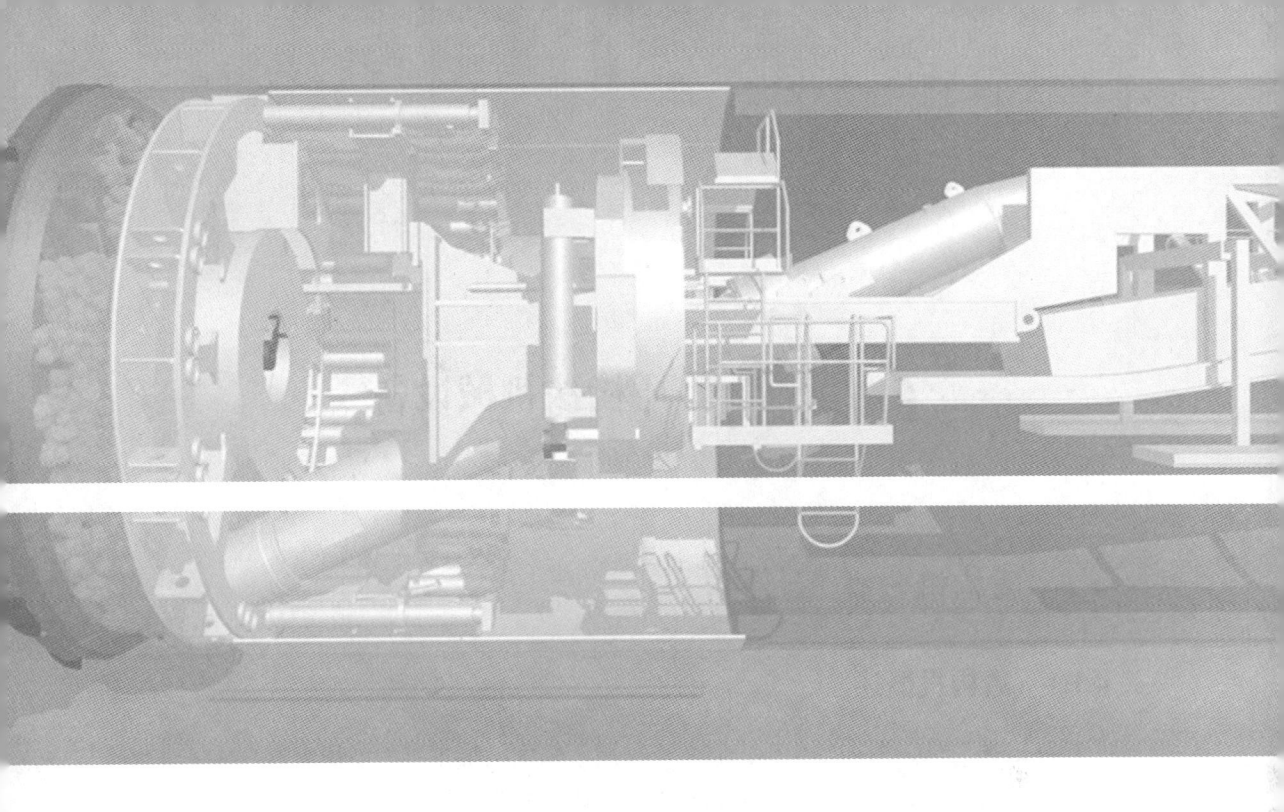

# 第 3 部分

# 掘进机法机械设备

　　隧道掘进机施工工法是用隧道掘进机切削破岩、开凿岩石隧道的施工方法。在我国，铁路隧道采用掘进机施工始于 20 世纪 70 年代，随着掘进机技术的迅速发展和机械性能的日益完善，隧道掘进机施工得到了快速发展。掘进机施工有着钻爆法施工不可比拟的优势，其主要在于施工过程的安全性、高效性、舒适性。虽然钻爆法仍是山岭隧道施工中最普遍采用的方法，但是在科技飞速发展的今天，掘进机有了更为广阔的使用场景，因此使用掘进机施工的隧道数量在不断上升。本部分共包含 4 章：盾构法机械设备、TBM 法机械设备、顶管法机械设备、悬臂掘进机法机械设备，具体讲述了盾构机、TBM、竖井掘进机、顶管掘进机、悬臂掘进机等机械设备的原理、构造、参数选型以及在工程中的应用。

# 第 4 章 盾构法机械设备

## 4.1 盾构机分类

### 4.1.1 盾构机概述

盾构隧道掘进机，简称盾构机。它是一种用于软土隧道掘进的专用工程机械，现代盾构掘进机集光、机、电、液、传感、信息技术于一体，具有开挖切削土体、输送土渣、拼装隧道管片、测量导向纠偏等功能，涉及地质、土木、机械、力学、液压、电气、控制、测量等多个学科领域，而且要按照不同的地质条件进行"量体裁衣"式的设计制造，对可靠性要求极高。盾构掘进机已广泛用于地铁、铁路、公路、市政、水电等隧道工程中。

用盾构机进行隧洞施工具有自动化程度高、节省人力、施工速度快、一次成洞、不受气候影响、开挖时可控制地面沉降、减少对地面建筑物的影响和在水下开挖时不影响水面交通等特点，在隧道较长、埋深较大的情况下，用盾构机施工更为经济合理。

开挖面的稳定方法是盾构机工作原理的重要部分，也是盾构机区别于硬岩掘进机的主要方面。硬岩掘进机与盾构机的主要区别就是不具备泥水压、土压等维护掌子面稳定的功能，而盾构施工主要由稳定开挖面、掘进及排土、管片衬砌及壁后注浆三大部分组成。

我国盾构施工技术已取得了长足的进步，已经具备成熟的独立自主研发盾构机的能力。2015 年 11 月 14 日，由中国铁建重工集团和中铁十六局集团合作研发的首台铁路大直径盾构机在长沙下线，拥有完全自主知识产权，打破了国外近一个世纪的技术垄断，此次下线的大直径盾构机开挖直径 8.8 m，总长 100 m，每台售价比进口同类产品便宜 2 000 万元以上，性价比高，可靠性好，能够适用于多种复杂地层。经过不懈地开发、创新和经验积累，目前国内在盾构机设计制造方面已经走在了世界前列。

### 4.1.2 盾构机分类

盾构机的分类方法较多，可按盾构机切削断面的形状，盾构机自身构造的特征、尺寸的大小、功能，挖掘土体的方式，掘削面的挡土形式，稳定掘削面的加压方式，施工方法，适用土质等进行分类。具体分类方式如图 4-1 所示。

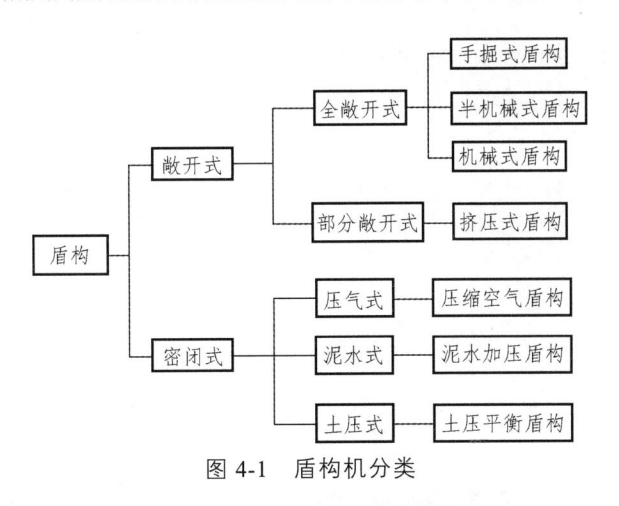

```
                    ┌─────────┬─ 全敞开式 ─┬─ 手掘式盾构
                    │         │           ├─ 半机械式盾构
         ┌─ 敞开式 ─┤         │           └─ 机械式盾构
         │          │
  盾构 ─┤          └─ 部分敞开式 ── 挤压式盾构
         │
         │          ┌─ 压气式 ── 压缩空气盾构
         └─ 密闭式 ─┼─ 泥水式 ── 泥水加压盾构
                    └─ 土压式 ── 土压平衡盾构
```

图 4-1 盾构机分类

下面按挖掘土体的方式进行详细介绍：

1. 手工挖掘式盾构机

手工挖掘式盾构机是指采用人工开挖隧道工作面的盾构设备。手掘式盾构机是盾构的基本形式，其正面是敞开式的，开挖采用铁锹、风镐、碎石机等开挖工具人工进行。对开挖面一般采取自然的堆土压力支护及利用机械挡板进行支护。按不同的地质条件，开挖面可全部敞开人工开挖；也可采用全部或部分的正面支撑，根据开挖面土体自立性适当分层开挖，随挖土随支撑。开挖土方量为全部隧道排土量。这种盾构机便于观察地层和清除障碍，易于纠偏，简易价廉，但劳动强度大，效率低，如遇正面坍方，易危及人身及工程安全。图 4-2 所示为日本三菱手掘式盾构机。

手掘式盾构机从砂性土到黏性土地层均适用，因此较适应于复杂的地层，该形式的盾构机在开挖面遇到障碍物时，由于正面是敞开的，可轻易排除。由于这种盾构机成本较低，发生故障也少，因此是最为经济实用的盾构设备。

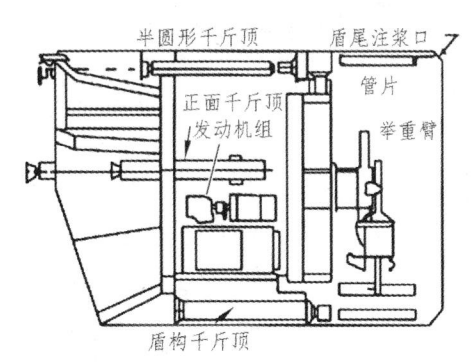

图 4-2 手掘式盾构机

2. 半机械式盾构机

半机械式盾构机是在敞开式人工盾构机的基础上安装掘土机械和出土装置，以替代人工作业。如图 4-3 所示，半机械式盾构机进行开挖及装运石渣都采用专用机械，配备液压挖掘机、臂式掘进机等掘进机械和皮带输送机等出渣机械，或配备具有掘进与出渣双重功能的挖装机械。在施工过程中，必须充分考虑确保作业人员的安全，并选用噪声小的设备。为防止开挖面坍塌，盾构机配备了活动前檐和半月形千斤顶，经常采用液压操作的胸板，胸板置于单独的区域或在盾壳的周边辅助支撑隧道工作面。半机械式盾构机适用土质以洪积层的砂、砂砾、固结粉砂和黏土为主。

$\phi$2.86 m反铲挖掘盾构 　　$\phi$5.71 m反铲挖掘盾构 　　$\phi$6.731 m反铲挖掘盾构

$\phi$3.676 m反铲挖掘盾构 　　$\phi$6.03 m旋臂掘进盾构

图 4-3　半机械式盾构机

3. 挤压式盾构机

挤压式盾构机在日本也称为"盲式盾构"。挤压式盾构机，在挤压推进时，对地层土体的扰动较大，地面易产生较大的隆陷变化，在地面有建筑物的地区不宜使用。挤压式盾构机仅适用于自稳性很差、流动性很大的软黏土和粉砂质围岩，不适用于含砂率高的围岩和硬质地层。挤压式盾构机主要有盖板式、螺旋出土式、网格挤压式等几种形式。由于适用地质范围小，所以该盾构机目前已很少采用。图 4-4 为网格挤压式水力机械盾构机。

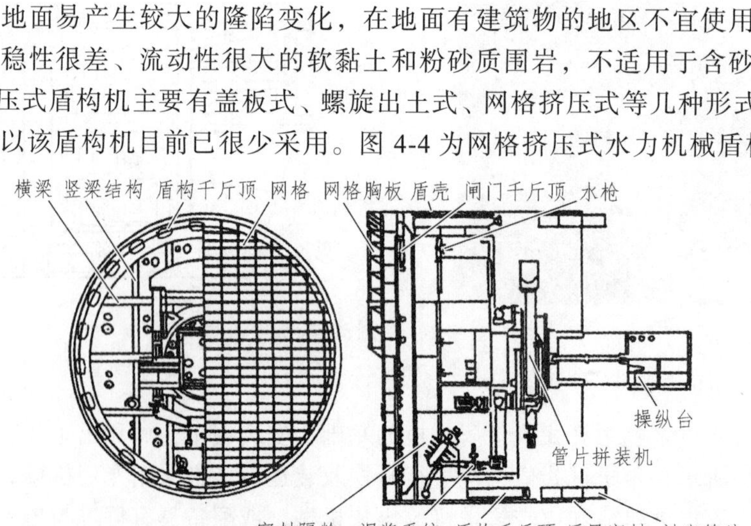

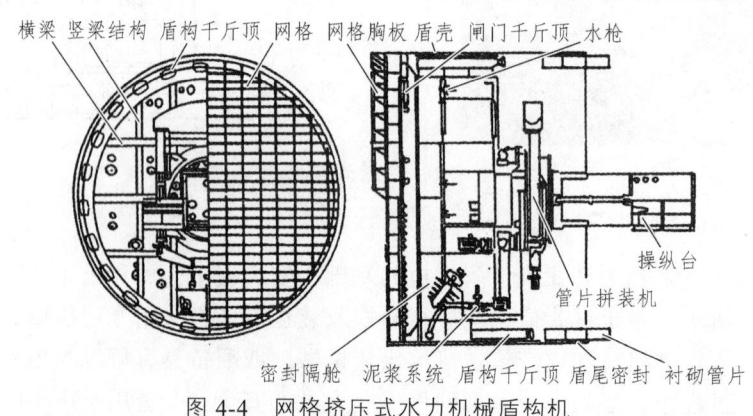

图 4-4　网格挤压式水力机械盾构机

4. 压缩空气盾构机

压缩空气盾构机的工作原理是空气压力与地下水的静水压力保持平衡，因此也称为"气压平衡（Air Pressure Balance）盾构"，简称APB盾构。但空气压力不能直接抵抗土压，土压由自然或机械的支撑承受。压缩空气盾构机适用于黏土、黏砂土及多水松软地层。图4-5为日本三菱 $\Phi5.25$ m压缩空气盾构机。该盾构机通过一个球阀形的旋转漏斗排土，并同时确保开挖面压力的稳定。图4-6为球阀形旋转漏斗排土实况。

压缩空气的压力应高于或等于隧道工作面底部的水压。由于水压是有明显梯度的，因此，在顶部过剩的压力会使空气进入地层，当土壤颗粒由于气流失去平衡时，覆土层较浅的隧道工作面就可能发生"喷发"现象，并可能引发灾难性的后果。由于压缩空气盾构机有"喷发"的危险，且工作条件极差，现已被泥水加压盾构机取代。

图4-5 $\Phi5.25$ m压缩空气盾构机　　图4-6 球阀形旋转漏斗排土

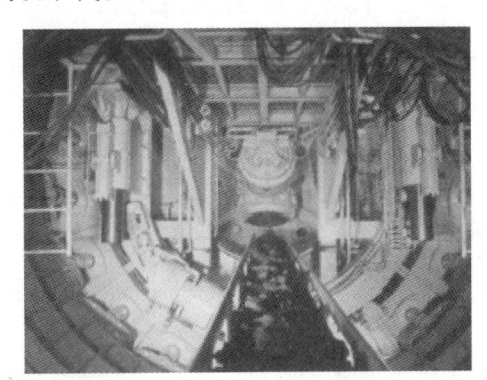

5. 土压平衡盾构机

土压平衡盾构机，简称EPB，它配备了全断面切削刀盘，并以土仓隔板、螺旋输送机把开挖面和已开挖的隧道区域分隔开来，从而保证隧道内部有安全可靠的作业环境。这种盾构机的特点是在进行开挖作业时，切削刀盘背面与土仓隔板前面的土舱内充满开挖出来的渣土（在土舱内形成一定土压），并依据土压的大小，通过调节排渣土的螺旋输送机的排渣能力，来实现对地层压力的平衡调节，以此来保持开挖面稳定并防止坍塌，达到控制地表沉降或隆起的目的。

6. 泥水加压盾构机

泥水加压盾构机（Slurry Pressure Balance Shield），简称SPB盾构。它是应用封闭型平衡原理进行开挖的新型盾构机，用泥浆代替气压支护开挖面土层，施工质量好、效率高、技术先进、安全可靠，是一种全新的盾构技术。

但由于泥水加压盾构机需要配备一套较复杂的泥水处理设备，投资较大（大概就占了整个泥水盾构系统费用的1/3）；施工占地面积较大，在城市市区施工，有一定困难，然而在某些特定工程条件下，如在大量含水砂砾层，无黏聚力、极不稳定土层和覆土浅的工程中，以及超大直径盾构和对地面变形要求特别高的地区，泥水加压盾构机就能显示其优越性。另外对某些施工场地较宽敞，有丰富的水源和较好泥浆排放条件或泥浆仅需进行沉淀处理排放的工程，可大幅度降低施工费用。

泥水平衡盾构机适用土层范围很广，从软弱黏土、砂土到砂砾层都能使用。泥水平衡盾构机的优点是：①对地层的扰动小；②适用于高地下水压环境，如江底、河底和海底隧道的施工；③适用于大直径盾构；④由于泥水的冷却和润滑作用，刀具磨损小，有利于长距离施工；⑤适用地层广泛。泥水平衡盾构的缺陷是：①需要设置泥水管理和处理设备，使得设备复杂，成本高；②施工场地大，且影响交通；③对周围环境的污染较为严重。

根据泥水密封舱构造形式和对泥浆压力的控制方式不同，盾构机的泥水系统分为直接控制型和间接控制型。

## 4.2 土压平衡盾构机设备构造

### 4.2.1 土压平衡盾构机主机

土压平衡盾构机主机一般由刀盘、主驱动系统、盾体、推进系统、螺旋输送机、人舱、管片拼装机等组成，如图4-7所示。

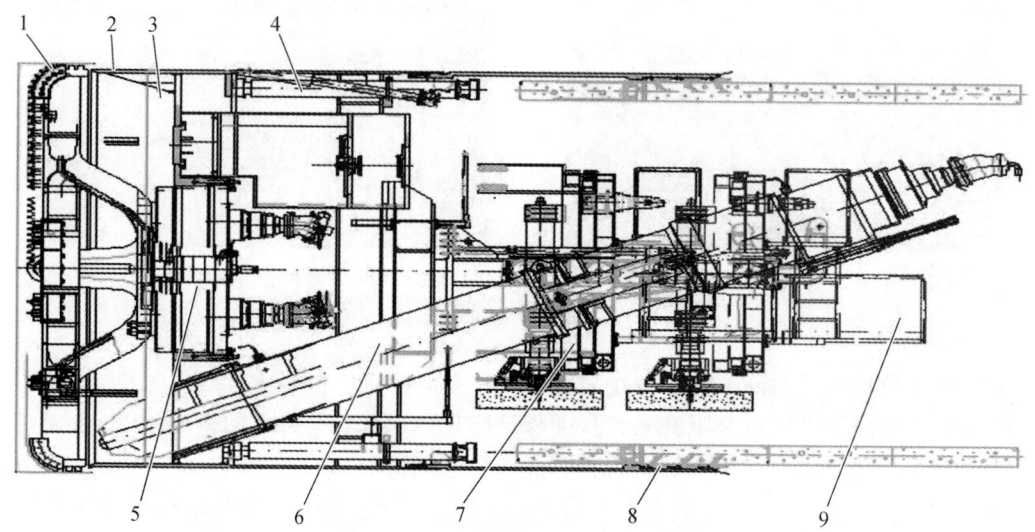

1—刀盘；2—盾体；3—土仓；4—推进油缸；5—刀盘驱动；6—螺旋输送机；
7—管片拼装机；8—盾尾密封；9—皮带输送机。

图4-7 土压平衡盾构机的主机组成

#### 4.2.1.1 刀盘

刀盘（见图4-8）是进行开挖工作的主体，刀盘上的刀具在开挖过程中对土体进行切削，进而实现开挖。刀盘一般都是针对某个具体的隧道工程进行专门设计的，需要对地质条件、隧道直径等因素进行综合考虑，确定刀盘的尺寸、结构形式、刀盘开口率等。

刀盘的结构必须要保证具有足够的强度、刚度，保证盾构机在掘进过程中不出现变形以及较大的磨损。为了降低刀盘在掘进过程中的磨损，在设计中一般会在刀盘表面、背面等流动性大的位置，以及外缘周圈设置耐磨层，并搭配有相应的磨损情况检测装置。

刀盘的构造、布局以及刀具的布置都需要充分考虑渣土的流动性，减少刀盘的磨损。刀盘上根据安装刀具的不同可以适应不同的地质情况，常见的刀具包括：滚刀、齿刀、刮刀、仿形刀、中心刀等。

图 4-8 土压平衡盾构机刀盘

#### 4.2.1.2 主驱动系统

刀盘驱动系统（见图 4-9 和图 4-10）主要由主轴承、驱动小齿轮、行星减速机、液压电机或驱动电机组成。一般在直径较大的盾构机中，单台驱动远不能满足实际作业要求，通常会在刀盘周围布置多个驱动电机和减速机。

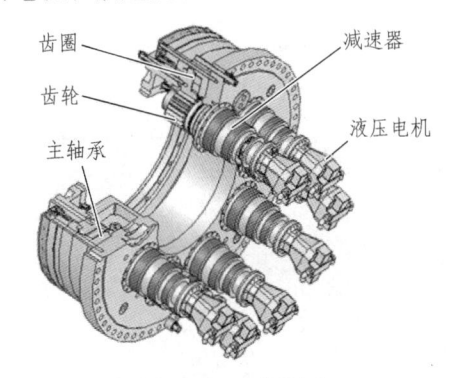

图 4-9 刀盘驱动

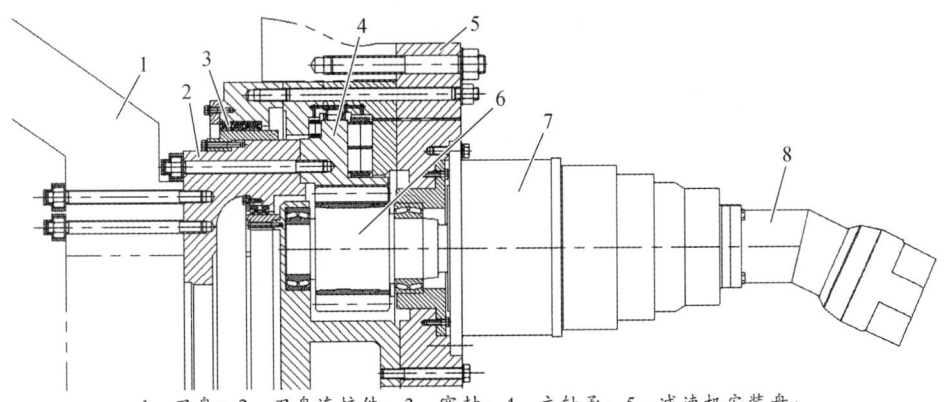

1—刀盘；2—刀盘连接件；3—密封；4—主轴承；5—减速机安装盘；
6—驱动小齿轮；7—行星减速机；8—液压电机。

图 4-10 驱动系统结构

刀盘驱动是由螺栓连接在前盾承压隔板的法兰上，它是一个敞开式中心环形驱动结构。刀盘由主驱动箱内的带有环形内齿圈的主轴承支撑。刀盘驱动可以使刀盘在顺时针和逆时针两个方向上实现一定范围的无级变速。刀盘驱动主要由多组齿轮传动副和主齿轮箱组成，每组由一个液压电机和行星减速齿轮箱组成，其中一组传动副的行星减速齿轮箱中带有制动器，用于制动刀盘。

近年来，由于变频技术发展，越来越多的驱动部分采用了变频电机驱动调速方式，极大地克服了液压电机工作效率低、发热量大、需要庞大供油系统等问题。

其工作原理：电机的动力经减速器后传递到小齿轮，小齿轮的旋转带动大齿圈旋转，由于大齿圈和刀盘通过法兰连接在环形法兰上，进而大齿圈的转动使得刀盘旋转。

刀盘驱动必须具有足够的刚性，以保证主轴承具有足够的寿命，为刀盘的挖掘工作提供稳定的转速以及相应的扭矩。主驱动密封一般情况下为多道唇形密封，具有较高的耐磨性。在密封腔内均注有密封油脂，进而起到密封作用，防止外部地下水等进入盾体，保证施工安全。

### 4.2.1.3 盾 体

盾体（见图4-11）由前盾、中盾及尾盾构成。为了适应曲线掘进，盾体一般被设计为倒锥形，即盾尾的直径要比中盾小一些，中盾的直径比前盾小一些。盾壳的钢结构按承受特定的土压力、静水压力和动载荷设计，一般采用高强度Q345B钢材，具有足够的刚度和耐磨性。盾尾一般采用特殊的"三明治"结构，由两层钢板中间夹上增强结构刚度的焊接支撑条以承受工作压力。

图4-11 盾构机盾体

前盾（见图4-12）和与它焊接在一起的承压隔板用来支撑刀盘驱动，同时使土仓与后面的工作空间隔开，推力油缸的压力可以通过承压隔板作用到开挖面上，起到支撑和稳定开挖面的作用。承压隔板不同高度处装有土压传感器，可以用来探测土仓中不同高度的土压力。

中盾（见图4-13）和前盾通过法兰用螺栓连接，中盾内侧的周边装有多个推进油缸，用于盾构机的推进。

尾盾（见图4-14）通过铰接油缸和中盾相连。这种铰接方式可以使盾构机易于转向。

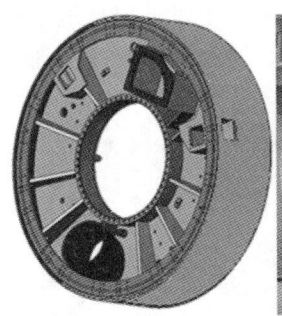

图 4-12 前盾

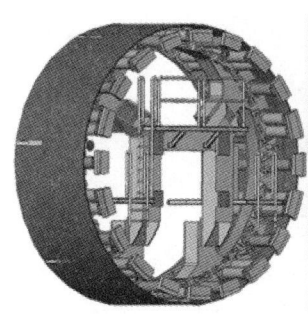

图 4-13 中盾　　　　　　　　　图 4-14 盾尾

盾体中最为重要的就是盾尾的密封结构，盾尾密封系统包括盾尾密封装置以及同步注浆装置，如图 4-15 所示。在盾构掘进过程中，需在盾尾设置至少三道密封刷，并在盾尾刷之间注入盾尾密封油脂从而确保高度的水密性，盾尾密封系统通过盾尾腔内油脂压力与注浆压力和地下水土压力保持平衡实现隧道内外环境的隔离，避免管片外侧的水、土、同步注浆浆液渗入盾构机内部。盾尾后方管片壁后间隙需要同步填充浆液，减小地层过量变形，保障盾构下穿过程中地表的安全。

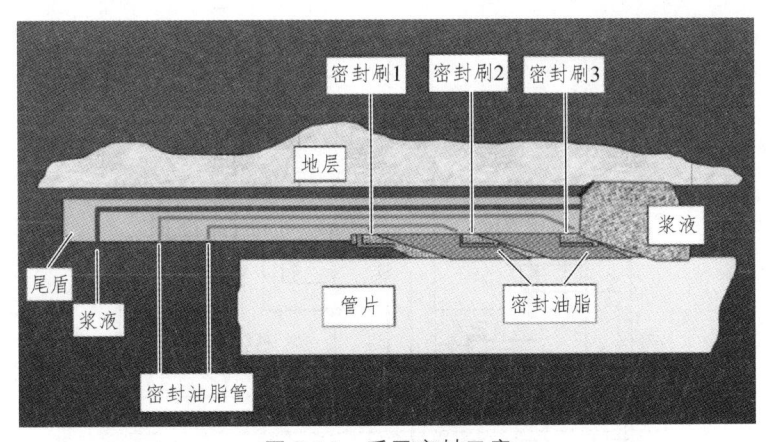

图 4-15 盾尾密封示意

如图 4-16 所示为盾尾密封结构及其实物，金属刷式盾尾密封是由夹在金属罩板间的金属网薄片构成，用 10～20 cm 长的块状物制作而成，沿着盾尾端部的圆周方向布设。这种密封仅靠密封主体是不能充分发挥止水效果的，所以可借助堵住刷子线材的网状薄片来确保初期的止水性。为此，布设两层以上的密封层，并在密封层之间通过供给油脂作为堵孔用的填充材料。

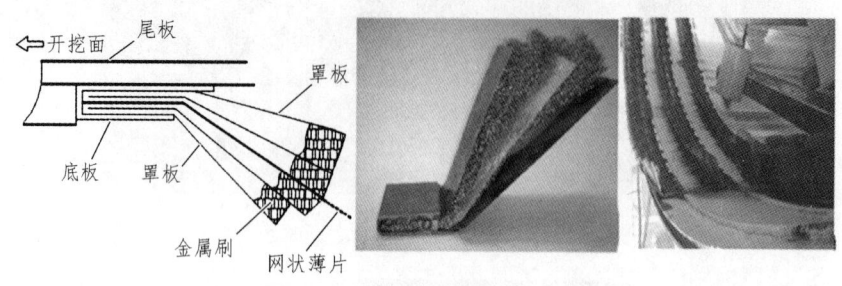

图 4-16　盾尾密封结构及实物

#### 4.2.1.4　推进系统

推进系统是整个盾构机最主要的动力系统，主要实现盾构机的正常掘进、管片拼装、曲线行驶（转弯、低头和抬头）以及方向控制等功能，以保证盾构机能够按照设计路线进行隧道挖掘作业。

在推进模式下，系统的功能是克服阻力，提供盾构前进的动力以及盾构姿态调整的扭转力矩。推进模式下泵提供高压液压油，可通过改变泵的输入信号来调整泵的输出流量，从而调整推进速度。在盾构施工中，隧道轴线与设计轴线的偏差量是衡量盾构施工质量的一个重要指标。为达到要求，液压推进系统采用分区控制，合理调节推进系统液压缸各个分区的推进压力，来得到所需扭转力矩，从而完成盾构姿态的调整。

在管片拼装模式下，系统的功能是盾构完成一段掘进后，实现管片拼装成环。这时推进液压缸的作用是使液压缸回缩，为某块管片提供拼装空间；保持管片的定位，防止管片下落；克服推进面的水土压力，防止盾构后退。为了提高管片拼装速度，系统设置了低压高流量的齿轮泵，提高了液压缸的伸缩速度。推进系统液压油路如图 4-17 所示。

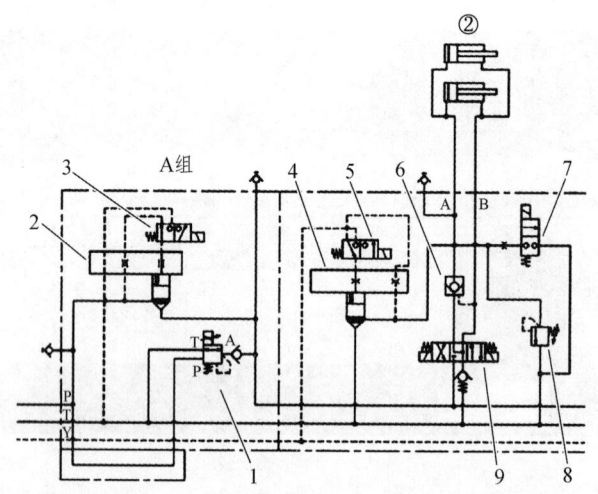

1—比例减压阀；2—首联插装阀；3—首联电磁球阀；4—叠加联插装阀；5—叠加联电磁球阀；6—液控单向阀；7—卸荷阀；8—安全阀；9—电磁换向阀。

图 4-17　推进系统液压油路

#### 4.2.1.5 螺旋输送机

螺旋输送机是盾构机的排土机构。渣土由螺旋输送机从土仓运输到后部的皮带输送机上，再由输送机运输到渣土车。螺旋输送机具有排渣、形成土塞保持土仓内土压稳定和通过控制排土速度实现动态土压平衡来稳定开挖面三大功能。螺旋输送机上有前后两个闸门，前部的闸门关闭时可以使泥土仓和螺旋输送机隔断；后面的闸门在停止掘进或维修时关闭，在整个盾构机断电的紧急情况下，这个闸门也可由蓄能器贮存的能量自动关闭，防止开挖仓中的水及渣土在压力作用下进入盾构机。

螺旋输送机结构如图 4-18 所示，该结构由螺旋轴、伸缩筒、排土闸门、驱动部分等组成。其工作原理：盾构在掘进过程中，刀盘切削下来的土体进入密封土仓，对开挖面地层形成被动土压，与开挖面的主动土压相抗衡。在密封土仓土压与开挖面土压保持平衡的状态下，盾构机向前推进的同时，启动螺旋输送机，液压电机带动螺旋轴旋转，向外输送土仓内的土体；并根据土压力的变化调节螺旋轴转速与出渣门的开度，使排土量等于开挖量，保持动态的土压平衡，保证开挖面一直稳定，以避免出现施工区间地面隆起或沉陷。

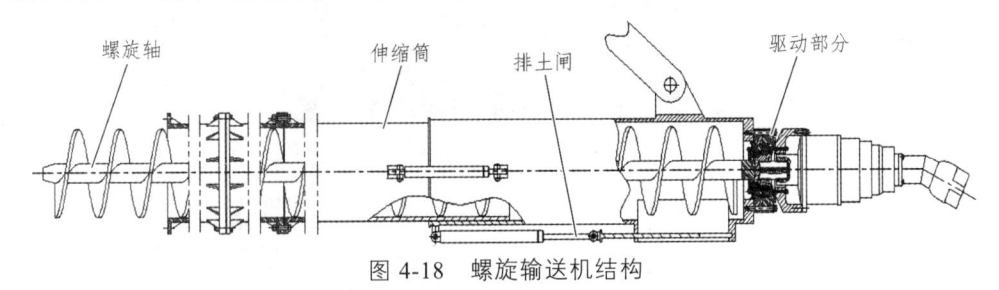

图 4-18 螺旋输送机结构

#### 4.2.1.6 人　舱

人舱（见图 4-19）是盾构掘进机的重要组成部分，是将人从大气压力环境下转换到一个高压作业环境下的设备，是工作人员进入盾构机土仓进行刀盘维修、换刀的通道，也是工作人员进行休息的场所。它主要由气压过渡舱舱体及各部分控制系统组成。

一般按照舱室数量分为以下两种：

（1）双舱：包含主舱和副舱（也称为材料舱）。主舱和土仓在不减压状态下，通过对副舱的独立降压升压，分别与主舱隔断和连接，完成进舱作业过程中外部刀具材料的运进，提高作业效率，但结构复杂。

（2）单舱：结构简单，但带压进舱作业的有效时间短，效率低。

（a）双舱 　　　　　　　　　　　　（b）单舱

图 4-19 人舱实物

#### 4.2.1.7 管片拼装机

管片拼装机（见图 4-20）是集机械、电气、液压与控制技术等多学科于一体，专门用于隧道内预制管片实时拼装衬砌的多自由度机械手，是影响隧道盾构施工进度与成形质量的关键部件之一。管片安装机主要作用是安装管片，除此之外，如果需要进行超前地质钻探可在管片安装机的预留位置上安装超前钻探设备。管片拼装机安装在盾尾区域，一般采用液压驱动，各动作实现比例精确控制；操作采用无线遥控，同时备有有线操作的电缆连接接头，其主要部件包括托梁、移动机架、回转机架、举重钳等。

图 4-20 管片拼装机

管片拼装机功能要求：①能完成管片的升降、平移、回转和拼装机机头的俯仰、横摇、偏移和管片的锁紧；②能承受足够大的管片回转力矩、倾覆力矩和平移力；③回转驱动装置具备安全快速制动功能；④平移距离和初始位置应根据管片的宽度、封顶块插入的形式、纠偏等综合考虑；⑤在保证拼装管片可靠性的前提下，达到一定的拼装速度和精度。

### 4.2.2 土压平衡盾构机后配套系统

后配套系统是盾构施工的重要支撑部分，包括构件预制、施工材料运输、管线延长、供配电、供水、排气、同步施工等设备。

#### 4.2.2.1 有轨运输电瓶车

目前，我国主流电机车均为直流电机车，其牵引电动机及牵引电网均基于直流技术。直流电机车有两类：架空接触线随遇供电式电机车，简称架线式电机车；自携电源蓄电池电机车，简称蓄电池式电机车。

有轨运输电瓶车（见图 4-21）主要用于运送管片等材料，这种运输车辆的单次运送能力较强，可以同时运输管片、内部结构口构件、各类管路等材料；根据隧道施工具体的施工要求可配置不同数量的电瓶车，以满足出渣以及运送材料的需求。由于车速、轨道岔道布置以及车辆对轨道坡度的适应性，使得其运输效率偏低。

#### 4.2.2.2 物料竖向运输龙门吊

龙门吊（见图 4-22）主要用于地面与隧道之间的物资以及渣土等的转运，同时在盾构始发阶段还承担着将盾构部件放入始发井内、辅助盾构组装的任务。

图 4-21　有轨运输电瓶车　　　　　图 4-22　龙门吊

#### 4.2.2.3　其他配套设备

1. 皮带输送机

盾构皮带输送机（见图 4-23）一般位于主机后方，皮带运输系统主要由盾构输送机、转载带式输送机、同步延伸带式输送机（连续皮带机）组成。泥土从盾构车架上的原有输送机被卸到转载输送机中，经转载输送机输送沿着漏斗卸到同步延伸带式输送机机尾上，再经同步延伸带式输送机沿着隧道被输送到工作井处最终由垂直输送机输送至地面集土坑中。

图 4-23　盾构皮带输送机位置示意

2. 连接桥

连接桥的纵向长度满足钢轨延接要求，高度满足管片吊卸要求。纵梁采用焊接桁架结构，以获得刚、强度并减轻结构质量。纵梁下部通过螺栓及卡板安装管片吊机轨道梁。连接桥布置有进浆、排浆管路，泡沫发生管路，泡沫空气管路等。

## 4.3　泥水平衡盾构机设备构造

### 4.3.1　泥水平衡盾构机主机

图 4-24 所示为泥水加压盾构机的基本构造简，其主要由盾壳、刀盘、密封泥水舱、推进油缸、管片拼装机以及盾尾密封装置等组成。概括地说，泥水加压盾构机是在盾构前部增设一道密封隔舱板，把盾构开挖面与盾构后面和隧道空间分开，使密封隔舱板与开挖面土层之

间形成密封泥水舱，在泥水舱内充以压力泥浆，刀盘浸没在泥水舱中工作，由刀盘开挖下的泥土进入泥水舱后，经刀盘切削搅拌和搅拌机搅拌后形成稠泥浆，通过管道排送到地面，对排出的泥浆作分离处理，排除土渣，对余下的浆液进行黏度、比重等参数调整，重新送入盾构机密封泥水舱循环使用。

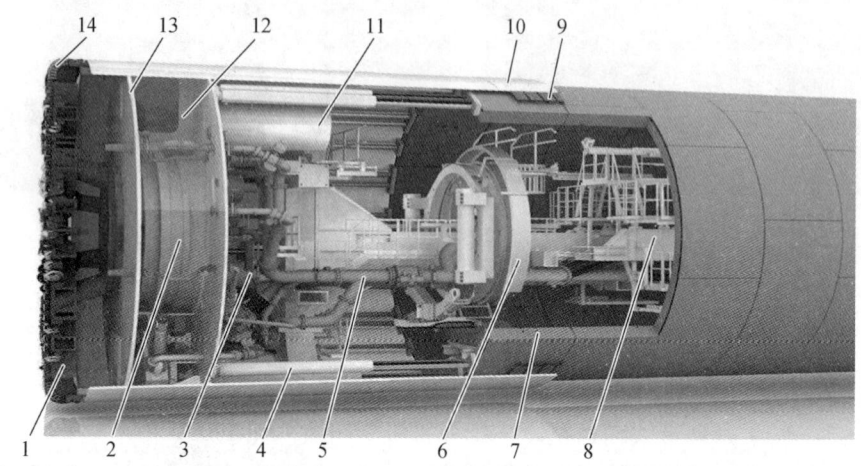

1—切削刀盘；2—泥水舱；3—刀盘驱动系统；4—推进系统；5—泥水输送系统；6—管片拼装机；7—管片；8—后配套台车；9—盾尾密封；10—盾尾；11—人舱；12—气垫室；13—隔板；14—切削刀具。

图 4-24  泥水加压盾构机构造

### 4.3.2 泥水平衡盾构机后配套

#### 4.3.2.1 管片吊机

管片吊机的功能是从编组机车上将管片卸载后，前行至设备桥旋转区间，管片旋转 90°，然后将管片直接运输到管片拼装机抓取范围内，即无管片输送装置，吊机即可直达拼装机底部。管片吊机起吊葫芦有快速和慢速两个选择挡位，用于空载和重载两种工况；行走部分运行速度约为 10 m/min。

图 4-25  管片吊机

#### 4.3.2.2 泥浆泵

泥浆泵是泥水平衡盾构机输送泥浆的重要输送设备，其性能关系到泥水环流系统的稳定运行，是泥水环流系统正常运转的核心部件。如图 4-26 所示为泥浆泵。

泵的扬程选择：一般情况下单台进浆泵和单台排浆泵都不能满足泥水平衡盾构机的施工要求，需要多台泵接力使用，根据经验得出这种接力泥浆泵单台扬程在选用时不得超过其最高扬程的 75%（根据该扬程确定接力泵的数量），此系数下泵的泥浆输送效率高且浆体对泵过流部件磨蚀损耗小，将减少维修成本和降低现场检修频次。

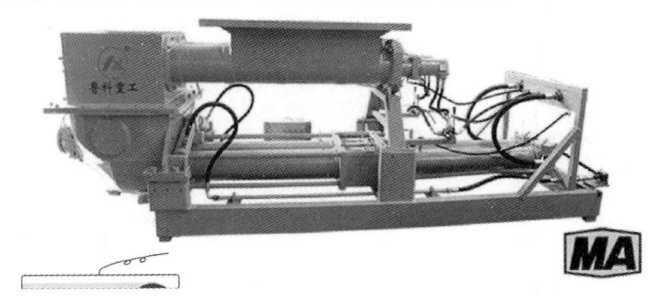

图 4-26 泥浆泵

### 4.3.3 泥水循环与处理设备

#### 4.3.3.1 泥水处理系统

1. 泥水处理方法

按泥水处理的原理分类，目前常用的泥水处理方法有自然沉淀法和机械固控分离法两大类。自然沉淀法是将通过排浆管运至地面的泥浆在沉淀池中进行重力沉淀，但是由于处理泥浆量大，同时在泥浆配置过程中，为了提高泥浆携带渣土和稳定开挖面的能力而添加了大量稳定剂，影响泥浆中土颗粒的重力沉淀速度。为了满足处理要求，往往需要设置多组沉降池，增大了工程的临时占地面积。而为了解决细小颗粒沉淀效果差的问题，通常还要往泥浆中加入大量的絮凝剂进行强化沉淀，而絮凝剂的添加导致外排的渣土存在污染环境的风险。

机械固控分离法因具有对泥浆高效分离和结构紧凑的优点，在盾构机施工中应用广泛。通常的处理方式是通过振动筛或者滚筒筛筛除泥浆中大颗粒的部分，然后再通过水力旋流器和脱水筛对粒径较小的泥浆颗粒进行去除。对处理后的泥浆进行采样分析，如达到施工要求即可进行循环使用，如未达标，则通过加入新鲜泥浆进行调整后再使用，而处理出来的废浆和弃渣则需外运排放。

自然沉淀法和机械固控分离法对泥浆的处理方式虽然不同，但是其目的都是将盾构机设备排出的泥浆去除渣土后继续使用，自然沉淀法对施工场地的规模要求较大，机械固控分离法设备成本和维护费用较高。所以施工过程中应综合考虑两者特性，将其进行适当配合，以达到提高处理效率，降低成本的目的。

2. 泥水处理流程

泥浆处理系统包含泥水分离系统、调制浆系统、清水系统等，各系统之间的关系，如图 4-27 所示，其具体的处理流程如图 4-28 所示。

图 4-27　泥浆处理系统

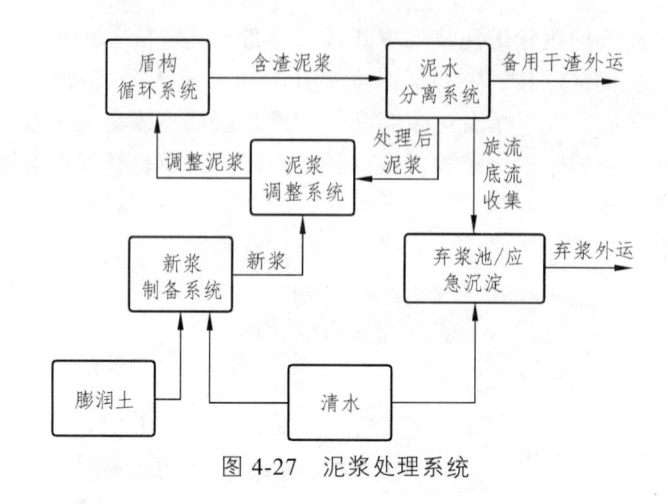

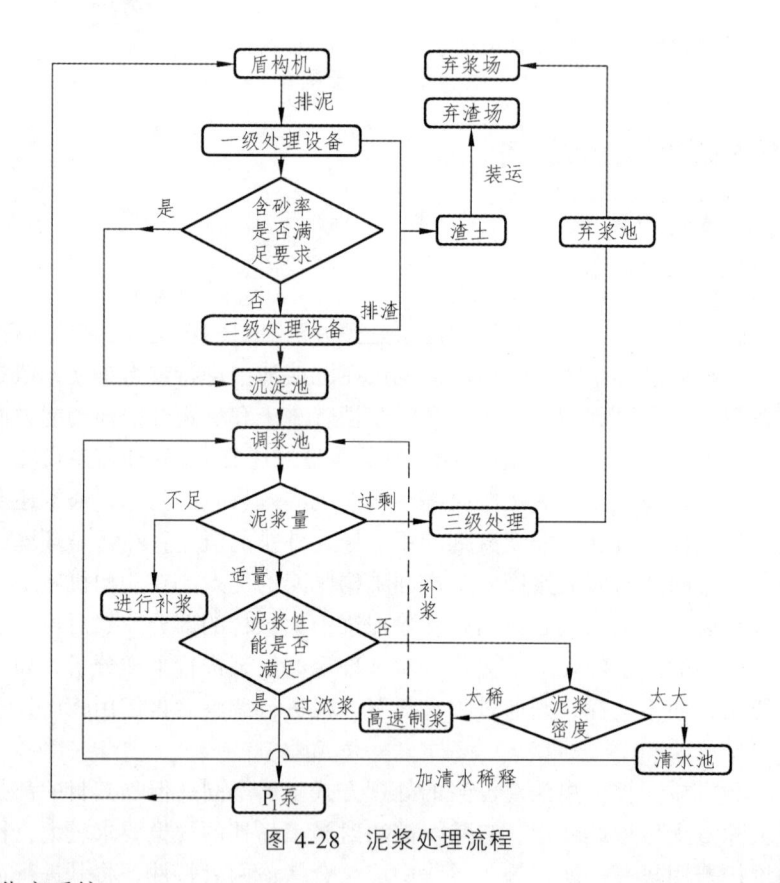

图 4-28　泥浆处理流程

1）泥水分离系统

机械式泥水分离系统的原理是利用预分筛筛除盾构排出的泥浆中直径较大的泥土颗粒，随后，经过处理的泥浆进入除砂旋流器，经过旋流器处理后含有较小泥土颗粒的泥浆再经过二次除泥旋流处理，最终对通过脱水处理后固体进行废弃处理，液体则进入沉淀池，其具体原理如图 4-29 所示。

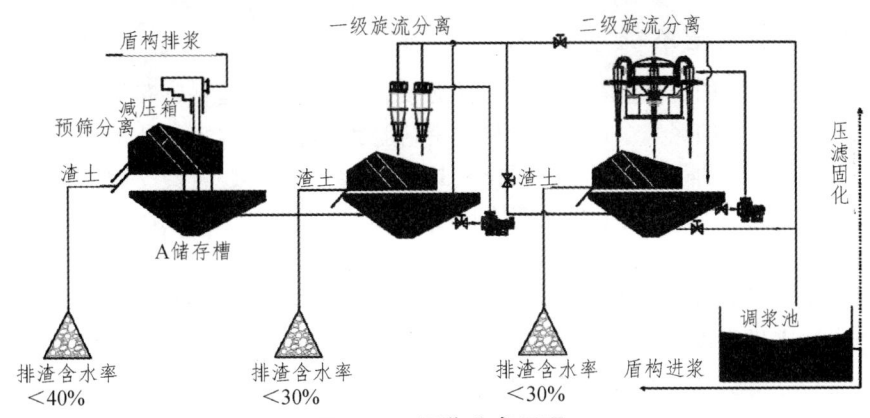

图 4-29 泥浆分离原理

2）调制浆系统

调制浆系统在泥水平衡盾构环流系统中体现"新陈代谢"的功能。在掘进过程中，泥水循环中膨润土泥浆性能指标和浆液量一直在变化，尤其在细颗粒含量较高的地层中，泥浆密度和黏度等指标变化更为迅速。这些指标及泥浆压力是影响开挖面稳定最为重要的因素。因此，拌制新浆、控制和调整环流的各项物理指标显得尤为重要。为保障施工生产掘进的顺利进行，应根据地质情况的变化及时调制和补充浆液，生产适合不同地层渣土的浆液。

调浆系统由不同功能单元的各类泥浆罐、输送泵、管路、控制设备和阀门等组成。设计制浆系统时需考虑盾构机在最不利地层推进时，满足单日盾构机最大推进环数的新浆拌浆需求量和存储量，并结合新浆材料、拌浆工艺及场地情况合理安排制浆系统的土建结构、泥水管路及机电安装位置等。

3）清水系统

清水系统主要是满足盾构机本身的工业循环水、制浆系统用水等需求，包括取水、供水两部分。

4）弃浆系统

通常情况下弃浆系统分为两部分：固体为主的处理系统和弃浆为主的处理系统。

（1）固体为主的处理系统：经过旋流器潜流沉淀的废浆（厚浆）→集砂池→泵送→运走；沉淀池的废浆（多余薄浆）→泵送→运走。

（2）弃浆为主的处理系统：集土坑→挖机辅助渣土车→外运；过多的清水→泵送（自流）→外排。

5）废浆干化处理系统

泥水平衡盾构渣浆中的黏土颗粒表面带有负电荷从而会形成电场，在其作用下废浆中的土颗粒不易因重力作用而沉淀，并长时间保持悬浊状态，因此盾构渣浆通常难以达到深度脱水。目前的处理工艺一般需先对废浆进行化学脱稳，即絮凝处理，再利用机械脱水设备对泥水进行分离。

目前，对于泥水盾构渣浆，一般采用化学絮凝与机械脱水相结合的盾构泥浆处理工艺。化学絮凝与机械脱水相结合的盾构泥浆处理工艺取代了单一脱水的方法，显著提高了泥浆循环再利用效率，因而具有广阔的应用前景。

#### 4.3.3.2 泥水输送系统

泥水平衡盾构机中的泥水输送系统由送排泥泵、送排泥管、延伸管路等组成。该系统利用送泥泵将满足施工要求的泥浆泵送到盾构机的密封舱，在密封舱内由刀盘切削下来的泥土和泥浆进行混合后在排泥泵的作用下经管路排出密封舱，管路较长时还需要设置一系列的排泥接力泵以保证泥浆可以顺利排出隧道，输送至泥水处理系统进行处理，处理后的泥浆一部分为废浆，一部分则是经重新调制后经送泥管再次进入密封舱，实现循环利用，降低施工成本。

在设计泥水输送系统时，设计人员需要根据项目的地质条件、隧道周边环境状况以及盾构机的具体参数来进行设计，泥水输送系统设计要点包括：①送排泥流量的计算；②送排泥管直径的确定；③电机功率和泵轴功率的确定；④送排泥全扬程的确定。

#### 4.3.3.3 泥水处理设备

泥水处理系统常规配置主要包括预分筛、脱水筛、一级旋流器、二级旋流器、压滤机等，辅以制浆、调浆、废浆转移、化学药剂、清水等设备系统。

1. 预处理设备

预处理是进行泥水分离的第一步，所以预处理设备就显得十分重要。一般预处理设备有振动筛和滚动筛，这种设备的主要功能是对泥浆进行预分离，筛除泥浆中较大的石块等，这一步可将泥浆中 3~5 mm 的泥土筛除。

1）振动筛

振动筛（见图 4-30）用于筛分出泥浆中的砾石、卵石等粒径较大的颗粒，为了解决黏土团可能造成的筛板堵塞问题，还搭配有高压水冲洗器。

2）滚动筛

滚动筛（见图 4-31）根据其不同的筒径、内层直径、长度、转速以及筛网长度可以满足不同的泥水处理需求，一般外层是选用简易可更换的带孔不锈钢编织网，并且配有防冲击消压箱和高压清洗系统。

图 4-30 振动筛

图 4-31 滚动筛

2. 一级处理设备

一级处理设备主要用于泥浆的一级旋流处理，其主要设备一般是直径较大的旋流器。这类旋流器的旋流分离粒度为 60~75 μm。旋流器安装鱼尾装置和虹吸装置以后可以保证底流浓度是稳定的，提高分离效果。

### 3. 二级处理设备

二级处理设备主要用于泥浆的二级旋流处理，其主要设备一般是直径较小的旋流器，其旋流分离粒度一般为 18~25 μm，可以针对不同的地层调节底流口的直径以及进浆压力。

### 4. 干化处理设备

1）离心机

泥浆离心机是利用离心沉降原理对弃浆进行固液脱水分离，弃浆在离心力的作用下固相颗粒被推向转鼓内壁，通过螺旋推料器上的叶片推至转鼓排渣口排出；液相则通过转鼓大端的溢流孔溢出。如此不断循环，以达到连续分离的目的。相对而言分离处理后的渣土的含水率偏高，但基本满足直接外运条件，常用的干化离心机结构如图 4-32 所示。

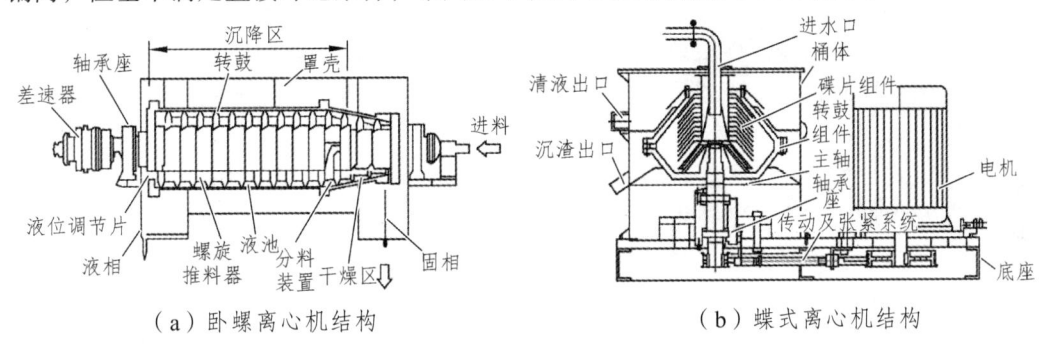

（a）卧螺离心机结构　　　　（b）蝶式离心机结构

图 4-32　离心机结构

2）压滤机

压滤机的功用就是泥浆在反复掘进循环使用后浆液质量（密度、黏度、滤矢量及泥膜厚度等）不达标时，或在细颗粒较多地层旋流筛分设备不能分离出足够的固相，不能快速将泥浆比重处理到满足掘进需求的技术指标时，需要将由此产生的废浆进行彻底的固液分离，通过分离出低含水率（23%~27%）干渣和清水，以完成干湿分离，便于干渣外运和清水回收利用。压滤系统主要由压滤机、空压机、泥浆泵、泥浆罐及控制系统组成。为提高压滤效率，可根据实际需要选配助滤剂、絮凝剂等。

3）脱水筛

脱水筛主要是对经一级旋流和二级旋流处理的固体颗粒进行脱水，然后再排入卸渣槽进行外排。脱水筛的筛孔尺寸根据不同地质进行调整，脱水筛的能力可以通过调整脱水筛板的面积进行改变，一般处理能力可以达到 200~300 m³/h。脱水筛如图 4-33 所示。

图 4-33　脱水筛

## 4.4 多模式盾构机

按照盾构掘进时的工作面支护方式及开挖原理不同,盾构掘进模式可分为闭式和开式两类。其中:闭式盾构机型主要有土压平衡和泥水平衡两种。开式盾构机型主要有撑靴式、单护盾式及双护盾式。单一掘进模式盾构功能针对性强、结构简单实用,是目前应用最为广泛的盾构产品。

多模式盾构主要是指单台盾构产品同时具备两种及以上掘进模式,主要有土压平衡式+泥水平衡式(闭式+闭式)、土压平衡式+单护盾式(闭式+开式)、泥水平衡式+单护盾式(闭式+开式)、撑靴式+单护盾式(开式+开式)等多模式机型。

多模式盾构选型背景主要有:①工程施工距离长,地层复杂多变,采用单一模式盾构无法满足施工需求或施工经济性很差;②需要采取不同掘进模式的盾构施工工程,采用单台具备多模式盾构替代两台单一模式盾构施工具有显著的经济优势;③多模式盾构地层及工况适应范围较广,盾构产品的可改造性较好。

与单一模式盾构相比,多模式盾构具有以下特点:①结构紧凑,功能丰富,技术复杂;②设备研制及维保成本高;③技术先进,地层适应性范围广。

因此,多模式盾构只针对某些特定工况和特殊工程需求,市场保有量少,土压平衡式+泥水平衡式(闭式+闭式)与土压平衡式+单护盾式(闭式+开式)是最为常见的多模式盾构类型。

### 4.4.1 双模式盾构机

以神华新街台格庙斜井工程为例,斜井穿过的地层总体强度较低,以软弱、半坚硬岩石为主,岩体最大抗压强度为 70 MPa,平均抗压强度为 25 MPa;分布多泥质胶结的砂岩、砂质泥岩等,白垩系岩层多为破碎、较破碎,完整性较差,侏罗系岩层相对完整。从工程地质的类别及稳定性来说,不适合采用撑靴式硬岩掘进机进行掘进施工;从水文地质条件来看,盾构闭式模式掘进施工更为适宜,同时还需要具备盾构开式模式掘进施工的条件;从技术经济性能方面分析,双护盾硬岩掘进机存在造价高、斜井施工姿态控制困难等问题;在渗透系数较大的地层,具备土体改良系统的盾构闭式模式适应性更强,施工风险相对较小;而在围岩完整性相对较好的侏罗系岩层,盾构开式模式具有掘进速度快的优势。综合考虑该工程的建设周期及掘进里程等,宜选择既具备闭式机型又具备开式机型功能的双模式盾构,如图 4-34 所示。

(a) TBM 掘进模式　　　　(b) EPB 掘进模式

图 4-34　斜井双模式盾构示意

#### 4.4.1.1 刀 盘

遵循"载荷平衡、耐磨抗振、破岩高效、排渣顺畅"的设计原则(重点强调需求原则),采用双模式刀盘(闭式模式和开式模式)设计方案,1+2 刀盘分块结构、32%刀盘开口率、刀盘双向旋转,还针对特定工况下的模式转换条件及工艺等制定总体技术方案。

(1)刀具配置。以 18 in 滚刀刀圈为主,提高刀具耐磨能力,减少换刀次数。

在盾构开式掘进模式下,配置有中心滚刀 8 把、正面滚刀 29 把、边滚刀 10 把、边刮刀 12 把;在盾构闭式掘进模式下,在盾构开式模式的基础上,增加了刮刀 66 把,在满足刀盘破岩能力的基础上,减少刀盘在转换掘进模式时更换刀具的工作量。

(2)开口率。为了保证刀盘在闭式掘进模式下的出渣效率,同时兼顾开式掘进模式下刀盘整体刚度,利用计算机数值分析对刀盘的载荷特性进行研究,最终确定了刀盘在闭式掘进模式下的开口率为 32%,盾构两种不同模式下的刀具配置及开口率如图 4-35 所示。

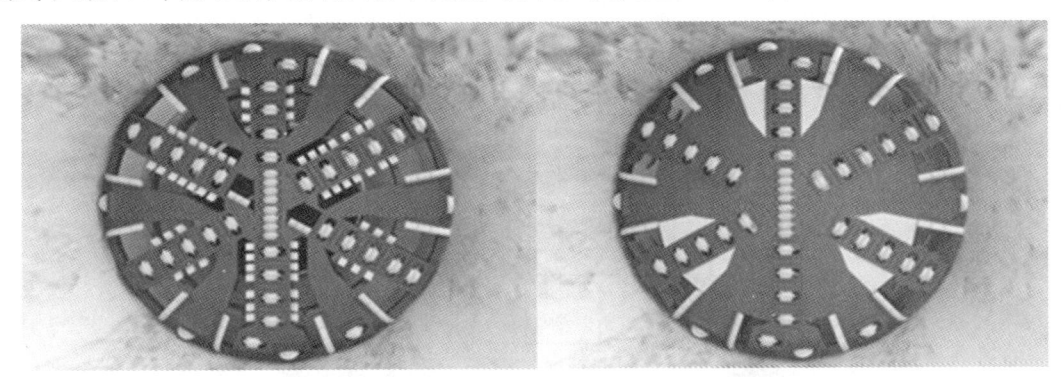

图 4-35 双模式盾构刀具配置及开口率

(3)刀盘分块。由于刀盘开挖直径为 7 620 mm,刀盘整体质量超过 100 t,如果采用整体式设计结构,将无法完成设备运输和洞内原位拆装,基于单件重量平衡、刀盘承载能力均衡及拆装完好率等指标,刀盘结构为 1 大 + 2 小的分块设计形式,如图 4-36 所示。

图 4-36 刀盘分块组装(2+1)

(4)耐磨设计研究。与普通的地铁隧道相比,煤矿斜井单次掘进距离超过其 6 km(地铁隧道单个区间一般为 1.5 km 左右),刀盘本体的耐磨性能显得尤为重要,本项目通过耐磨材料选型、焊接工艺优化以及边滚刀布局优化等完成刀盘耐磨设计。刀盘耐磨设计如图 4-37 所示。

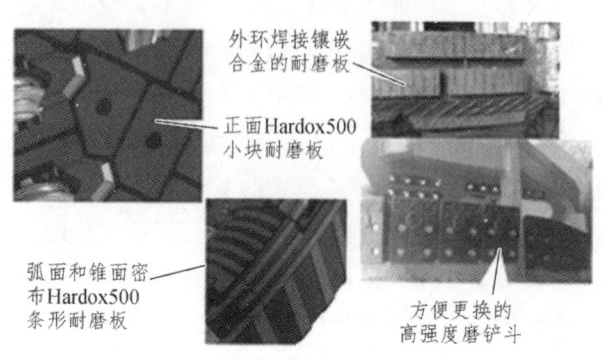

图 4-37 刀盘耐磨设计

（5）渣土改良系统。盾构开式模式下，刀盘正面设计有 4 路 Spray 雾化喷水通道；在闭式模式下，刀盘正面设计有 8 路泡沫注入通道，如图 4-38 所示。

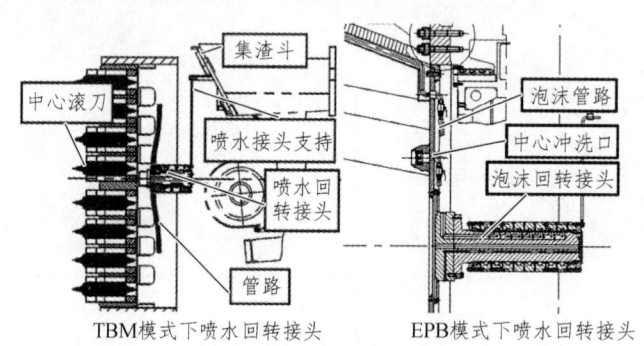

图 4-38 渣土改良系统

#### 4.4.1.2 主驱动

主驱动系统是长距离斜井双模式盾构研制的核心部件，该系统的设计须分别考虑高速小扭矩（盾构开式模式下）和低速大扭矩（盾构闭式模式下）对掘进能力的要求。

（1）驱动参数优化设计。根据施工工况和虚拟样机仿真结果，设计选用 4.2 m 直径的主轴承，该轴承可承载最大推力为 50 000 kN，最大扭矩为 20 000 kN·m。

（2）主驱动密封结构设计。斜井双模式盾构机设计必须考虑大埋深隧洞高地应力和高压富水环境对主驱动密封性能的影响，结合工程实际工况，主驱动密封最大承压能力不低于 7 bar。

（3）大尺寸变速箱及环件高精度制造。变速箱总质量将超过 30 t，最大外径超过 4 m，动力驱动与传动零件安装孔和配合面数量多，尺寸精度和位置精度要求精确到 0.01 mm；环件作为薄壁大直径结构件，加工过程中的变形量控制是其关键，主驱动重载变速箱设计特点如图 4-39 所示。

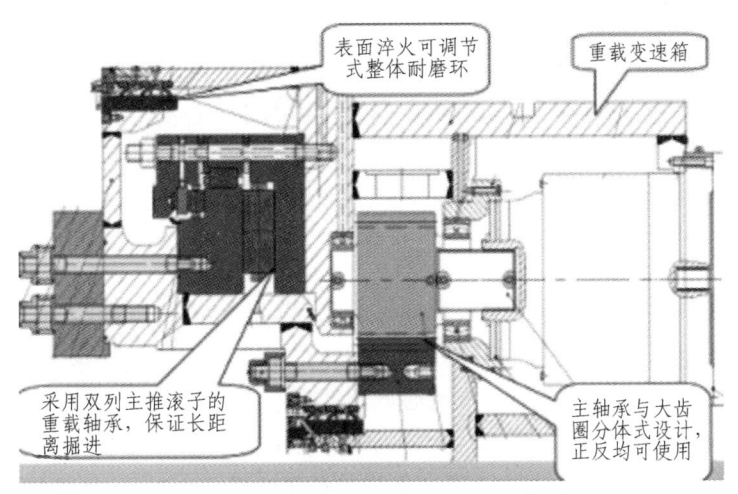

图 4-39 主驱动重载变速箱设计特点

主驱动采用变频电机（8×315 kW）作为驱动方式，最高转速 6.4 r/min，主要结构包括内外密封、刀盘连接法兰、主轴承、小齿轮、齿轮花键轴、减速机、变频电机、变速箱及扭矩限制器等。主驱动主体结构如图 4-40 所示。

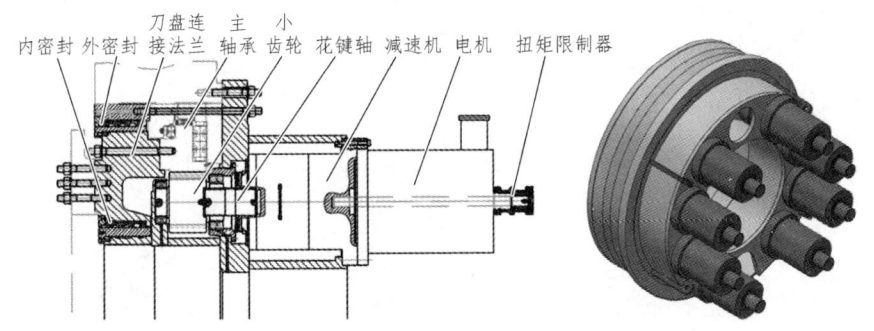

图 4-40 主驱动主体结构及组成

为了适应煤矿长距离斜井连续下坡掘进的可靠性要求，主驱动采用了双列主推滚柱设计、密封耐磨环表面高强度热处理工艺设计、重载型高强度变速箱设计等，主轴承结构如图 4-41 所示。

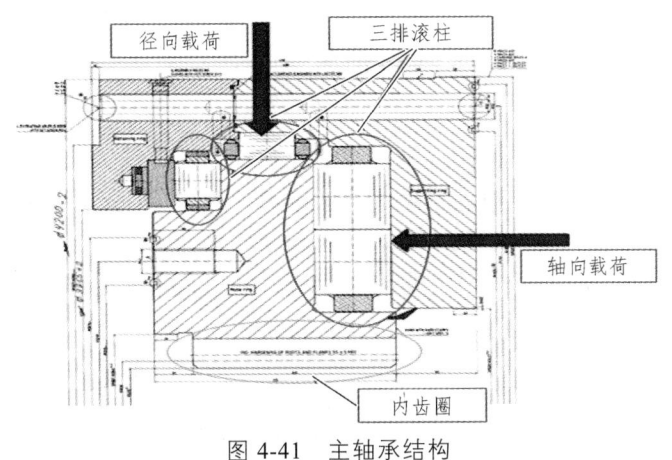

图 4-41 主轴承结构

#### 4.4.1.3 主机出渣装置

按照渣料处理流程，在盾构开式模式掘进时，出渣工艺流程包括刮渣、溜渣、接渣、运渣等，相关的机械装置有刮渣板、溜渣槽、接渣斗、运渣带式输送机等；在盾构闭式模式掘进时，相关的机械装置有螺旋输送机和运渣带式输送机。

1. 耐磨性

长距离掘进施工时，出渣设备的耐磨性是影响设备寿命的决定性因素，在闭式掘进模式下，螺旋输送机螺杆、螺旋叶片、筒体内表面都将长期与流动的渣料直接接触而产生磨耗并最终导致其失效；盾构开式掘进模式掘进时，溜渣槽是磨耗速率最快的区域。对出渣设备相关部位进行了耐磨性设计；另一方面，优化螺旋叶片间距、溜渣槽结构、接渣斗角度及开口大小，减少磨耗损失。TBM 开式模式下接渣斗设计结构分析如图 4-42 所示。

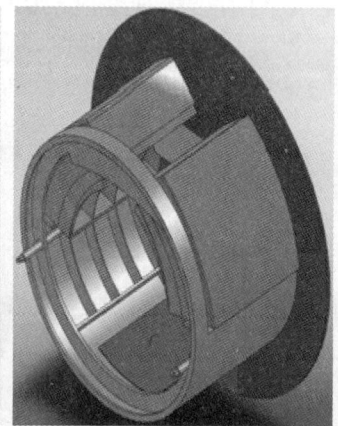

图 4-42　TBM 开式模式下接渣斗设计结构分析

2. 出渣效率

双模式盾构掘进施工时，出渣设备长期处于倾斜工作状态，与传统的水平工作状态相比，渣料输送效率将会有所下降（同等工况）。

3. 掘进模式转换的可行性

出渣模式是双模式盾构掘进模式转换的关键内容之一，主要涉及螺旋输送机和带式输送机在斜井内部实现切换（拆除、安装并运行）。

螺旋输送机的结构设计形式既要考虑其承载能力及耐磨性，也要考虑其有限空间内拆装的可行性及渣土的通过性。该螺旋输送机筒体采用分段式（四段），尾部单液压电机驱动，下部出渣及双舱密封的结构形式，装机功率 200 kW，最大出渣能力 450 t/h，不同结构形式的螺旋输送机设计方案如图 4-43 所示。

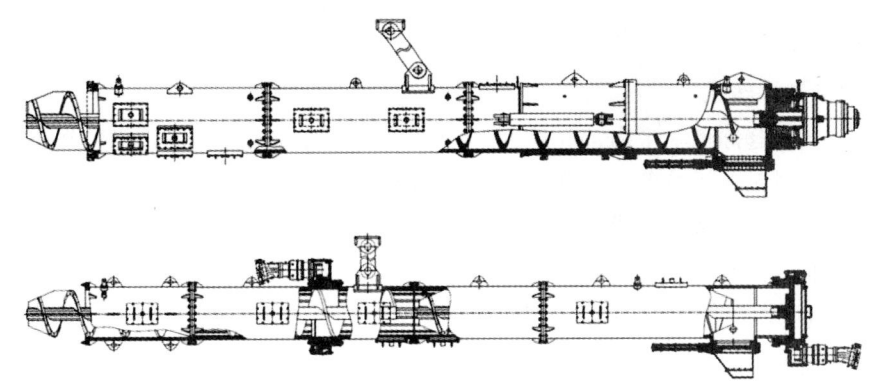

图 4-43 不同结构形式螺旋输送机设计方案

#### 4.4.1.4 双模式盾构模式转换技术

**1. 模式转换施工原则和流程**

掘进模式转换作业是一项涉及设备、机械加工和装配、工程吊装、质量检验、施工管理等多学科领域的复杂技术管理工作,特别是在双模式盾构有限的设备空间内,需在施工过程中保障全体作业人员和作业区域内设备安全的前提下尽量提高转换施工速度,为此,必须预先制定切实可行、安全高效的模式转换工艺,从安全、效率、质量等方面提出转换工艺设计基本原则:

(1)模式转换地点不得存在较大的地质风险,如无法避免,应事先进行地质加固。

(2)所有模式转换期间使用的工具、材料、零部件、水电气等应提前准备完毕并处于随时可用状态。

(3)盾构设备配置有应急供电装置和排水系统。

(4)作业区域应充分照明,吊装沿线和人员工作区域不得有照明死角。

(5)吊装作业严格按照设计流程和允许承载范围进行,禁止超载吊装。

(6)预先制定转换施工方案,未经现场施工管理主管同意不得随意改变施工流程。

(7)在不干扰作业效率和保证施工安全前提下,尽量采用并行作业以提高施工速度,如刀盘内部、盾体内部、连接桥区域作业可同时开展。

(8)设置专门的质检人员,每一模式转换零部件安装完成后应经过质检并确认。

模式转换施工流程(以盾构闭式→盾构开式模式转换施工为例):

第一步,拆除后配套带式输送机尾部机架铰接处的销轴,并将尾部机架后移;

第二步,依照次序分节拆除螺旋输送机;

第三步,拆除盾构用回转接头以及回转接头泡沫管路;

第四步,安装刀盘部分面板封板、后锥板、溜渣板、小回转接头;

第五步,将接渣斗和刀盘小法兰连接,并安装接渣斗相关零部件,通过回缩油缸将接渣斗伸出至刀盘内部;

第六步,安装主机带式输送机,包括托辊架、主从动滚筒、托辊、输送带等;

第七步,恢复安装后配套带式输送机尾部。

2. 螺旋输送机模式转换过程及要点

1）螺旋输送机转换施工过程

螺旋输送机需移除前端节后部筒体，前端节和前段螺旋轴留在原始位置。由于机身较长、质量较大，拆除时是从后端节处分开逐段吊出，在拆分螺旋轴时是先将后部螺旋输送机筒体沿轴向移出一段距离，留出可供拆卸轴连接键空间。拆机前先在顶部管片和盾体上牢固安装吊点，在连接桥上部平台设置用作支撑和平移的移动支架。

（1）准备工作。先排空土仓和螺旋输送机内的渣土和积水，防止喷涌现象发生；然后拆卸影响螺旋输送机吊运的结构、管线，包括拼装机托梁上的后支撑横梁、转运带式输送机前部横梁、周边干涉的管路等。

（2）支撑固定。在管片拼装机横梁上焊接支撑架，并在支撑架的前后两边焊接吊耳，通过手拉葫芦分别连接到前、后伸缩节外筒的吊耳上，固定好前、后伸缩节外筒；在管片拼装机左右油缸上分别焊接吊耳，通过手拉葫芦、钢丝绳固定伸缩节内筒。

（3）分离后部筒体。拆卸连接螺栓，将中间节与伸缩节内筒间的连接螺栓拆除并整理、清洗后保存好。刨断驱动轴：通过手拉葫芦分离中间节与伸缩节内筒，伸缩长度需大于1 450 mm，直至轴对接处超出筒体，将下部轴固定在中间节筒体上，保证下部轴不会因为刨断而掉落，最后在轴对接位置刨断驱动轴。将后部筒体吊至下部管片上，然后通过管片吊机及手拉葫芦辅助吊运至胶轮车上。

（4）固定剩余部件。将驱动轴通过手拉葫芦固定在支撑架上，使用 H 架上的左右两个吊耳分别固定固定节上的吊耳，拆卸固定装置上的固定销后，将下固定支座固定在管片拼装机油缸吊耳上。

（5）拆卸螺旋输送机前部。拆卸螺旋输送机与盾体的连接螺栓，固定后的筒体通过手拉葫芦、管片拼装机配合放至下方管片上，然后通过管片吊机及手拉葫芦辅助吊运至胶轮车上。

2）螺旋输送机模式转换要点

（1）由于螺旋输送机拆装部件质量较大，对于每一拆卸部件必须多点固定、多人协同操作并按照现场吊装指示统一行动。

（2）通过将螺旋轴分段，将螺旋输送机整体分成 2~3 部分，可大大提高拆机速度。

3. 刀盘模式转换过程及要点

1）刀盘模式转换过程

双模式刀盘是模式转换施工的主要部件，刀盘的两种模式都是基于同一个刀盘钢结构体进行改造而成，两种模式在整体结构上是相同的，其转换过程主要是通过拆装两种模式特有的结构件、零部件实现的。模式转换部件在刀盘上的分布如图 4-44、图 4-45 所示。

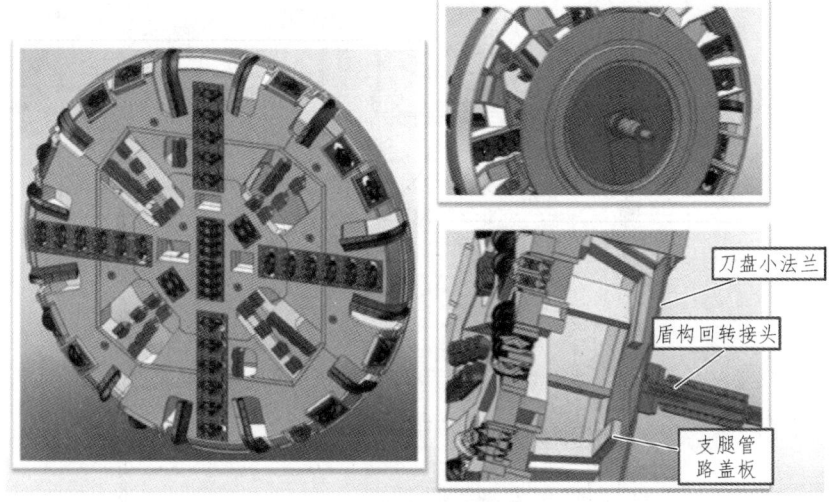

图 4-44　盾构闭式模式下的模式转换结构

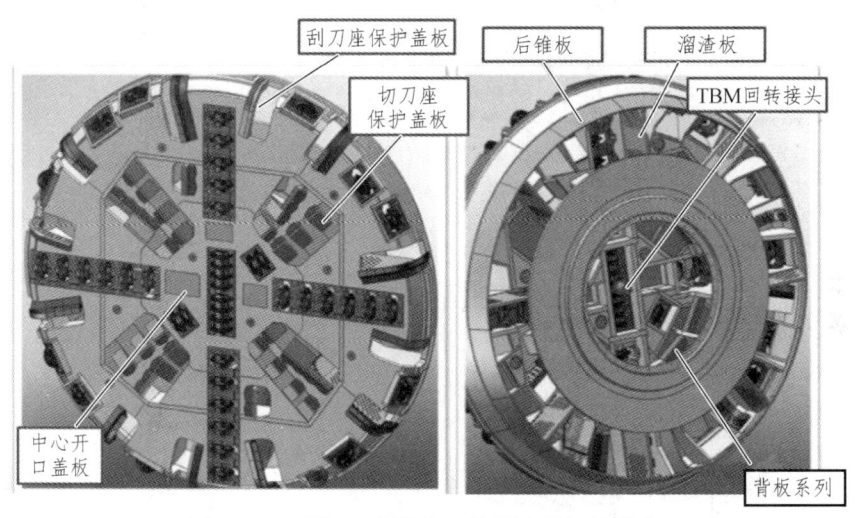

图 4-45　盾构开式模式下的转换零部件分布

（1）吊装线路及吊点布置。根据吊装线路和吊装的零部件特点，在相应位置上提前布置吊点，严格有序地规划好模式转换部件的吊运程序，最大限度地提高模式转换的运输和安装效率。吊点布置和模式转换吊装路线如图 4-46 所示。

（2）自制吊耳。用 $\varPhi 25$ 的圆钢自制吊耳 100 个，在洞外场地上将大块的刀盘模式转换零件焊上吊耳，如图 4-47 所示。吊耳位置的安装原则是：起吊后尽可能使模式转换零件上的螺纹安装孔沿竖直方向排列（现场技术人员指导）。

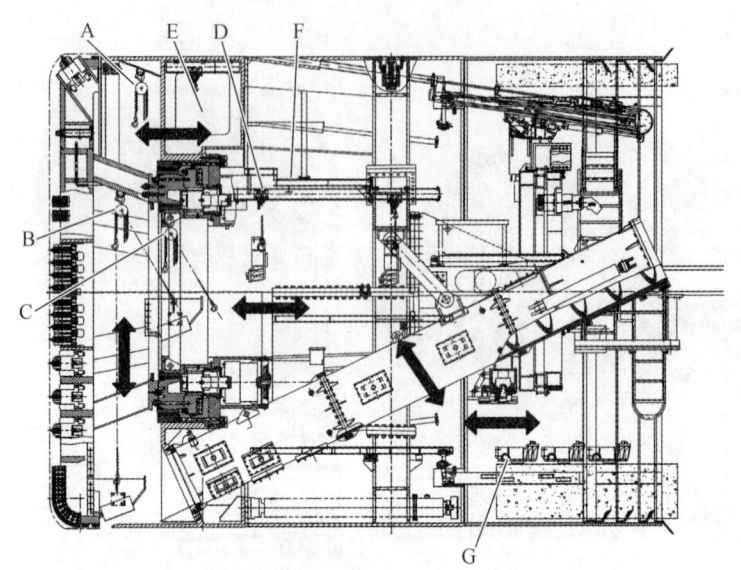

图 4-46 吊点布置和模式转换吊装路线

注：A：盾体顶部起吊点，使用 0.5 t 手拉葫芦，主要用于拆装切刀用。
　　B：刀盘支腿吊点，拆除回转接头和小法兰板后，在六个支腿内侧中央位置焊接自制吊耳，使用 0.5 t 手拉葫芦（气动葫芦）。此吊点是模式转换中的主起吊点。
　　C：主驱动内环吊点，使用 1 t 手拉葫芦，用于拆转回转接头和转移零件。
　　D：平台手推小车吊点，使用 1 t 手拉葫芦，用于拆转回转接头和转移零件。
　　E：人舱室，可存放切刀、螺栓等小尺寸零件。
　　F：主驱动上平台，可存放螺栓、转换工具等器具。
　　G：大尺寸零件，模式转换零件从洞外场地转运进来后按零件上字母序号依次放好。

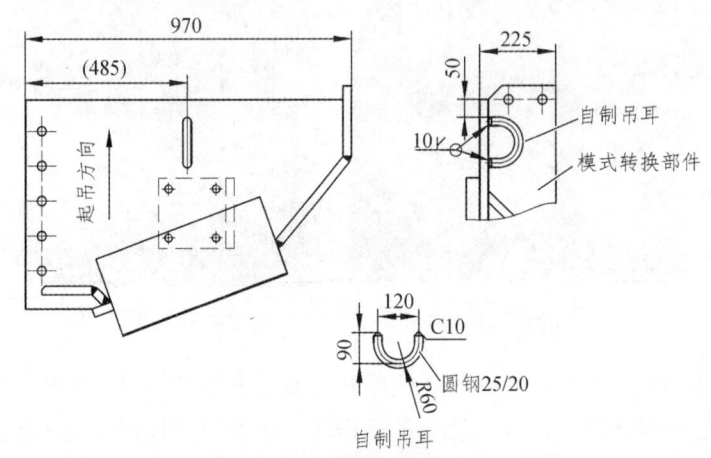

图 4-47 吊点布置和模式转换吊装路线

（3）拆除回转接头和小法兰板，如图 4-48 所示。泡沫回转接头重约 0.8 t，是刀盘模式转换中最重的一个部件，首先将盾构回转接头上泡沫接口、润滑接口和支撑架等拆除；然后将回转接头捆绑好并选择 C 和 D 吊点吊装；按行走路线转移到 G 处后运出；从上部人舱进入土仓，刨除前端法兰底部焊缝，然后拆卸连接螺栓，从中心通道运出。

（4）拆除小法兰板。中心部位的小法兰板分 8 小块焊接拼装而成，先从主驱动内侧刨除小法兰板焊缝，再依次拆除每一小块的紧固螺栓，逐一运出。

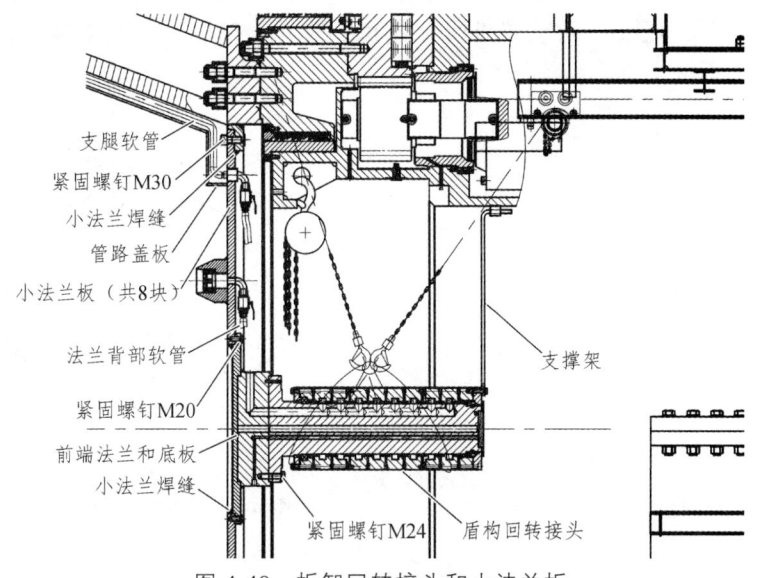

图 4-48 拆卸回转接头和小法兰板

（5）拆卸切刀和保护板。对照刀盘总图和刀盘模式转换图，将刀盘上所有切刀、切刀座底部的底座螺钉、刀盘背部所有安装有螺钉保护的基座全部拆除，并对拆除件做好标识。

（6）拆卸泡沫活动筒。泡沫活动筒为装配式结构，通过拆卸连接管路和紧固螺栓可方便地拆除泡沫活动筒。

保护板安装示意图、泡沫活动筒安装示意图如图 4-49、图 4-50 所示。

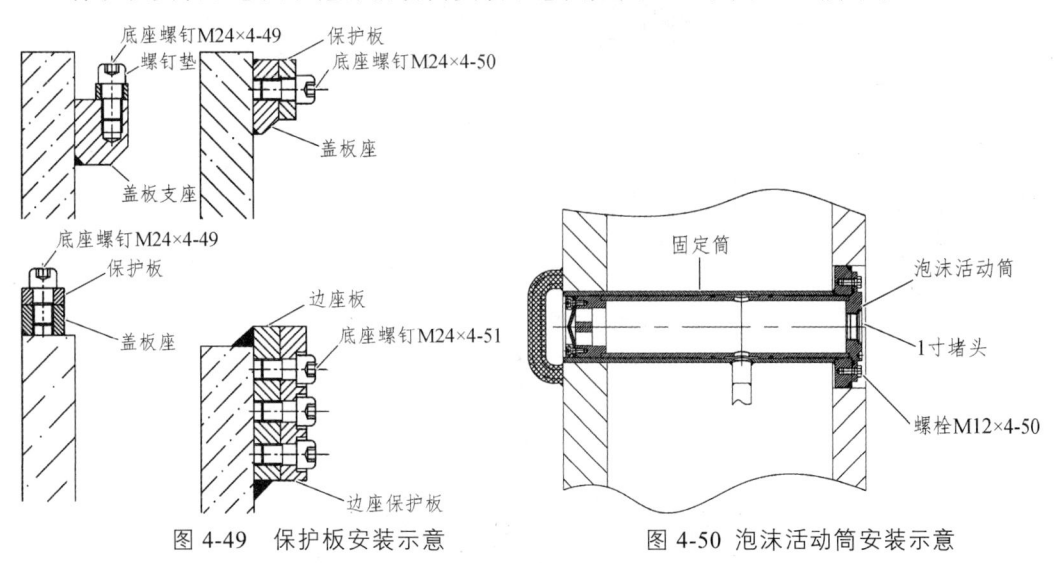

图 4-49 保护板安装示意　　图 4-50 泡沫活动筒安装示意

模式转换零部件安装：首先在每个支腿内侧中央位置焊接自制吊耳，然后按照喷水活动筒→切刀刀座封块→中心盖板→刀盘盖板和活动溜渣板→回转接头→喷水管路的顺序安装相应的模式转换部件。由于从中心盖板之后安装的模式转换零部件尺寸和重量均比较大，单凭人力无法搬运，而在刀盘底部进行安装工作，方便部件起吊和人员活动。对 A 系列的模式转换组件进行安装。每安装完一个字母系列，须顺时针将下一个辐条刀梁转到此位置（如 A 系列安装完成，则须将刀梁 3 转到该位置，进行 B 系列的安装）。

泡沫活动筒安装示意图，活动溜渣板安装示意图，溜渣板、后锥板安装位置，如图 4-51、图 4-52、图 4-53 所示。

图 4-51 切刀刀座封块安装示意

图 4-52 活动溜渣板安装示意

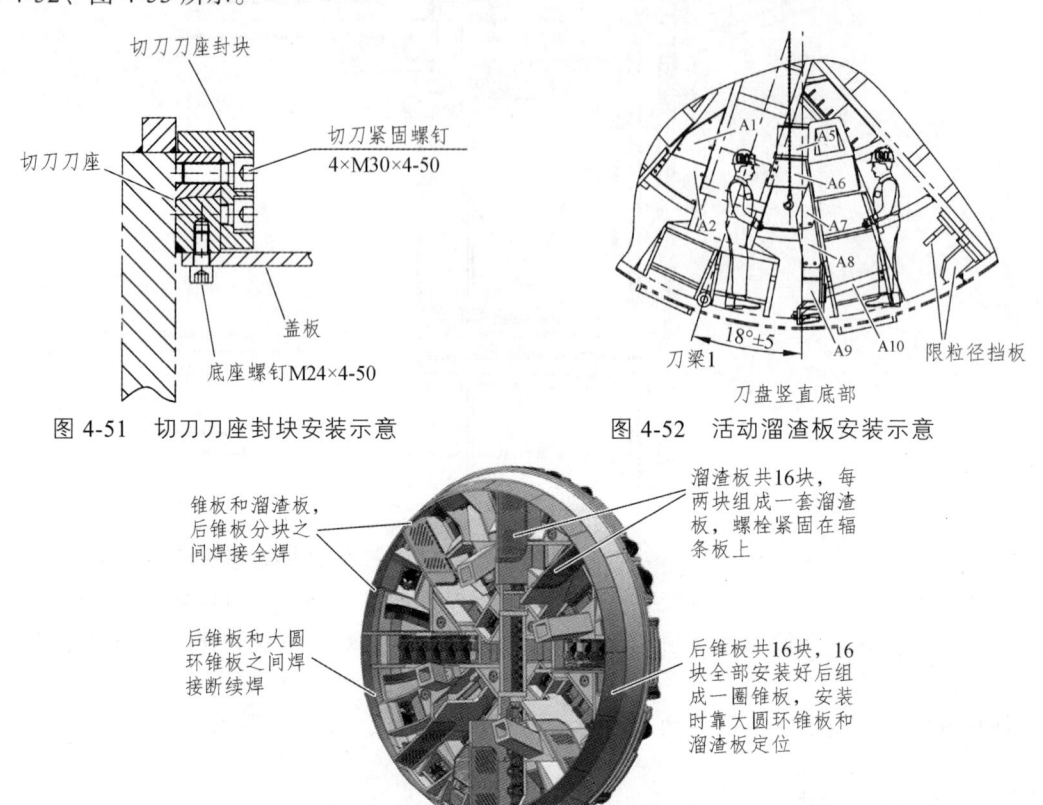

图 4-53 溜渣板、后锥板安装位置

在安装回转接头和管路时，先割除支腿管路盖板，拆掉管路，将注水回转接头安装在中心滚刀座后部的固定座上，把闭式模式下泡沫喷嘴更换成开式模式下的注水喷嘴，完成管路连接。喷水管路安装示意图如图 4-54 所示。

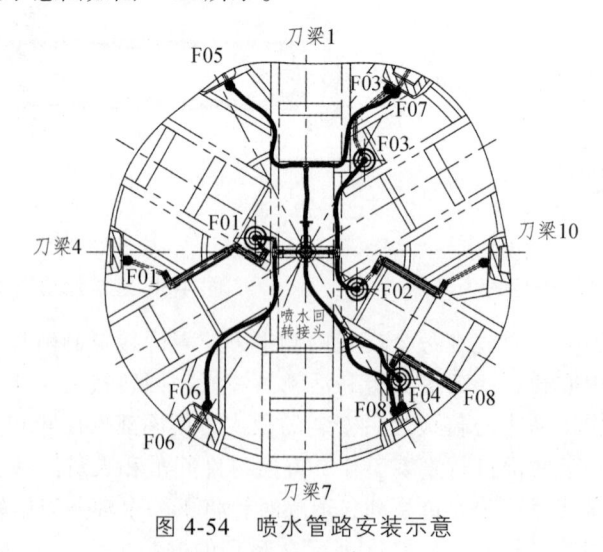

图 4-54 喷水管路安装示意

2）刀盘模式转换施工要点

（1）提前制定详尽的吊点布置、部件吊装方法和吊装线路方案，以免现场因部件数量多而导致管理混乱。

（2）由于吊点众多，吊装工具在发挥预期功能后应及时拆除，否则会影响后续调运工作。

（3）在主驱动区域进行焊接或刨除作业时，应采取措施保护好主驱动内的密封件，防止焊接高温损坏密封件。

（4）转动刀盘前，必须确认所有人员、零部件及工具已撤出、移出刀盘区域，防止事故发生。

4. 接渣斗模式转换过程及要点

1）接渣斗模式转换过程

接渣斗（漏渣斗）是盾构开式模式下特有的功能部件，主要是收集、汇拢从刀盘溜渣槽内滑落下来的岩渣。它伸出前隔板，位于盾体开挖仓内，其下方是主机带式输送机深入开挖仓的前端部分。在盾构闭式模式下它被拆除放置在后配套区域，在模式转换时，需先将位于主驱动土仓一侧的刀盘小法兰拆除。接渣斗为分块组合结构，包括左侧、右侧、前侧的分块和两根斜向支撑构件，按照左、右分块→前分块→两侧斜撑的安装顺序实施安装。

2）接渣斗模式转换施工要点

（1）主机带式输送机后移，刀盘小法兰提前拆除并清理螺旋连接面。

（2）基于盾体→刀盘内部的物料运输线路，提前在适当位置布置起吊装置。

（3）刀盘旋转至合适位置，确保刀盘支撑臂不阻碍在土仓内部设置吊点和安装吊运装置（葫芦）。

5. 主机带式输送机模式转换过程

主机带式输送机是主机内模式转换工序的最后环节，也是模式装换作业中工程量仅次于刀盘转换的部件。它是在完成刀盘和接渣斗转换后实施的。由于尺寸较大，从主机前端延伸至主机末端的连接桥区域，其安装空间与盾构闭式模式下的螺旋输送机发生干涉，因此，在盾构闭式模式下主机带式输送机是被整体拆除的，其安装过程最关键的是如何安全、高效地腾出吊装空间。按照实施顺序详述如下：

（1）设置吊点。在连接桥上部平台安装（焊接）临时吊装工装，这些临时工装采用焊接方式安装在连接桥上部平台上。工装宜成对安装在带式输送机两侧，与设置在盾体顶部的临时和永久吊点组合工作，可满足从连接桥区域到主机内部全线的吊装需要。

（2）拆除连接桥区域皮带机。拆除转运皮带机"倾斜段"、带式输送机的集渣斗、挡板等超宽超高零部件，放松转运带式输送机张紧油缸；然后，取下与连接桥之间的螺栓以及与"倾斜段1"之间的销子，拆除转运带式输送机"倾斜段1"后，移动转运带式输送机尾部至"倾斜段1"的安装位置。此时，主机带式输送机所需吊装移动空间准备就绪。

（3）主机带式输送机轨道安装。将主机带式输送机轨道、主机带式输送机主体分段运输至连接桥前部，按照设计角度将轨道固定在盾体及管片拼装机上。

（4）主机带式输送机安装，如图4-54所示。将主机带式输送机分节吊装并安装在轨道上，安装带式输送机伸缩油缸、带式输送机挡板、限位传感器等附件，硫化皮带，连接管线，最后张紧皮带。

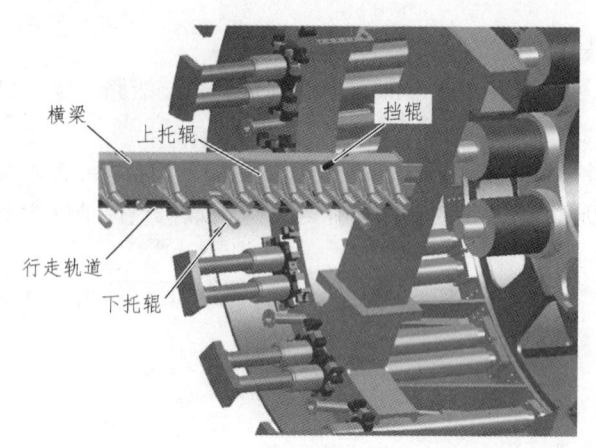

图 4-55　主机带式输送机安装结构

（5）其他功能部件恢复安装。连接通风管路并试运行，观察通风效果，恢复连接桥区域的转运带式输送机至工作位置。

模式转换完成后的主机部分结构如图 4-56 所示。

图 4-56　盾构开式模式下主机结构

开式模式转换为闭式模式与闭式模式转换为开式模式内容程序相反，每一作业工序可大致按照相反的流程操作，时间消耗基本相当，在此不赘述。

## 4.4.2　三模式盾构机

本盾构机为国内首台三模式盾构机，由中铁工程装备集团有限公司制造，具有土压模式、泥水模式和泥水式 TBM 模式。本盾构机总长约 120 m，主机长度为 10.3 m，最小转弯半径 250 m，共 1 节连接桥、9 节拖车和 1 个拖车尾部平台。三模式盾构正面如图 4-57 所示。

图 4-57 三模式盾构正面

三模式盾构机中的泥水-土压模式之间的转换与常规的双模式盾构机中的泥水-土压模式之间的转换基本相同,但三模式盾构机中的泥水式 TBM-泥水和泥水式 TBM-土压之间的转换与常规的双模式盾构机有显著的改变,主要还是泥水式 TBM 模式的改变。

在模式转换过程中,应明确盾构机模式转换关键参数的控制。如图 4-58 所示,重点控制土仓内水土压力、盾构掘进速度、浆液注入速度与排出速度、土仓渣土高度、球阀/泵开启顺序、土仓内渣土性状以及螺旋机开启幅度等。

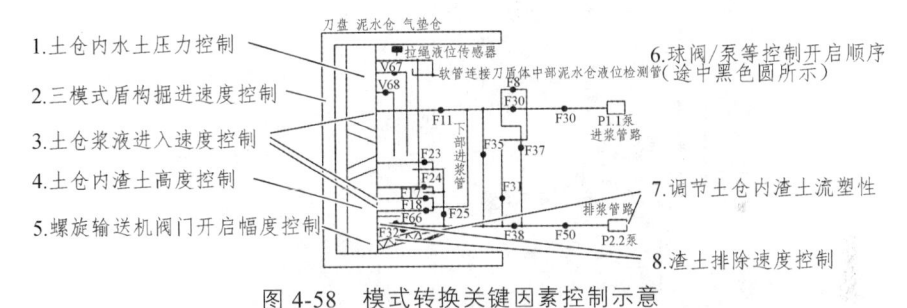

图 4-58 模式转换关键因素控制示意

模式转换前要做一些预备措施,转换过程中需要时刻有人查看,转换后要缓慢增加盾构掘进速度等,并在保证模式转换安全可靠前提下,进一步提高模式转换效率,表 4-1(以单向转换为例)为模式转换关键因素控制阶段。

表 4-1 模式转换关键因素控制阶段

| 关键因素 | 泥水转土压 | 土压转泥水式 TBM | 泥水转泥水式 TBM |
| --- | --- | --- | --- |
| 土仓压力 | 转换前/中/后 | 转换前/中 | 转换前/中 |
| 球阀/泵开闭顺序 | 转换前/中 | 转换中/后 | 转换前/中/后 |
| 渣土性状 | 转换前/中/后 | 转换前/中/后 | 转换前/中/后 |
| 掘进速度 | 转换前/中/后 | 转换前/中/后 | 转换前/中/后 |
| 进浆速度 | 转换前/中 | 转换中/后 | 转换前/中/后 |
| 排渣速度 | 转换中/后 | 转换后 | 转换后 |
| 螺机阀门幅度 | 转换中/后 | 转换前/中 | — |
| 土仓渣土高度 | 转换前/中/后 | 转换前/中/后 | 转换前/中/后 |

影响盾构模式转换的主要因素和评定模式转换优劣的主要指标主要包括 3 个方面：模式转换的安全性、转换时间消耗和费用开支。

安全性主要是指采用何种模式组合以及如何进行模式转换，模式转换方案中，根据地质情况选择泥水-泥水式 TBM、土压-泥水式 TBM、泥水-土压这 3 种中的最佳模式组合。

转换时间和费用是衡量模式转换优劣的主要指标，它与模式组合形式、设备直径、设备模式转换结构和系统设计密切相关，在选定模式组合的情况下直接影响模式转换的时间消耗和成本。

因此，为了保证三模式盾构掘进过程中实现经济性、安全性和高效性最大化，需合理控制模式转换的安全性、转换时间消耗和费用开支。

以泥水掘进模式转换为例对三模式盾构机模式之间的转换流程和安全措施进行介绍。

泥水掘进模式下，利用开挖仓泥浆压力平衡掌子面水土压力，通过泥浆管道输送渣土（上部进浆口进浆），泥水模式适用于软弱地层、硬岩地层、地表间构筑物复杂等地层工况条件下的掘进施工，具备工作压力高、地表沉降控制好、刀盘刀具寿命长等优点。其排渣方式如图 4-59 所示。

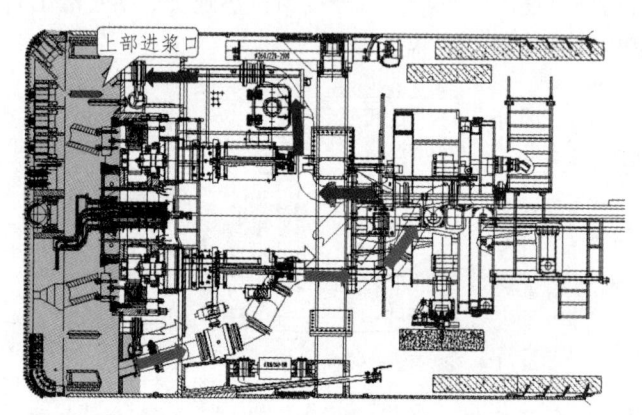

图 4-59 泥水掘进模式排渣方式

土压掘进模式转换成泥水掘进模式时，要时刻注意稳定土仓内压力以保证掌子面的稳定。模式转换前要做一些预备措施，转换过程中需要时刻有人查看，转换后要缓慢增加盾构掘进速度等。以下对土压转换成泥水的具体操作过程进行说明。

1）模式转换前的准备

（1）泥水分离站的安装调试及制备新浆。

（2）隧道内泥浆管道的铺设。

（3）设备泥浆环流系统调试，确认整个环流系统正常运行，传感器正常工作。

（4）对所有进浆口、排浆口进行提前疏通。

（3）环流系统与分离站的联调联动。

（6）SAMSON 气体保压系统的调试。

2）具体操作流程

土压掘进模式转泥水掘进模式流程如图 4-60 所示。

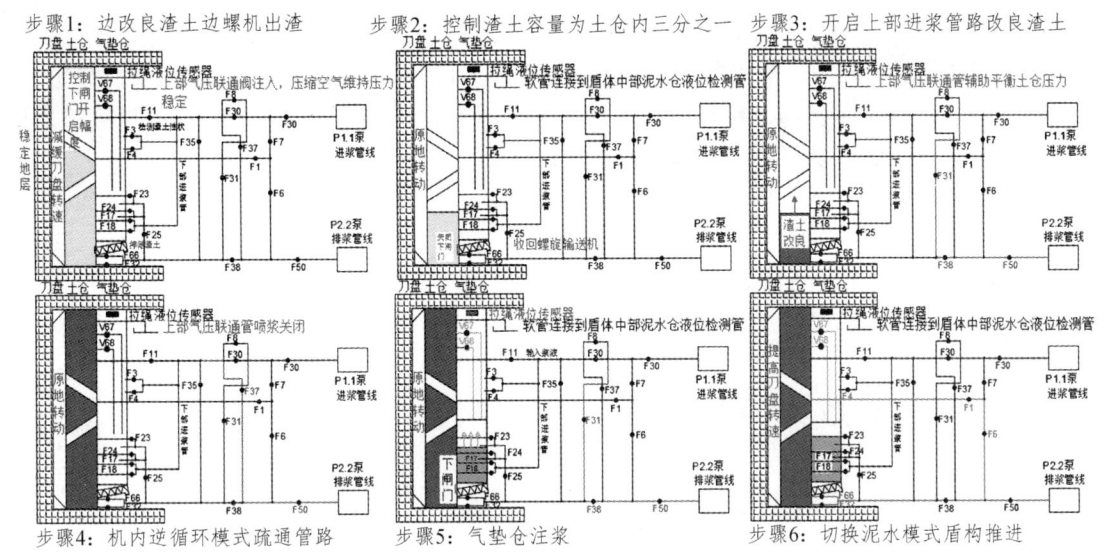

图 4-60 土压掘进模式转泥水掘进模式流程

具体的转换流程分析如下：

步骤 1：选择稳定的转换地层作为模式转换的切换点，在快要到达切换点时，减缓刀盘速度。到达切换点后，停止盾构掘进，原地缓慢转动刀盘，螺旋输送机缓慢出渣，降低土仓内渣土容量。待螺旋输送机下闸口出现喷浆现象时，立即停止降低渣土排出速度。在此过程中，需要保证土仓内压力的稳定。方法是通过顶部的联通管道向土仓内注入一定量的压缩空气，维持压力稳定，也可以通过注入适量的膨润土来改善掌子面的泥膜，维持土仓内压力，保证掌子面不会坍塌。

步骤 2：降低了土仓内渣土容量到土仓的 1/3 左右后，关闭螺旋输送机的后闸门，将螺旋输送机回收到指定位置。启动膨润土系统对渣土进行改良，提高渣土性状。使得螺旋输送机前端筒体空间内形成土塞效应，在此过程中不仅仅需要使土仓内压力保持稳定，还需要稳定土仓内的渣土容量以及渣土性状等。方法是可以通过气垫仓内的上部联通管向土仓内输入压缩空气，也可以开启膨润土系统来改善渣土等。

步骤 3：准备开启泥水常规旁通模式。盾构刀盘保持旋转，通过打开上部进浆球阀 F30、F11 向土仓内注入浆液，同时打开与气垫仓相连的土仓上部联通管吸收从土仓内传来的空气，辅助平衡土仓压力，维持压力稳定。当主进浆管路输出浆液时，注意调整进浆速度，维持土仓内压力的稳定。利用操作面板，切断泥水循环系统与液位的联系。在此过程中，对所用到的泥水管路需提前检测是否堵塞以及如何稳定压力等。方法是通过运行机内旁通模式以及控制注浆速度等。

步骤 4：开启泥水常规旁通模式，先运行机内逆循环系统，对中盾前部的泥水管路进行疏通，然后再运行仓内逆循环系统（这些都可以在操作室内完成），对排浆管路和排浆口进行疏通。

步骤 5：在确定所有管路通畅后，对气垫仓进行灌浆，利用液位传感器来观察土仓内的泥浆高度。运行 SAMSON 保压系统并设定气垫仓压力，打开气垫仓内连通闸阀 V67/V68。

步骤 6：确定上部联通管、进排泥水管路等均通畅后，系统运行气垫直排掘进模式，盾构慢速前进，根据出渣情况逐步提高推进速度至正常掘进状态，泥水模式切换完成。

3）转换时应该注意的安全问题

（1）模式转换过程中，要注意土仓内压力的稳定，土仓内压力稳定是首先且必须保证的。

（2）到达切换点位前的一段距离，掘进时降低刀盘转速及贯入度；同时可适当增加膨润土注入量，保证渣土置换过程中的气密性。

（3）如地层稳定性或气密性较差，在模式转换前应进行严格的掌子面泥膜制备，以保证土仓（泥水仓）降渣位的过程中仓内的气密性。

（4）如果长时间未运行环流系统，在模式转换之前，务必对所有泥浆管口进行机械疏通，确保泥浆口未完全堵塞。

## 4.5 盾构参数及选型

### 4.5.1 盾构的基本参数

#### 4.5.1.1 盾构直径

盾构直径取决于管片外径、保证管片安装的富裕量、盾构结构形式、盾尾壳体厚度及修正蛇形时的最小余量等。

$$D = D_S + 2(\delta + t) \tag{4-1}$$

式中 $D_s$——管片外径；
$t$——盾尾壳体厚度；
$\delta$——盾尾间隙。

管片外径可依据中华人民共和国国家标准《预制混凝土衬砌管片》（GB/T 22082—2008）确定，管片规格见表 4-2。

表 4-2 管片规格

| 项目名称 | 厚度/mm | 宽度/mm | 内径/mm |
|---|---|---|---|
| 公称尺寸 | 300，350，500，550，600，650 | 1 000，1 200，1 500，1 800，2 000 | 2 000，3 000，5 400，5 500，12 000，13 700 |

注：本表给出的是常用规格，其他规格可由供需双方确定。

盾尾间隙主要考虑保证管片安装和修正蛇形时的最小富裕量。盾尾间隙在施工时既可以满足管片安装、又可以满足修正蛇形的需要，同时应考虑盾构施工中一些不可预见的因素。盾尾间隙 $\delta$ 在实际中大多为 20～45 mm 或者取管片直径的 1/250，当隧道的转弯半径较小时（<250 m），管片宽度不大于 1.5 m 时，盾尾间隙 $\delta$ 宜取较大值。

#### 4.5.1.2 刀盘直径

为了防止盾构被卡，刀盘直径应大于后部的盾壳直径，刀盘直径一般大于前盾直径 10～20 mm，因此刀盘直径：

$$D_0 = D_1 + (10 \sim 20) \tag{4-2}$$

前盾直径、中盾直径、盾尾直径一般为前盾直径>中盾直径>盾尾直径，从而使盾构外形形成一锥形，进一步减小盾构由于地层沉降而被卡的风险。

#### 4.5.1.3 主机长度

盾构主机主要位于盾壳内，因此主机长度 $L$ 可由前盾、中盾、盾尾3部分组成，计算公式为

$$L = L_1 + L_2 + L_3 \tag{4-3}$$

式中，$L_1$、$L_2$、$L_3$ 分别为前盾、中盾、盾尾的长度。

前盾的长度 $L_1$ 对全（半）开敞式盾构而言，应根据切口贯入掘削地层的深度、挡土油缸的最大伸缩量、掘削作业空间的长度等因素确定。对封闭式盾构而言，应根据刀盘厚度、刀盘后面搅拌装置的纵向长度、土仓的容量（长度）等条件确定。

中盾 $L_2$ 取决于盾构推进油缸、排土装置、管片拼装机举重臂支承机构等的规格大小，不应小于推进油缸最大伸长状态的长度。日本《地下铁路建设手册》推荐：

$$L_2 = 衬砌管片长度 + (500 \sim 1\,000)\,\text{mm} \tag{4-4}$$

衬砌管片长度一般为 $700 \sim 1\,000$ mm。

盾尾长度 $L_3$ 可按下式确定：

$$L_3 = L_D + B + C_F + C_R \tag{4-5}$$

式中　$L_D$——盾构推进油缸撑挡的长度，m；

　　　$B$——管片的宽度，m；

　　　$C_F$——组装管片的余度，m，通常取 $C_F = (0.25 \sim 0.33)B$；

　　　$C_R$——包括安装封材在内的后部余度，m。

盾构主机长度 $L$ 与盾构直径 $D$ 的比值一般称作盾构的灵敏度系数，$L/D$ 的比值大小可以反映出盾构主机在开挖曲线隧道时的方向控制能力。$L/D$ 越小，操作越方便。大直径盾构 $D \geq 6$ m 时，取 $L/D = 0.7 \sim 0.8$（多取 0.75）；中直径盾构 $3.5$ m $\geq D \geq 6$ m 时，取 $L/D = 0.8 \sim 1.2$（多取 1.0）；小直径盾构 $D \leq 3.5$ m 时，取 $L/D = 1.2 \sim 1.5$（多取 1.5）。

#### 4.5.1.4 盾构推力

1. 盾构推力的理论计算方法

从盾构的载荷模型可知，盾构承受着来自开挖面和盾壳周围的土压力和水压力，因此，随着盾构的推进，盾构推进力必须克服盾壳与周围地层的摩阻力、盾构机推进时的正面推进阻力、管片与盾尾间的摩阻力以及后接台车的牵引阻力。此外，在切口环凸出于刀盘和盾构曲线施工时还应考虑切口环的贯入阻力和盾构变向阻力以及刀具贯入土体时产生的阻力。由此可得盾构机推进力（简称推力）为

$$F = F_1 + F_2 + F_3 + F_4 + F_5 + F_6 + F_7 \tag{4-6}$$

式中 $F_1$——盾构推进时刀盘正面的水土压力产生的阻力；
　　　$F_2$——盾构与周围土体产生的摩擦阻力；
　　　$F_3$——盾尾与管片的摩擦阻力；
　　　$F_4$——切口环贯入阻力；
　　　$F_5$——盾构变向阻力；
　　　$F_6$——牵引后配套台车阻力；
　　　$F_7$——刀具贯入土体产生的阻力。

在实际的推力配置过程中，为保证推力充足以及脱困时的推力，总推力应大于计算得到的推力 $F$，并留有安全系数：

$$F_Z = A \cdot F \tag{4-7}$$

式中 $A$——安全系数，一般可取 $2 \sim 3$。

2. 盾构推力的经验估算方法

（1）经验估算公式：

$$F = \frac{1}{4}\pi D^2 P_J \tag{4-8}$$

式中 $P_J$——单位掘进断面上的经验推力，$P_J$ 的取值范围为 $700 \sim 1\,200\ \text{kN/m}^2$
（2）经验估算公式：

$$F = \beta \cdot D^2 \tag{4-9}$$

式中 $\beta$——经验系数，一般 $\beta = 500 \sim 1\,200\ \text{kN/m}^2$。

#### 4.5.1.5 刀盘扭矩

刀盘扭矩的计算比较复杂，刀盘在地层中掘进时的扭矩一般包含切削土阻力矩（克服泥土切削阻力所需要的扭矩）、刀盘的旋转阻力矩（克服与泥土的摩擦阻力所需的扭矩）、刀盘所受推力载荷产生的反力矩、密封装置所产生的摩擦力矩、刀盘的前端面的摩擦力矩、刀盘后面的摩擦力矩、刀盘开口的剪切力矩、土仓内的搅动力矩。

1. 刀盘扭矩的理论算法

根据土压平衡盾构影响转动阻力的因素可以得到盾构机总的刀盘扭矩计算式为

$$T = T_1 + T_2 + T_3 + T_4 + T_5 + T_6 + T_7 + T_8 + T_9 \tag{4-10}$$

（1）刀具切削土体时的切削阻力矩 $T_1$。

刀盘在旋转时将带动安装在刀盘上的刀具一起旋转从而进行土体的切削，刀具在切削土体时将产生切削阻力，由此产生切削土体的阻力矩。

$$T_1 = m_1 F_r R_d + m_2 F_c R_c \tag{4-11}$$

式中 $m_1$——滚刀的数量；
　　　$R_d$——盘形滚刀的平均回转半径，m；

$F_r$——盘形滚刀上的滚动力，kN；

$m_2$——刀盘上切刀的数量；

$F_c$——单个切刀的切削阻力，kN；

$R_c$——切刀位置的平均半径，m。

（2）刀盘正面与开挖面土体之间的摩擦阻力矩 $T_2$。

盾构掘进时，开挖面稳定性差，刀盘面板将压在开挖面上对其进行支护，刀盘旋转时将与开挖面产出摩擦阻力，进而形成阻力矩 $T_2$。

$$T_2 = \frac{\pi D_c^3}{12}(1-\alpha_0)K_{h0}\mu_{ms}\gamma' \tag{4-12}$$

式中　$\mu_{ms}$——刀盘与土体之间的摩擦因数；

$\alpha_0$——刀盘开口率；

$D_c$——盾构掘进机刀盘外径，m；

$K_{h0}$——土层的静止土压力系数（对于砂性土，$K_{h0}=1-\sin\varphi$，其中 $\varphi$ 为与土的内摩擦角）；

$\gamma'$——土的浮容重，kN/m。

（3）刀盘背面与土仓内土体的摩擦阻力矩 $T_3$。

切削下来的土体通过刀盘开口进入土仓，刀盘旋转时，土仓内的渣土将与刀盘背面产生摩擦，形成摩擦阻力矩。

$$T_3 = \frac{\pi D_c^3}{12}(1-\alpha_0)(\mu_{ms}\sigma_{m0}+c_{ms}) \tag{4-13}$$

式中　$\sigma_{m0}$——渣土仓内初始平均渣土压力，kPa；

$c_{ms}$——刀盘与土体之间的黏聚力。

（4）刀盘开口内土柱的剪切阻力矩 $T_4$。

盾构向前掘进时，刀盘切削下来的渣土从刀盘（面板式）开口挤进泥土仓，对于刀盘开口进土槽沿盾构轴向有一定深度情况时，开口内土柱将随着刀盘的转动一同旋转，并与开挖面和渣土仓内的土体产生剪切摩擦，进而形成阻力矩。

$$T_4 = \frac{\pi D_c^3}{6}\alpha_0(\mu_m\sigma_{m0}+c_m) \tag{4-14}$$

式中　$c_m$ 和 $\mu_m$——渣土的黏聚力和内摩擦因数。

（5）刀盘外围与周围土体之间的摩擦阻力矩 $T_5$。

当切口环不凸出时，在刀盘转动切土过程中其外围与土体发生摩擦，产生作用于刀盘外围的摩擦阻力扭矩。

$$T_5 = \frac{\pi D_c^3}{2}t_c c_{ms} + \frac{\pi D_c^3}{4}\gamma' t_c \mu_{ms}\left(h_0+\frac{D_c}{2}\right)(1+K_{h0}) \tag{4-15}$$

式中　$t_c$——刀盘轴向宽度。

（6）刀盘土仓内的搅拌阻力矩 $T_6$。

土压平衡盾构掘进时，刀盘切削下来的渣土通过刀盘的开口进入泥土仓内，再通过刀盘构造柱和搅拌棒的搅拌成为均匀的流塑态土体，在搅拌过程中产生搅拌阻力矩。

$$T_6 = T_{61} + m\sigma_{m0}R_a(A_f + \mu_{ms}A_s) \tag{4-16}$$

式中 $T_{61}$——刀盘构造柱的搅拌扭矩；

　　　$m$——搅拌臂的个数；

　　　$A_f$——搅拌臂迎土面的面积，$m^2$；

　　　$A_s$——搅拌臂侧面的面积，$m^2$；

　　　$R_a$——搅拌臂的平均回转半径，m。

（7）其他摩擦阻力矩。

刀盘旋转时受到的其他摩擦阻力矩包括：主轴承密封装置的摩擦阻力矩 $T_7$，主轴承的摩擦阻力矩 $T_8$，减速装置的摩擦损耗扭矩 $T_9$。$T_7$、$T_8$ 和 $T_9$ 约占总扭矩的 3%，对刀盘设计扭矩影响很小，甚至可以忽略不计。

2. 刀盘扭矩的经验算法

（1）在盾构施工实际中发现装备扭矩与盾构机的外径有很大的相关性，通常可用下式表示：

$$T_e = \alpha_0 \alpha_1 \alpha_2 D^3 \tag{4-17}$$

式中 $T_e$——装备扭矩；

　　　$D$——盾构机外径；

　　　$\alpha_1$——刀盘支承方式决定系数，简称为支承系数；

　　　$\alpha_2$——土质系数；

　　　$\alpha_0$——稳定掘削扭矩系数。

就中心支承式刀盘而言，$\alpha_1 = 0.8 \sim 1$；对中间支承方式而言，$\alpha_1 = 0.9 \sim 1.2$；对周边支承方式而言，$\alpha_1 = 1.1 \sim 1.4$。

对密实砂砾、泥岩而言，$\alpha_2 = 0.8 \sim 1$；对固结粉砂、黏土而言，$\alpha_2 = 0.8 \sim 0.9$；对松散砂而言，$\alpha_2 = 0.7 \sim 0.8$；对软粉砂土而言，$\alpha_2 = 0.6 \sim 0.7$。

对土压盾构而言，$\alpha_0 = 14 \sim 23 \text{ kN/m}^2$；对泥水盾构而言，$\alpha_0 = 9 \sim 18 \text{ kN/m}^2$；对开放式盾构而言，$\alpha_0 = 8 \sim 15 \text{ kN/m}^2$。

（2）刀盘驱动扭矩应有一定的富余量，扭矩储备系数一般为 1.5~2。同时，根据国外盾构设计经验，刀盘扭矩可按下式进行估算：

$$T = K_\alpha D^3 \tag{4-18}$$

式中 $K_\alpha$——相对于刀盘直径的扭矩系数，一般取土压平衡盾构 $K_\alpha = 14 \sim 23$，泥水盾构 $K_\alpha = 9 \sim 18$。

### 4.5.1.6　六、盾构功率

1. 主驱动功率

$$W_0 = A_w T\omega / \eta \tag{4-19}$$

式中 $W_0$——主驱动系统功率，kW；

$A_w$——功率储备系数，一般为 1.2～1.5；
$\omega$——刀盘角速度，$\omega = 2\pi n/60$；
$n$——刀盘转速，r/min；
$\eta$——主驱动系统的效率。

2. 推进系统功率

$$W_f = A_w F v / \eta_w \tag{4-20}$$

式中　$W_f$——推进系统功率，kW；
　　　$F$——最大推力，kN；
　　　$v$——最大推进速度，m/h；
　　　$\eta_w$——推进系统的效率，$\eta_w = \eta_{pm}\eta_{pv}\eta_c$，$\eta_{pm}$ 为推进泵的机械效率，$\eta_{pv}$ 为推进泵的容积效率，$\eta_c$ 为联轴器的效率。

### 4.5.2　盾构工法设备选型

#### 4.5.2.1　盾构选型依据

盾构选型应以工程地质、水文地质为依据，综合考虑周围环境条件、隧道断面尺寸、施工长度、埋深、线路的曲率半径、沿线地形、地面及地下构筑物等，以及周围环境对地面变形的控制要求等。同时，参考国内外已有盾构工程实例及相关的盾构技术规范、施工规范及相关标准，对盾构类型、驱动方式、功能要求、主要技术参数、辅助设备的配置等进行研究。

1. 工程地质

根据隧道工程地质资料，综合分析隧道岩性和围岩类别，选择合适的盾构类型，确保施工安全可靠，确保地面建筑物的安全，确保施工进度目标的实现。不同类型的盾构适应的地质范围不同，所选择的盾构应能适应地质条件，能保持开挖面稳定，如土压平衡盾构主要适用于粉土、粉质黏土、淤泥质粉土、粉砂层等的施工。

2. 水文地质

隧道盾构施工另外一个重要选型依据就是隧道围岩水文地质因素，围岩渗水系数是盾构选型常用的一个参数指标。

对于渗水系数大的隧道采用土压盾构施工，螺旋输送机的"土塞效应"难以形成，螺旋输送机出渣发生大量"喷涌"现象，这样对施工是非常不利的，同时引起的一个直接反应是土舱压力波动大，地面沉降不好控制，如果采用泥水平衡盾构，甚至采用气垫等，泥水舱压力波动可以控制在很小的范围内，欧洲设备采用气垫后一般可以控制在 20 kPa 左右。

对于渗水系数较小的隧道，如果采用泥水平衡盾构施工，主要制约因素是隧道渣土排放需要较长的管道，同时需要使用昂贵的泥水处理设备，在环境要求高的场合还必须采用渣土压滤设备，同时耗费大量的膨润土，工程造价是比较高的。

3. 尽量少地辅助施工工法

对于盾构施工，一个重要概念即掘进快速、工序少、人员程序化施工。辅助工法的增多给隧道施工带来很多不便：材料耗费大、工序复杂、工人技术能力要求高、管理困难。因此，进行盾构选型，应该综合分析施工成本，尽量采取少的辅助施工工法，保证隧道稳定高速掘进。

4. 环保要求

对于现代化隧道施工，进行盾构机类型的选择，环保要求应该引起施工界的高度重视，比如盾构施工带来的有形污染物、噪声、水源污染等应综合考虑。

以上几个方面在主要满足工程地质和水文地质关键技术需要的情况下，同时兼顾辅助工法尽量少采用、环保高要求等，多方面调研，综合确定适合工程的盾构类型。

5. 盾构选型原则

盾构机选型应采取以下原则：

（1）以开挖面稳定为核心，盾构选型应在充分把握地层条件的基础上进行。

（2）应考虑土的塑性流动性、土的渗透系数等，这对开挖面的稳定非常重要。塑性流动性直接影响土的顺畅排出，若地层透水性太高，地下水则可能通过开挖腔室和螺旋输送机内的废渣流入隧道。一般认为，$10^{-5}$ m/s 的渗透系数是土压平衡盾构作业的经验上限值。

（3）应考虑地下水的含量及水压，这往往要与土的塑性流动性及透水性结合考虑，高水压、高渗透性的情况是非常不利的。这涉及是选用泥水盾构还是土压盾构以及盾尾密封的选型。

（4）应重视地层中有无砂砾和大卵石，这直接影响土的渗透性、切削刀盘的磨耗、切削刀开挖时对地层的扰动范围、刀盘的开口率、对卵石的破碎方式及其排出方式。

（5）应考虑土层的粒径分布，一般都采用土层颗粒曲线来界定不同盾构的适用土层。总的来说，粒径大时宜采用泥水盾构，粒径小时宜采用土压盾构。

（6）隧道的线形和转弯半径也是应考虑的因素，盾构机本体的长度与直径比及盾尾间隙直接影响盾构的转弯及纠偏能力。一般，长度与直径之比（$L/D$）应不大于 1.0，当转弯半径过小时可考虑采用铰接式盾构。

（7）盾构选型时，必须根据土质条件决定切削刀的形状、材质和配置。必要时同时配置切削刀和滚刀，形成盾构和 TBM 的混合刀盘。

（8）刀盘的装备扭矩也与盾构选型有关，盾构装备扭矩 $T = \alpha D^3$（$D$ 为盾构外径；$\alpha$ 为扭矩系数，对泥水盾构 $\alpha = 9 \sim 15$，土压盾构 $\alpha = 8 \sim 23$）。显然，采用泥水盾构有利于减小刀盘切削阻力，从而减轻主轴承的负荷。

（9）盾构施工对周围环境的影响也是盾构选型时应考虑的因素，比如地层变形的许可程度、有无地下构筑物等，又如泥水处理以及废渣的倾倒是否对环境有污染等。

#### 4.5.2.2　不同地质条件下的盾构选型

1. 软弱土层隧道盾构选型

1）软弱土层基本特性

这种土层主要由黏粒和砂粒组成，其黏粒含量高、含水量大、透水性较差、强度低，具有触变性。土层一旦受到扰动，强度显著降低。

2）盾构选型

在软弱土层中采用盾构施工，必须在盾构掘进过程中，始终保持盾构开挖面和盾构外围周边土层的稳定，避免和减少土层扰动，以防止地表变形，这是软弱土层隧道盾构选型考虑的首要问题。软弱土层隧道施工可选用以下类型盾构：

（1）普通型土压平衡盾构。这种盾构适用于软弱黏性土，即使黏结较密实的泥土，在受到刀盘开挖扰动后，也会增加流塑性，能充填满刀盘泥土舱和螺旋输送机壳体的空间，通过调节螺旋机转速或盾构推进速度，就能使泥土舱内土压与开挖面静止土压保持平衡，以保持开挖面土层稳定。

（2）泥水加压盾构。这种盾构适用土层类型很广，从软弱黏性土、砂性土以及砂砾层都可选用，但需要配备泥水处理分离设备，占地面积较大，费用较高。

2. 湿陷性黄土层盾构选型

1）湿陷性黄土基本特性

湿陷性黄土在承受一定压力、同时处于浸水条件时会发生结构破坏而引起附加变形，这种变形具有突变性、非连续性和不可逆性。当建筑物或隧道建造在湿陷性黄土地区，一旦发生湿陷变形，必将产生结构破坏的严重后果。湿陷变形是在压力和浸水共同作用下而产生的，相反，湿陷性黄土在干燥环境下形成的结构强度是相当高的，可直立不垮。

2）盾构选型

在湿陷性黄土层采用盾构法建造隧道是非常复杂和困难的，应力求避开。这种土层宜选用开敞型盾构，包括人工开挖盾构、半机械开挖和机械开挖盾构。但应特别提醒：通常盾构施工法要在隧道衬砌外表面和土层之间的缝隙中及时压浆充填，由于湿陷性黄土在外荷和水的共同作用下，会导致土体结构强度降低，使结构体系失稳而破坏，因此在湿陷性黄土层采用盾构法施工时，应改为向衬砌外围缝隙压注小直径固体砂砾骨料，以保证隧道结构的稳定。

3. 红土层盾构选型

1）红土基本特性

红土是一种中等压缩性、强度较高的黏性土，其流限较大、含水量较多，土体常处于硬塑和可塑状态。但浸水后强度降低，部分含黏粒较多的红土，湿化崩解明显。

2）盾构选型

根据红土的基本特性，采用土压平衡盾构是红土层隧道施工最佳选型。对强度较高的红土，以选用加泥型土压平衡盾构为宜。盾构掘进时，可向密封泥土舱和螺旋输送机内注入泥浆或泡沫，使其与开挖下的泥土搅拌混合，提高泥土的塑流性，适应土压平衡盾构工作要求。

当红土层存有未风化、微风化岩层时，宜选用土压平衡复合型盾构；当盾构在一般性红土层中掘进时，可采用封闭型土压平衡盾构施工；当遇到岩石层时，就可转换成开敞型机械开挖盾构施工。

另外，有的红土黏结性极高，被开挖下的泥土，常常会牢固地黏结在刀盘进土口边沿或泥土舱隔板上，导致进土不畅、刀盘扭矩和盾构推力大增，影响盾构正常施工。为此，应采取以下措施：①在刀盘和泥土舱钢板表面涂上润滑剂或粘贴减摩板材，以减小摩擦力；②刀盘和泥土舱构造设计应尽量简化，减少死角，以使排土畅通；③刀盘采用中间梁支承，可对土体进行搅拌，并有利于避免泥土黏结；④适当加大刀盘和螺旋输送机传动功率，以备不测。

4. 膨胀性黏土层隧道盾构选型

1）膨胀性黏土基本特性

膨胀性黏土具有显著的吸水膨胀和失水收缩两种变形特性，并且具有再吸水再膨胀和再失水再收缩的可逆性变形特性。其在天然状态下，结构强度高、压缩性小、天然含水量低，土体处于硬塑或坚硬至半坚硬状态。而在干燥状态下，土质坚硬、易脆裂，一旦遇水则发生膨胀，强度显著降低。

2）盾构选型

这种土层在天然状态下可以保持稳定，一般可选用开敞型盾构，包括人工开挖盾构、半机械开挖盾构和机械开挖盾构。但应禁止采用注水或注浆工艺。这种土层浸水后强度显著降低，宜选用土压平衡或泥水加压型盾构。

当盾构施工所穿越土层既有天然状态下膨胀性黏土，又有被水浸湿的土层时，就宜选用复合型盾构。

5. 砂卵石地层盾构选型

1）砂卵石地层基本特性

砂卵石地层与水的结合能力小，呈现无黏聚力或小黏聚力的松散颗粒，不具有塑性。

2）盾构选型

（1）砂砾层盾构选型。

在砂砾层采用盾构施工，应着重考虑对开挖土层的稳定措施，一般以采用封闭型盾构为宜。

① 泥水加压型盾构。利用压力泥浆支护开挖面土层，同时面板式刀盘与开挖面土层密贴接触，增加了土层的稳定性，是砂砾层隧道施工的最佳选型。

② 土压平衡型盾构。可根据不同地质条件采取不同的改良土质技术措施，使其符合土压平衡盾构施工要求，因而能广泛用于从软弱黏性土到砂砾层隧道施工，而且特别适应城市人口稠密地区工程施工。

（2）卵石及复合地层盾构选型。

一般卵石层强度变化较大，在强度大的卵石层施工应选用开敞型盾构，包括人工开挖、半机械化和机械化盾构。如果穿越地层含水砂砾层和卵石交互层，则应选用泥水加压型复合盾构。对于大块卵石，还应在盾构土舱内安设碎石机。

6. 风化岩层隧道盾构选型

1）风化岩层基本特性

风化岩是新鲜岩在风化作用下形成的物质，可划分为全风化、强风化、中等风化和微风化。其中，全风化和强风化岩石强度一般较低，而微风化和中等风化岩石强度较高。

2）盾构选型

随着地下工程建设事业的发展，不少隧道穿越的土层较为复杂，尤其是长度大的隧道具有软土和强、中、微风化岩层交互地层，在这种情况下，应选用复合型盾构，包括泥水加压型、土压平衡型以及开敞型复合盾构。在进行具体选型时，还应着重根据所遇到的软土地层的施工要求加以考虑。

综上所述，盾构选型主要是根据土质特性和施工要求加以考虑，而在实际工程中，还有许多重要因素直接影响盾构选型。例如，某一工程从地质条件和施工环境考虑，选用泥水加压型盾构是最适宜的，但承包商考虑到另一条同直径隧道施工条件，要求采用土压平衡型盾构，为了使一台盾构能重复应用于多项工程，因此对这项工程最后还是选用了土压平衡型盾构。

#### 4.5.2.3 盾构刀盘选型

1. 盾构机刀盘盘体结构选型

盾构机刀盘盘体结构对地层的适应性主要表现为刀盘的纵断面形状、结构形式、支承方式、开口率、刀盘最大转速、扭矩及扭矩系数以及刀盘开挖、超挖直径等方面，下面就以上几个因素具体分析。

1）刀盘纵断面形状

刀盘纵断面形状可分为中心凸出形、平面形和屋顶形，如图4-61所示。中心凸出形常用于单一软土地层切削的土压平衡盾构，中心布置中心刀进行切削；屋顶形是面板式和小开口率滚刀刀盘常采用的形式，刀盘的强度好，易于布置滚刀；平面形多用于泥水平衡盾构和复合式土压平衡盾构，既布置有滚刀又有切削类刀具。

2）刀盘面板结构形式

盾构机刀盘形式按照工程地质条件和施工控制要求，大致可分为面板式、辐条式刀盘两种形式。泥水平衡盾构机一般都采用面板式刀盘，土压平衡式盾构则根据土质条件不同可采用面板式（见图4-62）或辐条式（见图4-63）。面板式的开口率较小，一般为25%～40%，辐条式的开口率较大，可以到70%～95%。

(a) 中心凸出形　　(b) 平面形　　(c) 屋顶形

图4-61　刀盘纵面形状

图 4-62 面板式刀盘　　　　　　　图 4-63 辐条式刀盘

（1）面板式刀盘：适用于风化岩及软硬不均地层。其优点是通过刀盘的开口限制进入土仓的卵石粒径；其缺点是由于受刀盘面板的影响，开挖面土压不等于测量土压，因而土压管理困难，由于受面板开口率的影响，渣土进入土仓不顺畅、易黏结和易堵塞，且刀盘负荷大，使用寿命短。

（2）辐条式刀盘：仅有几根辐条，土、砂流动顺畅，有利于防止黏土附着，不易黏结和堵塞；由于没有面板的阻挡，渣土从开挖面进入土仓时没有土压力的衰减，开挖面土压等于测量土压，因而能对土压进行有效的管理，能有效地控制地面沉降；同时刀具负荷小，寿命长。刀具切削下来的土体直接进入土仓，没有压力损失，同时在辐条后设有搅拌叶片，土、砂流动顺畅，土压平衡容易控制。因此，辐条式刀盘对砂、土等单一软土地层的适应性比面板式刀盘强；辐条式刀盘也能安装滚刀，在风化岩及软硬不均地层或硬岩地层掘进时，也可采用辐条式刀盘。

盾构刀盘面板形式应根据施工条件和土质条件等因素决定。不同的刀盘形式在土仓构造、开挖面稳定、土压保持、土砂的流入性、刀盘负荷和扭矩及检查换刀等方面存在较大的差异。典型的面板式和辐条式刀盘的特性比较见表 4-3。施工实践表明，在软黏土地层条件以及地铁隧道埋深不超过 20 m 的情况下，采用辐条式刀盘既能满足工程施工需要，又能保证有较好的掘进性能。在风化岩以及（大粒径）砂卵石等类似复合地层中，一般需要盾构刀盘具有很好的适应性，面板式刀盘能满足这种地层条件的需要。

表 4-3 面板式刀盘与辐条式刀盘的比较

| 比较项目 | 刀盘形式 | |
|---|---|---|
| | 面板方式 | 辐条方式 |
| 刀盘土仓构造 | 掘削面、开口、$P_1$、$P_2$、面板、隔壁、$P_3$ 土压计、螺旋输送机 | 掘削面、$P_1$、辐条、隔壁、$P_3$ 土压计、螺旋输送机 |

续表

| 比较项目 | 刀盘形式 | |
| --- | --- | --- |
| | 面板方式 | 辐条方式 |
| 开挖面与土仓内压力的关系 | 一般存在 3 个压力：$P_1$ 为开挖面~面板之间，$P_2$ 为面板开口进出口之间，$P_3$ 为面板与密封舱内壁之间；其中，$P_2$ 有扭矩产生的抵抗力，受面板开口影响不易确定，而 $P_3=P_1-P_2$，开挖面压力不易控制，同时，控制压力实际低于开挖面压力 | 只有一个压力 $P$，密封舱内土压力与开挖面的压力相等 $P_1=P_3$，因而平衡压力易于控制 |
| 开挖面稳定原理与土压保持的容易性 | 开挖面土压是每次刀盘面板受压→开挖面土压从面板开口经过到土仓内隔壁土压计查出后进行土压管理 | 开挖面土压是每次刀盘面板受压→开挖面土压是直接到土仓内隔壁土压计查出后进行土压管理 |
| 开挖面砂土的流进性 | 砂土从刀盘面板的开口流进土仓内：（1）砂土流进性影响开口形状及尺寸；（2）开口部的砂土容易产生附着和凝结 | 没有面板，砂土流进性好 |
| 开挖面的不稳定因素 | 土压管理值 $P_3=P_1$ 时，开口部发生附着凝结，刀盘土仓内闭塞导致刀盘扭矩增大，进而导致不能掘削，$P_3$ 的控制很困难，砂土性质决定 $P_1$ 的变化 | 土压管理值 $P_3<P_1$ 时，开挖面砂土流进过多，产生开挖面不稳定，但没有面板，$P_3$ 的控制较容易 |
| 刀盘载荷和扭矩 | 刀盘扭矩阻力大，需增加设备能力，造价高 | 刀盘扭矩阻力小，设备造价低 |
| 掘进途中换刀或土仓内检查 | 面板方式的止土效果好，比辐条方式安全 | 没有面板，土仓内作业时比面板方式的安全性低，加固土体费用高 |
| 开挖面出现障碍物时 | 出现大粒径障碍物时，螺旋输送机都无法排出，必须由工作人员进入到开挖面或土仓内人力清除 | |
| 对（大粒径）砂卵石底层的适应性 | 可以配置滚刀破碎大砾，若需配置滚刀，则其适应性好，但刀盘面板磨碎严重 | 无法配置滚刀，适应性差，若不需配置滚刀，因其无面板，砂土流动阻力小，适应性好 |

3）刀盘支承方式

刀盘主要有中心、中间以及周边支承方式等 3 种（见图 4-64）。需要说明的是中间支承方式包含了两种：主驱动装置采用主轴形式，刀盘安装在主轴伸出端上；另一种支承方式与周边支承方式类似，主驱动装置无主轴，而采用主轴承替代，刀盘通过高强度螺栓等连接构件与刀盘相连。

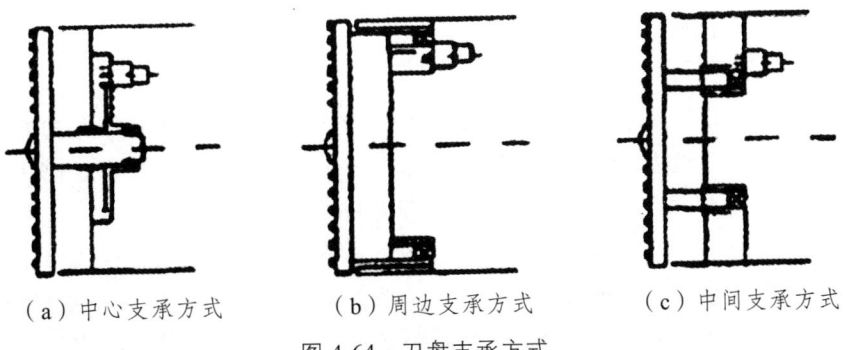

（a）中心支承方式　　（b）周边支承方式　　（c）中间支承方式

图 4-64　刀盘支承方式

3种支承方式各有特点，在选型时根据具体的施工条件进行选择。

（1）中心轴支承方式。

该方式是利用带有圆形断面的轴支承刀盘中心的支承方式。该结构较简单，与其他方式相比，其抵抗刀盘偏心载荷能力弱。当应用于大口径盾构及含有巨大砾石与基岩等的施工时，必须进行强度分析。

（2）周边支承方式。

该方式是为了克服中心轴支承方式在强度上的弱点的一种支承方式，是将刀盘的外圆周支承在环状上的结构。该方式的优点是有较强的偏心力抵抗作用，机内中央空间比较大。当使用该方式时，必须有可将挖掘土砂提升到排土装置设置高度的叶片，在黏性比较大的地基中，有土砂易于黏附在叶片上的缺点。

（3）中间支承方式。

该方式是一种兼顾上述两种方式优点的支承方式，是在从中心轴到外周刀盘的中间位置，用凸出盾构本体复数支承脚来支承，通常用于从中小口径到大口径的盾构中。

4）刀盘的开口

盾构机刀盘的开口大小主要需与盾构刀具布置设计及土仓内压力相适应。特别在黏性土层条件下盾构掘进，刀盘的开口选择很重要，特别是刀盘中心部位，要预防结块形成泥饼，所以在满足刀盘结构强度、刀具布置以及岩层支护条件的情况下，应尽量增大刀盘开口率，特别是开口尽量靠近刀盘中心部位，要使渣土易于流动，防止结泥饼，提高开挖效率。刀盘开口槽一般设计成楔形结构，使开口逐渐变大，以利于渣土向土仓内流动。

增大刀盘开口率并非只是在刀盘边缘的开口尺寸上，应注意刀座周围也是易形成泥饼的部位。在砾石地层中，刀盘的最大开口一般都按假设围岩上出现砾石的最大直径决定，但也有时会根据螺旋输送机的尺寸设置盘形滚刀，让其具有破碎开挖面上砾石的功能，从而限制刀盘开口尺寸。

5）刀盘最大转速、扭矩

盾构机在地层中掘进时，维持盾构机主要工作参数的动态平衡是盾构隧道安全施工的重要因素，刀盘的最大转速、扭矩应与盾构其他主要各种参数相适应，如盾构推力、土仓压力、开口率等。刀盘额定转速主要由刀盘线速度决定，一般是根据地质条件，兼顾塑流化改良所需的搅拌线速度要求和切削刀具抗冲击能力等确定。国内外经验表明，软土地层盾构的刀盘线速度一般大于 25 m/min，而砂卵石地层盾构的刀盘线速度一般在 20 m/min 左右。刀盘额定扭矩需要通过理论计算确定。

6）刀盘开挖直径、超挖直径

刀盘的开挖直径是随隧道设计直径而变化的，在施工中，由于掘进线路的坡度或转弯半径等因素影响，需在刀盘边缘布置超挖刀（或仿形刀），用于盾构在转弯处内侧的超挖。而在复合地层条件下施工，考虑到刀盘和刀具在较为坚硬的围岩中切削会有一定的磨损，因此在选型时需考虑因刀盘刀具磨损而使盾构直径减小，盾构被卡在岩层中的风险，在选型和制造时可对其提出设计要求，一般盾构机体直径从盾首至盾尾依次减小 10 mm，以控制盾构卡在岩层中的风险。另外，根据工程经验，也可将仿形刀刀座垫高，使超挖直径增大，降低此类风险事故发生的可能。

7）盾构机刀具种类

刀具是盾构施工的重要部件。盾构机刀具可根据掘削目的、设置位置和用途等进行分类，见表4-4。按切削原理划分，盾构机的刀具一般分为切削刀和滚刀两种，其余形式的刀具为辅助刀具。在盾构施工时，选用什么样的刀具通常取决于盾构机掘进通过的地层条件。为了适应从软土到硬岩不同地层的切削，开发了不同种类的开挖刀具。目前，盾构机上常见的刀具有：滚刀、切刀、先行刀、周边刮刀、仿形刀、鱼尾刀。如果刀具的选择不适应地层条件就会造成刀具加速磨损、刀盘结泥饼等工程问题，因此应根据地层条件选用不同的刀具及刀具组合。刀盘不同部位的刀具如图4-65所示。

表4-4 刀具按掘削目的、设置位置和用途的分类

| 种类名称 | 用途 | 设置部位 |
| --- | --- | --- |
| 固定刀具 | 掘削掘削面 | 面板正面 |
| 旋转刀具 | 掘削掘削面 | 面板正面 |
| 超前刀具 | 超前掘削 | 面板正面 |
| 导向钻头 | 破碎地层 | 面板正面 |
| 外沿保护刀具 | 保护刀盘外沿 | 面板正面外沿 |
| 修边刀具 | 减小推进阻力 | 面板外沿 |
| 背面保护刀具 | 保护背面面板 | 面板背面 |
| 加泥嘴保护刀具 | 保护加泥嘴 | 加泥嘴部位 |

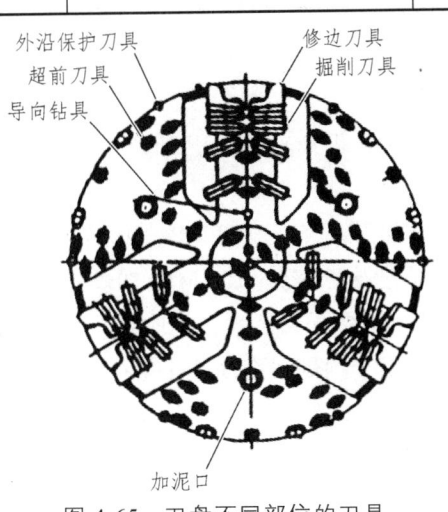

图4-65 刀盘不同部位的刀具

（1）滚刀。

盘形滚刀（见图4-66）是隧道掘进机滚压破岩常用的一种刀具形式。典型的滚刀一般由刀圈、刀体和轴承等组成。盘形滚刀在各类隧道掘进机上使用非常广泛，主要用于全断面岩石隧道掘进机、盾构及顶管设备。过去盘形滚刀主要用于全断面岩石隧道掘进机刀盘破岩，

随着隧道及地下工程的快速发展，所遇到的地层复杂性逐渐增加，开始在盾构刀盘上使用滚刀，或同时布置切刀和滚刀形成复合式盾构，以应对各种软硬不均或富水地层，如砂卵石、砾石地层、风化岩地层及越江跨海隧道的高水压地层。

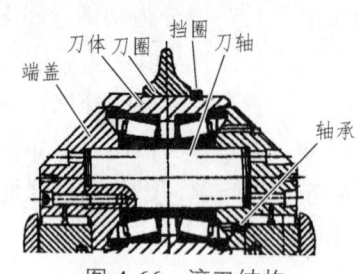

图 4-66 滚刀结构

滚刀分为齿形滚刀和盘形滚刀，齿形滚刀主要有球齿滚刀和楔齿滚刀两种，盾构上应用较广的是盘形滚刀。盘形滚刀按刀圈的数量分有单刃、双刃、多刃三种形式，如图 4-67 所示，中心滚刀如图 4-68 所示。

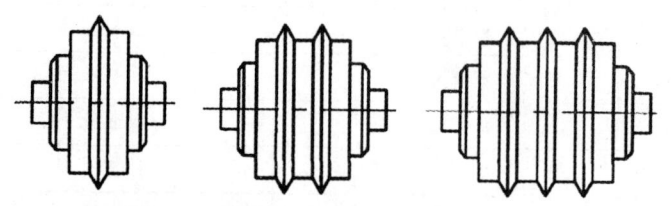

图 4-67 单刃、双刃、三刃滚刀　　　图 4-68 中心滚刀

在风化的砂岩及泥岩等软岩地层时，一般采用双刃滚刀，硬岩地层采用单刃滚刀。盘形滚刀按刀圈材质主要分为耐磨层表面刀圈、标准钢刀圈、重型钢刀圈、镶齿硬质合金刀圈滚刀等，并分别适应不同的地层。

① 耐磨层表面刀圈：适用于掘进强度 40 MPa 的紧密地层，强度 80～100 MPa 的断裂砾岩、砂岩、砂黏土等地层。

② 标准钢刀圈：适用于掘进强度 50～150 MPa 的砾岩、大理石、砂岩、灰岩地层。

③ 重型钢刀圈：适用于掘进强度 120～250 MPa 的硬岩，强度 80～150 MPa 的高磨损岩层，如花岗岩、闪长岩、斑岩、蛇纹石及玄武岩等地层。

④ 镶齿硬质合金刀圈：适用于掘进强度高达 150～250 MPa 的花岗岩、玄武岩、斑岩及石英岩等地层。

在纯硬岩地层掘进时，刀盘中心位置会布置双刃或三刃滚刀。

（2）切刀。

切刀是软土刀具，布置在刀盘开口槽的两侧，其切削原理是盾构机向前推进的同时，切刀随刀盘旋转对开挖面土体产生轴向（沿隧道前进方向）剪切力和径向（沿刀盘旋转切线方向）切削力，在刀盘的转动下，刀刃和刀头部分插入到地层内部，不断将开挖面前方土体切削下来。切削刀一般适用于粒径小于 400 mm 的砂、卵石、黏土等松散体地层。

切刀安装在刀盘开口槽的两侧。用来切削未固结的土壤，并把切削土刮入土仓中，刀具的形状和位置按便于切削地层和便于将土刮入土仓来设计，在同一个轨迹上一般有多把切刀同时开挖。切刀的宽度使得每把刀的切削轨迹之间有一定的重叠。目前，最有效的切刀为双层耐磨设计，如图4-70所示，配有双层碳钨合金刀齿以提高刀具的耐磨性，在第一排刀齿磨损后，第二排刀齿可以代替第一排刀齿继续发挥作用。同时，在刀具的背部设有双排碳钨合金柱齿。切刀在刀盘上的安装采用背装式，可以从土仓内拆卸和更换。

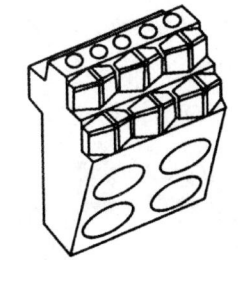

图4-69　切刀组成　　图4-70　双层耐磨切刀

（3）先行刀。

先行刀（见图4-71）即为先行切削土体的刀具，也称作超前刀。先行刀在设计中主要考虑与切刀组合协同工作。刀具切削土体时，超前刀在切刀切削土体之前先行切削土体，将土体切割分块，为切刀创造良好的切削条件。据其作用与目的，超前刀断面一般比切削刀断面小。采用超前刀，一般可显著增加切削土体的流动性，大大降低切刀的扭矩，提高刀具切削效率，减少切刀的磨耗。在松散体地层，尤其是砂卵石地层使用效果十分明显。

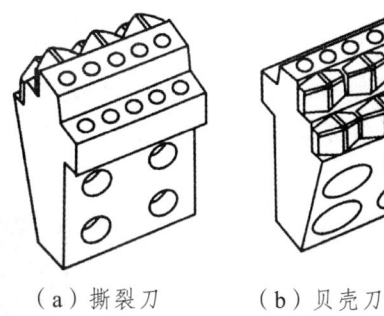

（a）撕裂刀　　（b）贝壳刀

图4-71　先行刀

先行刀一般安装在辐条中间的刀箱内，采用背装式，可从土仓进行更换。先行刀主要有3种形式：贝壳刀、撕裂刀、齿刀。日本盾构常采用贝壳刀，德国Herrenknecht AG（海瑞克）公司盾构较常采用齿刀，加拿大Lovat（罗威特）公司和法国NFM公司盾构较常采用撕裂刀。

贝壳形先行刀在盾构机穿越砂卵石地层，特别是大粒径砂卵石地层时具有重要作用，若采用滚刀型刀具，因土体属松散体，在滚刀掘进挤压下会产生较大变形，大大降低了切削效果，有时甚至丧失切削破碎能力。采用贝壳形先行刀，将其布置在刀盘盘圈前端面，专用于切削砂卵石，可较好地解决盾构机切削土体（砂卵石）的难题。

撕裂先行刀除先行将致密的土层松动外，同时还起着击碎砂卵石的作用，先行刀还能起到延长切刀寿命的作用。先行刀按刀盘双向转动设计，齿刀和撕裂刀可安装在一个特殊设计的刀箱中，允许根据刀盘的转动方向做适当的微动，这种微动的设计主要用来减少先行刀侧面的磨损。必要时，齿刀和撕裂刀的刀座可设计成与滚刀可互换的结构。

（4）周边刮刀。

周边刮刀也称铲刀、保径刀，如图4-72所示，安装在刀盘的外圈，用于清除边缘部分的开挖渣土，防止渣土沉积、确保刀盘的开挖直径以及防止刀盘外缘的间接磨损。该刀的切削面上设有一排连续的碳钨合金齿和一个双排碳钨合金柱齿，用于增强刀具的耐磨，确保即使在掘进几公里之后刀盘仍然有一个正确的开挖直径。周边刮刀采用背装式，可从土仓内进行更换。对周边刮刀而言，单排连续碳钨合金刀齿是足够的，因为周边刮刀仅其端部切削地层，而切刀在整个宽度范围切削地层。

图4-72 周边刮刀

（5）仿形刀。

盾构机一般设计两把仿形刀（一把备用），布置在辐条的两端，即安装在刀盘的外缘上。仿形刀一般布置在辐臂上。施工时，可以根据超挖多少和超挖范围的要求，从辐条两端径向伸出和缩回仿形刀，达到仿形切削的目的。仿形刀伸出最大值一般在80~130 mm。盾构机在曲线段推进、转弯或纠偏时，通过仿形刀超挖切削土体创造所需空间，保证盾构机在超挖少、对周边土体干扰小的条件下，实现曲线推进和顺利转弯及纠偏。

仿形刀（超挖刀）（见图4-73）可通过液压油缸动作，采用可编程控制，通过刀盘回转传感器来实现。驾驶员可以控制仿形刀开挖的深度，以及超挖的位置。例如：决定要对左侧进行扩挖以便盾构向左转弯时，那么仿形刀只需在左侧伸出，在左侧水平直径线上、下45°的范围内扩挖即可。

图4-73 仿形刀

（6）鱼尾刀。

采用大刀盘全断面切削土体，布置在刀盘不同位置的切削刀，从刀盘外周至中心，运动圆周逐渐减小，刀盘外周与刀盘中心的刀具线速度相差较大，中心点理论上可以视为零，相应土体流动状态也是越来越差；而且中心支撑部位（直径约1.5 m）不能布置切削刀，为改善中心部位土体的切削和搅拌效果，可考虑在中心部位设计一把尺寸较大的鱼尾刀，如图4-74所示。

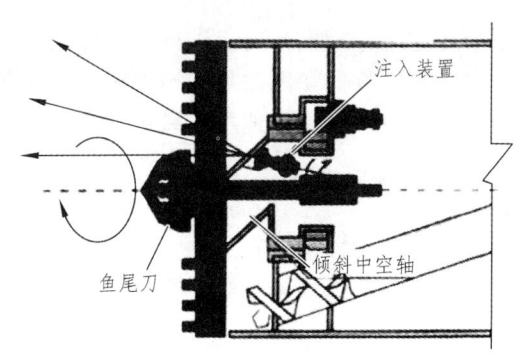

图 4-74 鱼尾刀

根据经验，鱼尾刀的设计和布置可应用两个技巧：①让盾构机分两步切削土体，利用鱼尾刀先切削中心部位小圆断面（直径约 1.5 m）土体，而后扩大到全断面切削土体，即将鱼尾刀设计与其他切削刀不在一个平面上，一般鱼尾刀超前 600 mm 左右，保证鱼尾刀最先切削土体。②将鱼尾刀根部设计成锥形，使刀盘旋转时随鱼尾刀切削下来的土体，在切向、径向运动的基础上，又增加一项翻转运动（如同犁地一般），这样既可解决中心部分土体的切削问题和改善切削土体的流动性，又大大提高盾构机整体掘进水平。

8）盾构刀具选型原则及配置

刀具布置和刀具形状在盾构机设计中是非常重要的内容。刀具布置方式及刀具形状是否适合工程的地质条件，直接影响到盾构机的切削效果、出土状况和掘进速度。

（1）刀具对岩土体的适应性。

在选择刀具的时候必须依据地质条件来选取，对于软土地层，一般只需要配置切削型刀具，如切刀、刮刀。对于含有岩石复合岩土地层，刀盘除配置切削型刀具外，还需要配置盘形滚刀，两种刀具都应该具备对岩土的破岩能力。各种刀具的破岩能力见表 4-5。

表 4-5 各种刀具破岩能力

| 刀具名称 | 安装位置 | 岩土适应性 | 破岩能力 |
| --- | --- | --- | --- |
| 切刀 | 安装在渣口槽的一侧 | 适用于软土切削、切削和剥离土体 | 20 MPa |
| 周边刮刀 | 安装在刀盘弧形周边 | 切削软土，在硬岩下可用作刮渣 | 20 MPa |
| 中心齿刀 | 安装在刀盘中心部位（可换装滚刀） | 用于软土切削 | 30 MPa |
| 正齿刀 | 安装在刀盘正面（可换装滚刀） | 用于软土切削 | 30 MPa |
| 先行刀 | 超前切刀布置，与切刀协同工作 | 适用于松散体地层，切削宽度一般设计为滚刀的一半 | 同齿刀 |
| 鱼尾刀 | 刀盘中心布置 | 适用于软土地层 | 同齿刀 |
| 仿形刀 | 刀盘边缘 | 用于纠偏、拐弯 | |
| 单刃滚刀 | | 适应于硬岩地层 | |
| 双刃滚刀 | 刀盘中心 | 适应于软岩地层 | <80 MPa |

刀具的布置方式需要充分考虑工程地质情况，进行针对性设计，不同的工程地质特点，采用不同的刀具配置方案，以获得良好的切削效果和掘进速度。根据地质条件特点，可以大致分为四种地层：软弱土地层；砂层、砂卵石地层；风化岩及软硬不均地层；单纯的纯硬岩地层。

① 砂层、砂卵石地层。

如北京、成都等地的地质条件主要以砂卵石地层为主，如遇到粒径较大的砾石或漂石，应配置滚刀进行破碎。在砂层、砂卵石地层施工时，需设置（宽幅）切刀、周边刮刀、先行刀（重型撕裂刀）、中心刀、仿形刀等刀具。切刀是主刀具，用于开挖面大部分断面的开挖；周边刮刀用于切削外周的土体，保证开挖断面的直径；先行刀在开挖面沿径向分层切削，预先疏松土体，降低切刀的冲击荷载，减少切削力矩，同时重型撕裂刀用于破碎强度较低和粒径较小的卵石和砾石；中心刀用于开挖面中心断面的开挖，起到定心和疏松部分土体的作用；仿形刀用于曲线开挖和纠偏；滚刀用于破碎粒径较大的砾石或漂石。

② 风化岩及软硬不均地层。

如广州、深圳，地质条件主要是以上软下硬、地质不均的复合地层为主，且局部岩石的单轴抗压强度较高（150～200 MPa），除配置切削型刀具（包括宽幅切刀、先行刀）外，还需配置滚刀，因而刀盘结构相对复杂。对于岩层首先通过滚刀进行破岩，且滚刀的超前量应大于切刀的超前量，在滚刀磨损后仍能避免切刀进行破岩，确保切刀的使用寿命。在曲线半径小的隧道掘进时，为了保证盾构的调向和避免盾壳被卡死，需要有较大的开挖直径，因此刀盘上需配置滚刀型的仿形刀（或超挖刀）。

③ 单纯的纯硬岩地层。

如秦岭1线隧道，隧道断面范围内以混合片麻岩和混合花岗岩两种岩石为主，刀具全部选用滚刀，无任何齿刀。有时，在刀盘面板周边开口处配备刮渣刮刀板。

（2）刀具配置时应考虑的因素。

① 实际施工时会遇到各种复杂地层，地质资料提供的只是部分的钻探资料，不能完全准确反映实际地质情况，因此在进行刀具配置设计时必须对地质进行充分的分析和研究，刀具配置要有一定的富余和能力储备。

② 不同的工程地质需配置不同的刀具，软土地层只需配置切削型刀具；砂卵石地层除配置切刀外，还需配置先行刀；风化岩及软硬不均地层除配置切削型刀具外，还需配置先行刀、滚刀；在复合地层中，要保证不同种类刀具相互可换。

③ 刀具配置要覆盖整个开挖断面，为保证刀盘受力均衡，运转平稳，刀具要对称性布置；切刀要正反方向布置，同时要确保每个轨迹有2把切刀；对切刀排列方式进行选择，整体连续排列或牙形交错排列；通过周边刀保证开挖直径；保证滚刀纯滚动，要考虑周边滚刀的安装角度，同时增加周边滚刀的数量。

④ 刀具安装一般通过螺栓固定或设计转接箱，便于安装、拆装、更换和修理。

⑤ 通过合理选择耐磨材料和合金镶嵌技术；对刀盘和开口槽进行耐磨处理；对加泥、加泡沫系统进行合理设计，减少刀具掘进磨损和冲击，提高刀具的耐久性，延长刀具的寿命。

⑥ 适应城市繁华地区施工的需要，综合合理选择刀具种类和尺寸，确定刀具的超前量、相互高差，尽可能减少刀盘旋转刀具切削土体过程对周边土体及环境的扰动，尽量使各种刀具磨损均匀，充分发挥各种刀具的切削性能。

⑦ 必要时，应为刀具配备磨损监测和报警装置，如液压式、电磁式、超声波探测式刀具检测装置。

⑧ 在盾构施工中合理地选取掘进参数（如总推力、刀具贯入度、刀盘转速、扭矩等），最大程度地延长刀具的使用寿命，减少换刀频率，降低施工中换刀的风险。

⑨ 在曲线半径小的隧道掘进时，为了利于盾构的调向，需要有较大的开挖直径，因此根据地质情况的差异，可在刀盘上选择配置扩孔刀或滚刀型、齿刀型的仿形刀。

（3）刀具布置的高度差。

对于含有岩石的复合岩土地层，刀盘不仅配置切削型刀具，而且还配置了盘形滚刀，因而对于刀具布置的高度差也有一定的要求。由于切刀在黏土地层寿命较长，在砂岩地层寿命相对较短，因此在复合地层中，首先通过盘形滚刀进行破岩。滚刀的伸出高度一般比切刀要大，17寸滚刀一般允许磨损量为 25 mm，边滚刀为 15 mm，所以一般滚刀和切刀的高度差应该大于 25 mm。例如：在海瑞克盾构机刀盘设计中，滚刀的伸出高度为 35 mm，保证滚刀在磨损情况下仍能避免切刀进行破岩，保证了切刀使用寿命。

（4）刀间距布置。

在复合地层中，首先通过盘形滚刀进行破岩，因此对于盘形滚刀的刀间距合理布置的要求是：① 每把盘形滚刀在破岩时所受的负荷相等，即每把刀的破岩量相等，刀刃两侧的侧向反力能相互抵消；②作用在刀盘体上的各点外力相互平衡，其合力通过刀盘中心，不产生倾覆力矩。因此，对于刀盘面板正面的盘形滚刀的刀间距为 50~120 mm，对于软岩取最大值，硬岩层取最小值。

隧道如果以硬岩为主，也有中硬岩时，刀间距按二者兼顾的原则选择。隧道如果以软岩为主，也有少量硬岩时，刀间距按软岩选择，掘到硬岩地段时，可以慢速掘进。

对于周边刀的刀间距是从邻近正刀开始，向外缘逐渐减少，最后两把相邻边刀的刀间距弧长一般为 20~25 mm，最后一把边刀的刀倾角一般为 70°。边刀的布置采用圆弧过渡，过渡区的曲率半径及边刀数量取决于盾构机直径的大小。

（5）刀座安装方式。

为了方便刀具的更换，现在通常刀具安装一般采用螺栓固定。如图 4-75 所示，滚刀的安装一般有刀盘前方安装和刀盘后方安装。前者在更换刀具时需通过刀盘中的人孔将盘形滚刀搬到刀盘前方，当刀具较重时换刀困难，另外由于紧靠掌子面，所以换刀很不安全，因此目前换刀方式一般采用刀盘后安装形式。

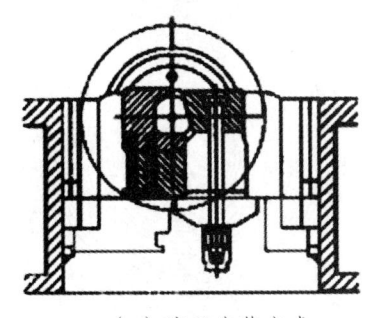

（a）滚刀安装方式 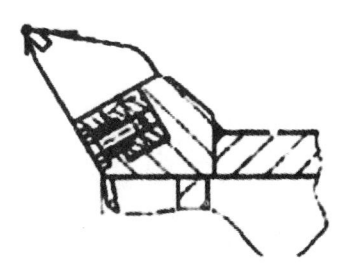　　（b）切刀安装方式

图 4-75　刀具安装方式

（6）刀具布置原则。

刀具布置有两种方式：

第一种为刀具整体连续排列方式，因其切削阻力较大，盾构机土仓内土体流动性差，现已很少使用，仅偶尔在切削阻力小的淤泥质地层中采用。

第二种为刀具牙形交错连续排列方式，因其切削阻力小、切削效率高、土仓内土体流动性好和易搅拌而被广泛使用。目前，世界上基本均采用牙形交错连续排列方式。

刀具选择与布置：

盾构开挖性能主要通过刀具的选择和布置来保证。根据不同地质情况选用不同类型的刀具及刀具组合，实现刀具配置的灵便性，提高刀盘的开挖效率。

一般情况下刀具布置有如下几个原则：

① 尽可能保证刀盘和刀具的受力均匀，使作用在大轴承上的径向载荷尽量减小到最低。

② 切刀全断面双向布置在主梁的两侧，使整个掌子面都在切刀的切削范围内，保证刀盘不论正反转都能全断面切削土体。

③ 使每把盘形滚刀破岩时所受的负荷尽量相等，即每把刀的破岩量相等，保证刀刃两侧的侧向反力能相互平衡；前面的刀具能为后面的刀具提供破岩临空面，形成前后滚刀顺次破岩。

刀具布置方式：同心圆布置（见图4-76）和阿基米德螺旋线布置（见图4-77）。

由于刀盘需要正反旋转，因此切刀也布置在正反方向。同时，为了提高切刀的可靠性，在每个轨迹上布置了2把切刀。由于周边工作量相对较大，磨损后对盾构切口环尺寸影响较大，因此在刀盘周边布置了较多的切刀和刮刀。

在切刀、刮刀刃口镶嵌有合金耐磨材料以延长刀具的使用寿命，切刀的破岩能力为20 MPa，可以顺利通过加固地层的开挖。切刀伸出刀盘面板的高度可保证渣土的有效流动，防止刀盘面板与土仓间产生泥饼。

在区间含硬岩的复合地层，刀盘除配置切刀、刮刀、齿刀这些切削型刀具外，还配置了双刃盘形滚刀，用于破碎硬岩，因而刀盘结构相对复杂。双刃盘形滚刀单个刀刃的允许承载能力为250 kN，破岩能力相对于单刃滚刀而言较低，适应破碎抗压强度小于80 MPa的岩石。刀盘上配备了足够数量的滚刀，以取得合适的滚刀间距（每把双刃中心滚刀的刀间距为100 mm），达到了较好的破岩效果。

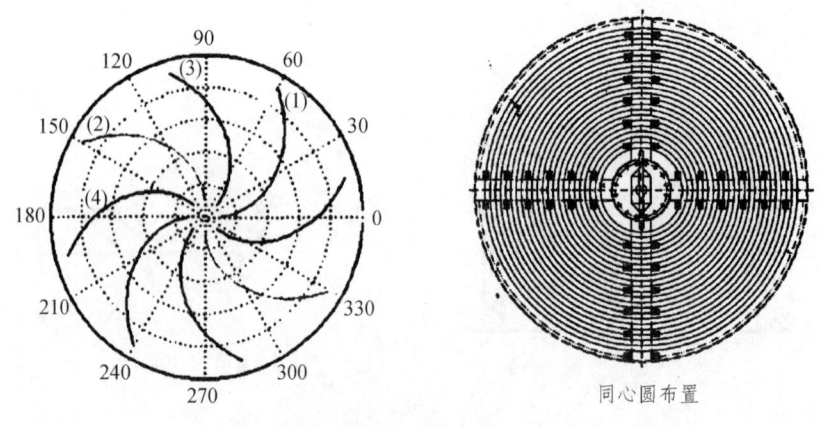

图4-76　同心圆布置方式

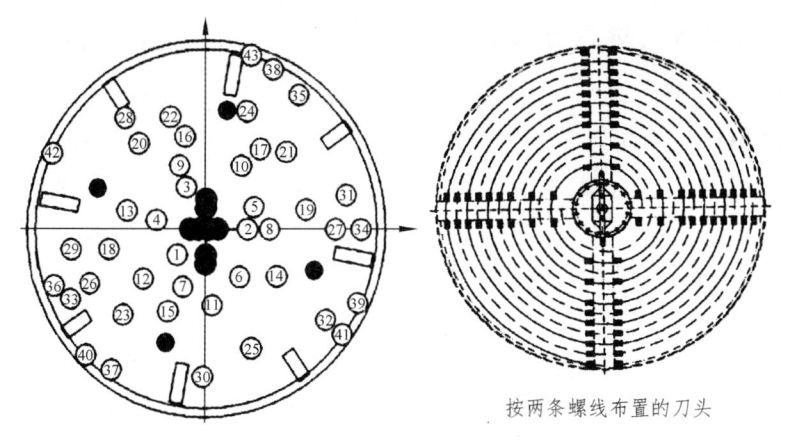

图 4-77　阿基米德螺旋形布置方式

另外，切刀的安装有一定的偏角，由于刀具安装在辐条两侧，辐条具有一定的宽度，如果直接将刀具平行安装在辐条两侧，刀盘旋转时，沿刀盘周向的切削阻力不垂直于刀具，产生偏载荷，加剧刀具磨损，因此每把刀具都有一定的偏角，如图 4-78 所示。切刀的偏角与切刀的安装位置有关。

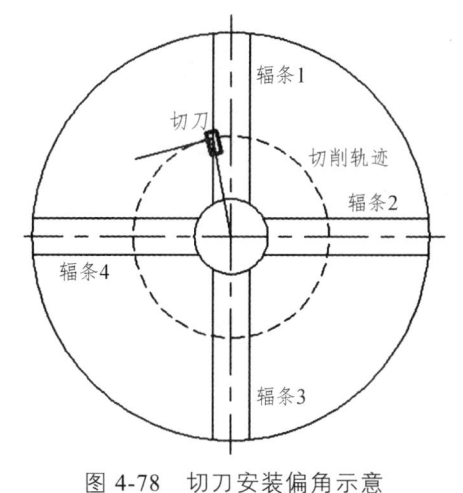

图 4-78　切刀安装偏角示意

## 4.6　工程应用

### 4.6.1　广州地铁九号线

国内首台直径 6.26 m "泥水+土压" 双模式盾构在广州地铁 9 号线（花都汽车城—广州北站）区间始发，该盾构实现了多项重大技术创新，填补了国内双模式盾构的空白。"泥水+土压" 双模式盾构可根据地层变化，不须拆装任何部件，就能通过控制系统快捷地在两种不同掘进模式之间实现相互切换，保证了工程优质高效。双模式盾构与普通盾构相比，具有一个显著的特征，即同时具备泥水和土压盾构两种功能，能较好地适应不同的地层条件，相比整机进口，每台节省人民币近 1 500 万元。

#### 4.6.1.1 双模盾构选型方法概述

经过大量的理论研究及工程实践，单一模式的盾构/TBM 选型已趋于成熟，国内外学者也针对盾构/TBM 在不同地层条件下的适应性开展了大量研究，但关于双模选型原则和依据还较欠缺。通过大量文献调研及双模盾构/TBM 工程经验总结，确定了双模式盾构/TBM 设备选型方法及流程如图 4-79 所示，主要分为 5 个步骤：第一，依据地质参数将隧道进行区段划分。第二，评判隧道穿越地层的工程地质及水文地质条件的差异程度，确定是否选取双模式掘进机。第三，若采取单模式设备，则直接依据单模盾构或 TBM 适应性进行设备选取；若选取双模设备，则根据地层关键参数界限值确定该段选取双模的组合模式。第四，分别计算隧道长度方向地层比例及拟转换段下限长度，确保模式转换工序对施工效率和经济效益的有利影响。第五，综合辅助工法应用及其他选型影响因素最终选定隧道掘进设备的类型。

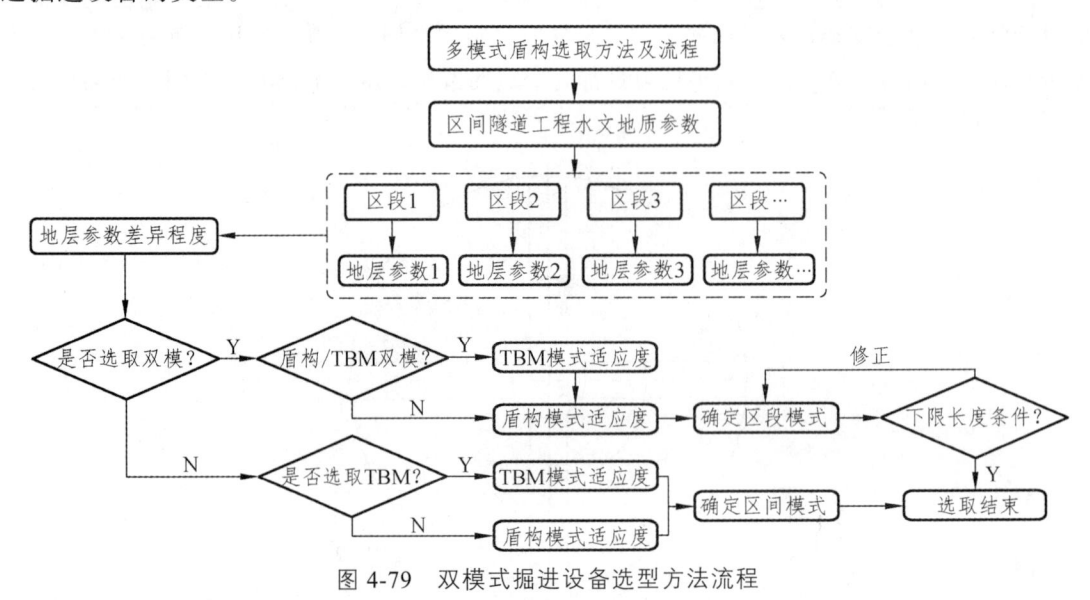

图 4-79 双模式掘进设备选型方法流程

#### 4.6.1.2 根据地质条件选型

针对由不稳定的软土地层与稳定硬岩地层构成的复杂地质条件，地层的完整性和软硬程度差异显著，单一的复合土压平衡盾构机无法满足长距离硬岩快速掘进的需求，单一的单护盾 TBM 无法解决极端上软下硬复合地层的施工风险问题。通常情况下，在破碎岩层段和软硬不均段，采用土压平衡模式，在软弱土层、富水砂层及裂隙水发育的基岩地段采用泥水平衡模式；采用土压平衡模式掘进自稳性较强的土体，降低施工成本的同时提高效率，采用泥水平衡模式掘进自稳性较差的土体，使地表沉降得到有效控制。从地层参数的差异程度分析，在软硬不均复合地层中，交替地层区段之间渗透系数差异程度达到 $10^3$ 数量级，弹性模量差异程度达到 $10^3$ 数量级，单轴抗压强度差异程度达到 60 MPa 以上，上述条件满足任意一条，则该区间隧道建议选用双模盾构/TBM 的施工方法。而具体选用何种双模式，还需考虑不良地质条件等其他因素进行综合判定。

由于广州地铁 9 号线（花都汽车城—广州北站）地质条件见表 4-6。

表 4-6　广州地铁 9 号线地质参数

| 隧道工程 | 隧道长度/km | 主要地层 | 渗透系数差异程度 | 弹性模量差异程度 | 岩层单轴抗压强度/MPa |
| --- | --- | --- | --- | --- | --- |
| 广州地铁 9 号线花都汽车城站—广州北站 | 1.68 | 砂层、灰岩、复合地层 | 100 | 103 | 23.1～92.8 |

基于上表地质参数，广州地铁弹性模量差异程度到达 $10^3$ 数量级，单轴抗压强度差异程度达到 60 MPa 以上，故选择双模盾构施工法，且广州地铁主要地层为砂层、灰岩以及复合地层，故选择为"泥水+土压"双盾构模式。

该双模式盾构具备以下特点：

（1）技术先进。融合泥水、土压两种模式，最广泛地适应复杂多变的复合地层和市区环境，能在最大程度上控制工程风险的同时，实现优质高效掘进。

（2）功能齐全。配备复合式刀盘，大功率的主驱动和推进系统，大扭矩的螺旋机，单管单泵的泡沫系统，单双液两套注浆系统，P0 泵小循环系统，且具备逆循环掘进功能、顶置人闸等，两种模式可独立运行又可互相支持。

（3）切换便捷。两种模式切换不需拆装任何部件，只需按规定程序进行操作，便能根据地层、地质、环境变化的需要，随时实现安全、快速地切换。

（4）适应性强。特别适应上软下硬和软硬交替的复合地层、卵石地层及对沉降控制严格的地面环境，可实现在复杂条件下沉降小、掘进快、综合成本低的盾构施工效果。9 号线 6 座车站主体封顶 9 号线（花都汽车城—广州北站）区间全长 1.68 km。该区间地质条件异常复杂，溶洞特别发育，区间见洞率高达到 43.97%；而且很大一部分地段为上软下硬的复合地层，加之线路需穿越天马河、广清高速公路等重要地段，安全风险非常高。

图 4-80　隧道贯通

### 4.6.2 成都地铁一号线

成都地铁一号线某隧道工程起于骡马市站南端，沿人民中路，止于天府广场站北端，为两条平行的单线圆形隧道，洞径净空约6m，线间距13～15m。线路里程为Z(Y)DK7+888.19—Z(Y)DKB+712.082，单线隧道总长为823.892m。本区间地下隧道，埋深15～29m，洞底标高483.2～488.2m，沿线地面为成都市中心地带，商铺众多、楼宇密集、交通繁忙。区间隧道地处川西平原岷江Ⅰ级阶地，为侵蚀-堆积地貌。本隧道主要穿越卵石土层，卵、砾石成分以灰岩、砂岩、石英岩等为主，呈圆形-亚圆形，粒径大小不一，分选性差。卵石含量约占68%，粒径以30～100mm为主，初探揭示最大粒径180mm。根据试验段探井和天府广场基坑揭示，最大粒径达530～550mm；圆砾含量约为10%，兼夹漂石，漂石最大粒径270mm，卵石最大强度可达200MPa，充填物主要为中细砂及少量黏性土。卵石土层板埋深8.2～22.0mm。

目前，盾构机主要有手掘系统盾构（分为手掘式盾构、挤压式盾构和网格式盾构）、半机械式盾构、机械系统盾构（包括机械式盾构、泥水加压式盾构、土压平衡式盾构）等类型。对于土压平衡盾构和泥水平衡盾构的选择要结合隧道周边环境、地表沉降控制、施工成本等多方面因素进行，选型过程一般遵循以下原则：

（1）以开挖面稳定为核心，盾构选型应在充分把握地层条件的基础上进行，土压平衡盾构和泥水平衡盾构对地层的适应性见表4-7。

表4-7 土压/泥水平衡盾构与适用土质、辅助工法的关系

| 分类 | 地质条件 | | | 泥水平衡盾构 | | | 土压平衡盾构 | | |
|---|---|---|---|---|---|---|---|---|---|
| | 土质 | N值 | 含水率/% | 辅助工法 | | | 辅助工法 | | |
| | | | | 无 | 有 | 种类 | 无 | 有 | 种类 |
| 冲积性黏土 | 腐殖土 | 0 | >300 | × | △ | A | × | △ | A |
| | 淤泥、黏土 | 0～2 | 100～300 | ○ | — | — | ○ | — | — |
| | 砂质淤泥黏土 | 0～5 | >80 | ○ | — | — | ○ | — | — |
| | 砂质淤泥黏土 | 5～10 | >50 | △ | | | ○ | | |
| 洪积性黏土 | 垆姆黏土 | 10～20 | >50 | ○ | — | — | ○ | — | — |
| | 砂质垆姆黏土 | 15～25 | >50 | ○ | — | — | ○ | — | — |
| | 砂质垆姆黏土 | >20 | >20 | ○ | | | ○ | | |
| 软岩 | 风化页岩、泥岩 | >50 | <20 | — | — | — | — | — | — |
| 砂质土 | 混杂淤泥黏土的砂 | 10～15 | <20 | ○ | | A | ○ | △ | A |
| | 松散砂 | 10～30 | | △ | ○ | A | △ | △ | A |
| | 密实 | >30 | | △ | ○ | A | △ | △ | A |
| 砂砾大卵石 | 松散砂砾 | 10～40 | | △ | ○ | A | △ | △ | A |
| | 固结砂 | | | △ | ○ | A | △ | △ | A |
| | 混有大卵石的砂砾 | >40 | | △ | ○ | A | △ | △ | A |
| | 大卵石层 | | | △ | ○ | A | △ | △ | A |

注：① 无：不使用辅助工法；有：使用辅助工法；○：原则上符合条件；△：使用时须加以讨论；A：化学注浆工法；×：原则上不合适的条件；—：特殊情况下也可以使用。② ○主要表示希望选定的工法，但是也包括部分土质不适合的不得不采用的情形。

（2）应考虑土的流塑性、土的渗透系数等，这对开挖面的稳定非常重要。塑性流动性直接影响土的顺畅排出，若地层透水性太高，地下水则可能通过开挖腔室和螺旋输送机内的废渣流入隧道，依据欧美和日本盾构施工经验，当地层的渗透系数小于 $10^{-7}$ m/s 时，采用土压平衡盾构；当渗透系数为 $10^{-7}\sim10^{-4}$ m/s 时，既可选用泥水盾构，也可以在渣土改良的情况下选用土压平衡盾构；当地层的渗透系数大于 $10^{-4}$ m/s 时，宜采用泥水盾构。

（3）应考虑地下水的含量及水压，这往往要与土的塑性流动性及透水性结合考虑，高水压、高渗透性的情况是非常不利的。当地下水压大于 0.3 MPa 时，螺旋输送机难以形成有效的土塞效应，在螺旋输送机出土闸门处易发生喷涌现象，引起土舱中压力下降，导致开挖面坍塌，因此适宜采用泥水平衡盾构。

（4）应重视地层中有无砂砾和大卵石，这直接影响到土的渗透性、切削刀盘的磨耗、切削刀开挖时对地层的扰动范围、刀盘的开口率、对卵石的破碎方式及排出方式。

（5）应考虑土层的粒径分布，一般都采用土层颗粒曲线来界定不同盾构的适用土层，如图 4-81 所示。若地层中细颗粒含量较多，那么刀盘切削下来的渣土易形成不透水的流塑体从而更密实地填充土舱，进而建立压力来平衡开挖面土体。若地层中粗颗粒含量多，则渣土流塑性变差，土舱内难以建立土压力，总的来说，粒径大时宜采用泥水盾构，粒径小时宜采用土压盾构。

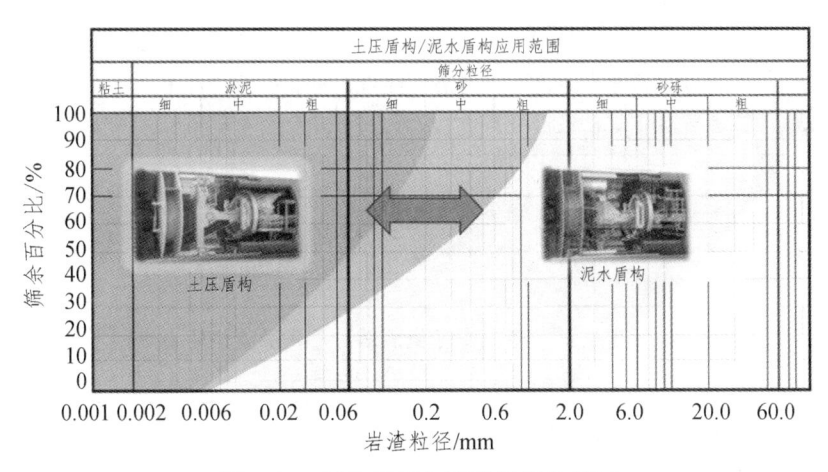

图 4-81　盾构类型与颗粒级配的关系

（6）盾构施工对周围环境的影响也是盾构选型时应考虑的因素，如地层变形的许可程度、有无地下构筑物等，泥水处理以及废渣的倾倒是否对环境有污染等。

（7）刀盘的装备扭矩也与盾构选型有关，盾构装备扭矩 $T_e=\alpha D^3$（$D$ 为盾构外径；$\alpha$ 为扭矩系数，对于泥水盾构 $\alpha=9\sim15$，对于土压盾构 $\alpha=8\sim23$）。显然，采用泥水盾构有利于减小刀盘切削阻力，从而减轻主轴承的负荷。

一般而言，土压平衡盾构具有施工成本低、出土效率高、适用地层范围广等优点，但是对地层扰动较大，大直径化困难；而泥水平衡盾构对地层的扰动小、易于大直径化，但需要设置泥水管理和处理设备，成本较高，且施工场地大、影响交通、污染环境。土压平衡和泥水平衡盾构对比见表 4-8。

表 4-8 土压平衡和泥水平衡盾构对比

| 项 目 | 土压平衡盾构 | 泥水平衡盾构 |
| --- | --- | --- |
| 稳定开挖面 | 保持土舱压力,维持开挖面土体稳定 | 有压泥水能保持开挖面地层稳定 |
| 地质条件适应性 | 在砂性土等透水性地层中要有土体改良的特殊措施 | 无须特殊土体改良措施,有循环的泥水(浆)即能适应各种地质条件 |
| 抵抗水土压力 | 靠泥水的不透水性在螺旋机内形成土塞效应抵抗水土压力 | 靠泥水在开挖面形成的泥膜抵抗水土压力,更能适应高水压地层 |
| 控制地表沉降 | 保持土舱压力、控制推进速度、维持切削量与出土量相平衡 | 控制泥浆质量、压力及推进速度,保持送排泥量的动态平衡 |
| 隧道内的出渣 | 用机车牵引渣车进行运输,由龙门吊提升出渣,效率低 | 使用泥浆泵这种流体形式出渣,效率高 |
| 渣土处理 | 直接外运 | 需要进行泥水处理系统分离处理 |
| 盾构推力 | 土层对盾壳的阻力大,盾构推进力比泥水平衡盾构大 | 由于泥浆的作用,土层对盾壳的阻力小,盾构推进力比土压平衡盾构小 |
| 刀盘及刀具寿命 刀盘转矩 | 刀盘与开挖面的摩擦力大,土舱中土渣与添加材料搅拌阻力也大,故其刀具、刀盘的寿命比泥水平衡盾构要短,刀盘驱动转矩比泥水平衡盾构大 | 切削面及土舱中充满泥水,对刀具、刀盘起到润滑冷却作用,摩擦阻力比土压平衡盾构要小,相对土压平衡盾构而言,其刀具、刀盘的寿命要长,刀盘驱动转矩小 |
| 推进效率 | 开挖土的输送随着掘进距离的增加,其施工效率也降低,辅助工作多 | 掘削下来的渣土转换成泥水通过管道输送,并且施工性能良好,辅助工作少,故效率比土压平衡盾构高 |
| 隧洞内环境 | 需矿车运送渣土,渣土有可能洒落,相对而言,环境较差 | 采用流体输送方式出渣,不需要矿车,隧洞内施工环境良好 |
| 施工场地 | 渣土呈泥状,无须进行任何处理即可运送,所以占地面积较小 | 在施工地面需配置必要的泥水处理设 |
| 经济型 | 只需要出渣矿车和配套的门吊,整套设备购置费用低 | 需要泥水处理系统,整套设备购置费用高 |

针对成都特有的地质条件,采用闭胸式盾构来确保掌子面的稳定。若采用土压式平衡盾构,由于砂砾土的塑流性和抗渗性差,将使得排土难以顺畅从而无法满足掘削面稳定的要求,需混入可以提高流塑性和抗渗性的添加材料。因此,选用了 Herrenknecht AG(海瑞克)公司的加泥复合式土压平衡盾构,其技术参数见表 4-9。

表 4-9 加泥复合式土压平衡盾构技术参数

| 项目 | | 技术参数 | 项目 | | 技术参数 |
|---|---|---|---|---|---|
| 盾构尺寸 | 切口环直径/mm | 6 250 | 铰接油缸 | 数量/个 | 14 |
| | 本体长度/mm | 7 945 | | 行程/mm | 150 |
| 刀盘 | 刀盘直径/mm | 6 280 | 管片拼装机 | 形式 | 中心回转式 |
| | 额定扭矩/(kN·m) | 4 300 | | 旋转角度/(°) | ±2 000 |
| | 转速/(r/min) | 0~2.5 | | 提升油缸/个 | 2 |
| | 功率/kW | 630 | | 纵向行程/mm | 2 000 |
| | 开口率/% | 28 | 1号和2号螺旋输送机 | 功率/kW | 160 |
| 刀具形式 | 中心刀/把 | 4 | | 转速/(r/min) | 0~17.5 |
| | 滚刀/把 | 32 | | 最大输送量/(m³/h) | 229 |
| | 刮刀/把 | 32 | | 直径/mm | 700 |
| | 铲刀/把 | 8 | 注浆系统 | 同步注浆设备/(m³/h) | KSP12 2×12 |
| 注浆系统 | 推力/kN | 34 210 | | | |
| | 行程/mm | 2 000 | 泡沫系统 | 泡沫注入/(L/h) | 300 |
| | 工作压力/bar | 325 | 膨润土系统 | 膨润土注入/(m³/h) | 30 |
| | 伸出速度/(mm/min) | 80 | 导向系统 | 激光导向 | VMT, SLS-T-APD |
| | 数量/个 | 30 | 盾构总长 | 包括车架/m | 75 |

# 第5章　TBM法机械设备

## 5.1　TBM分类

1. 按刀盘形状的不同分类

根据刀盘形状的不同，TBM分为平面刀盘TBM、球面刀盘TBM、锥面刀盘TBM。其中平面刀盘TBM最为常用。

2. 按作业岩石硬度的不同分类

根据全断面岩石掘进机作业岩石硬度的不同分为软岩全断面掘进机（作业岩石单轴抗压强度<100 MPa），中硬岩全断面岩石掘进机（作业岩石单轴抗压强度<150 MPa）和硬岩全断面岩石掘进机（作业岩石单轴抗压强度可达350 MPa）。

3. 按开挖断面形状的不同分类

根据全断面岩石掘进机开挖断面形状的不同分为圆形断面全断面岩石掘进机和非圆形断面全断面岩石掘进机。

4. 按全断面岩石掘进机与洞壁之间的关系分类

根据全断面岩石掘进机与开挖隧洞洞壁之间的关系可分为开敞式全断面岩石掘进机、护盾式全断面岩石掘进机和其他类型全断面岩石掘进机。护盾式全断面岩石掘进机又可以根据护盾的多少分为单护盾、双护盾和三护盾全断面岩石掘进机。其中，应用范围最广的是开敞式和护盾式全断面岩石掘进机。

## 5.2　开敞式TBM设备构造

### 5.2.1　开敞式TBM概述

开敞式全断面岩石掘进机也称支撑式全断面岩石掘进机，是TBM最早的机型，也是最基本的机型。这种机型的支撑机构撑紧洞壁，刀盘旋转，推进液压缸推进，盘形滚刀破碎岩石，出渣系统出渣而实现隧洞的连续循环开挖作业，适用于岩石整体性能较好的隧道。开敞式TBM目前主要有两种结构形式：一种为前后两组X形支撑的双支撑（凯氏）TBM含有内机架和外机架；另一种为单支撑主梁开敞式TBM。

德国Wirth GmbH（维尔特）公司主要采用凯式TBM（见图5-1所示），德国Herrenknecht AG（海瑞克）公司、美国Robbins（罗宾斯）公司和中国的TBM制造商主要采用主梁TBM（见图5-2所示），其中主梁TBM又可分为单对水平支撑主梁TBM和双对水平支撑主梁TBM（见图5-3所示）。

图 5-1 凯式开敞式 TBM

图 5-2 主梁开敞式 TBM

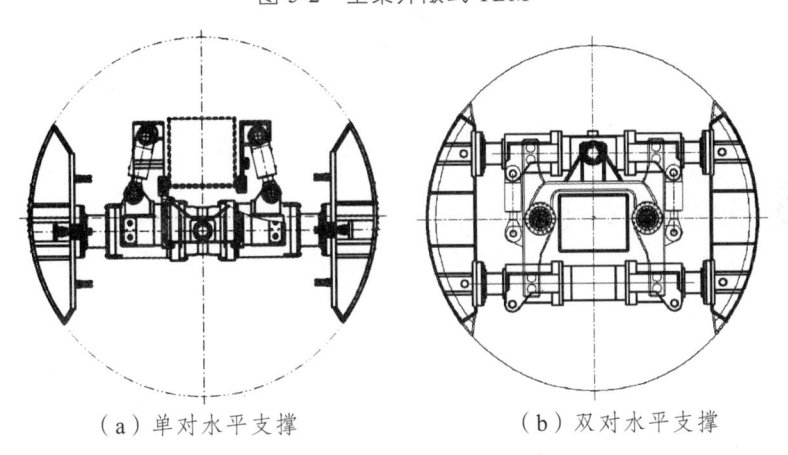

（a）单对水平支撑　　（b）双对水平支撑

图 5-3 主梁开敞式 TBM 的两种形式

## 5.2.2 主梁开敞式 TBM 基本结构

主梁开敞式 TBM 与凯式开敞式 TBM 最大的区别在于为 TBM 提供推进反力的撑靴系统，以主梁开敞式 TBM 为例，介绍开敞式 TBM 的结构特点。开敞式 TBM 主要由主机、设备桥和后配套组成，主机主要由刀盘、主驱动系统（含主轴承）、护盾、推进及支撑系统、后支撑、主机皮带机、辅助支护系统等部分组成，是 TBM 系统的核心部分，完成主要掘进和部分支护工作。后配套系统通过设备桥与主机相连，由一系列彼此相连的钢结构台车组成，其上用于布置液压动力系统、供电和控制系统、供排水系统、通风除尘系统、出渣系统、支护系统等。

#### 5.2.2.1 刀盘和刀具

1. 刀 盘

刀盘是用于安装滚刀的机座，为钢结构焊接件，是岩石掘进机的重要部件之一。其前端是加强的双层钢板，通过溜槽与后隔板相接，刀盘后隔板用螺栓与刀盘轴承连接。盘形滚刀装在刀盘上来挤压破碎岩石，刀盘的前端装有径向带齿的碎石铲斗，刀座是刀盘的一部分，由于刀盘上的刀座呈凹形，且盘形刀的刀圈凸出刀盘，所以能有效破碎岩石并防止出现大块岩石阻塞、卡刀的现象发生。

根据正滚刀的刃口包络面的形状，全断面岩石掘进机的刀盘分为锥面刀盘、平面刀盘、球面刀盘。各自的特点见表 5-1。平面刀盘最为常用。

表 5-1 刀盘形式

| 刀盘形式 | 锥面刀盘 | 平面刀盘 | 球面刀盘 |
|---|---|---|---|
| 特点 | 大锥角刀盘可以充分形成破岩自由面，破岩效率高，工作稳定 | 1. 机身支撑稳定性好；<br>2. 刀盘径向力平衡性好，岩石工作面稳定；<br>3. 刀盘容易制造，其上刀盘的轴向力小；<br>4. 刀盘推力的利用率高 | 硬岩采用，原因为刀盘工作稳定 |

全断面岩石掘进机的刀盘按结构分可分为中心对称式、偏心对分式、中方五分式及中六角七分式四种形式，如图 5-4 所示。

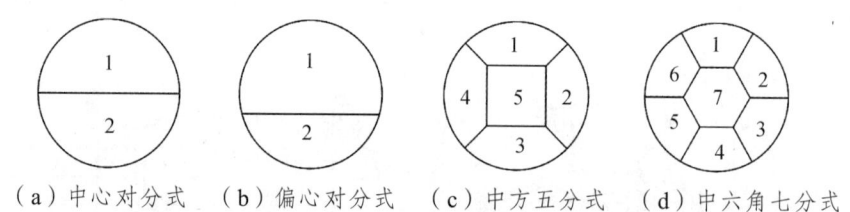

（a）中心对分式　（b）偏心对分式　（c）中方五分式　（d）中六角七分式

图 5-4 刀盘形式

2. TBM 滚刀及破岩机理

滚刀是刀盘上用于破碎岩石的工具，根据形状的不同，滚刀分为盘形滚刀、球形滚刀、楔齿滚刀等。盘形滚刀最为常用。滚刀按其在刀盘上的位置又可以分为中心滚刀、正滚刀、过渡滚刀和边滚刀。中心滚刀是布置在刀盘中心区的滚刀；正滚刀是布置在中心滚刀与过渡滚刀之间的滚刀；过渡滚刀是布置在刀盘外圆过渡曲面上的滚刀；边滚刀是位于刀盘外缘区。

盘形滚刀在掌子面的岩面上连续滚压造成岩体破碎，机器施加给刀圈的外荷载为轴压力（推力）和滚动力（扭矩）。轴压力使刀圈压入岩体，滚动力使刀圈滚压岩石。岩石的破碎方式有以下两种：

1) 挤压破碎岩石

岩石与钢材及混凝土材料不同，它是由各种不同强度的矿物组成，各向异性和不均质性是它的特征，随着成因不同表现出不同的脆性和塑性。刀圈在岩面上滚动时，就像大车在软硬不同的路面上行驶一样，软的地方压入深，硬的地方压入浅，使刀体作上下往复运动，造成对岩体的冲击。

2)剪切碾碎岩石

TBM 在掘进中剪切和破碎岩石主要有以下几种方式:①刀圈与岩石间的摩擦力对接触面的岩石表面产生碾碎作用;②刀圈做圆周运动的时候向圈内侧岩石产生剪切作用;③人为地造成滚刀的滑动,从摩擦角度而言是有害的,但对塑性类的岩石,滑动有助于扩大岩石破碎面积,提高这种破碎岩石的过程类似切削,它与切削的区别是在冲击使岩石压碎成的条件下,刀圈通过滑移而使岩石破碎。

综上所述,滚压破岩既有冲击压碎,又有剪切碾碎作用的复合运动,给滚压破岩机理的研究带来许多困难。苏联对滚刀压入岩石的应力状态和破岩机理进行了研究,表明在其他条件相同时,刀刃外形为抛物线形的刀圈可承受较高的剪切力,更适合于破碎坚硬和塑性的岩石。

#### 5.2.2.2 刀盘护盾

护盾的主体为钢结构焊接件,围绕在主驱动机头架周边,与机头架相连接,用于 TBM 掘进时顶紧在洞壁上稳定刀盘,并防止大块岩渣掉落在刀盘后部及主驱动电机处。整个护盾分成底护盾、侧护盾和顶护盾三个部分。底护盾固定于机头架下方,承载 TBM 前部的重量,并作为 TBM 调向的支点;侧护盾、顶护盾由液压缸驱动伸缩,侧护盾在掘进中稳定刀盘,顶护盾结构延伸到刀盘后方,为进行辅助支护的工人提供保护。开敞式 TBM 刀盘护盾如图 5-5 所示。

图 5-5 开敞式 TBM 刀盘护盾

#### 5.2.2.3 主驱动系统

刀盘驱动是一个敞开式中心环形驱动,如图 5-6 所示。主驱动包括机头架、主轴承、大齿圈、内外密封、驱动小齿轮、行星减速机、变频电机及一组环件。刀盘由主机头架内的主轴承支撑,刀盘机头架是重载型的刚性(抗扭转)焊接钢结构;主轴承是掘进机典型的三排滚子轴承,主轴承直径约占刀盘直径的 2/3,能力储备大。主轴承、大齿圈部件的布置能够满足空间布局及设计寿命要求。为了便于制造和更换,将大齿圈和主轴承分开。由小齿轮驱动外齿圈,而外齿圈与驱动转接环及主轴承内圈连接在一起。变频控制电驱动单元包括下列设备:变频驱动、水冷式电机。机械过载保护采用扭矩限制器。

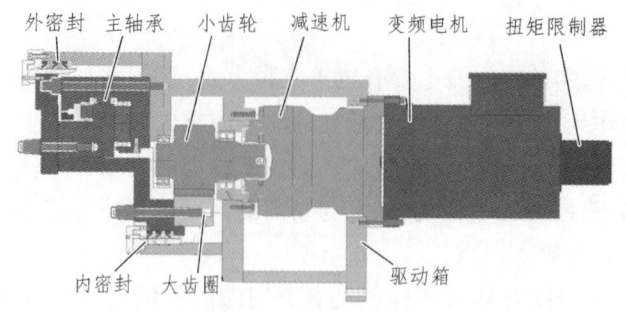

图 5-6 中标注：外密封　主轴承　小齿轮　减速机　变频电机　扭矩限制器　内密封　大齿圈　驱动箱

图 5-6　主驱动系统

主轴承密封由 3 个唇式密封构成，此密封又用迷宫式密封保护。迷宫式密封由自动润滑脂系统进行清洗净化，如图 5-7 所示。对主轴承齿圈和驱动小齿轮采用强制式机械润滑。装备有润滑泵、滤清器、电子监测系统。润滑脂润滑系统、机油润滑系统与刀盘驱动系统相互联锁，当润滑系统失效时，刀盘自动停止转动。

#### 5.2.2.4　推进系统

推进及支撑系统主要由主梁、鞍架、推进液压缸、撑靴液压缸、扭矩液压缸和撑靴构成，具体如图 5-8 所示。其主要功能是通过推进液压油缸给刀盘掘进提供所需的推力，并且由撑靴油缸将撑靴撑紧在洞壁上承受掘进时的反力和反力矩。

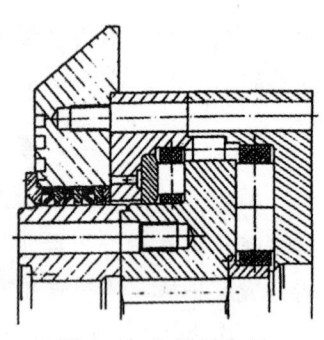

图 5-7　主轴承密封

图 5-8　推进及支撑系统

1. 主　梁

主梁包括两段，相互之间用高强度螺栓连接。主梁的主要作用是传递刀盘推力和反扭矩。刀盘旋转的时候，其产生的扭矩通过机头架，传递到主梁，主梁传递到鞍架，鞍架通过扭矩油缸传递到撑靴装置，最终传递到开挖好的岩壁上。主机推力由安装在主梁上的推进油缸提供，推进油缸一端安装在主梁的前段，一端与撑靴装置连接。推进反力由撑紧岩壁的撑靴装置提供。当主机推进的时候，撑靴紧贴在岩壁表面，推进油缸伸出，带动主梁、机头架和刀盘沿鞍架的滑轨向前运动。

## 2. 鞍架

如图 5-9 所示，鞍架安装在主梁上，是连接撑靴油缸和主梁的部件。鞍架两侧通过铜套与主梁的滑轨连接。鞍架上部安装十字铰接装置，并且鞍架与十字铰接装置之间使用调节板来调整，十字铰接装置是鞍架系统很重要的部件，在主机水平调向的过程中发挥重要作用。鞍架上下均安装缓冲弹簧及托板，并且托板始终与撑靴油缸两侧特制的平面贴合。鞍架的铜套外侧安装防尘密封，在鞍架沿主梁滑轨前后移动过程中，清除滑轨表面的杂物和渣粒。防尘密封拆卸方便，在磨损到一定程度后可以进行更换。

图 5-9 鞍架

## 3. 撑靴

撑靴为焊接钢结构件，较大的撑靴面积可以在软弱围岩中获得合适的接地比压，撑靴的外弧面开槽，能够跨过钢拱架而不致压坏，为了获得较大的摩擦力，在撑靴表面安装有若干防滑钉。撑靴与撑靴油缸端部采用球面副接触，并用螺栓连接，外球面套用螺栓固定在撑靴油缸活塞杆的端部，撑靴的内侧凸球面与球面套的凹球面相接触，与外球面套配合的法兰将撑靴用螺栓连接固定。这种球面副结构允许撑靴在 360°方向都可以有一定的摆角，以适应TBM 姿态和洞壁不规则的需要。为防止摆动过大以及调整撑靴位置，在撑靴内部设置稳定油缸，保压后顶住球面套，以保证撑靴在换步过程中的稳定。

## 4. 撑靴油缸、扭矩油缸和推进油缸

撑靴油缸是一个经过特殊设计的液压油缸，共有 4 个，其缸筒端通过一个合适大小的连接架连接，并保持在同一轴线，活塞杆端与撑靴装置连接，且均朝向岩壁面。

扭矩油缸一端与鞍架连接，一端与撑靴油缸缸筒上焊接的耳座连接。其主要作用为传递主机开挖所产生的反扭矩，并为主机的垂直调向提供动力。扭矩油缸分为两组，每组两个，在主梁的两侧安装。

推进油缸提供了主机开挖所需要的推进力。推进油缸为双作用缸，并配有行程传感器。推进油缸一端与主梁上焊接的耳座连接，一端与撑靴装置连接，这样使得推进力能够直接通过撑靴装置传递到岩壁上，降低撑靴油缸受到侧向力的风险。

### 5.2.2.5 后支撑

主梁尾部安装有后支撑，如图 5-10 所示，在 TBM 换步的时候，后支撑油缸伸出，后支撑靴与洞壁紧密接触，与底护盾一起支撑主机的重量；在 TBM 掘进的时候后支撑油缸缩回，并在推进油缸的作用下随主梁一起向前移动，完成掘进循环。

图 5-10　后支撑

#### 5.2.2.6　运输系统

**1. 一级出渣系统**

TBM 的一级出渣系统为主机皮带机。主机皮带机包括以下几个主要部分：输送带、托辊及中间架、滚筒、拉紧装置、制动装置、控制装置、清扫装置和卸料装置等。主机皮带机主要功能为将刀盘开挖的岩渣输送到后配套皮带机上实现连续出渣，保证 TBM 的快速掘进。基于开敞式 TBM 主机结构特点，TBM 主梁一般被用作主机皮带机的支撑，皮带机尾部高度可调节以满足人员进入刀盘内部检修的需要，托辊组的检修或更换可以通过主梁上的预留孔进行。为防止皮带机跑偏，设计中采用鼓形滚筒和导向辊结构。主机皮带机的出渣能力与 TBM 的最大掘进速度相匹配并留有部分余量。为便于主梁内部清渣，在主机皮带机的下部设置简易的皮带机清渣装置。主机皮带机头部如图 5-11 所示。

图 5-11　主机皮带机头部

主机皮带机带宽、带速、最大运能均需要根据具体工程进行适配设计。其主要设计功能如下：

① 液压驱动，结构紧凑，便于调速，扭矩大；
② 尾部可抬升（液压驱动），方便进入刀盘换刀；
③ 具有防跑偏，跑偏报警，紧急停机等功能；
④ 皮带机头部设置喷雾装置。

2. 二级出渣系统

1）连续皮带机

连续皮带机系统设计以高可靠性、通用性、减少中间驱动等为主要原则，具体设计中采取提高功率裕度，带宽、转速、装机功率等要与出渣量相匹配，尽量统一电机、减速机型号，保证结构件、关键件的互换性。

连续皮带机主要由头部固定部分（驱动装置、卸载装置、储带仓、张紧装置、硫化平台等），机身（机架、上下托辊组、壁挂支架等），机尾部分（机尾装置、安装窗口、缓冲床等），胶带，电控系统（控制、通信、保护等），辅助部分（卷放带装置、硫化设备、清扫器、水清洗箱等），转渣部分等组成。

图 5-12　连续皮带机

2）有轨运输矿车

隧道内常用的运货矿车有多种类型，按照运输货物类型可分为两类，第一类为运输器材设备：平板车、材料车；第二类为运输散粒货载用：梭式矿车、固定车箱式矿车、翻斗式矿车、单侧曲轨侧卸式矿车和底卸式矿车。

材料车，专为装运长材料用；平板车，专为转运大件设备用。此外，还有人车、专用矿车等。人车，它是有座位的专用乘人车，分斜井人车和平巷人车两种。专用矿车，主要有炸药车、水车、卫生车及消防车等。除梭式矿车外，其他运输散粒货载用的矿车可以统称为斗车。

3）无轨运输设备

多功能胶轮车（MSV），MSV 通常由动力单元、载重单元、制动单元、操作与控制单元 4 部分组成，MSV 结构如图 5-13 所示。

MSV 结构组成特点：①以低污染柴油发动机作为动力源，采用液压驱动。②中间为用于装载物料或人员的多功能平台，高度较低（见图 5-13，MSV42 的平台高度为 425 mm），可以装载预制管片、砂浆车、钢筋网、锚杆等全部隧道施工用物资以及人员乘坐车厢，必要时还可以增设随车吊等配套设备与工具，平台长度可以根据施工需求进行针对性设计与配置。③前后分别设置 1 个操作室，洞内运行时无须调头即可轻松实现前后运行，对于洞内狭小空间运输调度极为有利。④配备 3 套制动系统，分别是通过静压传动实现的无磨损制动、作用于每个车轮的液压盘式制动器和用于紧急情况及驻车制动的弹簧制动器，因而其制动性能非常可靠。⑤重载最高运行速度不低于 20 km/h，满足洞内运输速度要求。⑥最小转弯半径为 25 m，洞内运行更灵活；⑦配置完善的监控系统，时刻监测设备运行状态与参数，确保行车安全。

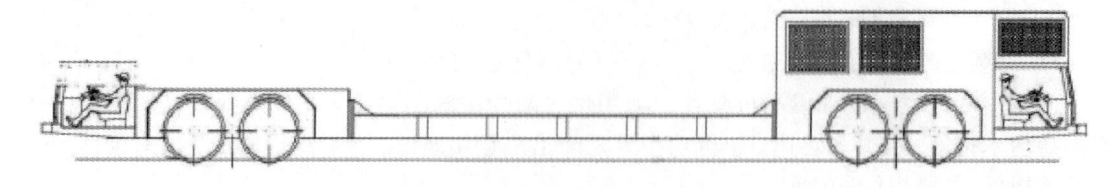

图 5-13 MSV 结构组成

MSV 进入 TBM 后配套区域有两种方式：①后配套设计为平台式，通过坡道进入；②后配套设计为门架式，走行轨道安装于特制的钢枕上，MSV 走行于两根钢轨之间的区域。不论采用哪种方式，都需要在 MSV 左右两侧设置传感器实时监控与后配套之间的距离，以确保 MSV 以正确的姿态运行，保证安全。

#### 5.2.2.7 支护系统

为了满足掘进机掘进中的支护要求，在机上不同部位安装相应的工作机构设施，如锚杆钻机、圈梁安装器、喷射混凝土机和钢筋网安装机等。由于隧道内空间有限，掘进机机上预留尺寸小，要求这些机构结构紧凑，重量轻，易于操作，便于检查。下面简要说明这些支护设施。

1—顶护盾；2—齿状护盾；3—钢拱架安装器；4—锚杆钻机；5—保护架；
6—钢筋网安装机；7—水平支撑靴；8—超前钻机。
图 5-14 海瑞克 TBM 掘进机支护设备

**1. 锚杆钻机**

TBM 机载锚杆钻机是支护系统中关键的支护机械设备，具有钻孔和打锚杆双重作用，可与 TBM 掘进机开挖平行作业。机载锚杆钻机作业时，首先在已开挖的岩面上钻出一定直径和深度的孔，然后将钻杆换成锚杆将其钻入深孔，采用锚固剂、杆体托板及各种构件等紧固连接锚杆与岩体，最后喷射混凝土给围岩一定的支护强度。此时，支护体与围岩自身连接成为可共同承受载荷的一个整体结构，岩体强度有所提高。锚杆支护对于围岩的变形发展具有阻止或延缓作用，并且随着时间推移围岩产生变，支护力随之加强，从而有效地保持围岩完整性和隧道断面形状。一般在刀盘护盾后方的主梁上布置两台锚杆钻机，分布于主梁的两侧，如图 5-15 所。根据用户要求也可设置 4 台，如维尔特 TB880E 掘进机应国铁集团要求机头和机尾左右配置各一台，锚杆钻机可在 240°范围的洞壁上钻孔，还可前后移动约 2 m 进行钻孔，每台锚杆钻机在控制台上可单独操作，进行伸长、铰接转动、定位、旋转、冲击、进给和退回运动，钻头直径 $\Phi38 \sim 42$ mm，钻孔深 3 m 左右。

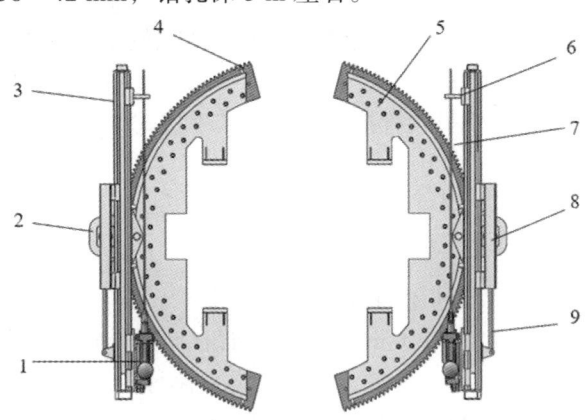

1—锚杆钻机；2—安装基座；3—推进梁导轨；4—环形梁齿圈；5—环形梁支承架；
6—扶钎器；7—钻杆；8—摆动结构；9—推进油缸。

图 5-15　TBM 机载锚杆钻机

## 2. 钢拱架安装器

钢拱架安装器位于内机架前端，如图 5-16 所示，可以把分段拱架提升、旋转、就位、轴向移位伸长和收缩等，分段拱架可以逐节拼装，最后由液压张紧器撑紧在洞壁上。所有拱架安装可在顶护盾保护下进行，可遥控操作完成全部工序。根据围岩软硬破碎程度的不同，拱架在洞壁上的间距可以调整，以满足施工上的要求，但要注意与掘进机支撑靴板上的凹槽间距。

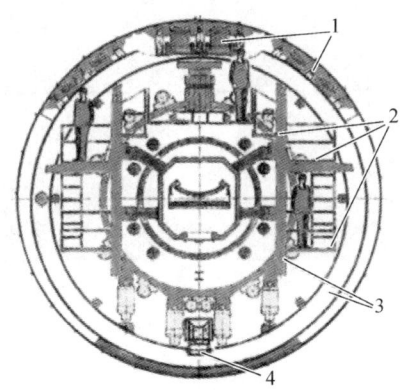

1—顶护盾；2—工作台；3—钢拱架安装器；4—皮带与可翻转清渣桶。

图 5-16　拱架安装机

## 3. 超前探测钻机

超前探测钻机用于在 TBM 前面打探测孔，打探测孔时，TBM 必须停止掘进。超前钻机装于外凯氏机架上、前后支撑靴之间，钻孔时，移动至 TBM 护盾的外边、以微小的仰角在 TBM 前方钻孔。锥形引导能适应整个刀盘护盾导向和稳定钻杆。超前钻机的动力由锚杆钻机的动力站之一提供。

4. 混凝土喷射系统

混凝土喷射系统,装于 TBM 后配套上,由湿式喷射机、液体计量泵、混凝土喷射机械手组成。一般掘进机后配套前端设置两台湿式混凝土喷射机,维尔特 TB880E 掘进机带的混凝土喷射机的喷射量为 $2\times20\ m^3/h$。为了减轻劳动强度,实施机械遥控操作,喷射机喷头除进行前后移动作业外,还可在弧形轨道上作左右摆动。如地质条件恶劣,要求掘进后在机头围岩部位立即喷射混凝土,则可将喷头软管接长,由人工手持式喷枪进行操作。

### 5.2.2.8 通风与除尘系统

1. 通风系统

TBM 施工时,隧道通风系统利用洞口风机和软风管将新鲜风送到后配套尾部。后配套尾部则布置有风管储存筒,有 150~300 m 长的软风管存储在风管储存筒内,并与隧洞风管连接。随着 TBM 向前掘进,风管不断释放,完毕后再更换另一个风管储存筒。

由于后配套尾部至 TBM 主机还有较长距离,一般为 100~300 m,还需从风管储存筒处继续向前压风,为此通常出风管储存筒后,要通过助力风机和金属风管一直将新鲜风压送到 TBM 主机的尾部。因此,TBM 及其后配套上的通风设施主要由风管储存筒、二次助力风机、金属风管组成。风管储存筒布置在后配套上层尾部,前面紧接助力风机,金属风管则沿后配套上层一侧从助力风机一直通到 TBM 主机处。

图 5-17 所示为安装在后配套尾部的风管储存筒;图 5-18 为风管储存筒前的助力风机和金属风管继续向 TBM 主机处送风。

图 5-17 风管储存筒　　　图 5-18 助力风机和通向 TBM 主机的金属风管

2. 除尘系统

除尘系统装于后配套拖车的前端,吸尘管与刀盘护盾相连,在刀盘与掌子面之间形成负压,使得 TBM 前约 40%的新鲜空气进入刀盘与掌子面之间,防止含有粉尘的空气逸入隧道。除尘器的轴流风机吸入的含尘空气穿过有若干喷水嘴的空间,湿尘吹向除尘器的集水叶片后、灰尘高度分离,流向装有循环水泵的集尘箱沉淀。

刀具破岩产生大量岩粉,洞内清除岩粉是个非常突出的问题,关系到人身、设备的安全,洞内工作人员长期吸入超量岩粉,严重威胁施工人员的健康;机电液压等设备如被岩粉侵蚀,影响使用寿命,甚至发生突发事故,造成重大经济损失;洞内粉尘增多,使激光靶光点散斑,掘进机掘进调向困难,因此洞内除尘是个必须十分重视的问题。

锦屏二级电站工程 12.4 m 大直径 TBM 和那邦水电站 4.5 m 小直径 TBM 都选用了 CFT GmbH 公司制造的干式除尘器。实际应用表明,干式除尘器性能可靠,过滤除尘效果很好。图 5-19 为布置在后配套上干式除尘器系统,含除尘器、粉尘螺旋输送器、泥浆搅拌器及气动泵。图 5-20 为干式除尘器内的高压气阀及滤芯。

图 5-19　后配套上布置的干式除尘器 　　　图 5-20　干式除尘器内高压气阀及滤芯

### 5.2.2.9　导向系统

隧道施工中对隧道的贯通精度要求较高,TBM 掘进必须严格按照设计的路线进行,导向系统就是能够引导 TBM 按照设计轴线前进的关键系统。配置的导向系统能够完成自动测量,并在界面上形成形象化的测量结果,显示隧道与设计轴线的偏差情况,指导 TBM 下一步的调向操作。

导向系统由装在 TBM 上的两个激光靶和装在隧道洞壁上的激光器组成,激光靶装于刀盘护盾背后,由一台工业电视监视器进行监视,监视器将 TBM 相对于激光束的位置传送到操作室的显示器上。当机械换步时,操作人员根据这些信息对 TBM 的支撑系统进行调整。

掘进机施工一般都采用激光导向。现代激光导向系统主要由激光发生器、组合激光靶和双轴倾斜仪、PC 控制台三部分组成(见图 5-21)。

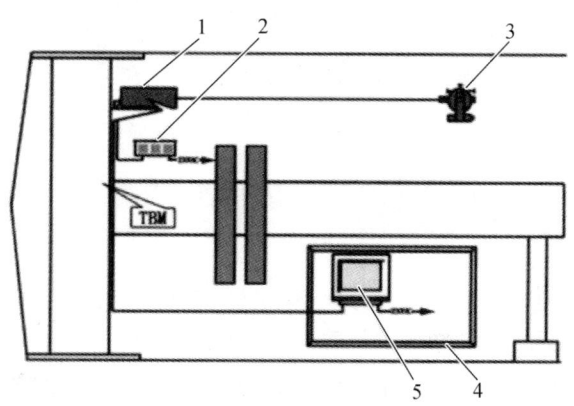

1—组合激光靶;2—激光靶电力盒;3—激光发生器;4—掘进机控制台;5—工业 PC 及终端机。

图 5-21　掘进机激光导向系统示意

### 5.2.3 凯式开敞式 TBM 基本结构

在前文已经以主梁式 TBM 为例对开敞式 TBM 的基本结构作了介绍，这一小节则主要是对凯式相较于主梁式差别较大的结构进行简要介绍。

凯式开敞式 TBM 由 TBM 主机和 TBM 后配套系统组成，其主要特点是使用内外凯氏机架。TBM 主机主要由刀盘、刀盘护盾、刀盘主轴承与刀盘驱动器、辅助液压驱动、内部凯氏、外部凯氏与支撑靴、推进油缸、后支撑等组成。外凯氏机架上装有 X 形支撑靴；内凯氏机架的前面安装主轴承与刀盘驱动，后面安装后支撑。

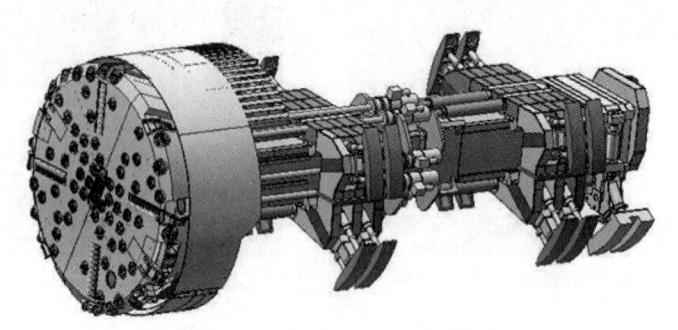

图 5-22 凯式 TBM 三维模型

#### 5.2.3.1 推进机构

TBM 的推进机构主要由内凯、外凯、支撑靴以及推进油缸组成，内凯可以在外凯内作轴向运动，外凯通过液压缸和撑靴板撑紧在洞壁上，在 TBM 掘进时支承 TBM 主机的重量，并平衡开挖面对 TBM 的反向推力。TBM 推进机构三维模型如图 5-23 所示。

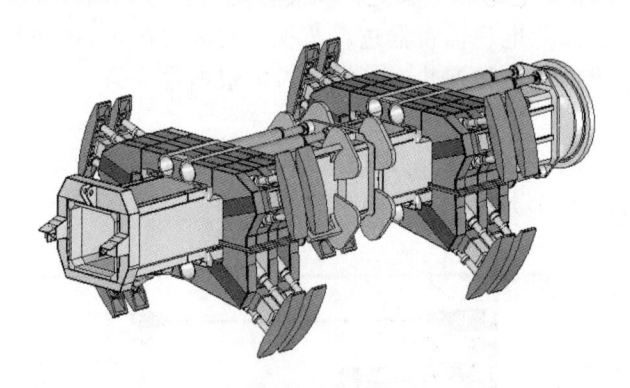

图 5-23 TBM 推进机构三维模型

1. 内凯氏机架

内凯氏机架如图 5-24 所示，内凯氏机架是箱型截面焊接结构，其上有淬火硬化的滑道、以供外凯氏机架的轴承座在其上滑行。前后外凯氏机架由推进油缸使之滑动。内凯氏机架为刀盘导向，将掘进机作业时的推进力和力矩传递给外凯氏机架。内凯氏机架连接刀盘轴承、驱动装置与后支撑，内凯机架的尾部与后支撑相联，前部连接着主轴承座。内凯氏机架前端设有人孔，可由此通道进入刀盘，内凯氏机架内有足够的空间，用以安置皮带机。

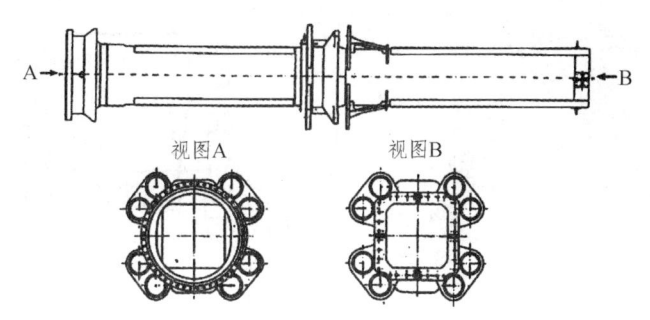

图 5-24 内凯氏机架

### 2. 外凯氏机架与支撑靴

外凯氏机架连同支撑靴（见图 5-25）一起沿内凯氏机架纵向滑动，支撑靴由 32 个液压油缸操纵，支撑靴分为两组，每组由 8 个支撑靴组成，在外凯氏机架上 X 形分布，前后外凯氏机架上各有一组支撑靴。16 个支撑靴将外凯氏机架牢牢地固定在掘进后的隧道内壁上，以承受刀盘扭矩和掘进机推进的反力。前后支撑靴能够独立移动以适应不同的钢拱架间距。

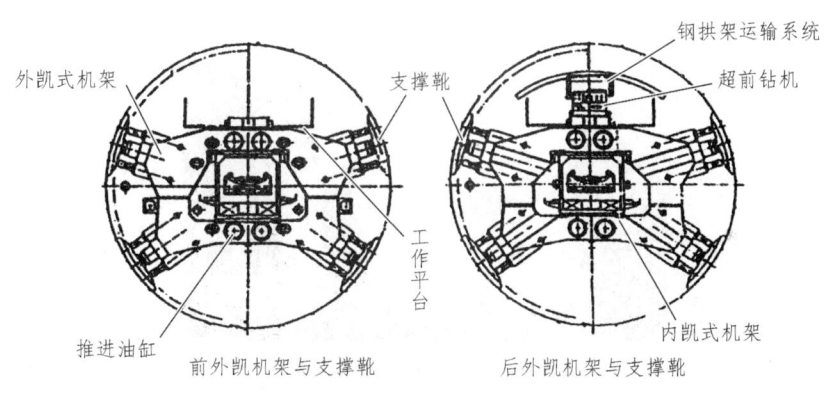

图 5-25 外凯氏机架及支撑靴

### 3. 推进油缸

作用在刀盘上的推进力，经由内凯氏机架、外凯氏机架传到围岩。外凯氏机架是两个独立的总成，各有其独立的推进油缸。前后外凯分别设 4 个推进油缸，后外凯氏机架的推进油缸将力传到内凯氏机架，前外凯氏机架则将推进力直接传到刀盘驱动装置的壳体上。掘进循环结束时，内凯氏机架的后支撑伸出支撑到隧道底部上，外凯氏机架的支撑靴缩回，推进油缸推动外凯氏机架向前移动，为下一循环的掘进准备。

#### 5.2.3.2 后支撑

后支撑（见图 5-26）安装在内凯氏机架上，位于后外凯氏机架的后面，后支撑通过液压油缸控制伸缩，还可用液压油缸作横向调整。后支撑缩回时，内凯氏机架的位置能够在水平和垂直方向上调整，以调整 TBM 的隧道中线。

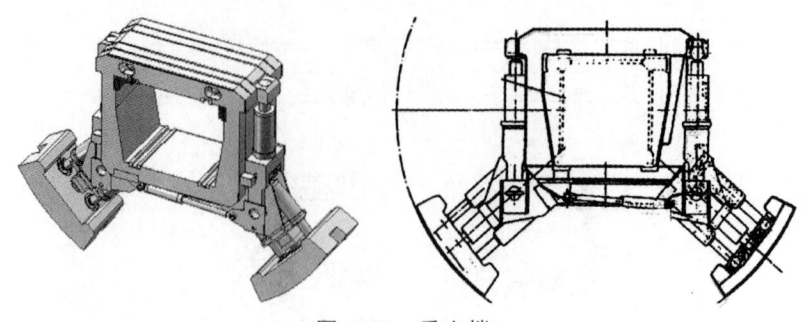

图 5-26  后支撑

## 5.3 护盾式 TBM 设备构造

### 5.3.1 双护盾 TBM

双护盾 TBM 由 TBM 主机、连接桥、后配套拖车三大部分组成。主机主要由装有刀盘的前盾、装有支撑装置的后盾、连接前后盾的伸缩部分及安装管片的盾尾组成，如图 5-27 和图 5-28 所示。

图 5-27  海瑞克双护盾 TBM

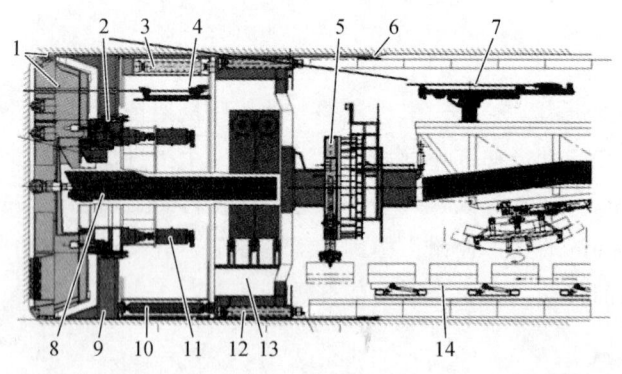

1—刀盘；2—主轴承；3—主推进油缸；4—多功能钻机；5—管片拼装机；6—盾尾密封；7—超前钻机；8—皮带机；9—前盾；10—伸缩油缸；11—刀盘驱动；12—辅助推进油缸；13—支承盾；14—管片运输机。

图 5-28  双护盾 TBM

#### 5.3.1.1 护盾

护盾由 4 个主要部分组成，即前盾、后盾（支撑盾）、连接前后盾的伸缩部分和盾尾。

1. 前盾

前盾（见图 5-29）包含刀盘与刀盘驱动装置，并支承着刀盘与刀盘驱动装置。前盾由主推进液压油缸（即伸缩液压油缸）与后盾相接。主推进液压油缸分成上下左右 4 组进行控制，对前盾进行方向控制。刀盘的后仓板（密封隔板）将切削室与护盾隔开。

在前盾顶部 1/4 的地方有 2 个液压操纵的稳定器，在硬岩中掘进时用来稳定前盾，并在后盾向前拉时起帮助作用。

换步过程借助尾盾的推进油缸推压管片，同时伸缩油缸向前拔拉支撑护盾。由于推进油缸推压着已衬砌的管片，因此支撑护盾将总是被推向前，而不会将前盾向后拉。

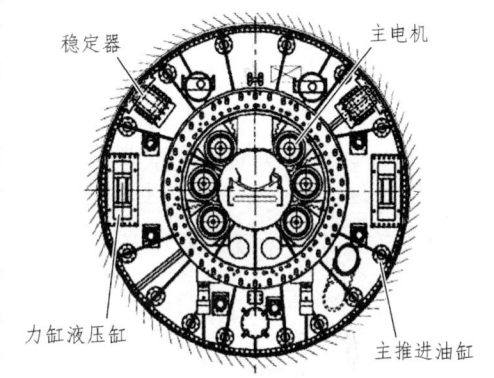

图 5-29 前盾结构示意

2. 伸缩盾

伸缩部分连接着前盾和后盾，其功能是使 TBM 的掘进与管片的安装能同时进行。刀盘扭矩通过两个重型扭矩梁传递到支撑靴上，这个装置有效地防止盾体扭转。两个力矩装置将刀盘的扭矩从前盾传给后盾。前后护盾间的滚动的调整用力矩液压缸实现，不需伸缩油缸来纠正滚动。

伸缩部分的两个壳体之间的间隙用于检查、清洁。为了检查设有若干个窗口。当伸缩部分在收缩位置，内壳体与前端的一个密封相接触，可将水或膨润土泵入两壳体之间的间隙，以清除石渣。有一刮刀装在外壳体顶部的 120°范围内，以保持两壳体间的清洁。

当需要处理盾壳外的障碍物或需要到刀盘前方时，可以利用铰接油缸使伸缩内盾和支撑盾脱开，并露出与围岩接触的工作面。

3. 后盾

后盾也称支撑盾，后盾内设有副推进液压油缸和支撑装置。后盾承受前盾的全部推进反力，也可将前盾回拉。后盾尺寸宽大，对围岩的压力不大，这在软弱围岩掘进时，特别重要。

当双护盾 TBM 像一台简单盾构作业运转时，也就是说，伸缩部分（伸缩盾）保持在收缩位置，支撑也不用，刀盘的力矩由护盾与洞壁间的摩擦力提供反力矩，刀盘的推力则由副推进液压缸支承在管片上而实现。遇软弱围岩，掘进与安装管片不能同时进行。

作业时刀盘的反力矩，除盾壳摩擦力提供外，另一方式则是由护盾的副推进液压缸的斜置，来补偿刀盘作业时的反力力矩。即每一推力靴上的两液压缸保持其活塞杆端在一可调的固定装置上。此固定装置能用液压调整，使副推进液压缸斜置，从而产生圆周方向的分力以承受刀盘的力矩。

4. 盾尾

盾尾装在后盾上。其上装有由弹簧钢片罩盖的钢丝刷盾尾密封，置于上面的270°的圆面上，从里面向外翻，以防止（作为混凝土骨料的）碎石进入尾部。

#### 5.3.1.2 管片拼装机

管片安装机装在安装机桥上，可在淬硬的滑道上前后纵向移动。安装机桥又用作将后配套接到TBM上。管片安装机为单体回转式，其移动可以精确地进行控制，以保证管片安装位置的准确性。管片安装机控制分有线控制和无线控制两种，施工中主要采用无线遥控器安装管片，有线控制器作为无线遥控器出现故障时的临时使用。

管片安装机在两个方向都可旋转，其支撑和驱动装置由一个单座球轴承、内齿圈、两个小齿圈、行星齿轮减速箱与液压电机组成。驱动为无级变速，能产生足够的扭矩以安装管片。安装机具有6个自由度，管片安装机具有紧急状况的自锁能力，确保施工中的安全。

### 5.3.2 单护盾TBM

由于护盾式全断面岩石掘进机的破岩机理及基本结构与开敞式全断面岩石掘进机的相同。前面章节已经介绍了开敞式和双护盾TBM的具体结构和工作原理。因此，在本节将重点介绍单护盾TBM与开敞式TBM不同的结构特点。

单护盾全断面岩石掘进机（见图5-30）主要由护盾、刀盘部件及驱动机构、刀盘支承壳体、刀盘轴承及密封、推进系统、激光导向机构、出渣系统、通风除尘系统和衬砌管片安装系统等组成。

为避免在隧洞覆盖层较厚或围岩收缩挤压作用较大时护盾被挤住、护盾沿隧洞轴线方向的长度应尽可能短些，这样也可使机器的方向调整更为容易。

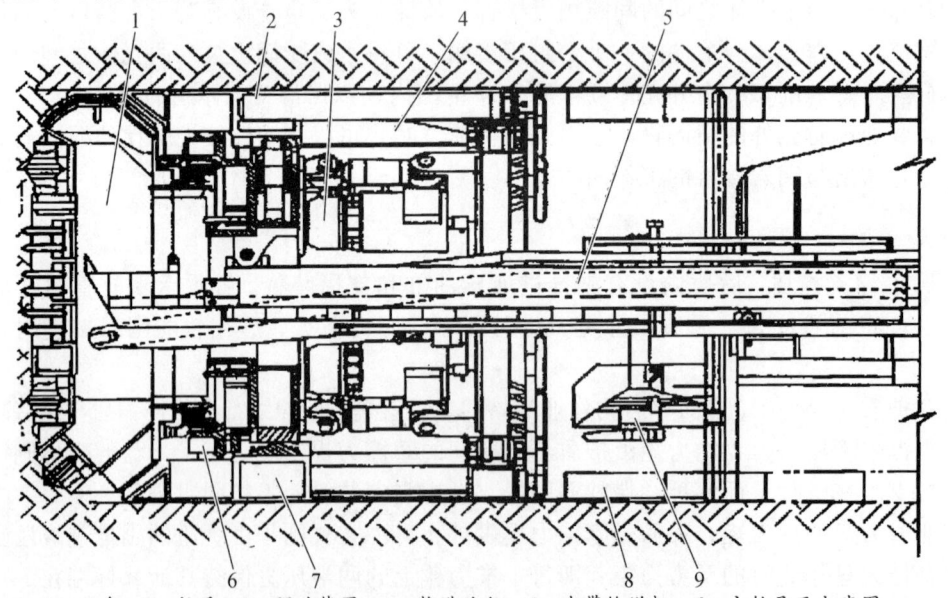

1—刀盘；2—护盾；3—驱动装置；4—推进油缸；5—皮带输送机；6—主轴承及大齿圈；7—刀盘支承壳体；8—混凝土管片；9—混凝土管片铺设机。

图5-30 单护盾全断面岩石掘进机结构示意

单护盾全断面岩石掘进机主要用于开敞式 TBM 的支撑板不起作用或者不能充分发挥作用的地质条件，如大面积断层、破碎带、局部软岩或溶洞等。因此单护盾 TBM 只有一个护盾，不采用像开敞式 TBM 那样的支撑板。在开挖隧洞时，机器的作业和隧洞管片安装是在护盾的保护下进行的。由于不使用支撑靴板，机器的前推力是靠护盾尾部的推进油缸支撑在管片上获得，即掘进机的前进要靠管片作为"后座"。单护盾 TBM 的施工过程与双护盾 TBM 的单护盾掘进模式相同。

由于单护盾 TBM 的掘进需靠衬砌管片来承受后坐力，因此在安装衬砌管片时必须停止掘进。即机器的岩石开挖和管片衬砌块的铺设不能同时进行，从而限制了掘进速度。但由于隧洞衬砌紧接在机器后部进行，可以消除采用开敞式 TBM 时因岩石支护可能引起的停机延误，因此掘进速度会有所补偿。

单护盾 TBM 与土压平衡式（EPB）盾构机在结构上和工作工程上都比较相似，共性有以下几点：①都只有一个护盾；②都有大刀盘，刀盘上都装有一些盘形滚刀和一些刮刀；③推进力都靠尾部的一圈油缸顶推混凝土衬砌管片来获得。

但是它们同样有着明显的区别：①土压平衡式盾构的开挖室或压力平衡室是封闭的，能保持住一定的水压力和压力，而单护盾 TBM 没有压力平衡室。②刀盘上的刀具也有差别。一般来说，掘进机安装的盘形滚刀较多，辅之以刮刀。但盾构机则反之，一般安装割刀和刮刀，只在有可能遇到较硬地层时才安装盘形滚刀。③土压平衡式盾构出渣是由螺旋输送机在压力平衡的条件下进行的，而掘进机出渣是由带式输送机在常压下进行的。

当前的趋势是，单护盾掘进机逐步与盾构机技术相结合，取长补短，使单护盾掘进机兼有 EPB 的工作模式，纯粹的单护盾掘进机已经越来越少了。

## 5.4 TBM 主要参数计算、设备选型及复杂地质施工技术

### 5.4.1 TBM 主要参数

#### 5.4.1.1 推力计算

1. TBM 推力理论表达式

掘进机向前开挖掘进时所需总推力为各刀具推力之和加上机器与洞壁及内、外大梁之间摩擦力之和。

$$F_{总} = F_{刀} + F_1 + F_2 + F_3 + F_4 + F_5 \tag{5-1}$$

式中  $F_刀$——破岩时所需刀具总推力，即各刀具沿洞轴方向的分力之和；

$F_1$——机器推进时刀盘下部浮动支撑与洞壁之间的滑动摩擦力；

$F_2$——顶护盾与洞壁之间滑动摩擦力；

$F_3$——刀盘侧支撑与洞壁之间滑动摩擦力；

$F_4$——大梁水平导轨间滑动摩擦力；

$F_5$——掘进时随刀盘向前移动部分的后配套装置对机器的拖动力。

2. TBM 推力的经验算法

设计和选用 TBM 时，也常按经验公式估算掘进时刀盘所需的总推进力。TBM 向前掘

进时，所需要的刀盘总推进力主要取决于滚刀载荷 $F_{s1}$、TBM 主机在机架上向前移动的滑动摩擦力 $F_{s2}$ 和 TBM 牵引后配套设备所需要的牵引力 $F_{s3}$。在估算刀盘推力时，也可以根据每把盘形滚刀能够承受的最大轴向载荷（滚刀轴承所能承受的载荷），近似求出刀盘的驱动载荷。

（1）滚刀能够承受的最大轴向载荷。

装在刀盘上的所有盘形滚刀所能承受的总载荷为

$$F_{s1} = F_d \times n \tag{5-2}$$

式中　$F_d$——每把盘形滚刀所能承受的最大轴向载荷；
　　　$n$——刀头上所安装的盘形滚刀的总数。

（2）TBM 主机在机架上向前移动的滑动摩擦力。

$$F_{s2} = \mu(W + 0.8F_F)g \tag{5-3}$$

式中　$W$——TBM 主机质量；
　　　$F_F$——刀盘护盾支撑力；
　　　$\mu$——TBM 外表面与隧道洞壁之间的摩擦系数，一般取 0.3。

（3）TBM 牵引后配套设备所需要的牵引力。

$$F_{s3} = \mu' W_b \tag{5-4}$$

式中　$W_b$——TBM 后配套系统的总质量；
　　　$\mu'$——后配套系统的滚轮与轨道之间的摩擦系数，一般取 0.2。

TBM 向前掘进时所需要的总推力为

$$F = F_{S1} + F_{S2} + F_{S3} \tag{5-5}$$

#### 5.4.1.2　扭矩计算

**1. 扭矩的理论表达式**

TBM 刀盘总回转扭矩为

$$T = \sum(f \cdot F_i \cdot R_i) + \sum T_m \tag{5-6}$$

式中　$f$——滚刀滚动阻力系数，可取 0.15~0.2；
　　　$F_i$——每把滚刀最大承受载荷能力，可取 210~310 kN，常用 240 kN；
　　　$R_i$——每把滚刀在刀盘上的回转半径，m；
　　　$T_m$——摩擦转矩，可按常规方法计算，kN·m。

掘进机刀盘最大回转扭矩是由刀盘驱动电机功率及传动系统效率所决定。掘进机实际使用扭矩是在最大转矩范围内，由所有刀具的滚动阻转矩和相对转动部件的摩擦阻转矩决定。

**2. 按经验估算滚动阻力系数算法**

滚动阻力系数的计算方法为

$$k = \frac{4}{5}\sqrt{\frac{P_c}{d}} \tag{5-7}$$

式中　$d$——滚刀直径，mm；

　　　$P_c$——切深，mm，一般设定为 7~15 mm。

TBM 的刀盘驱动扭矩为

$$T = k\omega n D^2 \tag{5-8}$$

式中　$\omega$——刀盘最大驱动转速，kN·m；

　　　$D$——刀盘直径，m。

这种估算方法，在地质条件比较确定的单一工况下，有一定的参考价值。对于复杂地质适用性不强。

### 5.4.1.3　直径计算

掘进机理论开挖直径为

$$D_{理} = D_{通} + 2\delta_{衬max} \tag{5-9}$$

式中　$D_{通}$——成洞后的直径，m；

　　　$\delta_{衬max}$——最大衬砌厚度，mm。

### 5.4.1.4　掘进速度

掘进机的实际月掘进尺速度为

$$V_{月} = 24 V_{max} \cdot d \cdot \mu \tag{5-10}$$

式中　$V_{月}$——月进尺速度，m/月；

　　　$V_{max}$——最大设计每小时掘进速度，m/h；

　　　$d$——每月工作天数；

　　　$\mu$——掘进机作业率，一般取 0.4~0.6。

### 5.4.1.5　刀盘转速

掘进机掘进岩石时，刀盘转速为

$$n = \frac{60 V_{max}}{D_{理}} \tag{5-11}$$

式中　$V_{max}$——边刀回转最大线速度（<2.5），m/s；

　　　$n$——刀盘转速，r/min；

　　　$D_{理}$——理论开挖直径，m。

### 5.4.1.6　刀盘回转功率

掘进机刀盘回转功率为

$$W = \frac{T \cdot n}{0.975\eta} \tag{5-12}$$

式中　$W$——刀盘回转功率，kW；

$T$——刀盘回转扭矩，kN·m；

$n$——刀盘转速，r/min；

$\eta$——机械回转效率（0.9～0.95）。

#### 5.4.1.7　换步行程

合理选用掘进机行程对加快掘进速度、提高施工质量是十分有利的。目前，可供选择的一次掘进行程（$S$）有 0.6 m、0.8 m、1 m、1.2 m、1.4 m、1.5 m、1.8 m 和 2.1 m。

掘进行程在设备制造能力许可的条件下，建议选用长的行程，这样可以减少换行程次数，从而提高总体施工速度。减少停开机次数有利于延长掘进机寿命。在水利隧洞中可减少混凝土管片数量，减少管片间拼缝数量从而减少渗漏水概率。

选择掘进行程还涉及到混凝土管片宽度、后配套接轨长度。要求这些参数与掘进行程互为公倍数，这样有利于施工的配套作业。

### 5.4.2　TBM设备选型

#### 5.4.2.1　选型的依据和原则

1. 选型依据

隧道施工前，应对 TBM 进行选型，做到配套合理，充分发挥施工机械的综合效率，提高机械化施工水平。TBM 选型依据如下：

（1）隧道工程地质、水文地质条件，包括地层岩性、岩石强度、完整性、节理发育程度、石英含量、抗压强度、地下水发育程度、地下水位、隧道涌水量及不良地质等多项参数。

（2）隧道断面的形状、几何尺寸、隧洞长度、坡度、转弯半径、埋深等设计参数。

（3）线路周边环境条件、沿线场地条件、周边管线、建筑物及地下洞室的结构特性、基础形式、现状条件及可能承受的变形。

（4）隧洞进出口是否有足够的组装场地，是否具有大件运输、吊装条件，施工场地气候条件、水电供应、交通情况等地理位置环境因素。

（5）TBM 一次连续掘进隧道的长度以及单个区间的最大长度。

（6）隧洞施工总工期、准备工期、开挖工期等隧洞施工进度要求。

2. 选型原则

1）安全性、先进性、经济性相统一

TBM 选型应首先遵循安全性、可靠性原则，并兼顾技术先进性和经济性的原则进行。所选 TBM 技术水平先进可靠，并适当超前，符合工程特性、满足隧道用途，做到安全性、可靠性、经济性相统一。

2）满足环境条件

TBM 设备选型应满足隧道外径、长度、埋深和地质条件、沿线地形以及洞口条件等环境条件。TBM设备选型应根据隧道施工环境综合分析，TBM的地质针对性非常强，TBM性能的发挥在很大程度上依赖于工程地质条件和水文地质条件，工程地质及水文地质是影响TBM隧洞施工质量的重要因素，也是TBM设备选型的重要依据。地质勘查资料要求全面、真实、准确，除有详细而尽可能准确的地质勘查资料外，还应包括隧道地形地貌条件和地质岩性，过沟地段、傍山浅埋段和进出口边坡的稳定条件等。TBM对隧道通过的地层最为敏感，不同类型的TBM适用的地层不同，一般情况下，以Ⅱ、Ⅲ级围岩为主的硬岩隧道较适合采用开敞式TBM，以Ⅲ、Ⅳ级围岩为主的隧道较适合采用护盾式TBM。当地层多变、存在软土地层、地表结构复杂且对沉降控制要求较高时，多采用盾构法施工。

3) 满足安全、质量、工期及造价要求

TBM设备的配置应尽量做到合理化、标准化；应依据工程项目的大小、难易程度、安全、质量、工期、造价、环保以及文明施工等要求，在充分调研的基础上进行选型。工程施工对TBM的工期要求包括TBM前期准备、掘进、衬砌、拆卸转场等全过程；TBM的前期准备工作包含招标采购、设计、制造、运输、场地、安装、调试、步进等；开挖总工期应满足预定的隧道开挖所需工期的要求；对边掘进、边衬砌的TBM，TBM成洞的总工期应满足预定的成洞工期的要求；TBM的拆卸、转场应满足预定的后续工期的要求。

4) 后配套设备与主机配套

后配套设备与主机配套，满足生产能力与主机掘进速度相匹配，工作状态相适应，且能耗小、效率高的原则，同时应具有施工安全、结构简单、布置合理和易于维护保养的特点。进入隧道的机械，其动力宜优先选择电力机械。配套应合理，其生产能力首先应满足施工组织设计所要求的工期，能确保进度目标的实现。后配套设备的选型应满足劳动保护和环境保护等职业健康安全的要求，满足文明施工的要求。后配套设备选型时，应满足操作者劳动强度和劳动条件的改善，应配备污染少、能耗小、效率高的施工机械，以减少作业场所环境污染，有利于环境保护。同时，施工管理者要有强烈的劳动保护和环境保护意识，应自始至终把环境保护工作列入现场管理的最重要内容，应强化环境管理，制定环境保护措施。

### 5.4.2.2 选型的步骤与方法

1. 选型步骤

由于地质条件的极大差别和不同的隧道用途，全断面隧道掘进机施工作业前必须做好选型工作。合适的选型将会给隧道施工带来事半功倍的效果，否则将会造成巨大的经济损失。本节结合以往的工程经验，总结了隧道掘进机选型的7个关键步骤：第一步，通过前期的地勘报告及地质纵断面图的分析，确定隧道掘进机的初步选型；第二步，通过破岩特性、掌子面稳定性、隧道围岩稳定性、沉降预测、磨损预测以及物料运输等系统特性的分析，确定地层开挖的基本要求、工作面支护及支护材料的基本要求，进而进行隧道掘进机初步选型的细化；第三步，进行隧道沿线的围岩分级预测，定性分析隧道沿线可能的开挖方式；第四步，通过液化、黏附及磨损特性等对渣土进行分析，进一步优化隧道掘进机的初步选型；第五步，分析渣土回收的可行性，主要包括适合倾倒、回收和分离等渣土处理措施，根据渣土系统的要求，进一步优化初步选型；第六步，定义隧道的类型，确定施工的过程；第七步，结合地质因素特征确定隧道掘进机的分类选型。

在确定了TBM类型后，要针对具体工程的隧道设计参数、地质条件、隧道的掘进长度、确定主机的主要技术参数，选择对地层的适应性强、整机功能可靠、可操作性及安全性较强的主机，开敞式 TBM 还要特别重视钢拱架安装器、喷锚等辅助支护设备的选型和配套，以适应隧道地质的变化。

TBM 设备由主机和后配套设备组成，形成一条移动的隧道机械化施工作业线，主机主要实现破岩和装渣，后配套设备的技术参数、功能、形式应与主机相匹配，应以主机能力、进度为标准进行核算，为了充分发挥出 TBM 的优势，保证工程顺利完成，还要适当扩大匹配设备的能力，按满足正常施工进度和可能扩大的施工进度需要，留有适当余地。后配套系统大致分为轨行型、连续带式输送机型、无轨轮胎型等三种类型，连续带式输送机型由于结构单一和运渣快捷逐渐得到推广。

2. 选型方法

TBM 主要分为敞开式、双护盾式、单护盾式三种类型，并分别适应于不同的地质。在选型时，主要应根据工程地质与水文地质条件、施工环境、工期要求、经济性等方面综合进行分析后确定。敞开式 TBM 与护盾式 TBM 对比表见表 5-2。

表 5-2 敞开式 TBM 与护盾式 TBM 对比

| 对比项目 | 敞开式 TBM | 双护盾 TBM | 单护盾 TBM |
| --- | --- | --- | --- |
| 地质适应性 | 一般在良好地质中使用，硬岩掘进时适应性好，软弱围岩需对地层超前加固，较适合于Ⅱ、Ⅲ级围岩为主的隧道 | 硬岩掘进的适应性同敞开式，软弱围岩采用单护盾模式掘进，比敞开式有更好的适应性，较适合于Ⅲ级围岩为主的隧道 | 隧道地质情况相对较差的条件下（但开挖工作面能自稳）使用，较适合以Ⅲ、Ⅳ级围岩为主的隧道 |
| 掘进性能 | 在发挥掘进速度的前提下，主要适用于岩体较完整~完整，有较好自稳性的硬岩地层（50~150 MPa）。当采取有效支护手段后，也可适用于软岩隧道，但掘进速度受到限制 | 在发挥掘进速度的前提下，主要适用于岩体较完整，有一定自稳性的软岩~中硬岩地层（30~90 MPa） | 适用于中等长度隧道，有一定自稳性的软岩（5~60 MPa） |
| 施工速度 | 地质好时只需进行锚网喷，支护工作量小，速度快；地质差时需要超前加固，支护工作量大，速度慢 | 在地质条件良好时，通过支撑靴支撑洞壁来提供推进反力，掘进和安装管片同时进行，有较快的进度在软弱地层，采用单护盾模式掘进，掘进和安装管片不能同时进行，施工速度受到限制 | 掘进与安装管片不能同时进行，施工速度受限制 |
| 安全性 | 设备与人员暴露在围岩下，需加强防护 | 处于护盾保护下，人员安全性好，在地应力较大地层时，有被卡的危险 | 处于护盾保护下，人员安全性好，在地应力较大地层时，有被卡的危险 |
| 掘进速度 | 受地质条件影响大 | 受地质条件影响比敞开式小 | 受地质条件影响比敞开式小 |
| 衬砌方式 | 根据情况可进行二次混凝土衬砌 | 采用管片衬砌 | 采用管片衬砌 |
| 施工地质描述 | 掘进过程可直接观测到洞壁岩性变化，便于地质图描绘，当地质勘查资料不详细时，选用敞开式 TBM 施工风险较小 | 不能系统地进行施工地质描述，也难以进行收敛变形量测，地质勘查资料不详细时，施工风险较大 | 不能系统地进行施工地质描述，也难以进行收敛变形量测，地质勘查资料不详细时，施工风险较大 |

TBM 的选型具体可根据岩石单轴抗压强度、岩石完整性、隧道涌水量、岩石磨蚀性等参数进行选择，各种 TBM 的适应范围见表 5-3。

表 5-3 敞开式/单护盾/双护盾 TBM 适应范围

| 岩石单轴抗压强度/MPa | 0～5 | 5～25 | 25～50 | 50～250 | ＞250 |
|---|---|---|---|---|---|
| | -/O/⊟ | O/O/⊟ | +/⊕/⊞ | +/O/⊟ | O/O/⊟ |
| RQD 岩石质量指标/% | 0～25（较低） | 25～50（低） | 50～75（正常） | 75～90（高） | 90～100（较高） |
| | -/⊖/⊞ | O/⊕/⊞ | +/⊕/⊞ | +/O/⊟ | +/O/⊟ |
| RMR 岩体评分值 | ＜20 | 21～40 | 41～60 | 61～80 | 81～100 |
| | -/⊖/⊟ | -/⊕/⊞ | O/⊕/⊞ | +/⊕/⊞ | +/⊕/⊞ |
| 10 m 洞段水流量/（L/min） | 0 | 0～10 | 10～25 | 25～125 | ＞125 |
| | +/⊕/⊞ | +/⊕/⊞ | +/⊕/⊞ | O/⊖/⊟ | -/⊖/⊟ |
| CAI 值 | 0.3-0.5 | 0.5-1 | 1-2 | 2-4 | 4-6 |
| | +/⊕/⊞ | +/⊕/⊞ | +/⊕/⊞ | O/O/⊟ | O/O/⊟ |
| 膨胀性 | 无 | 较小 | 一般 | 高 | / |
| | +/⊕/⊞ | +/⊕/⊞ | O/⊖/⊟ | O/⊖/⊟ | |
| 支护压力/bar | 0 | 0～1 | 1～2 | 2～3 | 3～4 |
| | +/⊕/⊞ | -/⊖/⊟ | -/⊖/⊟ | -/⊖/⊟ | -/⊖/⊟ |

注：敞开式：＋适应性强；O 可以适用；-不适用。
　　单护盾：⊕适应性强；O 可以适用；⊖不适用。
　　双护盾：⊞适应性强；⊟可以适用；⊟不适用。

由上述两表可以看出：

① 开敞式掘进机主要适用于岩石整体较完整，有较好自稳性的中硬岩地层（50～350 MPa）。当采取有效支护手段后，也可适用于软岩隧道。

② 双护盾式掘进机具有两种掘进模式，能有效地切削单轴抗压强度 5～250 MPa 的岩石（30～120 MPa 最为理想）。

③ 单护盾式掘进机适用于软岩（岩石单轴抗压强度小于 50 MPa 隧道的掘进）。

### 5.4.3 复杂地层 TBM 施工技术

#### 5.4.3.1 软弱破碎地层 TBM 法隧洞超前处置技术

超前处置是减少和避免软弱破碎地层下 TBM 施工过程中频繁卡机最可靠的途径。结合 TBM 施工实践，从掌子面超前处置、后置式超前处置、导洞法超前处置 3 个方面总结了包括超前注浆、超前小导管加固、超前管棚、迂回导洞等 7 项针对破碎、软弱、富水围岩超前加固与封堵技术。

1. 掌子面超前处置技术

1）刀盘清理脱困技术

软弱破碎地层 TBM 施工存在刀盘被卡的风险，一旦刀盘被卡，确认采用调整掘进策略方法无法脱困时，首先需要判断并尝试清理刀盘周边松散体、堆积体，解除围岩对刀盘产生的干涉，以期恢复刀盘正常回转，为继续掘进创造条件。存在小粒径松散体导致的刀盘被卡和大尺寸岩块塌落导致刀盘被卡两种原因，因此刀盘清理也分为两种方式，但都以人工清理为主，尚无机械化方法可用。

2）掌子面超前注浆技术

软弱破碎地层掌子面注浆分为两种工况：一种是掌子面前方围岩自稳能力差或者无自稳能力，当含水较小时，无推进空转刀盘就会大量出渣，如果持续转动刀盘就会造成大规模坍塌，此时需要掌子面固结注浆；另一种是软弱破碎富水地层，存在发生突涌水风险或者已经突涌水时，需要掌子面注浆堵水。

2. 护盾尾部超前处置技术

隧道存在复杂地质情况下TBM一般会配置超前钻机，通过敞开式TBM的护盾尾部或双护盾TBM护盾上预留孔以一定的外插角斜向前方造孔实现加固，通常以超前注浆为主，有时会在护盾后方扩挖工作间，施作超前管棚。

1）护盾尾部超前注浆

超前注浆是指利用超前钻机（或者其他造孔方式）钻孔后，从孔口注入水泥浆液或者化学浆液固结前方破碎岩体，达到加固围岩和堵水的效果，注浆达到设计强度后，TBM可以继续掘进通过。超前注浆通常多用于超前堵水或刀盘脱困。

2）护盾尾部超前小导管加固

超前小导管加固围岩一般用于长度较小的中等破碎围岩，在小导管注浆相结合加固围岩并形成一定的棚护结构，避免开挖后围岩坍塌。通过敞开式TBM的护盾尾部或双护盾TBM护盾上预留孔以一定的外插角斜向前方造孔，安装小导管，再注浆，通常多次搭接循环施作。需要结合TBM结构特点来设计布孔，并结合TBM工法特点，选择浆液。

3）护盾尾部超前管棚加固

在极破碎地质条件下，围岩总体完整性差，自稳能力弱，超前注浆、超前小导管加固难以有效加固掌子面前方破碎围岩，则采用超前管棚加固方案，即在TBM护盾后方适当扩挖，形成管棚工作间，单次或循环管棚加固，必要时同时施作掌子面超前注浆，刀盘清理脱困后恢复掘进。重点在于管棚钻机选型、施作管棚工作间和止浆作业。

3. 导洞法超前处置技术

1）小导洞法

在软弱破碎地质条件下，影响长度较小，刀盘或护盾易出现被卡的洞段，可采用小导洞法处置前方围岩，具备条件的提升围岩稳定性，为TBM掘进创造条件，条件不足的则采用矿山法开挖支护后TBM步进通过。小导洞法可以有两种方式：①从TBM护盾后方相对稳定岩体中开挖纵向小导洞，小导洞到达掌子面，开挖横向导洞并作为管棚工作间；②小导洞到达掌子面后继续向前开挖，穿过破碎带进入围岩稳定洞段后施作横向导洞并作为管棚工作间，反向施作大管棚并注浆加固破碎围岩。

2）迂回导洞法

如果断层破碎带等复杂地质规模较大，采用注浆加固和小导洞方案TBM仍无法顺利脱困时，可采用迂回导洞法绕行至刀盘前方，通过迂回导洞以矿山法处置前方围岩，然后TBM掘进或者步进通过。

上述针对软弱破碎地层的 TBM 施工超前处置技术的特点及适用范围见表 5-4，不同工程根据实际情况选择采用。

表 5-4  TBM 施工超前处置技术

| 序号 | 类型 | 超前处置技术 | 适用范围 | 特点 |
|---|---|---|---|---|
| 1 | 掌子面超前处置技术 | 刀盘清理脱困技术 | 刀盘被卡，且调整掘进策略无法脱困 | 人工清理，效率低 |
| 2 | | 掌子面超前注浆技术 | 掌子面及其前方围岩破碎、富水，无法继续掘进施工，需要超前注浆加固、堵水时 | 刀盘内作业空间狭小，作业难度大、效率低 |
| 3 | 护盾尾部超前处置技术 | 盾尾超前注浆技术 | 护盾区域、掌子面前方围岩较破碎、富水，需要加固围岩或者注浆堵水时 | 外插角偏大，注浆效果控制难度大 |
| 4 | | 盾尾超前小导管加固技术 | 护盾区域、掌子面前方围岩中等破碎，超前注浆加固效果欠佳时 | 效率较低；外插角较大，多次搭接循环施作，需注浆 |
| 5 | | 盾尾超前管棚加固技术 | 掌子面前方围岩严重破碎，超前注浆、超前小导管加固效果较差时 | 效率低；需在护盾后方开挖管棚工作间，此时安全风险较高 |
| 6 | 导洞法超前处置技术 | 小导洞法 | 围岩严重破碎，导致刀盘/护盾被卡，用以脱困同时加固掌子面前方围岩 | 效率低；全部为手工操作，作业环境差、劳动强度大，施工过程中安全风险较高 |
| 7 | | 迂回导洞法 | 断层破碎带等大规模复杂地质，该区段不适合 TBM 施工 | 效率很低，处置工期长；可采用小型设备辅助施工；迂回导洞长度较大，空间通常狭小，影响作业效率；TBM 将长时间停机 |

#### 5.4.3.2　软弱破碎地层 TBM 法隧洞直接穿越技术

针对软弱破碎地层隧洞，TBM 安全穿越的技术方案流程可以归纳为：超前预报探明地质情况、掘进参数判识围岩状态、前置处理增加围岩强度、刀盘脱困保证持续掘进、支锚喷注加强初期支护，如图 5-31 所示。

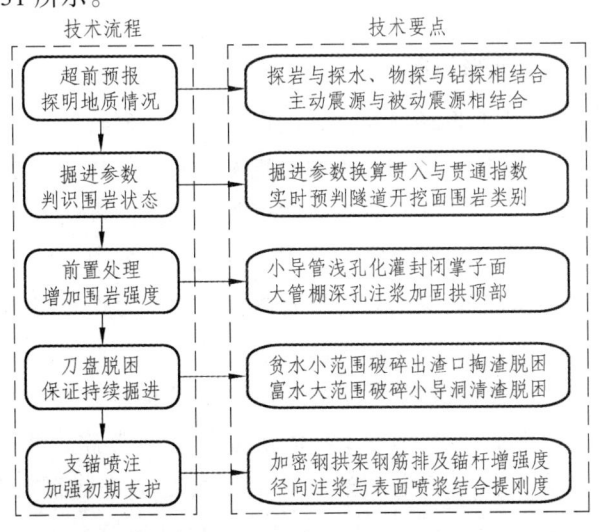

图 5-31  软弱破碎地层 TBM 法隧洞直接穿越技术总体方案

### 5.4.3.3 软岩大变形地层 TBM 安全掘进关键技术

1. 软岩大变形地层 TBM 卡盾风险评价方法

结合多个 TBM 隧洞工程护盾被卡程度,以隧洞围岩相对变形量 5.0、2.5、1.0%等 3 个临界值将高地应力软岩地层 TBM "护盾被卡" 风险分为极高、高、低、极低 4 个等级,见表 5-5,用于评价 TBM 在高地应力软岩地层的适应性。

表 5-5  基于护盾被卡风险的 TBM 适应性评价方法

| 相对变形量 $\varepsilon$ (%) | 强度应力比 $\sigma_{cm}/\sigma_0$ | 护盾被卡风险 |
| --- | --- | --- |
| >5.0 | <2.0 | 极高 |
| 2.5~5.0 | 0.20~0.28 | 高 |
| 1.0~2.5 | 0.28~0.45 | 低 |
| <1.0 | >0.45 | 极低 |

2. 软岩大变形地层围岩松动圈测试技术

在软岩中开挖隧洞后会破坏围岩原有的应力状态,从而使围岩应力重新分布,导致围岩内形成一个围岩松动圈。通过对围岩松动圈厚度的探测,可以反映隧洞初支结构所受围岩松动载荷的大小,并指导隧洞锚杆打设深度、注浆加固范围。

目前,探测围岩松动圈范围的方法主要是超声波测试法,包括单孔测试法和双孔测试法。声波波速和振幅随岩体裂隙增多、破碎程度增加和应力降低而减小;声波波速和振幅随岩体完整、应力集中程度增加而提高。因此可采用声波测试仪器测出沿隧洞径向不同深度的岩体波速值,绘制出孔深-波速曲线图。根据孔深-波速曲线图的围岩松动圈判别方法有以下 4 种:① 围岩声波波速开始大幅增加的点作为判别围岩松动圈厚度的依据;② 围岩声波波速大幅增加结束后所对应点的孔深,即为围岩松动圈的厚度;③ 取围岩声波波速大幅增加时的起始点与终点的中值作为判别点;④ 针对软弱围岩,取围岩波速的峰值点对应测点深度作为松动圈边界。

3. 软岩变形地层围岩变形控制技术

软岩变形导致隧洞结构变形超出允许值而产生侵限,导致支护结构破坏,主要原因是隧洞围岩刚度不足,与支护刚度不协调,支护时机不及时。在软岩大变形地层中修建隧洞一般有"以柔克刚"和"以刚克刚"两种方法。"以柔克刚"的方法有让压锚杆、可伸缩钢架、超前导洞应力释放等措施;"以刚克刚"的方法有围岩预加固、增大初期支护刚度、及早施作二衬等措施。高地应力软岩地层围岩变形总体控制原则为:空间换时间、快掘早支护、主动控变形、被动强支撑。

高地应力软岩地层 TBM 隧洞围岩变形控制技术总体方案为:掌子面位置刀盘扩挖预留允许变形量、围岩出护盾灌混凝土箱体拱架被动强支撑、隧洞上半圆前置式自动化喷混凝土早封闭、预应力长锚索主动控制深层围岩变形、隧洞底部自进式锚杆后补强,如图 5-32 所示。

| 技术流程 | 技术要点 |
|---|---|
| 掌子面位置刀盘扩挖预留允许变形量 | 边滚刀增加垫块并更换大刀圈顶部护盾收缩防止护盾被卡困 |
| 围岩出护盾灌混凝土体拱架被动强支撑 | 加密拱架布置内部灌注混凝土拱顶铺设钢筋排榀间型钢连接 |
| 拱顶与两腰前置式自动化喷混凝土早封闭 | 浆材采用早强粗纤维水泥砂浆两腰满喷防止撑靴撑岩壁打滑 |
| 预应力长锚索主动控制深层围岩变形 | 护盾后方施作拱顶部90°锚索撑靴后部施作两腰各75°锚索 |
| 隧洞底部自进式锚杆后补强 | 采用L2区锚杆钻机向下施作隧道底部90°自进式锚杆 |

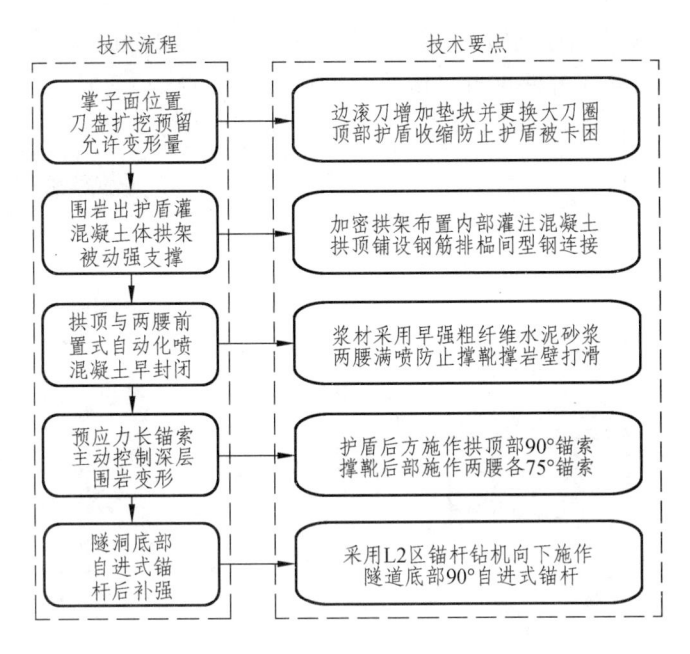

图 5-32　高地应力软岩地层 TBM 隧洞围岩变形控制技术总体方案

## 5.5　竖井掘进机

竖井掘进机主要用于钻凿大直径井筒。其特点是采用机械破岩的方式实现井筒岩石的破碎，整个井筒断面破岩过程一次完成或分区域完成，不再采用爆破破岩。破岩钻进的同时，通过布置在竖井掘进机上部井筒内的其他辅助设施，进行临时支护或永久支护作业，最终形成井筒。按竖井掘进机破碎岩石的排除方式，可将竖井掘进机分为上排渣式和下排渣式；根据竖井掘进机采用的破岩刀具类型，可分为滚刀破岩、刮刀破岩和截割破岩；按采用的钻头结构形式，可分为竖井掘进机全断面破岩和部分断面破岩。本节主要介绍全断面导井式竖井掘进机（下排渣式）和全断面上排渣竖井掘进机。

### 5.5.1　全断面导井式竖井掘进机

采用类似钻井法凿井用钻头或隧道掘进机全断面破岩刀盘形式，以滚刀作为破岩工具，通过合理布置滚刀，在钻头旋转和推力作用下，一次全部破碎一定厚度的井底断面内岩石，破碎岩石能通过导井溜到下部巷道内，使井筒逐渐向下延伸，经过临时和永久支护，形成井筒的凿井方法称为导井溜渣全断面扩挖凿井法，所利用的设备称为全断面导井式竖井掘进机。

1. 海瑞克全断面导井式竖井掘进机

海瑞克公司在借鉴以往经验和教训的基础上，对导井式竖井掘进机做了一定的创新和发展，在驱动、推进、支撑、钻头结构等方面做了改变，选用了更先进的电气、液压、控制和传感元件。形成的竖井掘进机如图 5-33 所示,掘进机高度 20 m,质量 350 000 kg,设计钻井直径 7.5～9.5 m,理论钻井深度可以达到 3 000 m。

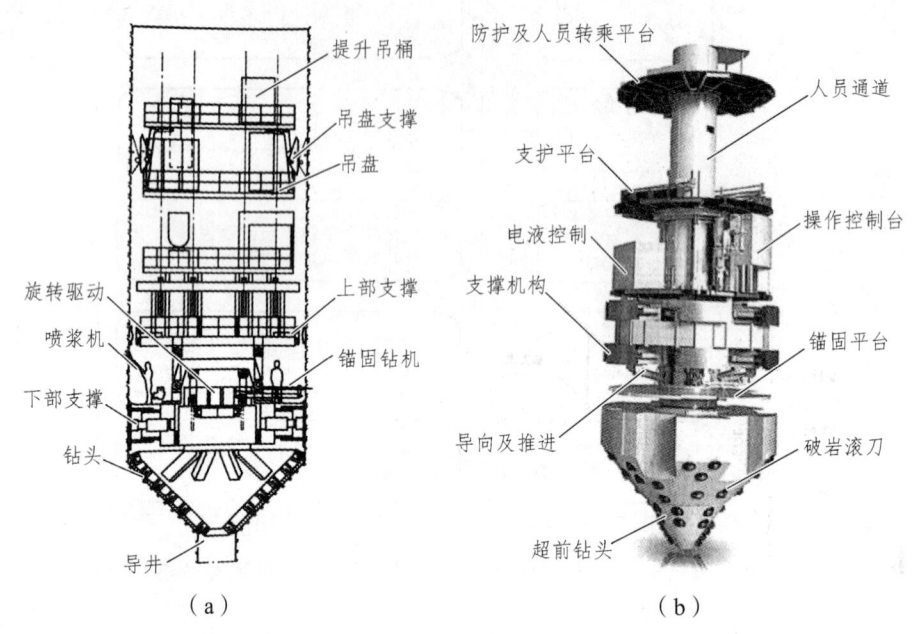

图 5-33　海瑞克全断面导井式竖井掘进机结构及外形

海瑞克全断面导井式竖井掘进机破岩系统由钻头体、超前钻头和破岩滚刀组成。钻头体为双锥体结构,超前钻头锥度略大于钻头体锥度。钻头体上布置多把单刃盘形滚刀,采用罐式刀座支撑结构,减少了刀座和岩体的接触与磨损。钻头体为分体式,组装在一起,形成封闭结构,下部的超前钻头布置多刃盘形滚刀。超前钻头起到两种作用,其一是在导井存在一定偏斜时,通过钻头体的方向变化进行一定程度的纠偏;其二是在破岩钻井过程中出现不良地质条件造成井底或井帮掉落大块岩石时,多刃盘形滚刀起到二次破碎作用,防止导井堵塞。

竖井掘进机的支撑推进旋转系统如图 5-34 所示。为了承受钻进过程破岩的反力和反扭矩,竖井掘进机布置了 8 个支撑靴板,每一组靴板由支撑油缸推动,8 个靴板分为上下两组,可以单独作用或共同作用;靴板与油缸采用球铰连接,可以调整一定角度,使靴板与井帮岩体更好地接触;支撑系统固定在竖井掘进机框架上。竖井掘进机框架上还固定有推进油缸和扶正油缸,多个推进油缸对钻头施加破岩压力,达到有效破岩;扶正油缸保证钻头运转稳定,并在出现偏斜时能使钻头在±0.5°范围摆动,改变竖井掘进机的钻进方向,保证井筒垂直度。驱动系统由多台高速液压电机经行星减速和齿轮箱减速,驱动钻头旋转,提供钻头破岩能量。

在支撑推进系统上部平台布置操作控制、电气、液压泵站和油箱等系统,实现对钻进过程的推进、旋转、支撑、纠偏等工序控制。操作人员还能够通过视频信号了解竖井掘进机各部位的工作状况,通过各种传感器了解设备运行温度、压力以及竖井掘进机运行参数,通过传感器了解作业环境温度、湿度、有害气体含量及通风状况。

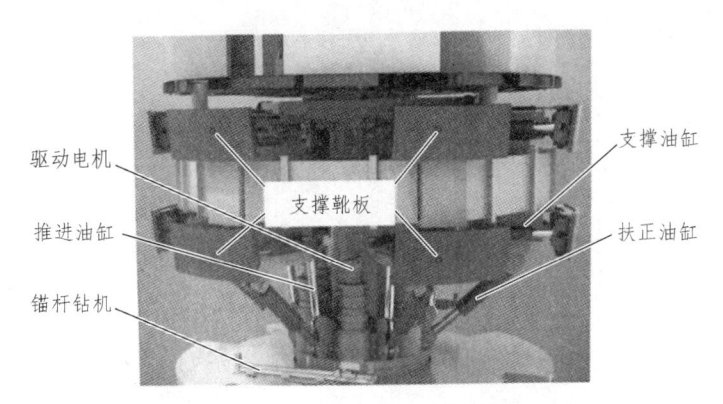

图 5-34 竖井掘进机支撑推进旋转系统

根据不同的地质条件，竖井掘进机采取了多种临时支护方式，以提高复杂地层井帮的稳定。为了减少裸露井帮的长度，在钻头上部的锚固平台上设有两套钻孔设备，如图 5-35 所示。这两套钻孔设备可以随时对近钻头井帮进行锚杆孔钻进、锚杆安装和锚固，完成井帮围岩的及时支护。当井筒穿过破碎或不稳定地层时，两套钻孔设备旋转到平行于井筒轴线位置，可以穿过钻头体并实现对待钻进地层的注浆预加固处理。

竖井掘进机上部的支护平台上布置有两台锚杆钻机，可以及时对井帮围岩进行锚固，如图 5-35 所示。支护平台还可以升高或下降，满足在井筒不同高度进行锚固作业，同时锚固作业不受钻进时竖井掘进机位置变化的影响。

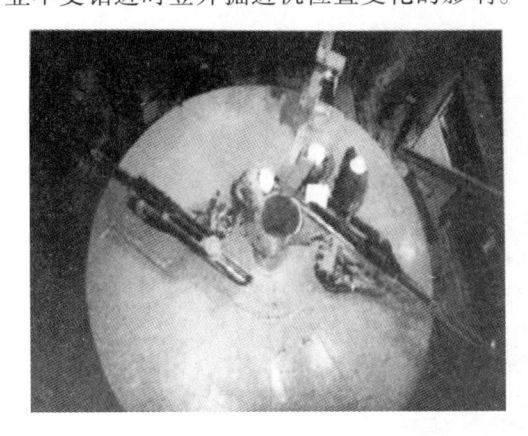

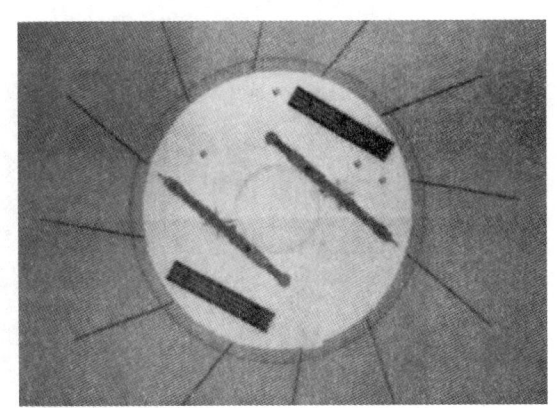

图 5-35 支护平台布置两套锚杆钻机及锚固井帮

在支护平台上还可以完成钢筋网的安装，或者钢筋混凝土永久井壁钢筋的绑扎，如图 5-36 所示。在井筒内布置的吊盘下部平台上安装喷浆机械手，通过环形轨道进行自动喷射混凝土作业来完成一些井筒的永久支护，或作为长段掘砌的临时支护。喷浆机械手进行井筒喷浆作业如图 5-37 所示。如果需要浇筑混凝土井壁作为永久支护，需在吊盘上悬挂整体金属模板，通过溜灰管路下料完成混凝土井壁的浇筑，如图 5-38 所示。

图 5-36 支护平台进行钢筋网铺设或钢筋绑扎

图 5-37 喷浆机械手进行井筒喷浆作业

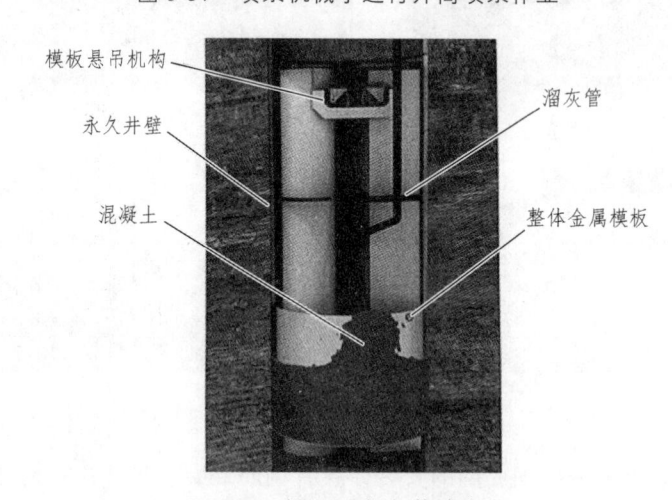

图 5-38 混凝土永久井壁浇筑

2. 北京中煤导井式竖井掘进机

我国在"十二五"期间，由煤炭科学研究总院建井分院研制了国内首台下排渣式竖井掘进机 MSJ5.8/1.6D，如图 5-39 所示，是具有安全防护的大型全断面综合凿井装备，首先利用反井钻机形成的导井，再扩大钻进形成井筒，该设备要求导井直径不小于 1.6 m，研制的破岩刀具可破碎岩石强度达 140 MPa，破岩刀盘直径为 5.8 m。下排渣式竖井掘进机结构相对简单，工作效率较高，但只适用于具有下部巷道的井筒工程，适用范围受到一定限制。

1—圈梁；2—推进油缸；3—动力头滑动套；4—支撑靴板；5—刀盘。

图 5-39　导井式全断面竖井掘进机

竖井掘进机凿井工艺是根据导井式竖井掘进机及竖井工程特点确定的，主要工序包括钻进溜渣导井（采用反井钻机形成直径 1.2~1.6 m 的导井钻进，用于竖井掘进机扩大钻进过程中的溜渣、排水、通风等）、施工井筒锁口、安装地面提升装备、组装竖井掘进机等；向下掘进井筒形成吊盘空间后，安装吊盘，继续破岩钻进，利用吊盘进行井筒的临时支护和永久支护作业；掘进到竖井底部后，悬吊稳车将吊盘提升到井口拆除。利用钻杆与竖井掘进机连接，拆除钻头的扩展翼部分，将竖井掘进机整体提升到地面拆除。最后进行井筒内永久装备的安装工作。采用反井钻机、竖井掘进机、专用井架、特制吊盘等凿井设备，实现凿井破岩、出渣、临时支护、永久支护及辅助作业，形成井筒工程结构。MSJ5.8/1.6D 竖井掘进机主要技术参数见表 5-6。

表 5-6　导井式竖井掘进机主要技术参数

| 技术参数 | 数值 | 备注 |
|---|---|---|
| 钻进深度/m | 800~1 000 | 根据反井钻机钻进深度和偏斜确定 |
| 钻井直径/m | 5.8 | 可扩展到 6.5 m |
| 岩石单轴抗压强度/MPa | 150 | 改变滚刀及布置可用于抗压强度大于 200 MPa 的岩石 |
| 推进行程/m | 1.0 | 推进油缸的最大伸出长度 |
| 最大推进力/kN | 6 000 | 4 套油缸推进力 |
| 最大拉力/kN | 2 000 | 4 套油缸拉力 |
| 额定扭矩/(kN·m) | 600 | 4 台电机驱动 |
| 最大扭矩/(kN·m) | 1 000 | 4 台电机驱动 |
| 径向支撑/kN | 8×300 | 上下 2 层各 4 个支撑缸及靴板 |

续表

| 技术参数 | 数值 | 备注 |
|---|---|---|
| 旋转系统功率/kW | 4×110 | 4台电机 |
| 推进系统及辅助系统功率/kW | 55 | 液压系统 |
| 滚刀数量/把 | 42 | 整个钻头 |
| 纠偏滚刀/把 | 10 | 超前钻头用于纠偏 |
| 钻头锥度/(°) | 45 | 井底角 |
| 偏差最大值/mm | 150 | 偏差调整的最大值 |
| 远控距离/m | 1 000 | 满足地面远程操作 |
| 总质量/kg | 约 140 000 | 不包括辅助提升系统 |

### 5.5.2 全断面上排渣竖井掘进机

在全断面隧道掘进机应用较为成功的基础上，一些涉及采矿机械生产的公司开始研制全断面破岩的竖井掘进机，利用锥形、球形或平底的钻头结构，环形布置破岩滚刀，通过钻头围绕井筒轴线旋转，将岩石环状破碎，井底位置逐渐下移。采用液体、气体等流体循环排渣或机械方式排渣，以吊桶或管道将岩屑输送到地面，同时完成井筒的临时支护和永久支护。

1. 241SB-184 型竖井掘进机

美国罗宾斯公司于 1978 年 5 月试制出一台竖井掘进机，型号为 241SB-184。该竖井掘进机设计了近于"ω"形状的钻头结构，钻头上布置盘形滚刀，通过旋转使安装于其上的盘形滚刀全断面破碎井底岩石。钻头上还布置有水平和垂直的刮板和链斗输送机等机械排渣系统，通过吊桶将岩渣提升到地面。竖井掘进机上部作业平台和井筒内布置吊盘，实现井筒的临时支护和永支护，完成整个凿井过程，其结构及外形如图 5-40 所示。

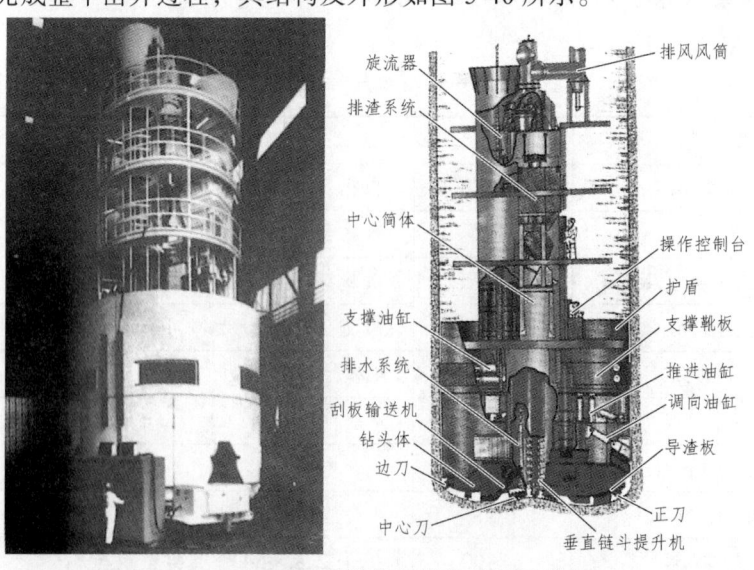

图 5-40 241SB-184 型竖井掘进机外形及结构

根据罗宾斯公司对隧道掘进机的设计经验，针对竖井掘进机所钻凿岩石条件以及工程条件，钻井直径为 7.3 m，深度约 1 000 m，适用于岩石抗压强度 100 MPa、成井速度 12.2 m/d 的条件下确定竖井掘进机的主要技术参数。该竖井掘进机采用电力作为动力，驱动系统电动机电压为 950 V/60 Hz，控制回路为 120 V/90 Hz，照明采用 12 V 直流电，竖井掘进机上设置 1 250 kV·A 的变压器。驱动系统采用双速齿轮箱，实现双速输出。

2. 海瑞克全断面竖井掘进机 SBC

全断面竖井掘进机 SBC 是为在硬岩中钻进 1 000 m 深的机械化全断面竖井掘进而研制的。刀盘为圆锥形，并配有滚刀，掘进过程高度自动化。在掘进过程中，整个开挖仓被填满，从地层中渗出的地下水流入掌子面进行收集。圆锥刀盘的转速为 2 ~ 3.5 r/min，其推进速度约为 1 cm/min（取决于地质条件）。通过泥水除渣，泵系统将岩屑从开挖仓输送至泥水分离站，将细颗粒和粗颗粒从悬浮液中分离出来。粗料通过铲斗送至竖井输送机，细料通过单独的泥浆回路（也可用于竖井排水）泵送至地表。掘进 1 m 后，全断面竖井掘进机 SBC 通过吊绳下放。可根据项目要求在全断面竖井掘进机 SBC 的工作平台上安装竖井衬砌。

海瑞克的全断面竖井掘进机 SBC 结构如图 5-41 所示，整个掘进机从下到上依次是开挖仓、锥形刀盘、撑靴、支护平台、滑轮平台、控制室、泥浆出渣系统、作业平台和渣桶。

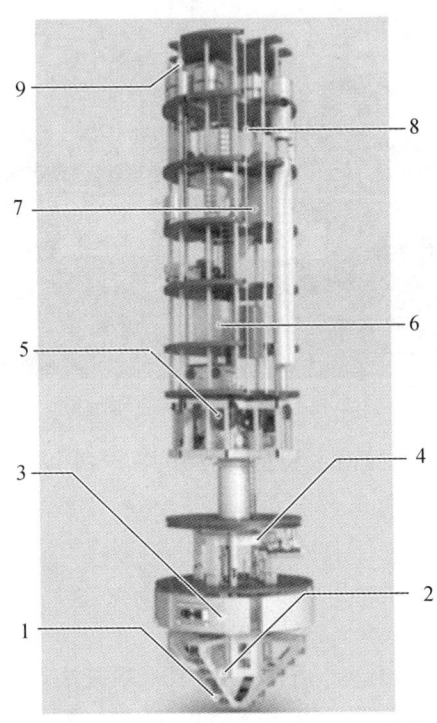

1—开挖仓；2—锥形刀盘；3—撑靴；4—支护平台；5—滑轮平台；6—控制室；
7—泥浆出渣系统；8—作业平台；9—渣桶。

图 5-41 海瑞克全断面竖井掘进机 SBC 结构

## 5.6 工程应用

### 5.6.1 深圳地铁 10 号线

深圳轨道交通 10 号线"孖岭站—雅宝站区间"是中铁隧道局在深圳首次应用双护盾 TBM 进行施工，起于梅林东站终点，沿彩田路下方敷设，途经艺丰花园、彩田加油站、富国工业区，下穿梅观高速进入鸡公山，沿直线向北穿越鸡公山，于南坪检查站处出山体，止于创新园站。此项目是双护盾 TBM 在深圳地区的首次应用。

#### 5.6.1.1 地质条件

孖雅区间地层从上至下主要为素填土、淤泥质黏性土、含有机质砂、粗砂、砾砂、卵石、全风化～微风化混合岩。区间隧道洞身范围穿越地层主要为微风化花岗岩和两条断层带，两条断层带分别属于压性断裂和层质不明断裂，抗震设防烈度为 7 度，工程场地类别为 II 类。区间地质纵剖面示意图如图 5-42 所示。

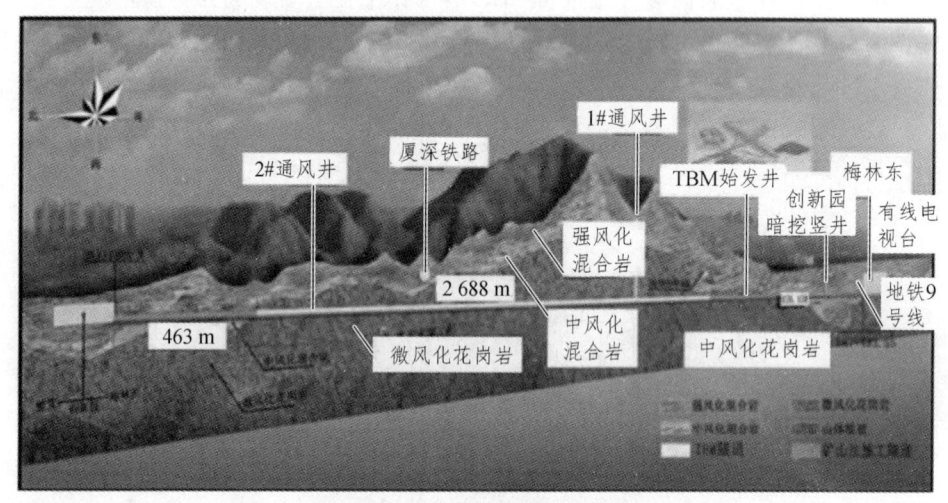

图 5-42 区间地质纵剖面示意

沿线地下水主要为第四系孔隙潜水和基岩裂隙水。深圳市属亚热带季风气候，热量丰富，日照时间长，雨量充沛。

#### 5.6.1.2 TBM 选型设计

1. 设计方案选择

区间隧道工法有明挖法、矿山法、盾构/TBM 法、顶管法、沉管法等，根据本区间地质条件以及周边环境条件，适用的工法为矿山法、盾构/TBM。其中，矿山法与盾构法技术在地铁建设领域的运用已比较成熟，孖雅区间山岭段隧道基本位于由微风化花岗岩构成的 II 级围岩中，重点对该段采用矿山法或 TBM 法进行比选。比选矿山法与 TBM 法考虑以下方面内容。

（1）考虑 TBM 工法对不同地质情况的适应性。TBM 适宜在较硬岩、硬岩中采用，岩石强度在 40～150 MPa 范围掘进效率较好，矿山法在硬岩中一般采用爆破方式开挖。

（2）考虑经济造价。1 km 以下的端洞采用 TBM 方法，TBM 及后续配套设备的投入成本较高，频繁安装、拆除和转运也不经济，所以应该谨慎使用；考虑刀具更换费用及工程处理费用后隧道综合单价高于矿山法隧道，应慎用。

（3）地质条件较好，地层单一且均为硬岩时，TBM 因其自动化、机械化的特点，在施工安全性上高于矿山法，在通风、作业环境、文明施工、环境保护等方面也高于矿山法。综上所述，结合本区间工程概况所描述，区间山岭段隧道宜采用 TBM 法。

2. TBM 选型分析

TBM 有 3 种类型：敞开式、单护盾式、双护盾式，每种 TBM 类型都有各自的特点和适合开挖的地质，TBM 类型的选取主要根据工程水文地质条件、隧道设计要求、支护衬砌型式、管片生产工艺及模具造价等方面的综合考量。

（1）敞开式 TBM 适用于岩石整体较完整，有较好的自稳性的地层。如当岩石软硬兼有，又有断层及破碎带，且不良地质所占比例较大，从工程安全性考虑，适宜双护盾式 TBM。当隧道穿越地层土层及软岩（抗压强度小于 60 MPa）占绝大部分比例，可采用盾构法。

（2）单护盾式 TBM 主要由护盾、刀盘部件及驱动机构、刀盘支撑壳体、刀盘轴承及密封、推进系统、衬砌管片安装系统等组成，该类型主要是用于岩石较为破碎、围岩抗压强度低、岩石自稳能力差的地层。在推进时，应以管件为支撑，类似于盾构机的推进原理。与双护盾 TBM 相比，掘进与安装管片不能同时进行，施工速度较慢。

（3）双护盾式掘进机的一般结构主要由装有刀盘及刀盘驱动装置的前护盾、装有支撑装置的后护盾、连接前后护盾的伸缩部分和安装预制混凝土管片的尾盾组成。双护盾掘进模式适用于稳定性较好的硬岩地层施工，在此模式下，掘进与安装管片同时进行，施工速度快。

综上所述，孖雅区间穿越山岭段 TBM 宜采用双护盾式 TBM。TBM 进洞如图 5-43 所示。

图 5-43　TBM 进洞

### 5.6.2　高黎贡山隧道工程

新建铁路大理至瑞丽线的高黎贡山隧道全线 34.531 km，是世界第七长大隧道。高黎贡山隧道地形地质条件极为复杂，具有"三高"（高地热、高地应力、高地震烈度）"四活跃"

（活跃的新构造运动、活跃的地热水环境、活跃的外动力地质条件和活跃的岸坡浅表改造过程）于一体的特点，另一方面大自然的鬼神工下所形成的高黎贡山，被誉为"物种基因库、自然博物馆、天然植物园、南北动植物交汇的走廊"，所以，如何保护自然生态以及高热带、高埋深、多断层等复杂的地质结构给工程带来了严峻挑战因此，本工程的建设难度极大。

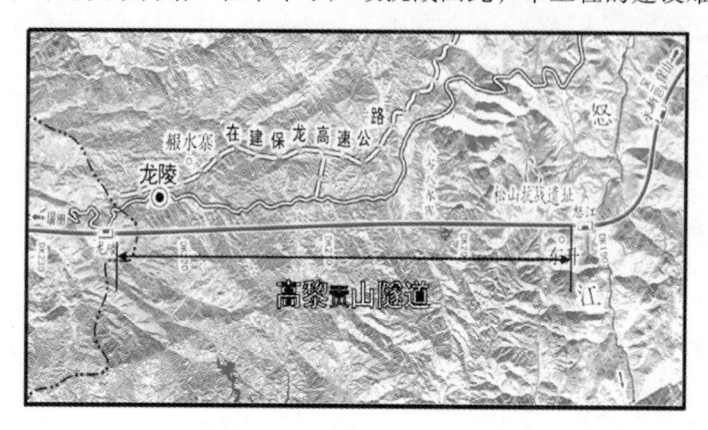

图 5-44 高黎贡山平面位置示意

### 5.6.2.1 地质条件

高黎贡山隧道出口 TBM 施工段内，地表零星覆盖第四系全新统滑坡堆积、坡崩积、冲洪积、坡洪积、坡积、坡残积，上更新统冲洪积软土、粉质黏土、粗砂、砾砂、细圆（角）砾土、粗圆（角）砾土、碎石土、卵石土、漂石土、块石土等地层。下伏上第三系、燕山期花岗岩、时代不明混合花岗岩、辉绿岩脉及断层角砾、压碎岩、蚀变岩等各期断裂、断层破碎带地层。

TBM 施工穿越地层主要为燕山期花岗岩（8.81 km，73%）以及片岩、板岩、千枚岩夹石英岩和变质砂岩（1.44 km，22%）。围岩等级以Ⅲ级为主，但Ⅳ、Ⅴ级围岩占比高达 40%。预测隧道正洞正常涌水量为 $12.77\times10^4\,\mathrm{m^3/d}$，最大涌水量为 $19.2\times10^4\,\mathrm{m^3/d}$。

### 5.6.2.2 TBM 选型及适应性设计

TBM 一般可分为敞开式 TBM、单护盾 TBM 和双护盾 TBM。一般岩石稳定性状况好、中硬岩为主、软弱围岩所占比例比较少的情况下选择开敞式 TBM，地质情况好的地段，只需进行挂网锚喷，支护量小，速度快，遇到断层破碎带时需支护加固，拼钢拱架，支护量大，速度慢；软弱围岩所占比例比较大、岩石稳定性差的隧道一般选用护盾式，其中当开挖岩石的过程中，岩石比较软、地层比较差，但是岩石可以自稳并且不会发生坍塌，可以选择单护盾 TBM；软弱围岩所占比例比较大的情况下选择双护盾 TBM，双护盾使用的地层比较广，主机可以在护盾的保护下进行掘进作业，主机后部一般装有衬砌管片安装器，双护盾 TBM 向前掘进的同时也在进行管片安装作业，后配套系统则完全在已经安装管片衬砌的隧道中进行作业，同时完成喷射和灌浆作业。

高黎贡山隧道经过勘察，本工程中高黎贡山隧道围岩比例为Ⅱ类为 11%，Ⅲ类为 41%，Ⅳ类为 29%，Ⅴ类为 19%。存在的主要不良地质为高烈度地震、高地温、岩爆及软岩大变形。

综上所述，隧道以Ⅲ类围岩和Ⅳ类围岩为主，选择敞开式 TBM，TBM 整机如图 5-45 所示。

图 5-45 TBM 整机

高黎贡山隧道地质条件决定了 TBM 施工过程中存在围岩软弱破碎、高地应力围岩与掌子面岩爆、围岩收敛挤压变形、高压突涌水、高地温和 TBM 卡机等施工风险，因而必须开展 TBM 适应性方案研究，改进设计，研制更适合于该工程的 TBM 设备。

1. TBM 支护系统设计

针对高黎贡山隧道 TBM 施工段存在的断层破碎带、软岩大变形和岩爆等不良地质条件，坚持"强支护，早支护"的理念，展开 TBM 支护系统的设计方案研究。总体设计方案如图 5-46 所示。

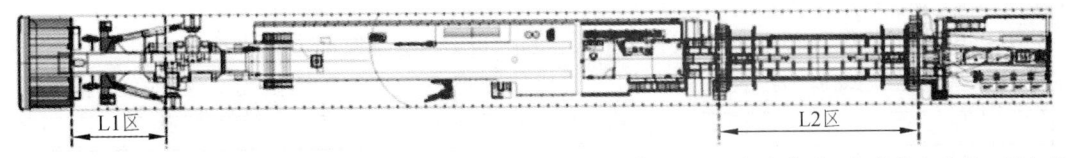

L1 区的支护设备：超前钻机及超前注浆设备、常态化混凝土喷射装置、钢拱架安装器、钢筋排安装器、锚杆钻机和钢筋网安装平台。L2 区的支护设备：锚杆钻机和混凝土喷射机械手。

图 5-46 新型 TBM 支护系统总体设计

（1）L1 区配置超前钻机、超前注浆设备和常态化混凝土喷射装置。L1 区配置超前钻机，采用可隐藏式设计，隐藏状态下不影响其他工序正常作业；该超前钻机可不考虑取芯功能，但需满足中型超前注浆管棚（$\Phi76$ mm）的施作。L1 区配置常态化混凝土喷射装置，上料方式通过 L2 区的输送泵与 L1 区的输送泵接力完成：当 TBM 通过破碎层时，可实现围岩出护盾后及时进行混凝土喷射支护。

（2）L1 区配置钢拱架安装器和钢筋排安装器。钢拱架安装器需要具备安装 H 型钢拱架、工字型钢拱架以及柔性钢拱架的功能，提高 TBM 通过不良地层的适应性；钢拱架安装器尽可能布置在主梁前部顶护盾下面以便在顶护盾的保护下及时支立钢拱架。钢拱架由型钢制作的多段钢拱片拼装而成，安装器需要完成旋转拼装、顶部和侧向撑紧、底部开口张紧封闭等动作。在护盾顶部约 270°范围内设置钢筋排储存系统钢筋排通过折臂吊机运送到设备桥存储区，储存在设备桥上，通过物料运输系统运到顶护盾处，再通过人工安装在顶护盾的存储槽内。TBM 掘进过程中，钢筋排从存储槽中抽出，端部与钢拱架焊接对围岩进行封闭，起到了初期支护的作用。

（3）L1 区配置锚杆钻机和钢筋网安装平台。L1 区配置两台锚杆钻机，锚杆钻机通过底座固定安装在环形齿圈梁上，可沿环形齿圈梁圆周方向运动并进行独立钻孔作业。锚杆钻机可以在 TBM 掘进过程中实施同步钻孔作业，辅助完成围岩加固、钢筋网片固定和部分断面钢拱架安装等。L1 区配置钢筋网安装平台，用于钢筋网挂设。钢筋网片在洞外提前加工，洞内采用人工安装的方式，在岩面露出尾盾的第一时间设施。

（4）L2 区配置锚杆钻机和混凝土喷射机械手。L2 区配置两台锚杆钻机，协作完成 270°范围内锚杆施作；L2 区配置混凝土喷射机械手，作业区距离刀盘 50~78 m，对围岩进行再次加固。

## 2. TBM 刀具设计

针对高黎贡山隧道 TBM 掘进断层破碎带和软岩大变形等不利地质条件，刀盘需具备扩挖功能；另外，针对 TBM 独头长距离掘进，刀盘、刀具需要具有较高的破岩能力和耐磨性。

（1）刀盘变截面扩挖与刀盘提升装置：利用刀座垫块增加刀盘的开挖直径，另外采用 20 in 大刀圈替换 19 in 刀圈增大刀盘开挖直径，扩挖量大于 100 mm。通过刀盘提升装置避免刀盘扩挖导致 TBM 中心轴线偏离隧道设计轴线。刀盘提升装置由底护盾与机头架之间的 4 个抬升油缸、导向滑槽组成。

（2）刀盘高强度设计：刀盘采用 4+1 分块、面板式重载刀盘，刀盘中心块采用铸造厚板；刀盘法兰采用锻造厚板，焊接过程严格进行探伤控制；刀座焊后整体加工，尽可能减小焊接变形，使滚刀安装精度更高。

（3）刀具布置设计：盘形滚刀在刀盘上的布置应尽可能使滚刀及刀盘受力均匀，使作用在主轴承上的径向载荷为零；相邻两把刀的相位角不能过大，前面的刀具能够为后面的刀具提供破岩临空面，从而形成前后滚刀顺次破岩。目前刀具的布置方式主要有两种：一是米字形射线布置，二是双螺旋线布置。双螺旋线布置的刀盘与米字形射线布置的刀盘相比，刀盘受力更均匀，可避免较大应力集中，适合于极硬地层，有利于刀盘减振和延长刀盘寿命；在同等岩石强度条件下，双螺旋线布置的刀盘振动相对较小，有利于降低刀具消耗。综合考虑后续工程，宜选用软硬兼顾的刀盘，因此建议按双螺旋线布刀，且相邻编号的两把滚刀相位角宜控制在 180°以内，以便使相邻两把刀的距离相隔不是太远。

## 3. TBM 应对涌水设计

针对高黎贡山隧道 TBM 可能面临高压涌水不良地质，以"预报先行，排堵结合"的施工理念进行针对性设计。

利用激发极化法超前预报系统进行超前探水；利用超前注浆止水，L1 区配置的钻机具备足够的钻孔能力，堵水考虑采用深孔化学灌浆的方法进行封堵。

排水方式考虑正常排水与应急排水二者相结合，配置多处强力排水系统。根据涌水量预测值，建议在正常排水能力的基础上，提升 50%的应急排水能力，即 TBM 的最大排水能力（正常排水能力+应急排水能力）应不小于最大涌水量预测值的 1.5 倍。

4. TBM 应对高地热设计

应对高地热的有效手段是通风和散热，必须保证新鲜空气能够进入 TBM 作业区域，另外增加制冷设备并提供洞外较低温度的供水，确保制冷设备的正常工作。TBM 上配置强制空气冷却系统，降低工作区域的温度，通过高地温条件下热交换分析计算，确定制冷系统的设计参数。采用国际著名品牌的通风系统，确保施工通风和降温效果满足施工要求；对大功率电机和液压泵站等采用水冷冷却。

# 第 6 章 顶管法机械设备

## 6.1 顶管掘进机及其分类

顶管掘进机是一个在护盾保护下，采用手掘、机械或是水力破碎的方法来完成顶进隧道开挖作业的机器，也称为顶管机头。顶管掘进机在顶进施工中的作用就是保护操作人员，确保顶进开挖空间并按照设计路线逐步扩展及保证开挖空间安全，防止周围土体及地下水涌入。

按照顶管掘进机平衡地层土压力以及水压力的方式和工作面的掘进方式，可将顶管掘进机分为分步掘进式顶管机和全断面掘进式顶管机。两者区别在于：全断面掘进式顶管机采用旋转式的刀盘（安装与地层相适应的破碎刀具），在一个工作过程中，对整个工作面进行破碎，即所谓的全断面掘进。

根据顶管机适用的地质不同，可以分为泥水平衡式顶管机、土压平衡式顶管机和岩石式顶管机。顶管机类型如图 6-1～图 6-3 所示。

图 6-1　泥水平衡式顶管机

图 6-2　岩石式顶管机

图 6-3　土压平衡式顶管机

## 6.2 土压平衡式顶管机及配套设备

### 6.2.1 土压平衡式顶管机的系统构成

土压平衡式矩形盾构顶管机（见图6-4）是用于城市地下通道及地铁出入口施工时一种专用的掘进机械设备，主要由开挖系统、出渣系统、渣土改良系统、减摩注浆系统、动力系统、控制系统、测量导向系统等系统组成，适用于粉土、粉质黏土、粉砂、细砂为主的地层。

矩形盾构顶管机依靠刀盘及刀具切削完成对地层的开挖，被开挖的渣土在压力平衡控制下通过螺旋机输送到渣车中被转运到地面，与圆形盾构相比，没有管片拼装机构，管节与盾体一起向前移动，移动的推进力靠洞口的顶推装置提供。

与常规盾构法相比，矩形盾构顶管法隧道施工的特点是：开挖时对地层及地面环境的扰动最小，光滑的开挖面利于地层形成受力拱，避免坍塌，同时借助平衡模式可对开挖面进行压力平衡，能够在各类地层特别是软弱地层开挖中实现地表的微沉降控制；对场地的要求小，适合在拥挤的市中心施工；同等开挖截面下，矩形隧道比圆形隧道更能有效利用地下空间，有效使用面积比圆形增加20%以上。

图6-4 矩形盾构顶管机

### 6.2.2 刀盘

圆形盾构的刀盘开挖方式仅为单刀盘回转开挖，但是矩形断面开挖要复杂得多，首先要搞清楚如何才能使刀盘实现矩形的切削轨迹，同时还能保证对土体的搅拌效果、有效控制对地层的扰动、有效控制地面的沉降等。根据矩形断面的几何特点，通过对机构运动轨迹、组合轨迹及仿形轨迹的模拟，可得出通过偏心多轴刀式盘、组合刀盘、仿形刀盘等布置形式可以很好地实现矩形断面开挖。

#### 6.2.2.1 偏心多轴式刀盘

偏心多轴式刀盘（见图6-5）的设计采用平行双曲柄机构的运动原理，4个偏心曲轴同步驱动1个矩形仿形刀盘，刀盘上的各个刀具绕着以各自支撑圆心点与曲轴回转支撑点之间的距离为半径做平面圆周运动，与轴向推进的方向合成来完成全断面的切削掘进。

偏心多轴式刀盘利用了铰链四杆机构的工作原理，是一个平行双曲柄机构，其运动规律为刀盘上的各个点都以各自固定的圆心以曲柄的长度为半径进行旋转。

图 6-5 偏心多轴式刀盘结构

它的优点在于：根据开挖的截面设计出类似的仿形刀盘，附以一定的曲柄长度，即可做到全断面开挖，不存在切削的盲区，可以大大减少顶管机掘进时的顶力；另外它的转动半径小，驱动所需的扭矩也小，大约是圆形刀盘的 1/2；它采用了十字刀头，每把刀的切削路径都很相似，刀具的切削量和磨损量比较均匀。

它的缺点也很明显，由于各个点都围绕各自的圆心做旋转运动，其上面布置的刀具受到的反力无法相互抵消，切削反力传递给盾体，容易造成对周边土体的扰动，如果控制不好，极易造成开挖的沉降量超标；另外其后部的搅拌棒的运行轨迹也是以曲柄长度为半径的圆，其搅拌范围相对于整个开挖面来说极其有限，若布置数量少起不到改良土体的作用，布置数量多将大大增加刀盘的扭矩，且形成的反作用力对盾体的平衡不利。

#### 6.2.2.2 组合式刀盘

组合式刀盘主要依靠前后刀盘开挖面的相互弥补，来尽可能地减少矩形区域的开挖盲区。以 1 个大刀盘在前，4 个小刀盘在后的布置为例（见图 6-6），大刀盘的开挖直径略大于矩形开挖面的高度，小刀盘的开挖直径与管片的圆角外径相同，其开挖率可以达到 80%~90%。大小刀盘可以各自控制，同时旋转对土体进行切削、搅拌。

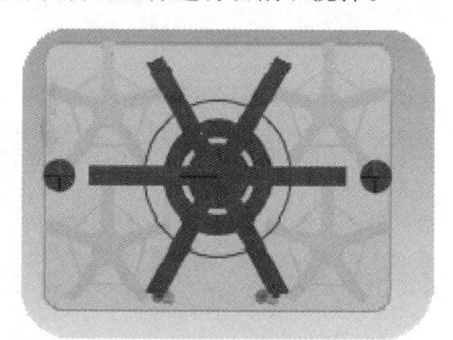

图 6-6 一大四小组合式刀盘的结构形式

组合式刀盘的结构形式利用了圆形刀盘的切削区域前后交叉，驱动方式简单可靠，相对于偏心多轴式刀盘，圆形刀盘开挖过程中，刀盘的切削反力可以相互抵消，因此对周围土体的扰动小，地面沉降比较容易控制；另其搅拌棒的运行半径要远大于偏心多轴式刀盘，布置合理的话，几乎可以覆盖整个断面，土体改良效果好，对于土压平衡的形成有利，也更有利于地面沉降的控制。但其每个刀盘的开挖范围都是圆形，因此无论如何组合，都无法达到矩形截面的全断面开挖，存在盲区是其最大的缺点。

#### 6.2.2.3 仿形刀盘

仿形刀盘(见图 6-7)的工作原理为:利用控制理论,使刀盘的超挖刀在指定区域里伸出特定的长度,仿出正方形的形状。

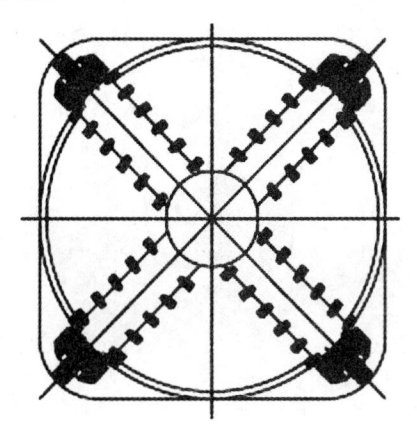

图 6-7 仿形刀盘结构形式

其结构多采用圆形刀盘的辐条式结构,在辐条的末端安装有超挖刀,液压油缸放置在辐条结构内,辐条后部不同半径上布置有搅拌棒,对切削下来的土体进行搅拌。

仿形刀盘形式主要用于日本的隧道开挖技术,它是基于控制理论来达到对矩形断面的仿形开挖,多用在日系的盾构机上。它的优点在于其结构对称,受力均匀,对土体的扰动小,有利于机头的顶进,开挖率可以达到 100%。

但其传动系统较复杂,长距离掘进的可靠性受到恶劣工作环境的制约。另外,由于地下掘进工程的不可逆性和操作空间的限制,不能不对掘进设备的可靠性提出苛刻的要求。而且该种刀盘形式只适应正方形断面;应用于矩形断面,必须依靠搭配形成具有一定长宽比的矩形。

### 6.2.3 出渣系统

大断面矩形盾构顶管机横向跨度大,开挖量大,对排渣系统的排渣能力及均匀性提出了新要求。为此,有些项目采用了两台螺旋输送机联合出渣的排渣系统,在联合出渣电液控制方面作出创新。

由于对沉降控制的要求高,对螺旋输送机的可靠性要求非常严格。为此,螺旋输送机采用了转盘轴承支撑的驱动装置,该轴承能够承受螺旋轴传递过来的轴向力、径向力及倾覆力矩,使螺旋输送机的受力更加合理。采用周边电机、减速机驱动,使用 1 台变频电机、1 台摆线针轮减速机及一级齿轮减速传动,可提供 33.5 kN·m 的最大驱动扭矩。当发生螺旋轴卡住现象,可以通过控制电机正反转来摆脱。必要时可打开设置在螺旋输送机筒体上的观察窗门来对筒体内部进行清理,从而提高了螺旋输送机的使用可靠性。

### 6.2.4 管节顶进系统

管节顶进设备主要包括了顶管后座、主顶油缸、导轨等设备,可以实现管节的顶进。

#### 6.2.4.1 主顶油缸

现在顶管工程中使用的主顶油缸全是双作用油缸。该油缸一般由缸体、活塞、导向套、活塞杆、密封及滑靴构成；主顶油缸大多呈对称布置。

图 6-8 主顶油缸

#### 6.2.4.2 主顶油泵

主顶油泵基本都是柱塞式，通常采用两种配流形式的油泵：

（1）阀配流式的柱塞泵。该泵具有结构简单、维护方便，工作压力高，使用寿命长等优点。

（2）平面配流式的柱塞泵。该泵的配流盘与高速旋转的泵体之间靠间隙密封，故要求液压油的纯净度较高，不能有任何杂质。

#### 6.2.4.3 基坑导轨

基坑导轨是安装在工作坑内为管子出洞提供一个基准的设备。导轨必须具有一定的刚度、耐磨性等特性，以保证在顶进管道的作用下不产生变形、能够顺利在上面滑动，如图 6-9 所示。

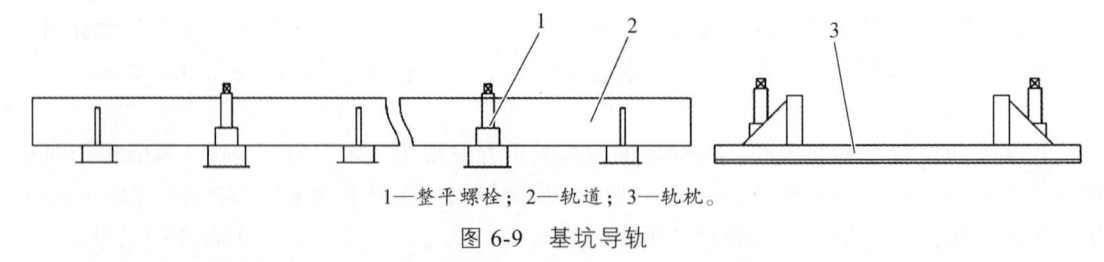

1—整平螺栓；2—轨道；3—轨枕。

图 6-9 基坑导轨

基坑导轨在工作坑内的固定方法有两种：一是将基坑导轨与工作坑底板上的预埋钢板焊接成整体；二是在基坑导轨两侧用槽钢将导轨支撑在中间。

#### 6.2.4.4 顶 铁

顶铁是具有一定厚度和一定形状的钢结构件，其主要作用是将主顶油缸所产生的较为集中的顶推力均匀地分布到所顶管道的端面上，并起到保护端面的作用。

#### 6.2.4.5 后靠板

后靠板是安装在工作井中主顶设备后座墙与主顶油缸之间的钢结构构件。有整体式后靠板和分成左右两块的后靠板,一般前者整体刚度较大,不易变形。

### 6.2.5 减摩泥浆系统

#### 6.2.5.1 减摩泥浆的作用与机理

1. 减摩泥浆的触变特性

膨润土经加水搅拌后成悬浮液,当膨润土悬浮液静止时,薄片状的蒙脱石微粒会由分散状态经过絮凝,形成凝胶体。当浆液被搅拌、振动或泵送时,转变成黏性的液体,再次处于静止状态时,又会形成凝胶体,这种液体和凝胶体之间的交替可以发生多次,这类特性称为触变性,为此减摩泥浆又称为触变泥浆。

2. 触变泥浆作用与机理

顶管施工中触变泥浆的作用:①减阻作用,将顶进管道与土体之间的干摩擦转换为液体摩擦,减小顶进的摩阻力;②填补作用,浆液填补施工时管道与土体之间产生的空隙;③支撑作用,在注浆压力下,减小土体变形,使管洞变得稳定。

(1) 泥浆套的形成及减阻机理。

注浆时,从注浆孔注入的泥浆首先填补管节与周围土体之间的空隙,抑制地层损失的发展。泥浆与土体接触后,在注浆压力的作用下,注入的浆液向地层中渗透和扩散,先是水分向土体颗粒之间的孔隙渗透,然后是泥浆向土体颗粒之间的孔隙渗透;当泥浆达到可能的渗入深度之后就静止下来,短时间内泥浆会变成凝胶体,充满土体的孔隙,形成泥浆与土壤的混合体;随着浆液渗透越来越多,会在泥浆与混合体之间形成致密的渗透块,随着渗透块的增多,在注浆压力的挤压作用下,许多的渗透块相互黏结,形成一个相对密实、不透水的套状物,即泥浆套。

泥浆套能够阻止泥浆继续渗入土层。如果注入的润滑泥浆能在管道外周形成一个比较完整的泥浆套,则接下来注入的泥浆不能向外渗透,留在管道与泥浆套的空隙之间,在自重作用下,泥浆会先流到管节底部,随后向上涨起。当管洞充满泥浆时,顶进管节整个被膨润土悬浮液所包围,受到浮力作用,管节将至少变成部分飘浮,它们的有效重量将变小,甚至可能变成负的。管节在泥浆的包围之中顶进,其减摩效果良好。在实际施工中,由于受环向空腔不连续、不均匀、泥浆流失、地下水影响以及压注浆工艺等影响,减摩效果会受到一定的影响。

(2) 浆液渗流距离。

膨润土泥浆渗入土层的孔隙内,充满孔隙并继续流动,其流速取决于孔隙的横断面与泥浆的流变特性。土体孔隙将对泥浆的流动产生阻力,在克服流动阻力的过程中,泥浆压力与地下水压力之差即压浆压力将随着渗入深度的增加而成比例地衰减。相应每一种压浆压力都有一个完全确定的渗入深度,即渗流距离。泥浆的渗流距离就相当于泥浆套的厚度。

为了能够形成低渗透性的膜,就必须使泥浆不太容易渗透到土体中去。泥浆浓度越高,在土体中的渗透距离越短。在高浓度泥浆和高注浆压力下容易形成泥浆套。一旦泥浆套形成,泥浆套厚度增加就会变慢。为了减少渗透,改善泥浆套的形成,可以添加聚合物。聚合物通常是由大量的小化学单体连接在一起而形成大的长链分子,聚合物的长链分子就像增强纤维一样,形成一张网来留住膨润土颗粒并堵塞土体孔隙。

(3)填补及支承机理。

由于管径差以及纠偏操作会使管道与土体之间产生空隙,周围土体要填补这些空隙,进而产生地面沉降。另外,每当后续管节随顶管机一起向前顶进时,会对周围土体产生剪切摩擦力,产生拖带效应,使得土体产生沿管道顶进方向移动;而当更换管节停止顶进时,土体会产生部分弹性回缩,向顶进的反方向移动。合理的注浆可以减小这些土层运动。

从注浆孔注入的泥浆首先会填补管节与周围土体之间的空隙,进而形成泥浆套。由于顶管机的开挖会对管道周围土体产生扰动,使部分土体结构遭到破坏而变成松散土体。在注浆压力作用下,泥浆套能够把超过地下水压力的液体压力传递到土体颗粒之间,成为有效应力压实土体。同时,泥浆的液压能够起到支撑管洞的作用,使其保持稳定,不让土体坍塌到管节上,从而减小地面沉降。由于土体与管节之间被泥浆隔离,使得管节顶进对土体产生的剪切摩擦力大大减小,可以减小深层土体移动。

#### 6.2.5.2 注浆系统

1. 泥浆管孔位布置

目前,触变泥浆注浆孔均采用正方形布置,即所有管节上预埋单排注浆孔且位置相同,注浆孔环向间距与管节环宽相同。管节拼装完成后,注浆孔矩形布置如图6-10所示。将管节内注浆孔位置设置A、B两种型号,管节拼装完成后,注浆孔梅花形如图6-11所示,A、B型管节注浆孔布置如图6-12所示。

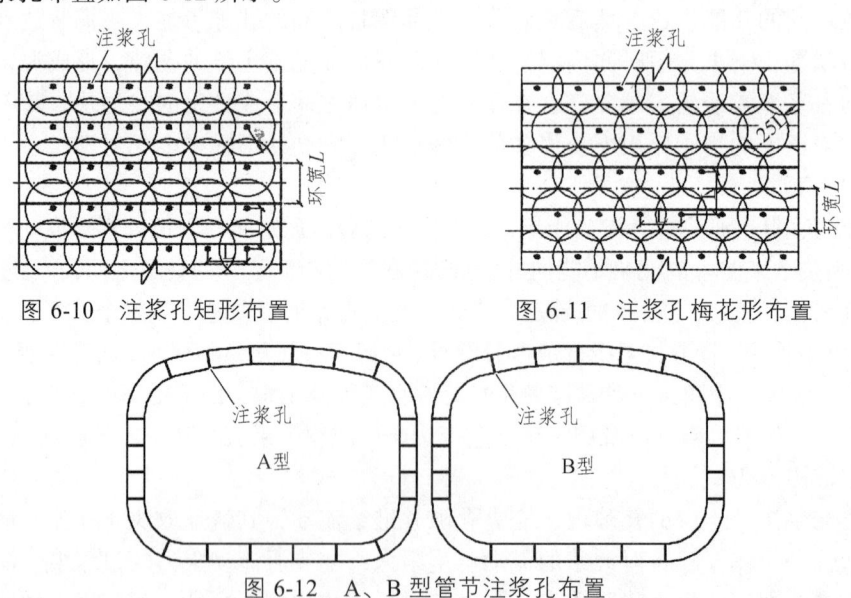

图6-10 注浆孔矩形布置   图6-11 注浆孔梅花形布置

图6-12 A、B型管节注浆孔布置

触变泥浆施工过程中,以注浆孔为圆心向四周扩散,扩散半径与地层参数、注浆压力等参数相关。在地层条件相同下,扩散半径与压力成正比。由图可知,若触变泥浆全部交圈,则矩形布置注浆半径为$L$,梅花形布置注浆半径为$5/4L$。可知优化后的注浆孔布置,在压力较小的情况下就可形成良好的泥浆套,可减小对地层的扰动以及出现冒顶的风险。

2. 注浆设备

选择适宜的注浆设备是注浆减阻成功的保障。由于隧道覆土较浅，注浆设备一般选用螺杆泵，因其在注浆过程中无脉动，自吸能力强，注浆压力均匀平稳。

注浆孔沿管节周圈进行布置，注浆管路分为总管和支管，其中总管一般采用钢管，支管一般则是采用的胶管。在每根支管与总管连接处设置 1 个球阀。隧道内管路连接如图 6-13 所示。

图 6-13 隧道内管路连接

## 6.2.6 运输设备

顶管施工中所用到的起重设备主要有两大类：行车和吊车。

### 6.2.6.1 行　车

对于行车来说，从几吨到几十吨的各种规格都有，其起吊吨位大小的选择主要是取决于管节的重量，起重量在 10 t 以下的行车大多采用电动葫芦作起吊设备，起重量在 10 t 以上的大多采用小车作起吊设备。

大多数施工现场都是采用龙门行车。

### 6.2.6.2 吊　车

吊车常用的有履带式吊车、轮胎式吊车等，此类型起重设备的自重较大，且起重半径小。同行车相比没有行车灵活、使用时噪声较大，且要求地基要足够稳固。在通常情况下，施工过程中只有在行车的起重量不够时才会使用吊车进行起重作业。龙门吊如图 6-14 所示。

图 6-14 龙门吊

## 6.3 顶管掘进机选型

对于顶管机的选型我们必须遵循以下四大原则：适应性原则、安全性原则、可靠性原则和经济性原则。

### 6.3.1 适应性原则

适应性原则是选用顶管机时首先必须遵循的一大原则。到目前为止，所有的顶管机都只能在某个范围内适用，如果选用的顶管机不能与施工条件相适应，轻则将影响施工的进度，重则将导致顶管施工失败。就施工条件的适应性而言，具体有以下几个方面：

（1）与土质相适应：就目前生产的所有顶管机而言，它对于土质的适应都是有一定范围的，有的适用于软土，有的适用于砂砾，没有一种是万能的。所以选顶管机时必须看该机对施工土质的适应程度。先要了解该机的结构和工作原理，再查看它的相关业绩资料，最好根据生产厂商所提供的业绩资料做进一步的核实和调查研究工作后，再来确定该机与土质相适应的程度。

（2）与设计条件相适应：这里是指设计图纸中的要求和规定，如顶进管的口径，顶进管的材质，顶进的长度和线形，工作坑和接收坑的构筑形式、覆土深度等条件。

（3）与社会条件相适应：应与地面上的建筑物街道、公路、铁路、交通以及地下水的压力、各种公用管线和桥梁桩基等相适应。如地面建筑物是密集的又没有基础的居民区，则要求顶管机施工后的地面沉降小。

### 6.3.2 安全性、可靠性原则

由于顶管机是在地下进行施工作业的一种特殊机械，有一定的危险性，其可靠性与安全性就至关重要。可靠性原则包含了设计的可靠性和设备的可维修性。它的安全性原则除了机械、电器自身方面的安全性以外还要考虑到机械应对外部条件的安全性。

（1）设计的可靠性：这是决定顶管机质量的关键，由于人-顶管机系统的复杂性、人可能存在的误操作、环境因素对人和顶管机产生的影响，发生错误的可能性必然存在。所以设计顶管机时就必须充分考它的易使用性和易操作性，这就是设计可靠性。对顶管机而言，其主轴密封的可靠性应放在第一位，因为一旦主轴密封损坏了，通常是无法修理的。

（2）设备的可维修性：当顶管机发生故障后，能够很快、很容易地通过维护或维修排除故障，这就是可维修性。顶管机的可维修性与顶管机的结构有很大的关系，也与设计可靠性有很大的关系。

（3）机械的安全性：一般来说，顶管机的操作系统越可靠，发生人为失误或其他问题造成的故障和安全问题的可能性就越小。

（4）电器的安全性：电器的安全性主要包含必须要有防止触电事故发生的安全装置；必须要有防止电器元器件产生过热和过载的保护装置；必须要有防止过量辐射对人体造成伤害这3方面的安全装置和安全保护措施。

（5）机械应对外部条件的安全性：顶管机应对外部条件的安全性也是在选用顶管机时必须认真研究的。例如，在穿越河流或可能遇到有毒、有害气体时，最好选择不需要人在管道内作业的遥控式顶管机。

### 6.3.3 经济性原则

经济性原则需要从以下几方面考虑。
（1）顶管机的性价比。
（2）顶管机的适用范围。
（3）顶管机的施工速度快、施工质量。
（4）弃土处理容易且处理成本。这需根据顶距、施工环境、排土方式、口径大小等因素综合考虑。

## 6.4 工程应用

以大东湖核心区污水传输支隧工程为例。

大东湖核心区污水传输支隧工程主要是收集落步咀预处理站的来水后传输至主隧，本工程起于落步咀预处理站，止于主隧4#汇流井，总长约1.7 km。隧道为并排双管，每根管内径为1 650 mm。支隧隧道采用顶管法施工，10#、11#施工竖井采用明挖法施工。

顶管隧道单线全长3 380.56 m，单顶顶进长度分别为763.39 m和927.46 m，共计4段。采用内径为1 650 mm，壁厚为200 mm的F型钢筒混凝土管。管节长度为2.5 m，双管平行布置，净间距为2.5 m。平面为曲线，曲率半径为600 m和10 800 m，纵断面坡度为0.5‰。根据勘察结果，拟建隧道场址区无崩塌、滑坡、泥石流等不良地质作用，特殊性岩土主要为人工填土、软土、混合土、膨胀土、风化岩及挤压破碎带。

本工程管道埋深为20.62~33.28 m，全断面穿越中风化含砾砂岩、泥岩，夹强风化和破碎岩层组成的复合地层。11#施工竖井至主隧4#汇流井地质断面如图6-15所示。

彩图6-15

图6-15 地质断面图

- 20b-2-2中风化含钙含泥细砂岩
- 20b-1强风化泥质粉砂岩
- 20s-1/20s中风化挤压破碎岩
- 15a-1强风化含钙泥质粉砂岩
- 15a-2中风化含钙泥质粉砂岩
- 15b-2中风化含砾岩

根据勘察结果，场地下伏白垩下第三系基岩节理、裂隙不发育，志留系基岩节理、裂隙较发育~发育，但多呈闭合状，为泥质充填或泥质胶结。由于节理、裂隙的存在，致使裂隙水的分布具有一定的不均匀性，裂隙水多沿裂（缝）隙、节理面呈点状、线状渗出，水量一般较小，对拟建工程基坑及隧道施工影响小。

该项目顶管机依托大东湖深隧工程支线顶管掘进距离长、埋深大、直径小、地层条件复杂等特点研制而成。顶管机主要技术参数见表 6-1。

表 6-1 顶管机主要参数

| 部位名称 | 技术参数 | 数值 |
| --- | --- | --- |
| 壳体尺寸 | 外径/mm | 2 050 |
|  | 长度/mm | 5 120 |
| 刀盘驱动 | 电机功率/kW | 45×3 |
|  | 刀盘转速/(r/min) | 0~5.0 |
|  | 刀盘转矩/(kN·m) | 344 |
| 机内液压系统 | 纠偏油缸数量/支 | 4×2 |
|  | 单根油缸推力/kN | 1 200 |
|  | 纠偏角度/(°) | ±2 |
| 主顶液压系统 | 顶进速度/(mm/min) | 0~100 |
|  | 额定顶力/kN | 1 960×6 |

### 6.4.1 顶管机主要技术

（1）刀盘采用混合型结构，刀盘上布置有重型单刃和双刃盘型滚刀，以及镶嵌优质硬质合金刀头的单向主切割刀、边缘刮刀，具有较高的强度、刚度、耐磨性和使用寿命。顶管机刀盘布置如图 6-16 所示。

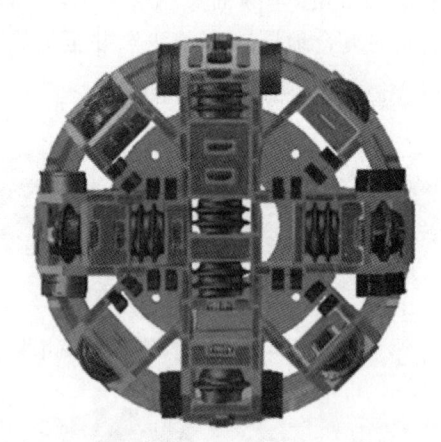

图 6-16 顶管机刀盘布置

（2）刀盘驱动采用大功率变频器进行调速控制，一是机器长距离顶进时，可有效提高刀盘的启动性能，提高整机的可靠性；二是根据土质情况的变化，不仅可以实现刀盘恒转矩输出，还可以调整刀盘转速，适应穿越岩石与强风化类软土地层的变化和要求以及洞口加固区等复杂地质条件，并有利于实现地面沉降控制。

（3）刀盘采用周边支撑式结构，中心的通道空间比较方便人员进入，在长距离施工工程中便于更换磨损的滚刀。

（4）顶管机设计二次破碎功能及高压喷水孔，可以将岩石、卵石、砾石等有效破碎成 20～30 mm 的颗粒，以利于排渣泵及时排出。遇到含泥量较大地层时可及时将刀盘割下的黏土分离和破碎，顺利通过排渣泵排出，有效提高顶管机在黏土地质条件下的适应性。顶管机前盾布置如图 6-17 所示。

图 6-17　顶管机前盾布置

（5）顶管机配置有二级主动纠偏系统和防翻滚系统，可以有效控制顶管机的顶进姿态，同时底部设计了两个高压水冲洗管道，可处理长距离岩层施工中的底部岩屑堆积问题。顶管机壳体布置如图 6-18 所示。

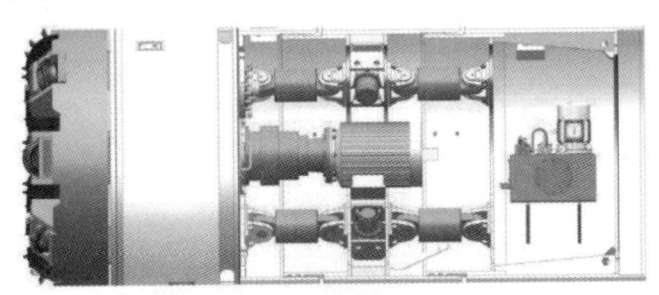

图 6-18　顶管机壳体布置

（6）采用遥控操作方式在地面进行系统控制，电控系统包括数据采集显示系统，以及数据实时无线网络传输系统。可提高机器的操作性能以及长距离施工的适应性，同时提高项目管理层的远距离监控和管理作用。

## 6.4.2　注浆减阻技术

### 1. 注浆形式

常规泥浆：配置优质泥浆一般通过过滤矢量、黏度、触变性等参数确定泥浆的最优配方，并根据工况调整注浆量。注浆量将导致管段-泥浆-土体的相互作用状态发生改变，进而改变泥浆套的形态。当注浆量增加，管节重力与浆套产生的浮力相等时，顶管可能完全处于悬浮状态，此时管土之间的接触状态完全转变为"固—液—固"状态，此时管壁所受摩阻力大幅度减小，注浆减摩措施达到最佳效果。

膏状技术：膏状浆液是指抗剪屈服强度大于 20 Pa，塑性黏度较大的混合浆液，其基本特征是抗剪切屈服强度值大于其重力，其状态类似牙膏，具有遇水不分散、抗水流冲释、流动性小等特性，在透水砂卵砾石层灌浆堵漏防渗效果好。此项目地层较为复杂，多为中风化~强风化泥质粉砂岩，部分地层含泥量、含砂量较大，顶进距离长。因管道直径较小注浆不便，对注浆带来多种不利因素，在机头前部同步注入膏浆有助于解决上述不利因素。通过对比发现，膏浆技术在保水性、耐久性、支护性、成套性能方面均优于传统的注浆工艺。虽然单次注浆成本高，但是注浆频率远小于常规的注浆工艺，总体成本相差不大。启动顶力、摩阻力均比较小，且相对稳定。

2. 注浆参数

注浆量：此项目顶管主要位于强风化~中风化泥质粉砂岩，浆液实际压注量一般为理论注浆量的 1.5~3 倍，因此每顶进 1 节压浆量为 4.3~8.6 $m^3$。

注浆压力：合适的注浆压力应使触变泥浆能顺利地注入管节外壁，又不严重扰动地层。注浆压力根据管道深度 $H$ 和土的天然重度 $\gamma$ 而定，经验为 $(2~3)\gamma H$。本工程为双管顶进，过大的注浆压力将导致双线窜浆，影响注浆效果。此工程注浆压力为 0.2~0.3 MPa，并在注浆管沿线布置压力表，严密监视注浆压力，保持注浆压力稳定，避免出现过大或过小情况。当出现窜浆现象时，及时双线同时注浆，以保证注浆效果。

分段注浆：该顶管工程单次顶进距离长，穿越地层地质条件复杂。针对触变泥浆减摩技术存在的不足，采用高压膏浆减阻配合常规触变泥浆分段注浆对顶管进行减阻，即在机尾管及前 100 mm 同步注入膏浆，其余后部管节注入常规触变泥浆浆液补浆。在实际工程中，成功补充了原有技术的不足，取得了良好的应用效果。

同步注浆时在注浆孔后部焊接止浆条，注浆孔外侧焊接导浆槽，使膏浆均匀向后部注入，并防止浆液向前进入土舱。同步注浆导流槽如图 6-19 所示。

图 6-19 同步注浆导流槽

### 6.4.3 排浆技术

本项目顶管管道直径较小，隧道内无法放置大功率中继排浆泵，在机头后部及隧道中部放置 2 台 30 kW 离心式中继排浆泵，在井下放置 75 kW 离心式排浆泵。进水泵采用 1 台 45 kW 离心式渣浆泵。泥浆进/排浆管采用 DN12 mm 镀锌管，单根泥水管的长度应不小于 2 m，否则接头会增多，但也不要长于 3 m，本项目单根泥水管长度为 3 m。

排浆泵总扬程为 102 m，排浆泵总功率为 135 kW。井下 75 kW 排浆泵以及 45 kW 进水泵采用变频控制，可以随意调节进/排浆速度。可通过调节进水泵、排浆泵的转速来调节排泥舱压力，进行挖掘面上的泥水管理。排浆泵变频器可设置较长的加速、减速时间，使排浆流量平缓变化，降低水锤效应。

此项目顶进过程中，可通过调节进/排浆泵转速，较为便利且精确地调节排泥舱压力，渣土可顺利排出，未出现堵管现象。

### 6.4.4 长距离顶管通风技术

针对本工程顶进距离长、管节内径小的特点，采取以下通风方式：通过始发井鼓风机用输送软管导至顶管机处，在顶管通道内每隔 150 m 增设 1 台轴向风机进行接力送风，其间需不断检查输送管道是否有破损或弯折，以免影响送风效果。在对顶管设备进行维护及检查前需送风一段时间，净化管道中的空气后人员才能进入管道内，以保证安全。有害气体监测系统如图 6-20 所示。

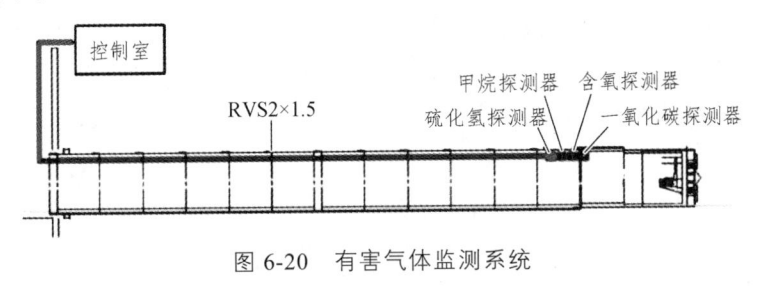

图 6-20 有害气体监测系统

# 第 7 章 悬臂掘进机法机械设备

## 7.1 概　述

### 7.1.1 悬臂掘进机的分类和性能参数

1. 悬臂掘进机的分类

悬臂掘进机是一种高效的地下挖掘设备，它能够实现截割、装载运输、自行走及喷雾除尘的联合作业。悬臂式掘进机按截割头的布置方式，可分纵轴式和横轴式两种；按掘进对象，可分为煤巷悬臂式掘进机、煤-岩巷悬臂式掘进机和全岩巷悬臂式掘进机 3 种；按机器的驱动形式，可分为电力驱动（各机构均为电动机驱动）和电-液驱动两种。悬臂掘进机的分类情况如图 7-1 所示。

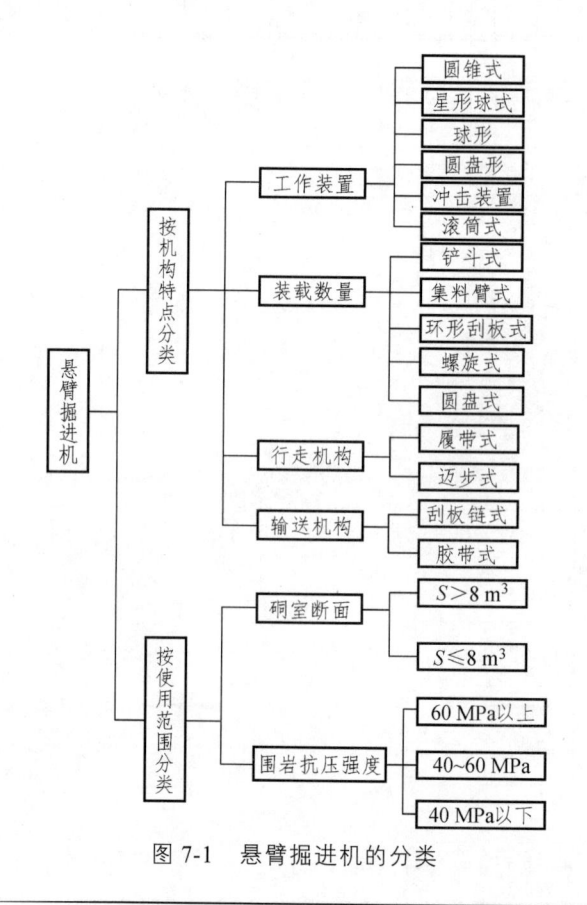

图 7-1 悬臂掘进机的分类

2. 悬臂掘进机的性能参数

悬臂掘进机的主要性能参数如下：

（1）截割硬度（切割煤岩最大单向抗压强度）：根据机器型号的不同，这个参数可以从 40 MPa 到 100 MPa 不等。

（2）生产能力：煤的生产能力可以达到 0.6 m³/min 至 0.8 m³/min，半煤岩的生产能力则从 0.35 m³/min 到 0.6 m³/min 不等。

（3）切割机构功率：功率范围从 30 kW 到 300 kW 或更高，具体取决于机器的型号和设计。

（4）适应工作最大坡度：通常不小于 ±16°。

（5）可掘巷道断面：根据机型的不同，巷道断面可以从 5~12 m² 到 10~32 m²。

（6）机重：不包括转载机的情况下，机重可以从 20 t 到超过 80 t。

（7）爬坡能力：例如，某型号的悬臂掘进机具有 ±18°的爬坡能力。

（8）截割头转速：例如，某型号的截割头转速为 31.8 r/min。

这些性能参数是悬臂掘进机设计和选择时需要考虑的关键因素，它们影响着机器的工作效率、适应性和稳定性。不同型号和制造商的悬臂掘进机可能会有不同的性能参数，因此在选择时需要根据具体的工程需求和地质条件进行综合考虑。国外使用的几种典型的悬臂掘进机的主要性能参数见表 7-1。

表 7-1 国外几种典型悬臂掘进机的主要性能参数

| 型号 | 断面/m² | 截割硬度/MPa | 机重/t | 总功率/kW | 截割功率/kW | 适应坡度/(°) | 外形尺寸长×宽×高/m | 生产国家 |
|---|---|---|---|---|---|---|---|---|
| F6-HK | 18 | ≤30 | 10.5 | 60.2 | 30 | ±15 | 7.5×2×1.75 | 匈牙利 |
| AM-50 | 18 | ≤70 | 24 | 155 | 100 | ±16.2 | 7.5×1.91×1.65 | 奥地利 |
| MRH-S100 | 21 | ≤60 | 25 | 145 | 100/60 | ±15 | 8.3×2.8×1.8 | 日本 |
| MAV300 | 46 | ≤100 | 100 | 469.5 | 300 | ±22.5 | 13.25×3.63×2.02 | 德国 |
| MK3 | 34 | ≤120 | 96 | 407 | 250/150 | ±18 | 13.75×2.81×2.5 | 英国 |
| MRH-S320 | 33 | ≤140 | 56 | 310 | 220/120 | ±22 | 10.6×3.6×2.16 | 日本 |
| AHM105 | 46 | ≤120 | 120 | 555 | 300 | ±20 | 12.2×2.825×2.594 | 奥地利 |

我国使用的几种典型的悬臂掘进机的主要性能参数见表 7-2。

表 7-2 国产几种典型悬臂掘进机的主要性能参数

| 型号 | EBZ-260H | EBZ-220 | EBZ200H | EBZ-150 A |
|---|---|---|---|---|
| 生产厂家 | 三一重工 | 上海创力 | 三一重工 | Jiamusi Coal Mining（佳木斯煤机） |
| 外形尺寸（长×宽×高）/m | 11.67×2.7×1.96 | 10.4×3.2×1.72 | 11.5×3.6(3.2/3.0)×1.9 | 9.34×2.9×1.65 |
| 机重/t | 80 | 63.5 | 78（含二运和除尘器） | 42 |
| 地隙/mm | 255 | 190 | | |
| 卧底深度/mm | 275 | 180 | 228 | 216 |

续表

| 型号 | EBZ-260H | EBZ-220 | EBZ200H | EBZ-150 A |
|---|---|---|---|---|
| 龙门高度/mm | 350 | 420 |  | 450 |
| 适应坡度/(°) | ±18 | ±18 | ±16 | ±16 |
| 截割硬度/MPa | ≤110 | ≤85 | ≤100/80 | ≤65 |
| 总功率/kW/牵引力/kW | 403/≥400 | 310 |  | 225 |
| 定位截割高度/m | 5.051 |  | ≤4.8 | 4.8 |
| 定位截割宽度/m | 6.23 | 5.6 | ≤6 | 5.4 |
| 定位截割断面/m² | 31 | 25.0 | ≤28 | 24 |
| 截割电机功率/kW | 260/200 | 220 | 200/150 | 150/80 |
| 系统压力/MPa | 25 | 18 |  | 18 |

## 7.2 悬臂掘进机设备构造

悬臂掘进机是一种有效的开挖机械，它集开挖、装载功能于一身，可用于采矿、公路隧道、铁路隧道、水洞、矿用巷道及其他地下洞室的开挖施工。

根据截割头与悬臂的布置方式的不同，悬臂式掘进机可以分为两类：横轴式掘进机和纵轴式掘进机。横轴式悬臂掘进机的截割头旋转轴与悬臂轴垂直布置，这种类型的掘进机工作时截割出的巷道侧壁一般都是不平整的，其截割头运动轨迹为空间螺旋线，截割时在巷道两侧壁上会留下与截割头形状相对应的台阶，所以必须加设专门的附属设备，或者通过控制行走机构，使截割悬臂的伸出长度可以调节，截割出的巷道侧壁才能保持平整。纵轴式悬臂掘进机的截割头旋转轴与悬臂轴线同轴布置，截割头运动轨迹近似于平面摆线。因此，当截割头的形状和方位与巷道断面形状相适应时，就能够截割出平整光滑的巷道。

悬臂掘进机通常由截割装置、装载装置、输送机构、行走机构、液压系统和电力系统几部分组成，如图7-2所示。

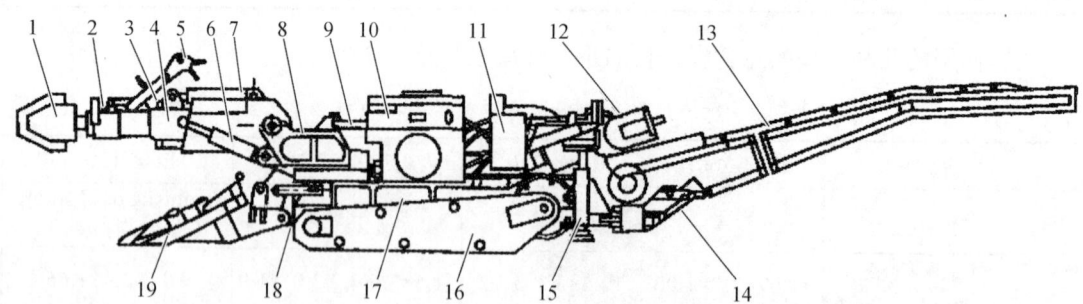

1—截割头；2—工作臂；3—减速器；4—伸缩导轨；5—托梁器；6—升降油缸；7—伸缩油缸；8—回转座；9—回转油缸；10—液压泵站；11—操纵台；12—刮板输送机；13—转载机；14—升降油缸；15—起重油缸；16—履带行走机构；17—主机架；18—铲板升降油缸；19—扒爪装载机。

图 7-2 悬臂式煤巷掘进机

## 7.2.1 截割机构

由截割头、悬臂和回转座组成的悬臂工作机构称为截割机构。按悬臂长度是否可变,有伸缩式和不可伸缩式两种。

截割装置是悬臂掘进机的工作装置,EBZ-125XK 型掘进机截割机构如图 7-3 所示,主要由截割电机、叉形架、二级行星减速器、悬臂段、截割头组成。

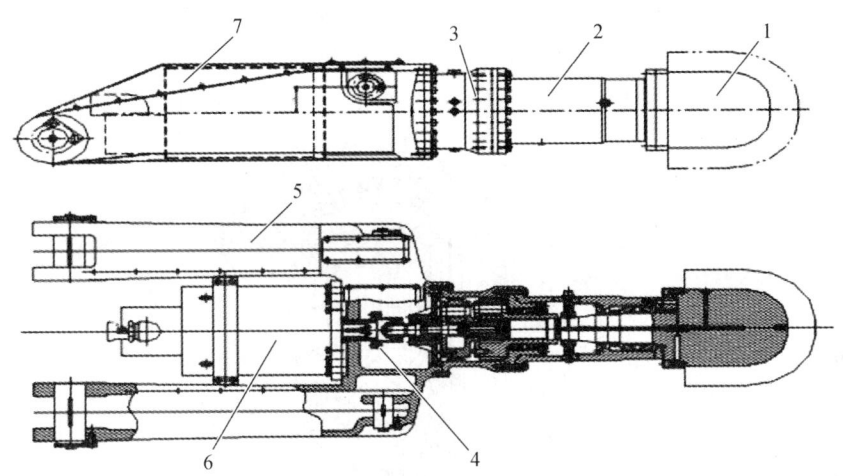

1—截割头;2—悬臂段;3—二级行星减速器;4—齿轮联轴节;5—叉形架;6—截割电机;7—电机护板。

图 7-3 EBZ-125XK 掘进机截割机构

截割头是掘进机上直接截割破碎煤岩的旋转部件,其形状、尺寸和上截齿的排列方式对掘进机的工作性能有重大影响。截割头主要由截割头体、螺旋叶片和截齿座等组成。在齿座里装有截齿,叶片(或头体)上焊有安装内喷雾喷嘴用的喷嘴座。

**1. 纵轴式截割头**

纵轴式截割头(见图 7-4)的头体为组焊式结构,在头体上焊有截齿座和喷嘴座。头体内设有内喷雾水道,截割头通过键与主轴相连。截割头的外形轮廓有球形、球柱形、球锥形和球锥柱形 4 种,由于球锥形截割头的截齿受力更为合理,因而得到了较多的应用。

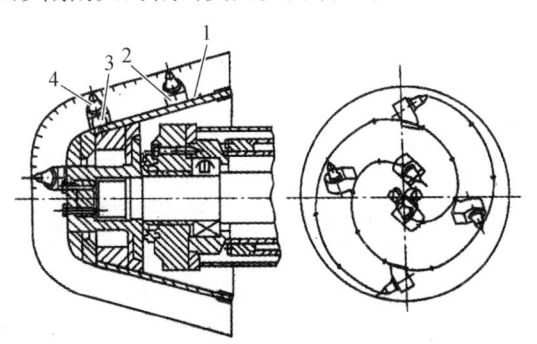

1—截割头体;2—截齿座;3—喷嘴座;4—截齿。

图 7-4 纵轴式截割头结构

截齿的布置方式对截齿、截割头乃至整机受力有较大影响。纵轴式截割头的截齿均按螺旋线方式分布在头体上,螺旋线头数一般为 2~3 条。截距对截割效果有较大影响。较大的截距可增加单齿截割力,但截齿的磨损也随之增加,两者应该兼顾。在选择截距时,还应考虑到截割头上不同部位的截齿所受的负荷不同而有所区别,力求各截齿的负荷均匀,以减小冲击载荷和使截齿的磨损速度接近。截齿的合理布置是一个复杂的问题,应针对所截煤岩的机械性质,通过理论分析、计算机模拟、实验及实际使用经验合理地确定。

2. 横轴式截割头

横轴式截割头(见图 7-5)的头体多为厚钢板的组焊结构或螺钉连接结构,由左、右对称的两个半体组成。在头体上焊有齿座和喷嘴座,在头体内开有内喷雾水道,装有配水装置。截割头体通过胀套联轴器同减速器输出轴相连,可起过载保护作用。

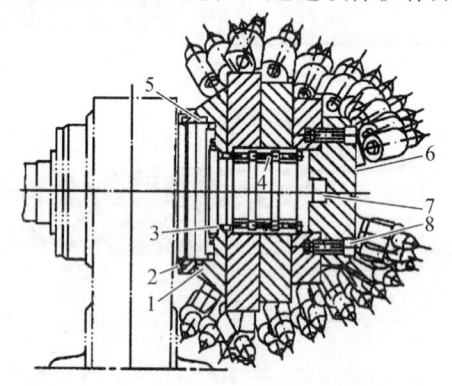

1—割头体;2—迷宫环;3—O 形密封圈;4—胀套联轴器;5—防尘圈;
6—截割头端盘;7—连接键;8—螺钉。

图 7-5 横轴式截割头结构

截割头的形状较为复杂,其外形的包络面(线)一般是由几段不同曲面(线)组合而成。使用较多的组合形式有:圆曲线-抛物线-圆曲线(抛物线)、圆曲线-椭圆曲线-圆曲线等几种。在设计时,应根据不同的工作条件选择截割头包络曲线的组合形式,力争达到最佳截割效果。横轴式截割头的截齿数量较多,且按空间螺旋线方式分布在截割头体上。螺旋线的旋向为左截割头右旋、右截割头左旋,这样可将截落的煤岩抛向两个截割头的中间,改善截齿的受力状况,提高装载效果。

### 7.2.2 装载机构

装载机构由电动机(或液压电机)、传动齿轮箱、安全联轴器、集料装置、铲板等组成。铲板作为基体倾斜安装在主机架前端,后部与中间输送机连接,前端与巷道底板相接触,靠液压缸推动可做上下摆动。为增加装载宽度,通常铲板装有左右副铲板,有的则借助一个水平液压缸推动铲装板左右摆动。铲板上装有集料装置,由铲板下面的传动装置带动。当机器截割煤岩时,应使铲板前端紧贴底板,以增加机器的截割稳定性。

悬臂式掘进机采用的装载机构形式有扒爪式、刮板式和圆盘星轮式 3 种,如图 7-6 所示。

刮板式装载机构可形成封闭运动,装载宽度大,但机构复杂,装载效果差,应用较少。

扒爪式装载机构由偏心盘带动扒爪运动,两扒爪相位差为 180°,扒爪尖的运动轨迹为腰形封闭曲线,可将煤岩准确运至中间刮板输送机,生产率高,结构简单,工作可靠,应用较多。

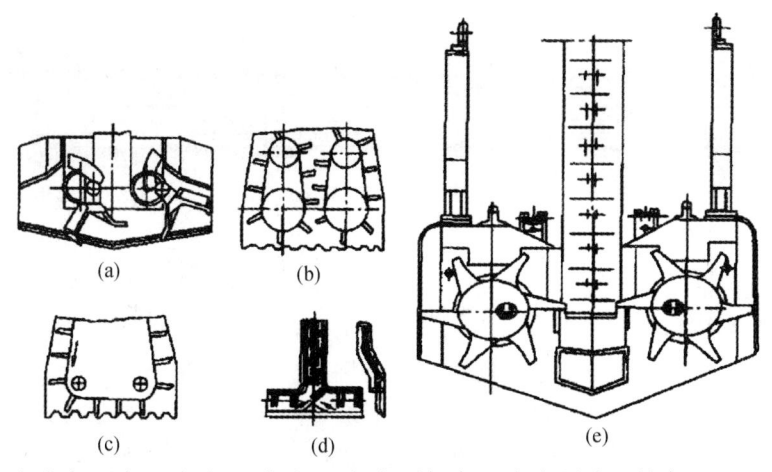

(a)扒爪式；(b)、(c)、(d)刮板式；(e)圆盘星轮式。

图 7-6 装载机机构形式

圆盘星轮式装载机构的星轮直接装在传动齿轮箱输出轴上，靠星轮旋轮将煤(岩)扒入中间输送机。工作平稳，动载荷小，装载效果好，使用寿命长，多用于中型和重型掘进机。

装载机构的驱动方式有前驱动和后驱动两种，且往往和中间刮板输送机用共同的电动机或液压电机驱动。

1. 前驱动

前驱动是将电动机或液压电机及减速器布置在铲装板的后下部，利用扒爪曲柄圆盘(或星轮网盘)下的圆锥齿轮带动装在中间轴上的刮板输送机主动链轮。此种驱动方式的特点是：传动路线短，效率高，传动平衡，刮板链受力小。但铲装板的结构尺寸和质量大，结构设计困难。

2. 后驱动

后驱动是将电动机或液压电机及减速器置于中间刮板输送机的后部，由刮板输送机的从动链轮轴经联轴器把动力传给装载机构中的小圆锥齿轮，再经大锥齿轮带动圆盘转动。其特点是：可避免在铲装板下设置动力及减速装置，结构较简单，铲装板的结构尺寸和质量较小，但传动路线长，效率低，平稳性差，扒爪或星轮的运动速度不稳定，动载荷大，刮板链除要克服运输阻力外，还要克服装载阻力，需要选用强度等级较高的刮板链、驱动链轮和从动链轮，使中间刮板输送机的结构尺寸和质量有所增加。

### 7.2.3 输送机构

输送机构的作用是将装载装置收集的石渣输送到紧跟在悬臂掘进机后面的转载车辆或其他运输设备中运出洞外。

刮板输送机结构如图 7-7 所示，该结构主要由机前部、机后部、驱动装置、边双链刮板、张紧装置和脱链器等(改向轮组装在装载部上)组成。刮板输送机位于机器中部，前端与主机架和铲板铰接，后部托在机架上。机架在该处设有可拆装的垫块，根据需要，刮板输送机后部可垫高，增加刮板输送机的卸载高度。刮板输送机采用低速大扭矩液压电机直接驱动，刮板链条的张紧是通过在输送机尾部的张紧油缸来实现的。

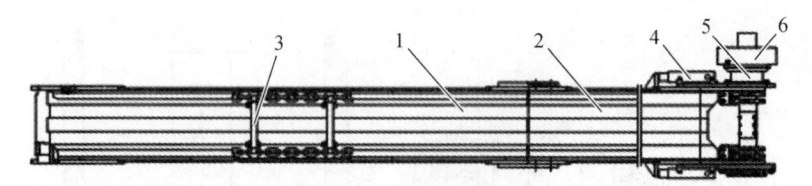

1—机前部；2—机后部；3—边双链刮板；4—张紧装置；5—驱动装置；6—液压电机。

图 7-7 刮板输送机

中间输送机由电动机（或液压电机）、传动齿轮箱、安全联轴器、驱动轴、改向轴、张紧装置、链条、刮板和机槽等组成。当在装载机构上安装了电动机或液压电机时，中间输送机不需要再装电动机或液压电机。中间输送机在掘进机的主机架中间通过，与地平面成一定角度布置，并升高到一定的卸载高度。固定安装的中间输送机机槽与主机架固定连接，仅铲装板可以上下摆动。非固定安装的中间输送机的机槽与铲装板固定连接，输送机的一端浮动支撑在掘进机的主机架上，另一端由铲装板的升降液压缸支撑，铲装板与中间输送机可同时上下摆动。

在施工过程中可与悬臂掘进机配套的设备很多，如自卸汽车、斗车、梭式矿车、胶带输送机等，有轨无轨都行，需根据具体情况和现有机具设备配套选择。图 7-8 是与 S50 悬臂掘进机配套的方案。

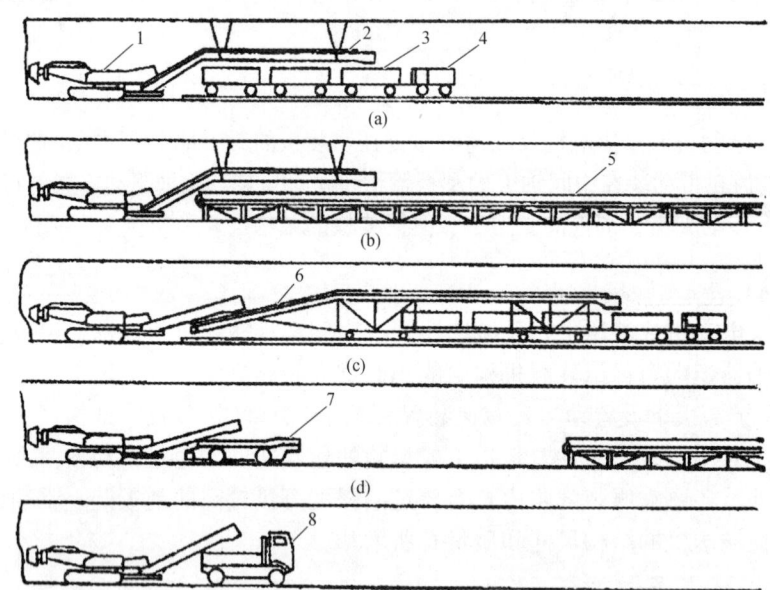

1—悬臂掘进机；2—桥式皮带输送机；3—斗车；4—电瓶车；5—皮带输送机；
6—移动式皮带输送机；7—梭式矿车；8—自卸汽车。

图 7-8 与 S50 悬臂掘进机在开挖小段面时的配套方案

### 7.2.4 行走机构

悬臂掘进机的行走机构多数是履带式行走机构，它由履带装置、液压电机和行星减速器、履带张紧装置组成。液压电机通过行星减速器带动驱动轮，驱动履带装置完成行走动作。

对掘进机履带行走机构的设计要求：

（1）具有良好的爬坡性能和灵活的转向性能。
（2）履带应有较小的接近角和离去角，以减小运行阻力。
（3）应合理确定机器的重心位置，避免履带出现零比压。
（4）履带应有可靠的制动装置，以保证机器在设计的最大坡度上工作不会下滑。
（5）履带的接地比压小，因而驱动功率要大，以适应各种恶劣的底板工况。
（6）履带装置的高度尺寸要小，以利于降低机器的高度和重心。
（7）两条履带应分别驱动，其动力可选用液压电机或电动机。

行走机构是掘进机行走的执行机构，也是整机连接支撑的基础，用于驱动悬臂式掘进机前进、后退和转弯，并能在掘进作业时使机器向前推进。EBH-B2 型掘进机采用两条履带分别由 A2F160W2P2 液压电机驱动的结构形式，它由左右减速器、左右张紧装置、左右履带架、履带、驱动轮、后支撑及导轨组成。

### 7.2.5 液压系统

液压系统在掘进机上非常重要，大多数机型除截割头旋转单独由一个截割电机驱动外，其余动作都是靠液压来实现的。这种掘进机定义为"全液压掘进机"。

液压系统主要由油泵站、液压操纵台、电机、油缸及油管等组成。油泵站由电动机、分动箱、齿轮泵、油箱、吸油过滤器、回油过滤器、冷却器及空气过滤器等组成，如图 7-9 所示。主要实现以下功能：机器行走；截割头的上、下、左、右移动及伸缩；星轮的转动；第一运输机的驱动；铲板的升降；后支承部的升降；提高锚杆钻机接口等功能。

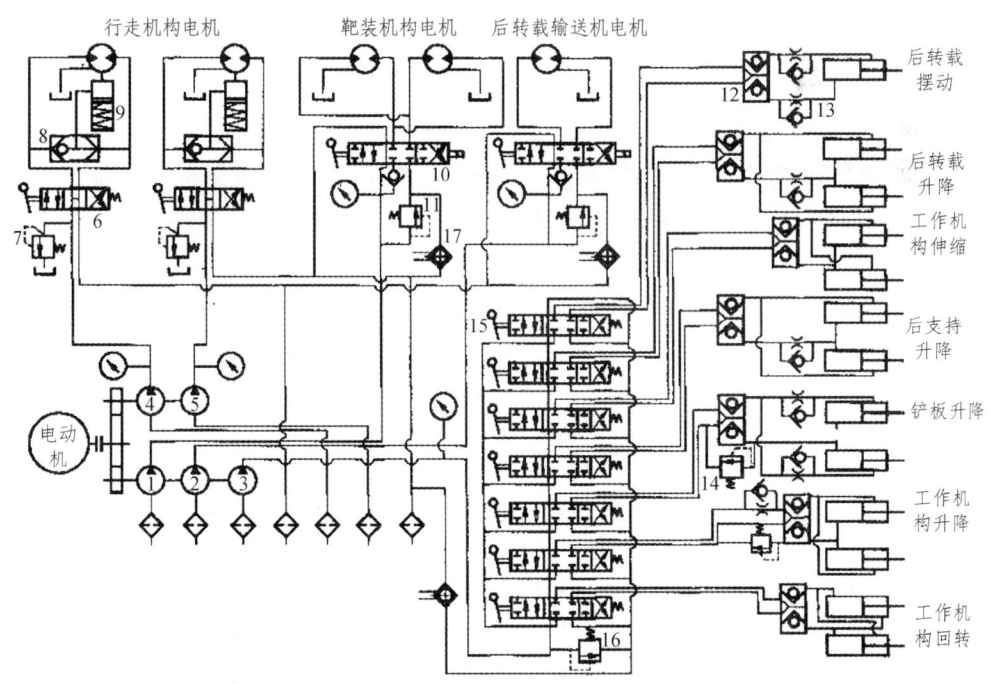

1，2，3，4，5—油泵；6，10，15—换向阀；7—高压溢流阀；8—梭动阀；9—电机制动装置；11，14，16—安全阀；12—双向液控单向阀；13—平衡阀；15—三位四通液动阀；17—冷却器。

图 7-9　EBH-132 型掘进机液压系统原理

### 7.2.6 电力系统

电力系统由电机、控制装置和电源设备 3 部分组成。控制装置包括以下部分：开关柜、控制台、信号箱、变压器柜、紧急制动开关、按钮开关、警报器。这些部分组装在一起，形成一个配电柜。电源设备包括变压器和动力电缆，动力电缆分为拖动电缆和固定电缆两部分。电源设备由使用单位自行配套使用。

电力系统向掘进机提供动力，驱动掘进机上的所有电动机，同时也对照明、故障显示、瓦斯报警等进行控制，并可实现电气保护。

## 7.3 工程应用

以银山 1 号隧道为例。

蒙华铁路为国家 I 级新建重载铁路，银山 1 号隧道是该铁路线上的一座单洞双线隧道，位于陕西省延安市安塞县境内，进口里程为 DK262+107.69，出口里程 DK263+537.26，隧道全长 1 429.57 m，最大埋深 79.22 m。隧道 DK262+107.69～DK263+205 段为白垩系下统洛河组砂岩，紫红色、强风化、稍湿、中密，砂质结构，泥质胶结，厚层至巨厚层状交错层理构造，斜层理及交错层理发育，成岩作用差，岩质较软，岩体较完整但强度低，呈块状结构。采用 EBZ200 悬臂式掘进机进行截割开挖段（DK262+300～263+150），主要围岩级别为Ⅳ级，衬砌类型为Ⅳb，采用三台阶法施工。

隧道 DK262+700～DK263+150 段从屈家畔村下部穿过，最小埋深 57 m。地表分布有土窑洞、庙宇、高压铁塔、油田高压注水管道及道路等生产生活设施，对变形及震动较敏感，因此该地段不宜采用钻爆法施工。

1. 掘进机的选型

当岩石单轴抗压强度在 50～100 MPa 之间时，选用重型悬臂式掘进机（即切削功率在 160 kW 以上）；岩石单轴抗压强度在 50 MPa 以下时，可选用轻型悬臂式掘进机（即切削功率在 100 kW 以下）。

交通水利等工程隧洞地质情况复杂，围岩情况难以预测，在悬臂式掘进机选型上最好选用 200 kW 以上的重型悬臂式掘进机，以提高掘进机对围岩的适应性，使悬臂式掘进机经济可掘围岩单轴抗压强度达到 100 MPa，定位开挖宽度、高度达到 7 m×6 m 左右，以提高功效。对于平行导坑可选用悬臂式掘进机，一次定位即可实现全断面开挖。选型时除考虑围岩的地质条件外，还应考虑设备的外形尺寸与作业空间的相关要求。

根据本隧洞的地质条件及隧洞的断面尺寸，银山 1 号隧洞选用 EBZ200 悬臂式掘进机进行掘进施工。

该设备由三一重型装备有限公司生产，产品型号 EBZ200（I）型，如图 7-10 所示。产品输入电压 1140 V，整机功率 325 kW，截割功率 200/110 kW，整机质量 54 000 kg，外形尺寸（长×宽×高）10.6 m×3.6 m×1.8 m。截割范围（宽×高）6.5 m×5.1 m，最大截割断面可达 33 $m^2$，截割硬度≤80 MPa，要求截割环境温度为 0～30 °C，坡度为±18°。本机主要由截割部、铲板部、本体部、行走部、运输部组成，其在电气系统和液压系统的控制下，行走部实现掘进机移动，截割部实现对被采掘对象实施截割，铲板部实现对被采掘下来的物料实施铲装，装运部实现对截割物料的装载与运输，各部位精确配合、协调一致，可轻松实现连续切割、装载、运输作业。

图 7-10　EBZ200 悬臂式掘进机

选用 EBZ200 悬臂式掘进机的原因：

（1）该设备具有可靠性高、作业效率高、智能化程度高、可维护性好等特点。其以可靠为第一目标，多种机械构件及装置采用国际品牌产品，并联合开发设计。

（2）该设备通过旋转截割头带动表面镐形截齿转动实现对被采掘对象的截割，该方式对围岩的扰动小且安全可靠。

（3）银山 1 号隧道为大断面隧道，隧道纵向坡度为 5‰，围岩为强风化白垩系下统洛河组砂岩，岩质较软，岩体较完整但强度低。各隧道因素与该掘进机性能相配套，满足使用条件。

2. 开挖截割施工

采用 EBZ200 悬臂式掘进机进行截割开挖段，采用三台阶法施工。根据隧道断面尺寸及现场围岩情况，结合掘进机的自身性能，台阶划分经实践确定为：上台阶高度为 3.78 m，最大宽度 10.38 m，台阶长度 10～12 m，掘进进尺 2.0 m；中台阶高度为 2.45 m，最大宽度 11.28 m，为创造挖机扒作和装载机装车出渣空间，台阶长度控制在 30～35 m，掘进进尺两侧对称 2.0 m；下台阶截割高度为 3.73 m，为创造掘进机及其他机械行走空间，掘进进尺为单侧 4.0 m。

1）施工准备

上循环喷射混凝土施作完毕后，挖掘机对上中下台阶进行整平处理，并在中台阶至上台阶间修路，路宽 5 m 左右，创造出掘进机行走及截割施作空间。同时，接通电源及冷却水管，启动机器，对掘进机进行截割前安全故障排查，确认可进行正常截割工作后，在两位协助人员配合下由操作手将其开至上台阶。

2）上台阶截割

掘进机到达上台阶后掘进机开始截割工作，同时挖掘机挖掉中台阶与上台阶间的临时道路。整个上台阶掌子面分左右两部分进行截割，首先掘进机靠左侧，截割头放置于台阶面高度处，对上台阶掌子面左侧底部进行钻进截割，截割深度约为一个截割头长度（90 cm），然后由下至上、由内向外截割，直至开挖轮廓线以内 20～30 cm。照此方法使其进尺达到 2.0 m，最后由专人利用测量定位后的接电激光装置，尺量指挥，精确截割至开挖轮廓线。同样方法，将掘进机移至上台阶右侧截割该部位。在此过程中，铲板部连续对截割下来的渣土实施铲装，第一运输机将铲装后的渣土运输至掘进机身后（基本落到中台阶），然后挖掘机扒出渣土，装载机装车出渣。上台阶截割完成，利用最后时间段第一运输机运输至掘进机身后的渣土进行修路，然后将掘进机开至中台阶。

3）中台阶截割

掘进机开至中台阶后，挖掘机挖掉中台阶与上台阶间的临时道路，掘进机开始中台阶截割工作。整个中台分左右两部分进行截割，首先掘进机靠左侧，截割头放置于台阶面高度处，对中台阶掌子面左侧底部进行钻进截割，截割深度约为一个截割头长度（90 cm），然后由下至上、由内向外截割，直至边墙开挖轮廓线以内 20~30 cm。照此方法使其进尺达到 2.0 m，最后由专人尺量指挥，截割至边墙开挖轮廓线。同样的方法，将掘进机移至中台阶右侧，截割该部位，同时在截割过程中相关机械配合完成出渣作业。

4）下台阶截割（上中台阶立架）

为创造装掘进机及其他机械作业空间，下台阶掘进进尺为单侧 4.0 m。掘进机开至下台阶后掘进机开始下台阶截割工作。截割头放置于仰拱填充面高度处，对下台阶单侧底部进行钻进截割，截割深度约为一个截割头长度（90 cm），然后由下至上、由内向外截割，直至边墙开挖轮廓线以内 20~30 cm。因此，使其单侧进尺达到 4.0 m，并由专人尺量指挥，截割至边墙开挖轮廓线。同时在截割过程中相关机械配合完成出渣作业。最后将掘进机退出截割作业面，进行专业保养检修工作。在掘进机截割下台阶的同时，立架班开始上中台阶立架支护作业，开挖班进行超前小导管及锁脚锚管施作。

5）下台阶立架

下台阶单侧（4.0 m）截割及出渣完毕后，支护班上中台阶立架作业基本完成，开始下台阶立架工序施作，开挖班进行锁脚锚管施作。

6）混喷施作

上中下台阶截割开挖及初期支护钢架、超前等施作完毕，验收合格后采用铁建大型湿喷机进行此段初期支护 C25 喷射混凝土施作。

3. 施工效果及经济效益分析

1）施工用时

按前面所述工艺流程，经过长期实践最终统计得出：施工准备用时约 30 min；上台阶截割正常情况下用时约 4 h30 min；中台阶截割正常情况下用时约 3 h30 min；下台阶截割用时约 3 h，其间开始施作的上中台阶立架支护总计用时 4 h30 min，其包含下台阶立架用时 1 h30 min；初期支护 C25 喷射混凝土用时约 3 h。综上，正常情况下上中下台阶每循环完成上述固定进尺用时约 16 h，其用时与光面爆破开挖相差不大。

2）经济效益

采用掘进机截割开挖相对于钻爆开挖，直接避免了拆迁等巨额附加经济费用，省去了炸药及导爆管的相关费用，增加了掘进机的租赁和用电费用，总体而言其单位开挖费用有所增加，但仍在可控范围内。同时，施工安全可靠，生产时间效益及经济效益可以得到充分保证，安全、优质、快速完成施工任务，达到了预期效果。

# 参考文献

[1] 徐晓萌，刘汉光，王晨等. 川藏铁路隧道新能源成套施工装备环境适应性关键技术研究及典型产品应用[J]. 工程机械，2023，54（01）：20-27+119+7.

[2] 肖献法. 全国首批纯电动混凝土搅拌运输车交付城建亚东：参与重点工程建设[J]. 商用汽车，2021（01）：70-73.

[3] 李铭，等，纯电动混凝土搅拌运输车分析[J]. 汽车实用技术，2022，47（12）：17-20.

[4] 卓越. 铁路隧道钻爆法施工机械化配套技术[M]. 北京：人民交通出版社，2018.

[5] 赵静一. 工程机械手册 隧道机械[M]. 北京：清华大学出版社，2018.

[6] 施振东，管会生，赵卫星. 成都地铁盾构应用技术[M]. 成都：西南交通大学出版社，2021.

[7] 邓勇，管会生，任霄. 成都特殊地质条件下地铁盾构选型与施工关键技术[M]. 成都：西南交通大学出版社，2018.

[8] 陈馈. TBM设计与施工[M]. 北京：人民交通出版社，2018.

[9] 李建斌. TBM构造与应用[M]. 北京：人民交通出版社，2019.

[10] 李建斌. TBM应对不良地质处置作业指南[M]. 北京：人民交通出版社，2019.

[11] 刘志强. 竖井掘进机凿井技术[M]. 北京：煤炭工业出版社，2018.

[12] 管会生. 工程机械理论与设计[M]. 成都：西南交通大学出版社，2020.

[13] 王志坚. 郑万高铁大断面隧道安全快速标准化修建技术[M]. 北京：人民交通出版社，2020.

[14] 雷升祥. 斜井TBM法施工技术[M]. 北京：中国铁道出版社，2012.

[15] 李科，冯恩耀，黄红勇. 特长隧道施工机械配套及工艺标准化技术研究[M]. 昆明：云南科技出版社，2020.

[16] 中铁二院工程集团有限责任公司. 铁路隧道机械化全断面设计施工指南[S]. 北京：中国铁道出版社，2021.

[17] 张丕界. 高速铁路隧道机械化施工关键技术[M]. 北京：人民交通出版社，2019.

[18] 刘飞香. 隧道全电脑凿岩台车技术及应用[M]. 北京：人民交通出版社，2019.

[19] 项兆池. 最新泥水盾构技术[M]. 上海隧道工程股份有限公司施工技术研究所科技情报室，2001.

[20] 唐经世. 工程机械[M]. 北京：中国铁道出版社，1996.

[21] 杨继华，景来红，李清波，等. TBM施工隧洞工程地质研究与实践[M]. 北京：中国水利水电出版社，2018.

[22] 胡晶,刘建友.高铁大断面隧道衬砌智能化建造及质量控制技术[J].铁道标准设计,2024,68(1):126-131,154.

[23] 李腾. 征战川藏铁路 山河智能新一代电动挖掘机成功交付[J]. 今日工程机械, 2022, (03): 71.

[24] 任彦丽. 川藏铁路隧道出渣设备电动化技术研究[J]. 铁道建筑技术, 2021, (08): 124-128.

[25] 刘荣光, 赵雪峰, 肖育波, 等. CF50HEV型电动装载机[J]. 工程机械, 2021, 52(08): 6-9+144.

[26] 邵晖. 浅谈电动装载机的发展应用与研究[J]. 中国新技术新产品, 2020, (24): 14-16.

[27] 杨斌, 黄绵剑, 刘浩然, 等. 电动装载机与传统装载机性能对比测试研究[J]. 建设机械技术与管理, 2020, 33(03): 94-98.

[28] 蔡文. 电动挖掘机发展展望[J]. 装备制造技术, 2019, (03): 132-134+150.

[29] 谢诗佳. 电动卡车或将引领中国未来电动车市场[J]. 电动自行车, 2018, (12): 36.

[30] 郭雱月. 挖掘机电动改装思路与实践[J]. 工程机械与维修, 2017, (12): 27.

[31] 潘吉. 美国Nikola One电动卡车全解[J]. 重型汽车, 2016, (03): 33-34.

[32] 耿国卿, 屈克英, 赵兴国. LTP-120型电动装载机[J]. 工程机械, 2016, 47(04): 8-12+6.

[33] 崔静萍. FWK-12型电动挖掘机设计与创新[J]. 矿业装备, 2014(02): 66-69.

[34] 杨国永, 谷侃锋, 沙清泉. 一种新型电动挖掘机整体设计[J]. 机械设计与制造, 2012, (11): 61-63.

[35] 夏勇. 全电脑三臂凿岩台车、智能拱锚一体化台车在特长公路隧道中的应用[J]. 低碳世界, 2023, 13(06): 160-162.

[36] 周新顺. 悬臂掘进机在水利水电隧洞工程中的应用[J]. 四川水力发电, 2013, 32(5): 49-51.

[37] 金明, 王明慧, 朱建国, 等. 铁路隧道使用凿岩台车与风钻钻爆的比较研究[J]. 隧道建设(中英文), 2020, 40(1): 99-105.

[38] 李月喜, 张文东, 王勇, 等. 掘进爆破机械化混装炸药技术的优势浅析[J]. 内蒙古煤炭经济, 2022(13): 66-68.

[39] 任伟. 小断面水利隧洞有轨运输施工技术[J]. 工程技术研究, 2021, 6(10): 112-113.

[40] 王伟星. 掘进机用排渣带式输送机的研究[D]. 大连: 大连理工大学, 2017.

[41] 谭杨辉, 丁辰昱, 周权, 等. 24m全自动液压仰拱栈桥的研发与应用[J]. 建筑机械, 2018, 38(10): 96-100.

[42] 柳其圣. 液压仰拱台车在铁路隧道施工中的应用分析[J]. 铁道建筑技术, 2016(4): 115-117, 121.

[43] 张文坤, 王玉杰, 林政, 等. 一种隧道除尘台车[P], 2020.

[44] 罗小刚. 双护盾TBM选型设计与施工[J]. 四川建材, 2018, 44(12): 213-214, 216.

[45] 董安然. 高黎贡山隧道TBM施工围岩分级及安全施工技术[D]. 石家庄: 石家庄铁道大学, 2019.

[46] 蒲伟斌. 双侧壁导坑法在浅埋隧道中的应用[J]. 公路交通科技:应用技术版, 2020(6): 28-30.

[47] 陈能涌，黄杰. 环境净化卫士：铁建重工 SCC 系列除尘台车[J]. 市政技术，2021，39（9）：5.

[48] 刘飞香，刘在政，段继伟等.集成注浆设备[P]. 2020.

[49] 闫艳辉，邢泊，于鹏等. 一种拱锚一体化作业台车及其施工方法[P]. 2022.

[50] 黄兆. 多功能钻机的设计研究[D]. 北京：中国矿业大学，2022.

[51] 王娟. 管棚钻机的钻臂定位研究[D]. 长沙：中南大学，2013.

[52] 曹傲. 液压凿岩机的参数优化研究[D]. 西安：长安大学，2020.

[53] 李良金. 凿岩台车钻臂自动调平系统的设计与仿真[D]. 秦皇岛：河北科技师范学院，2021.

[54] 杨茂森. 关于推广现场混装炸药车技术的一些思考[J]. 爆破，2017，34（01）：160-165.

[55] 苏宇龙. 隧道挖装机结构分析与研究[D]. 成都：西南交通大学，2012.

[56] 黄毅. 拱架安装台车工作机构结构设计及仿真优化[D]. 成都：西华大学，2020.

[57] 李欣宇. 隧道用自动锚杆钻机执行装置设计与优化[D]. 沈阳：辽宁工程技术大学，2021.

[58] 郭立昌. 混凝土喷射机械手设计及仿真分析[D]. 成都：西南交通大学，2012.

[59] 周洋. 富水软岩隧道防排水施工技术研究[D]. 西安：长安大学，2019.

[60] 龙顺. 新型无门架衬砌台车有限元分析及优化设计[D]. 长沙：湖南师范大学，2020.

[61] 李永红. 隧道水沟电缆槽自行式液压台车施工技术——以中老铁路旺门村 2 号隧道水沟电缆槽施工为例[J]. 中国科技投资，2020（26）：141，144.

[62] 盖琛，夏毅敏，邢泊，等. 隧道专用设备指挥中心及远程操控系统设计[J]. 建筑机械化，2022，43（08）：45-48.

[63] 耿国卿，屈克英，赵兴国. LTP-120 型电动装载机[J]. 工程机械，2016，47（04）：8-12+6.

[64] 李前坤. 电动挖掘机电机效率优化与流量匹配方法研究[D]. 成都：西南交通大学，2021.

[65] 吕旦，贾连辉. 上排渣式全断面竖井掘进机凿井技术与应用[J]. 隧道建设（中英文），2023，43（01）：151-160.

[66] 曾文宇，管会生，宋颖鹏，等. 煤矿斜井双模式盾构刀盘的受力特性研究[J]. 工程设计学报，2017，24（01）：77-82.

[67] 梅勇兵. 煤矿斜井双模式盾构主机设计与参数计算[J]. 施工技术，2016，45（23）：33-36.

[68] 邹春华. 煤矿深埋斜井双模式盾构穿越煤层综合施工技术[J]. 施工技术,2016,45(20)：129-132.

[69] 管会生，杨延栋，郭立昌，等. 煤矿斜井双模盾构推力计算[J]. 矿山机械，2013，41（07）：123-127.

[70] 管会生，张瑀，杨延栋. 新街台格庙矿区斜井隧道双模式盾构关键掘进参数配置研究[J]. 隧道建设，2015，35（04）：377-381.

[71] 凌波，李飞，陈晴煊. 具有三种掘进模式的盾构关键技术研究[J]. 建筑机械化，2020，41（02）：17-18.

[72] 马伟斌. 铁路山岭隧道钻爆法关键技术发展及展望[J]. 铁道学报, 2022, 44 (03): 64-85.

[73] 李捷, 白永厚. 高原隧道机械化施工装备配套应用研究[J]. 工程机械, 2021, 52 (09): 104-110+13.

[74] 邢泊, 冯欢欢. 川藏铁路隧道高海拔环境钻爆法施工装备选型配置思考[J]. 隧道建设（中英文）, 2021, 41 (10): 1644-1653.

[75] 刘禹阳, 王朋乐, 汪碧云, 等. 隧道开挖与初支机械单机作业特性及作业衔接特征分析[J]. 科学技术与工程, 2020, 20 (18): 7451-7456.

[76] TIMBRELL STEPHEN, PRATT LAURIE, CODD WILLIAM. Safety and efficiency drives technical advances in drill and blast[J]. AusIMM Bulletin, 2014 (5).

[77] 张伟波, 张勇. 基于多目标优化的施工机械设备优化配置方法研究[J]. 水力发电, 2003 (09): 39-41.

[78] 许先亮, 樊燕燕. 关角隧道施工机械选型与配套[J]. 筑路机械与施工机械化, 2014, 31 (01): 89-94.

[79] 欧阳结新. 公路隧道洞身开挖与支护的多机种机械化作业模式与集成研究[D]. 重庆: 重庆交通大学, 2015.

[80] 穆雪野, 丁智勇. 隧道钻爆法施工中人工作业与机械化的对比分析[J]. 凿岩机械气动工具, 2018 (04): 52-55.

[81] 刘建国. 软弱围岩全断面隧道机械化施工优化与效益分析[J]. 施工技术, 2021, 50 (04): 76-79.

[82] 王明年, 赵思光, 张霄. 郑万高铁大型机械化施工隧道位移控制基准研究[J]. 隧道建设（中英文）, 2018, 38 (08): 1271-1278.

[83] 林毅, 王立军, 姜军. 郑万高铁隧道施工大型机械化配套及信息化应用探索[J]. 隧道建设（中英文）, 2018, 38 (08): 1361-1370.

[84] 赵东波. 安琶铁路特长隧道机械化配套施工方案[J]. 中国铁路, 2017 (06): 22-26.

[85] 邬彪红. 大别山隧道工程建设工期控制关键技术研究[J]. 铁道标准设计, 2010 (05): 91-94.

[86] 张旭东. 川藏铁路隧道钻爆法施工机械化设备选型初探[J]. 隧道建设（中英文）, 2019, 39 (S1): 420-432.

[87] 王志坚. 高速铁路隧道机械化修建技术创新与智能化建造展望——以郑万高速铁路湖北段为例[J]. 隧道建设（中英文）, 2018, 38 (03): 339-348.

[88] 关为民. 三维激光扫描技术在隧道施工应用中的新进展[J]. 铁道建筑技术, 2021, (08): 111-115.

[89] 郭卫社, 洪开荣, 高攀, 等. 我国隧道智能建造技术发展与展望[J]. 隧道建设（中英文）, 2023, 43 (04): 549-562.

[90] 王同军. 我国铁路隧道智能化建造技术发展现状及展望[J]. 中国铁路, 2020 (12): 1-9.

[91] 佚名. "泥水+土压"双模式盾构应用于广州地铁9号线[J]. 隧道建设, 2014, 34 (06): 518.

[92] 朱劲锋，廖鸿雁，袁守谦，等. 并联式泥水/土压双模式盾构施工技术与冷冻刀盘开舱技术的创新与实践[J]. 隧道建设（中英文），2019，39（07）：1187-1200.

[93] 陈馈，杨延栋. 高黎贡山隧道高适应性 TBM 设计探讨[J]. 隧道建设，2016，36（12）：1523-1530.

[94] 谢成涛，赵海雷. 高黎贡山铁路隧道彩云号 TBM 的创新性设计与应用[J]. 隧道建设（中英文），2019，39（07）：1201-1208.

[95] 陈馈. 高黎贡山隧道设计及施工技术初探[J]. 建筑机械化，2009，30（02）：48-52.

[96] 杨延栋，陈馈，张啸. 复杂地质条件 TBM 研制关键技术及应用[J]. 隧道建设（中英文），2019，39（06）：1052-1058.

[97] 王杜娟，宁向可. 城市地铁双护盾 TBM 设计及应用[J]. 隧道建设（中英文），2018，38（06）：1052-1059.

[98] 贾瑞华，谷海华，叶亦盛，等. 大东湖深隧长距离大埋深复杂地层盾构选型研究[J]. 施工技术，2020，49（19）：67-70.

[99] 苏长毅，刘灿光，谷海华，等. 超长区间土压盾构连续穿越富水砾卵石层施工技术[J]. 施工技术，2020，49（19）：71-74.

[100] 李林刚. EBZ200 悬臂式掘进机在白垩系砂岩隧道中的应用[J]. 中国高新科技，2021（06）：60-61.

[101] 郭明. 悬臂式掘进机在白垩系砂岩隧道中的应用研究[J]. 铁道建筑技术，2018（08）：70-74+79.

[102] 周学锋，李永峰，刘凡，等. 武汉大东湖排水深隧长距离双孔曲线顶管施工[J]. 中国给水排水，2020，36（20）：51-57.

[103] 王勇，吴吉云，庞杰. 电动设备在锦屏隧道施工中的应用研究[J]. 科技与创新，2023（05）：176-178.

[104] 王宏礼，孙建岐. 铁路特长隧道施工机械配套技术[J]. 铁道建筑，2011，（10）：32-34.

[105] 中国国家铁路集团有限公司. 铁路隧道机械化全断面设计施工指南：Q/CR 9575—2021[S]. 北京：中国铁道出版社，2021.

[106] 中华人民共和国交通运输部. 公路隧道设计规范：第一册 土建工程：JTG 3370.1—2018[S]. 北京：人民交通出版社，2018.

[107] 中国铁路总公司. 铁路隧道工程施工机械配置技术标准：Q/CR 9226—2015[S]. 北京：中国铁道出版社，2015.

[108] 国家铁路局. 铁路隧道设计规范：TB 10003—2016[S]. 北京：中国铁道出版社，2015.

[109] 李晶. 一种隧道施工中的新型全自动喷淋养护台车[J]. 价值工程，2018，37（14）：129-130.

[110] 章远方. 隧道衬砌养护台车设计及研究[J]. 铁道建筑技术，2020（3）：34-38.

[111] 张海涛. 隧道衬砌质量全断面检测台车研究与应用[J]. 隧道建设（中英文），2020，40（8）：1227-1235.

[112] 刘飞香，秦邦江，夏闯等.一种隧道除尘台车[P] .2019.

[113] 杨光照，郭石宇，赵洪岩. 凿岩机械发展现状与趋势[J]. 矿业工程，2009，7（3）：46-47.

[114] 何广沂,田雄文. 我国隧道掘进钻爆技术发展综述[J]. 铁道建筑技术,2006(6):71-75,80.

[115] 王修正,工程机械施工手册[M]. 北京:中国铁道出版社,1986.

[116] 于兰英,唐元宁. 全断面掘进机技术的研究[J]. 建筑机械,1996,16(4):31-34.

[117] 唐经世,唐元宁. 掘进机与盾构机[M]. 北京:中国铁道出版社,2009.

[118] 唐元宁. 顶管技术[J]. 筑路机械与施工机械化,1994,11(4):17-19.

[119] 张凤祥,朱合华,傅德明. 盾构隧道[M]. 北京:人民交通出版社,2004.

[120] 王超. TBM刀盘受力分析及盘形滚刀破岩机理研究[D]. 沈阳:沈阳建筑大学,2013.

[121] 王石春. 隧道掘进机与地质因素关系综述[J]. 世界隧道,1998(2):39-43.

[122] 褚东升. 长沙地铁下穿湘江土压平衡盾构隧道掘进参数研究[D]. 长沙:中南大学,2012.

[123] 张厚美. 盾构盘形滚刀损坏机理的力学分析与应用[J]. 现代隧道技术,2011,48(1):61-65,74.

[124] 陈仁朋,刘源,汤旅军,等. 复杂地层土压平衡盾构推力和刀盘扭矩计算研究[J]. 地下空间与工程学报,2012,08(1):26-32.

[125] 张伟,赵东平,王卢伟,等. 砂卵石地层大直径土压平衡盾构选型研究[J]. 现代隧道技术,2021,58(S01):441-450.

[126] SHIMIZU, SHIGEO, etal. Probabilistic Stress-Life (P-S-N) Study on Bearing Steel Using Alternating Torsion Life Test[J]. Tribology Transactions, 2009, 52(6): 807-816.

[127] 黄金明,徐震,朱熊. 顶管工程管道土压力分布模式探讨[J]. 建筑施工,2014,36(2):189-192.

[128] 张文朋,秦晋,郑选荣,等. 富水砂卵石地层盾构机选型与参数优化分析[J]. 建筑技术开发,2023,50(2):6-8.

[129] 管会生. 土压平衡盾构机关键技术参数与力学行为的计算模型研究[D]. 成都:西南交通大学,2007.

[130] ROSTAMI, JAMAL. Performance prediction of hard rock Tunnel Boring Machines (TBMs) in difficult ground[J]. Tunnelling and Underground Space Technology, 2016, 57:173-182.

[131] LAUGHTON C. Evaluation and predoction of tunnel boring machine performance in variable rock masses[D]. University of Texas at Austin, 1998.

[132] 赵婷婷. 盾构机同步注浆控制系统设计[D]. 沈阳:沈阳理工大学,2011.

[133] 成璐. 成都地铁1、2号线工程主要水文地质问题分析[D]. 成都:成都理工大学,2008.

[134] 王国义. 成都富水砂卵石地层盾构设备配置探讨[J]. 现代隧道技术,2013,50(1):34-39.

[135] 袁正涛,郝振国,任洁. 浅析"土压+泥水"双模式盾构机原理及应用[J]. 现代制造技术与装备,2022,58(8):163-165.

[136] 张士龙. 卵砾石地层隧道盾构刀具选型研究[J]. 铁道建筑,2013,53(4):91-93.

[137] 洪开荣,冯欢欢. 高黎贡山隧道TBM法施工重难点及关键技术分析[J]. 现代隧道技术,2018,55(4):1-8.

[138] 张啸."彩云号"TBM在高黎贡山隧道中的应用[J]. 铁道知识,2021(4):48-51.

[139] 杨添任，贺飞，宁向可，等. 高黎贡山隧道 TBM 超前地质预报系统设计及应用[J]. 现代隧道技术，2020，57（4）：37-42.

[140] 李新伟. 单护盾 TBM 施工技术[J]. 工程技术（英语版），2016（12）：131-132.

[141] 万奇才，姚学峰，刘夏艳. 浅析双护盾 TBM 的结构形式与工作原理[J]. 科技创新与应用，2014，4（2）：76-76.

[142] 张兵. 双护盾 TBM 在城市地铁隧道中的应用研究[J]. 铁道标准设计，2019，63（10）：118-123.

[143] 阳斌. 单护盾 TBM 快速掘进条件分析[J]. 隧道建设，2014，34（10）：997-1000.

[144] 王静. 浅谈煤矿斜井单护盾 TBM 设计[J]. 装备制造，2014（S2）：169-170.

[145] 郑清君. 单护盾岩石隧道掘进机（TBM）施工关键技术[M]. 北京：人民交通出版社，2021.

[146] 闵锐. 敞开及闭胸土压平衡双模式单护盾 TBM 技术应用研究[J]. 建筑科技，2018，2（4）：37-40.

[147] 汪晨光. 单护盾 TBM 在Ⅳ和Ⅴ类砂岩地质结构中的适用性研究[J]. 建筑技术开发，2017，44（4）：52-53.

[148] LIU Z, TENG H, SHI Y, et al. Cutterhead design key issues of a full face rock tunnel boring machine（TBM）[J]. Zhongguo Jixie Gongcheng/ China Mechanical Engineering，2008，19（16）：1980-1985.

[149] SUN W, LING J, HUO J, et al. Dynamic Characteristics Study with Multidegree-of-Freedom Coupling in TBM Cutterhead System Based on Complex Factors[J]. MATHEMATICAL PROBLEMS IN ENGINEERING，2013，2013：1-17.

[150] 张乐诗，张国良，王宇. TBM 后配套系统设计方法的研究[J]. 水利水电技术，2006，37（3）：16-17，22.

[151] 朱齐平，刘希太，潘存治. 全断面掘进机（TBM）刀盘总推进力的分析计算[J]. 矿山机械，2006，34（11）：20-21.

[152] 李建斌. 双护盾 TBM 的地质适应性及相关计算[J]. 隧道建设，2006，26（2）：76-78，86.

[153] 张良贵. 双护盾 TBM 主推进系统的研究[D]. 秦皇岛：燕山大学，2013.

[154] 荆国业，刘志强，韩博. 竖井掘进机钻井工艺及装备研究[J]. 中国煤炭，2018，44（5）：65-70.

[155] 刘志强. 矿山竖井掘进机凿井工艺及技术参数[J]. 煤炭科学技术，2014，42（12）：79-83.

[156] 荆国业，韩博，刘志强. 全断面竖井掘进机凿井技术[J]. 煤炭工程，2020，52（10）：29-33.

[157] 刘志强，李术才，王杜娟，等. 千米竖井硬岩全断面掘进机凿井关键技术与研究路径探析[J]. 煤炭学报，2022，47（8）：3163-3174.

[158] 李建斌. 我国掘进机研制现状、问题和展望[J]. 隧道建设（中英文），2021，41（6）：877-896，I0003-I0022.

[159] 赵玉权. 深圳地铁 10 号线大断面矩形顶管施工控制技术研究[D]. 北京：北京交通大

学，2021.

[160] 张红伟. 双护盾 TBM 在深圳地铁的应用[J]. 深圳土木&建筑，2018（2）：40-47.

[161] 朱益海，张磊，赵林. 双护盾 TBM 工法及其管片防排水技术探讨[J]. 现代城市轨道交通，2020（12）：69-73.

[162] 韩明. TBM 出碴斜井及斜井翻碴施工技术[J]. 工程建设与设计，2019（17）：244-246.

[163] 冯超杰. 土压平衡顶管机机头结构设计及优化[D]. 合肥：安徽理工大学，2021.

[164] 代桂徽. 基于液压的土压平衡顶管机驱动系统设计与 CAD 系统开发[D]. 合肥：安徽理工大学，2020.

[165] 魏红亮，白宏峰. 顶管机在煤矿高抽巷快速掘进中的应用研究[J]. 煤矿机械，2018，39（3）：111-113.

[166] 谢赛南. 土压平衡顶管机液压驱动系统研究[D]. 合肥：安徽理工大学，2014.

[167] 李健. 土压平衡顶管机刀盘的力学分析及优化设计[J]. 洛阳理工学院学报：自然科学版，2021，31（2）：29-34.

[168] 郭映聪. 砾石破碎型泥水平衡顶管机的选型方法[J]. 都市快轨交通，2007，20（4）：71-74.

[169] 侯德国. 基于不同地质泥水平衡顶管施工机型的选择[J]. 建筑机械，2020，40（4）：61-63.

[170] 孙庆，冯文强，王志云，等. 大东湖核心区污水传输支隧工程顶管施工关键技术研究与应用[J]. 隧道建设（中英文），2021，41（7）：1218-1224.

[171] 邓章铁，杨圣虎，吏细歌，等. 超深长距离顶管对接施工关键技术研究与应用[J]. 中国给水排水，2023，39（2）：125-132.

[172] 朱廷宇，王唤龙，宋智来，等. 悬臂掘进机在滇西红层隧道中的应用研究[J]. 隧道建设（中英文），2021，41（3）：458-466.

[173] 刘万林，尚明明，王全胜，等. 小断面隧洞悬臂掘进机施工方案比选研究[J]. 现代隧道技术，2023，60（3）：266-273.

[174] 黄基富，肖功夷. 悬臂掘进机在交通隧道施工中的实践应用与适应性研究[J]. 现代隧道技术，2021，58（2）：51-62，85.

[175] 林宏，万茂森. 悬臂掘进机成套机械化作业线在铁路隧道施工中的应用[J]. 现代隧道技术，2019，56（2）：188-193，200.

[176] 王力全，温少卿，余剑.一种悬臂掘进机[D]. 2023.

[177] 常艄东. 管棚法超前预支护作用机理的研究[D]. 成都：西南交通大学，1999.

[178] 朱汉华，杨建辉，尚岳全. 隧道新奥法原理与发展[J]. 隧道建设，2008，28（1）：11-14.

[179] 杨文龙. XM1200 三臂拱架台车在大断面软弱围岩隧道施工中的应用[J]. 隧道建设（中英文），2018，38（A02）：351-357.

[180] 赵宏博，卢伟. 三臂凿岩台车在郑万高铁隧道软弱围岩施工中的应用[J]. 隧道建设（中英文），2018，38（8）：1342-1349.

[181] 尹俊涛，尚彦军，傅冰骏，等.TBM 掘进技术发展及有关工程地质问题分析和对策[J]. 工程地质学报，2005，13（3）：389-397.

[182] 何小松. 浅析 TBM 施工技术的优势[J]. 地质装备, 2010, 11（2）: 35-37.

[183] 杜士斌, 揣连成. 开敞式 TBM 的应用[M]. 北京: 中国水利水电出版社, 2011.

[184] 牛学臣. 泥水盾构施工中的设备管理[J]. 隧道建设, 2006, 26（B05）: 42-44.

[185] 曾垂刚. 泥水盾构泥浆循环技术的探讨[J]. 隧道建设, 2009, 29（2）: 162-165, 193.

[186] 孔玉清. 泥水盾构环流系统及排泥管携碴能力分析与应用[J]. 现代隧道技术, 2018, 55（3）: 205-213.

[187] 王胤彪. 土压平衡盾构机不同开挖直径适应性改造技术研究[J]. 施工技术（中英文）, 2022, 51（6）: 111-115.

[188] 孔祥勋, 唐亮, 凌贤长, 等. 复合地层土压平衡盾构推力计算方法[J]. 地下空间与工程学报, 2022, 18（6）: 1805-1813.

[189] 付龙龙, 李晓龙, 周顺华, 等. 土压平衡盾构机土舱压力的设定方法及原位实测反分析[J]. 中国铁道科学, 2015, 36（5）: 68-74.

[190] 马文帅. 在线式土压平衡-单护盾 TBM 双模盾构模式转换技术[J]. 建筑技术开发, 2022, 49（7）: 67-71.

[191] 钟长平, 竺维彬, 王俊彬, 等. 双模盾构机/TBM 的原理与应用[J]. 隧道与地下工程灾害防治, 2022, 4（3）: 47-66.

[192] 宋天田, 娄永录, 吴蔚博, 等. 城市轨道交通双模式盾构（EPB/TBM）模式转换技术[J]. 现代城市轨道交通, 2020（12）: 59-64.

[193] 佚名. 3 种模式一键切换 国内首台三模盾构组装完成[J]. 隧道建设（中英文）, 2020, 40（10）: 1479-1479.

[194] 曾祥盛, 贺飞, 孙恒. 开敞式 TBM 的地质适应性及相关选型计算[J]. 科技情报开发与经济, 2012, 22（4）: 125-128.

[195] 巫思荣, 高伟贤, 任丽维. TBM 刀盘主参数计算与结构设计[C].//第一届全国岩石隧道掘进机工程技术研讨会论文集. 2016: 16-21.

[196] 洪开荣, 王杜娟, 郭如军. 我国硬岩掘进机的创新与实践[J]. 隧道建设（中英文）, 2018, 38（4）: 1-19.

[197] 张楠. 悬臂掘进机隧道施工研究与应用[J]. 机械工程师, 2020（8）: 115-117.

[198] 李守良. 悬臂掘进机在隧道开挖施工中的应用[J]. 设备管理与维修, 2022（6）: 140-141.

[199] 韩育琛, 郭腾, 韩瑞林. 基于 TOPSIS 的矩形顶管机选型研究[J]. 市政技术, 2022, 40（8）: 171-176+182.

[200] 郑庆坂. 长距离大直径复杂地质条件下顶管机选型及针对性设计[J]. 中文科技期刊数据库（全文版）工程技术, 2023（5）: 0069-0073.

[201] 王雪, 邓立营, 谢宝玲. 泥水平衡盾构泥浆环流系统工作模式与参数计算[J]. 四川水泥, 2023（3）: 184-187.